신채호(1880~1936)　정광일. 표준영정(1986)
독립운동가·사학자·언론인. 20세에 성균관 박사를 지냈다. 1928년 일본관헌에 체포되어 복역 중 뤼순감옥에서 옥사했다.

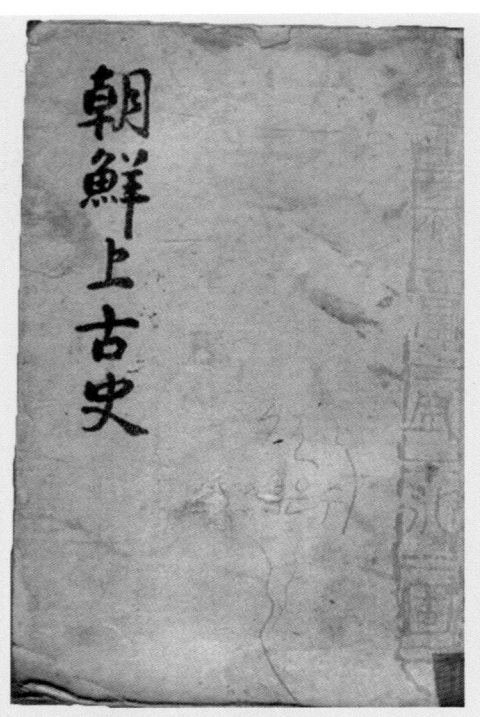

《조선상고사》(1948) 초판본 표지

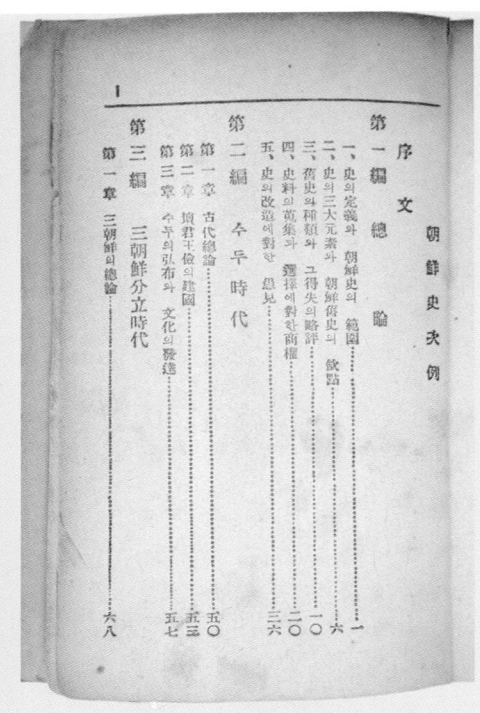

차례

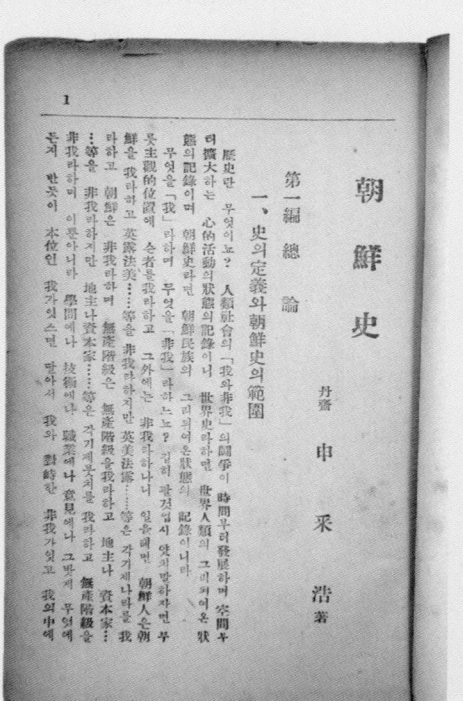

총론

1931년 〈조선사〉로 조선일보에 연재

박은식(1859~1925) 역사인물화(1991). 독립기념관. 독립운동가·학자·언론인 임시정부 제2대 대통령(1925). 중국 상하이에서 일제침략사를 중심으로 서술한 《한국통사(韓國痛史)》(1915)를 간행했다.

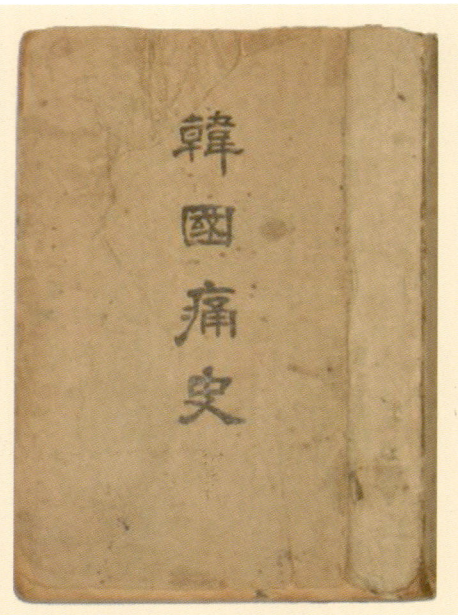
《한국통사》(1915) 표지 삼성출판박물관

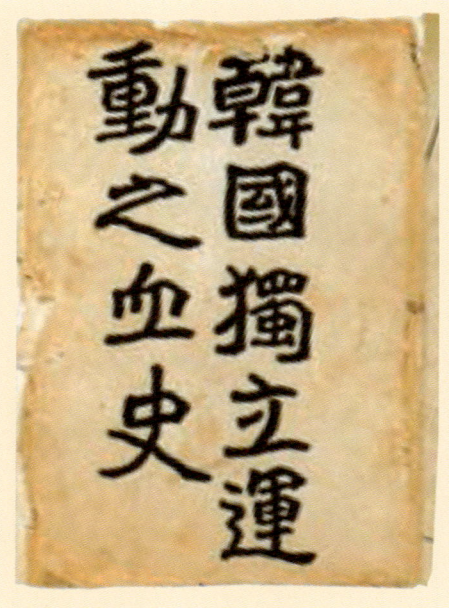
《한국독립운동지혈사》(1920)

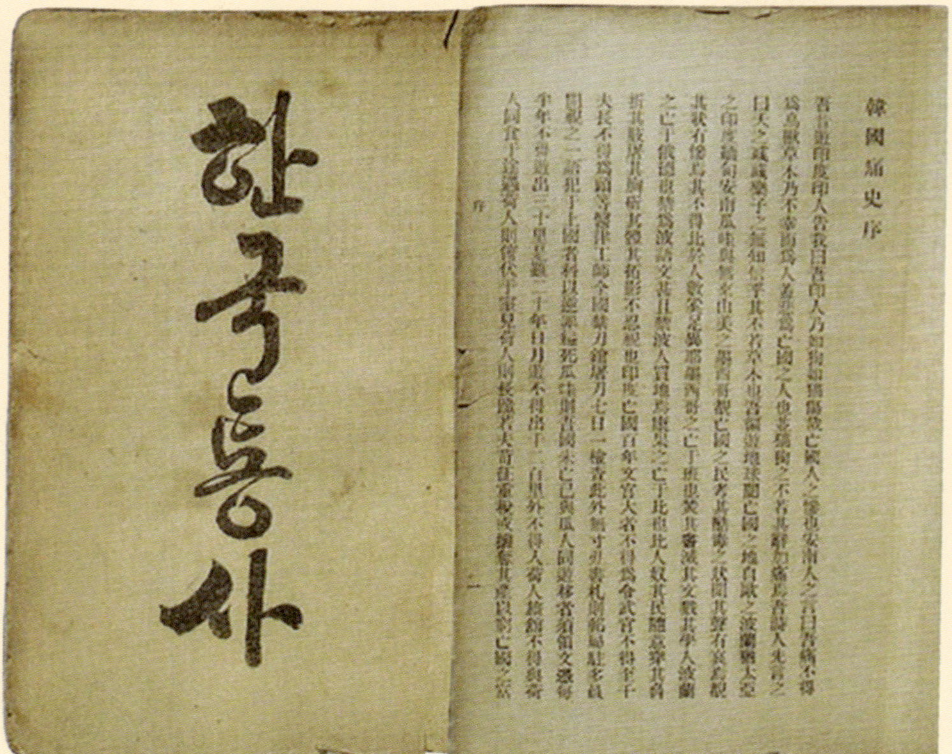

《한국통사》(1915) 서문과 속표지 삼성출판박물관

申采浩/朴殷植
朝鮮上古史/韓國痛史
조선상고사/한국통사
신채호/박은식/윤재영 역해

신채호

박은식

동서문화사

조선상고사/한국통사
차례

조선상고사
제1편 총론
제1장 역사의 정의와 조선사의 범위…17
제2장 역사의 3대 원소와 옛 조선사 결점…21
제3장 옛 조선의 종류와 그 득실 약평…25
제4장 사료 수집과 선택…34
제5장 역사 개조에 대한 우견(愚見)…48

제2편 '수두〔단군신앙〕' 시대
제1장 고대 총론…63
제2장 단군왕검의 건국…66
제3장 수두 홍포(弘布)와 문화 발달…71

제3편 삼조선(三朝鮮) 분립시대
제1장 삼조선 총론…83
제2장 삼조선 분립 그 뒤 신조선…89
제3장 삼조선 분립 그 뒤 불조선…93
제4장 삼조선 분립 그 뒤 말조선…96
제5장 삼조선 붕괴 원인과 결과…102

제4편 열국쟁웅시대
제1장 열국 총론…107
제2장 열국 분립…111
제3장 한무제 침략…126

제4장 계립령 이남 두 새 나라…137

제5편 고구려 전성시대
　　제1장 기원 1세기 초 고구려의 국력 발전과 그 원인…147
　　제2장 태조·차대 두 대왕 문치…155
　　제3장 태조·차대 두 대왕의 한족 축출과 옛 땅 회복…162
　　제4장 차대왕의 왕위 빼앗음…165
　　제5장 차대왕의 피살과 명림답부의 전권…169
　　제6장 을파소(乙巴素)의 업적…174

제6편 고구려의 쇠퇴 징조와 북부여의 멸망
　　제1장 고구려와 중국의 싸움, 고구려의 패전…179
　　제2장 고구려와 선비의 싸움…187

제7편 고구려·백제 두 나라의 충돌
　　제1장 고구려·백제 두 나라 관계의 유래…201
　　제2장 근구수왕(近仇首王)의 영무(英武)와 고구려의 쭈그러짐(附: 백제의 해외 정벌)…203
　　제3장 광개토대왕의 북진정책과 선비 정복…208
　　제4장 장수태왕의 남진정책과 백제 천도…214

제8편 남방 여러 나라의 대고구려 공수동맹
　　제1장 네 나라 연합군과의 싸움과 고구려의 퇴각…221
　　제2장 백제의 위(魏) 침입 격퇴와 해외 식민지 획득…225

제9편 삼국 혈전의 시작
　　제1장 신라의 발흥…231
　　제2장 조령·죽령 이북 10고을 쟁탈…240
　　제3장 동서전쟁(同婿戰爭)…255

제10편 고구려와 수의 전쟁

    제1장 임유관(臨渝關) 싸움…267

    제2장 살수 싸움…272

    제3장 오열홀·회원진 두 싸움과 수 멸망…281

제11편 고구려와 당의 전쟁

    제1장 연개소문의 서유(西遊)와 그 혁명…287

    제2장 요수 싸움…302

    제3장 안시성 싸움…303

제12편 백제의 강성(强盛)과 신라의 음모

    제1장 부여성충의 위대한 계략과 백제의 영토 개척…329

    제2장 김춘추의 외교와 김유신의 음모…337

    제3장 부여성충의 자살…344

    제4장 나·당 연합군 침입과 백제 의자왕 사로잡힘…347

    제5장 백제 의병 봉기…354

    제6장 고구려의 당군 격퇴와 백제 의병의 전성…358

    제7장 부여복신의 죽음과 고구려 내란…363

한국통사

서언(緒言)…371

제1편…375

    1. 지리의 대강/2. 역사의 대개(大概)

제2편…379

    1. 대원군(大院君) 섭정(攝政)/2. 경복궁 중건(重建)/3. 서원 철폐/4. 조세 정책 개혁/5. 국방에 대한 관심과 풍속 교정/6. 천주교 금지 및 신도 학살/7. 프랑스군 대파/8. 미국 군함 격퇴/9. 일본과의 교섭/10. 대원군의 환정(還政)/11.

일본과의 첫 번째 조약/12. 청국의 우리나라 자주외교 인정/13. 일본인과의 통상 및 토지 조차(租借)/14. 임오년 군졸의 난/15. 청국병 도래와 일본병 퇴각/16. 일본인의 요구 해결/17. 중국과 일본의 군대 주둔/18. 유럽과 미국 등 열강과의 수호통상/19. 갑신년 개혁당(改革黨)의 난/20. 일본사신의 5개 조항 요구/21. 청국과 일본의 텐진조약/22. 러시아 세력의 확대/23. 대원군의 환국(還國)/24. 황두 배상사건/25. 극에 달한 내정 부패/26. 갑오년 동학란/27. 구원병 요청의 전말/28. 일본군 입성/29. 일본사신의 폐현(陛見)과 상주(上奏) 및 기타 상황/30. 원세개 귀국/31. 일본군의 궁궐 침범/32. 청일 교섭/33. 청일 개전(開戰)/34. 우리나라 개혁의 신정치/35. 잠정합동 및 공수동맹/36. 청국과 일본 평양대전(大戰)/37. 청국과 일본 황해격전(激戰)/38. 일본군 청국 내지(內地) 침입 전황/39. 청·일 시모노세키조약(下關條約)/40. 삼국 간섭과 요동 반환/41. 열강의 청국 군항 분할/42. 오토리 이임과 이노우에 공사 부임/43. 박영효의 재차 망명/44. 을미년의 차관조약/45. 일본인의 국모 시해/46. 왕후 폐위 및 복위/47. 지방 의병/48. 러시아 공사관으로의 이필과 김홍집 살해/49. 러시아 세력 확장과 열강 이권 침탈/50. 러시아와 일본의 협약/51. 외국인의 철도부설권 침탈

제3편 … 470

1. 대한제국(大韓帝國) 성립/2. 재정 고문의 문제/3. 일본과 러시아의 3차 협약/4. 일본인의 광산 찬탈/5. 일본인의 어업 및 포경권 침탈/6. 일본인의 개성 인삼 약탈/7. 울릉도·장고도·월미도·고하도·온양 온천 등의 각 사건/8. 제일은행권 강제 발행/9. 제2차 영·일동맹 및 러시아와 프랑스의 협약/10. 한국과 만주 문제에 대한 일본과 러시아 교섭/11. 일본의 러시아 함대 습격/12. 일본과 러시아의 선전포고/13. 일본군 한성 입성과 의정6조(한일의정서) 체결/14. 이토의 대사 부임/15. 일본의 한국 통신기관 강점/16. 일본 선박의 자유 항행/17. 일본인의 황무지 개간 요구/18. 삼림벌채 및 포대건축, 휼금(恤金), 포사(庖肆)사건/19. 일본군·관리의 북한 지역에서의 횡포/20. 일본 헌병의 경찰업무 대리/21. 일본 헌병의 한인 집회 금지/22. 일본인의 찬정(贊政) 최익현 구속/23. 각 부 일본인 고문/24. 일본인의 우리 군대 감축/25. 군용지 강점, 군

수물자 강요, 군용 일꾼 강제 모집/26. 한국 땅에서의 일본과 러시아의 전투/27. 일본과 러시아의 뤼순전투/28. 일본과 러시아의 요동 각지에서의 전투/29. 일본과 러시아의 해전(海戰)/30. 제2차 영·일등맹의 개정/31. 일본과 러시아 강화조약/32. 주영 서리공사 이한응 자결/33. 한국 선비들이 일본 왕에게 소(疏)를 올림/34. 특파대사 이토 내한/35. 이토의 보호조약 강제 체결/36. 〈황성신문〉 봉쇄와 사장 구속/37. 매국을 성토한 상소들/38. 시종무관장 민영환, 원임 의정대신 조병세, 참판 홍만식, 경영관 송병선, 학부주사 이상철, 평양징상병 김봉학 등의 자결 순국/39. 중국지사 반종례의 도해 자결/40. 반대 세력 투옥/41. 찬정 최익현의 전국 사민에 고하는 격문 발표/42. 일본인의 한국 황제 감제(監制)/43. 일본의 진해·영흥만 점령 및 북간도 문제와 일본 차관 등/44. 일본공사의 옥탑 도취(盜取)와 일본군의 석비 절취(竊取)/45. 동양척식회사/46. 헤이그 만국평화회의에 밀사 파견/47. 이토의 고종 양위 협박/48. 정미7조약 성립/49. 군대 해산과 참령 박승환(朴勝煥) 순국/50. 원주진위대 정교 민긍호의 거의(擧義)/51. 일본인의 학대 개황(槪況)/52. 한국인 교육 말살/53. 한국인 산업의 억압/54. 장인환, 전명운의 미국인 스티븐스 살해/55. 소네의 통감 취임과 이토의 육군, 사법 양부 폐지/56. 안중근 의사의 이토 저격/57. 이재명의 이완용 살해 미수/58. 일본의 한국 병합/59. 안명근의 데라우치 살해 미수/60. 일본인의 교회 속박/61. 120명 무더기 투옥

결론 … 559
한국통사 후서(後序) … 562
한국통사 발(跋) … 564

《조선상고사》와《한국통사》에 대하여

신채호와《조선상고사》… 569
박은식과《한국통사》… 583
신채호 연보 … 595
박은식 연보 … 598

朝鮮上古史
조선상고사
신채호

제1편
총론

제1장
역사의 정의와 조선사의 범위

 역사란 무엇인가? 인류 사회의 '아(我)'와 '비아(非我)'의 투쟁이 시간으로 발전하고 공간으로 확대되는 마음의 활동 상태의 기록이다. 세계사는 세계 인류가 그렇게 되어 온 상태의 기록이요, 조선사는 조선 민족이 그렇게 되어 온 상태의 기록이다.

 무엇을 '아'라 하며 무엇을 '비아'라 하는가? 간단히 갈하자면, 주관적 위치에 서 있는 자를 아라 하고, 그 밖의 것은 비아라 한다. 이를테면 조선인은 조선을 아라 하고 영국·러시아·프랑스·미국 등을 비아라고 한다. 하지만, 영국·러시아·프랑스·미국 등은 저마다 자기 나라를 아라 하고 조선을 비아라고 한다. 무산(無産) 계급은 무산 계급을 아라 하고 지주나 자본가를 비아라고 한다. 하지만, 지주나 자본가는 저마다 자기들을 아라 하고, 무산 계급을 비아라 한다. 이뿐 아니라, 학문과 기술, 직업과 의견, 그 밖의 어디에서든 반드시 자기가 위치한 아가 있으면 이와 대치되는 비아가 있고, 아 가운데 아와 비아가 있으며 비아 가운데에도 아와 비아가 있다. 그리하여 아와 비아의 접촉이 잦을수록 비아와 아의 분투가 더욱 맹렬해져 인류 사회의 활동이 끊임없이 계속되며, 역사의 전도(前途)가 완결될 날이 없다. 그러므로 역사는 아와 비아의 투쟁의 기록이다.

 아와 이에 맞서는 비아의 아가 역사적 아가 되려면, 반드시 두 개 속성이 있어야 한다.

 첫째, 상속성으로, 시간 속에서 생명의 끊어지지 아니함이요.

 둘째, 보편성으로, 공간 속에서 영향의 파급이다.

 그러므로 인류 아닌 다른 생물의 아와 비아의 투쟁도 없지 않지만, 그 아의 의식이 너무 미약하거나 아예 없어서 상속적·보편적이 되지 못하므로 마침내 역사는 인류만 만들 수 있게 되었다. 사회를 떠나 개인적인 아와 비아의 투쟁도 없지 않지만 그 아의 범위가 너무도 약소하여 역시 상속적·보편적이 못 된다. 인류에게도 사회적 행동이라야 역사가 되는데, 한 사건에서도 상속성과 보편성이라는 두 속성의 강약(强弱)에 따라 역사의 재료가 될 만한 분량의 크고 작음을 정하게 된다.

이를테면 김석문(金錫文)은 3백 년 전에 지전설(地轉說)을 창도한 조선의 학자이지만 이 설에 브루노의 지원설(地圓說)과 똑같은 역사적 가치를 매길 수 없음은, 브루노의 지원설 덕분에 유럽 각국의 탐험열이 크게 왕성해졌고 아메리카 신대륙을 발견했지만 김석문의 지전설은 그런 결과를 가져오지 못했기 때문이다. 정여립(鄭汝立)은 400년 전 군신강상설(君臣綱常說)을 타파하려 한 동양의 위인이지만 그를 《민약론(民約論)》을 지은 루소와 동등한 역사적 인물이라 할 수 없음은, 당시에 정여립의 설에 영향을 입은 무력 폭동 단체인 도계(鋤稧)나 양반살육계(兩班殺戮稧) 등의 번갯불이 한때 번쩍하는 것 같은 행동이 없지는 않았지만, 결국 루소 이후 파란만장한 프랑스 혁명에는 비길 수 없기 때문이다.

비아를 정복하여 아를 드러내면 투쟁의 승리자가 되어 미래 역사의 생명을 잇고, 아를 없애어 비아에 바치는 자는 투쟁의 패망자가 되어 과거 역사의 묵은 흔적만 남긴다. 이는 고금역사에 불변하는 원칙이다. 그래서 승리자가 되려 하고 실패자가 되지 않으려 함은 인류 통성(通性)인데, 매번 예기(豫期)와 어긋나서 승리자가 안 되고 실패자가 됨은 무슨 까닭인가? 무릇 선천적 실질부터 말하면 아가 생긴 뒤에 비아가 생기지만, 후천적 형식부터 말하면 비아가 있은 뒤에 아가 있다. 말하자면 조선 민족, 즉 아가 출현한 뒤에 조선 민족과 상대되는 묘족(苗族)[1]과 한족(漢族) 등 비아가 있었을 것이니, 이는 선천적이다. 그러나 만일 묘족과 한족 등 비아의 상대자가 없었다면 조선이란 나라를 세우고, 삼경(三京)을 만들고, 오군(五軍)[2]을 두는 등 아의 작용이 생기지 못했을 것이니, 이는 후천적이다. 정신 확립으로 선천적인 것을 호위하며, 환경 순응으로 후천적인 것을 유지하되, 두 가치 가운데 하나가 모자라면 패망의 구렁에 빠진다. 종교가 흥했던 유대 민족과 무력을 갖추었던 돌궐이 몰락할 수밖에 없었던 것은

---

1) 중국 貴州省 등지에 사는 소수민족.
2) 전·후·좌·우·중의 다섯 군단.

후천적인 것이 모자랐기 때문이고, 공화제를 선택했던 남미와 학문이 크게 일어났던 이집트가 몰락의 구렁에서 벗어날 수 없었던 것은 선천적인 것이 모자랐기 때문이다.

이제 조선사를 서술함에 조선 민족을 아(우리)의 단위로 잡되

(가) 우리의 생장 발달 상태를 서술의 첫째 요건으로 하고, 그리하여
1) 첫 문명은 어디에서 비롯되었는가,
2) 역대 강역(疆域)은 어떻게 늘어나고 줄어들었는가,
3) 시대별 사상은 어떻게 바뀌어 왔는가,
4) 민족의식이 어느 때에 가장 왕성했고 어느 때에 가장 쇠퇴했는가,
5) 여진·선비·몽골·흉노 등이 본래 우리 동족으로 어느 때에 분리되었으며, 분리된 뒤 그 영향이 어떠했는가,
6) 우리의 현재 지위와 다시 일어설 수 있을 것인가.

등을 서술하며,

(나) 우리의 상대자인 주위 각 민족과의 관계를 서술의 둘째 요건으로 하고, 그래서
1) 우리와 분리된 흉노·선비·몽골과, 우리 문화의 포대기 속에서 자라온 일본이 본디 과거에는 우리와 하나였으나 지금은 분리되어 있는 사실과
2) 우리가 인도에서는 한 손 거쳐서, 중국에서는 곧바로 문화를 수입했는데, 수입 분량이 많아지면서 민족의 활기가 시들고 강역 범위가 줄어든 까닭,
3) 오늘 이후는 서구 문화와 북유럽 사상이 세계사의 중심이 되고 있는데 우리 조선은 그 문화 사상의 노예가 되어 없어지고 말 것인가. 또는 그를 잘 씹고 소화해서 새 문화를 건설할 것인가.

등을 서술해서 위의 (가)·(나) 두 가지를 본 역사의 기초로 삼고

(다) 말과 글 등 우리 사상을 표현하는 연장이 날카로운지 둔한지, 어떻게 바뀌

었으며,

(라) 종교가 오늘 이후에는 거의 가치 없는 폐물이 되었지만, 고대에는 확실히 한 민족의 흥망성쇠의 관건이었는데, 우리의 신앙에 관한 추세가 어떠했으며,

(마) 학술·기예 등 우리의 천부적인 재능을 발휘한 부분은 어떠했으며,

(바) 의·식·주 형편과 농·상·공 발달, 토지분배와 화폐제도, 그 밖의 경제조직 등이 어떠했으며,

(사) 인민의 이동과 번식, 또 강토의 늘고 줄어듦에 따라 인구는 어떻게 늘어나고 줄어들었으며,

(아) 정치제도 변천,

(자) 북벌 진취의 사상이 시대에 따라 어떻게 나아가고 물러섰는지,

(차) 귀하고 천하고, 가난하고 부유한 각 계급 간 압제와 서로 대항한 사실, 그 성해지고 쇠해진 대세,

(카) 지방 자치제가 태곳적부터 발생했는데, 근세에 와서는 형식만 남기고 정신이 사라진 원인과 결과,

(타) 외세 침입에서 받은 거대한 손실과, 그 반대로 끼친 다소의 이익,

(파) 흉노·여진 등이 한번 우리와 분리된 뒤에 다시 합쳐지지 못한 까닭,

(하) 옛날부터 우리에게 문화 창작이 적지 않았지만 매양 동떨어지거나 별개의 것이 되고 계속 이어지지 못한 괴이한 원인 등을 힘써 참고하면서 논술함으로써 위의 (다)·(라) 이하 여러 문제를 본 역사의 요목(要目)으로 삼아 일반 역사를 읽는 이가 조선의 면목을 만의 하나라도 알게 하려고 한다.

제2장
역사의 3대 원소와 옛 조선사 결점

역사는 역사를 위하여 역사를 만드는 것이지, 역사 이외에 무슨 다른 목적을 위하여 만드는 것이 아니다. 다시 말해서 역사는 사회의 유동 상태와, 거기서 발생한 사실을 객관적으로 있는 그대로 적은 것이지, 지은이의 목적에 따라 그 사실을 좌우하거나 덧붙이거나 달리 고칠 것이 아니다. 화가가 사람 모습을 그릴 때 연개소문(淵蓋蘇文)을 그리자면 재주와 슬기, 풍채와 빼어난 연개소문을 그려야 하고, 강감찬(姜邯贊)을 그리자면 몸집이 작고 초라한 강감찬을 그려야 한다. 만약 이것을 생략하고 저것을 드높일 마음으로 털끝만큼이라도 서로 바꾸어 그리면, 화가의 본분에 어긋날 뿐 아니라 본인 면목도 서지 않을 것이다. 이처럼 사실 그대로 영국 역사를 쓰면 영국사가 되고, 러시아 역사를 쓰면 러시아사가 되며, 조선 역사를 쓰면 조선사가 된다. 그럼에도 지금까지 조선에 조선사라 부를 수 있는 조선사가 있었는가 묻는다면, 그렇다고 대답하기 어렵다.

안정복(安鼎福)이 《동사강목(東史綱目)》을 짓다가 잦은 내란과 외적 출몰이 동국(東國 : 우리나라)의 옛 역사를 흔적도 없이 하였음을 슬퍼하였다. 그러나 내가 보기에 조선사는 내란이나 외침보다는 바로 조선사를 저술하던 그 사람들 손에 의해 더 없어졌다고 본다. 왜 그런가 하면, 역사단 앞에 쓴 것과 같이, 시간적 계속과 공간적 발전으로 이루어진 사회 활동 상태의 기록이므로 때(時)·곳(地)·사람(人) 세 가지는 역사를 구성하는 세 가지 큰 원소가 되는데, 이 원소들이 올바르게 기록되지 않았기 때문이다. 한 예를 들자면 신라가 신라됨은 박(朴)·석(昔)·김(金) 세 성과, 돌산고허촌(突山高墟村) 등 육부(六部) 사람(人)으로서뿐 아니라, 또한 경상도인 그 곳(地)과 고구려·백제와 한 시대인 때(時)로써 신라가 된 것이니, 만일 그보다 더 올라가 2천 년 전 왕검과 같은 연대거나 더 내려와서 2천 년 뒤인 오늘 같은 시국이라면, 비록 박혁거세(朴赫居世)의 성지(聖智)와 육부 사람들의 질직(質直)과 계림(鷄林: 慶州)의 땅을 가졌다 해도 당시 신라와 똑같은 신라가 될 수 없으며, 또 신라가 유럽이나 아프리카에 있었다면 그 또한 다른 면목의 나라는 되었을지언정 당시 신라는 되지 않았을 것이다. 이것은 아주 명백한 이치인데, 여태까지 조선 역사가들은 늘 역사를 자기 목적의 희생으로 만들어서 도깨비도 떠옮기지 못한다는 땅을 떠옮기는 재주를 부려 졸본(卒本)[1]을 떠다가 성천(成川) 또는 영변에 갖다 놓으며, 안시성(安市城)[2]을 떠다가 용강(龍岡) 또는 안주(安州)에 갖다 놓으며, 아사산(阿斯山)[3]을 떠다가 황해도 구월산을 만들며, 가슬라(迦瑟羅)를 떠다가 강원도 강릉군을 만들었다. 이처럼 허다한 땅을 들어 근거 없는 역사를 지었다. 《아방강역고(我邦疆域考)》에서는 더 크지도 작지도 말라는 듯이[4] 압록강 이내 이상적 강역을 획정하려 한다. 또한 무극(無亟) 일연(一然) 등 스님이 지은 역사책 《삼국유사》에는 불법이 단 한 글자도 들어오지 않은 왕검(王儉) 시대부터 인도 범어로 만든 지명·인명이 가득하다. 김부식 등 유학자가 적은 책 《삼국사기》에는 공자·맹자의 인의를 무시하는 삼국 무사의 입에서 경전 문구가 관용어처럼 외어진다. 《삼국사기》 〈열전(列傳)〉에 있는 수백 년 동안 조선 전역의 인심을 지배하던 영랑(永郎)·술랑(述郎)·안상(安祥)·남석행(南石行) 등 네 대성(大聖)의 논설은 볼 수 없고, 중국을 유학한 학생인 최치원(崔致遠)만 세세히 서술하였다. 《여사제강(麗史提綱)》에서는 원효·의상 등 여러 철인(哲人)들의 불학(佛學)에 영향을 미친 고려 일대의 사상이 어떠했는지는 알 수 없고, 태조 왕건 통일 이전에 죽은 최응(崔凝)이 통일 이후에 그가 올렸다는 〈간불소(諫佛疏)〉만 적혀 있다. 이런 여러 시대(時)의 구속을 받지 않고 역사를 지어 자기의 편벽된 신앙의 주관적 심리에 부합시키려 하였다. 심한 경우에는 사람(人)까지 속인다. 신라 김왕(金王)을 인도 찰제리종(刹帝利種: 왕족)이라 하며,[5] 고구려 추모왕(鄒牟王)을 고신씨(高辛氏)[6] 후손이

---

1) 고구려가 처음 개국한 압록강 북쪽.
2) 요동에 있는 고구려 성.
3) 단군이 국도를 옮긴 곳.
4) 不大不小 克符帝心. '크지도 않고 작지도 않아 하느님 마음에 들어맞을 수 있었다'라고 나옴
5) 《삼국유사》.
6) 五帝의 한 사람.

라 한다.[7] 게다가 조선 전 민족을 중국 진(秦)·한(漢) 유민[8]이라 하며, 한인(韓人)이 동으로 온 것이다[9]라고까지 하였다. 조선 태종에 이르러서는 심지어 이런 맹목파(盲目派)들이 급선봉이 되어 조선 사상의 근원이 되는 서운관(書雲觀 : 관상대) 책들을 공자 도(道)에 어긋난다 하여 불태워 버렸다.

이두형(李斗馨)[10]이 이렇게 말했다.

"요즈음 어느 행장과 묘지명을 보든지, 그 주인공이 반드시 용모는 단엄하고 덕성은 충후하며 학문은 정주(程朱)[11]를 조종으로 삼고 문장은 한유(韓柳)[12]를 숭상한다고 거의 천편일률적으로 적혀 있다. 이는 그 사람을 속일 뿐 아니라 그 글도 가치가 없다."

이것은 개인 전기의 실상을 잃은 데 대한 개탄일 뿐이지만, 이제 임금을 높이고 백성을 천대하는 춘추(春秋) 부월(斧鉞) 아래에서 자라난 후세 사람들이 그런 마음과 습속으로 삼국 풍속을 이야기하며 문약(文弱) 편소(偏小)에 스스로 만족한 조선 당대 사람들이 그런 주관으로 상고 지리(上古地理)를 그리니, 이에 조선(단군)이나 부여나 삼국이나 동북국(東北國 : 발해)이나 고려나 조선에 이르는 5천 년 이래 모든 조선이 거의 한 도가니로 부어 낸 것 같다. 땅이 늘고 줄어듦에 따라 민족 활동이 활발하고 약해진 점이나, 시대 고금을 좇아 국민 사상이 갈린 경계를 도무지 찾을 수가 없다. 크롬웰이 화가가 자기의 상을 그릴 때 왼쪽 눈 위 혹을 빼는 것을 허락하지 아니하고 자기를 그리려면 본얼굴로 그리라고 하였다. 이 말은 화가의 아첨을 물리칠 뿐 아니라 곧 자기의 참된 상을 잃을까 우려해서 나온 말이다. 조선사를 지은 과거 조선 사가들은 늘 조선의 혹을 베어 내고 조선사를 지으려 하였다. 그러나 그들이 쓴 안경이 너무 볼록해서, 조선의 눈이나 귀나 코나 머리 같은 것을 혹이라 하여 베어 버리고, 어디서 수많은 진짜 혹을 가져다가 붙여 놓았다.

혹을 붙인 조선사도 예전에는 읽는 이가 너무 없다가, 세계가 서로 크게 통

---

7) 《삼국사기》.
8) 《동국통감》·《삼국사기》 등.
9) 《동사강목》.
10) 조선 정조 때 사람.
11) 중국의 程子와 朱子, 또 그들의 성리학.
12) 중국 문장가 韓愈와 柳宗元.

하면서 외국인들이 때때로 조선인을 만나 조선사를 묻는데, 어떤 이는 조선인보다 조선사를 더 많이 아는 까닭에 부끄러운 끝에 돌아와 조선사를 읽는 이도 있다. 그러나 조선인이 읽는 조선사나 외국인이 아는 조선사는 모두 혹 붙은 조선사요, 옳은 조선사가 아니었다.

과거 기록이 그처럼 다 틀린 것이라면 무엇에 따라 바른 조선사를 만들겠는가? 사금을 이는 사람이 모래 한 말을 일면 좁쌀알만 한 금을 하나 얻거나 하나도 얻지 못하기도 한다. 마찬가지로 우리 문적(文籍)에서 사료를 구하기가 이같이 어려워, 어떤 사람은 조선사를 연구하자면 먼저 조선과 만주 등지의 땅속을 파서 발견한 것이 많아야 하고 금석학(金石學)·고전학(古錢學)·지리학·미술학·계보(系譜) 등의 학자가 쏟아져 나와야 한다고 하는 이가 많다. 그도 그렇지만 지금은 먼저 급한 대로 있는 역사책을 가지고 득실을 평하며, 진위를 비교하여 조선사의 앞길을 개척함이 시급한 일인가 한다.

제3장
옛 조선의 종류와 그 득실 약평

조선 역사에 관한 서류를 찾는다면 신지(神誌)에서 비롯된다고 하겠는데, 신지는 권벽(權擘)[1]의 응제시(應製詩)[2]에서 단군 때 사관이라고 한 사람이다. 그러나 내가 보기에 단군은 곧 '수두〔蘇塗〕' 임금이요, 신지는 사람 이름이 아니라 수두 임금의 수좌인 벼슬 이름 '신치〔臣智〕'이다.[3] 역대 '신치'들이 해마다 10월 수두 대제(大祭)에 우주 창조와 조선 건설과 산천 지리의 명승과 후세 사람이 거울삼을 일을 들어 노래했다. 후세 문사들이 그 노래를 또는 이두문으로 편집하고, 오언 한시로 번역하여 왕궁에 비장해서 《신지비사(神誌祕詞)》 또는 《해동비록(海東祕錄)》 등의 이름이 남아 있는 것이다.

그 기록이 사실보다 잠언이 많아서 옛날 사람이 때때로 예언의 한 종류로 보았으나, 조선 태종이 유학을 중심으로 하고, 그 밖의 것은 모두 배척하여 이단시하는 글들을 모두 태워 버릴 때 신지도 함께 액운을 면치 못하여, 겨우 《고려사(高麗史)》〈김위제전(金謂磾傳)〉에 다음 열 구절만 전하여 왔다.

如秤錘極器 秤幹扶疎樑 錘者五德地 極器百牙岡 朝降七十國 賴德護神精 首尾均平位 興邦保太平 若廢三諭地 王業有衰傾

만일 그 전부가 남아 있다면 우리 고사(故事) 연구에 얼마나 큰 힘을 주랴. 북부여는 왕검 뒤로 그 자손들이 서로 그 보장(寶藏)[4]을 잘 지켜서 태평하고 부유함을 자랑하였으니 《진서(晉書)》〈부여전(夫餘傳)〉: 其國殷富 自先世以來 未嘗

---

1) 선조 때 사람.
2) 임금의 명에 의해 지은 시.
3) 蘇塗와 臣智의 상세한 내용은 사상사에 보임.
4) 간직해 온 보물.

破壞) 볼 만한 사료가 많았다. 그러나 모용외(慕容廆)의 난[5]에 그 나라 이름과 함께 다 없어졌다. 고구려에는 동명성제(東明聖帝)와 대무신왕(大武神王) 때에 사관이 조선 상고부터 고구려 초엽까지 정치상 사실을 기재하여 《유기(留記)》라 이른 것이 100권이었는데 위(魏)나라 장수 관구검(冊丘儉)의 난[6]에 다 빼앗겼다. 단군왕검의 이름과 삼한(三韓)[7]·부여의 약사(略史)가 《위서(魏書)》[8]에 다 실려 있음은 위나라 사람이 《유기(留記)》에서 인용한 것이다. 그 뒤 백제는 중엽에 고흥 박사(高興博士)가 《신집(新集)》을 짓고, 신라는 진흥대왕 전성시대에 거칠부(居柒夫)가 《국사(國史)》를 지어 삼국[9]의 전고(典故)를 갖추어 놓았으나, 오늘에 그 한 구절 한 글자도 남아 있는 것이 없으니 이는 천하 만국에 없는 일이다. 역사의 영혼이 있다 하면 처참한 눈물을 뿌릴 것이다.

이상 말한 것은 모두 일종의 정치사이며, 고구려·백제가 멸망한 뒤 신라는 무(武)를 그만두고 문(文)을 닦아서 상당한 사서가 간간이 나왔다. 무명씨의 《선사(仙史)》는 종교사로 볼 것이요, 위홍(魏弘)의 향가집 《삼대목(三代目)》은 문학사로 볼 것이요, 김대문(金大問)의 《고승전(高僧傳)》과 《화랑세기(花郞世記)》는 학술사로 볼 것이니, 역사학이 얼마만큼 진보했다 할 것이나, 이것들도 모두 글자 없는 비석이 되어 버렸다.

고려에 와서는 지은이 성명을 알 수 없는 《삼한고기(三韓古記)》《해동고기(海東古記)》《삼국사(三國史)》 등과 김부식(金富軾)의 《삼국사기(三國史記)》와 일연(一然)의 《삼국유사(三國遺史)》가 있었으나 지금에 전하는 것은 《삼국사기》와 《삼국유사》 뿐이다. 전하고 전하지 않는 원인을 생각해보면 김부식과 일연 두 사람만의 저작이 우수하여 전해진 것이 아니다. 대개 고려 초엽부터 평양에 도읍을 정하고 나아가 북쪽 옛 땅을 회복하자는 화랑 무사가 한 파를 이루고, 사대(事大)를 국시(國是)로 삼아서 압록강 안에 구차히 편안하게 있을 것을 주장하는 유교도(儒敎徒)가 한 파를 이루었다. 두 파가 대치해서 논전을 벌이기 수백

---

5) 서기 285년.
6) 서기 244년, 고구려수도 丸都城 함락.
7) 馬韓·辰韓·弁韓.
8) 魏의 역사서.
9) 신라·고구려·백제.

년 만에, 불교도 묘청이 화랑 사상에다가 음양가 미신을 보태어 평양에서 군사를 일으켜서 북벌을 실행하려다가 유교도 김부식에게 패망하고, 김부식은 이에 그 사대주의를 근본으로 하여 《삼국사기》를 지은 것이다.

그러므로 동·북 두 부여(夫餘)를 떼어 버려 조선 문화가 유래한 곳을 진토(塵土) 속에 묻고, 발해를 버려 삼국 이래 결정된 문명을 초개(草芥) 속에 던져 버렸다. 또한 이두문과 한역 구별에 어두워서 한 사람이 몇 사람이 되고 한 곳이 몇 군데가 된 것이 많으며, 내사(內史)나 나라 밖 서적을 취사(取捨)하기에 바빠 앞뒤가 모순되고 사건이 중복된 것이 많아, 거의 역사적 가치가 없다고 할 것이다.

불행히 그 뒤 얼마 안 가서 고려가 몽골에 패하여 루빌라이의 위풍이 전국을 놀라게 했다. 이어 황궁이니 제궁이니 하는 명사들이 철폐되고, 해동천자(海東天子)의 팔관악부(八關樂府)가 금지되고, 이로부터 만일 문헌에 독립 자존에 관한 것이 있으면 모두 꺼려 피하게 되었다. 이런 때라 허다한 역사 저서 가운데 유일하게 사대사상을 고취하던 김부식의 《삼국사기》와 그에 딸려 있는 《삼국유사》만이 전해질 수밖에 없었다.

고려 당대 사서를 말하면, 고려 말엽에 임금과 신하들이 고종 이전 나라 형세가 강성하던 때 기록은 더욱 몽골이 꺼리고 싫어할까 두려워서 깎아 버리거나 고쳤다. 오직 말을 낮추고 후한 예폐(禮幣)로 북쪽 강대국들에게 복종하여 섬기던 사실만을 부연하거나 지어내어 민간에 퍼뜨렸다. 이런 기록들이 곧 조선의 정인지가 찬술한 《고려사》의 원전이 되었다. 조선 세종은 비상하게 역사서에 유의하였다. 하지만 할아버지 태조와 아버지 태종이 호두재상(虎頭宰相) 최영(崔瑩)의 북벌군 속에서 모반하여 사대 기치를 들고 혁명 기초를 세웠다. 그래서 세종이 권근(權近)과 정인지 등에게 명하여 《조선사략(朝鮮史略)》《고려사(高麗史)》《고려사절요(高麗史節要)》 등을 편찬하게 하면서, 몽골 압박을 받던 고려 말엽 이전 조선의 각종 실기에 따라 역사를 짓지 못하고 몽골 압박을 받은 뒤로 외국에 아첨한 글과 위조한 고사에 따라 역사를 지어 구차스럽게 사업을 마쳤다. 그리고 정작 전대 고려시대 실록은 민간에 전해짐을 허락하지 않고 규장각 안에 비장해 두었는데, 임진왜란 병화에 죄다 타버렸다. 그 뒤에 세조가 단종의 자리를 빼앗고, 만주 침략의 꿈을 품고서 강계(江界)에 군사를 주둔시켜놓고 경영했다. 이러다가

1) 자기네 태조의 존명건국(尊明建國)주의와 충돌되어, 여러 신하들이 다투어 간하는 일이 분분하고,

   2) 중국 대륙에 용맹하고 억센 명나라 성조(成祖)가 있어 조선에 대한 감시가 엄중하고,

   3) 마침내 명나라 사신 장녕(張寧)이 둔병의 이유를 엄중히 힐문하므로,

세조의 그 무(武)를 숭상하고 공을 좋아하는 마음이 사라졌다. 세조는 조선 문헌의 정리를 자임하여 불경을 간행하고, 유학을 장려하는 외에 사료 수집에도 전력하여 조선 역대 전쟁사인 《동국병감(東國兵鑑)》과 조선 풍토사인 《동국여지승람(東國輿地勝覽)》을 편찬하고,[10] 그밖에도 많은 서적을 간행하였으니, 비록 큰 공헌은 없으나 얼마간 공적은 있다고 할 수 있다.

선조·인조 뒤로는 유교계에 철학·문학의 큰 인물이 배출되고 사학계도 차차 진보되어, 허목(許穆)의 단군·신라 등 각 세기(世記)가 너무 간략하기는 하나 때때로 독특한 견해가 있으며, 류형원(柳馨遠)은 비록 역사에 관한 전문 저서가 없으나 역대 정치제도를 논술한 《반계수록(磻溪隨錄)》 또한 사학계에 보탬이 적지 않았으며, 한백겸(韓百謙)의 〈동국지리설(東國地理說)〉이 비록 수십 줄 간단한 논문이지만 일반 사학계에 큰 광명을 열었다. 따라서 그 뒤 정약용의 《강역고(疆域考)》며, 한진서(韓鎭書)의 《지리(地理)》며, 안정복(安鼎福)의 《동사강목(東史綱目)》에 실린 〈강역론(疆域論)〉이며, 그밖에 조선 역사 지리를 설명하는 사람은 모두 한백겸의 그 간단한 지리설을 부언하였을 뿐이다. 내가 보기에 그 지리설 가운데 삼한과 조선을 분리한 것이 범엽(范曄)[11]이 전한 〈동이열전(東夷列傳)〉의 지리를 설명함에는 족하지만, 이로써 조선 고대 3천 년 동안의 지리를 단정하여

   동국은 옛날부터 한강 이남을 삼한(三韓)이라 하고, 한강 이북을 조선이라 하였다.

이런 결론을 내렸음은 너무도 맹목적이요 무단적(武斷的)이라고 생각한다.

이것은 선생이 삼신(三神)·삼경(三京)·삼한(三韓)·삼조선(三朝鮮)의 연락적 관

---

10) 《동국병감》은 문종 때, 《여지승람》은 성종 때.
11) 後漢書 지은이.

계와 발조선(發朝鮮)·발숙신(發肅愼)·부여조선(夫餘朝鮮)·예맥조선(濊貊朝鮮)·진국(辰國)·진국(震國)·진번조선(眞番朝鮮)·진한(辰韓)·마립간(麻立干)·마한(馬韓)·모한(慕韓) 등이 동음이역(同音異譯)임을 몰랐으므로 이 같은 큰 착오가 있게 된 것이다. 그러나 〈동이열전〉에 보인 삼한 위치는 선생이 비로소 간단명료하게 분석해서 밝혀, 과거에 역사 기록만 있고 역사 연구는 없었다고 할 만한 조선 사학계에서 선생이 처음으로 사학의 실마리를 열었다 해도 좋을 것이다. 안정복은 평생을 역사 한 가지에만 노력한 5백 년 이래 유일한 빈한한 선비로서, 서적 열람이 부족하여《삼국사기》같은 것도 그 늘그막에야 겨우 남이 베낀 틀린 글자가 많은 것을 얻어 보았다. 그래서 그가 저술한 《동사강목》에 궁예의 국호를 마진기(摩震紀)라 한 웃음거리를 남겼으며, 중국 서적 가운데에서도 참고에 필요한《위략(魏略)》이나《남제서(南齊書)》같은 것이 있음을 몰라서 고루한 구절이 적지 않다. 게다가 시대에 유행하는 공자의 춘추며 주자의 강목(綱目)의 연극에 빠져서 〈기자본기(箕子本紀)〉 아래 단군과 부여를 덧붙였으며, 신라 마지막 판에 궁예와 왕건을 참주(僭主)로 한 망발도 있고, 너무 황실 중심의 이념을 고수하여 정작 민족 자체의 활동을 무시함이 많았다.

그러나 연구의 정밀하기로는 선생 이상 가는 이가 없었으므로, 잘못된 지지(地志) 교정과 모순된 사실 변증(辯證)에 가장 공이 많다 하여도 좋을 것이다. 류혜풍(柳惠風)의《발해고(渤海考)》는 대씨(大氏) 3백 년 동안 문치와 무공의 사업을 수록하여 1천여 년이나 사학가들이 압록강 이북을 베어 버린 결함을 보충하였고, 이종휘(李鍾徽)의《수산집(修山集)》은 단군 이래 조선 고유의 독립 문화를 노래하여 김부식에서 시작된 사학가의 노예사상을 갈파하였는데, 특별한 발명과 채집(採輯)은 없다 하더라도, 다만 이 한 가지만으로도 또한 영원히 남을 일이다. 한치윤(韓致奫)의《해동역사(海東繹史)》는 오직 중국 일본 등의 서적 가운데 보이는 우리 역사에 관한 문자를 수집하여 거연히 방대한 저술을 이루었을 뿐 아니라, 《삼국사(三國史)》에서 빠진 부여·발해·가락(駕洛)·숙신(肅愼) 등도 모두 한편의 세기(世紀)를 구성하였으며, 《동국통감(東國通鑑)》에 없는 저근(姐瑾)·사법명(沙法名)·혜자(慧慈)·왕인(王仁) 등도 저마다 몇 줄씩 전기가 있고, 궁중어·문자·풍속 등 부문이 있다. 게다가 그의 조카 한진서(韓鎭書)의《지리속(地理續)》이 있어서, 뒷사람들의 고증 수고를 덜어 주었으니 또한 역사

학에 조예가 있었다고 할 것이다. 다만

1) 너무 글자 사이에서 조선에 관한 사실을 찾다가 민족 대세의 관계를 잃었으니, 곧 부루(夫婁)와 하우(夏禹)의 국제교류로 보아야 하는 오월춘추(吳越春秋)의 주신(州愼)의 창수사자(蒼水使者)와, 2천 년 동안 흉노와 연(燕)과 삼조선(三朝鮮)이 화해하거나 싸운 전후 큰일들을 다 빠뜨렸고,

2) 유교 위력에 눌려 고죽국(孤竹國)이 조선족 갈래임을 발견치 못하는 동시에, 백이(伯夷)·숙제(叔齊) 이름을 빠뜨렸고,

3) 서적 선택이 정확하지 못하였으니, 진서(晉書)《속석전(束晳傳)》에 따르면 '우(禹)임금이 백익(伯益)을 죽이고 태갑(太甲)이 이윤(伊尹)을 죽였다'는 등의 기록이 있는 것이 진본《죽서기년(竹書紀年)》이요 현존한 죽서기년은 가짜인데, 이제 그 가짜를 그대로 기재하였으며, 사마상여(司馬相如)의 《무릉서(武陵書)》는 당나라 사람의 위조인데 그대로 믿어 인용하였고, 이밖에 중국인이나 일본인이 없는 사실을 만들어내어 우리나라를 속이고 모욕한 것을 그대로 수입한 것이 많으니, 이것이 그 책의 결점이라 아니할 수 없다.

조선왕 일대의 일을 적은 역사로 말하면, 내가 일찍이 정종조(正宗朝) 한때의 기록을 엮은《수서(修書)》라는, 아주 잔 글자로 쓴 2백 권 거질(巨帙)을 보았고, 만일 관서(官書)인《국조보감(國朝寶鑑)》《조야첨재(朝野僉載)》등을 비롯하여 허다한 개인 저술 역사서까지 친다면 몇백 수레에 찰 것이다. 이태조(李太祖) 이하 사실을 적은 역사로는《조야집요(朝野輯要)》《연려실기술(燃藜室記述)》등 몇몇 책을 대강 훑어본 이외에는 상세히 다 읽어 본 것이 없어서 아직 그 낫고 못함을 말하지 못하지만 대개 열에 일고여덟이 사색(四色) 당쟁사임은 단언할 수 있을 것이니 아, 조선왕조 이래 수백 년 동안 조선인의 문화사업은 이에 끊어졌도다.

이상에 열거한 역사서를 다시 말한다면, 대개가 정치사요 문화사에 해당하는 것은 많지 않음이 첫째 유감이요, 정치사 가운데에도《동국통감》과《동사강목》이외에는 고금을 회통(會通)한 저서가 없고, 모두 한 왕조의 흥망을 전말로

글의 시작과 끝을 삼았음이 둘째 유감이요, 공자의 《춘추(春秋)》를 역사의 절대 준칙으로 알아 그 의례를 본받아서 임금을 높이고 신하를 억누르다가 민족의 존재를 잊고, 중국을 숭앙하고 이민족을 배척하다가 마지막에는 자기 나라까지 비방하는 편벽된 논란을 벌임이 셋째 유감이요, 극민 자질을 살피는 데 이바지하려 하기보다 외국인에게 아첨하려 한 뜻이 더 많고,[12] 자기 나라 강토를 조각조각 베어 주어 마지막에 가서는 건국 시대 수도(首都)까지 모르게 만들었음이 넷째 유감이다.

우리 사학계가 이처럼 눈멀고 귀먹고 절름발이 등 온갖 병을 죄다 가져서 정당하게 발전하지 못함은 무슨 까닭인가?

너무 자주 내란과 외환[13]과 자연 재난이 잦았던 것은 그만두고라도, 인위(人爲)의 장애를 이룬 것을 들건대,

1) 신지(神誌) 이래 역사를 감추어 두는 버릇이 역사의 고질이 되어, 조선왕조에서도 중엽 이전에는 《동국통감》《고려사》 등 관에서 간행한 몇몇 책 이외에는 사사로이 역사를 짓는 것을 금했다. 그래서 이수광(李睟光)은 내각에 들어가서야 고려 이전 비사를 많이 보았다 하였고, 이언적(李彦迪)은 《사벌국전(沙伐國傳)》을 짓고도 친구에게 보이는 것을 꺼려 했다. 당대 왕조의 잘잘못을 기록하지 못하게 하는 일은 다른 나라에도 간혹 있지만, 지나간 고대 역사마저 사사로이 짓거나 읽는 것을 금하는 것은 우리나라뿐이었다. 그래서 역사를 읽는 이가 별로 없었고,

2) 송도를 지나다가 만월대(滿月臺)를 쳐다보라. 반쪽짜리 기와라도 남아 있는가? 주춧돌이 하나라도 남아 있는가? 막막히 넓은 밭에 이름만 만월대라 할 뿐이 아닌가? 아, 만월대는 조선왕조의 아버지 항렬로 멀지 않은 고려조 대궐인데, 무슨 병화에 탔다는 전설도 없이 어찌 이처럼 정(情) 없는 빈터만 남았는가? 이와 똑같은 예로서 부여에서 백제 유물을 찾아볼 수 없으며, 평양에서

---

12) 李修山 일파를 제하고.
13) 비교적 오래 편안했던 조선왕조 일대는 제하고.

고구려 옛 모습을 찾아볼 수 없다. 뒤에 일어난 왕조가 앞 왕조를 미워하여, 역사적으로 자랑할 만한 것은 무엇이든지 파괴하고 태워 버리기를 일삼았다는 것을 알 수 있다. 신라가 일어나자 고구려·백제 두 나라 역사가 볼 것이 없게 되었고, 고려가 서자 신라 역사가 볼 것이 없게 되었으며, 조선왕조가 고려를 대신하니 고려 역사가 볼 것이 없게 되어, 늘 현재로서 과거를 계속하려 하지 않고 말살하려 하였다. 그래서 역사에 쓰일 자료가 박약해졌으며,

3) 현종(顯宗)이 "조총 길이가 얼마나 되오?" 하니, 류혁연(柳赫然)이 두 손을 들어 "이만합니다" 하고 형용하였다. 기주관(記注官)[14]은 그 문답한 정형(情形)을 받아쓰지 못하고 붓방아만 찧고 있었다. 류혁연이 그를 돌아보며 "전하께서 류혁연에게 조총의 길이를 물으시니(上問鳥銃之長於柳赫然), 혁연이 손을 들어 자 남짓이 하고, '이만합니다' 하고 대답하였다(然擧手尺餘以對曰如是)라고 쓰지 못하느냐?" 하고 꾸짖었다. 숙종(肅宗)이 박태보(朴泰輔)를 친히 문초하는데, "이리저리 잔뜩 결박하고 뭉우리돌로 때려라" 하니, 주서(注書) 고사직(高司直)이 서슴없이 "필(必)자 모양으로 결박하여 돌로 때려라(必字形縛之石擊之)"라고 썼다. 그래서 크게 숙종의 칭찬을 받았다고 한다. 이것들이 궁정의 한 좋은 일화로 전하는 이야기이지만, 반면에 남의 글로 내 역사를 기술하기 힘듦을 알 수 있다. 국문이 늦게 나오기도 했지만, 나온 뒤에도 한문으로 지은 역사만 있음이 또한 기괴하다. 이는 역사 기록의 기구가 부족함이요,

4) 회재(晦齋) 이언적이나 퇴계(退溪) 이황 또는 원효나, 의상의 학술사상 위치를 물으면 한마디 대답을 못 할 것이요, 원효와 의상에게 소도(蘇塗 : 솟대)나 내을(奈乙)[15]의 신앙적 가치를 말하면 반도 이해하지 못할 것이다. 이와 마찬가지로 조선 인사들이 고려 시대 생활 취미를 모르며, 고려나 삼국 인사들은 또 삼한 이전 생활 취미를 모를 만큼 반연(飯宴)·거처(居處)·신앙·교육 등 일반 사회 형식과 정신이 모두 크게 바뀌어 나는 오늘 아메리카 사람으로 내일 러시아 사람이 됨과 같은 엄청난 차이가 있으니, 이는 역사 사상의 연락이 끊어짐이라,

---

14) 기록을 맡은 관리.
15) 박혁거세 탄생지.

어디서 과거로 거슬러 올라가 구명할 동기가 생기랴? 이상 몇 가지 원인 때문에 우리 역사학이 올바르게 발달하지 못한 것이다.

3백 년 동안 사색(四色) 당파 싸움이 크게 국가에 해를 끼쳤다 하지만, 당론이 극렬할수록 저마다 '나는 옳고 저는 그르다'는 것을 퍼뜨리기 위하여 사사로운 기술이 성행했다. 당의 시비가 늘 국정에 관계되므로, 조정의 잘잘못을 논술하게 되어 모르는 사이에 역사의 사사로운 저작의 금지가 깨뜨려져서 마침내 한백겸·안정복·이종휘·한치윤 등 사학계에 몇몇 인물이 배출되었음도 그 결과이다.

어떤 이는 "사색 이후 역사는 서로 기록이 모순되어 그 시비를 가릴 수가 없어서 역사의 가장 큰 난관이 된다"고 한다. 그러나 그들의 시비가 무엇인가 하면 어떤 당이 조선왕조의 충신이니 역적이니, 어떤 선생이 주자학의 정통이니 아니니 하는 문제들뿐이라, 오늘날 우리 눈으로 보면 서릿발 같은 칼을 휘둘러 임금 시체를 두 동강 낸 연개소문을 쾌남아라 할 것이오, 자기 의견을 주장하여 명륜당 기둥에 공자를 비평한 글을 붙인 윤백호(尹白湖 : 尹鑴)를 걸물이라 할 것이다. 그러므로 우리는 다만 냉정한 머리로 회재·서화담·퇴계·율곡 등의 학술상 공헌의 많고 적음을 알아야 할 것이다. 주자학의 정통이 되고 안 됨은 실없는 소리가 될 뿐이요, 노론·소론·남인·북인의 다툼은 정치상에 미친 영향의 좋고 나쁨을 물을 뿐이며, 조선의 충성된 종이 되고 못 됨은 잠꼬대에 지나지 않을 뿐이요, 개인의 사사로운 덕의 결점을 지적하여 남의 명예를 더럽히거나 모호한 사실로 남을 모함하여 죽인 허다한 사건들은 거꾸로 당시 사회 알력의 나쁜 습속으로 국민과 나라를 해친 일종의 통탄할 사료가 될 뿐이다. 만일 시어머니의 역정과 며느리의 푸념 같은 것에 지나지 않는 일에 낱낱이 재판관을 불러 그 굽고 곧음을 판결하려 한다면, 이는 스펜서의 이른바 이웃집 고양이가 새끼 낳았다는 보고와 같아서, 도리어 이로써 사학계의 다른 중대한 문제를 등한히 할 염려가 있으니, 그냥 던져 두는 것이 옳다. 그리고 빨리 지리 관계라든가, 국민생활 관계라든가, 민족 성쇠라든가 하는 큰 문제에 주의하여, 잘못을 바로잡고 참된 것을 구하여 조선 사학계의 표준을 세움이 가장 시급한 일이라 생각한다.

제4장
사료 수집과 선택

    만일 한 걸음 더 나아가 어디서 무엇으로 어떻게 우리 역사를 연구하여야 하겠느냐 하면 그 대답이 매우 곤란하나, 나의 경험부터 말하고자 한다. 지금부터 16년 전에 국치(國恥 : 한일병합)에 발분하여 비로소 《동국통감(東國通鑑)》을 읽으면서 사평체(史評體)에 가까운 《독사신론(讀史新論)》을 지어 〈대한매일신보(大韓每日申報)〉 지상에 발표하고, 이어서 수십 명 학생들의 청구에 따라 중국식 연의(演義)를 본받은, 역사도 아니고 소설도 아닌 《대동사천년사(大東四千年史)》를 짓다가, 두 가지 다 사고로 중지하고 말았다.
    그 논평의 독단과 행동의 대담하였음을 지금까지 스스로 부끄러워하거니와 그 뒤로 얼마만큼 분발하여 힘쓴 적도 없지 않으나, 여기에서 나아간 것이 한 발짝도 못 되는 원인을 오늘에 와서 국내 일반 독사계(讀史界)에 호소하고자 한다.

1) 옛 비석 참조에 대하여

    일찍이 《서곽잡록(西郭雜錄)》[1]을 보다가 '신립(申砬)이 선춘령(先春嶺) 아래에 고구려 옛 비가 있다는 말을 듣고, 몰래 사람을 보내 두만강을 건너가서 탁본을 떠 왔는데, 알아볼 만한 글자가 3백여 자에 지나지 않았다. 그 글에 황제라고 한 것은 고구려 왕이 스스로를 일컬음이요, 그 상가(相加)라고 한 것은 고구려 대신을 일컬음이다(申砬聞先春嶺下 有高句麗舊碑 潛遣人 渡豆滿江 摸本而來 所可辨識者 不過三百餘字 其曰皇帝 高句麗王自稱也 其曰相加高句麗大臣之稱也)'라고 한 일절이 있음을 보고 크게 기뻐서, 만주 깊은 산중에 천고(千古) 고사(故事)의

---

1) 지은이 미상.

이 빠진 것을 보충할 만한 비석 쪽이 이것 하나뿐 아닐 것이라 생각하고, 해외에 나간 날부터 고구려, 발해의 옛 비석을 답사하리라는 회포가 몹시 깊었다.

그러나 해삼위(海蔘威 : 블라디보스토크)에서 하바롭스크를 왕래하는 선객들에게 그 항로 가운데에서 전설로 내려오는 석혁산악(錫赫山嶽)에 우뚝 서 있는 윤관(尹瓘, 또는 蓋蘇文) 기공비(紀功碑)를 보았다는 말이며, 봉천성성(奉天省城)에서 이통주(伊通州)를 유람하였다는 사람이 그 고을 동쪽 70리에 남아 있는 해부루(解夫婁 : 夫餘의 왕) 송덕비를 보았노라는 이야기며, 발해 옛 서울에서 온 친구가 폭이 30리인 경박호(鏡泊湖)²⁾ 앞쪽(북쪽)에 미국 나이아가라 폭포와 겨룰 만한 1만 길 비폭(飛瀑)을 구경하였다고 하는 말이며, 해룡현(海龍縣)에서 나온 나그네가, 죽어서 용이 되어 일본 세 섬을 가라앉히겠노라고 한 신라 문무대왕 유묘(遺廟)를 예배하였다는 이야기 등이, 나에게는 귀로 들을 인연만 있었고 눈으로 볼 기회는 없었다. 한번 네댓 친구와 동행하여 압록강 위 집안현(輯安縣), 곧 고구려 제2 환도성(丸都城)을 얼핏 보았음이 나의 인생에 기념할 만한 장관이라 할 것이다. 그러나 여비가 모자라서 능묘(陵墓)가 모두 몇인지 세어 볼 여가도 없이, 능으로 인정할 것이 수백이요, 묘가 1만 내외라는 근거 없는 판단을 하였을 뿐이었다. 마을 사람이 주는 댓잎 그린 금척(金尺)과 그곳에 거주하는 일본인이 탁본을 떠서 파는 광개토왕비문(廣開土王碑文)은 값만 물어 보았으며,³⁾ 수백 왕릉 가운데 천행으로 남아 있는 8층 석탑, 사면이 네모진 광개토왕릉과 그 오른편 제천단(祭天壇)을 붓으로 대강 그려서 사진을 대신하였고, 그 왕릉 넓이와 높이를 발로 재고 몸으로 견주어서 자로 재는 것을 대신하였을 뿐이었다.⁴⁾ 왕릉 위층에 올라가 돌기둥이 섰던 자취와, 덮은 기와의 남은 조각과, 드문드문 서 있는 소나무 잣나무를 보고, 《후한서(後漢書)》에 '고구려 사람들은 금은과 재백(財帛)을 다하여 깊이 장사지내고, 돌을 둘러 봉하고, 또한 소나무 잣나무를 심는다(高句麗人 金銀財帛 盡於厚葬 環石爲封 亦種松栢)'고 한 아주 간단한 문구의 뜻을 비로소 충분히 해석하고, '수백 원만 있으면 묘 하

---

2) 古史에는 忽汗海.
3) 깨어져 그 땅위에 나온 부분만.
4) 높이 10길 가량이고, 아래층 둘레는 80발인데, 다른 왕릉은 위층이 파괴되어 높이는 알 수 없고, 아래층 둘레는 대개 광개토왕릉과 같음.

나를 파 볼 수 있을 것이요, 수천 원 또는 수만 원이면 능 하나를 파 볼 수 있을 것이다. 그러면 수천 년 전 고구려 생활의 생생한 사진(寫眞)을 볼 수 있을 것인데' 하는 꿈 같은 생각만 하였다. 아, 이런 천장비사(天藏秘史)의 보고(寶庫)를 만나서 나는 무엇을 얻었던가? 인재(人才)와 물력(物力)이 없으면 재료가 있어도 나의 소유가 아님을 알았다.

그러나 하루 동안 그 겉모습만 어설프게 관찰했지만, 고구려의 종교·예술·경제력 등이 어떠했는지가 눈앞에 살아 나타나서, 그 자리에서 '집안현(輯安縣)을 한 번 보는 것이 김부식의 《삼국사기》〈고구려 본기〉를 만 번 읽는 것보다 낫다'는 단안을 내렸다.

그 뒤 항주(杭州) 도서관에서 우리나라 금석학자(金石學者) 김정희(金正喜 : 秋史)가 발견한 유적을 가져다가 중국인이 펴낸 《해동금석원(海東金石苑)》을 보았다. 여기에는 신라 말 고려 초 사조와 속상(俗尙)의 참고가 될 것이 많았고, 한성(漢城 : 서울)의 한 친구가 보내 준 총독부 발행 《조선고적도보(朝鮮古蹟圖譜)》도 조사한 동기나 억지로 끌어다 붙인 주해 몇몇 부분만을 제외하면, 그것도 우리 고사 연구에 도움될 것이 많았다. 이것이나 저것이나 다 우리 가난한 서생 손으로는 도저히 성취하지 못할 사료임을 스스로 깨달았다.

2) 각 서적의 상호 증명(互證)에 대하여

① 일찍이 《고려사》〈최영전(崔瑩傳)〉에 따르면, 최영이 "당나라가 30만 군사로 고구려를 침범하여, 고구려는 승군(僧軍) 3만을 내어 이를 대파하였다"고 말하였으나, 《삼국사기》 50권 가운데 어느 곳에서도 이 사실이 보이지 않는다. 그러면 승군이란 무엇인가 하면, 서긍(徐兢)의 《고려도경(高麗圖經)》에 '재가화상(在家和尙)[5]은 가사도 입지 아니하고 계율도 행하지 아니하며, 조백(皂帛)으로 허리를 동이고 맨발로 걷고, 아내를 두고 자식을 기르며, 물건 운반, 도로 청소, 도랑 파기, 성실(城室) 수리나 짓기 등 공사(公事)에 복역하며, 국경에 적이 침입하면 스스로 단결하여 싸움에 나서는데, 중간에 거란도 이들에게 패하니, 실은 죄를 지어 복역한 사람들로서, 수염과 머리를 깎았으므로 이인(夷人 : 오랑

---

5) 俗家에서 佛法을 닦는 사람.

캐)이 그들을 화상이라 한다'라고 하였으니, 이에서 승군의 면목을 대강 알 수 있다. 그러나 그 내력이 어디서 비롯하였느냐 하는 의문이 없지 않다. 《통전(通典)》《신당서(新唐書)》등 이름 있는 책에 따르면, 조의선인[6]이라는 관명이 있었고, 고구려사에는 명림답부(明臨答夫)[7]를 연나조의(椽那皂衣)라 하였고, 《후주서(後周書)》에는 조의선인(皂衣先人)을 예속선인(翳屬仙人)이라고 하였으니, 선인(先人) 또는 선인(仙人)은 다 국어의 '선인'을 한자로 음역한 것이고, 조의(皂衣) 또는 백의(帛衣)란 《고려도경》에 보면 이른바 조백(皂帛)으로 허리를 동이므로 이름 지어진 것이다. 선인(仙人)은 신라 고사의 국선(國仙)과 같은 종교적 무사단(武士團)의 단장이요, 승군(僧軍)은 국선 아래 딸린 단병(團兵)이요, 승군을 재가화상이라 함은 후세 사람이 붙인 별명이다. 서긍이 외국 사신으로 우리나라에 와서 이것을 보고, 그 단체의 행동을 서술함에 그 근원을 물으니 복역한 사람이라는 억측의 명사(名詞)를 말해 준 것이다. 이에 《고려사》 덕분에 《삼국사》에 빠진 승군을 알게 되고, 《고려도경》 덕분에 《고려사》에 상세하지 않은 승군의 성질을 알게 되고, 《통전》《신당서》《후주서》와 신라 고사 덕분에 승군과 선인과 재가 화상이 같은 단체의 무리임을 알게 되었다. 다시 말하면 당나라 30만 침입군이 고구려의 종교적 무사단인 선인군(先人軍)에게 크게 패하였다는 몇십 자 약사(略史)를 6, 7가지 서적 수십 권을 뒤진 결과 비로소 알아낸 것이다.

② 당나라 태종이 고구려를 침략하다가 안시성에서 화살에 맞아 눈을 상하였다는 전설이 있어 후세 사람이 매양 이것을 역사에 올리는데 이색(李穡)의 〈정관음(貞觀吟)〉[8]에도 '어찌 현화(玄花 : 눈)가 백우(白羽 : 화살)에 떨어질 줄 알았으리(那知玄花落白羽)'라고 하여 그것이 사실임을 증명하였으나, 김부식의 《삼국사기》와 중국인의 《구당서(舊唐書)》와 《신당서(新唐書)》에서는 보이지 않음은 무슨 까닭인가? 만일 사실의 진위를 묻지 않고 그것을 그대로 받아들이거나 버렸다가는, 역사상 위증죄를 범하는 것이 된다. 그래서 당나라 태종이 눈을 상한 사실이 중국 사관이 나라의 수치라 꺼려서 당서(唐書)에서 뺀 것이 아닌가 하는 의문을 가지고 그 해답을 구하였다. 명나라 사람 진정(陳霆)의 《양산

---

6) 皂衣先人 또는 帛衣先人(백의선인).
7) 고구려 재상.
8) 정관은 당나라 태종의 연호로, 당태종이 눈 잃은 사실을 읊은 시.

묵담(兩山墨談)》에 따르면 '송나라 태종이 거란을 치다가 어디선가 날아온 화살에 상하여 달아나 돌아가서, 몇 해 뒤에 필경 그 상처가 덧나서 죽었다'고 하였는데, 이것이 《송사(宋史)》나 《요사(遼史)》에는 보이지 않고, 사건이 수백 년 지난 뒤에 진정이 고증하여 발견한 것이다. 이에 나는 중국인은 그 임금이나 신하가 다른 민족에게 패하여 상하거나 죽거나 하면, 그것을 나라의 수치라 하여 숨기고 역사에 기록하지 않은 실증을 얻어서 나의 앞의 가설을 성립시켰다. 그러나 중국인에게 나라의 수치를 숨기는 버릇이 있다 하여 당나라 태종이 안시성에서 화살에 맞아 눈을 상했다는 실증은 되지 못하므로, 다시 《구당서》와 《신당서》를 상세히 읽어 보니, 〈태종본기(太宗本紀)〉에 태종이 정관(貞觀) 19년 9월 안시성에서 군사를 철수했다 하였고, 〈유박전(劉泊傳)〉에는 그해 12월 태종의 병세가 위급해져 유박이 몹시 슬퍼하고 두려워하였다고 하였으며, 〈태종본기〉에는 정관 20년 임금의 병이 낫지 않아 태자에게 정사를 맡기고 정관 23년 5월 죽었다고 하였는데, 그 죽은 원인을 《강목(綱目)》에는 이질이 다시 나빠진 것이라 하였고, 《자치통감(資治通鑑)》에는 요동(遼東)에서부터 병이 있었다고 하였다. 대개 높은 이와 친한 이의 욕봄을 꺼려 숨김으로써, 주천자(周天子)가 정후(鄭侯)의 화살에 상했음과, 노(魯)나라 은공(隱公)·소공(昭公) 등이 살해당하고 쫓겨났음을 《춘추》에 쓰지 않았는데, 공구(孔丘)의 이런 편견이 중국 역사가의 버릇이 되어, 당태종이 이미 빠진 눈을 유리조각으로 가리고, 그의 임상병록(臨床病錄) 기록을 모두 딴말로 바꾸어 놓았다. 화살의 상처가 내종(內腫)[9]이 되고 눈병이 항문병으로 되어 전쟁 부상으로 죽은 자를 이질이나 늑막염으로 죽은 것으로 기록해 놓은 것이다. 그러면 《삼국사기》에는 어찌하여 실제대로 적지 않았는가? 이는 신라가 고구려와 백제 두 나라를 미워하여 그 명예로운 역사를 소탕하여, 위병(魏兵)을 격파한 사법명(沙法名)과 수군(隋軍)을 물리친 을지문덕이 도리어 중국 역사 덕분에 그 이름이 전해졌으니,[10] 당태종이 눈을 잃고 달아났음이 고구려 전쟁사에 특기할 만한 명예로운 일이라, 신라인이 이것을 빼 버렸음은 또한 있을 수 있는 일이었다.

---

9) 몸 속으로 곪음.
10) 을지문덕의 이름이 《삼국사기》에 보이는 것은, 곧 김부식이 중국사에서 끌어다 쓴 것이므로 그 논평에 '을지문덕은 중국사가 아니면 알 도리가 없다'고 했음.

그러니까 우리가 당태종의 눈 잃은 일을 처음에 전설과 《목은집(牧隱集)》[11]에서 어렴풋이 찾아내어 《구당서》《신당서》나 《삼국사기》에 이것을 기재하지 않은 의문을 가지게 될 때, 진정의 《양산묵담》에서 같은 종류의 사항을 발견하고, 공자의 《춘추》에서 그 전통의 악습을 적발하고, 《구당서》《신당서》《통감강목(通鑑綱目)》 등을 가져다 그 모호하고 은미(隱微)한 문구 속에서 첫째로 당태종 병록[12] 보고가 사실이 아님을 갈파하고, 둘째로 목은의 〈정관음〉의 신용할 만함을 실증하고, 셋째로 신라 사람이 고구려 승리 역사를 말살함으로써 당태종의 패전과 다친 사실이 《삼국사기》에 빠지게 되었음을 단정하고, 이에 간단한 결론을 얻으니, 이른바 '당태종이 보장왕 3년 안시성에서 눈을 상하고 도망하여 돌아가서, 당시 외과 치료가 완벽하지 못해 거의 30달을 앓다가 보장왕 5년에 죽었다'라는 것이다. 이 수십 자를 얻기에도 5, 6종 서적 수천 권을 반복하여 읽어 보고, 들며 나며, 또는 무의식 가운데에서 얻고 또는 무의식 가운데에서 찾아내어 얻은 결과이니, 그 수고로움이 또한 적지 않았다.

승군의 내력을 모른들 무엇이 해로우며 당태종(唐太宗)이 다친 사실을 안들 무엇이 이롭기에 이런 사실을 애써서 탐색하느냐 할 이가 있을 것이다. 그러나 사학은 하나하나를 모으고 잘못 전하는 것을 바로잡아서 과거 인류의 행동을 여실하게 그려 내어 후세 사람들에게 남겨 주는 것이다. 승군 곧 선인군(先人軍)의 내력을 모르면 다만 고구려가 당나라 군사 30만을 물리친 원동력뿐 아니라, 뒤따른 명림답부 혁명군의 중심과 강감찬(姜邯贊)이 거란을 격파한 군대의 주력이 다 무엇이었던지 모르고, 따라서 삼국에서부터 고려까지의 1천여 년 군제상(軍制上) 중요한 점을 모를 것이며, 당태종이 눈을 잃고 죽은 줄을 모른다면 안시성 전국(戰局)이 속히 결말이 난 원인을 모를 뿐 아니라, 그것이 신라와 당나라가 연맹하게 된 배경이요, 당나라 고종과 그 신하가 모든 희생을 돌아보지 않고 고구려와 흥망을 겨룬 전제(前提)요, 백제와 고구려가 서로 손을 맞잡게 된 동기라는 것을 모를 것이다.

그러나 위에 든 것은 그 한두 예일 뿐이고, 이밖에도 이런 일이 얼마나 되는지를 모를 것이니, 그러므로 조선사의 황무지를 개척하자면 도저히 한두 사람

---

11) 李穡의 저서.
12) 이질 등.

의 힘으로 단시일에 완결될 것이 아님을 깨달았다.

3) 각종 명사(名詞)해석에 대하여

고대 페니키아인이 이집트 상형문자를 가져다 알파벳을 만든 것처럼, 우리나라는 한자를 가져다가 이두문을 만들었는데, 초창기에는 한자음을 딴 것도 있고 그 뜻을 딴 것도 있었으니, 《삼국사기》에 보이는 사람 이름으로는 '소지(炤智), 일명 비처(毗處)'라 함은 빛의 뜻이 소지가 된 것이고 음이 비처로 된 것이요, '소나(素那), 일명 금천(金川)'이라 함은 뜻이 금천, 음이 소나로 된 것이요, '거칠부(居柒夫), 일명 황종(荒宗)'이라 함은 '거칠우'의 음이 거칠부, 뜻이 황종으로 된 것이요, '개소문(蓋蘇文), 일명 개금(蓋金)'은 '쇠'의 음이 소문, 뜻이 금으로 된 것이요, '이사부(異斯夫), 일명 태종(苔宗)은 '잇우'의 음이 이사부, 뜻이 태종[13]으로 된 것이다.

지명(地名)으로는 '밀성(密城), 추화(推火)라고도 함'은 '밀무'의 음이 밀성, 뜻이 추화로 된 것이요, '웅산(熊山), 공목달(功木達)이라고도 함'은 '곰대'의 뜻이 웅산, 음이 공목달로 된 것이요, '계립령(鷄立嶺), 일명 마목령(麻木嶺)'이라 함은 '저름(겨릅)'의 음이 계립, 뜻이 마목으로 된 것이요, '모성(母城), 막성(莫城)이라고도 함'은 '어미'의 뜻이 모, 음이 막으로 된 것이요, '흑양(黑壤), 금물노(今勿奴)라고도 함'은 '거물라'의 '거물'의 뜻이 흑, 음이 금물로 된 것이요, 양과 노는 다 '라'의 음을 취한 것이다.

관명(官名)으로는, '각간(角干)을 또는 발한(發翰)이라 함'은 '불'의 뜻이 각, 음이 발로 된 것이고, 간(干)과 한(翰)은 다 '한'의 음을 취한 것이니, 불한은 군왕(郡王)을 일컬음이요, '욕살(褥薩)을 또한 도사(道使)라 함'은 '라'의 뜻이 도, 음이 욕으로 된 것이고, '살'의 뜻이 사, 음이 살로 된 것이니, '라살'은 지방장관을 일컬음이다. '말한' '불한' '신한'은 삼신(三神)에서 근원한 것인데, 뜻으로는 천일(天一)·지일(地一)·태일(太一)이 되고, 음으로는 마한(馬韓)·변한(弁韓)·진한(辰韓)으로 된 것이요, '도가' '개가' '크가' '소가' '말가'는 다섯 대신을 일컬음인데, '도·개·크·소·말' 등은 뜻으로, '가'는 음으로 저가(猪加)·구가(狗加)·대가(大加)·우

---

13) 《訓蒙字會》에 苔를 '잇'으로 읽음.

가(牛加)·마가(馬加)로 된 것이다.

이런 자질구레한 고증이 무슨 역사상의 큰일이 되는가? 이것은 자질구레한 듯하나 지지(地誌)의 잘못도 이로써 바로잡을 수 있고, 사료의 의혹도 이로써 보충할 수 있으며, 고대 문학에서부터 모든 생활 상태까지 연구하는 열쇠가 된다. 예를 들자면 해모수(解慕漱)와 유화왕후(柳花王后)가 만난 압록강이 어디인가? 지금 압록강이라 하면 당시 부여 도읍인 하얼빈과 너무 멀리 떨어져 있고 다른 곳이라면 달리 또 압록이 없어 그 의문을 깨뜨리지 못하였다. 그러다가 첫 걸음에 광개토호태왕(廣開土好太王) 비에 지금 압록강을 아리수(阿利水)라 하였음을 보고, 압록의 이름이 아리(阿利)에서 나왔음을 깨달았다. 두 번째로 《요사(遼史)》에 '요흥종(遼興宗)이 압자하(鴨子河)를 혼동강(混同江)이라 이름을 고쳤다'고 한 것을 보고, '압자(鴨子)가 곧 아리라면 혼동강 곧 송화강(松花江)이 고대 북압록강(北鴨綠江)인가?' 하는 가설을 얻었고, 다음에 《동사강목(東史綱目)》〈고이(考異)〉에 《삼국유사》의 "요하(遼河) 일명 압록(鴨綠)"과 주희(朱熹)의 "여진(女眞)이 일어나 압록강(鴨綠江)에 웅거하였다"고 한 것을 들어 '세 압록(鴨綠)이 있다'고 하였음을 보고, 송화강이 고대에 한 압록강이었음을 알고, 따라서 해모수 부부가 만난 압록강이 곧 송화강임을 굳혔다.

《마한전(馬韓傳)》에 '비리(卑離)'를, 건륭제(乾隆帝)의 《삼한정류(三韓訂謬)》에는 만주의 패륵(貝勒 : 패리)과 같은 관명(官名)이라고 하였으나 내 생각은 다음과 같다. 삼한의 비리는 《삼국사기》〈지리지(地理志)〉 백제의 부리(夫里)이니, 비리나 부리는 다 '울'의 취음(取音)이요, 도회(都會)의 뜻이다. 마한의 비리와 백제의 부리를 참조하면, 마한의 벽비리(辟卑離)는 백제의 파부리(波夫里)요, 여래비리(如來卑離)는 이릉부리(爾陵夫里)요, 모로비리(牟盧卑離)는 모량부리(毛良夫里)요, 감해비리(監奚卑離)는 고막부리(古莫夫里)요, 초산도비리(楚山塗卑離)는 미동부리(未冬夫里)요, 고랍비리(古臘卑離)는 고막부리(古莫夫里)니, 비록 이 음과 저 뜻을 취하여 서로 다른 번역이 있기는 하나 그 대략을 얻을 수 있을 것이다. 따라서 조선이 관중(管仲)과 싸우던 때에 중국 산서성(山西省)이나 영평부(永平府)에 비이(卑耳)의 계(谿)를 두었으니, 비이는 비리 곧 '울'의 번역이다. 이에서 조선 고대의 '울'이 곧 산해관(山海關) 서쪽까지에 이르렀음을 알 수 있다.

그러므로 자질구레한 고증이 역사상 큰일이 아니지만, 도리어 역사상 큰일을 발견하는 도구라 하겠다. 만일 다시 한걸음 더 나아가서 《훈몽자회(訓蒙字會)》《처용가(處容歌)》《훈민정음(訓民正音)》 등에서 옛말을 연구하고, 《삼국유사》에 씌어 있는 향가에서 이두문 용법을 연구하면 역사상 많은 발견이 있을 것 같다. 필자가 일찍이 이에 유의한 바 있었는데, 해외에 나간 뒤부터는 책 한 권 얻기가 아주 어려워서, 10년을 두고 《삼국유사》를 좀 보았으면 하였으나 또한 얻어 볼 수 없었다.

4) 위서(僞書)판별과 선택에 대하여

우리나라는 고대에 진귀한 책을 태워 버린 때(조선 태종의 焚書 같은)는 있었으나 위서를 조작한 일은 별로 없으므로, 근래에 와 《천부경(天符經)》《삼일신고(三一神誥)》 등이 처음 출현하였으나, 누구의 변박(辯駁)도 없이 고서로 인정하는 이가 없게 되었다. 그러므로 우리나라 책은 각 씨족 족보 가운데 조상의 일을 위조한 것이 있는 이외에는 그다지 진위 변별에 애쓸 필요가 없다. 우리와 이웃해 있는 중국과 일본 두 나라와는 예로부터 자주 교류를 해서 우리 역사에 참고될 책이 적지 않지만 위서가 많기로는 중국 같은 나라가 없을 것이니, 위서를 분간하지 못하면 인용하지 않을 기록을 우리 역사에 인용하는 착오를 저지르기 쉽다.

그렇지만 그 가짜에 구별이 있다. 하나는 가짜 가운데 가짜니, 예를 들면 《죽서기년(竹書紀年)》은 진본이 없어지고 위작이 나왔음은 앞에서 이미 말했거니와, 옛날 사학자들이 늘 《고기(古記)》의 '단군은 요임금과 함께 무진년에 섰다(檀君 與堯竝立於戊辰)'고 한 글에 따라 단군 연대를 알고자 하는 이는 언제나 요임금 연대에 비교코자 하며, 요임금 연대를 찾는 이는 《속강목(續綱目)》[14]에 고준(考準)한다. 그러나 주소(周召)[15]의 공화(共和)[16] 이전 연대는 중국 역사가의 대조(大祖)라 할 만한 사마천(司馬遷)도 알지 못하여 그의 《사기(史記)》 연표에 쓰지 못하였다. 하물며 그보다도 더 요원한 요임금 연대랴. 그러므로 《속강목》은 다만 가짜 《죽서기년》에 따라 적은 연대이니, 이제 《속강목》에 따라 그때

---

14) 金仁山 지음.
15) 周公旦과 召公奭.
16) 厲王이 달아나고 주공과 소공이의논하여 정치를 행한 14년.

연대를 찾다보면 도리어 연대가 흐려진다. 공안국(孔安國)의 《상서전(書尙傳)》에 '구려 한맥(句麗馯貊)'이라는 구절을 인용하여 고구려와 삼한이 중국 주무왕(周武王)과 교류하였음을 주장하는 이도 있다. 그러나 《사기(史記)》 공자세가(孔子世家)에 '안국(安國)이 지금 황제의 박사(博士)가 되었는데 일찍 죽었다(安國爲今皇帝博士 蚤卒)'고 하였으니 '지금 황제'는 무제(武帝)를 말한다. 무제를 '지금 황제'라 한 것은 사마천이 무제가 죽어서 무제라는 시호를 받은 것을 못 보았기 때문이고, 안국이 '갑자기 죽었다'고 한 것은 사마천이 생전에 안국의 죽음을 보았기 때문일 것이다. 그러면 공안국은 사마천보다 먼저 죽고, 사마천은 무제보다 먼저 죽었음이 명백한데, 《상서전》에는 무제의 아들인 소제(昭帝) 시대에 창설한 금성군(金城郡)이란 이름이 있으니, 공안국이 그가 죽은 뒤에 창설된 지명을 예언할 만한 점쟁이라면 모르지만, 만일 그렇지 않다고 하면 《상서대전(尙書大傳)》이 위서(僞書)임이 또한 분명하고, 거기 기록된 구려·한맥 등도 자연 명백해질 것이다.

다음은 진짜 가운데 가짜인데, 이것을 다시 둘로 나누면

① 하나는 본서의 위증(僞證)이니, 《초학집(初學集)》《유학집(有學集)》 등은 전겸익(錢謙益)이 실제로 지은 것이지만, 그 글 가운데 씌어 있는 우리나라에 관한 일은 대개 전겸익의 위조요, 실제로 없는 것이 많으니 이런 따위가 바로 그것이다. 그러나 이는 우리나라 역사에 그것을 반박할 확고한 증거들이 있지만 만일 우리 역사에 반박할 재료가 없어지고 저들의 거짓 기록만 유전(流傳)된 것이 있다면, 다만 가설의 부인만으로는 안 될 것이니 어찌하면 옳을까?

옛날에 장유(張維)가 《사기》의 '무왕(武王)이 기자(箕子)를 조선에 봉하였다(武王封箕子于朝鮮)'고 한 것을 변정(辨正)하는데, 첫째로 《상서(尙書)》에 '나는 남의 신하가 되지 않겠다(我罔爲臣僕)'고 한 말을 들어 기자가 이미 남의 신하가 되지 않겠다고 스스로 맹세하였으니 무왕의 봉작(封爵)을 받았을 리 없다는 전제를 내세우고, 둘째로 《한서(漢書)》에 '기자가 조선으로 몸을 피하였다(箕子避地于朝鮮)'고 한 것을 들어 반고(班固)는 《사기》를 지은 사마천보다 성실하고 정밀한 역사가로서 사마천의 《사기》에 기록된 기자의 봉작설을 빼 버리고 봉작은 사실이 아니라고 단언을 내렸으니 이는 인적 증거이다. 삼국 이후 고려

말엽 이전[17])에 우리나라 형세가 강성하여 중국에 전쟁으로 맞설 때에도 저들이 보낸 국서에 우리를 낮추어 한 말이 많이 있었다. 그들은 다른 나라가 사신을 보내면 반드시 조공하러 왔다고 썼는데, 이는 중국인의 병적인 자존심 때문이다. 이는 근세 청조(淸朝)가 처음 서양과 통상할 때 영국과 러시아 등 여러 나라가 와서 통상한 사실을 죄다 '어떤 나라가 신하라 일컫고 공물을 바쳤다(某國稱臣奉貢)'고 썼음을 보아도 알 수 있는 일이니, 그때 기록을 함부로 믿어서는 안 된다.

또 중국인이 만든 《열조시집(列朝詩集)》《양조평양록(兩朝平壤錄)》 등 시화(詩話) 가운데 조선 사람의 시를 가져다가 게재할 때에 대담하게 한 구절 한 줄을 고쳤음을 볼 수 있으니, 우리 역사를 적을 때에도 자구를 고쳤음을 알 것이다. 그리고 몽고의 위력이 우리나라를 뒤흔들 때, 우리의 악부(樂府)와 사책(史冊)을 가져다가 '황도(皇都)' '제경(帝京)' '해동천자(海東天子)' 등의 자구를 모두 고친 사실이 《고려사》에 보이니, 그 고친 기록을 바로잡지 못한 《삼국사기》《고려사》 등도 중국과 관계된 문자는 실제 기록이 아님을 알 것이다. 이것은 물적 증거이다. 몇 해 전 김택영(金澤榮)의 《역사집략(歷史輯略)》과 장지연(張志淵)의 《대한강역고(大韓疆域考)》에, 일본의 신공여주(神功女主) 18년에 신라를 정복했다는 것과, 수인주(垂仁主) 2년에 임나부(任那府)를 두었다는 것을 모두 《일본서기(日本書紀)》에서 그대로 따다가 적고 그 박식함을 자랑하였다. 그러나 신공 18년은 신라 내해이사금(奈解尼師今) 4년이다. 내해이사금 당시에는 신라에서 압록강을 구경한 이도 별로 없었을 텐데, 이제 내해이사금이 아리나례(阿利那禮: 압록강)를 가리키며 맹세하였다 함이 무슨 말인가? 수인주는 백제와 교류하기 이전 일본 임금이니, 백제 봉직(縫織)도 수입이 안 된 때이다. 그런데 수인주 2년 임나국(任那國) 사람에게 붉은 비단 2백 필을 주었다 함은 무슨 말인가? 이 두 가지 의문에 답하기 전에 그 두 사건의 기사가 스스로 부정하고 있으니, 이것은 논리적 증거이다. 이렇게 고인의 위증을 인적, 물적, 논리적으로 증명하여 부합되지 않으면 그것이 위증임을 알 것이다.

②후세 사람의 위증으로, 원서에는 본래 위증이 없었는데, 후세 사람이 문

---

17) 몽고 침입 이전.

구를 보태어 위증한 것이다. 마치 당태종이 고구려를 치려 하여, 그 《사기》《한서》《후한서(後漢書)》《삼국지(三國志)》《진서(晉書)》《남사(南史)》《북사(北史)》 등에 보인 조선에 관한 사실을 가져다가 자기네에게 유리하도록 안사고(顏師古) 등에게 곡필을 잡아 고치고 보태고 바꾸고 억지로 주를 달게 하였다. 그래서 사군(四郡 : 樂浪·臨屯·眞番·玄菟) 연혁이 가짜가 진짜가 되고, 역대 두 나라 국서가 더욱 본래대로 전해지는 것이 없게 되었다. 이런 증거는 본편 제2장 지리연혁(地理沿革)에서 볼 수 있을 것이다. 다음은 가짜 가운데 진짜니, 마치 《관자(管子)》 같은 것은 관중(管仲)이 지은 것이 아니고 중국 육국(六國) 시대에 지어진 위서(僞書)이나 조선과 제(齊) 전쟁의 실상을 전하니 위서이지만 진서(眞書) 이상의 가치를 가진 것이라 할 것이다.

5) 만주·몽골·터키 여러 종족의 언어와 풍속 연구

김부식은 김춘추(金春秋)·최치원(崔致遠) 이래 모화주의(慕華主義)의 결정이니, 그가 지은 《삼국사기》에 고주몽(高朱蒙)은 고신씨(高辛氏)[18] 후예이다, 김수로(金首露)는 금천씨(金天氏)[19] 후예이다, 진한(辰韓)은 중국 진인(秦人)이 동쪽으로 온 것이다 하여, 말이나 피나 뼈나 종교나 풍속이 한 가지도 같은 것이 없는 중국인을 동종(同宗)으로 보아, 말의 살에다 소의 살을 묻힌 어림없는 붓을 놀린 뒤로 그 편벽된 소견을 간파한 이가 없었으므로, 우리 부여 족계(族系)가 분명치 못하여 드디어는 조선사의 위치를 캄캄한 구석에 둔 지가 오래였다. 언제인가 필자가 《사기》〈흉노전(匈奴傳)〉을 보니 삼성(三姓)의 귀족 있음이 신라와 같고, 좌우 현왕(賢王) 있음이 고려나 백제와 같으며, 5월 제천(祭天)이 마한과 같고, 무일(戊日)과 기일(己日)을 숭상함이 고려와 같으며, 왕공(王公)을 한(汗)이라 함이 삼국의 간(干)과 같고, 벼슬 이름 끝 글자에 치(鞬)라는 음이 있음이 신지(臣智)의 지(智)·비지(卑支)의 지(支)와 같으며, 후(后)를 알씨(閼氏)라 함이 곧 '아씨'의 번역이 아닌가 하는 가설이 생겼다. 인축(人畜) 회계(會計)하는 곳을 담림(儋林) 또는 대림(蹛林)이라 함이 '살림'의 뜻이 아닌가 하는 의문이 나고, 휴도(休屠)는 소도(蘇塗)와 음이 같을 뿐 아니라 나라 안에 큰 휴도(休屠)를 둔 휴도

---

18) 고대 중국 5제 가운데 한 사람.
19) 黃帝의 아들 少昊.

국(休屠國)이 있고, 곳곳에 또 작은 휴도가 있어서 더욱 삼한 소도와 다름이 없었다. 이에 조선과 흉노가 3천 년 전에는 한 집안 형제였다는 의문을 가져 그 해결을 구하다가, 건륭제(乾隆帝)가 명하여 지은 《흠정만주원류고(欽定滿洲源流考)》와 《흠정요금원삼사국어해(欽定遼金元三史國語解)》를 가지고 비교하여 보았더니, 비록 그 가운데 부여에서 대신을 일컫는 칭호인 '가(加)'를 음으로 풀이하여 조선말 김가 이가 하는 '가'와 같은 뜻이라 하지 않고 뜻으로 주석하여 가(家)의 잘못이라 하였으며, 금사(金史) 발극렬(勃極烈)을 음으로 맞는 신라 불구내(弗矩內)에 상당한 것이라 하지 않고 청조(清朝) 패륵(貝勒 : 패리)과 같은 동류라 한 것 등 잘못이 없지 않으나, 주몽(朱蒙)이 만주어 '주림물' 곧 활을 잘 쏜다는 뜻이라 하고 옥저(沃沮)가 만주어의 '와지' 곧 삼림의 뜻이라 하고, 삼한의 벼슬 이름의 끝자 지(支)가 곧 몽고어 마관(馬官)을 '말치', 양관(羊官)을 '활치'라 한 '치'와 같은 것이라 하고, 삼한의 한(韓)은 가한(可汗)의 한(汗)과 같이 임금을 일컬음이고 나라 이름이 아니라고 한 것 등 많은 상고할 거리를 얻었다. 또 그 뒤에 동몽골(東蒙古)의 중을 만나 동몽골 말의 동·서·남·북을 물으니 연나·준나·우진나·회차라고 하여, 고구려에서 '동부를 순나라 하고(東部曰順那), 서부를 연나라 하고(西部曰涓那), 남부를 관나라 하고(南部曰灌那), 북부를 절나라 한다(北部曰絶那)'고 한 것과 같음을 알았다. 또 그 뒤 일본인 조거용장(鳥居龍藏)이 조사 발표한 조선·만주·몽고·터키 네 종족들이 현재 쓰고 있는 말로 같은 것이 수십 종[20]이 있음을 보고, 첫째 조선·만주·몽고·터키 네 가지 말은 같은 계통 언어라는 억단(臆斷)을 내렸고, 중국 24사(史)의 선비·흉노·몽골 등에 관한 기록을 가지고 그 종교와 풍속의 같고 다름을 참조하고, 서양사로써 흉노족에서 갈라진 무리가 터키(土耳其)·헝가리(匈牙利) 등지로 옮겨간 사실을 상세히 읽고서는 조선·만주·몽고·터키 네 종족은 같은 혈족이라는 또 하나의 억단을 내리게 된 것이다. 이 억단의 옳고 그름을 떠나서 조선사를 연구하자면, 조선 고어뿐 아니라, 만주어·몽고어 등도 연구하여 고대 지명·벼슬이름의 뜻을 깨닫는 동시에, 이주하고 교류한 자취며, 싸우고 빼앗은 자리며, 풍속의 같고 다른 차이며, 문명과 야만의 높고 낮은 원인을 구명하고, 그밖에 허다한 사적

---

[20] 지금 내가 기억하는 바는 오직 貴子를 아기라, 乾醬을 메주라 하는 한두 가지뿐임.

탐구와 잘못된 문헌 교정 등에도 힘을 기울여야 하겠다.

　이상 다섯 가지는 재료 수집과 선택 등의 수고로움에 대하여 나 자신의 경험을 말한 것이다. 조선·중국·일본 등 동양 문헌에 대한 큰 도서관이 없으면 조선사를 연구하기 어려울 것이다. 일본 학자들은, 국내에 아직 그런 대로 만족할 만한 도서관은 없으나 동양에서는 제일이고, 또 지금에 와서는 조선의 소유가 거기에 저장되어 있고, 또 서적 구독과 각종 사료 수집이 우리같이 떠돌이 생활을 하는 가난한 선비보다 월등히 나을 것이요, 게다가 새 사학에 상당한 소양(素養)까지 있다고 자랑하기에 이르렀으나 지금까지 동양학에 위대한 인물이 나지 못함은 무슨 까닭인가. 저들 가운데 가장 명성이 높은 자가 백조고길(白鳥庫吉)이라 하지만, 그가 지은 신라사(新羅史)를 보면, 배열·정리의 새로운 형식도 볼 수 없고 한두 가지 말하여 밝힌 것도 없음은 무슨 까닭인가?[21] 좁은 천성이 조선을 헐뜯기에만 급급하여 공평(公平)이 없기 때문인가? 조선 사람으로서 어찌 조선 사학이 일본인으로부터 실마리가 풀리기를 바라리요마는, 조선 보장품(寶藏品)들을 남김없이 가져다가 암매(暗昧) 중에 썩히고 있음을 개탄하고 아까워하지 않을 수 없다.

---

21) 2줄 생략.

제5장
역사 개조에 대한 우견(愚見)

역사 재료에서 없어진 것을 채우고 빠진 것을 기우며, 거짓을 없애고 헐뜯은 것을 밝혀서 완전하게 하는 방법을 이미 대략 말했거니와 그 편찬하고 정리하는 절차에서도 옛날 역사투를 고쳐야 한다. 최근에 때때로 새로운 체제의 역사를 지었다는 한두 가지 새 저서가 없지는 않으나, 그것은 다만 '신라사'·'고려사' 하며 왕조별 방식을 고쳐 '상세(上世)'·'중세(中世)'·'근세(近世)'라 하였고, '권1'·'권2'라 하던 통감(通鑑) 분편(分編)의 이름을 고쳐 '제1편'·'제2편'이라 하였으며, 그 내용을 보면 '재기(才技)'·'이단(異端)'이라 하던 것을 '예술'이나 '학술'이라 하여 그 귀천의 위치가 바뀌었을 뿐이요, '근왕(勤王)'이나 '한외(捍外)'[1]라 하던 것을 '애국'이나 '민족적 자각'이라 하여 그 신구(新舊) 명사(名詞)가 다를 뿐이니, 털어놓고 말하자면 한장책(韓裝冊)을 양장책으로 고쳤음에 지나지 않는다.

이제 나의 어리석은 소견으로 우리 역사의 개조 방법을 대강 말하고자 한다.

1) 그 계통을 찾아야 한다

옛 사서에는 갑(甲) 대왕이 을(乙) 대왕의 아버지요, 정(丁) 대왕이 병(丙) 대왕의 아우니 하여 왕실 계통만 찾고 그밖에 다른 곳에서는 거의 계통을 찾지 않았다. 그래서 무슨 사건이든지 공중에서 거인이 내려오고, 평지에서 신산(神山)이 솟아오른 듯하여 한편의 신괴록(神怪錄)을 읽는 것 같다. 역사는 인과 관계를 밝히자는 것인데, 만일 이런 인과 이외의 일이 있다면 역사는 공부하여 무엇하랴. 그것은 지은 사람의 부주의 때문이요, 본질이 그런 것은 아니다. 그러므로 옛 사서에는 그 계통을 말하지 않았다 하더라도 우리가 찾을 수 있으니,

---

1) 외적을 막음.

《삼국사기》〈신라 본기〉에 적힌 신라 국선(國仙)이 진흥대왕(眞興大王) 때부터 문무대왕(文武大王) 때까지 전성하여 사다함(斯多含) 같은 이는 겨우 열대여섯 살 소년으로 제자 수가 중국 대성(大聖) 공자와 겨루게 되었고, 이밖에 현상(賢相)·양장(良將)·충신(忠臣)·용사(勇士)가 모두 이 가운데서 났다[2]고 하였다. 그러나 그동안이 수십 년에 지나지 않고 성식(聲息)이 아주 끊어져서, 국선 이전 국선의 개조(開祖)도 볼 수 없고 국선 이후 국선의 후계자도 볼 수 없이 갑자기 왔다가 갑자기 갔으니, 이것이 어찌 신라의 신괴록이 아니랴? 많은 옛 기록에서 왕검(王儉)이 국선의 개조임을 찾으면, 고구려사에서 조의(皂衣)·선인(先人) 등을 알 것이며, 국선의 하나됨을 찾으면 국선이 내려온 근원을 알 것이다. 고려사에서 이지백(李知白)이 '선랑(仙郞)을 중흥시키자'고 한 쟁론(爭論)과, 예종(睿宗)이 '사선(四仙)의 유적을 영광스럽게 하라' 하고, 의종(毅宗)이 '국선의 벼슬길을 다시 열라'고 한 조서를 보면, 고려에까지도 오히려 국선의 전통이 내려오고 있었음을 볼 수 있으니, 이것을 계통을 찾는 방법의 한 예로 든다.

2) 그 회통(會通)을 구해야 한다

회통은 먼저와 나중, 이쪽과 저쪽 관계를 종류에 따라 모은다는 말이니, 옛 사서에도 회통이라는 명칭은 있으나 오직 〈예지(禮志)〉〈과목지(科目志)〉—회통의 방법이 완비하지 못하지만—이밖에는 이 명칭을 응용한 곳이 없다. 그러므로 무슨 사건이든지 홀연히 모였다가 홀연히 흩어지는 구름과도 같고 돌연히 불다가도 그치는 돌개바람과도 같아서 도저히 붙잡을 수가 없다.《고려사》〈묘청전(妙淸傳)〉을 보면, 묘청이 서경(西京 : 평양)의 한 중으로서 '평양으로 도읍을 옮기고 금(金)나라를 치자' 하니 일시에 군왕 이하 많은 신민의 동지를 얻어서 기세가 혁혁하다가 마침내 평양에 웅거하여 나라 이름을 대위(大爲)라 하고, 원년 연호를 천개(天開)라 하고, 인종(仁宗)더러 대위국 황제의 자리에 오르라고 협박장 비슷한 상소를 올렸다. 그러자 반대당 수령인 한낱 유생 김부식(金富軾)이 왕사(王師)로서 와서 죄를 캐내어 물으니 묘청이 변변히 싸워 보지도 못하고 부하에게 죽었으므로, 묘청을 미친 자라고 한 사평(史評)도 있지만, 그 무렵

---

2) 《삼국사기》에 인용한 金大問의 설.

묘청을 그처럼 신앙한 이가 많았음은 무슨 까닭이며, 묘청이 하루아침에 그렇게 패한 것은 무슨 까닭인가?《고려사》〈세기(世紀)〉[3]와〈열전(列傳)〉을 참고하여 보면, 태조 왕건(王建)이 거란(契丹)[4]과 국교를 끊고 북방의 옛 강토를 회복하려 하다가 실행하지 못하고 죽었으므로, 그 뒤를 이은 임금 광종(光宗)과 숙종(肅宗) 같은 이는 모두 태조의 유지를 성취하려 하였다. 그리고 신하들 가운데에서도 이지백(李知白)과 곽원(郭元), 왕가도(王可道) 같은 이들이 열렬하게 북벌을 주장하였으나 모두 실행치 못했다. 윤관(尹瓘)이 군신이 한마음으로 두만강 이북을 경영하려는 창 끝을 약간 시험하다가 반대자가 너무 많아서 그 이미 얻은 땅인 구성(九城)까지 금나라 태조(太祖)에게 다시 돌려주니, 이는 당시 무사들이 천고에 한 되는 일로 여겼고, 그 뒤에 금 태조가 요(遼)를 토벌하고 중국 북방을 차지하여 황제를 일컫고 천하를 노려보았다. 금은 원래 백두산 동북의 여진(女眞) 부락으로서 우리에게 복종하던 노민(奴民)[5]이었는데, 갑자기 강성해져서 형제 위치로 바뀌었다.[6] 이에 나라 사람들 가운데 좀 혈기가 있는 사람이면 모두 나라의 수치에 눈물을 뿌렸다. 묘청은 이런 틈을 타 고려 초엽부터 전해 오는 '평양에 도읍을 정하면 36개 나라가 조공하러 온다(定都平壤 三十六國來朝)'는 도참(圖讖)을 부르짖으니, 사대주의의 편벽된 소견을 가진 김부식 등 몇몇 사람 이외에는 모두 묘청에게 호응하여, 대문호(大文豪) 정지상(鄭知常)이며 무장 최봉심(崔逢深)이며, 문무 겸전(兼全) 윤언이(尹彦頤)[7] 등이 모두 북벌론을 주창함으로써 묘청의 세력이 일시에 전성하였다. 오래지 않아 묘청 하는 짓이 미치고 망령되어 평양에서 왕명도 없이 나라 이름을 고치고 온 조정을 협박하니, 이에 임금 좌우에 있던 정지상은 묘청의 행동을 반대하였고 윤언이는 도리어 생각이 다른 김부식과 함께 묘청 토벌에 앞장섰다. 이것이 묘청이 실패한 원인이다. 그런데 김부식은 출정하기 전에 정지상을 죽이고, 묘청을 토벌한 뒤

---

[3] 세가(世家).
[4] 뒤의 遼.
[5] 《고려도경》에 女眞奴奉高麗(여진은 종으로 고려를 섬긴다)라 하였고, 《고려사》에 실린 金景祖의 국서에도 女眞以高麗爲父母之邦(여진이 고려를 부모의 나라로 여기었다)라 하였음.
[6] 《고려사》에 실린 金太祖의 국서에 兄大金皇帝 致書于弟高麗國王(형 大金皇帝가 글을 아우 고려국 임금에게 보낸다)라 하였음.
[7] 尹瓘의 아들.

에 또 윤언이를 내쫓아서 북벌론자의 뿌리를 소탕해 버렸다. 김부식은 성공하였으나 이 때문에 조선이 쇠약해질 터전이 잡혔다고 할 수 있을 것이다.

이렇게 참고하여 보면, 묘청의 성패한 원인과 그 패한 뒤에 생긴 결과가 분명하지 않은가. 이로써 회통(會通)을 구하는 한 예를 보인 것이다.

3) 심습(心習)을 제거해야 한다

영국 해군부(海軍部)의 '세계 철갑선의 비조(鼻祖)는 1592년께 조선 해군대장 이순신이다'라고 한 보고가 영국사에 실려 있는데, 일본인들은 모두 당시 일본 배가 철갑(鐵甲)이요 이순신의 것은 철갑이 아니라면서 그 보고는 틀린 것이라고 반박하고, 조선의 집필자들은 이것을 과장하기 위하여 그 보고를 그대로 인용해서 조선과 일본 어느 나라가 먼저 철갑선을 창조하였는가를 논쟁하게 되었다. 일본인의 말은 아무런 뚜렷한 증거가 없는 거짓 주장이라 족히 따질 것이 없거니와,《이충무공전서(李忠武公全書)》에 설명한 거북선의 제도를 보건대, 배는 널빤지로 꾸미고 철판으로 꾸민 것이 아닌 듯하니, 이순신을 장갑선(裝甲船)의 비조라고 함은 옳으나, 철갑선의 비조라 함은 옳지 않을 것이다. 철갑선의 창조자라 함이 보다 더 명예가 되지만, 창조하지 않은 것을 창조했다고 하면 이것은 진화의 계급을 어지럽힐 뿐이다. 가령 모호한 기록 가운데에서 부여의 어떤 학자가 물리학을 발명하였다든가, 고려의 어떤 명장이 증기선을 창조하였다는 문구가 발견되었다 하더라도 우리가 신용치 못할 것은 속일 수 없는 일이다. 뿐만 아니라 스스로를 속이는 것도 옳지 않기 때문이겠다.

4) 본색(本色)을 보존해야 한다

《대동운부군옥(大東韻府群玉)》에 '국선(國仙) 구산(瞿山)이 사냥을 나가서 어린 짐승이나 새끼 가진 짐승을 함부로 낭자하게 죽였는데, 주막 주인이 저녁 밥상에 자기 다리살을 베어 놓고, 공은 어진 이가 아니니 사람 고기도 먹어 보라고 하였다'고 한 이야기가 있다. 이는 대개 신라 당시에는 영랑(永郎)과 술랑(述郎) 등의 학설이 사회에 침투되어 국선 오계(五戒)의 한 가지인 '살상은 골라서 하라'고 하는 것을 사람들이 다 실행하던 때이므로 이를 위반하는 자는 사람 고기도 먹으리라는 반감으로 주막 주인이 이렇게 참혹하게 무안을 준 것이다.

그것이 수십 자에 지나지 않는 기록이지만, 신라 화랑사(花郎史)의 일부라 할 수 있다. 《삼국사기》〈고구려 본기〉 미천왕조(美川王條)에 '봉상왕(烽上王)이 그 아우 돌고(咄固)가 딴 마음을 품고 있다고 하여 죽였다. 돌고의 아들 을불(乙弗)[8]이 겁이 나서 달아나 수실촌(水室村) 사람인 음모(陰牟)[9]의 집에서 머슴살이를 하였다. 음모가 밤마다 기와와 돌을 집 옆의 늪에 던져 개구리가 울지 못하게 하라 하고, 낮이면 나무를 해 오라고 하여 잠시도 쉬지 못하게 하였다. 을불은 견디다 못하여 1년 만에 달아나서 동촌(東村) 사람 재모(再牟)와 함께 소금 장사가 되어 압록강에 이르러 소금 짐을 강동 사수촌(思收村) 사람의 집에 부렸다. 한 노파가 외상으로 소금을 달라고 하므로 한 말쯤 주었더니, 그 뒤에 또 달라고 하므로 이를 거절하였다. 노파는 이에 앙심을 품고 몰래 짚신 한 켤레를 소금 짐 속에 묻었다가 을불이 길을 떠난 뒤에 쫓아와서 도둑으로 몰아 압록재(鴨綠宰)에게 고발했다. 그래서 짚신 한 켤레의 값으로 소금 한 짐을 다 빼앗고 매질까지 한 뒤에 놓아 보냈다'라는 이야기가 있다.

　이것도 몇 줄 안 되는 기록이지만, 또한 봉상왕 때 부호의 포학과 서민과 수령의 사악한 행위를 그린 약도이니, 그 시대 풍속사의 한 점이라 할 것이다. 그러나 《삼국사기》나 《고려사》는 아무 맛없는 '어느 임금이 즉위하였다' '어느 대신이 죽었다' 하는 등의 연월(年月)이나 적고, 보기 싫은 '어느 나라에 사신을 보냈다' '어느 나라에서 사신이 와서 보고하였다' 하는 등의 사실이나 적은 것들이요, 위의 두 가지 예화처럼 시대의 본모습을 그린 글은 보기 어렵다. 이는 유교도의 춘추필법(春秋筆法)과 외교주의(外交主義)가 편견을 낳아서, 전해 내려오는 《고기(古記)》를 제멋대로 고쳐서 그 시대 사상을 흐리게 한 것이다. 옛날 서양의 어느 역사가가 이웃집에서 두 사람이 다투는 말을 뚜렷이 다 들었다. 그런데 그 이튿날 남들이 말하는 그 두 사람의 시비는 자기가 들은 것과는 아주 달랐다. 이에 '옛날부터의 역사가 모두 이 두 사람의 시비처럼 잘못 전해진 것이 아닌가?' 하고 자기가 지은 역사책을 모두 불태워 버렸다.

　취재기자가 조사해서 얻어와 보고하고 편집원이 다시 교정하고도 잘못이 생기는 예가 있는 신문·잡지 기사도 오히려 진상과 큰 차이가 있는 것이 허다할

---

8) 美川王의 이름.
9) 당시 부호의 이름인 듯.

뿐 아니라, 갑의 신문이 이렇다 하면 을의 신문은 저렇다 하여 어느 것을 믿어야 할지 알 수 없는 일이 많으니, 하물며 고대의 한두 사학자가 자기가 좋아하고 싫어하는 대로 아무 책임감 없이 지은 것을 어떻게 믿을 수 있으랴? 그리고 이성계가 고려의 마지막 왕 우(禑)의 목을 베고 그 자리를 빼앗을 때, 후세 사람이 신하로서 임금을 죽인 죄를 나무랄까 하여 백방으로 우는 원래 왕씨 왕통을 잇지 못할 요망한 중 신돈의 천첩 반야(般若)의 소생이라 하고, 경효왕(敬孝王: 恭愍王)이 신돈의 집에서 어떻게 데려왔다느니, 반야가 우를 궁인 한씨 소생으로 정하는 것을 보고 통한하여 울부짖어 우니 궁문(宮門)도 그 원통함을 알고 무너졌다느니 하여, 아무쪼록 우가 신씨임을 교묘하게 증명하였다. 그러나 우는 오히려 송도 유신(遺臣)들이 굴 속에 숨어서까지 우의 모함당함을 절규하였다. 오늘날 사학자들은 비록 확실한 증거는 없으나 오히려 우가 왕씨요 신씨가 아님을 믿는 이도 있다. 또 왕건(王建)이 궁예(弓裔)의 장군으로 궁예의 은총을 받아 대병(大兵)을 맡게 되자 드디어 궁예를 쫓아내어 객사(客死)케 하고, 또한 신하로서 임금을 죽였다는 죄를 싫어하여 전력을 집중하여 궁예를 죽여 마땅할 죄를 구하였으니 '궁예는 신라 헌안왕(憲安王) 아들인데, 왕이 그가 5월 5일에 났음을 미워하여 버렸더니, 궁예가 이를 원강하여 군사를 일으켜서 신라를 멸망시키려고 어느 절에서 벽에 그려진 헌안왕 초상까지 칼로 쳤다'고 하였다. 그리고 다시 이에 대한 확실한 증거를 만들그자, '궁예가 태어나자 헌안왕이 엄명을 내려 궁예를 죽이라고 하여 궁녀가 누각 위에서 아래로 내던졌는데, 유모가 누각 아래에서 궁예를 받다가 손가락이 잘못 아이의 눈을 찔러 한쪽 눈이 멀었다. 그 유모가 데려다가 비밀리에 궁예를 길렀는데, 10살이 되어 장난이 몹시 심해 유모가 울면서 "왕이 너를 버리신 것을 내가 차마 버려 둘 수 없어서 데려다 길렀는데, 이제 네가 이렇듯 미치광이짓을 하니 만일 남이 알면 너와 내가 다 죽을 것이다"고 말하였다. 궁예가 이 말을 듣고 울며 머리를 깎고 중이 되었다. 그 뒤에 신라의 정치가 문란함을 보고 군사를 모아 큰 뜻을 성취하리라 하고 도둑의 괴수 기훤(箕萱)에게로 갔다가 뜻이 맞지 않아 다시 다른 도둑의 괴수 양길(梁吉)에게로 가서 후한 대우를 받고 군사를 나누어 동으로 나아가서 땅을 차지하였다'고 하였다. 가령 위의 말이 다 참말이라면, 이는 궁예와 유모의 평생 비밀일 것이다. 그런데 그것을 듣고 전한 자가 누구이며, 가령 궁예가 왕이 되어 신라의 형법 밖에 있게 된 뒤에 스스로 발표한 말이라 하면, 그 말한 날짜나 곳은 적지 않는다 하더라도 어찌하여 데리고 말한 사람을 기록하지 않았는가? 오늘날 눈으로 보면 부모를 부모라 함은 나를 낳은 은혜를 위함인데, 만일 나를 낳음이 없고 나를 죽이려는 원수 같은 부모가 무슨 부모이겠는가? 궁예가 헌안왕의 아들이라 하더라도 만일 사관(史官)의 말처럼 그가 세상에 나오던 날 죽으라고 누각 위에서 내던진 날부터 아버지라는 명의가 끊어졌으니, 궁예가 헌안왕의 몸에 칼질을 하여도 아비를 죽인 죄가 될 것 없고, 신라의 수도와 능(陵)을 유린한다 할지라도 조상을 모욕한 논란이 될 것 없겠거늘, 하물며 왕의 그림을 치고 문란한 신라를 혁명하려 함이 무슨 큰 죄나 논란이 되랴마는, 고대의 좁은 윤리관(倫理觀)으로는 그 두 가지 일, 헌안왕 초상과 신라에 불공(不恭)하기만 하여도 궁예는 죽어도 죄가 남을 것이니, 죽어도 죄가 남을 궁예를 죽이는 데야 무엇이 안 되었으랴? 이에 왕건은 살아서 고려 통치권을 가지고, 죽어서도 태조문성(太祖文聖)의 존시(尊諡)를 받아도 조금도 부끄러움이 없을 것이니, 이 때문에 고려 사관이 구태여 세달사(世達寺)의 한 비렁뱅이 중이던 궁예를 데려다가 고귀한 신라 왕궁의 왕자로 만든 게 아닐까 한다. 제왕이라 역적이라 함은 성패의 별명일 뿐이요, 정론(正論)이라 사론(邪論)이라 함은 진실의 많고 적은 차이일 뿐인데, 게다가 보고 들은 데 잘못이 있고, 쓰는 사람의 좋아하고 싫어하는 생각이 섞이지 않았는가? 사실도 흘러가는 물과 같이 한 번 가면 다시 돌아오지 못한다. 이미 간 사실을 그리는 역사를 저술하는 이도 어리석은 사람이지만, 그 써 놓은 것을 가지고 앉아서 시비곡직을 가리려는 역사를 읽는 이가 더욱 어리석은 사람이 아닌가? 아니다, 역사는 개인을 표준으로 하는 것이 아니요, 사회를 표준으로 하는 것이다. 그리므로 우리가 우(禑)의 성이 왕(王)인가 신(辛)인가를 조사하여 바로잡느니보다, 다만 당시 중국에 선전(宣戰)하고 요동 옛 땅을 회복하려 함이 이루어질 일인가 실패할 일인가, 성패 간에 그 결과가 이로울까 해로울까부터 정한 뒤에 이를 주장한 우와 반대한 이성계의 시비를 말함이 옳을 것이고, 궁예의 성이 궁(弓)인가 김(金)인가를 변론하는 것보다, 신라 이래 숭상하던 불교를 개혁하여 조선에 새 불교를 성립시키려 함이 궁예 패망의 도화선이었고, 만일 왕건이 아니라면 궁예의 그 계획이 성취되었다 하면, 그 결과를 확인한 뒤에야 이를 계획하던 궁예와 대적하던 왕건의 옳고 그름을 말함이 옳다고 생각한다.

'개인이 사회를 만드느냐? 사회가 개인을 만드느냐?' 이는 고대로부터 역사학자들이 논쟁해온 문제이다. 조선왕조 전반기 사상계는 세종대왕 사상으로 지배되고, 후반기 사상계는 퇴계 사상으로 지배되었다. 그러면 조선왕조 5백년 사회는 세종과 퇴계가 만든 것이 아닌가? 신라 후기부터 고려 중엽까지 6백년 동안은 영랑과 원효가 저마다 그즈음 사상계의 한 방면을 차지하여, 영랑 사상이 성해지는 때에는 원효 사상이 물러나고, 원효 사상이 성해질 때에는 영랑 사상이 물러나서 일진일퇴 일왕일래(一往一來)로 번갈아 사상계 패왕이 되었으니, 6백 년 사회는 그 두 사람이 만든 것이 아닌가?

백제 정치 제도는 온조대왕(溫祚大王)이 마련하여 고이대왕(古爾大王)이 마무리하였고, 발해 정치제도는 고제(高帝)가 마련하여 선제(宣帝)가 마무리하였으니 만일 온조왕과 고이왕이 아니었다면 백제 정치가 어떤 형식으로 되었을지, 고제와 선제가 아니었다면 발해 정치가 어떤 형식으로 되었을지 또한 모를 일이다. 삼경(三京) 오부(五部) 제도가 왕검과 부루(夫婁)로부터 수천 년 동안 정치 모형이 되었으니, 이를 보면 위대한 인격자 한 사람 손끝에서 사회가 만들어지는 것이고, 사회의 자주성은 없는 것이 아닌가?

그러나 다시 한편으로 살펴보자. 고려 말엽 불교의 부패가 극도에 이르러 원효종(元曉宗)은 이미 쇠미해지고, 임제종(臨濟宗)에도 또한 뛰어난 이가 없고 다만 10만 명 반승회(飯僧會)[10]와 100만 명 팔관회(八關會)[11]로 재물과 곡식을 낭비하여 국민이 머리를 앓을 뿐 아니라, 사회는 이미 불교 밖에서 새로운 생명을 찾기에 급급하였다. 이에 안유(安裕)·우탁(禹倬)이며 정몽주(鄭夢周)가 유교의 목탁을 들었고, 그 밑에서 세종이 나고 퇴계가 났으니 세종의 세종 됨과 퇴계의 퇴계 됨이, 세종이나 퇴계 그 자신이 스스로 된 것이 아니요 사회가 그렇게 만들었다고 함이 옳지 않을까?

삼국 말엽 수백 년 동안에 찬란히 발달한 문학과 미술의 영향을 받아 소도천군(蘇塗天君) 미신이나 율종소승(律宗小乘) 하품(下品) 불교로는 영계(靈界)의 위안을 줄 수가 없어서 사회가 그 새 생명을 찾은 지가 또한 오래이므로, 신라

---
10) 중에게 음식을 대접하는 모임.
11) 우리 민족의 고유 신앙과 불교의 팔관재계가 습합된 국가 행사.

진흥대왕이나 고구려 연개소문이 여러 교종 통일의 새로운 안을 내놓으려 한 일이 있었다. 그때에 영랑이 도령(徒領)의 노래를 부르고, 원효가 화엄(華嚴)의 자리를 베풀었으며, 최치원이 불교와 유교, 선도(仙道)를 넘나들며 신통한 재주를 보이니, 이에 각계가 갈채하여 이 세 사람을 맞았다. 그러니 영랑이며 원효나 최치원 모두 스스로 그렇게 된 것이 아니요, 사회가 그렇게 만든 것이 아닌가?

이에 따라서 하나의 의문이 생긴다. 원효는 신라 그때에 났기에 원효가 된 것이요, 퇴계는 조선왕조 그때에 났기에 퇴계가 된 것이다. 만일 그들이 그리스 철학 강단에 났더라면 플라톤이나 아리스토텔레스가 되지 않았을까? 프랑스나 독일의 현대에 났더라면 베르그송이나 오이켄(Eucken)[12]이 되지 않았을까? 나폴레옹의 뛰어난 재주와 큰 계략으로도 도포 입고 《대학》 읽던 시절에 도산서원 부근에 태어났더라면, 물러가 송시열이 되거나 나아가 홍경래가 되었을 뿐이 아니었을까?

크고 작음의 분량 차이로 그처럼 되지는 않는다 하더라도, 그 면목이 아주 달라졌을 것은 단언할 수 있다. 논조가 여기에까지 미쳤으나 개인은 사회라는 풀무에서 이루어질 뿐이니, 개인의 자주성은 어디에 있는가? 개인도 자주성이 없고 사회도 자주성이 없으면, 역사의 원동력은 어디에 있는가? 나는 이것을 볼 때 개인이나 사회의 자주성은 없으나, 환경과 시대를 따라서 자주성이 성립한다고 생각한다. 조선이며 만주며 터키며 헝가리가 3천 년 전에는 다 뚜렷한 한 혈족이었다. 그러나 또는 아시아에 그대로 있고, 또 한쪽은 유럽으로 옮겨가서 사는 곳의 동서가 달라지고, 또는 반도 또는 대륙으로, 또는 사막 또는 비옥한 땅으로, 또는 온대 또는 한대로 분포하여, 땅의 멀고 가까움이 다르고, 목축이나 농업, 침략이나 보수 등으로 생활과 풍속이 해와 달을 지내는 대로 더욱 간격이 생겨서 저마다 자주성을 가졌다. 이것이 곧 환경을 따라 성립한 민족성이라 하는 것이다. 같은 조선으로도 조선시대가 고려시대와 다르고, 고려시대는 또 동북국[13]과 다르고, 고려시대는 삼국과 같지 않으며, 왕검·부루(夫婁) 시대와도 같지 않다. 멀면 1천 년 전후가 다르고, 가까우면 1백 년 전후가 다르

---

12) 독일 철학자로 생의 철학 대표자.
13) 발해·예맥 등.

니, 지금부터 문명은 더욱 빨리 진보하니 10년 이전이 홍황(鴻荒 : 오랜 옛날)이 되고, 1년 이전이 먼 옛날이 될지 모르는 일이니, 이것이 이른바 시대를 따라 성립하는 사회성(社會性)이다.

원효와 퇴계가 시대와 경우를 바꾸어 태어났다면, 원효는 유자(儒者)가 되고 퇴계는 불자(佛者)가 되었을지 모르는 일이거니와, 생기발랄한 원효더러 주자의 규구(規矩)만 삼가 지키는 퇴계가 되라 한다면 이는 불가능한 일이며, 충실하고 용졸(庸拙)한 퇴계더러 불가의 별종(別宗)을 수립하는 원효가 되라 한다면 이 또한 불가능한 일일 것이니, 시대와 경우가 인물을 낳는 원료가 되는 것은 같으나 인물이 시대와 환경을 이용하는 능력은 다르기 때문이다.

민족도 개인처럼 어느 곳 어느 때에 갑이라는 민족이 가서 그 성적이 어떠하였으니 을이라는 민족이 갔더라도 마찬가지 성적을 이루었을 것이라고 한다면, 그것은 너무 성급한 판단이다. 대개 개인이나 민족에는 두 가지 개성이 있으니, 그 하나는 항성(恒性)이요, 다른 하나는 변성(變性)이다. 항성은 제1의 자주성이요, 변성은 제2의 자주성이니, 항성이 많고 변성이 적으견 환경에 순응치 못하여 절멸할 것이요, 변성이 많고 항성이 적으면 나은 자에게 정복당하여 패할 것이니, 늘 역사를 회고하여 두 가지 자주성의 많고 적음을 조절하고, 무겁고 가벼움을 고르게 하여, 그 생명이 천지와 한 가지로 장구하게 하려면 오직 민족적 반성에 기댈 수밖에 없다.

5) 역사 개조에 대한 나의 우견(愚見)

이상에 따라 개인과 사회의 관계에 대하여 두 가지 결론을 지었다.

① 사회가 이미 정해진 국면에서는 개인이 힘을 쓰기가 아주 곤란하고,

② 사회가 아직 정해지지 않은 국면에서는 개인이 아주 쉽게 힘쓸 수 있다는 것이다.

정여립이 '충신은 두 임금을 섬기지 아니하고 열녀는 두 지아비를 바꾸지 않는다' 하는 유교 윤리관을 여지없이 말살하고 '인민에게 해되는 임금은 죽일 수도 있고, 행의(行義)가 모자라는 지아비는 버릴 수도 있다'고 하고 '하늘의 뜻과 사람 마음이 이미 주실(周室)을 떠났는데 주나라를 존중해서 무엇하며, 군중과 땅이 벌써 조조(曹操)와 사마의(司馬懿)에게로 돌아갔는데 구차하게 한 구석

을 차지한 유비가 정통이라는 게 다 무엇하는 것이냐'고 하면서 공자와 주자의 역사 필법(筆法)을 반대하니, 그의 제자 신극성(辛克成) 등은 '이는 참으로 예전 성인이 아직 말하지 못한 말씀이다' 하고, 재상과 학자들도 그의 재기와 학식에 마음을 기울이는 이가 많았으나, 세종대왕이 심은 삼강오륜(三綱五倫)이 벌써 터를 잡고, 퇴계 선생의 존군모성(尊君慕聖)의 주의가 이미 깊이 박혀 전 사회가 잘 정돈된 지 오래이니, 이같이 엉뚱한 혁명적 학자를 어찌 용납하랴. 그러므로 모호한 고발장 한 장에 목숨을 잃고, 온 집안이 폐허가 되었으며, 평생 저술이 모두 불 속에 들어갔다. 이는 곧 ①에 속한다.

최치원이 중국 유학생으로 떠나갈 때 그의 아버지가 "10년이 되어도 과거에 합격하지 못하면 나의 아들이 아니다"라고 하여 하나의 한문 졸업생이 되는 것을 바랐을 뿐이었고, 치원이 돌아와서 "무협(巫峽) 첩첩한 봉우리를 헤치고 중원에 들어가, 은하(銀河)에 참여하기 3년, 비단옷 입고 동국에 돌아왔다"고 노래하여 또한 스스로 하나의 한문 졸업생 되었음을 남에게 자랑하였다. 그 사상은 한나라나 당나라에만 있는 줄로 알고 신라에 있는 줄은 모르며, 학식은 유서(儒書)나 불전(佛典)을 관통하였으나, 본국의 《고기(古記)》 한 편도 보지 못하였으니 그 주의는 조선을 가져다가 순전히 중국화하려는 것뿐이고, 그 예술은 청천(靑天)으로 백일(白日)을 대하며 황화(黃花)로 녹초(綠草)를 대하는 사륙문(四六文)[14]에 능할 뿐이었다. 당시 영랑과 원효 두 파가 다 노후하여 사회 중심이 되는 힘을 잃고, 새 인물에 대한 기대가 마치 굶주린 사람이 밥을 구함과 같았으니, 그래서 대선생 칭호가 한낱 한문 졸업생에게로 돌아가고, 다음에는 천추(千秋) 혈식(血食)[15]까지 그에게 바쳐, 고려에 들어와서는 영랑과 원효 두 파와 자리를 마주 대하게 되었다. '때를 만나면 더벅머리도 성공한다' 함은 이를 두고 한 말이니, 이는 ②에 속한다.

어찌 학계뿐이랴. 모든 사업이 다 그러하니 기훤과 양길도 한때에 크게 떨침은 신라 말엽의 안정되지 않은 판국에서 일어남이요, 이징옥(李澄玉)이나 홍경래가 거연히 패망한 것은 조선왕조가 안정되어 있는 판국에서 그리 된 것이다.

---

14) 네 글자와 여섯 글자를 기본으로 하는 한문문체의 하나.
15) 나라에서 제사를 지냄.

백호(白湖) 임제(林悌)는 "나도 중국 육조(六朝)[16]나 오계(五季)[17]를 만났더라면 돌림천자는 얻어했겠다"고 말하였다. 임백호 같은 시인에게 육조·오계의 유유(劉裕 : 南宋武帝)·주전충(朱全忠 : 後梁太祖) 같은 도둑의 괴수가 되어 돌림천자나마 돌아오게 할 위력이 있다고는 할 수 없으나, 그러나 중국 천하를 경영하려면 한(漢)·당(唐) 치세보다 육조·오계 난세가 더 쉬울 것은 자연스러운 이치일 것이다. 이미 안정된 사회의 인물은 늘 이전 사람의 필법을 배워서 이것을 부연하고 확장할 뿐이니, 인물 되기는 쉬우나 그 공이나 죄는 크지 못하며, 혁명성을 가진 인물[18]은 늘 실패로 마칠 뿐 아니라, 사회에서도 그를 원망하고 미워하여 한 말이나 한 일의 종적까지 없애 버리므로, 후세에 끼치는 영향이 거의 없으며, 오직 3백 년이나 5백 년 뒤에 한두 사람 마음이 서로 통하는 이가 있어 그가 남긴 말을 감상할 뿐이요, 안정되지 않은 사회의 인물은 반드시 창조적 혁명적 남아라야 할 듯하나, 어떤 때에는 꼭 그렇지도 않아, 작은 칼로 잔재주를 부리는 형편없는 재주꾼[19]으로서 외국인 입을 흉내내서 말하고 웃고 노래함이 그럴듯하여 사람들을 움직일 만하면 거연히 인물 지위를 얻기도 한다. 그러나 인격적 자주성의 표현은 없고 노예적 습성만 발휘하여 전 민족의 항성(恒性)을 파묻어 버리고 변성(變性)만 조장하는 나쁜 기계가 되고 마니, 이는 사회를 위하여 두려워하는 바요, 인물 되기를 뜻하는 사람이 경계하고 삼갈 일이다.

---

16) 後漢이 망한 뒤에 일어난 吳·東晉·宋·齊·梁·陳의 여섯 왕조.
17) 後五代, 곧 唐과 宋 사이 53년 동안에 일어났다 사라진 後唐·後梁·後周·後晉·後漢 다섯 왕조.
18) 정여립 같은.
19) 최치원 같은.

제2편
'수두〔단군신앙〕' 시대

제1장
고대 총론

1. 조선 민족 구별

고대 아시아 동부의 종족이 ①우랄 어족 ②중국 어족의 두 갈래로 나뉘어졌는데, 한족(漢族)·묘족(苗族)·요족(猺族) 등은 후자에, 조선족·흉노족 등은 전자에 속한다. 조선족이 분화하여 조선·선비·여진·몽고·퉁구스 등 종족이 되고, 흉노족이 이동하고 분산하여 돌궐(突厥 : 지금 新疆族)·헝가리·터키·핀란드족이 되었다. 지금 몽고·만주·터키·조선의 네 종족 사이에 가끔 같은 말과 물건 이름이 있음은 몽고 제국 시대에 서로 관계가 많아서 받은 영향도 있으려니와, 고사를 참고하면 조선이나 흉노 사이에도 관명(官名)·지명·인명의 같은 것이 많으니, 상고(上古)에 한 어족이었던 분명한 증명이다.

2. 조선족 동래(東來)

인류 발원지에 대해 ①파미르 고원 ②몽골 사막이라는 두 설이 있는데, 아직 그 시비가 확정되지 못했으나, 우리 옛말로 참고하면 왕성(王姓)을 '해(解)'라 함은 태양에서 뜻을 취한 것이고, 왕호(王號)를 '불구래(弗矩內 : 또는 불구내)'라 함은 태양 빛에서 뜻을 취한 것이며, 천국(天國)을 환국(桓國)이라 함은 광명에서 뜻을 취한 것이니, 대개 조선족이 최초에 서방 파미르 고원 또는 몽골 등지에서 광명의 본원지 동방으로 찾아 나와 불함산(不咸山 : 지금 白頭山)을 해와 달이 드나드는 곳, 곧 광명신이 머물러 있는 곳으로 알아 그 부근 토지를 '조선'이라 일컬으니, 조선도 옛말의 광명이라는 뜻이다. 조선은 후세에 이두자(吏讀字)로 조선(朝鮮)이라 썼다.

3. 조선족이 분포한 '아리라'

우리 옛말에 오리를 '아리'라 하고, 강을 '라'라고 하였다. 압록강·대동강·두만강·한강·낙동강과 만주 길림성 송화강(松花江), 봉천성(奉天省) 요하(遼河), 영평부(永平府) 난하(灤河) 등을 이두자로 쓴 옛 이름을 찾아보면, 아례강(阿禮江)·아리수(阿利水)·욱리하(郁利河)·오열하(烏列河)·열수(列水)·무열하(武列河)·압자하(鴨子河)라 했으니, 아례·아리·욱리·오열·열·무열은 다 '아리'의 음역이고, 압자는 '아리'의 의역이요, 강·하·수는 다 '라'의 의역이다. 위의 여러 큰 강들은 다 조선족 조상이 지은 이름이다. 조선 고대 문화는 거의 이 큰 강들의 강변에서 발생하였으므로《삼국지》에도 '고구려는 큰 물길 옆에 나라를 세워 산다(句麗作國依大水而居)'라고 하였다. '나라'는 옛말의 '라라'이니, 라라는 본래 진도(津渡), 곧 '나루'를 가리키던 명사로서 국가를 가리키는 명사가 된 것이다. 고대 지명의 끝에 붙은 나(那)·라(羅)·노(奴)·루(婁)·욕(耨)·양(良)·랑(浪)·양(穰)·양(壤)·강(岡)·양(陽)·아(牙)·야(邪) 등은 모두 '라'의 음역이고, 천원(川原)·경국(京國) 등은 거의 '라'의 의역이며, 두 가지가 모두 '라라'의 축역(縮譯)이니, 강이 고기잡이 자원이 되고 배가 오갈 수 있도록 하는 편의가 있으므로 상고 문명이 거의 강변에서 발원한 것이다.

4. 조선족이 최초로 개척한 부여(夫餘)

원시 인민이 강의 물고기와 산과 들의 짐승과 풀·나무의 열매 같은 여러 가지 천연산물로 양식을 삼다가, 인구가 불어남에 따라 천연산물 부족을 보충하기 위하여 목축업과 농업이 발생하였다. 농업은 대개 불(火)의 힘을 이용하여 초목을 태워서 들을 개척한 뒤에 발생하였으므로, 옛말에 들(野地)을 '불'이라 하였다. 불의 이용의 발견은 한갓 농업을 유발하였을 뿐 아니라, 불로 굴을 태워서 맹수도 죽이고 그 가죽을 녹여 옷과 신을 만들고, 진흙을 구워 성벽을 쌓고, 쇠를 달구어 기구를 만들었고 그밖에 생활의 일용에 모든 편의를 주어 사람의 지혜를 계발하였으므로, 근세 일반 사학자들이 고대 불의 이용의 발견을, 곧 근세 증기·전기의 발견과 같은 사회생활의 대혁명을 일으킨 대발견이라고 한다. 동서를 막론하고 고대 인민들이 모두 불의 발견을 기념하여 그리스 불의 신, 프러시아 화교(火敎), 중국 수인씨(燧人氏) 등 전설이 있고, 우리 조선에는 더욱 불을 사랑하여 사람 이름을 '불'이라 지은 것이 많으니, 부루(夫婁)·품리(稟離) 등이 다 불의 음역이요, '불'이라 지은 지명도 적지 아니하니, 부여(夫餘)·부리(夫里)·불내(不耐)·불이(不而)·국내(國內)·불(弗)·벌(伐)·발(發) 등이 다 불의 음역이다. 《고기(古記)》와 《고사기(古事記)》 등을 참고하면, 조선 문화의 원시 '수두'의 발원(發源)이 거의 송화강 가의 만주 하얼빈 부근인데, 하얼빈은 고대 부여(夫餘)이다. 그러니 송화강은 조선족이 처음으로 근거한 '아리라'요, 하얼빈은 조선족이 최초로 개척한 야지(野地), 곧 '불'이요, 그 이외의 모든 부여·부리······ 등은 연대를 따라 차례로 개척된 야지—불이다.

제2장
단군왕검의 건국

1. 조선 최초의 일반 신앙 단군

앞에서 말한 것처럼 조선족이 각 '아리라'에 분포하여 각 '불'을 개척하는 동시에 한 커다란 공동의 신앙이 유행하였으니, 이른바 단군(檀君)이다. 원시 인민은 우주 형상을 과학적으로 해석할 지식이 없었으므로, 가상적으로 우주에 신이 있다고 정하고 모든 것을 신의 조작으로 돌려 신을 숭배하는 동시에, 저마다 자연 환경을 따라 또는 모든 물건을 다 신으로 인정하여 이를 예배하거나 모든 물건 위에 하나의 신이 있다 하여 이를 예배하였으니, 이것이 이른바 종교요, 원시 시대 각 민족 사회에 저마다 고유한 종교를 가진 실재(實在)이다. 조선족은 우주 광명[1]을 숭배하여 태백산(太白山) 숲을 광명신이 살고 있는 곳으로 믿었다. 그 뒤 인구가 번식하여 각지에 분포함에 따라 저마다 살고 있는 곳에 숲을 길러서 태백산 숲을 본떠 그 숲을 일러 '수두'라 하였으니, 수두란 신단(神壇)이라는 뜻이다. 해마다 5월과 10월 인민이 수두에 나아가 제사를 지내는데, 한 사람을 뽑아 제주(祭主)를 삼아서 수두 중앙에 앉히고 하느님·천신(天神)이라 일러 여러 사람이 제사를 드리고 수두 주위에 금줄을 매어 일 없는 사람들 출입을 금했다. 전쟁이나 그 밖의 큰일이 있으면 비록 5월, 10월 제사 지낼 시기가 아니라도 소를 잡아 수두에 제사 지내고, 소의 굽으로써 그 앞에서 길흉을 점쳤는데, 굽이 떨어지면 흉하다 하고, 붙어 있으면 길하다고 하였으니, 이것은 중국 팔괘(八卦) 음화양화(陰畵陽畵)의 기원이 된다. 강적이 침입하면 각수두 소속 마을들이 연합하여 이를 방어하고, 가장 공이 많은 마을의 수두를 첫째로 받들어서 '신수두'라 이르니, '신'은 최고 최상을 의미하는 것이었다. 그

---

1) 제1장 참고.

리고 그 밖의 각 수두는 그 아래 딸려 있었으니 삼한사(三韓史)에 보이는 '소도(蘇塗)'는 '수두'의 음역이고, '신소도(臣蘇塗)'는 '신수두'의 음역이요, 〈진단구변국도(震壇九變局圖)〉에 보이는 '진단(震壇)'의 진(震)은 '신'의 음역이고, 단(壇)은 수두의 의역이요, 단군(壇君)은 곧 '수두하느님'의 의역이다. 수두는 작은 단(小壇)이요, 신수두는 큰 단(大壇)이니, 수두에 단군이 있었으니까 수두의 단군은 작은 단군(小壇君)이요, 신수두의 단군은 큰 단군(大壇君)이다.

2. 큰 단군, 왕검이 창조한 신설(神說)

《고기(古記)》에 이르기를 '환군제석(桓君帝釋)이 삼위·태백(三危·太白)[2]을 내려다보고 널리 인간 세상에 이익을 끼칠 만한 곳이라 하여, 아들 웅(雄)을 보내 천부(天符)와 인(印) 세 개를 가지고 가 다스리게 하였다. 웅은 무리 3천을 거느리고 태백산 신단수(神壇樹) 아래에 내려와서 신시(神市)라 일컬으니, 이른바 환웅천왕(桓雄天王)이다. 웅은 풍백(風伯)·우사(雨師)·운사(雲師)를 지휘하여 곡식(穀)·명(命)·병(病)·형벌(刑罰)·선(善)·악(惡) 등 세상의 360여 가지 일을 다스렸다. 이때 곰 한 마리 범 한 마리가 있어 한 굴 속에 살면서 사람 되기를 빌었다. 웅이 쑥 한 줌과 마늘 스무 쪽을 주면서 이것을 먹고 100날 동안 햇빛을 보지 않으면 사람 모양을 얻을 것이라고 하였는데, 범은 그대로 하지 못하고, 곰은 삼칠일 동안 그대로 하여 여자가 되었다. 그러나 결혼할 남자가 없으므로, 매양 신단을 향해 아이 가지기를 원하므로, 웅이 남자의 몸으로 바꿔 이와 결혼해서 단군왕검을 낳았다'고 하였다.

그러나 '제석(帝釋)'이니 '웅(雄)'이니 '천부(天符)'니 하는 따위가 거의 불전(佛典)에서 나온 명사이고, 삼국 시대 초기 사회에도 여성을 매우 존중하였다고 했는데, 이제 남자는 신의 화신(化身)이고 여자는 짐승의 화신이라 하여 여성을 너무 낮게 보았으니 나는 이것이 순수한 조선 고유 신화가 아니요, 불교가 수입된 뒤에 불교도의 점철(點綴)이 적지 않았다고 생각한다. 그러나 평양의 옛 이름이 왕검성(王儉城)이요, 신라《선사(仙史)》에도 '평양은 선인 왕검의 집(平壤者仙人王儉之宅)'이라고 했다.《위서(魏書)》에도 '지난 2천 년 전 단군왕검이라는 이

---

[2] 둘 다 산 이름.

가 있어 아사달(阿斯達)에 나라를 세우고 국호를 조선이라 하였다(乃往二千載前 有壇君王儉 立國阿斯達 國號朝鮮)'고 하였으니 그러면 조선 고대에 단군왕검을 종교 교조(敎祖)로 받들어 왔음은 사실이고, 왕검을 이두자 읽는 법으로 해독하면 '임금'이 될 것이니, 대개 '임금'이라 이른 사람이 당시에 유행한 '수두' 미신을 이용하여 태백산 '수두'에 출현하여 스스로 상제(上帝)의 화신(化身)이라 일컫고 조선을 건국하였으므로, 기념하여 역대 제왕 칭호를 '임금'이라 하고, 역대 도읍 명칭도 '임금'이라고 한 것이다. '선인왕검(仙人王儉)'은 삼국 시대에 수두 교도 단체를 '선비'라 일컫고, 선비를 이두로 '선인(仙人)' 또는 '선인(先人)'이라 기록한 것이고, 《선사(仙史)》는 곧 왕검의 설교(說敎) 이래 역대 선비의 사적을 기록한 것이다. 후세에 유·불 양교가 서로 왕성해지면서 '수두' 교가 쇠퇴하고 《선사》도 없어져서 상세한 것은 알 수 없으나, 중국 고서 굴원(屈原) 《초사(楚辭)》, 사마천 《사기(史記)》, 반고(班固) 《한서(漢書)》에 여기저기 보이는 것으로써 오히려 그 대강을 알 수 있다.

 《사기》〈봉선서(封禪書)〉의 '삼일신(三一神)'이란 천일(天一)·지일(地一)·태일(太一)인데, 그 가운데 태일이 가장 존귀하고, 오제(五帝)[3]는 태일의 보좌(補佐)라 하였으며, 〈진시황본기(秦始皇本紀)〉의 천황(天皇)·지황(地皇)·태황(泰皇) 가운데 태황이 가장 존귀하다고 하였으며, 《초사》에는 동황태일(東皇太一)이란 노래 이름이 있고, 《한서》〈예문지(藝文志)〉에는 《태일잡자(太一雜子)》라는 책 이름이 있으니, 삼일신(三一神)과 삼황(三皇)은 곧 《고기》에 있는 삼신(三神)·삼성(三聖) 등과 비슷한 부류이다. 삼일신을 다시 우리 옛말로 번역하면 천일(天一)은 '말한'이니 상제(上帝)를 뜻하는 것이요, 지일(地一)은 '불한'이니 천사(天使)를 뜻하는 것이요, 태일은 '신한'이니 '신'은 최고 최상이라는 말, 신한은 곧 '하늘 위 하늘 아래에 오직 하나이고 둘이 없다(天上天下獨一無二)'는 뜻이다. 말한·불한·신한을 이두로 마한(馬韓)·변한(弁韓)·진한(辰韓)이라 적은 것이고, 오제(五帝)는 돗가·개가·소가·말가·신가 등 다섯 '가', 곧 오방신(五方神)을 가리킨 것이다. 차례로 말하면 말한이 불한을 낳고 불한이 신한을 낳았으나 권위(權位)로 말하면 신한이 신계(神界)와 인계(人界)의 대권을 모두 차지하여 말한과 불한보다 고귀

---

3) 동·서·남·북·중 다섯 방향의 신.

하므로, 삼일 가운데 태일이 가장 고귀하다 하는 것이고, '오제(곧 5가)는 곧 태일의 보좌이다'라 하였으나, 신가가 다섯 가의 우두머리 자리임은 '신'의 어의(語義)로 말미암아 명백하니, 거북[龜]의 삼신·오제는 곧 왕검이 만든 전설이다.

3. '신수두'의 삼경(三京)오부(五部)제도

큰 단군왕검이 이에 삼신(三神) 오제(五帝)의 신설(神說)로 우주 조직을 설명하고, 그 신설에 따라 인간 세상의 일반 제도를 정할 때에, 신한·말한·불한 세 한을 세워 큰 단군이 신한이 되니 신한은 곧 대왕(大王)이요, 말한과 불한은 곧 좌우 두 부왕(副王)으로 신한을 보좌한다. 삼경을 두어 세 한이 나뉘어 머무르고, 세 한 아래에 돗가·개가·소가·말가·신가 다섯 가를 두고 전국을 동·남·서·북·중 다섯 부로 나누어 다섯 가가 중앙의 다섯 국무대신(國務大臣)이 되는 동시에, 다섯 부를 나누어 다스리는 다섯 지방장관이 되고, 신가는 다섯 가의 우두머리가 된다. 전시(戰時)에는 다섯 부 인민으로써 중(中)·전(前)·후(後)·좌(左)·우(右) 오군(五軍)을 조직하여 신가가 중군대원수(中軍大元帥)가 되고, 그 밖의 네 가가 전·후·좌·우 네 원수가 되어 출전한다. 지금까지 유행하고 있는 윷판이 곧 다섯 가의 출진도(出陣圖)이니, 그 그림은 다음과 같다.

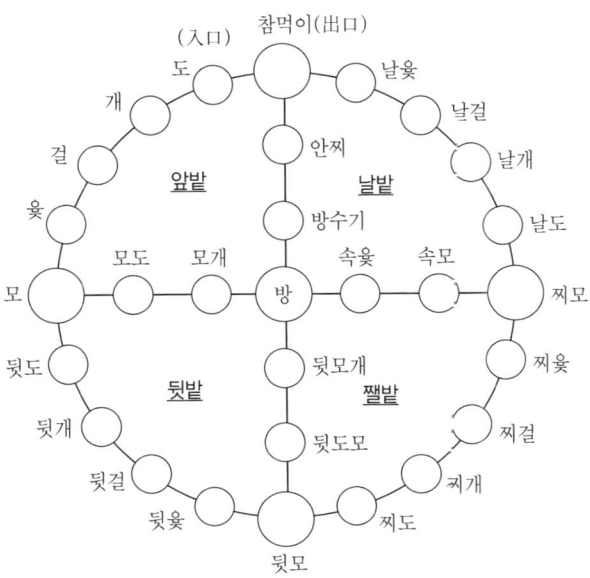

그림 가운데 도(刀)·개(介)·걸(乞)·유(兪)·모(毛)는 곧 이두 글자로 쓴 다섯 가의 칭호이니, 도는 돗가요, 개는 개가요, 유는 옛 음에 '소'니 소가요, 모는 말가요, 걸은 신가이니, 걸로 신가를 기록함은 그 의의를 알 수 없으나 부여 시대에 견사(犬使)라는 관명(官名)이 있으니, 대개 견사는 신가의 별칭(別稱)이므로 걸은 곧 견사의 견(犬)을 의역한 것이 아닌가 한다. 돗(猪)·개(犬)·소(牛)·말(馬) 등 가축들을 오방신(五方神)의 이름을 삼는 동시에, 이로써 벼슬 이름을 삼은 수렵 시대가 지나고 농목(農牧) 시대가 된 증적(證跡)이다.

제3장
수두 홍포(弘布)와 문화 발달

1. 부루(夫婁)의 서행(西行)

《고기(古記)》에 '단군왕검이 아들 부루를 보내어 하우(夏禹)를 도산(塗山)에서 만났다'고 하였고, 또 《오월춘추(吳越春秋)》에도 이와 비슷한 기록이 있으니 '당요(唐堯) 때에 9년 동안 홍수가 져서 당요가 하우(夏禹)에게 명하여 이를 다스리라 하였다. 우(禹)가 8년 동안이나 공을 이루지 못하고 매우 걱정하여, 남악(南嶽)·형산(衡山)에 이르러 흰 말(白馬)을 잡아 하늘에 제사 드려 성공을 빌었는데, 꿈에 어떤 남자가 스스로 현이(玄夷)의 창수사자(蒼水使者)라 일컫고 우에게 "구산(九山) 동남쪽 도산(塗山)에 신서(神書)가 있으니, 석 달 동안 재계(齋戒)하고 그것을 꺼내 보라" 말하므로, 우가 그 말에 따라 금간옥첩(金簡玉牒) 신서를 얻어 오행통수(五行通水)의 이치를 알아 홍수를 다스려 성공하고, 이에 주신(州愼)의 덕을 잊지 못하여 정전(井田)을 제정하고 율도량형(律度量衡) 제도를 세웠다'고 하였다. 현이(玄夷)는 당시 조선의 동·남·서·북·중 오부를 남(藍)·적(赤)·백(白)·현(玄 : 黑)·황(黃)으로 별칭(別稱)했는데 북부가 곧 현부(玄部)이니 중국인이 현부를 가리켜 현이(玄夷)라고 한 것이요, 창수(蒼水)는 곧 창수(滄水)이고, 주신은 중국 춘추 시대 글에는 늘 조선을 주신·숙신(肅愼)·직신(稷愼) 또는 식신(息愼)으로 번역되었으니, 주신은 곧 조선을 가리킨 것이다. 옛 기록의 부루(夫婁)는 《오월춘추》의 창수사자이니, 그때 중국에 큰 홍수가 있었음은 여러 가지 옛 역사가 다 같이 증명하는 것인데, 단군왕검이 그 수재를 구제해 주려고 아들 부루를 창해사자에 임명하여, 도산에 가서 하우를 보고, 삼신오제교(三神五帝敎)의 일부분인 오행설(五行說 : 水火金土木)을 전하고 치수(治水) 방법을 가르쳐 주었으므로, 우는 왕이 되자 부루의 덕을 생각하여 삼신오제 교의(敎義)를 믿고, 이를 중국에 전포(傳布)하였으며, 정전과 율도량형 또한 중국의 창작이 아니라 조선의 것을 모방한 것이었다. 그런데 어찌하여 '꿈에 창수사자를 만났다'고 하였는가? 신성(神聖)을 장식하여 사실을 신화(神話)로 만들고자 함이니, 이는 상고(上古)에 흔히 있는 일이다.

2. 기자 전래

하우가 홍수를 다스린 공으로 왕이 되어 국호를 하(夏)라 하고, '수두'의 교를 흉내내어 도산에서 받은 신서(神書)를 《홍범구주(洪範九疇)》라 일러 신봉하였다. 그 뒤 하가 수백 년 만에 망하고 상(商)이 뒤를 이어 또한 수백 년 만에 망하였다. 뒤를 이어 주(周)가 일어나서는 주무왕(周武王)이 《홍범구주》를 배척하므로, 은(殷) 왕족 기자(箕子)가 새로 《홍범구주》를 지어 무왕과 변론하고 조선으로 도망하니, 지금 《상서(尙書)》의 〈홍범(洪範)〉이 곧 그것이다.

〈홍범〉편(篇)에 '초일(初一)은 오행(五行)이요, 차이(次二)는 경용오사(敬用五事)요, 차삼(次三)은 농용팔정(農用八政)이요, 차사(次四)는 협용오기(協用五紀)요, 차오(次五)는 건용황극(建用皇極)이요, 차육(次六)은 예용삼덕(乂用三德)이요, 차칠(次七)은 명용계의(明用稽疑)요, 차팔(次八)은 염용서징(念用庶徵)이요, 차구(次九)는 향용오복(嚮用五福)·위용육극(威用六極)이다. 첫째 오행(五行)은 일은 수(水)·이는 화(火)·삼은 목(木)·사는 금(金)·오는 토(土)요, 둘째 오사(五事)는 일은 모(貌)·이는 언(言)·삼은 시(視)·사는 청(聽)·오는 사(思)요, 셋째 팔정(八政)은 일은 식(食)·이는 화(貨)·삼은 사(祀)·사는 사공(司空)·오는 사도(司徒)·육은 사구(司寇)·칠은 빈(賓)·팔은 사(師)요, 넷째 오기(五紀)는 일은 세(歲)·이는 월(月)·삼은 일(日)·사는 성신(星辰)·오는 역수(曆數)요, 다섯째 황극(皇極)은 황건기유극(皇建其有極), 여섯째 삼덕(三德)은 일은 정직(正直)·이는 강극(剛克)·삼은 유극(柔克)이요, 일곱째 계의(稽疑)는 택건립복서인(擇建立卜筮人)이요, 여덟째 서징(庶徵)은 우(雨)·양(暘)·오(燠)·한(寒)·풍(風)이요, 아홉째 오복(五福)은 일은 수(壽)·이는 부(富)·삼은 강녕(康寧)·사는 유호덕(攸好德)·오는 고종명(考終命)이요, 육극(六極)은 일은 흉극절(凶極折)·이는 질(疾)·삼은 우(憂)·사는 빈(貧)·오는 악(惡)·육은 약(弱)이다'라고 하였는데, 이 문구는 도산(塗山) 신서(神書) 본문이고, 나머지는 기자가 연술(演述)한 것이다. 천내석우 홍범구주(天乃錫禹洪範九疇)는 곧 기자가 단군을 가리켜 하늘(天)이라 하고, 단군으로부터 전수받은 것을 하늘이 주었다고 함이다.

이는 '수두' 교의(敎義)에 단군을 하늘의 대표로 보기 때문이고, 기자가 조선으로 도망한 것은 상(商)이 주(周)에게 망하는 동시에 상의 국교인 '수두'교가 압박을 받으므로 고국을 버리고 수두교의 조국으로 돌아온 것이다. 《한서(漢書)》에 거북이 문자를 등에 지고 낙수에서 나왔으므로 우가 《홍범(洪範)》을 연술하였다 했지만, 《역(易)》〈계사(繫辭)〉에 '황하(黃河)에서 그림이 나오고, 낙수(洛水)에서 글이 나와, 성인이 이것을 본받았다(河出畵洛出書 聖人則之)'라 하여 분명히 하도(河圖)·낙서(洛書)가 다 역괘(易卦)를 지은 원인임을 기록하였는데, 이제 낙수 거북의 글로 인하여 홍범을 지었다고 함은 어찌 망령된 증명이 아니랴.[1] 《오월춘추》에 따라 홍범 오행이 조선에서 전해 간 것으로 믿음이 옳고, 또 《초사(楚辭)》에 따라 동황태일(東皇太一) 곧 단군왕검을 제사하는 풍속이 호북(湖北)·절강(浙江) 등지에 많이 유행하였음을 보면, 대개 하우가 형산(衡山)에서는 하늘에 제사하고, 도산에서는 부루에게서 신서(神書)를 받은 곳이므로 가장 '수두교'가 유행한 지방이 된 것이다.

3. 흉노(匈奴)의 휴도(休屠)

'수두교'가 중국 각지에 퍼졌음은 앞에서 말하였으며, 《사기(史記)》〈흉노전(匈奴傳)〉에 따르면, 흉노도 조선과 같이 5월에 하늘에 제사지내는데, 천제를 형상한 동인(銅人)을 휴도(休屠)라 불렀으니 곧 '수두'의 번역이요, 휴도 제사를 맡은 사람을 휴도왕(休屠王)이라 하여 또한 단군(壇君)이라는 뜻과 비슷하며, 휴도에 삼룡(三龍)을 모시니 용은 또한 신을 가리킨 것이다. 삼룡은 곧 삼신이니, 흉노족 또한 '수두교'를 수입하였음이 틀림없다.

고대에는 종교와 정치가 구별이 없어 종교 제사장(祭司長)이 곧 정치 원수(元首)이며, 종교가 전파되는 곳이 정치상 속지(屬地)이니, 대단군 이래 조선의 교화가 중국·흉노 등 각 민족에게 널리 퍼지면서 정치상 강역(疆域)이 확대되었음을 알 수 있다.

---

1) 위 일절은 청나라 유학자 毛奇齡의 설을 채택함.

4. 한자 수입(輸入)과 이두문(吏讀文) 창작

조선 상고에 조선글이 있었다는 사람이 있으나, 이는 아무 증거가 없는 말이니 처음 쓴 것이 한자일 것은 틀림없다. 한자가 언제 수입되었는지 알 수 없으나, 대개 땅이 중국과 이어져 있어서 두 민족은 기록 이전부터 교류가 있었을 것이니, 한자 수입도 기록 이전 일이었음이 명백하다. 왕검이 아들 부루를 보내어 도산에서 우에게 금간옥첩의 글을 가르쳐 주었는데 이 글자는 곧 한자였을 것이니, 조선이 한자를 익혔음이 이미 오래되었음을 알 수 있다.

그 뒤에 한자의 음 또는 뜻을 빌려 이두문을 만들었는데, 이두문은 곧 조선 고대의 국문이라고 할 수 있다. 고대에는 '국서(國書)' '향서(鄕書)' 또는 '가명(假名)'이라 일컫고, 고려조 이후 비로소 이두문이라 일컬었으나 이제 통속(通俗)의 편의를 위하여 고대 것까지 이두문이라 하거니와, 흔히 이두문을 신라 설총(薛聰)이 지은 것이라고 하지만, 설총 이전 옛 비석[2]에도 가끔 이두문으로 적은 시가(詩歌)가 있으니 설총 이전에 만든 것임이 틀림없다. 그러면 어느 시대에 만들어진 것일까?

임금을 왕검이라 번역하여 왕(王)은 그 글자의 뜻에서 소리의 처음 절반을 취하여 '임'으로 읽고, 검(儉)은 그 글자의 음에서 소리를 모두 취하여 '금'으로 읽으며, '펴라'를 낙랑(樂浪)이라 번역하여, 낙(樂)은 글자의 뜻에서 소리의 처음 절반을 취하여 '펴'로 읽고, 랑(浪)은 글자의 음에서 소리의 처음 절반을 취하여 '라'로 읽은 것이 곧 이두문 시초이니, 적어도 이제부터 3천여 년 전—기원전 10세기 즈음에 이두문이 제작된 것 같다.

그림이 진보하여 글자(文字)가 되고 사물 모습을 본뜬 글자가 진보하여 소리글자(音字)가 됨은 인류 문화사의 통칙이니, 사물 모습을 본뜬 글자인 한자를 가져다가 소리글자인 이두문을 만든 뒤에 페니키아인이 사물 모습을 본뜬 이집트 글자의 편방(偏旁)[3]을 따와서 알파벳을 만든 것과 같은 예로 볼 만한 문자 사상의 한 진보라 할 것이요, 후세 거란문(契丹文)·여진문(女眞文)이 모두 이두문을 모방한 것이므로 인류 문화에 도움을 준 공덕도 적지 않다 하겠으나, 그 모자라고 유감스러운 점은 ①자음 모음을 구별하지 못함이니, 예컨대 '가'는

---

2) 진흥왕 巡狩碑 따위.
3) 글자의 한 부분.

자음 'ㄱ'과 모음 'ㅏ'의 음철(音綴)이요, '라'는 자음 'ㄹ'과 모음 'ㅏ'의 음철인데, 이를 구별치 아니하여 한 음절이 한 글자가 되어 '가'를 '加' 또는 '家'로 쓰고, '라'는 '良' 또는 '羅'로 써서 음자(音字) 수효가 너무 많으며, ②음표(音標)를 확정하지 못함이니, 예컨대 백(白)자 한 자를 '백활(白活)'이라 쓰고는 '발'로 읽고, '위백제(爲白齊)'라고 쓰고는 '살'로 읽으며, '의(矣)'자 한 자를 '의신(矣身)'이라 쓰고는 '의'로 읽고, '교의(敎矣)'라 쓰고는 '되'로 읽어 아무런 준칙이 없으며, ③상음하몽(上音下蒙)의 이치를 분명하게 구별하지 않음이니, 예컨대 '달이'를 '월이(月伊)'라 쓰지 않고 '월리(月利)'라 써서 '달이'로 읽으며, '바람이'를 '풍이(風伊)'라 쓰지 않고 '풍미(風未)'라 써서 '바람이'로 읽어서, 언어의 몸통과 곁가지가 서로 뒤죽박죽이 되었다.

그러므로 이두문으로 적은 시나 글은 물론이요, 인명이나 지명이나 관명 같은 것도 오직 같은 시대, 같은 지방 사람들이 그 관습에 따라 서로 해득할 뿐이고, 다른 시대, 다른 지방 사람은 입을 벌릴 수가 없으니, 문자가 사회 진화(進化)에 도움된다 함은 저 사실과 사상을 이에 전달해 주기 때문인데, 이제 이런 곤란 때문에 갑 시대 갑 지방 기록을 을 시대 을 지방에서 해득하지 못한다면, 어찌 문화 발전의 이기가 될 수 있으랴?

그런데 옛날 사람이 이두문을 쓴 지 1천여 년 동안에 그 미비한 점을 개정하지 못한 원인이 어디에 있는가? 그즈음에는 늘 적국의 외환으로부터 정치상 비밀을 지키기 위하여, 글을 적국 사람이 절대 이해하지 못하게 하기 위하여 이처럼 통일되지 못하고 불확실한 글을 쓴 것이고, 삼조선(三朝鮮)이 무너지자 여러 나라가 병립하고 한 조선 안에도 서로의 적국이 많아서 한 명사나 한 동사나 한 토씨를 더욱 가지각색으로 써서 동부여 사람이 북부여 이두문을 알지 못하며, 신라 사람이 고구려 이두문을 알지 못하였으니, 그러므로 이두문이 그처럼 불통일하고 불확정한 방식으로 되었음이 학적(學的) 재지(才智)가 부족해서 그렇게 된 것이 아니라, 거의 정치상의 장애에서 비롯된 것이다.

5. 신지(神誌)의 역사

지난날 역사에서 단군 때 신지(神誌)라는 사람이 있어 사관(史官)이 됐다 하였으나, 사실 신지는 곧 '신치'의 한역(漢譯)이요, '신치'는 '신크치'의 약자이고,

'신크치'는 '신가'의 별칭이며, '신가'는 앞에서 말한 다섯 가의 수석(首席) 대신이니, '신치' 곧 '신가'가 늘 '신수두'의 제삿날에 우주 창조의 신화와 영웅·용사 등이 행한 일과, 예언 따위의 경계(警戒)하는 이야기를 노래하여 그것이 후대에도 이어지는 예가 되었다. 후세에 문사들이 그 노래를 거두어 한 책을 만들고, 그 벼슬 이름 '신치'로 책 이름을 삼은 것이니, 이른바 《신지》가 곧 그것이다. 이제 《신지》의 원서가 없어져서 그 가치의 어떠함을 알 수 없으나, 그 책 이름이 이두문으로 지은 것이니, 그 내용의 기사도 이두문으로 기록된 것일 것이다.

《고려사》〈김위제전(金謂磾傳)〉에 신지비사(神誌秘詞)의 '여칭추극기(如秤錘極器)·칭간부소량(秤幹扶疎樑)·추자오덕지(錘者五德地)·극기백아강(極器百牙岡)·조항칠십국(朝降七十國)·뇌덕호신정(賴德護神精)·수미균평위(首尾均平位)·흥방보태평(興邦保太平)·약폐삼유지(若廢三諭地)·왕업유쇠경(王業有衰傾)' 10구를 싣고, 부소량(扶疎樑)은 지금 송도(松都), 오덕지(五德地)는 지금 한양(漢陽), 백아강(百牙岡)은 지금 평양이라고 하였다. 그러나 송도·한양·평양은 고려 삼경(三京)이고, 단군 삼경은 하나는 지금 하얼빈이니, 고려사에 부소갑(扶蘇岬)·비서갑(非西岬) 또는 아사달(阿斯達)로 기록한 것이고, 하나는 지금 해성(海城)·개평(蓋平) 등지이니, 고사에 오덕지(五德地)·오비지(五備地)·안지홀(安地忽) 또는 안시성(安市城)으로 기록한 것이고, 또 하나는 지금 평양이니, 고사에 백아강(百牙岡)·낙랑(樂浪)·평원(平原) 또는 평양(平穰)으로 기록한 것이다.

이두문 읽는 법에 부소(扶蘇)·비서(非西)·아사(阿斯)는 '으스'로 읽고, 오덕(五德)·오비(五備)·안지(安地)·안시(安市)는 '아리'로 읽고, 백아강·낙랑·평원·평양은 '펴라'로 읽는 것이니, 위의 비사 10구는 이두문의 신지를 한시(漢詩)로 번역한 것이다. 대개 삼국 말엽에 한학이 흥성하여 한학자들이 전에 이두문으로 기록된 시와 글을 한시와 한문으로 번역함을 시도하였으니,[4] 신지의 한시 번역도 그 한 예이다.

어찌하여 비사(秘詞)라 일컬었는가? 고대의 역사 종류를 성서(聖書)라 하여 대궐 안에 비장해 두어 민간에 유행함을 허락하지 않았기 때문이다. 《신지》와 《신지비사》 따위가 어찌하여 하나로 후세에 전해지지 못하였는가? 이는 고구

---

4) 최치원의 《鄕樂雜詠》 따위.

려와 백제가 멸망할 때 왕궁 비장이 불에 타고 신라의 것이 겨우 전하여 고려조까지도 왕궁에 한 벌이 있어 조선시대에 와서는 이를 서운관(書雲觀)에 두었는데, 이것 또한 조선 임진왜란 때 불에 타 버린 것이다.

6. 조선의 전성시대

기원전 10세기 즈음부터 그 뒤 약 5, 6백 년 동안은 큰 단군(大壇君) 조선의 전성시대이다. 《수문비고(修文備考)》에 고죽국(孤竹國 : 지금 永平府)은 조선종(朝鮮種)이라 하였는데, 백이(伯夷)·숙제(叔齊) 형제는 고죽국 왕자로서 왕위 상속권을 헌신짝처럼 버리고 중국의 주(周 : 지금 陝西省)를 유람하다가 주무왕(周武王)에게 비전론(非戰論)을 격렬히 주장하였으며, 고대 중국 강회(江淮) 지역에 조선인이 많이 옮겨가 살아 숱한 작은 왕국을 건설하였는데, 그 가운데 서언왕(徐偃王)이 가장 두드러지게 일어나서 인의(仁義)를 행하여 중국 36개 나라로부터 조공을 받았다.

이상은 조선 본국과 정치적 관계가 없는 식민(殖民) 가운데 한두 호걸의 행동이거니와, 기원전 5, 6세기 즈음 불리지(弗離支)라는 사람이 조선 군사를 거느리고 지금 직예(直隷)·산서(山西)·산동(山東) 등지를 정복하고, 대현(代縣) 부근에 한 나라를 세워 자기 이름으로 나라 이름을 삼아 불리지극(弗離支國)이라 하니, 《주서(周書)》 '불령지(弗슈支)'와 《사기(史記)》 '이지(離支)'가 다 불리지국을 가리킨 것이다.

불리지는 또한 그가 정복한 지방을 그 성 '불(弗)'의 음으로써 지명을 지었으니, 요서(遼西) '비여(肥如)'나, 산동(山東) '부역(鳧繹)'이나, 산서(山西) '비이(卑耳)'⁵⁾가 다 '불'의 번역이다. 상고에 요동반도와 산동반도가 다 땅이 연이어져 있었고 발해는 하나의 큰 호수였는데, 발해의 발(渤)도 음이 '불'이고 또한 불리지가 준 이름이니, 불리지가 산동을 정복한 뒤에 조선의 검은 원숭이(狁)·잘(貂)·여우(狐)·삵(狸) 등의 털가죽옷과 비단 등 직물을 수출하여 발해를 중심으로 상업이 크게 떨쳤었다.

---

5) 《管子》라는 책에 보임.

7. 조선의 쇠약

 기원전 7세기 말에 조선이 고죽국에 의거해서 불리지국과 합하여 연(燕)과 진(晉)을 치니, 연과 진이 제(齊)에 구원을 청하였다. 이때 제 환공(桓公)이 어진 재상 관중(管仲)과 이름난 장수 성보(城父)를 얻어 중국을 지배하고 있었는데, 조(曹)·위(衛)·허(許)·노(魯) 등 10여 개 나라 군사를 거느리고 연을 구원하고자 태항산(太行山)을 넘어 불리지국을 격파하고, 연을 지나서 고죽국과 싸워 이겼으므로, 조선은 후퇴하여 불리지의 옛 땅을 다 잃었다.

 중국인이 이 전쟁으로 땅을 보전(保全)하게 되었으므로, 공자가 관중의 공을 칭찬하여 '관중이 피발(披髮) 좌임(左衽)을 징계하였다'고 하였는데, 피발은 조선의 머리 땋은 것을 가리킨 것이고, 좌임은 조선의 왼쪽으로 여미는 옷깃을 가리킨 것이다.《관자(管子)》에 대략 이 전쟁의 결과를 적었는데 ①중국 문자에 부과(浮誇)[6]가 많은데, 특히 대외전쟁에 대해서는 더욱 심하고, ②《관자》는 관중이 지은 것이 아니라 전국 시대 말엽에 어떤 사람이 지은 것이므로 직접 눈으로 본 이야기가 아니기 때문에 다만 그 대강만 말하였다. 그러나 이 전쟁에서 조선이 서북 지방을 잃어 오랜 동안 쇠약에 빠져 있었던 것은 가릴 수 없는 사실이다.

8. 단군 연대(年代) 고증(考證)

 지난날 역사서에는 단군왕검 1220년 뒤에 기자(箕子)가 조선의 왕이 되었다고 기재해놓았으나, 기자는 기자 자신이 왕이 된 것이 아니고, 기원전 323년께 그 자손이 비로소 불조선 왕이 되었으니, 이에 대해서는 제2편 제3장에서 이미 기술하였거니와 이제 사실(史實)에 따라 기자조선을 삭제한다. 또 지난날 역사서에 단군이 처음 평양에 도읍하였다가 뒤에 구월산으로 옮기고, 그 자손에 이르러서는 기자를 피하여 북부여(北夫餘)로 갔다고 하지만, 이 또한 근거 없는 황당무계한 말이다. 무릇 구월산에 도읍을 옮겼다고 하는 것은 고구려사에서 초록한《위서(魏書)》의 '단군왕검이 아사달에 나라를 세우고 국호를 조선이라 하였다(壇君王儉 立國阿斯達 國號朝鮮)'는 한 구절 때문인데, 아사(阿斯)는 그 음

---

6) 부화하고 과장함.

이 아홉(九)에 가깝고, 달(達)은 음이 달(月)과 같다 하여 마침내 구월산을 아사달이라고 하는 것이지만, 구월산은 황해도 문화현(文化縣 : 지금 信川郡)에 있는 산인데, 문화의 옛 이름이 궁홀(弓忽)이요, 궁홀은 이두문의 '궁골'로 읽을 것이니, 궁골에 있는 산이므로 궁골산이라 한 것으로서, 마치 개홀(皆忽 : 音 개골)에 있는 산이므로 개골산(金剛山)이라고 한 것과 같은 것인데, 어찌 궁골산을 구월산이라 잘못 전하였으며, 구월산을 아홉달산으로 억지 해석을 하여 아사달산(阿斯達山)으로 망령되게 증거하니, 어찌 가소로운 일이 아니랴.

아사달은 이두문에서 'ᄋᆞ스대'로 읽었는데 옛말 소나무(松)를 'ᄋᆞ스'라 하고, 산(山)을 '대'라 한 것이니, 지금 하얼빈 완달산(完達山)이 곧 아사달산이다. 이곳은 북부여 옛 땅이니, 왕검의 상경(上京)이요, 지금의 개평현(蓋平縣) 동북쪽 안시(安市)의 옛터인 '아리티'가 중경(中京)이요, 지금의 평양(平壤) '펴라'가 단군의 남경(南京)이니, 왕검 이래로 형편에 따라 삼경 가운데 하나를 골라 서울로 삼은 것이다. 그러나 그 본 도읍은 북부여 땅 'ᄋᆞ스대'인데, 이제 그 자손이 기자를 피하여 북부여로 갔다고 하는 것이 어디 이치에 닿는 소리인가? 그러므로 이 설을 채용하지 않는 것이다. 또 과거 역사에는 단군 원년(元年) 무진(戊辰)을 당요(唐堯) 25년이라 하였지만, 중국도 주소(周召 : 周公과 召公) 공화(共和 : 기원전 841년) 이후에야 연대를 기록하게 되었으니 어찌 당요 25년인지를 알 수 있으랴? 그러므로 단군 기원을 확실하게 지적하지 않는 것이다.

《고기(古記)》에 단군의 나이에 대해 1048세 또는 1908세 등의 설이 있으나, 이는 신라 말엽에 '신수두'를 진단(震壇)으로, 환국(桓國)을 환인(桓因)으로 고쳐서 불전(佛典)의 말로 조선 고사를 농락한 불교도들이, 인도 고전의 3만 년, 3천 년, 5백 년 등 장수를 했다는 불조(佛祖)의 기록을 본받아서 만든 말이라, 한마디의 반박도 할 가치가 없다. 조선 초에 권근(權近)이 '대를 물려 얼마나 되었던가, 해를 거듭하여 천 년이 지났네(傳世不知幾 歷年曾過千)'라는 시를 지어 이를 번안(飜案)했는데, 이는 다만 불가(佛家)의 허황한 말을 바로잡았다 할 수 있으나 또한 단군의 시말(始末)을 모르는 말이다. 옛날 2천 년 전에 단군왕검이 아사달에 나라를 세웠다고 하였으니, 고구려 건국 전 2천 년이 단군왕검 원년(元年)이요, 삼국 중엽까지도 '신수두'를 받들어, 단군이 거의 정치상 반주권(半主權)을 가져 그 처음에서 끝까지 2천 몇백 년이 될 것인데, 어찌 1천 년만으로 헤아리랴. 그러나 삼조선(三朝鮮)이 분립한 뒤에 대왕(大王)과 큰 단군(大壇君)이 함께 서서 교정(敎政) 분립의 싹이 시작되었으므로 본편은 이것으로 끝맺는다.

제3편
삼조선(三朝鮮) 분립시대

제1장
삼조선 총론

1. 삼조선(三朝鮮) 명칭의 유래

　여태까지 각 역사책에 삼조선 분립의 사실이 빠졌을 뿐 아니라, 삼조선이라는 명사까지도 단군·기자·위만의 세 왕조라고 억지 해석을 하였다. 삼조선은 신·불·말 삼한 분립을 말한 것이니, '신한'은 대왕(大王)이요, 불·말 두 한은 부왕(副王)이다. 삼한이 삼경(三京)에 나뉘어 있어 조선을 통치하였음은 이미 제1편에서 말하였거니와, 삼조선은 곧 삼한이 분립한 뒤에 서로 구별하기 위하여 신한이 통치하는 곳은 신조선이라 하고, 말한이 통치하는 곳은 말조선이라 하고, 불한이 통치하는 곳은 불조선이라 하였다. 신·말·불 삼한은 이두문으로 진한(辰漢)·마한(馬漢)·변한(弁漢)이라 기록된 것이고, 신·말·불 삼조선은 이두문으로 진(眞)·막(莫)·번(番) 삼조선이라 기록된 것이다.

　똑같은 신·말·불의 음역이 어찌하여 하나는 진·마·변이라 하고, 또 하나는 진·막·번이라 하여 같지 아니한가? 이는 남북 이두문에 쓰는 글자가 달랐기 때문이거나, 또는 중국인의 한자 음역이 조선 이두문에 쓰는 글자와 달랐기 때문일 것이다. 조선에는 고전(古典)이 거의 다 없어졌으므로 삼조선 유래를 찾을 길이 없으나, 중국사에는 가끔 보인다.

　《사기(史記)》〈조선열전(朝鮮列傳)〉에 '진막조선(眞莫朝鮮)'이라 한 것은 신·말 두 조선을 함께 말한 것이고 주(註)에 '번(番)은 달리 막(莫)으로도 쓴다(番一作莫)'고 하였는데 번자를 막자로 대신하면 '진막조선(眞莫朝鮮)'이 된다. 진막조선은 신·말 두 조선을 함께 말함이니 '진막번조선(眞莫番朝鮮)' 그대로 써서 신·말·불 삼조선을 다 말하지 않고, 막(莫)자를 빼어 버리고 '진번조선(眞番朝鮮)'이라 하거나, 또는 번(番)자를 빼어 버리고 '진막조선(眞莫朝鮮)'이라 기록한 것은 무슨 까닭인가? 이는 중국인이 외국의 인명·지명 등 명사를 쓸 때에 늘 문예(文

藝)의 평순(平順)을 위하여 축자(縮字)를 쓰는 버릇으로 그렇게 쓴 것이다.
 《목천자전(穆天子傳)》의 한(韓)은 신한을 가리킨 것이요,《관자(管子)》의 '발조선(發朝鮮)'과《대대례(大戴禮)》의 '발식신(發息愼)'은 불조선을 가리킨 것이요, 오직 말조선은 중국과 멀리 떨어져 있었으므로《사기(史記)》이외에는 다른 책에 보이는 것이 없다.

2. 삼조선의 위치와 범위

한(韓)은 나라 이름이 아니라 왕이란 뜻이니, 삼한이란 삼조선을 나누어 통치한 세 대왕을 말함이고, 삼조선이란 삼한 곧 세 왕이 나누어 통치한 세 지방임은 물론이며, 그 세 도읍의 위치와 강역(疆域) 범위도 기술할 수 있을 것이다.
 삼한 도읍은
 ① 제1편에 말한 '으스라'—지금 하얼빈
 ② '알티'—지금 개평현(蓋平縣) 동북쪽 안시(安市) 옛터
 ③ '펴라'—지금 평양
 이 셋이다.
 삼조선이 분립하기 전에는 신한이 온 조선을 통치하는 대왕이 되고, 불·말 두 한이 그 부왕(副王)이었으므로, 신한이 '으스라'에 머물러 있을 때에는 말·불 두 한은 하나는 '펴라'에, 하나는 '알티'에 머무르고, 신한이 '알티' 또는 '펴라'에 머물러 있을 때는 불·말 두 한은 또한 다른 두 도읍을 나누어 지키다가 삼조선이 분립한 뒤에는 삼한이 저마다 삼경(三京)의 하나를 차지하고, 조선을 셋으로 나누어 가졌다.
 이때 삼한이 차지한 부분을 상고하건대,《만주원류고(滿洲源流考)》에《한서(漢書)》〈지리지(地理志)〉에 요동(遼東) 번한현(番汗縣), 곧 지금 개평(蓋平) 등지가 변한(弁韓) 옛 도읍이다'라 했는데, 번한과 변한이 음이 같으니 개평 동북쪽 '알티'가 불한의 옛 서울일 것이다.
 《삼국유사》에 '마한은 평양 마읍산(馬邑山)으로 이름한 것이다'라고 하였으나, 마한으로 인하여 마읍산이 이름을 얻은 것이요, 마읍(馬邑)으로 인하여 이름을 얻은 것은 아니다. 그러나 마한은 곧 평양에 도읍하였다가 뒤에 남쪽으로 옮겼음이 사실이니, 평양 곧 '펴라'가 '말한'의 옛 서울일 것이다. 신한은 비록

상고할 곳이 없으나 '알티'와 '펴라'의 두 서울이 불·말 두 한을 나누어 점령하였으니, '신한'이 하얼빈 곧 'ㅇ스라'에 도읍하였을 것이 틀림없다.

이에 삼조선 강역의 윤곽도 대개 그릴 수 있으니, 지금 봉천성(奉天省) 서북과 동북[1]과 지금 길림·흑룡 두 성(省)과 지금 연해주 남쪽 끝은 신조선 소유이고, 요동반도(遼東半島)[2]는 불조선 소유이며, 압록강 이남은 말조선 소유였다. 그러나 전쟁이 예삿일인 세상에 고정된 강역이 있을 수 없으니, 시세를 따라 삼조선 국토가 많이 늘었다 줄었다 하였을 것이다.

3. 기록상 삼조선을 구별할 조건

이제 역사를 읽는 이들이 귀에 서투른 '신조선' '불조선' '말조선'이라는 소리만 들어도 이미 놀랄 것이다. 하물며 앞선 사서에서 아무 구별 없이 쓴 '조선'이란 명사들을 가져다 구별하여, 갑의 역사에 쓰인 조선을 신조선이라 하고, 을의 역사에 쓰인 조선을 불조선이라 하고, 병의 역사에 쓰인 조선을 말조선이라 하면 믿을 사람이 누구랴?

그러나 《삼국사기》〈고구려 본기(本紀)〉에 동·북 두 부여를 구별치 않고 다만 부여라 썼고, 〈신라 본기〉에는 크고 작은 등 다섯 가야를 구별치 않고 다만 가야라 썼으니, 만일 앞선 사서에서 구별하지 않은 것이라고 하여 그대로 구별치 않으면, 두 부여사나 다섯 가야사의 본 면목을 회복할 날이 없을 것이 아닌가? 하물며 삼조선 분립은 조선 상고사에서 유일한 큰일이니, 이를 구별치 못하면, 곧 그 이전에 큰 단군왕검(王儉)의 조선 건국에 관한 결론을 찾지 못할 것이요, 그 뒤에 동북부여와 고구려·신라·백제 등의 문화적 발전 서론(緖論)을 얻지 못할 것이니, 어찌 여태까지 그랬다고 해서 그들의 두뇌에 맞추기 위해 삼조선 사적을 구별하지 않으랴?

삼조선 사료는 오직 《사기(史記)》《위략(魏略)》《삼국지(三國志)》 등 중국사뿐이지만 저 중국사의 지은이들이 그들의 유전적인 교만하고 오만한 병이 있어서, 조선을 서술할 때에 '조선 그 자체를 위하여 조선을 계통적으로 서술하지 않고, 오직 자기네와 정치적으로 관계되는 조선을 서술하였고, 그나마도 때때로

---

1) 開原 이북, 興京 이동.
2) 開原 이남, 興京 이서.

서로 성패와 시비를 뒤바꾸어 놓았음이 그 하나요, 조선의 나라 이름·지명 등을 기록할 때에 때때로 조선인이 지은 원래 명사를 쓰지 않고 자의로 딴 명사를 지어, 동부여(東夫餘)를 불내예(不耐濊)라 하고, 오열홀(烏列忽)을 요동성(遼東省)이라 하는 따위의 필법이 많음이 그 둘이요, 조선은 특수한 문화가 발달해 왔는데, 늘 기자나 진(秦)나라 유민에게 공을 돌리려 하여 허다한 거짓 증거를 가짐이 그 셋이다. 사마천이 《사기》를 지을 때에 연(燕)의 멸망이 오래지 않았으니 연과 삼조선이 관계된 사실에 상고할 만한 것이 적지 않았을 것이고, 한 무제가 조선의 일부분이요 삼경(三京)의 하나인 '알티'의 문화 고도(故都)를 점령했으니, 고대 전설과 기록이 적지 않았을 것인데도 《사기》〈조선전(朝鮮傳)〉은 조선의 문화적·정치적 사실을 하나도 쓰지 않고, 오직 위만(衛滿)과 한병(漢兵)의 동침(東侵)을 썼을 뿐이니, 이는 조선전이 아니라 위만의 소전(小傳)이요, 한나라 동방 침략의 약사(略史)이다. 《위략》《삼국지》 등은 관구검(毌丘儉)이 실어 간 고구려 서적을 재료로 삼았으나, 또한 그 폐습의 심리를 가지기는 마찬가지였다.

그러면 무엇에 따라 저들의 기록에 보인 조선들을 이것이 신조선이니 말조선이니 불조선이니 하고 구별할 것인가? 《사기》〈조선전〉에는 위만이 차지한 불조선만을 조선(朝鮮)이라 쓰는 대신에, 신조선은 동호(東胡)라 일컬어서 〈흉노전(匈奴傳)〉에 넣었다.

그러니 이제 《사기》〈흉노전〉에서 신조선 유사(遺事)를, 〈조선전〉에서 불조선 유사를 골라 뽑아내고, 《위략》이나 《삼국지》〈동이열전(東夷列傳)〉 기록을 교정하여 이를 보충하고, 말조선은 중국과 멀리 떨어져 있어서 중국사 필두에 오른 일은 적으나, 마한·백제의 선대는 곧 말조선 말엽 왕조이니, 이로써 삼조선이 갈라진 역사를 대강 알 것이다.

4. 삼조선 분립의 시초

큰 단군(大壇君)이 정한 제도에는 삼한이 삼경에 나뉘어 머물렀으나, 신한은 곧 큰 단군이니 제사장(祭司長)으로서 정치상의 원수(元首)를 겸하고, 말·불 두 한은 신한을 보좌하는 두 부왕에 지나지 않는 나라의 체제를 확립하였으므로 삼조선이라는 명칭이 없었는데, 삼한이 분립한 뒤 삼조선이란 명사가 생겼음은 이미 앞에서 말하였거니와 삼한이 어느 시대에 분립하였는가?《사기》진막 번조선(眞莫番朝鮮)은 전연시(全燕時) 곧 연의 전성시대라고 하였는데, 연의 전성시대는 중국 전국시대 초이고, '발조선(發朝鮮)'을 기록한《관자(管子)》는 관중(管仲)이 지은 것이 아니고 전국시대 위서(僞書)이며, '발숙신(發肅愼)'을 기록한《대대례(大戴禮)》는 비록 한나라 사람 대승(戴勝)이 지은 것이지만 발식신(發息愼) 운운한 것은 제나라 사람 추연(鄒衍)이 전한 것인데, 추연은 전국시대 인물이다. 신·말·불 삼조선의 명사가 이처럼 중국 전국시대 사람들의 입에 오르내렸으니, 삼조선 분립은 곧 중국 전국시대 일이다.

중국 전국시대는 기원전 4세기 즈음이니, 그러면 기원전 4세기 즈음 신·말·불 삼조선이 분립한 것이겠다. 신조선은 성이 해씨(解氏)니 큰 단군왕검의 자손이라 일컬은 자이고, 불조선은 성이 기씨(箕氏)니 기자의 자손이라 일컬은 자이고, 말조선은 성이 한씨(韓氏)니 그 선대의 연원은 알 수 없으나, 왕부(王符)의《잠부론(潛夫論)》에 '한(韓)의 서쪽 또한 성이 한(韓)인데 위만(衛滿)에게 토벌당해 바다 가운데로 옮겨가 살았다(韓西亦姓韓 爲衛滿所伐 遷居海中)'고 하였으니, 한서(韓西)는 대개 말조선에 딸린 곳이므로, 말조선은 성이 한씨(韓氏)인가 한다.

《위략》에 '기자 후손 조선후(朝鮮侯)는 주(周)가 쇠해지고 연(燕)이 자존(自尊)하여 왕이 돼서 동쪽 땅을 공략하려고 하는 것을 보고, 조선후 또한 스스로 왕이라 일컫고 군사를 일으켜 연을 배후에서 쳐 주실(周室)을 높이려고 하다가, 대부(大夫) 예(禮)가 간하여 그만두고, 예를 서쪽 연에 사신으로 보내 공략을 그만두게끔 설득하여 연은 공격하지 않았다(箕子之後朝鮮矦 見周衰燕自尊爲王 欲東略地 朝鮮侯亦自稱爲王 欲興兵逆擊燕 以尊周室 大夫禮諫之乃止 使禮西說燕 以止之不攻)'고 하였다.《위략》은 곧 서양의 백인종인 대진(大秦 : 로마)까지도 중국인의 자손이라 기록한, 중국의 병적인 자존심을 가장 잘 나타낸 글이니, 그 글의 전부를 덮어놓고 믿을 수는 없으나, '신한' '불한'을 그즈음 조선에서 진한·마한·변한으로 음역한 이외에, '신한'은 또는 의역(義譯)하여 '진왕(辰王)' '태왕(太王)' '대왕(大王)'이라고 하였으니,[3] '신한'은 한자로 쓰면 조선왕(朝鮮王)이라 하였을 것이요, '말한' '불한'은 의역하여 좌보(左輔)·우보(右輔)라 하였으니 한자로 쓰면

---

3) 다만 辰王의 辰은 음역.

조선후(朝鮮侯)라 하였을 것이므로, 기자가 이때에 '불한'의 지위에 있었으니 조선후라 일컬음이 또한 옳다.

'불한' 조선후 기씨가 '신한' 조선왕 해씨를 배반하고 스스로 '신한'이라 일컬어서 삼조선 분립의 판국을 열었는데, '불한'이 '신한'을 일컬은 것은 연(燕)이 왕을 일컬은 뒤요, 연이 왕을 일컬은 것은 《사기》에 주(周) 신정왕(愼靚王) 46년, 기원전 323년이니, 신·말·불 삼조선 분립이 기원전 4세기 즈음임을 확증하는 것이고, 대부 예는 대개 '불한'의 유력한 모사(謀士)이니, '불한'에게 '신한'을 배반하고 또한 '신한'이라 일컫도록 권하고, 또한 연(燕)과 결탁하여 동·서 두 새 왕국을 동맹하게 한 이가 또한 대부 예이니 대부 예는 삼조선 분립을 주동한 중심인물일 것이다.

삼조선 분립 이전에는 '신한'이 하나였는데, 삼조선이 분립한 뒤에는 '신한'이 셋이 되었다. 곧 신조선의 '신한'이 그 하나요, 말조선의 '신한'이 그 둘이요, 불조선의 '신한'이 그 셋이니, 곧 대왕(大王)이라는 뜻이다.

제2장
삼조선 분립 그 뒤 신조선

1. 신조선(朝鮮)의 서침(西侵)과 연(燕)·조(趙)·진(秦)의 장성(長城)

삼조선이 분립한 뒤 오래지 않아서 신조선왕 모갑(某甲)이 영특하고 용감하여 마침내 말·불 두 조선을 다시 연합해 지금 동몽골 등지를 쳐서 선비(鮮卑)를 정복하고 연을 쳐 우북평(右北平 : 지금 永平府)와 어양(漁陽 : 지금 북경) 부근과 상곡(上谷 : 지금 山西省 大同府) 등지를 다 차지하여 불리지(弗離支)의 옛땅을 회복하니, 연왕(燕王)이 크게 두려워하여 해마다 공물을 신조선에 바치고 신하라 일컫고, 태자를 보내서 볼모로 삼게 하였는데, 모갑이 죽고 모을(某乙)이 왕이 된 뒤에는 연의 태자가 돌아가서 연왕이 되어 장군 진개(秦開)를 왕자라 속여서 볼모로 보냈다. 모을이 그 속임수를 깨닫지 못하고 진개의 민첩하고 지혜로움을 사랑하여 가까이 두었다.

진개는 나라의 모든 비밀을 탐지해 가지고 도망해 돌아가서 군사를 거느리고 와 신조선을 습격하여, 신·말·불 세 나라 군사를 깨뜨리고 서북 변경, 곧 앞서 신조선왕 모갑이 점령한 상곡·어양·우북평 등지를 빼앗고, 나아가 불조선 변경을 습격해 요서(遼西 : 지금 盧龍縣)와 요동(遼東 : 지금 遼陽) 부근을 함락하여 상곡·어양·우북평·요서·요동의 5군을 두고 2천리 장성을 쌓아 조선을 막으니,《사기》〈조선열전〉에 '연(燕)의 전성시대에 일찍이 진번조선(眞番朝鮮)을 침략하여 복속시켰다(全燕時 甞略屬眞番朝鮮)'고 한 것과,〈흉노열전〉에 '연의 어진 장수 진개(秦開)가 호(胡)에게 볼모가 되어 호가 깊이 믿었는데, 돌아와서 동호(東胡)를 습격하여 깨뜨리니, 동호는 1천여 리를 퇴각하였다. 연이 또한 장성을 쌓고 조양(造陽)에서부터 양평(襄平)까지 상곡·어양·우북평·요서·요동의 군을 설치하였다(燕有賢將秦開爲質於胡 胡甚信之 歸而襲破東胡 東胡却千餘里 燕亦築長城 自造陽至襄平 置上谷漁陽右北平遼西遼東郡)'고 한 것과,《위략》에 '연이 장군 진개를 보내 그 서쪽을 공격하여 땅 2천여 리를 빼앗아 만반한(滿潘汗)까지 이르렀다(燕乃遣將秦開 攻其西方 取地二千餘里 至滿潘汗)'고 한 것이 다 이 일을 가리킨 것이다. 그러나 진개가 볼모로 갔던 조선은 불조선이 아니라 신조선이고, 만반한은 신조선이 아니라 불조선이므로, 《사기》에는 이를 〈흉노전〉과 〈조선전〉 두 곳에 나누어 기록하였고, 《위략》에는 비록 〈조선전〉에 기록하였으나 진개가 볼모로 갔던 사실은 쓰지 않았다. 만반한은 조선의 역사지리상 큰 문제이므로 다음 장에서 다시 말할 것이다.

이때 중국 북쪽의 나라로서 조선을 막기 위하여 장성을 쌓은 자는 연(燕) 한 나라뿐이 아니다. 조(趙 : 지금 直隸省 서쪽 절반과 하남성 북쪽 끝과 산서성) 무령왕(武靈王)의 장성(지금 山西 북쪽) 또한 조선과 조선의 속민(屬民)인 담림(澹林)·누번(樓煩) 등 때문에 쌓은 것이고, 진(秦 : 지금 陝西省) 소왕(昭王)의 장성은 의거(義渠)를 토멸하고 흉노를 막기 위하여 쌓은 것이지만, 의거는 원래 조선 종족으로 지금 감숙성(甘肅省)으로 옮겨가서 성을 쌓고 대궐을 지었다. 농사가 발달하여 문화가 상당히 발달되었고, 병력이 강하여 진을 압박하였다. 진의 선태후(宣太后 : 진시황의 고조모)는 절세미인이었는데, 의거가 진을 토멸할까 두려워서 의거왕을 꾀어 간통하여 두 아들을 낳게 하고는 의거왕을 불러다 쳐 죽이고, 두 아들까지 죽여 버려 그 나라를 멸망시켰다.

2. 창해역사(滄海力士)의 철퇴와 진시황(秦始皇)의 만리장성

신조선이 연·조와 격전을 벌이는 동안에 진이 강성해져서 마침내 한(韓)·위(魏)·조(趙)·연(燕)·제(齊)·초(楚) 등 중국의 여러 나라를 다 토멸하니, 한인(韓人) 장량(張良)이 망국의 한을 품고 조선에 들어와 구원을 청했다. 왕 모병(某丙)이 장사 여씨(黎氏)를 소개해 주어, 진시황 순행(巡幸)을 기회삼아 120근 철퇴를 가지고 양무현(陽武縣) 박랑사(博浪沙) 가운데서 그를 저격하다가 잘못되어 부거(副車)만 부수고 성공치 못했다.

《사기》에 장량이 창해군(滄海君)을 보고 장사를 구하였다고 하였으므로, 어떤 이는 창해를 강릉(江陵)이라 하고, 창해군을 강릉의 군장(郡長)이라고 하며, 장사 여씨를 강릉 출생이라 했지만, 창해는 동부여의 딴 이름이고, 동부여 두 나라는 ①북갈사(北曷思 : 지금 琿春) ②남갈사(南曷思 : 지금 咸興)에 도읍을 정했으니, 창해는 이 두 곳 가운데 하나요, 강릉이 창해라는 설은 근거 없는 말이다.

얼마 안 가서 진시황이 동북쪽 조선과 서북쪽 흉노를 염려하여 옛날 연·조·진의 장성을 연결하여 건축하는데, 전 중국 인민을 동원하여 부역에 종사하게 하고, 장군 몽념(蒙恬)으로 하여금 30만 군사를 거느려 감독케 해서 동양사상 유명한 이른바 만리장성을 완성하였다. 기원전 210년 진시황이 죽고 이세(二世)가 즉위하니, 이듬해에 진승(陳勝)·항적(項籍)·유방(劉邦) 등 혁명 군웅(群雄)이 봉기하여 진을 멸망시켰다.

이두산(李斗山)이 이를 논하여 "진의 위력이 태고 이래로 유래가 없도록 팽창하여, 모든 사람이 바야흐로 시황을 천신으로 우러러보는데, 난데없는 벽력 같은 철퇴가 시황의 혼백을 빼앗고 여섯 나라(한·위·조·연·제·초) 유민(遺民)의 적개심을 뒤흔들어 놓았다. 시황의 시체가 땅에 들어가기 전에 진을 멸망시키려는 깃발이 사방에 휘날렸으니, 이는 창해역사의 공이 아니랄 수 없다"고 말하였다.

3. 흉노 모돈(冒頓)의 동침(東侵)과 신조선의 위축

중국의 항적·유방 등의 8년 동란이 계속되는 사이에 신조선왕 모정(某丁)이 서쪽으로 출병하여 상곡(上谷)·어양(漁陽) 등지를 회복하고, 지금의 동몽골 일대 선비(鮮卑)의 항복을 받아서 국위를 다시 떨치더니, 그 자손 대에 마침내 흉노 모돈(冒頓)의 난을 만나 국세가 도로 쇠약해지고 말았다.

흉노는 제1편에서 말한 것처럼 조선과 어계(語系)가 같고, 조선과 같이 '수두'를 신봉하여 조선 속민이 되었는데, 지금 몽골 등지에 흩어져서 목축과 사냥에 종사하였다. 천성이 침략을 즐겨 자주 중국 북부를 짓밟고, 신조선에도 배반과 복종을 거듭했는데, 기원전 200년께 두만(頭曼)이 흉노족 선우(單于)[1]가 되어, 맏아들 모돈(冒頓)을 미워하고 작은아들을 사랑하다가 모돈에게 죽고, 모돈이 대신 선우가 되었다. 신조선왕은 그가 사납고 음흉함을 모르고 자주 여러 가지를 요구하였는데, 모돈은 짐짓 그 환심을 사기 위허 신조선왕이 천리마를

---

[1] 흉노족이 그들의 추장이나 군주를 높여 부르던 이름.

구하면 그는 자기가 사랑하는 말을 주고, 신조선왕이 미인을 구하면 그는 그의 알씨(關氏:선우의 妻妾)를 주니, 신조선왕은 더욱 모돈을 믿어, 사자를 보내서 두 나라 가운데의 천여 리 구탈(甌脫)을 신조선 소유로 달라고 하였다. 구탈이란 당시 중립지대 빈 땅을 일컫는 말인데, 모돈이 이 요청을 받고는 크게 노하여 "토지는 나라의 근본인데 어찌 이것을 달라 하느냐" 하고 드디어 사자를 죽이고, 흉노 기병을 모두 내어 신조선의 서쪽인 지금 동몽골 등지를 습격하여 주민을 유린하고 선비(鮮卑)를 수없이 학살하였다. 신조선은 퇴각하여 장성 밖 수천 리 땅을 버리고, 선비의 남은 무리들은 선비산(鮮卑山:지금 內外興安嶺) 부근으로 도주하니, 이때부터 신조선이 아주 힘이 약해져 오랫동안 이웃 종족과 겨루지 못했다. 엄복(嚴復)[2]이 "흉노는 물과 풀을 따라 옮겨 다니는 야만족이니, 어찌 토지는 나라의 근본이란 말을 내었으랴? 이는 한갓 사마천의 과장된 글이 될 뿐이다"라고 말하였다. 그러나 《사기》《한서》 등을 참고해 보면, 흉노가 음산(陰山)의 험한 목을 빼앗긴 뒤엔 그 지방을 지나는 자가 반드시 통곡하였다 하고, 연지(臙脂)가 생산되는 언지산(焉支山)을 빼앗긴 뒤에는 슬픈 노래를 지어 서로 위로했다 하였으니, 흉노의 토지 수요가 비록 문화 민족과 같지 못하다 하더라도 토지에 대한 관념이 아주 없다 함은 편벽된 판단인가 한다.

---

2) 清末 학자.

제3장
삼조선 분립 그 뒤 불조선

1. 불조선, 서북경(西北境)을 빼앗김

　불조선이 신조선과 합작(合作)하다가 연(燕)에게 패하였음은 이미 앞에서 말했으므로 여기에서는 다만 그 잃은 땅이 얼마나 되는가를 말하고자 한다.
　《위략》에 '진개(秦開)가 그 서쪽을 공격하여 땅 2천여 리를 빼앗아 만반한(滿潘汗)까지 이르렀다(秦開攻其西方 取地二千餘里 至滿潘汗)'고 하여, 이에 옛 선비들은 조선과 연의 국경을 지금의 산해관(山海關)으로 잡고, 진개가 빼앗은 2천여 리를 산해관 동쪽 2천여 리로 잡아서, 만반한을 대동강 이남에서 찾으려고 했지만, 이는 큰 착오요 억지 판단이다.
　《사기》나 《위략》을 참조해 보면, 진개가 빼앗은 토지가 분명히 상곡(上谷)에서부터 요동까지이니, 만반한을 요동 밖에서 찾으려 함은 옳지 못하다. 《한서》〈지리지〉에 따르면 요동군현(遼東郡縣) 가운데 '문(汶)·번한(番汗)' 두 현이 있으니, 만반한은 곧 이 문·번한이다. 문현(汶縣)은 비록 그 연혁이 전해지지 못했지만, 번한(番汗)은 지금 개평(蓋平) 등지이므로 문현도 개평 부근일 것이니, 만반한은 지금 해성(海城)·개평(蓋平) 등의 부근일 것이다. 그런데 이제 만반한을 대동강 이남에서 구하려 함은 무엇에 따른 것인가?
　대개 만반한은 진개가 침략해 왔을 때 지명이 아니고, 후세 진나라 때 또는 한나라 때 명칭인데, 《위략》을 지은 자가 이를 가져다가 진개 침략 때 두 나라 국경을 입증(立證)한 것일 것이며, 번한(番汗)은 '불한'의 옛 도읍 부근이므로 그렇게 부르는 것일 것이다. 《사기》의 1천여 리는 신조선이 잃은 땅만 지적한 것이요, 《위략》의 2천여 리는 신·불 두 조선이 잃은 땅을 아울러 지적한 것이니, 상곡(上谷)과 어양(漁陽) 일대는 신조선이 잃은 땅이요, 요동과 요서, 우북평(右北平) 일대는 불조선이 잃은 땅이다. 만반한은 사군(四郡) 연혁 문제와 관계가 매우 깊으니, 이 절(節)은 독자가 잘 기억해 두어야 한다.

2. 불조선과 진(秦)·한(漢)과의 관계

연왕 희(喜)가 진시황에게 패하여 요동으로 도읍을 옮기니, 불조선이 연에 대한 오래된 원한을 잊지 못하여 진과 맹약하고 연을 토벌하였는데, 얼마 안 가서 진시황이 몽념(蒙恬)으로 하여금 장성을 쌓아 요동에 이르렀다. 불조선이 진과 국경을 정하는데, 지금 헌우란(薲芋灤) 이남 연안 수백 리 땅엔 두 나라 인민이 들어가 사는 것을 금했다. 《사기》에서 말하는 '고진공지(故秦空地)'란 이것을 가리킨 것이다. 《위략》에 따르면 이때에 불조선왕 이름을 '부(否)'라 하였으나, 《위략》과 마찬가지로 관구검이 실어 간 고구려 문헌으로 자료를 삼은 《삼국지》〈동이전〉과 《후한서》〈동이열전〉에는 '부(否)'를 기록하지 않았으니, 《위략》에서 신조선 말엽의 왕 곧 동부여왕이 된 부루를 부(否)로 사실과 다르게 전한 게 아닌가 하여 여기에 채용하지 않는다.

기원전 200여 년께 기준(箕準)이 불조선왕이 되어서는 진의 진승(陳勝)·항적(項籍)·유방(劉邦 : 漢高祖) 등이 모반하여 중국이 크게 어지러워져서 상곡·어양·우북평 등지의 조선 옛 백성과 연(燕)·제(齊)·조(趙)의 중국인들이 난을 피하여 귀화하는 자가 많았다. 그래서 기준이 이들에게 서쪽의 옛 중립지인 빈 땅에 들어가 사는 것을 허락하였다. 한고조 유방이 중국을 통일하자 기준이 다시 한과 약조를 정하여 옛 중립지인 빈 땅은 불조선 소유로 하고, 헌우란을 국경으로 삼았다. 《사기》〈조선전〉에 '한(漢)이 일어나니…… 패수(浿水)에 이르러 경계로 삼았다(漢興……至浿水爲界)'고 하고, 《위략》에 '한이 노관(盧綰)을 연왕으로 삼고, 조선과 연은 패수를 경계로 하였다(及漢以盧綰爲燕王 朝鮮與燕 界於浿水)'고 한 것[1]이 다 이것을 가리킨 것이다. 대개 불조선과 연이 만반한을 경계로 정하였다가 이제 만반한 이북으로 물러났으니, 두 책의 패수(浿水)는 다 헌우란을 가리킨 것임이 분명하다. 옛 선비들이 때때로 대동강이 패수라고 고집함은 물론 큰 잘못이거니와, 최근 일본 백조고길(白鳥庫吉) 등이 압록강 하류를 패수라고 하니 이 또한 큰 망발이다.

---

1) 원문에서는 澳水로 나오지만 先儒들이 澳가 浿의 잘못이라 하였으므로 이를 좇는다.

위의 패수에 관한 논술은, 앞 절 만반한과 다음 절 왕검성과 대조하여 볼 것이다.

3. 위만(衛滿)의 반란과 불조선의 남천(南遷)

기원전 194년 한(漢)의 연왕(燕王) 노관(盧綰)이 한을 배반하다가 패하여 흉노로 도망하고, 그의 무리 위만(衛滿)은 불조선으로 들어와 귀화하니, 준왕(準王)이 위만을 신임하여 박사관(博士官)에 임명해서 패수 서쪽 강변[2] 수백 리를 주어 그 곳에 이주한 옛 백성들과 연(燕)·제(齊)·조(趙)의 사람들을 다스리게 하였다. 위만이 이들을 군사로 만들어 조선과 중국에서 망명 온 죄인을 더욱 많이 데려다가 결사대를 만들어 그 병력이 강대해지자, 위만은 한나라 군사가 10도(道)로 침략해 들어온다는 거짓 보고를 준왕에게 하고, 준왕에게 사자를 보내어 들어와 왕을 모시어 보호하기를 청하여 허락을 얻어 정병을 끌고 달려와 기준의 왕검성을 습격하였다. 그러자 준왕이 항거해 싸우다가 전세가 불리하여 좌우 궁인을 싣고 패잔한 군사로 바닷길을 좇아 마한 왕도(王都) 월지국(月支國)으로 들어가서 이를 쳐 깨뜨리고 왕이 되었다. 그런데 오래지 않아 마한의 여러 나라가 함께 일어나서 준왕을 토멸하였다. 왕검성은 제1세 큰 단군의 이름을 그 이름으로 삼은 것인데, 큰 단군의 삼경(三京), 지금 하얼빈과 지금 평양, 앞서 말한 불한의 옛 도읍인 지금 개평(蓋平) 동북쪽, 이 서 곳이 다 왕검성이란 이름을 가졌었을 것이니, 위만이 도읍한 왕검성은 곧 개평 동북쪽이다. 《한서》〈지리지〉에는 '요동군(遼東郡) 험독현(險瀆縣)[3]'이 그것이요, 마한 왕도는 지금 익산이다'라고 하였으나, 대개 잘못 전해진 것이다. 다음 장에서 논술할 것이다.

---

2) 옛 중립지 빈 땅.
3) 조선왕 위만의 도읍이다.

제4장
삼조선 분립 그 뒤 말조선

1. 말조선의 천도와 마한으로의 국호 변경

말조선의 첫 도읍이 평양임은 이미 앞에서 말했거니와, 그 뒤[1]에 국호를 말한(馬韓)이라 고치고, 남쪽 월지국(月支國)으로 도읍을 옮겼다가 불조선왕 기준(箕準)에게 망했다. 천도한 원인이 무엇인지 이전 사서(史書)에 보인 것이 없으나, 대개 신·불 두 조선이 흉노와 중국의 잇따른 침략을 받아서 북방의 풍운(風雲)이 급해, 말조선왕이 난을 싫어하여 마침내 남쪽 멀리 떨어진 지방으로 천도하는 동시에 모든 침략주의를 가진 역대 제왕들의 칼끝에서 빛나던 '조선'이라는 명사는 외국인이 시기하고 미워하는 바라 하여, 드디어 말조선이란 칭호를 버리고, 지난날 왕호(王號)로 쓰던 '말한'을 국호로 써서 이두로 마한(馬韓)이라 쓰고, 새로 쓰는 왕호인 '신한'은 이두로 진왕(辰王)이라 써서 '마한국(馬韓國) 진왕(辰王)'이라고 일컬었다.

똑같은 '한'이란 명사를 하나는 음을 따서 한(韓)이라 하여 국호로 쓰고, 또 하나는 뜻을 따서 왕이라 하여 왕호로 씀은, 문자상 국호와 왕호의 혼동을 피한 것이다. 국호를 마한이라 쓰는 동시에 왕조는 한씨(韓氏)가 세습하여 국민들이 한씨 왕의 존재만 아는 고로, 기준이 그 왕위를 빼앗고는 국민의 불평을 누그러뜨리기 위해 본디 성 기씨(箕氏)를 버리고 한씨로 고친 것이다. 《삼국지》에는 '준(準)……달아나 바다로 들어가서 한(韓) 땅에서 살며 한왕(韓王)이라 이름하였다(準……走入海 居韓地 號韓王)'고 하였고, 《위략》에는 '준의 아들과 친척으로 나라에 머물러 있는 자는 성을 한씨라 하였다(準子及親 留在國者 謂姓韓氏)'고 하였다.

---

[1] 연대 불명.

월지국을 옛 사서에는 '백제 금마군(金馬郡 : 지금 益山)'이라고 하였지만, 이것은 속전(俗傳)의 '익산군 마한 무강왕릉(武康王陵)' 때문에 무강왕을 기준의 시호(諡號)라 하고, 부근 미륵산의 선화부인 유적을 기준의 왕후 선화(善花)의 유적이라 하여, 마침내 기준이 남으로 달아나서 금마군에 도읍하였다고 한 것이다. 그러나 무강왕릉은 딴 이름이 말통대왕릉(末通大王陵)이요, 말통은 백제 무왕(武王)의 어릴 때 이름[2]이요, 선화는 신라 진평대왕의 공주로서 무왕의 후(后)가 된 이이다. 역사에 백제를 때때로 마한이라 하는 여가 적지 않으니, 이 따위 고적은 한갓 익산이 백제의 옛 서울임을 증명함에는 족하지만, 기준의 옛 서울임을 증명함에는 부족할 뿐만 아니라, 마한 50여 개 나라 가운데 월지국과 건마국(乾馬國)이 있으니, 건마국이 곧 금마군(金馬郡), 곧 지금 익산일 것이므로, 월지국 마한의 옛 서울은 다른 나라에서 찾는 것이 옳다. 확실한 지점은 알 수 없으나 마한과 백제[3] 국경이 웅천(熊川) 곧 지금 공주이니, 월지국은 대략 그 부근일 것이다.

말한이 비록 국호가 되었지만, 5, 6백 년 뒤에도 오히려 왕호로 쓴 이가 있다. 신라의 눌지(訥祗)·자비(慈悲)·소지(炤智)·지증(智證) 네 왕은 다 '마립간(麻立干)'이라 일컬었는데, 눌지마립간(訥祗麻立干) 주에 '마립은 말(말뚝)이다(麻立橛也)'라 하였다. 궐(橛)은 글자 뜻이 '말'이므로, 마립(麻立)의 '마(麻)'는 그 소리 모두를 취하여 '마'로 읽고, '입(立)'은 그 첫소리만을 취하여 'ㄹ'로 읽고, '간(干)'은 그 소리 모두를 취하여 '한'으로 읽는 것임이 명백하므로, 마립간은 곧 '말한'이요, 말한을 왕호로 쓴 증거이다.

2. 낙랑과 남삼한(南三韓) 대치

마한이 월지국으로 도읍을 옮긴 뒤에 옛 도읍 평양에는 최씨가 일어나서 부근 25개 나라를 통솔하여 하나의 큰 나라가 되었으니, 옛 사서에 나오는 이른바 낙랑국이다. 낙랑이 이미 분리되어 마한이 지금 임진강 이북을 잃었으나 오히려 임진강 이남 70여 개 나라를 통솔하더니, 오래지 않아 북방에서 중국과 흉노의 난리를 피하여 마한으로 들어오는 신·불 두 조선 유민이 날로 많아지

---

[2] 무왕 이름이 '마동'이니 《삼국유사》 薯童은 의역이고, 고려사 지리지 末通은 음역.
[3] 기원 13년 건국.

므로, 마한이 지금 낙동강 연안 오른쪽 1백여 리 땅을 떼어 신조선 유민들에게 주어 자치계(自治稧)[4]를 세워서 이름을 '진한부(辰韓部)'라 하고, 낙동강 연안 오른쪽 땅을 나누어 불조선 유민들에게 주어, 또한 자치계를 세워서 '변한부(弁韓部)'라 일컬었다. 변한에는 신조선 유민들도 섞여 살았으므로 '변진부(弁辰部)'라고도 일컬었다. 이것이 남삼한(南三韓)이니 마한이 구태여 진·변 두 한을 세운 것은 또한 삼신(三神)에 따라 삼의 수를 채운 것이다.

큰 단군왕검의 삼한은 신한이 중심 주권자가 되고, 말·불 두 한은 좌우 보상(輔相)이 되었는데, 이제 남삼한은 말한 곧 마한이 가장 큰 나라, 곧 종주국이 되고, 신한 곧 진한과 불한 곧 변한이 두 작은 나라[5]가 된 것은, 이주민의 계통을 좇아 이름을 지었기 때문이거니와, 삼한이 다 왕을 '신한'이라 일컬어서[6] 신한이 셋이 되니, 대개 앞의 것[7]은 왕검이 지은 명사를 그대로 쓴 것이고, 뒤의 것[8]은 삼조선 분립 뒤에 세 신한의 이름을 그대로 쓴 것이다. 진·변 두 한의 두 신한은 자립하지 못하고 대대로 마한의 신한이 겸해 가져서 이름만 있고 실제가 없었으니, 이는 남삼한이 만든 예(例)이다.

삼한은 우리 역사에 비상하게 시비가 많은 문제로 되었지만, 여태까지 학자들이 다만 《삼국지》〈삼한전(三韓傳)〉의 삼한 곧 남삼한에 따라, 그 강역(疆域) 위치를 결정하려 할 뿐이고 ①삼한 명칭 유래와, ②삼한 예제(禮制) 변혁을 알지 못하여, 비록 공력은 많이 들였으나 본디 북방에 있었던 삼한을 발견하지 못할 뿐 아니라, 남삼한과의 상호 관계도 명백히 알아내지 못했다.

3. 낙랑 25개 나라와 남삼한(南三韓) 70여 개 나라

낙랑의 여러 나라로 역사에 나타난 것이 25개 나라이니, 조선(朝鮮)·감한(詌邯)·패수(浿水)·함자(含資)[9]·점선(黏蟬)·수성(遂城)·증지(增地)·대방(帶方)·사망

---

4) 고대에 모임을 계라 하였음.
5) 소속국.
6) 이를테면 마한 왕은 말한나라 신한이라 하고, 진한 왕은 신한나라 신한이라 하고, 변한 왕은 불한나라 신한이라 하였음.
7) 삼한분립.
8) 신한 셋.
9) 貪資라고도 함.

(駟望)·해명(海冥)·열구(列口)·장잠(長岑)·둔유(屯有)·소명(昭明)·누방(鏤方)·제해(提奚)·혼미(渾彌)·탄렬(呑列)·동이(東暆)·불이(不而)¹⁰⁾·잠대(蠶臺)·화려(華麗)·야두매(邪頭昧)·전막(前莫)·부조(夫租)¹¹⁾ 등이니, 위의 25개 나라는《한서》〈지리지〉에 한(漢) 낙랑군 25개 현(縣)으로 기록되어 있으나, 이는《한서》본문이 아니라 당나라 태종이 고구려를 침략하려고 할 때에 그 신하와 백성들의 적개심을 고취하기 위하여, 조선이 거의 다 중국의 옛 땅임을 위증하고자 전대 중국 역사책 가운데 조선에 관계되는 것들을 죄다 가져다가 많이 고칠 때, 조선 고대의 낙랑 25개 나라를 낙랑군 25개 현으로 고쳐《한서》〈지리지〉에 넣은 것이니, 이는 제4편에서 다시 상세히 논술하기로 한다.

25개 나라들 가운데 '조선'과 '패수'는 다 평양에 있는 나라인데, 조선은 곧 말조선 옛 땅이므로 조선이라 일컬어서 낙랑의 종주국이 된 것이고, 패수는 '펴라'로 읽을 것이니 24개 속국 가운데 하나이다. 조선국과 패수국의 관계를 비유하면 전자는 평양감영(平壤監營)과 같은 것이요, 후자는 이에 딸린 각 고을과 같은 것이다.

'소명'은 지금 춘천 소양강이요, '불이'는 그 뒤에 동부여가 된 것으로 지금 함흥이니, 낙랑국 전체가 지금 평안도와 황해도, 강원도와 함경도 각 일부분을 차지한 것이었다.

삼한의 여러 나라로서 역사에 보인 것이 70여 개 나라이니, 마한은 애양(愛襄)¹²⁾·모수(牟水)·상외(桑外)·소석색(小石索)·대석색(大石索)·우휴모탁(優休牟涿)·신분고(臣濆沽)¹³⁾·백제(伯濟)¹⁴⁾·속로불사(速盧不斯)·일화(日華)·고탄자(古誕者)·고리(古離)·노람(怒藍)·월지(月支)·치리모로(治離牟盧)¹⁵⁾·소위건(素謂乾)·고원(古爰)·막로(莫盧)·비리(卑離)·점비리(占卑離)·신흔(臣釁)¹⁶⁾·지침(支侵)·구로(狗盧)·비미(卑彌)·감해비리(監奚卑離)·고포(古蒲)·치리국(致利鞠)·염로(冉路)·아림(兒林)·사로

---

10) 不耐라고도 함.
11) 沃沮의 잘못인 듯.
12) 爰襄이라고도 함.
13) 臣濆活이라고도 함.
14) 伯儕로도 씀.
15) 咨離牟盧라고도 함.
16) 占釁이라고도 함.

(馰盧)·내비잡(內卑雜)[17]·감해(感奚)·만로(萬盧)·벽비리(群卑離)·구사오단(臼斯烏旦)·일리(一離)·불리(不離)[18]·우반(友半)[19]·구소(狗素)·서로(棲盧)[20]·모로비리(牟盧卑離)·신소도(臣蘇塗)·고랍(古臘)·임소반(臨素半)·신운신(臣雲新)·여래비리(如來卑離)·초산도비리(楚山塗卑離)·일난(一難)·구해(狗奚)·불운(不雲)·불사분야(不斯濆邪)·원지(爰池)·건마(乾馬)·초리(楚離) 등 54개 나라를 통솔하였다.

비리(卑離) 여러 나라는 《삼국사기》〈백제 본기(百濟本紀)〉 부여(扶餘)와 〈백제 지리지〉 부리(夫里)이니, '비리'는 부여(扶餘 : 지금 夫餘)이고, '감해비리'는 고막부리(古莫夫里 : 지금 公州)요, '벽비리'는 파부리(波夫里 : 지금 同福)요, '여래비리'는 이릉부리(爾陵夫里 : 지금 綾州, 一名 和順)요, '신소도'는 신수두 곧 대신단(大神壇)이 있는 곳이니 성대호(省大號 : 지금 泰安, 一名 蘇泰)이요, '지침'은 지심(支潯 : 지금 鎭川) 등지요, '건마'는 금마군(金馬郡) 곧 백제 무왕릉(武王陵)이 있는 곳이다. 이밖에도 상고할 것이 많으나 남겨둔다.

변한은 미리미동(彌離彌凍)·접도(接塗)·고자미동(古資彌凍)·고순시(古淳是)·반로(半路)·낙노(樂奴)·미오야마(彌烏邪馬)·감로(甘路)·구야(狗邪)·주조마(走漕馬)·안야(安邪)·독로(瀆盧) 등 12부(部)를 통틀어 일컫는 말이다. 미동(彌凍)은 '민'으로 읽으니 수만(水灣)이란 뜻이고, 고자(古資)는 '구지'로 읽으니 반도(半島)란 뜻이고, 야(邪)는 '라'로 읽으니 강(江)이란 뜻이다. 12부는 《삼국사기》〈지리지〉 신라 부분과 〈가락국기(駕洛國記)〉에서 옛 터를 찾아보면, '고자미동'은 고자군(古自郡), 지금 고성만(固城灣)이요, '고순시'는 고령가야(古寧加耶), 지금 상주(尙州)와 함창(咸昌) 사이 공갈못(恭儉池)이니, 공갈은 고령가야의 촉음(促音)이요, '반로'는 '벌'로 읽으니 별(星)이란 뜻으로 성산가야(星山加耶) 곧 지금 성주(星州)요, '미오야마'는 미오마야(彌烏馬邪)로도 써서 '밈라'로 읽으니, 임나(任那) 곧 지금 고령이요, '구야'는 '가라'로 읽으니 대지(大地)라는 뜻으로 지금 김해요, '안야'는 '아라'로 읽으니 수명(水名)으로서 지금 함안이다. 위 여섯 나라는 곧 뒤에 가라(加羅) 여섯 나라[21]가 된 것이고, 그 나머지는 상세치 아니하나 대개 그 부

---

17) 內卑離라고도 함.
18) 不彌라고도 함.
19) 支半이라고도 함.
20) 捷盧라고도 함.

근일 것이다.

진한은 기저(己柢)[22]·불사(不斯)·근기(勤耆)·염해(冉奚)·군미(軍彌)·여담(如湛)·백로(白路)·주선(州鮮)·마연(馬延)·사로(斯盧)·우중(優中)·난미리미동(難彌離彌凍) 등 12부를 통틀어 일컬음이니, 위 12부는 오직 사로가 신라인 줄을 알 수 있고, 그 밖의 각 부 연혁은 알 수 없으니, 이는 신라 말 한학자들이 명사를 모두 예전 이두자를 버리고 한자로 의역하였기 때문이다. 상세한 것은 제4편 제4장에서 논술할 것이다.[23]

마한이 본디 압록강 동쪽 전부를 거의 차지하였으며, 다라서 낙랑·진한·변한 세 나라가 생겨 지금 새재(鳥嶺) 이남과 임진강 이북을 나누어 차지하였으나, 진·변 두 한은 이름은 나라로되 실상은 신·불 두 조선 유민(遺民)의 자치부(自治部)로서 마한에 끊임없이 조공과 납세를 하였고, 낙랑 같은 적국이 아니었다.

---

21) 제3편 제4장 제2절 참고.
22) 己抵로도 씀.
23) 변한 12부와 진한 12부는 책에 따라 서로 드나들어 같지 않음.

제5장
삼조선 붕괴 원인과 결과

1. 삼신설(三神說) 파탄

앞의 제2·3·4장에서 대강 서술한 것처럼 신·말·불 삼조선이 이렇게 한꺼번에 무너져 버린 것은 무엇 때문인가? ①삼한은 원래 천일(天一)·지일(地一)·태일(太一)의 삼신설에 따라 인민이, '말한'은 천신의 대표로, '불한'은 지신의 대표로, '신한'은 하늘보다 높고 땅보다 큰 우주 유일신의 대표로 신앙해오다가, 말·불 두 한이 신한을 배반하고 저마다 스스로 신한이라 일컬어 세 대왕이 나란히 서서 지력(智力)으로 지위를 획득했다. 그런데 이에 일반 사람들이 계급은 자연적·고정적이 아니고 힘만 있으면 파괴할 수도 있고 건설할 수도 있음을 깨달아서 삼신설을 의심하기에 이르렀음이 그 원인이고, ②역대 삼한이 한갓 삼신이 미신으로만 인심을 끌어갈 뿐 아니라 늘 외적을 물리치고 국토를 확장하여 천하가 다 그 위령(威靈)에 떨게 했는데, 이제 삼국 신한(임금)들도 흉노와 중국의 잇단 침략에 저항하지 못하여 국토가 많이 떨어져 나가게 되자, 일반 사람들이 이에 제왕도 사람의 아들이요 하늘의 아들이 아니므로 그의 성패 흥망도 보통 사람과 같음을 알고, 삼한의 신비로운 힘을 부인함에 이르렀음이 그 가까운 원인이니, 삼신설의 기초 위에 세운 삼한이므로 삼신설이 무너지게 된 뒤에야 어찌 무너지지 않을 수 있으랴?

2. 열국 분립

삼신설(三神說)이 무너지고 삼한에 대한 신앙이 추락하니, 이는 확실히 조선 유사 이래 큰 변국(變局)이었다. 그러므로 일부 백성들이 신인과 영웅들의 허위를 깨닫고, 때때로 자치촌·자치계 같은 것을 설립하여 민중의 힘으로 민중의 일을 스스로 결정하기를 시험했으니, 기록에 보인 증적(證跡)은 진한부(辰韓部)·

변한부(弁韓部) 같은 것이 그 일종이요, 그 밖에도 역사책에 누락된 그런 시험이 많았을 것이다.

그러나 미신을 타파하여 우주 문제, 인생 문제 등을 올바르게 해결한 학설이 없고, 사방의 이웃은 조선보다 문화가 낮은 예(濊)·선비(鮮卑)·흉노(匈奴)·왜(倭) 등 야만족들이라 진화(進化)에 도움이 될 벗이 없으며, 중국은 비록 문화는 오래되었으나 거의 군권(君權)을 옹호하는 사상과 학설뿐이라, 그 문자 수입이 도리어 민중의 진보를 방해하게 되었다. 민중의 지력은 유치하고, 옛 세력의 뿌리는 깊이 박혀 있어서, 이에 제왕 후예들은 그 조상의 지위를 회복하려 하고, 민간의 사납고 용감한 영웅들은 사회의 새로운 지위를 획득하려 하며, 작은 나라는 큰 나라가 되기를 희망하듯 큰 나라는 더욱 강토를 확장하려 하여 신수두님(大壇君)이라 일컫고, 또는 신한(辰韓)이라 일컬으며, 또는 말한(麻立干)이라 일컫고, 또는 불구래(弗矩內)라 일컬으며, 또는 하늘에서 내려왔다 하고, 또는 해외에서 떠왔다 하며, 또는 태양의 정기로 생겨났다 하고, 또는 알 속에서 나왔다고 하여, 전통 미신세력에 의지하여 민중을 유혹하거나 위협하니, 구구한 민중 세력의 새싹이라 할 얼마간의 자치단체가 정복되어 스스로 사라지고, 세력 쟁탈 싸움이 사방에서 일어나 여러 나라가 서로 우두머리(覇者)가 되고자 싸우는 시대(列國爭雄時代)로 접어들었다.

제4편
열국쟁웅시대

제1장
열국 총론

1. 열국 연대의 정오(正誤)

  삼조선이 무너지고 신수두님·신한·말한·불구래 등의 참람(僭濫)한 칭호를 일컫는 자가 각지에서 들고일어나, 열국 분립의 판국을 만들었음은 이미 앞에서 말했다. 열국사(列國史)를 말하려면 이전 역사에서 열국 연대를 줄여 버렸으므로 이제 그 연대부터 말해야겠다.

  어찌하여 열국 연대가 줄어들었다 하는가? 먼저 고구려 연대가 줄어든 것부터 말하리라. 고구려가 신라 시조 혁거세 21년, 곧 기원전 37년에 건국하여 신라 문무왕 8년, 곧 기원 668년에 망하니, 나라를 누리기를 도합 705년이라고 일반 역사가들이 적어 왔다. 그러나 고구려가 망할 때에 '9백 년에 미치지 못한다(不及九百年)'라고 한 비기(秘記)가 유행했는데, 비기가 비록 요망한 글이라 하더라도 그 시대에 그 비기가 인심 동요의 도화선이 되었으니, 이때[1]에 고구려 존속 연수가 8백 몇십 년 되었음이 명백하므로, 〈본기(本紀)〉 705년이 의문됨이 그 하나요, 〈고구려 본기〉로 보면 광개토왕(廣開土王)이 시조 추모왕(鄒牟王) 13세손(世孫)밖에 안 되는데, 광개토왕 비문에 '17세손 광개토경평안호태왕에게 전하였다(傳之十七世孫廣開土境平安好太王)'고 한 문구에 따르면, 광개토왕이 시조 추모왕 13세손이 아니라 17세손이다. 이같이 세대가 빠진 〈본기〉라, 705년이라고 한 존속 연수는 믿을 수 없음이 그 둘이요, 〈본기〉로써 상고하면 고구려 건국이 위(衛) 우거(右渠)가 멸망한 지 72년 만이지만, 《북사(北史)》〈고려전(高麗傳)〉에는 막래(莫來)가 서서 부여를 쳐 크게 깨뜨리고 이를 복속시켰는데, 한(漢) 무제(武帝)가 조선을 토멸하고 사군(四郡)을 둘 때에 고구려를 현(縣)이라고

---

1) 문무왕 8년.

하였다. 막래는 《해동역사(海東繹史)》에 '막본(莫本)의 잘못인가?' 하였으나, 막래는 '무뢰'로 읽을 것이니, 우박(雹)이라는 뜻이고 신(神)이라는 뜻이다. 대주류왕(大朱留王)의 이름 '무휼(無恤)'과 음이 같을 뿐 아니라, 본기에도 동부여를 정복한 이가 곧 대주류왕이니, 막래는 모본왕(慕本王)이 아니라 대주류왕일 것이요, 막래 곧 대주류왕이 동부여를 정복한 뒤에 한나라 무제가 사군을 설치하였으니, 고구려 건국이 사군 설치보다 약 1백 몇십 년 앞선다는 것이 틀림없음이 그 셋이다. 고구려 때 비기와 그 자손 제왕이 건립한 비문 내용이 먼저 확실하게 증명하고 있고, 비록 외국인이 전해들은 기록이지만 《북사》가 또한 증명하니, 고구려 연대가 1백 몇십 년 줄어들었음이 더욱 확실하다.

순암(順庵) 안정복(安鼎福) 선생이, 신라 문무왕이 고구려 왕족 안승(安勝)을 봉하면서 '햇수 거의 8백 년(年將八百年)'이라고 한 말을 인용하여 고구려 존속 연수가 줄어들었음을 인정하였으나, 실은 8백을 9백으로 하는 게 옳을 것이다. 대개 고구려 연대를 줄인 뒤에 9백을 8백으로 고쳐 고구려가 나라를 누린 것이 705년이라는 위증을 만든 것이다.

어찌하여 고구려 연대가 줄어들었는가? 고대에는 건국의 선후(先後)로 국가 지위를 다투는 풍속[2]이 있었다. 신라 건국이 고구려와 백제보다 뒤짐을 부끄러이 여겨, 두 나라를 멸망시킨 뒤에 기록상 세대와 존속 연수를 줄여 모두 신라 건국 뒤에 세워진 나라로 만든 것이고, 동부여·북부여 등의 나라는 신라와 은혜나 원수가 없는 앞선 나라이지만 이미 고구려 존속 연수를 백 몇십 년이나 줄였으니, 사실상 고구려와 백제의 아버지뻘인 동부여의 연대와 고구려와 백제의 형제뻘인 가라(加羅)와 옥저(沃沮) 등의 연대까지 줄여 버린 것이다. 그래서 이제 이전 역사에 보인 고구려 건국 원년(元年)에서 백 몇십 년을 넘어, 기원전 190년 앞뒤 수십 년 동안을 동부여와 북부여, 고구려가 분립한 시기로 잡고, 그 이하 모든 나라도 같은 시기로 잡아 열국사를 서술하고자 한다.

2. 열국 강역

여러 나라의 연대만 줄였을 뿐 아니라 그 강역도 거의 다 줄여서, 북쪽 나

---

2) 鄒牟와 松讓이 서로 수도를 먼저 세웠다고 다투는 따위.

라가 수천 리를 옮겨 남쪽으로 온 것이 한둘이 아니다. 강역은 또 어찌하여 줄여졌는가? 첫째, 신라 경덕왕이 북쪽 땅을 잃고, 그 북쪽 옛 지명과 고적을 남쪽으로 옮긴 것이 첫째 원인이고, 고구려가 쇠약해져서 압록강 이북을 옛땅으로 인정하지 못하여 전대(前代) 지리를 기록할 때에 북쪽 나라를 또한 남쪽으로 옮긴 것이 많음이 둘째 원인이 되어, 조선의 지리 전고(典故)가 말할 수 없이 뒤바뀌어, 비록 근세의 구암(久庵) 한백겸(韓百謙)과 순암 안정복 등 여러 옛 선비들이 수정해서 얼마쯤 회복이 되었으나, 열국 시대 지리는 그 축소됨이 전과 마찬가지이다. 이제 그 대략을 말할 것이다.

첫째는 부여이다. 신조선이 최초에 세 부여로 나뉘었으니, 하나는 북부여이다. 북부여는 아사달(阿斯達)에 도읍하였다. 《삼국지》에 '현도 북쪽 천리(玄菟之北千里)'라 하였으니 지금 하얼빈인데, 옛 선비들은 지금 개원(開原)이라고 하였다. 또 하나는 동부여인데, 동부여는 갈사나(曷思那)에 도읍하였다. 대무신왕(大武神王)이 동부여를 칠 때 '북벌한다'고 하였으니, 고구려의 동북, 곧 지금 훈춘(琿春) 등지가 동부여인데, 옛 선비들은 지금 강릉이라 하였다. 다른 하나는 남부여이다. 대무신왕이 동부여를 격파한 뒤에 동부여가 둘로 나누어져 하나는 옛 갈사나에 머물렀으니 곧 동부여요, 하나는 남쪽에 새 갈사나를 건설하였으니 곧 남부여이다. 동부여는 오래지 않아 고구려에 투항하여 국호가 없어지고, 남부여는 문자왕(文咨王) 3년(494년) 비로소 고구려에 병합되었다. 동부여·남부여는 곧 함흥인데, 옛 선비들은 그 강역을 모를 뿐 아니라, 그 명칭조차 몰랐다.

둘째는 사군(四郡)이다. 위만이 동으로 건너온 패수가 《위략》 만반한(滿潘汗), 《한서》〈지리지〉 요동군(遼東郡) 문번한(汶番汗), 곧 지금 해성(海城)·개평(蓋平) 등지이니 헌우란(蕲芋灤)이 옳다. 한나라 무제가 점령한 조선이 패수 부근, 위만의 옛 땅이니, 그가 설치한 사군만 삼조선 국명과 지명을 가졌다가 요동군 안에 임시로 둔 것인데, 옛 선비들은 늘 사군의 위치를 지금 평안·강원·함경 등 여러 도와 고구려 도읍인 지금 만주 환인(桓仁) 등지에서 찾았다.

셋째는 낙랑국이다. 낙랑국은 한(漢) 낙랑군과 각각 다른, 지금 평양에 나라를 세운 것인데, 옛 선비들은 혼동하였고, 그 밖에 고구려·백제 첫 도읍과 신라·가라(加羅)의 위치는 옛 선비들이 수정한 것이 거의 틀림이 없으나, 주군(州郡) 또는 전쟁을 한 지점 위치는 거의 신라 경덕왕 뒤에 옮겨다 설치한 지명을 그대로 써서 착오가 생겼으므로, 될 수 있는 대로 이를 교정하여 열국사를 서술해 나가고자 한다.

제2장
열국 분립

1. 동부여 분립
(1) 해부루(解夫婁)의 동천과 해모수(解慕漱)의 일어남

　북부여와 두 동부여, 고구려 네 나라는 신조선 판도 안에서 나라를 세웠다. 그러나 신조선이 멸망하여 부여 왕조가 되고 부여가 다시 나누어져서 위의 세 나라가 되었는지, 부여는 곧 신조선의 별명이고 따로 부여라는 왕조가 없이 신조선으로부터 위의 세 나라가 되었는지, 이는 상고할 길이 없다. 신조선이 흉노 모돈(冒頓)에게 패한 때가 기원전 200년쯤이요, 동·북부여 분립 또한 기원전 200년쯤이니, 나중의 설이 어쩌면 비슷하지 않을까 한다.
　옛 사서(史書)에서는 동·북부여가 분립한 사실을 이렇게 기록하고 있다.

　　부여왕 해부루(解夫婁)가 늙도록 아들이 없어 산천을 다니며 기도하여 아들 낳기를 구하다가 곤연(鯤淵 : 鏡泊湖)에 이르러서는 왕이 탄 말이 큰 돌을 보고 눈물을 흘리므로 이를 괴이하게 여겨 그 돌을 뒤집으니 금빛 개구리 모양의 어린아이가 있었다. 이에 왕이 "이는 하늘이 주신 내 아들이다" 말하고 데려다 길러서 이름을 금와(金蛙)라 하고 태자로 삼았다. 그 뒤 얼마 만에 상(相) 아란불(阿蘭弗)이 왕에게 "요사이 하늘이 저에게 내려오셔서 '이 땅에는 장차 내 자손에게 나라를 세우게 하려고 하니, 너희들은 동해변 가섭원(迦葉原)으로 가거라. 그 땅이 기름져 오곡이 잘 되느니라'고 말씀하더이다" 말하고 도읍 옮기기를 청하므로, 왕이 그의 말을 좇아 가섭원으로 수도를 옮겨 나라 이름을 동부여라 하고, 옛 도읍에는 천제의 아들 해모수가 오룡거(五龍車)를 타고, 종자 1백여 명은 흰 고니(白鵠)를 타고, 웅심산(熊心山)[1]에 내려와서, 여러 빛깔 구름이 머리 위에 뜨고 음악이 구름 속에

---
[1] 일명 阿斯山, 또는 鹿山이니, 지금 哈爾濱의 完達山.

서 울리기를 10여 일 만에 해모수가 산 아래로 내려와, 새깃의 관을 쓰고 용광(龍光)의 칼을 차고, 아침에는 정사(政事)를 듣고 저녁에는 하늘로 올라가니 세상 사람들이 천제의 아들이라 일컬었다.

어떤 이는 '기록이 너무 신화적이라 믿을 수 없다'고 하지만, 어느 나라든 고대 신화시대가 있어 후세 역사가들이 그 신화 속에서 사실을 캐내게 된다. 이를테면 '말이 돌을 보고 눈물을 흘렸다' '하늘이 아란불에게 내려왔다' '해모수가 오룡거를 타고 하늘에서 내려왔다'고 한 말들은 다 신화지만, 해부루가 남의 집 사생아인 금와(金蛙)를 주웠다가 태자를 삼았음도 사실이요, 해부루가 아란불의 신화에 따라 천도를 단행한 것도 사실이요, 해모수를 천제의 아들이라고 일컫고 옛 도읍에 웅거하였음도 사실이니, 통틀어 말하면 우리 북부여의 분립은 역사상 빼지 못할 큰 사실이다. 다만 우리가 유감으로 생각하는 것은, 이것이 북부여인이나 동부여인이 부여의 계통을 서술하기 위하여 기록한 것이 아니라, 한갓 고구려인이 그 시조 추모왕(鄒牟王)의 내력을 설명하기 위하여 기록한 것이므로, 겨우 해부루·해모수 두 대왕이 동·부여로 분립한 약사를 말했을 뿐, 그 이전 부여 해부루의 내력에 대하여 말하지 않았음이 그 하나요, 또한 그나마 고구려인이 기록한 원문이 아니라, 신라 말엽 한학자인 불교승이 다시 개찬(改撰)한 것이므로, '신가'를 고구려 이두문대로 '상가(相加)'라 쓰지 않고 한문 뜻대로 상(相)이라 썼으며, '가시라'를 고구려 이두문대로 '갈사나(曷思那)'라 쓰지 않고 불경(佛經)의 명사에 맞추어 가섭원(加葉原)이라 써서 본디 문자가 아님이 그 둘이다.

그때 제왕은 제왕인 동시에 제사장이며, 그때 장상(將相)은 장상인 동시에 무사(巫師)요 복사(卜師)였다. 그러므로 해부루는 제사장, 곧 큰 단군의 직책을 세습한 사람이고, 아란불은 강신술을 가진 무사와 미래를 예언하는 복사의 직책을 겸한 상가(相加)였다. 큰 단군과 상가가 가장 높은 지위에 있지만, 신조선의 습관엔 내우외환 같은 건 물론이요, 천재지변 같은 것도 그 허물이 큰 단군에게로 돌아간다[2]고 하였다.

---

[2] 《삼국지》에 '홍수와 가뭄이 고르지 못하고 오곡이 잘 익지 않으면 곧 그 허물이 왕에게로 돌아가서 마땅히 왕을 바꿔야 한다고 말하거나 또는 마땅히 죽여야 한다고 말한다(水旱不調 五

천시(天時)나 인사(人事)에 불행이 있으면 큰 단군을 큰 단군으로 인정치 않고 내쫓았는데, 마침 이때가 흉노 모돈과 전쟁을 치른 지 오래지 않았으니, 아마 패전의 부끄러움으로 인민의 신망이 엷어져서 큰 단군 지위를 보전할 수 없었으므로 아란불과 모의해 갈사나(曷思那), 지금 훈춘(琿春) 등지로 달아나서 나라를 새로 세운 것이고 해모수는 해부루와 동족이며 고주몽(高朱蒙)의 아버지이다.《삼국유사》〈왕력편(王曆篇)〉에 주몽을 단군의 아들이라 하였으니, 대개 해모수가 해부루 동천(東遷)을 기회로 하늘에서 내려온 큰 단군이라 스스로 일컫고 왕위를 도모한 것이고, 부여는 불 곧 도성(都城) 또는 도회를 일컬음이므로, 해부루가 동부여라 일컫고 해모수는 북부여라 일컬었을 것이니, 북부여라는 명칭이 역사에 빠졌으므로 최근 선유(先儒)들이 두 가지를 구별하기 위하여 비로소 해모수가 왕 노릇한 부여를 북부여라 일컫었다.

(2) 남북갈사(南北曷思)·남북 옥저(沃沮) 두 동부여의 분립

해부루가 갈사나, 지금 훈춘에 천도하여 동부여가 되었음은 앞서 말한 바와 같거니와, 갈사나란 무엇인가? 우리 옛말에 숲을 '갓' 또는 '가시'라 하였는데, 고대에 지금 함경도와 만주 길림(吉林) 동북부, 연해주 남쪽 끝에 나무가 울창하여 수천 리 끝없는 큰 삼림의 바다를 이루고 있어 이 지역을 '가시라'라 일컫었으니, '가시라'란 삼림국(森林國)이라는 뜻이다. '가시라'를 이두문으로 갈사국(曷思國)·가슬라(加瑟羅)·가서라(迦西羅)·아서량(阿西良) 등으로 적는데, 이는《삼국사기》〈고구려 본기〉와 〈지리지〉에 보이는 것이고, 또 〈가섭원기(加葉原記)〉라고도 하였으니, 이는 대각국사(大覺國師)의《삼국사》에 보이는 것이다.

중국사에는 '가시라'를 '옥저(沃沮)'라고 적었는데,《만주원류고(滿洲源流考)》에 따르면 옥저는 '와지'의 번역이고, '와지'는 만주어로 숲이니, 예(濊) 곧 읍루(挹婁)는 만주족의 선조요, 읍루가 그때 조선 열국 가운데 말〔言〕이 홀로 달라서《삼국지》나《북사》에 특기하였으니, 우리의 '가시라'를 예족(濊族)은 '와지'라 불렀으므로 중국인들은 예어를 번역하여 옥저(沃沮)라고 한 것이다.

두만강(豆滿江) 이북을 북갈사(北曷思)라 일컫고 이남을 남갈사(南曷思)라 일

穀不登 輒歸咎於王 或言當易 或言當殺'라고 나와 있다.

컬었는데, 북갈사는 곧 북옥저(北沃沮)요 남갈사는 곧 남옥저(南沃沮)이니, 지금 함경도는 남옥저에 해당된다. 옛 사서에 남·북옥저를 모두 땅이 기름지고 아름답다고 하였으나, 지금 함경도는 메마른 땅이니 혹 옛날과 지금의 토질이 달랐던 것이 아닌가 한다. 두 '가시라'의 인민들이 순박하고 부지런하여 농업과 어업에 종사하고 여자가 다 아름다우므로, 부여나 고구려 호민(豪民)들이 이를 착취하여 어물과 농산물을 천 리 먼 길에 갖다 바치게 하고, 아름다운 여자를 뽑아다가 비첩(婢妾)으로 삼았다고 한다.

해부루가 북 '가시라', 곧 지금 훈춘으로 옮겨가 동부여가 되었는데, 아들 금와를 지나 손자 대소(帶素)에 이르렀다. 대소가 고구려 대주류왕(大朱留王)과 싸우다가 패하여 죽고, 아우 모갑(某甲)과 사촌 아우 모을(某乙)이 나라를 차지하려고 다투어, 모을은 옛 도읍에 웅거하여 북갈사(北曷思) 또는 북동부여(北東夫餘)라 하고, 모갑은 남갈사(南曷思) 또는 남동부여(南東夫餘)라 하였다. 그 상세한 것은 다음 장에서 말하겠다. 지금까지 학자들이 ①동부여가 나뉘어 북동·남동 두 부여로 되었음을 모르고 한 개의 동부여만 기록하고, ②옥저가 곧 갈사(曷思)임을 모르고 옥저 이외에서 갈사를 찾으려 하고, ③북동·남동 두 부여가 곧 남·북 두 갈사(曷思 : 兩加瑟羅)요, 남·북 두 갈사가 곧 남·북 두 옥저임을 모르고 부여·갈사·옥저를 각각 다른 세 지방으로 나누었으며, ④ 강릉(江陵)을 '가시라', 가슬나(加瑟那)라 한 것은, 신라 경덕왕이 북쪽 땅을 잃은 뒤에 옮겨 설치한 고적인 줄을 모르고 드디어 가슬나가 동부여의 옛 수도라고 하였다. 그래서 지리가 문란하고 사실이 혼란해져서 갈피를 잡지 못하게 되었다.

이제 갈사(曷思)·가슬(加瑟)·가섭(迦葉)이 이두문으로 다 같이 '가시라'임을 알고, 대소(帶素)의 아우 모갑과 그 사촌 아우 모을이 나뉘어 있던 두 '가시라'의 위치를 찾아서 두 '가시라'가 곧 남·북 옥저임을 알고, 추모왕(鄒牟王)이 동부여에서 고구려로 올 때에 '남으로 달아났다(南奔)'는 말과, 주류왕(朱留王)이 고구려에서 동부여를 칠 때에 '북쪽을 쳤다(北伐)'는 말로써 북 '가시라'의 위치를 알아서 위와 같이 정리한 것이다.

(3) 북부여의 문화

북부여의 역사는 오직 해모수가 도읍을 세운 사실 이외에는 겨우 북부여의 별명인 황룡국(黃龍國)이 〈고구려 본기〉 유류왕조(儒留王條)에 한 번 보이고는 다시 북부여에 대한 말이 우리 조선인 붓끝으로 전해진 것이 없다. 만일 전해진 것이 있다 하면 다 중국사에서 뽑아서 쓴 것이다.

북부여 도읍은 '아스라', 부사량(扶斯樑)이니, 단군왕검의 삼경(三京)인 세 왕검성(王儉城) 가운데 하나요, 지금 러시아령(領) 우수리(烏蘇里)는 곧 '아스라'의 이름이 그대로 전해진 것인데, 그 본디 땅은 지금 하얼빈이니, 이곳은 드넓은 수천 리 평원으로 땅이 기름져서 오곡이 잘 되고, 이리저리 굽이쳐 흐르는 송화강(松花江)³⁾이 있어서 교통이 편리했다. 인민이 부지런하고 굳세며, 큰 구슬〔大珠〕과 붉은 옥〔赤玉〕을 캐냈고, 채색비단과 수놓은 비단을 짰으며, 여우·삵·잔나비·돼지 등의 피륙을 외국으로 수출하였고, 성곽과 궁실을 지었으며, 창고에 물건을 가득히 쟁여두는 것으로 옛 도읍의 문명을 자랑했다. 왕검의 태자 부루가 하우(夏禹)에게 홍수 다스리는 법을 가르쳤다고 운운하는 금간옥첩(金簡玉牒) 문자도 왕궁에 보관되어 있고, 《신지(神誌)》라 일컫는 이두문 역사류며, 《풍월(風月)》이라 일컫는 이두문 시가집도 대개 이 나라에 수집되어 있었다.

해모수 뒤로 북부여는 예(濊)와 선비(鮮卑)를 정복하여 한때 강국으로 일컬어지다가 뒤에 예와 선비가 반란을 일으켜 고구려로 돌아가자, 국세가 마침내 쇠약해져서 조선 열국의 패권을 잃어버리기에 이르렀다.

2. 고구려의 일어남
(1) 추모왕의 고구려 건국

고구려 시조 추모(鄒牟 : 또는 朱蒙)는 천부적으로 용맹과 힘, 활솜씨를 타고났으며, 과부 소서노(召西奴)의 재산으로 영웅호걸을 불러모아 교묘하게 왕검이래 신화를 이용하여, 스스로를 '하늘에서 내려온 알에서 태어났다' 일컫고 고구려를 건국하였다. 안으로 열국의 신임을 받아 정신적으로 조선을 통일하고, 밖으로 그의 기이한 행적의 이야기를 중국 각지에 퍼뜨려서 그 제왕과 인민들이 교주(敎主)로 숭배하기에 이르렀으므로, 신라 문무왕(文武王)은 추모를 '남해에 공을 세우고 북산에 덕을 쌓았다(立功南海 積德北山)' 하는 찬사를 올렸

---

3) 옛이름 아리라.

고, 중국 2천 년 이래 유일한 공자 반대자인 동한(東漢) 학자 왕충(王充)이 그 사적을 기록함에 이르렀다. 《삼국사기》〈고구려 본기〉를 보면 기원전 58년이 태어난 해요, 기원전 37년이 왕위에 오른 해이지만, 이는 줄어든 연대라 따를 것이 못 되고, 추모가 곧 해모수의 아들이니 기원전 200년께 동·북부여가 분립하던 때가 태어난 때일 것이고, 위만과 같은 때일 것이다.

처음에 아리라(松花江) 부근에 있는 장자(長者)에게는 유화(柳花)·훤화(萱花)·위화(葦花)의 세 딸이 있었는데, 다 절세미인이요, 그 가운데 유화가 더욱 아름다웠다. 북부여왕 해모수가 나와 다니다가 유화를 보고 놀라 사랑하여 야합(野合)해서 아이를 배었다. 그러나 이때 왕실은 호족(豪族)과만 결혼하고 서민과는 결혼을 하지 않았으므로 해모수가 그 뒤에 유화를 돌아보지 아니하였고, 서민은 서민과만 결혼하는데, 남자가 반드시 여자 부모에게 가서 폐백을 드리고 사위 되기를 두 번 세 번 간곡히 빌어서 그 부모의 허락을 얻어서 결혼하고, 결혼한 뒤에는 남자가 여자의 부모를 위해 그 집 머슴이 되어 3년 고역을 치르고야 딴살림을 차려 자유로운 가정이 되었으므로, 유화의 실행이 발각되자 그 부모가 크게 노하여 유화를 잡아 우발수(優渤水)에 던져 죽이려고 하였다. 그러나 어떤 어부가 그녀를 건져 동부여왕 해금와(解金蛙)에게 바쳤다.

금와왕이 유화의 아름다운 자색을 사랑하여 후궁에 두어 첩으로 삼았는데, 오래잖아 아이를 낳으니 곧 해모수와 야합한 결과였다. 금와왕이 유화를 힐문하니 유화가 "햇빛에 감응하여 낳은 천신(天神)의 아들이고, 자기는 아무 잘못을 범한 일이 없다"고 대답했다. 금와왕이 그 말을 믿지 않고 그 아이를 돼지에게 먹이려고 우리에 넣어도 보고 말에 밟혀 죽으라고 길에 내던져도 보고, 산짐승 밥이 되라 하여 깊은 산 속에 버려도 보았으나, 다 아무 소용이 없어서 이에 유화에게 거두어 기르기를 허락하였다.

그 아이가 자라니 그 또래에서 기운이 뛰어나고 활 잘 쏘기가 짝이 없으므로 이름을 추모(鄒牟)라고 하였다. 《위서》에는 추모를 주몽(朱蒙)이라 쓰고, 주몽은 부여 말로 활 잘 쏘는 사람을 일컬을 것이라고 풀이하였다.

《만주원류고(滿洲源流考)》에는 '지금 만주에 활 잘 쏘는 사람을 卓琳莽阿[4]'이

---

4) 한자음으로는 '탁림망아'이나 만주어로는 '주릴무얼'로 읽음.

라 하니, 주몽은 곧 주릴무얼이다'라고 하였다. 그러나 광개토왕 비문에는 주몽을 추모라 하였으며, 문무왕 조서(詔書)에는 '중모(中牟)'라 하고 '주몽'이라고 하지는 않았다.

주몽이라 하였음은 중국사에 전해 오는 것을 신라 문사(文士)들이 그대로 써서 〈고구려 본기〉에 올리게 된 것이다. 추모·중모는 '줌' 또는 '주무'로 읽을 것이니, 이는 조선어요 주몽은 '주물'로 읽을 것이다. 이는 예어(濊語), 곧 만주족 대의 말로, 중국사의 주몽은 예어를 말한 것이니,《만주원류고》에 말한 것이 이치에 가깝다고 할 것이다. 이 책에서는 비문에 따라 추모(鄒牟)라고 한다.

금와왕이 아들 7형제를 두었는데 맏아들이 대소(帶素)이다. 대소가 추모의 재주를 시기하여 왕에게 권하여 죽이려고 하였는데, 늘 유화의 주선으로 화를 면했다. 추모가 19살이 되자 대궐에서 기르는 말 먹이는 일을 맡아보았는데, 말을 다 살지고 튼튼하게 잘 먹였으나, 오직 준마 하나를 골라 혀에 바늘을 꽂아 놓아 말이 먹지 못해서 날로 여위어졌다. 왕이 말들을 돌아보고는 추모의 말 잘 먹인 공을 칭찬하고, 그 여윈 말을 상으로 주었다.

추모는 바늘을 뽑고 잘 길러서 신수두의 10일 대제(大祭)에 타고 나가 사냥에 참여하였는데, 왕은 추모에게 겨우 화살 하나를 주었지만, 추모는 말을 잘 달리고 활을 잘 쏘아 그가 쏘아 잡은 짐승이 대소 7형제가 잡은 것보다 몇 갑절이나 더 많았다. 이에 대소는 더욱 그를 시기하여 기어코 죽이려고 음모를 꾸몄다. 추모가 이를 알고 예씨(禮氏)에게 장가들어 겉으로 가정생활에 안심하고 있음을 보이고 속으로는 은밀히 오이(烏伊)·마리(摩離)·협보(陜父) 세 사람과 공모하여, 비밀리에 어머니 유화에게 작별을 고하고 아내를 버리고는 도망하여 졸본부여(卒本夫餘)로 갔는데, 이때 추모의 나이 22살이었다.

졸본부여에 이르니 이곳의 소서노라는 미인이 아버지 연타발(延陀渤)의 많은 재산을 물려받아서, 해부루왕의 서손(庶孫) 우태(優台)의 아내가 되어, 비류(沸流)·온조(溫祚) 두 아들을 낳고 우태가 죽어 과부로 있었는데 나이 37살이었다. 소서노는 추모를 보자 서로 사랑하게 되어 결혼하였는데, 추모는 그 재산을 가지고 뛰어난 장수 부분노(扶芬奴) 등을 끌어들이고 민심을 거두어 나라 세우는 일을 경영함으로써, 흘승골(紇升骨) 산 위에 도읍을 세우고 나라 이름을 '가우리'라 하였다. '가우리'는 이두문자로 고구려(高句麗)라 쓰니, 중경(中京)

또는 중국(中國)이라는 뜻이었다.

졸본부여의 왕 송양(松讓)과 활쏘기를 겨루어 이를 꺾고, 이어 부분노를 보내 그 무기고를 습격해서 빼앗아 마침내 그 나라의 항복을 받고, 부근 예족(濊族)을 내쫓아 백성들의 폐해를 없앴으며, 오이와 부분노 등을 보내어 태백산 동남쪽 행인국(荇人國)5)을 토멸하여 성읍으로 삼고, 부위염(扶尉猒)을 보내어 동부여를 쳐서 '북가시라' 일부분을 빼앗으니,6) 이에 고구려가 섰다.

사서에 때때로 송양(松讓)을 나라 이름이라고 하였는데, 《이상국집(李相國集)》 〈동명왕편〉에 인용한 《구삼국사(舊三國史)》를 상고해 보면 비류왕 송양(沸流王松讓)이라고 하였으니, 비류는 곧 부여(夫餘)로 졸본부여를 일컬은 것이므로, 송양은 나라 이름이 아니라 졸본부여왕의 이름이다. 또 추모가 졸본부여의 왕녀에게 장가들었는데, 왕이 아들이 없었으므로 왕이 죽은 뒤 그 자리를 이어받았다고 하였으나, 졸본부여의 왕녀, 곧 송양의 딸에게 장가든 사람은 추모의 아들 유류(儒留)요, 추모가 장가든 소서노는 졸본부여의 왕녀가 아니다. 추모왕을 〈고구려 본기〉에는 '동명성왕(東明聖王)'이라 하였으나 동명(東明)은 '한몽'으로 읽을 것이니, '한몽'이란 신수두 대제(大祭)의 이름이다. 추모왕을 신수두 대제에서 존사(尊祀)하므로 한몽, 곧 '동명'이라는 칭호를 올린 것이고, 성왕의 '성(聖)'은 '주무'를 의역한 것이다.

(2) 동부여와 고구려의 알력

추모왕 다음으로 아들 유류왕(儒留王)이 왕위를 잇고 유류왕 다음에 그 아들 대주류왕(大朱留王)이 왕위를 이었다. 유류는 〈고구려 본기〉의 유리명왕(琉璃明王) 유리(類利)이니, 유류·유리(琉璃)·유리(類利)는 다 '누리'로 읽을 것으로 세(世)라는 뜻이고 명(明)이라는 뜻이요, 대주류왕은 〈고구려 본기〉의 대무신왕 무휼(大武神王無恤)이니, 무·주류·무휼은 다 '무뢰'로 읽을 것으로 우박(雹)의 뜻이고 신(神)의 뜻인데, 이제 유리(琉璃)와 명은 시호로 쓰고, 유리(類利)는 왕의 이름으로 쓰며, 무와 신은 시호로 쓰고, 무휼은 이름으로 쓴 것은 본기의

---

5) 지점 미상.
6) 광개토왕 비문에 "동부여의 옛 것이 추모왕의 속민이 되었다―東夫餘舊是鄒牟王屬民"고 한 것이 이를 가리킴인 듯.

망령된 판단이다. 이제 여기서는 비문을 좇아 유리(琉璃)를 유류(儒留)로, 대무신(大武神)을 대주류(大朱留)로 쓴다.

　유류왕 때에 동부여가 강성하여 금와왕의 아들 대소(帶素)가 왕위를 이어받자 고구려에게 신하 노릇하기를 요구하고 볼모를 보내라고 하여 왕이 그대로 하려고 하다가 두 태자를 희생하기에 이르렀다. 첫째 태자는 도절(都切)인데, 유류왕이 동부여에 볼모로 보내려고 하였으나, 도절이 듣지 아니하자 왕이 크게 노했으므로, 도절이 울분으로 병이 나서 죽었다. 둘째 태자는 해명(解明)인데 그는 용맹이 뛰어났다. 유류왕이 동부여 침략을 두려워해 국내성, 지금 집안현(輯安縣)으로 도읍을 옮기니, 해명이 이를 '비겁하고 약해빠진 일'이라 하여 따라가지 않았다.

　북부여왕(北夫餘王)[7]이 해명에게 강한 활을 보내어 그 힘을 시험해 보려고 하자, 해명이 그 자리에서 그 활을 당겨서 꺾어 북부여 사람의 힘 없음을 조롱하였다. 왕이 이 말을 듣고 '해명은 장차 나라를 위태롭게 할 인물'이라 하여 처음에는 북부여에 보내서 북부여왕의 손을 빌려 죽이려고 하였으나, 북부여왕이 해명을 공경하고 사랑하여 후히 대접해서 돌려보냈다. 유류왕은 더욱 부끄럽고 분하게 여겨 해명에게 칼을 주어 스스로 목숨을 끊도록 하였다. 두 태자의 죽음은 혹 대궐 안 처첩들의 질투가 원인이 되기도 하였겠지만 그것은 대개 동부여와의 외교 관계에서 온 것이었으니, 유류왕이 동부여를 얼마나 두려워했던가를 미루어 알 수 있다.

　동부여왕 대소가 여러 번 수만 명 대병을 일으켜서 고구려를 치다가 다 성공치 못했으나 이에 고구려는 몹시 피폐해져서 동부여왕 대소가 또 사자를 보내 조공하지 않음을 꾸짖자, 유류왕은 두려워서 애걸하는 말로 사자에게 회답해 보내려고 하였다. 그러니까 왕자 주류(朱留)[8]는 이때 오직 어렸으나 죽은 해명의 기개가 있어 부왕이 비굴하게 구는 것을 부당하다 하고, 스스로 부왕의 명이라 거짓으로 꾸며 동부여 사자에게, 금와가 말 먹이는 비천한 직책으로 추모왕을 천대하고, 대소가 추모왕을 죽이려 한 일들을 낱낱이 들어서 죄를 나무라고 동부여 임금과 신하의 교만함을 꾸짖어서 사자를 쫓아보냈다. 동부여

---

7) 〈고구려 본기〉 黃龍國王.
8) 〈고구려 본기〉 無恤.

대소왕이 사자의 말을 듣고 크게 노하여 또다시 크게 군사를 일으켜서 침노해 왔다.

유류왕은 왕자 주류 때문에 전쟁이 일어났다고 매우 노하였으나, 이제 늘그막에 류를 도절(都切)이며 해명(解明)처럼 죽일 수도 없었으므로 나라의 병마(兵馬)를 모두 주류에게 내어주어서 나가 싸우게 하였다. 주류는 '동부여는 군사 수효가 많고 고구려는 적으며, 동부여는 마병(馬兵)이고 고구려는 보병(步兵)이니, 적은 보병으로 많은 마병과 들판에서 싸우는 것은 이롭지 못하다' 생각하고는, 동부여 군사가 지나갈 학반령(鶴盤嶺) 골짜기에 병사들을 숨어 있게 했다가 동부여 군사를 돌격하니, 길이 험하고 좁아서 마병이 불편해 동부여 군사가 모두 말을 버리고 산 위로 기어 올라갔다. 주류가 군사를 몰아서 그 전군을 섬멸하고 많은 말을 빼앗으니, 동부여의 정예가 이 싸움에서 전멸하여 다시는 고구려와 겨루지 못했다. 싸움이 끝나니 주류를 봉하여 태자로 삼고, 병마의 모든 권한을 그에게 맡겼다.

(3) 대주류왕(大朱留王)의 동부여 정복

대주류왕이 학반령 싸움에서 동부여를 크게 무찌르고 유류왕 뒤를 이어 왕위에 오른 지 4년에, 군사 5만 명으로 북벌(北伐)을 일으켜서 동부여로 쳐들어갔는데, 도중에 창을 잘 쓰는 마로(麻盧)와 칼을 잘 쓰는 괴유(怪由)를 얻어 앞잡이 삼아서 '가시라' 남쪽에 이르러 진구렁을 앞에 두고 진을 쳤다. 대소왕이 몸소 말을 타고 고구려 진을 바로 침범하다가, 말굽이 진구렁에 빠지자 괴유가 칼을 들어 왕을 베었다.

대소왕이 죽었으나 동부여 사람들은 더욱 분발하여 대소왕의 원수를 갚으려고 대주류왕을 겹겹이 에워쌌다. 마로는 죽고 괴유는 다쳤으며, 고구려 군은 사상자가 수없이 많았고, 대주류왕은 여러 번 포위를 뚫고 나오려고 하였으나 되지 않아서 이레를 굶기에 이르렀다. 그런데 마침 큰 안개가 일어나서 지척을 분간할 수 없게 되어, 대주류왕이 풀로 사람을 만들어 진(陣) 가운데 세워 두고 나머지 군사를 이끌고 샛길로 도망하였다. 이물촌(利勿村)에 이르러서는 전군이 굶주리고 피로하여 움직일 수가 없었으나 들짐승을 잡아먹고 간신히 귀국하였다.

이 싸움은 동부여가 승리하기는 하였으나, 대소왕이 죽고 태자가 없어서, 대소왕의 여러 종형제가 왕위를 다투어 나라 안이 크게 어지러워졌다. 막내 아우 모갑(某甲)은 종자 1백여 명과 함께 남가시라(南沃沮)로 나와 사냥하고 있는 해두왕(海頭王)을 습격해서 죽이고, 군사를 모아 남가시라를 완전히 평정하니 이는 남동부여(南東夫餘)이고, 사촌 아우 모을(某乙)은 옛 도읍에서 스스로 서니 이는 북동부여이다. 그러나 그 밖의 여러 아우들이 저마다 군사를 모아 모을을 쳤으므로, 모을은 군사 1만여 명을 이끌고 고구려에 투항하여 대주류왕은 마침내 북동부여를 전부 무력으로 쳐서 평정하였으나 나라 이름은 그대로 존속시켰다. 역사에 보인 갈사국(曷思國)은 곧 남동부여이고, 동부여는 곧 북동부여이며, 《후한서》《삼국지》 등의 〈옥저전(沃沮傳)〉에 보이는 불내예(不耐濊)도 북동부여이고, 〈예전(濊傳)〉에 보이는 불내예는 남동부여이다.

(4) 대주류왕의 낙랑 정복

최씨(崔氏)가 남낙랑(南樂浪)을 차지하여 낙랑왕이라 일컬었다는 것은 제3편 제4장에서 말했다. 그 끝의 임금 최리(崔理)의 대에 이르니 곧 대주류왕이 동부여를 정복한 때였다. 최리는 고구려의 위엄을 두려워하여 미인 딸 하나를 미끼로 삼아서 고구려와 화친하고자 하였다. 이때 갈사국(曷思國 : 남동부여) 왕이 그 손녀를 대주류왕 후궁으로 바쳐서 아들을 낳았는데, 얼굴이 기묘하고 풍신이 썩 좋아 이름을 호동(好童)이라고 하였다. 호동이 외가인 남동부여에 가는 길에 낙랑국을 지나게 되었는데, 최리가 출행(出行)하다 그를 만나보고 놀라 "그대 얼굴을 보니 북국(北國) 신왕(神王)의 아들 호동이 분명하구나" 하고, 마침내 호동을 데려다가 그 딸과 결혼시켰다.

낙랑국 무기고에 북과 나팔이 있는데, 소리가 멀리까지 잘 들려 외적 침입이 있으면 늘 이것을 울려 여러 속국의 군사를 불러서 적을 막았다. 호동이 그 아내 최녀(崔女)를 꾀어 "고구려가 낙랑을 침입하거든 그대가 그 북과 나팔을 없애 버리시오" 하고, 귀국하여 대주류왕에게 권해서 낙랑을 쳤다. 최리가 북과 나팔을 울리려고 무기고에 들어가 보니, 북과 나팔이 산산이 부서져 있었다. 북과 나팔 소리가 나지 않아 여러 속국이 구원을 오지 않았다. 최리는 그 딸의 소행임을 알고 딸을 죽인 뒤에 나가서 항복하였다.

호동은 이런 큰 공을 세웠으나, 왕후가 자기 아들들이 적자(嫡子) 지위를 빼앗길까 두려워 대주류왕에게 호동이 자기를 강간하려 하였다고 참소하여, 호동은 스스로 목숨을 끊었다. 이에 아름다운 남녀 한 쌍의 말로가 다같이 비극으로 끝나고 말았다.

《삼국사기》〈고구려 본기〉에 따르면, 대주류왕 즉위 4년 여름 4월 대소(帶素)의 아우가 갈사왕(曷思王 : 남동부여 왕)이 되었음을 기록하였고, 즉위 15년 여름 4월 호동이 최의 사위가 되었음을 기록하였다. 그해 11월 호동이 왕후의 참소로 스스로 목숨을 끊었음을 기록하였다. 그러나 갈사왕이 있은 뒤에야 대주류왕이 갈사왕 손녀에게 장가들 수 있고, 또 그런 뒤에야 갈사왕 손녀 소생인 호동이 있을 수 있는 것이니, 설혹 대주류왕 4년, 남갈사 건국 원년 4월에 대주류왕이 갈사왕 손녀에게 장가들어 그 달부터 태기가 있어 이듬해 정월에 호동을 낳았다 할지라도, 15년에는 겨우 11살 어린아이니, 11살 어린아이가 어찌 남의 남편이 되어 그 아내와 멸국(滅國)의 계획을 행할 수 있었으랴? 11살 난 어린아이가 어찌 적모(嫡母)를 강간하려 하였다는 참소 때문에 부왕의 혐의를 받아 스스로 목숨을 끊기에 이르렀으랴? 동부여가 원래 북갈사에 도읍하였으니, 갈사왕은 분립하기 전 동부여를 가리키지 않는가 하는 이도 있겠지만, 그러면 이는 대소왕 때가 되니 대소왕이 그 딸을 대주류왕에게 준다는 것은 전혀 불가능한 일이다. 대개 신라 말에 고구려사 연대를 줄이고 사실을 이리저리 옮겨 고쳤으므로 이 모순되는 기록이 생긴 것이다. 따라서 대주류왕 20년에 또 '낙랑을 쳐서 멸망시켰다(伐樂浪滅之)'고 하였으니, 한 낙랑을 두 번 멸망시킬 수는 없는 노릇이라 호동이 장가들고 자살함이 다 20년의 일이 아닌가 한다.

이상에 말한 북부여·북동부여·고구려 세 나라는 다 신조선 옛 강토에서 일어난 것이다.

3. 백제 건국과 마한 멸망

(1) 소서노(召西奴) 여대왕(女大王)의 백제 건국

〈백제 본기(百濟本紀)〉는 〈고구려 본기〉보다 더 심하게 문란하다. 1백 몇십 년 감축은 물론이고, 그 시조와 시조의 출처까지 틀린다. 그 시조는 소서노 여대왕(召西奴女大王)이니 하북(河北) 위례성(慰禮城), 지금 한양(서울)에 도읍을 정하고, 그가 죽은 뒤에 비류(沸流)·온조(溫祚) 두 아들이 분립하여 한 사람은 미추홀(彌鄒忽: 지금 仁川)에, 또 한 사람은 하남(河南) 위례홀(慰禮忽: 지금 漢陽)에 도읍하여 비류는 망하고 온조가 왕이 되었는데, 〈백제 본기〉에는 소서노를 쏙 빼고 그 편(篇) 첫머리에 비류·온조의 미추홀·하남 위례홀 분립을 기록하고, 온조왕 13년 하남 위례홀에 도읍하였음을 기록하였다. 그러면 온조가 하남 위례홀에서 하남 위례홀로 천도한 것이 되니 어찌 우스갯소리가 아니냐? 이것이 첫째 잘못이요, 비류·온조의 아버지는 소서노 전남편인 부여 사람 우태(優台)이므로, 비류·온조의 성도 부여요, 근개루왕(近蓋婁王)도 백제가 부여에서 나왔음을 스스로 인정하였는데, 〈백제 본기〉에는 비류·온조를 추모(鄒牟)의 아들이라 하였음이 둘째 잘못이다. 이제 이를 개정하여 백제 건국사를 서술한다.

　소서노가 우태의 아내로 비류·온조 두 아들을 낳고 과부가 되었다가, 추모왕에게 개가하여 재산을 기울여서 추모왕을 도와 고구려를 세우게 하였음은 이미 앞에서 말했다. 추모왕이 그 때문에 소서노를 정궁(正宮)으로 대우하고 비류·온조 두 아들을 친자식같이 사랑하였다. 그런데 유류(儒留)가 그 어머니 예씨(禮氏)와 함께 동부여에서 찾아오니, 예씨가 원후(元后)가 되고 소서노가 소후(小后)가 되었으며, 유류가 태자가 되고 비류·온조 두 사람의 신분이 서자가 되어버렸다. 그래서 비류와 온조가 의논하여, "고구려 건국의 공이 거의 우리 어머니에게 있는데, 이제 어머니는 왕후 자리를 빼앗기고 우리 형제는 의지할 데 없는 사람이 되었다. 대왕이 계신 때도 이러하니, 하물며 대왕께서 돌아가신 뒤에 유류가 왕위를 이으면 우리는 어떻게 되겠는가? 차라리 대왕이 살아 계신 때에 미리 어머니를 모시고 딴 곳으로 가서 딴살림을 차리는 것이 옳겠다" 하여 그 뜻을 소서노에게 고했다. 소서노는 추모왕에게 청하여, 많은 금은·보화를 나누어 가지고 비류·온조 두 아들과 오간(烏干)·마려(馬黎) 등 열여덟 명을 데리고 낙랑국을 지나서 마한으로 들어갔다.

　마한으로 들어가니 이때 마한왕은 기준(箕準)의 자손이었다. 소서노가 마한왕에게 뇌물을 바치고 서북쪽 1백 리 땅 미추홀과 하남 위례홀 등지를 얻어 소서노가 왕을 일컫고 국호를 백제라 하였다. 그런데 서북의 낙랑국 최씨가 압록강 예족(濊族)과 손잡아 압박이 심하므로, 소서노가 처음엔 낙랑국과 친하고 예족만 몰아내다가, 나중에 예족의 핍박이 낙랑국이 시켜서 하는 것임을 깨달고 성책을 쌓아 방어에 전력을 다했다.

〈백제 본기〉에 낙랑왕이라, 낙랑태수라 기록되어 있는데, 이것은 1백 몇십 년 연대를 줄인 뒤에 그 줄인 연대를 가지고 중국 연대와 대조한 결과로 낙랑을 한군(漢郡)이라 하여 낙랑태수라고 쓴 것이며, 예(濊)라 쓰지 않고 말갈이라 썼는데, 이것은 신라 말엽에 예를 말갈이라고 한 당나라 사람의 글을 많이 보고, 마침내 《고기(古記)》의 예를 모두 말갈로 고친 것이다.

⑵ 소서노(召西奴)가 죽은 뒤 두 아들의 나라 쪼개기와 그 흥망

소서노가 재위 13년에 죽으니, 말하자면 소서노는 조선사상 유일한 여성 창업자일 뿐 아니라, 고구려와 백제 두 나라를 건설한 사람이었다. 소서노가 죽은 뒤에 비류·온조 두 사람이 "서북의 낙랑과 예가 날로 침략해 오는데, 어머니 같은 성덕(聖德)이 없고서는 이 땅을 지킬 수 없으니, 차라리 새 자리를 보아 도읍을 옮기는 것이 좋겠다" 하고 의논했다. 이에 형제가 오간·마려 등과 함께 부아악(負兒岳 : 지금 한양 북악(北岳))에 올라가 도읍으로 삼을 만한 자리를 살폈는데, 비류는 미추홀을 잡고 온조는 하남 위례홀을 잡아 형제의 의견이 충돌되었다.

오간·마려 등이 비류에게 "하남 위례홀은 북은 한강을 지고 남은 기름진 평야를 안고, 동은 높은 산을 끼고, 서는 큰 바다가 둘러 천연의 지리가 이만한 곳이 없겠는데, 어찌하여 다른 데로 가려고 하십니까?"라 하였으나, 비류는 듣지 않았으므로, 하는 수 없이 형제가 땅과 인민을 둘로 나누어 비류는 미추홀로 가고, 온조는 하남 위례홀로 가니, 이에 백제가 나뉘어 동·서 두 백제가 되었다.

본기에 기록된 온조 13년은 곧 소서노의 연조요, 그 이듬해 14년이 곧 온조 원년이니, 13년으로 기록된 온조 천도의 조서는 비류와 충돌된 뒤에 온조 쪽 인민에게 내린 조서이고, 14년 곧 온조 원년의 '한성 백성을 나누었다(分漢城民)'고 한 것은 비류·온조 형제가 인민을 나누어 가지고 저마다 자기 도읍지로 간 사실일 것이다.

미추홀은 '메주골'이요, 위례홀은 '오리골(본래는 ᄋᆞ리골)'이다. 지금 습속에 어느 동네든지 흔히 동쪽에 오리골이 있고 서쪽에 메주골이 있는데, 그 뜻은 알 수 없으나 그 유래가 또한 이처럼 오래이다. 그런데 비류의 미추홀은 땅이 습하고 물이 짜서 백성들이 살 수가 없어 많이 흩어져 달아났다. 하지만 온조의 하남 위례홀은 물과 땅이 알맞고 오곡이 잘 되어 인민이 편안히 살아갔다. 비류는 부끄러워서 병들어 죽고 그 신하와 인민은 다 온조에게로 오니, 이에 동·서 두 백제가 하나로 합쳐졌다.

(3) 온조의 마한 습멸(襲滅)

백제가 마한 봉토를 얻어서 나라를 세웠으므로, 소서노 이래로 공손히 신하의 예로써 마한을 대하여, 사냥을 하여 잡은 사슴이나 노루를 마한에 보내고, 전쟁을 하여 얻은 포로를 마한에 보냈는데, 소서노가 죽은 뒤에 온조가 서북쪽 예와 낙랑의 방어를 핑계로, 북의 패하(浿河 : 지금 대동강)로부터 남으로 웅천(熊川 : 지금 공주)까지 백제 국토로 정하여 달라고 해서 마침내 그 허락을 얻고는 웅천에 가서 마한과 백제 국경에 성책을 쌓았다.

마한왕이 사신을 보내어 "왕의 모자가 처음 남으로 왔을 때에 발 디딜 땅이 없어 내가 서북 1백 리 땅을 떼어 주어 오늘날이 있게 된 것인데, 이제 국력이 좀 튼튼해졌다고 우리 강토를 눌러 성책을 쌓으니 어찌 의리 있는 짓이냐?" 하고 꾸짖었다. 온조는 짐짓 부끄러워하는 빛을 보이고 성책을 헐었다. 그러나 좌우에게 "마한왕의 정치가 옳은 길을 잃어 나라 형세가 자꾸 쇠약해지니, 이제 취하지 아니하면 남에게 돌아갈 것이다"라고 말했다. 오래지 않아 사냥한다 핑계하고 마한을 습격하여 도읍을 점령하고 그 50여개 나라를 다 토멸하고, 그 유민으로서 의병을 일으킨 주륵(周勒)의 온 집안을 다 독 베어 죽이니, 온조의 잔학함이 또한 심하였다.

기준(箕準)이 남으로 달아나서 마한 왕위를 차지하고 성을 한씨(韓氏)라 하여 자손에게 전해 내려오다가 이에 이르러 망하게 되었다. 《삼국지》에 '기준의 후예가 끊어져 없어지고 마한인이 다시 스스로 서서 왕이 되었다(準後滅絶 馬韓人 復自立爲王)'라고 한 것이 이것을 말한 것이다. 여기서 온조를 마한 사람이라고 한 것은 중국인이 늘 백제를 마한이라 일컬었기 때문이다.

온조는 고구려의 유류(儒留)·대주류(大朱留) 두 대왕과 같은 시대이니, 온조대왕이 나중에 낙랑을 침략한 기록이 없는 것은, 대주류왕이 이미 낙랑을 토멸하였기 때문인 것으로 생각한다.

제3장
한무제 침략

1. 한나라 군이 고구려에게 패한 사실

조선의 남북 여러 나라가 분립하는 판에 중국 한나라 무제가 침략했다. 이 것은 다만 한때 정치상의 큰 사건일 뿐 아니라, 곧 조선 민족 문화의 소장(消長)에도 비상한 관계를 가진 큰 사건이었다. 고대 동아시아에 불완전한 글자이나마 이두문을 써서, 역사 기록과 정치 제도를 가져, 문화를 가졌다고 할 민족은 중국 이외에 오직 조선뿐이었는데, 당시에 조선이 강성하여 늘 중국을 침략하고 때론 항거하였으며, 중국도 제(齊)·연(燕)·조(趙) 이래로 조선에 대하여 방어하고 때론 침략해 왔음은 제2편에서 말한 바와 같이 매우 잦았거니와, 진(秦)이 망하고 한(漢)이 일어나서는 북쪽 흉노의 침략에 시달림을 받아서 한나라 고조(高祖)가 흉노 모돈(冒頓)을 공격하다가 백등(白登)[1]에서 크게 패해 세폐(歲幣)를 바치고 황녀(皇女)를 모돈의 첩으로 바치는 등 굴욕적 조약을 맺고, 그 뒤에 그대로 시행하여 고조의 증손 무제(武帝)에 이르렀다. 무제는 야심이 만만한 제왕이라, 1백 년 태평세월 끝에 나라가 부강해지자 흉노를 쳐서 선대의 수치를 씻는 동시에, 조선에 대하여도 또한 이름 없는 군사를 일으켜서 민족적 혈전을 벌였다.

그런데 무제가 침입한 조선이 둘이니, 《한서(漢書)》〈식화지(食貨志)[2]〉에 '무제가 즉위하고 수년 만에 팽오(彭吳)가 예맥조선(濊貊朝鮮)을 쳐서 창해군(滄海郡)을 두었으니, 곧 연(燕)과 제(齊) 지방이 크게 소란해졌다(武帝卽位數年 彭吳穿濊貊朝鮮 置滄海之郡 則燕齊之間 靡然騷動)'고 한 예맥조선이 그 하나요, 《사기》〈조선열전〉에 '누선장군(樓船將軍) 양복(楊僕)……좌장군(左將軍) 순체(荀彘)……마

---

1) 산서성 大同府 부근.
2) 《史記》〈平準書〉와 같음.

침내 조선을 평정하여 사군(四郡)을 만들었다(樓船將軍楊僕……左將軍荀彘……遂定朝鮮爲四郡)'라고 한 조선이 또 하나이다. 뒤의 조선은 사람들이 다 〈조선열전〉 때문에 위씨(衛氏) 조선인 줄 알거니와, 앞의 조선은 〈식화지〉나 〈평준서〉에 이렇게 간단히 한 구절이 기록되어 있고 다른 전기(傳記)에서는 다시 발견되지 않아 여태까지 사학가들이 이를 어떤 조선인지를 말한 이가 없다. 그러나 나는 전자의 조선은 곧 동부여를 가리킨 것이니, 한무제가 위우거(衛右渠)를 토멸하기 전에 동부여를 저희 군현(郡縣)이라 하여 고구려와 9년 동안 혈전하다가 패하여 물러난 일이 있었던 것으로 생각한다.

무엇으로 증거하는가?《후한서(後漢書)》〈예전(濊傳)〉에 '한나라 무제 원삭(元朔) 원년 예(濊)의 남려왕(南閭王) 등이 모반하자 우거(右渠)가 28만 호구를 거느리고 요동으로 와서 항복하여, 한나라에서는 그 땅을 창해군(滄海郡)으로 만들었다(漢武帝元朔元年 濊君南閭等叛 右渠率二十八萬口 詣遼東降 漢其地爲滄海郡)'고 하였고,《한서(漢書)》〈무제본기〉에 '원삭 3년 봄 창해군을 폐지하였다(元朔三年春 罷滄海郡)'고 하였으며,《사기(史記)》〈공손홍전(公孫弘傳)〉에는 '공손홍이 여러 번 간하여……창해군을 폐지하고 오로지 삭방(朔方)만 받들게 하기를 청하여……상께서 이를 허락하였다(弘數諫……願罷……滄海而專奉朔方……上乃許之)'고 하였으니 여태까지 학자들이 위 세 가지 책과 앞에 말한 〈식화지(食貨志)〉 본문을 합쳐 '예맥조선은 예의 남려, 지금 강릉(江陵)이니, 강릉이 당시 우거의 속국으로서 모반하고 한에 항거하기에 한이 팽오를 보내어 항복을 받고 그 땅을 창해군으로 삼았다가, 그 뒤에 땅이 너무나 멀고 비용이 너무 많이 들므로 그 전쟁을 그만둔 것이다'라고 단정하였다. 그러나 이 단정이 잘못된 것은 다음 이유 때문이다.

① 중국사에 늘 동부여를 예(濊)로 그릇 기록하였음과, 남·북 두 동부여 가운데 하나는 지금 훈춘(琿春)이요 또 하나는 지금 함흥임은 이미 본 편 제2장에서 이미 서술하였다. 동부여를 지금 강릉이라 함은 신라가 그 동북계 1천여 리를 잃고 그 잃은 지방의 고적을 내지(內地)로 옮길 때에 동부여 고적을 지금 강릉으로 옮겼기 때문에 생긴 잘못된 설이다. 그러므로 예의 남려는 함흥의 동부여왕이요 강릉의 군장이 아니다.

② 〈식화지(食貨志)〉 본문에 명백히 '무제가 즉위하고 수년 만에 팽오(彭吳)가

예맥조선(濊貊朝鮮)을 쳤다'고 하였으니, 《후한서》에 기록된 창해군을 처음 둔 해는 무제 즉위 13년인데 13년을 수년[3]이라 할 수 없을뿐더러, 《한서》〈주부언열전(主父偃列傳)〉 원광(元光) 원년 엄안(嚴安)의 상소에 '지금 예주(濊州)를 공략하여 성읍을 두고자 한다(今欲……畧濊州 建置城邑)'고 하였는데, 예주를 공략한다는 것은 곧 예맥조선 침략을 가리킨 것이요, 성읍을 두는 것은 창해군 설치 경영을 가리킨 것이며, 원광(元光) 원년, 곧 원삭(元朔) 원년의 6년 전에 엄안이 예에 대한 침략과 창해군 설치를 간하였으니, 남려의 항복과 팽오의 침략이 벌써 원광 원년의 일이요, 그 6년 뒤인 원삭 원년의 일이 아니다.

③ 창해군을 둔 해인 원광(元光) 원년은 기원전 134년이요, 창해군을 없앤 해인 원삭(元朔) 3년은 기원전 126년이니, 그러면 한이 동부여를 침략하여 창해군을 만들려는 전쟁은 전후 9년 동안이나 걸렸으니, 동부여가 만일 우거(右渠)의 속국이라면 우거가 가서 구원하지 않을 수 없으며, 만일 돌아와 구원하였다고 하면 《사기》〈조선왕만전(朝鮮王滿傳)〉에 우거와 한의 관계, 진번진국(眞番辰國)과 한의 교류를 가로막은 사실, 요동 동부도위(東部都尉)를 공격해서 죽인 사실 따위는 다 기록하면서 어찌 이보다 더 중대한 9년 전쟁의 사실을 뺐으랴? 앞에서 말한 개정 연대에 따르면 이때는 동부여가 고구려에게 정복된 뒤이니, 남려(南閭)는 위씨(衛氏) 속국이 아니라 고구려 속국이다.

남려가 고구려 속국이라면 왜 고구려를 배반하고 한나라에 항복하였는가? 남려는 대개 남동부여, 《후한서》와 《삼국지》〈예전(濊傳)〉에 기록된 불내예왕(不耐濊王)이요, 〈고구려 본기〉에 기록된 대로 손녀를 대주류왕에게 시집보낸 갈사왕(曷思王)이니, 남려는 대주류왕의 처할아버지요, 대주류왕은 남려왕의 손자사위요, 호동(好童)은 남려왕의 진외증손(眞外曾孫)이니, 말하자면 피붙이가 가까운 터이다.

그러나 호동의 장인인 낙랑왕 최리(崔理)도 토멸하는 판에 어찌 처할아버지와 진외증조를 알아보랴. 고구려의 동부여에 대한 압박이 심했던 것을 상상할 수 있다. 그러니 남려가 지난날 아버지와 형의 원수로 보나, 눈앞에 닥친 압박의 고통으로 보나, 어찌 고구려에 보복할 생각이 없었으랴. 이와 마찬가지로 고

---

3) 두서너 해 또는 여러 해.

구려에 원한을 가진 낙랑의 여러 작은 나라들과 연합해서 몰래 우거와 내통하여 고구려를 배척하려 하였으나, 우거가 고구려보다 미약하여 고구려에 항거하지 못하므로 남려는 우거를 버리고 한(漢)과 통하려고 한 것이다. 그러나 한과 통하려면 위씨(衛氏) 나라를 거쳐 갈 수밖에 없는데, 우거는 동부여가 혹 위씨 나라의 비밀을 한(漢)에 누설하지나 않을까 하여 국경 통과를 허락하지 않았으므로, 《사기》〈조선왕만전〉에는 '진번(眞番) 옆 여러 나라가 글을 올려 천자를 들어가 뵈려고 하였으나 우거가 또 막아 통하지 못하였다(眞番旁衆國 欲上書入見天子 右渠又壅關不通)'고 하였다. 진번 옆 여러 나라란 곧 동남부여와 남낙랑 등을 가리킨 것이다.

그러나 남려가 마침내 바닷길을 통해 한(漢)에 사정을 그하니, 야욕으로 가득 찬 한무제가 어찌 이 기회를 놓치랴. 드디어 동부여를 장래 창해군으로 예정하고, 팽오를 대장으로 삼아 연제(燕齊 : 지금 북경시와 산동)의 군사와 양식을 모두 동원하여, 바다를 건너 고구려와 싸워 남동부여와 남낙랑 여러 나라를 구원하다가, 고구려의 항거가 뜻밖에 강하여 9년 동안 혈전을 계속했는데, 한이 여러 번 패하여 창해군을 폐지한다는 말을 핑계로 삼아 군사를 거두어 전쟁을 결말지은 것이다.

이같이 9년 동안 두 나라 사이에 혈전이 있었으면, 사마천이 어찌하여 《사기》〈조선열전〉에 이 사실을 기록하지 않았는가? 이는 다름이 아니라 '중국을 위해 치욕을 숨긴다(爲中國諱恥)'는 것이 공자 《춘추》 이래 중국 역사가의 유일한 종지(宗旨)가 되었을 뿐 아니라, 《삼국지》〈왕숙전(王肅傳)〉에 따르면 '사마천이 《사기》에 경제(景帝)와 무제(武帝)의 잘잘못을 바로 썼더니 무제가 이것을 보고 크게 노했다. 그래서 〈효제본기(孝帝本紀)〉와 〈경제본기(景帝本紀)〉, 〈금상본기(今上本紀)〉를 삭제했다. 그러나 이로 말미암아 그 뒤에 사마천은 부형(腐刑)[4]에 처해졌다'고 했다.

만일 한의 패전을 바로 썼더라면 목이 달아나는 참형까지 당했을 것이다. 그러니 그 사실이 빠진 것은 고의일 것이다. 〈평준서(平準書)〉에 겨우 그 사실을 비추었으니 '팽오(彭吳)가 예맥조선을 멸망시켰다'고 하여 마치 조선을 토멸한

---

4) 남자를 去勢하는 형벌. 宮刑.

듯이 쓴 것 또한 꺼려함을 피한 것일 것이다. 또한 반고(班固)의 《한서》〈식화지(食貨志)〉에는 그 사실이 너무 바르지 못함을 싫어하여 멸(滅)자를 천(穿)자로 고쳤으나, 그 모두를 사실대로 기록하지 못하였음은 사마천과 마찬가지였다.

그러면 한무제와 싸운 이는 대주류왕, 곧 〈고구려 본기〉 대무신왕(大武神王)일 것이다. 그러나 〈고구려 본기〉에는 연대를 줄였기 때문에 한무제와 같은 시대인 대주류왕이 한 광무(光武)와 같은 시대가 되고, 중국사 낙랑 기사와 맞추기 위해 대주류왕이 한에게 낙랑국을 빼앗겼다는 거짓 기록을 쓴 것이다.

2. 한무제의 위씨(衛氏) 침멸(侵滅)

무제가 9년이라는 오랜 혈전에 패해 물러가서, 그 뒤 17년 동안 조선의 여러 나라를 엿보지 못하였으나, 그 마음에야 어찌 동방 침략을 잊고 있었으랴. 이에 위씨(衛氏)는 비록 조선 여러 나라 가운데 하나이지만 그 왕조가 원래 중국 종자요, 그 장수와 재상들도 대개 한(漢)의 망명자 자손들이다. 그래서 무제는 이들을 꾀어 조선의 여러 나라를 잠식하는 앞잡이로 만들고자 하던 가운데 위씨에게서 길을 빌려 동부여를 구원하고 고구려를 치는 편의를 얻고자 기원전 109년 한무제는 사신 섭하(涉何)를 보내어 먼저 한과 동부여를 왕래하는 사절이 위씨국 국경을 통과하는 것을 허가해 달라면서 한의 국위(國威)로 우거(右渠)를 위협하고, 금과 비단으로 꾀었으나 우거가 완강하게 좇지 않았다.

섭하가 한무제의 비밀 명령에 의해 귀국하는 길에 두 나라 국경인 패수(浿水 : 지금 薩芋灘)에 이르러서 우거가 보낸 전송하는 사자 곧 우거의 부왕을 찔러 죽이고 달아나 한으로 돌아가서 한무제에게 "조선국 대장을 죽였습니다"라고 큰소리를 하니, 한무제는 실상 딴 흉계를 가지고 있었으므로 그가 죽인 사람이 누구인지를 알아보지도 않고 그 공으로 섭하를 요동 동부도위(東部都尉)에 임명하였다. 섭하가 임지에 이른 지 오래지 않아 우거가 전의 일[5]을 분하게 여겨 군사를 일으켜서 섭하를 공격해 죽였다. 무제는 이것으로 구실을 삼아, 좌장군(左將軍) 순체(荀彘)에게 보병 5만으로 요수(遼水)를 건너 패수(浿水)로 향하게 하고, 누선장군(樓船將軍) 양복(楊僕)은 병선 군사 7천으로 발해를 건너 열

---

5) 副王 피살.

수(洌水)로 들어가서 우거의 도읍 왕검성(王儉城)[6]을 좌우에서 협격하게 했다.

그러나 양복은 열수 어귀에 이르러 상륙하려다가 크게 패하여 산중으로 도망하여 남은 군사를 거두어 자신을 보호하고, 순체는 패수를 건너려고 하였으나 위씨 군사가 항거하면서 지켜서 여의치 못했다. 한무제는 두 장수가 패했다는 말을 듣고 사신 위산(衛山)을 보내 돈과 비단을 뿌려 우거의 여러 신하들을 이간시켰다.

위씨 나라는 원래가 조선과 중국의 도둑 집단이었으므로, 그 신하들은 위씨에 대한 충성보다 황금에 대한 욕심이 매우 치열하였고, 그들은 전쟁을 주장하고 화평을 주장하는 두 파로 갈려 서로 다투었는데, 한이 금백(金帛)[7]을 비밀스럽게 뿌리자 화평을 주장하는 파가 갑자기 강해져서, 우거에게 그 태자를 한의 군중(軍中)에 보내어 한의 장수에게 사죄하고 군량과 말을 바치기로 하는 조약을 맺게 하려고 하였다.

그래서 우거는 "태자는 호위병 1만 명을 데리고 패수를 건너가 한의 장수를 만나 보게 하여라"고 하였고, 한의 장수는 "태자가 군사 1만 명을 이끌고 패수를 건너오려면 무장을 갖추지 말고 오라"고 하여 양편이 서로 버티다가 교섭이 깨어졌다. 그러나 그 돈과 비단이 효력을 나타내어, 우거의 재상(宰相) 노인(路人)·한음(韓陰)·삼(參)과 대장 왕겹(王唊)이 몰래 한에 내정을 알리고 전쟁에는 힘쓰지 않았으므로, 한의 장수 순체는 패수를 건너 왕검성 서북쪽을 치고, 양복은 산에서 나와 왕검성 동남쪽을 쳤다.

한무제는 교섭이 결렬되자 위산(衛山)을 참형에 처하고, 제남태수(濟南太守) 공손수(公孫遂)를 사신으로 삼아서 전권을 주어 두 장수를 감독하는 동시에, 더욱 많은 돈과 비단으로 우거의 여러 신하들을 매수하게 하였다. 이때에 순체와 양복이 항복받기를 다투어 사이가 멀어지니, 공손수가 순체의 편을 들어 양복을 불러 순체의 군중에 가두고, 순체에게 양복의 군사와 합쳐 싸우게 한 다음, 한무제에게 돌아가 보고하였다. 무제는 "돈과 비단만 낭비하고 위씨 군신(君臣)의 항복을 받지 못했다" 하고 크게 노하여 공손수를 처형했다.

오래지 않아 한음·왕겹·노인 등이 뇌물 받은 일이 탄로나 노인은 참형을 당

---

[6] 조선 고대 세 왕검성 가운데 하나.
[7] 금과 비단.

하고, 한음·왕겹 두 사람은 도망하여 한에 항복했다. 이듬해 여름 삼(參)이 우거를 암살하고 성을 들어 항복했다. 우거 대신 성기(成己)가 삼을 치니, 우거의 왕자 장(長)이 삼에게 붙어 노인의 아들 최(最)와 힘을 합하여 성기를 죽이고 성문을 열어 항복해서 위씨가 멸망하고, 한무제는 그 땅을 나누어 진번(眞番)·임둔(臨屯)·현도(玄菟)·낙랑(樂浪) 네 군을 두었다.

이때 사실은 오직 《사기》 〈조선열전〉에 따를 뿐인데, 거기에는 한(漢)이 돈과 비단을 위씨의 여러 신하들에게 뇌물로 준 기록이 없음은 무슨 까닭인가? 이는 사마천이 〈무제본기(武帝本紀)〉 내용 때문에 부형(腐刑)의 화(禍)를 당하고 동부여에 대한 한의 패전을 기록하지 못한 일이 있어 바로 쓰지 못했기 때문이다. 그러나 그 이면에는 한이 전쟁에 패하고 뇌물로 성공한 사실이 글 가운데 뚜렷이 보이니, 이를테면 '위만은 병위(兵威)와 재물로 그 이웃 작은 고을을 침노하여 항복받아서 나라를 얻었다(滿得以兵威財物 侵降其旁小邑)'고 기록함으로써 은근히 한무제가 위씨를 당당히 병력으로 멸하지 못하고 재물로 적을 매수하는 비열한 수단으로 성취하였음을 비웃고 꼬집은 것이다. '위산(衛山)을 보내 병위(兵威)로써 우거(右渠)를 타일렀다(遣衛山 因兵威 往諭右渠)'고 하여 '병위' 두 자만 쓰고 '재물' 두 자는 뺐다. 그러나 이때 순체와 양복은 이미 패전하고 후원병도 가지 않아 병위가 도리어 우거의 군사보다 약한 때인데, 무슨 병위가 있었으랴?

이는 곧 위 글의 '병위·재물' 넉 자를 이어받아, 위산이 가져간 것이 병위가 아니라 재물이라는 뜻을 내포하고 있는 것이고, 위산과 공손수가 다 까닭 없이 처형되었음을 기록한 것은 한무제가 재물만 쓰고 성공치 못함에 노했음을 표시한 것이고, 위씨가 멸망한 뒤에 순체와 양복이 하나는 참형당하고 하나는 파면되었는데, 봉후(封侯)의 상을 받은 자는 도리어 위씨의 반역신인 노인의 아들 최와 왕겹 등 네 사람뿐이었으니, 이는 곧 위씨의 멸망이 한의 병력에 있지 않고 한의 재물을 받고 나라를 판 간신에게 있었음을 드러낸 것이다.

3. 한사군 위치와 고구려와 한(漢)의 관계

위씨가 망하여 한이 그 땅을 나누어 진번·임둔·현도·낙랑 네 군을 설치하였다고 하는데, 네 군의 위치 문제는 삼한(三韓) 연혁의 쟁론에 못잖은 조선사상 큰 쟁론이 되어 왔다. 만반한(滿潘汗)·패수(浿水)·왕검성(王儉城) 등 위씨 근거지가 지금 만주·해성(海城)·개평(蓋平) 등지[8]일 뿐 아니라, 당시에 지금 개원(開原) 이북은 북부여국(北夫餘國)이고, 지금 흥경(興京) 이동은 고구려며, 지금 압록강 이남은 낙랑국이고, 지금 함경도 내지 강원도는 동부여국이었으니, 이상 네 나라 밖에서 네 군을 찾아야 할 것이므로, 네 군 위치는 지금 요동반도 안쪽에서 찾을 수밖에 없다. 그러나 네 군 위치에 대하여 이설이 많이 나오는 것은 대개 다음에 열거한 몇 가지 원인에 따른 것이다.

첫째는 지명의 같고 다른 것을 잘 구별하지 못하기 때문이다. 이를테면 패수·낙랑 등은 다 '펴라'로 읽는 것으로서, 지금 대동강은 그즈음 '펴라'라는 강이고, 지금 평양은 그즈음 '펴라'라는 서울이다. 강과 도읍을 다같이 '펴라'라고 한 것은, 마치 지금 청주 '까치내'라는 물 옆에 '까치내'라는 마을이 있는 것처럼, '펴라'라는 강 위에 있는 도읍이므로 또한 '펴라'라고 한 것이다. 패수(浿水)의 패(浿)는 '펴라'의 '펴' 음을 취하고, 수(水)는 '펴라'의 '라'의 뜻을 취하여 '펴라'로 읽은 것이다. 또 낙랑(樂浪)의 낙(樂)은 '펴라'의 '펴'의 뜻을 취하고 '랑'은 '펴라'의 '라' 음을 취하여 '펴라'로 읽은 것이다. 그 밖에 낙랑·평양·평나(平那)·백아강(百牙岡) 등도 다 '펴라'로 읽는다. 그 해석은 여기서 생략한다.

한무제가 이미 위씨조선 곧 불조선을 토멸하여 요동군으로 만들고는 가끔 신·말 두 조선의 지명을 가져다가 위씨조선 옛 지명을 대신하였으니 지금 해성(海城) 헌우란(蓒芋灤)의 본이름이 '알티'[9]인데, 이것을 고쳐 패수(浿水)라 하였다. 또한 《사기》의 작자 사마천은 그 고친 지명에 따라 사군(四郡) 이전 옛 일을 설명했으므로 '한(漢)이 일어나…… 패수에 이르러 삼았다(漢興……至浿水爲界)'느니 '위만(衛滿)이…… 동으로 달아나 새외(塞外)로 나가서 패수를 건넜다(滿……東走出塞 渡浿水)'느니 했다. 진번도 비록 신·불 두 조선을 합쳐 일컫는 것이지만, 한은 이를 차지하여 고구려를 진번군으로 가정[10]했다.

《사기》의 '처음 연이 전성기 때 일찍이 진번조선을 약취(略取)하여 예속시켰다(始全燕時 嘗略屬眞番朝鮮)'고 하고, '위만이 잠시 진번조선을 복속시켰다(滿……

---

8) 이는 제2편 제2장에 자세히 설명했음.
9) 安地 또는 安市라 한 것.
10) 아래에 상세히 말함.

稍役屬眞番朝鮮)'고 한 진번조선은 신·불 두 조선을 가리킨 것이지만, '진번·임 둔이 모두 와서 복속하였다(眞番臨屯皆來服屬)'고 하고, '진번 옆 여러 나라가 글을 올려 천자를 뵙고자 하였다(眞番旁衆國 欲上書見天子)'고 한 진번은 모두 사군의 하나인 진번을 가리킨 것으로서, 또한 나중에 고친 지명에 따라 고사(故事)를 설명한 것이다. 마치 을지문덕 뒤에 살수(薩水) 명칭이 청천강(淸川江)이 되었으니, 을지문덕 때는 청천강이라는 이름이 없었지만 우리가 '을지문덕이 청천강에서 수(隋)나라 군사를 깨뜨렸다'고 하는 따위와 같은 것이다. 여태 학자들이 이를 모르고 《사기》의 패수와 진번 등을 사군 이전 이름으로 아는 동시에, 헌우란 패수, 대동강 패수의 두 패수와 두 나라의 이름인 진번과 한 군의 이름인 진번의 두 진번을 혼동하여 말해 왔다.

둘째는 기록의 진위를 잘 분별하지 못했기 때문이다. 이를테면《한서(漢書)》〈무제본기〉 원봉(元封) 3년 진번·임둔의 주(註)〈무릉서(茂陵書)〉에 진번의 군치(郡治) 삽현(霅縣)은 장안(長安)에서 7,640리······임둔(臨屯)의 군치 동이현(東暆縣)은 장안에서 6,138리(茂陵書眞番郡治霅縣 去長安七千六百四十里······臨屯郡治東暆縣 去長安六千一百三十八里)'라 했는데,《무릉서》는 무릉 사람 사마상여(司馬相如)가 지은 것이라고 하나,《사기》〈사마상여전〉에 '상여가 죽고 5년 뒤에 천자가 비로소 후토(后土)를 제사지냈다(相如旣卒五歲 天子始祭后土)',《사기집해(史記集解)》에는 '원정(元鼎) 4년······ 비로소 후토를 세웠다(元鼎四年······始立后土)'고 했는데, 원정 4년은 기원전 113년이요, 사마상여가 죽은 것은 그 5년 전인 원수(元狩) 6년(기원전 117년)이니, 상여는 원봉 3년(기원전 108년) 진번·임둔군을 설치한 해보다 10년 전에 이미 죽었으니, 10년 전에 이미 죽은 상여가 어찌 10년 뒤 두 군의 위치를 말할 수 있었으랴.

그러니《무릉서》가 위서(僞書)인 동시에, 그 글 가운데 진번·임둔 운운한 것은 위증임이 틀림없으며《한서》〈지리지〉에 요동군 군현지(郡縣志) 이외에 따로 현도(玄菟)와 낙랑 두 군지(郡志)가 있으므로, 이를 읽는 사람으로 하여금 요동반도 이외에서 현도·낙랑 두 군이 존재할 거라고 생각하게 하지만《위략》의 만반한(滿潘汗)이 곧《한서》〈지리지〉 요동군의 문번한(汶番汗)임과,《사기》의 패수(浿水)가 곧 요동군 번한현(番汗縣)의 패수(沛水)임이 이미 확실한 증거가 있으니, 지리지의 현도·낙랑 운운한 것은 후세 사람의 위증임이 틀림없다. 그런데 과거

학자들이 이것을 모르고 늘 《한서》〈무제본기〉의 진번·임둔의 주나 〈지리지〉의 낙랑·현도 두 군지(郡志)를 절대로 움직일 수 없는 글로 그릇 믿었다. 이런 원인 때문에 사군 위치에 대해 비록 많은 검토가 있지만 하나도 그 정곡을 찌른 이가 없었다고 생각한다.

사군(四郡)은 원래 땅 위에 구획을 그은 것이 아니고 종이 위에 그린 가정이라고 할 수 있다. 말하자면 고구려를 토멸하면 진번군을 만들리라, 북동부여─북옥저를 토멸하면 현도군(玄菟郡)을 만들리라, 남동부여─남옥저를 토멸하면 임둔군(臨屯郡)을 만들리라, 낙랑국을 토멸하면 낙랑군(樂浪郡)을 만들리라 하는 가정이지 실현된 것이 아니다. 한무제가 그 가정을 실현하기 위해 위의 여러 곳을 침략하기 시작했을 것이다. 낙랑과 두 동부여는 앞에 말한 것과 같이 고구려에 오래된 원한이 있으므로, 한의 힘을 빌려 고구려를 배척하려고 했을 것이다.

고구려는 또 이전에 대주류왕이 승전한 기세로 한과 결전하려고 했을 것이다. 그 전쟁은 대개 기원전 108년쯤, 곧 위씨가 멸망한 해에 시작하여 기원전 28년에 끝이 났는데, 한이 패하여 사군을 둘 수 있으리라는 희망이 아주 끊어졌으므로 진번·임둔 두 군은 명칭을 폐지하고, 현도·낙랑 두 군은 요동군 안에다 임시로 설치하였다. 《한서》〈본기〉에는 진번군을 폐지했다고 했을 뿐이고 임둔군을 폐지했다는 말은 없으나, 《후한서》〈예전(濊傳)〉에 '소제(昭帝)가 진번과 임둔을 폐지하여 낙랑과 현도에 합쳤다(昭帝罷眞番臨屯 以幷樂浪玄菟)'고 했음을 보면, 임둔군도 진번군과 한때에 폐지했던 것이다.

《후한서》〈예전〉에는 '현도를 구려(句麗)[11]로 옮겼다'고 하였고, 《삼국지》〈옥저전〉에는 '처음에 옥저를 현도성(玄菟城)으로 삼았다가 뒤에 고구려 서북쪽으로 옮겼다'고 하였으나, 〈옥저전〉의 불내예왕(不耐濊王)은 북동부여와 남동부여 왕을 가리킨 것이요, 예전의 불내예왕은 낙랑왕을 가리킨 것이니, 두 동부여와 낙랑국은 모두 그때는 독립 왕국이다. 그렇다면 현도성이 옥저 곧 북동부여에서 요동으로 옮겨간 것이 아니라, 다만 북동부여로 현도를 만들려던 계획이 실패로 돌아가, 비로소 요동, 곧 지금 봉천성성(奉天省城)에 현도군을 임시로

---

11) 한의 고구려 현을 가리킨 것.

둔 것이고, 낙랑군 또한 동시에 임시로 두었을 것인데, 그 위치는 확언할 수 없으나 아마 지금 해성(海城) 등지일 것이다.

어찌하여 진번·임둔을 폐지하는 동시에 현도·낙랑 두 군을 임시로 두었는가? 이는 다름 아니라, 곧 앞서 말한 낙랑국과 남동부여국이 고구려를 몹시 원망하여 한이 패해 물러간 뒤에도 두 나라가 오히려 한에 사자를 보내 몰래 통하고, 상민(商民)이 왕래하여 물자를 서로 사고팔았으므로, 한이 요동에 현도·낙랑 두 군을 임시로 설치하여 두 나라와의 교섭을 맡기고, 고구려와 전쟁이 벌어지면 두 나라를 이용하였으니 이것은 한과 두 나라의 관계이고, 고구려는 늘 두 나라가 한과 통한다는 증거를 발견하면 반드시 죄를 묻는 군사를 일으켰다. 이는 고구려와 두 나라의 관계이니, 수백 년 동안 두 나라는 고구려가 한으로 나아가려는 것에 방해가 되었다.

이 책에서는 두 낙랑을 구별하기 위하여 낙랑국은 남낙랑이라 하고, 한의 요동 낙랑군은 북낙랑이라 하거니와 《삼국사기》〈고구려 본기〉에 보인 낙랑국은 다 남낙랑을 가리킨 것인데, 종래 학자들이 늘 요동에 있는 북낙랑은 모르고 남낙랑을 낙랑군이라 주장하는 동시에, 《삼국사기》 낙랑국 낙랑왕은 곧 한(漢) 군의 태수(太守) 세력이 동방을 위세를 가지고 내려다봐 그 형세가 한 나라 왕과 같아 나라 또는 왕이라 일컬었다고 단안(斷案)하였으나, 고구려와 경계가 닿은 요동태수를 요동국왕이라 일컫지 않았으며, 현도태수를 현도국왕이라 일컫지 않았는데, 어찌 홀로 낙랑태수만 낙랑국왕이라 일컬었으랴? 그것이 분명히 억지주장이다.

최근 일본인이 낙랑 고분에서 한대(漢代) 연호를 새긴 그릇을 발견하고, 지금 대동강 남쪽 기슭을 위씨의 옛 도읍, 곧 뒤의 낙랑의 군치(郡治)라고 주장하지만, 이 그릇은 남낙랑이 한과 교통할 때에 수입한 것이거나, 그렇지 않으면 고구려가 한과의 싸움에 이겼을 때 노획한 것일 것이요, 이로써 지금 대동강 연안이 낙랑 군치임을 단언하는 것은 옳지 못한 일이다.

제4장
계립령 이남 두 새 나라

1. 계립령 이남 별천지

계립령(鷄立嶺)은 지금 조령(鳥嶺 : 새재)이다. 지금은 문경읍(聞慶邑) 북산(北山)을 계립령이라고 하지만, 고대에는 조령의 이름이 '저릅재'이니, '저릅'은 삼〔麻〕의 옛말이다. '저릅'을 이두자의 음으로는 '계립(鷄立)'이라 쓰고 뜻으로는 '마목(麻木)'이라 쓰니, 그러므로 조령이 곧 계립령이다.

계립령 이남은 지금 경상남북도 총칭인데, 계립령 일대로 지금 충청북도를 막으며, 태백산(太白山 : 奉化 태백산)으로 지금 강원도를 막고, 지리산으로 지금 충청남도와 전라남북도를 막으며, 동과 남으로 바다를 둘러 따로 한 판(一局)이 되었으므로, 조선 열국(列國) 당시에 네 부여[1]가 분립한다, 고구려가 동부여를 정복한다, 또 낙랑을 정복한다, 위씨가 한에게 망하여 그 땅이 사군이 된다, 백제가 마한을 토멸한다……하는 소란이 있었지만, 영(嶺) 이남은 그런 풍진(風塵)의 소식이 들리지 아니하여, 진한·변한의 자치령 수십 나라가 그 비옥하고 아름다운 토지에 따라 벼·보리·기장·조 등 농업과, 누에치기·길쌈 등에 힘써서 곡식과 옷감들을 생산하고, 철을 캐서는 북쪽 여러 나라에 공급하고, 변진(弁辰)은 음악을 좋아하여 변한슬(弁韓瑟 : 불한고)을 창작하여 문화가 늘 발달하였으나, 일찍이 북방 유민으로 마한의 봉지를 받았으므로 마한의 절제(節制)를 받고, 마한이 망한 뒤에는 백제의 절제를 받았다.

그러나 그 절제는 소극적으로는 ①'신수두' 건설과 ②'신한' 칭호 쓰는 것을 허락하지 않으며, 적극적으로 ①해마다 조알(朝謁)하고 ②토산물을 바칠 뿐이었는데, 나중에 진한 자치부는 신라국(新羅國), 변진 자치부는 여섯 가라(加羅)

---

[1] 고구려도 卒本夫餘라 함.

연맹국이 되어 차차 백제에 반항하기에 이르렀다.

2. 가라 여섯 나라 건설

지금 경상남도 등지에 변진(弁辰) 12자치부가 설립되었음은 제3편 제4장에서 말하였거니와, 위의 각 자치부를 대개 '가라'라 일컬었다. '가라'란 큰 늪(大沼)이라는 뜻이니, 자치부마다 따로따로 제방을 쌓아서 냇물을 막아 큰 늪을 만들고, 그 부근에 자치부를 두어 그 부 이름을 '가라'라 일컬었다. '가라'를 이두문으로 '가라(加羅)' '가락(駕洛)' '가야(加耶)' '구야(狗邪)' '가야(伽倻)' 등으로 썼으니, 야(耶)·야(邪)·야(倻) 등은 옛 음을 '라'로 읽은 것이고, '가라'를 '관국(官國)'이라고도 썼으니, '관(官)'은 그 음 초성(初聲)과 중성(中聲)을 떼어 '가'로 읽고, '국(國)'은 그 뜻 초성과 중성을 떼어 '라'로 읽은 것이다.

기원 42년께 각 가라 자치부원(自治部員)인 아도간(我刀干)·여도간(汝刀干)·피도간(彼刀干)·오도간(五刀干)·유수간(留水干)·유천간(留天干)·신천간(神天干)·신귀간(神鬼干)·오천간(五天干) 등이 지금 김해읍 귀지봉(龜旨峰) 위에 모여 대계(大禊)[2]를 베풀고, 김수로(金首露) 6형제를 추대하여 여섯 '가라'의 임금으로 삼았다. 김수로는 제1가라, 곧 김해(金海)를 맡아 '신가라'라 일컬으니 '신'은 크다는 뜻이요, 첫째 우두머리라는 뜻이다. '신가라'는 앞선 사서에 금관국(金官國)이라 쓴 것이 옳은데, 가락(駕洛) 또는 구야(狗邪)라고 썼으니, 이 둘은 다 '가라'의 이두자이므로, 이로써 여섯 가라를 통틀어 일컬음은 옳으나, 다만 '신가라'만을 가리켜 일컬음은 옳지 않다.

둘째는 '밈라가라'니, 지금 고령(高靈) 앞내를 막아 가라(大沼)를 만들고 이두자로 '미마나(彌摩那)' 또는 '임나(任那)'라 쓴 것으로서, 여섯 가라 가운데 그 후손이 가장 강대하였으므로, 옛 사서에 '대가라(大加羅)' 또는 '대가야(大加耶)'라 썼다.

셋째는 '안라가라'니, 지금 함안(咸安) 앞내를 막아 가라를 만들고, 이두자로 '안라(安羅)' '아니라(阿尼羅)' 또는 '아니량(阿尼良)'이라 쓴 것인데, 아니량이 나중에 잘못 전해져 '아시라(阿尸羅)'가 되고 아시라가 다시 잘못 전해져 '아라(阿

---

2) 禊는 당시 自治會 이름.

羅'가 되었다.

넷째는 '고링가라'이니, 지금 함창(咸昌 : 尙州郡)으로 또한 앞내를 막아 가라를 만들고 이두자로 '고령(古寧)'이라 쓴 것인데, '고링가라'가 잘못 전해져 '공갈'이 되었으니, 지금 '공갈못(恭儉池)'이 그 자리이다. 여섯 가라 고적 가운데 오직 이것 하나가 전해져 그 물에는 연꽃과 연잎이 오히려 수천 년 전 풍경을 말하는 듯하더니, 조선 광무(光武) 시절에 총신(寵臣) 이채연(李采淵)이 논을 만들려고 그 둑을 헐어 아주 폐허가 되게 하였다.

다섯째는 '별뫼가라'니, '별뫼가라'는 '별뫼'라는 산중에 만든 가라로서 지금 성주(星州)이다. 이두자로 '성산가라(星山加羅)' 또는 '벽진가라(碧珍加羅)'로 쓴 것이다.

여섯째는 '구지가라'니, 지금 고성(固城) 중도(中島)이다. 또한 내를 막아 가라를 만들고, 이두자로 '고자가라(古資加羅)'라 쓴 것인데, 여섯 나라 가운데 가장 작아서 '소가야(小加耶)'라 일컬었다. 여섯 가라국이 처음에는 형제 연맹국이었으나, 나중에 연대가 내려갈수록 촌수가 멀어져 저마다 독립국이 되어 저마다 행동을 취하였는데,《삼국사기》에 이미 〈육가라 본기(六加羅本紀)〉를 빼고 오직 〈신라 본기〉와 〈열전〉에서 신라와 관계된 가라의 일만 쓴 가운데, '신가라'를 금관국(金官國)이라 쓴 이외에는 그 밖의 다섯 가라를 거의 구별 없이 모두 가야라 써서 그 가야가 어느 가라를 가리킨 것인지 모르게 된 것이 많다. 이제 이 책에서는 될 수 있는 대로 이를 구별하여 쓰고, 여섯 가라 연대도 삭감당한 듯하므로 신라 앞에 기술하였다.

3. 신라 건국

여태까지 학자들이 모두 "신라사가 고구려와 백제 두 사보다 비교적 완전하다"고 하였으나, 이는 아주 모르는 말이다. 고구려사와 백제사는 삭감이 많거니와, 신라사는 잘못된 것이 많아서 사료로 근거 삼을 것이 매우 적으니, 이제 신라 건국사를 말하면서 이를 대강 논술하려 한다.

신라 제도는 6부(部) 3성(姓)으로 조직되었는데, 〈신라 본기〉에 따르면, 6부는 처음에 알천양산(閼川楊山)·돌산고허(突山高墟)·무산대수(茂山大樹)·자산진지(觜山珍支)·금산가리(金山加利)·명활산고야(明活山高耶) 여섯 마을이었는데, 신라 건국 제3세 유리왕(儒理王) 9년(기원 32년) 여섯 마을 이름을 고치고 성을 주었다. 알천양산은 급량부(及梁部)라 하고 성을 이(李)로 하였으며, 돌산고허는 사량부(沙梁部)라 하고 성을 최(崔)로 하였으며, 무산대수는 점량부(漸梁部 : 一名 牟梁部)라 하고 성을 손(孫)으로 하였으며, 자산진지는 본피부(本彼部)라 하고 성을 정(鄭)으로 하였으며, 금산가리는 한기부(漢祇部)라 하고 성을 배(裵)로 하였으며, 명활산고야는 습비부(習比部)라 하고 성을 설(薛)로 하였다고 한다.

3성은 박(朴)·석(昔)·김(金) 세 집이니, 처음에 고허촌장(高墟村長) 소벌공(蘇伐公)이 양산(楊山) 아래 나정(蘿井) 곁에 말이 꿇어앉아 우는 것을 바라보고, 쫓아가 보니 말은 간 곳이 없고 큰 알 하나가 있으므로, 이것을 쪼개니 어린아이가 나왔다. 어린아이를 데려다가 기르고 성을 박(朴)이라고 하였는데, 그가 나온 큰 알이 박만 하므로 '박'의 음을 딴 것이라고 한다. 이름을 혁거세(赫居世)라고 하였는데, 혁거세는 그 읽는 법과 뜻이 다 전하지 않는다. 나이 13살에 영특하고 성숙하므로 인민이 그를 높여 거서간(居西干) 삼았다. 거서간은 그때 말로 귀인의 칭호라고 한다. 이것이 신라 건국 원년(기원 57년)이고, 이이가 박씨 시조이다.

신라 동쪽에 왜국(倭國)이 있고, 왜국 동북쪽 1천 리에 다파나국(多婆那國)이 있는데, 그 국왕이 여국왕(女國王)의 딸에게 장가들어 아이를 밴 지 7년 만에 큰 알을 낳았다. 왕이 상서롭지 못한 일이라 하여 알을 내다 버리라고 하니, 여자가 차마 그럴 수 없어서 비단으로 싸고 금궤에 넣어 바다에 띄워 보냈다. 그 금궤가 금관국(金官國) 바닷가에 이르니, 금관국 사람들은 괴이하게 여겨 가지지 않았는데, 진한(辰韓) 아진포(阿珍浦)에 이르니 바닷가의 한 노파가 이를 건져 냈다. 열고 보니 그 속에 어린아이가 있어 노파가 데려다가 길렀다. 이때가 박혁거세 39년(기원전 19년)이었는데, 금궤에서 빠져 나왔으므로 이름을 탈해(脫解)라 하고, 금궤가 와 닿을 때에 까치(鵲)가 따라오면서 울었으므로 작(鵲)자의 변을 따서 성을 석(昔)이라 하니, 석씨 시조이다.

석탈해(昔脫解) 9년(기원 65년) 금성(金城)[3] 서쪽 시림(始林)에서 닭 우는 소리가 나므로 대보(大輔) 호공(瓠公)을 보내어 가 보게 하였더니, 금빛 조그만 궤가 나

---

3) 신라 수도, 곧 慶州.

뭇가지에 걸려 있고 그 아래에서 흰 닭이 울고 있으므로, 그 금궤를 가져다가 열어 보니 또한 조그만 어린아이가 있었다. 어린아이를 데려다가 기르면서 이름을 알지(閼智)라 하고, 금궤에서 나왔으므로 성을 김(金)이라 하니, 이는 김씨 시조다.

궤에서 나왔다, 알에서 깨어났다 하는 신화는 그때 사람이 그 시조 출생을 신비롭게 장식한 것이지만, 다만 6부 3성 사적이 고대사 원본이 아니라 후세 사람들이 보태고 줄임이 많은 것은 애석한 일이다. 이를테면 조선 고사의 모든 인명과 지명이 처음엔 우리말로 짓고 이두자로 썼는데, 나중에 한문화(漢文化)가 성행하면서 한자로 고쳐 만들었으니, 원래는 '메주골'이타 하고 '미추홀(彌鄒忽)' 또는 '매초홀(買肖忽)이라 쓰던 것을 나중엔 인천(仁川)이라 고친 것 따위이다. 이제 알천(閼川)·양산(楊山)·돌산고허(突山高墟) 등 한자로 지은 여섯 마을 이름이 6부 본이름이고, 급량부(及梁部)·사량부(沙梁部)…… 등 이두자로 지은 6부 이름이 여섯 마을의 나중 이름이라 함이 어찌 앞뒤 순서를 뒤바꾼 것이 아닌가, 하는 의문이 있음이 그 하나이다.

신라가 불경을 수입하기 전에는 모든 명사를 다만 이두자 음이나 뜻을 맞추어 쓸 뿐이었는데, 불교가 성행한 뒤에 몇몇 괴벽한 중들이 비슷하기만 하면 불경 숙어에 맞추어 다른 이두자로 고쳐 만들었다. 예를 들면, 소지왕(炤智王)을 달리 비처왕(毗處王)이라 일컫는데, 소지나 비처가 다 '비치'로 읽은 것이지만, 비처는 원래 쓴 이두자이고, 소지는 불경에 맞추어 고쳐 만든 이두자요, 유리왕(儒理王)을 달리 세리지왕(世利智上)이라 일컫는데, 유리나 세리가 다 '누리'로 읽은 것이지만, 유리는 원래 쓴 이두자이고 세리는 또한 불경에 맞추어 고쳐 만든 이두자이다. 탈해왕(脫解王)도 그 주에 일명 '토해(吐解)'라 하였는데, 탈해나 토해는 다 '타해' 또는 '토해'로 읽을 것이고, 그 뜻은 무엇인지 알 수 없으나 그 즈음 속어로 된 명사임이 분명하니, 토해(吐解)는 본래 쓴 이두자이고 탈해는 고쳐 만든 이두자로서, 불경에 해탈(解脫)이라는 말이 있으므로 토해(吐解)의 뜻을 탈(脫)로 고쳐 만든 것이다. 원래는 그때 속어의 음을 취한 것이고, 탈출(脫出) 또는 해출(解出)의 뜻이 없으니, 금궤에서 탈출하였으므로 탈해라 하였다고 하는 것이 괴벽한 중들이 억지로 갖다 붙인 것임을 단언할 수 있음이 그 둘이다.

3성 시조가 다 큰 알에서 나왔으니 그 큰 알은 다 '박'만 할 것인데, 어찌하여 3성 시조가 다 같은 박씨가 되지 않고, 박씨 시조 이외에 두 시조는 석씨와 김씨가 되었는가? 석·김 두 성이 다 금궤에서 나왔는데 어찌 같은 김씨가 되지 않고 하나는 석씨, 하나는 김씨가 되었는가? 석탈해(昔脫解)의 금궤에 까치가 따라와 울었으므로 작(鵲)자 변을 따서 석씨(昔氏)가 되었으면, 김알지(金閼智)가 올 때에 닭이 따라와 울었으니 계(鷄)자 변을 따서 해씨(奚氏)가 되어야 옳은데, 어찌 두 사람에게 다른 예를 써서 앞에서는 김씨가 되지 않고 석씨가 되었으며, 뒤에서는 해씨가 되지 않고 김씨가 되었는가? 신화라도 이같이 뒤섞여 조리가 없을뿐더러, 게다가 한자 파자장(破字匠)의 꾀가 섞여서 이두문 시대 실례와 많이 다르다는 점이 그 셋이다.

　처음 건국할 때 신라는 경주 한구석에 자리잡은 여러 나라 가운데에서 가장 작은 나라였다. 그런데 '변한이 나라에 들어 항복하였다'느니, '동옥저가 좋은 말 200마리를 바쳤다'느니 하는 것은 그때 형편과도 거의 맞지 않을 뿐 아니라, '북명인(北溟人)이 밭을 갈다가 예왕(濊王) 도장을 얻어서 바쳤다'고 하는 따위는 더욱 황당한 말인 듯하다. 왜냐하면 북명(北溟)은 '북가시라', 북동부여 별명으로 지금 만주 훈춘(琿春) 등지이고 고구려 대주류왕(大朱留王)의 시위장사(侍衛壯士) 괴유(怪由)를 장사지낸 곳이다. 그런데 이제 훈춘 농부가 밭 가운데서 예왕 도장을 얻어 수천 리를 걸어 경주 한구석 조그만 나라인 신라왕에게 바쳤다 하는 것이 어찌 사실 같은 말이랴? 이는 경덕왕이 동부여 곧 북명(北溟)의 고적을 지금 강릉으로 옮긴 뒤에 조작한 황당한 말이니, 다른 것도 거의 믿을 가치가 적음이 그 넷이다.

　신라가 여러 나라 가운데에서 문화가 가장 늦게 발달하여 역사 편찬이 겨우 그 건국 6백 년 뒤에야 비로소 겨우 북쪽 여러 나라 신화를 모방하여 선대사(先代史)를 꾸몄는데, 그나마도 궁예(弓裔)와 견훤(甄萱) 등의 병화(兵火)에 모두 타버리고, 고려 문사(文士)들이 남산과 북산의 검불을 주워다가 만든 것이므로, 〈신라 본기〉 기록의 진위를 가려냄이 고구려와 백제 두 나라 역사나 마찬가지인데, 역사가들이 흔히 신라사가 비교적 완비된 것인 줄로 알아 그대로 믿었다.

　나의 연구에 따르면, 신라는 진한(辰韓) 6부를 통틀어 일컬음이 아니고, 6부 가운데 하나인 사량부(沙梁部)이다. 신라나 사량은 다 '새라'로 읽을 것이요, '새라'는 냇물 이름이니, '새라'의 위에 있으므로 '새라'라 일컬은 것이고, 사량은 사훼(沙喙)④라고도 기록했으며, 사훼는 '새불'이니 또한 '새라' 의에 있는 '불', 곧 들판이기 때문에 일컬은 이름이다.

본기에 신라의 처음 이름을 '서라벌(徐羅伐)'이라 하였으나, 서라벌은 '새라불'로 읽을 것이니, 또한 '새라'의 '불'이라는 뜻이다. 시조 혁거세는 곧 고허촌장 소벌공(蘇伐公)의 양자이고, 고허촌은 곧 사량부(沙梁部)이니, 소벌공의 '소벌(蘇伐)'은 또한 사훼(沙喙)와 같이 '새불'로도 읽을 것이므로 지명이고, 공(公)은 존칭이니 새불 자치회(自治會) 회장이므로 '새불공'이라 한 것이다. 말하자면 소벌공은 곧 고허촌장이라는 뜻인데, 마치 사람 이름같이 씀은 역사가가 잘못 쓴 것이다. 새라 부장(部長)의 양자인 박혁거세가 6부 전체의 왕(王)이 되었으므로, 나라 이름을 '새라'라 하고 이두자로 신라(新羅)·사로(斯盧)·사라(斯羅) 등으로 쓴 것이다.

박씨뿐 아니라, 석씨·김씨도 다 사량부(沙梁部) 귀인의 성이니, 3성을 특별히 존중하는 것은 또한 삼신설(三神說)을 모방했기 때문이다. 본기 탈해왕 9년(기원 65년) 비로소 김씨 시조인 아기 김알지(金閼智)를 주웠다고 하였으나, 파사왕(婆娑王) 원년(기원 80년) 왕후 사성부인(史省夫人) 김씨는 허루갈문왕(許婁葛文王)⁵)의 딸이라 하였으니, 그 나이를 따지면 허루(許婁)도 거의 알지의 아버지뻘 되는 김씨이니, 이로 미루어 보면 박·석·김 3성이 처음부터 사량부 안에 서로 혼인을 맺는 거족(巨族)이었는데, 함께 의논한 끝에 6부 전체를 가져 3성이 서로 임금 노릇하는 나라를 만든 것이다. 이에 진한(辰韓) 자치제 제도가 변하여 세습하는 제왕의 나라가 되기에 이른 것이다.

---

4) 진흥왕 비문에 보임.
5) 추존한 왕을 갈문왕이라 함.

제5편
고구려 전성시대

제1장
기원 1세기 초 고구려의 국력 발전과 그 원인

1. 대주류왕(大朱留王) 이후 고구려

기원 1세기 이후부터 기원 3, 4세기까지 한강 이남 곧 남부 조선 여러 나라들은 아직 초창기로 새로 일어선 때요, 압록강 이남 곧 중부 조선 여러 나라들은 다 쇠약해지고, 압록강 이북 곧 북부 조선 여러 나라들도 다 기울어져서, 가라(加羅)나 백제나 남낙랑이나 동부여 두 나라 모두 기록할 만한 일이 별로 없고, 오직 고구려와 북부여가 가장 강대한 나라로 여러 나라 중에 크게 떨쳤다. 그러나 대주류왕(大朱留王) 이후 연대가 삭감됨에 따라 사실도 모두 빠져서 그 역사적 자취를 논할 수 없게 되었고, 이제 중국사에 따라 고구려와 중국, 선비(鮮卑)가 정치적으로 관련된 한두 사항을 쓸 수 있을 뿐이다.

2. 고구려와 중국 관계

고구려가 동부여와 남낙랑과의 관계 때문에 늘 한(漢)과 다투더니, 기원 1세기께 한의 외족(外族)에 왕망(王莽)이라는 괴걸(怪傑)이 나와서 ① 고대 사회주의적인 정전법(井田法)을 실행하고, ② 한문화(漢文化)로 세계를 통일하여 일종의 공산주의적 국가의 건설을 시도하여, 중국 본국뿐 아니라 조선의 여러 나라와 관련된 일들이 발생하였다.

말하자면 지금 중화민국 이전에 중국은 수천 년 동안 왕조가 바뀌고 군웅 쟁탈이 무상하였지만, 사실은 을 세력이 갑 세력을 대신할 때에, 민중에게는 한때 '요역(徭役)을 면제하고 부세(賦稅)를 감해준다(省徭役 薄賦稅)' 하는 6자의 은혜로운 정치로 고식적인 평안을 주다가, 오래지 않아 다시 옛 규정을 회복하여 폭력으로 폭력을 대신하는 연극이 되풀이될 뿐이었으니, 이를 스스로 깨닫지 못한 내란이라고 일컬을지언정, 혁명이라는 아름다운 칭호는 받을 수 없었다. 그러나 왕망(王莽)에 이르러서는 실제로 토지를 평등하게 나누어 빈부 계급을 없애자는 생각을 대담하게 실행하려고 하였으니, 이는 동양 고대의 유일한 혁명으로 볼 수밖에 없다. 이제 정전설(井田說) 발생 경과와 왕망의 흥망 약사(略史)를 말하기로 한다.

정전설은 중국 춘추시대 말 전국시대 초[1]에 사회 문제를 해결하기 위해 발생한 것인데, 그때 여러 나라들이 서로 맞서고 있는 가운데 나라마다 귀족이 전횡하여 사치가 극에 이르고, 전쟁이 끊일 날이 없어서 부세(賦稅)가 날로 높아가고, 부유한 사람이 가난한 사람의 땅을 아울러 가져서 인민 생활이 말할 수 없이 곤란하였으므로, 유약(有若)과 맹자 등 일부 학자들이 이를 구제하려고, 토지평균설(土地平均說), 곧 정전설을 제창하기에 이르렀다. 그들은 "중국 하(夏)·상(商)·주(周) 3대가 모두 정전제(井田制)를 행하였는데, 정(井)자 모양 9백 무(畝) 땅을 여덟 집에 나누어 주어 한 집이 1백 무씩을 경작하고, 그 나머지 1백 무는 공전(公田)이라 하여 여덟 집이 공동 경작하여 공용으로 바치게 하고, 또 집집마다 경작한 1백 무에서 거두어들인 것의 10분의 1을 공세(公稅)로 바치게 하여 이를 십일세(什一稅)라 일컬었다. 선대 성왕(聖王)은 다시 나지 않고 중국이 분열하여 전국시대가 되니, 제후와 왕들이 그 인민에게서 세를 많이 받기 위하여 정전을 파괴하는 동시에, 정전에 관한 문서까지 없애 버렸다"고 말하였다.

어느 민족이고 원시공산제(原始共産制)가 있었음을 오늘날 사회학자들이 다 같이 인정하는 바이니, 중국도 태고에 균전제도(均田制度)가 있었을 것은 물론이고, 그들[2]이 주장한 정전제는 당시 조선 균전제를 눈으로 보고 또는 전해 듣고서 이를 모방하려 한 것이고, 그들 스스로 인정한 것처럼 자기네 옛 문전(文典)에 근거한 것은 아니다. 다만 조선 균전은 팔가동전(八家同田)이 아니고 사가동전(四家同田)이니, 지금 평양이나 경주에 끼쳐 있는 기자(器字) 모양 옛 논과 밭이 이를 충분히 증명하는데, 그 세제는 10분의 1을 취하는 십일세(什一稅)가 아니고, 20분의 1을 취하는 입일세(卄一稅)였다. 맹자가 "학(貉:貊 곧 濊貊)은 20에서 1을 취한다(貉二十取一)"고 한 말이 이를 명백히 지적한 것이다. 저들이 사가동전제를 팔가동전제로 고치고 20분의 1 세제를 10분의 1 세제로 고쳐서 조

---

1) 기원전 5세기께.
2) 유약과 맹자.

148 조선상고사

선과 달리하고는, 자존(自尊) 근성이 깊이 박힌 그들이 이를 조선에서 가져왔다 함을 꺼려 숨기고, 중국 선대 제왕의 유제(遺制)라고 속이는 동시에, 조선을 이학(夷貉)이라 일컫고, 조선 정전은 이학의 제도라고 배척하여 《춘추》〈공양전(公羊傳)〉·〈곡량전(穀梁傳)〉이나 맹자와 마찬가지로 '십일(什一)보다 적게 받는 자는 대학(大貉)·소학(小貉)이다(少乎什一者 大貉小貉也)'라고 하고, '학(貉)은 오곡이 잘 되지 않고 오직 기장만 나는데……백관(百官)·유사(有司)를 먹여 살리는 일이 없기 때문에 20에 1만 받아도 족하다(貉五穀不生 唯黍生之……無百官有司之養 故二十取一而足)'고 하였다.

《후한서》〈부여전〉과 〈옥저전〉에는 '땅이 평편하고 넓으며……기름지고 아름다워……오곡이 잘된다(土地平敵……肥美……宜五穀)'고 하였고, 《위략》의 부여·고구려 등의 전에는 '그 벼슬에는 상가(相加)·대로(對盧)·패자(沛者) 등이 있다(其官有相加對盧沛者)'라고 하였으니, 맹씨(孟氏)·공양(公羊)·곡량(穀梁) 등의 말이 근거도 없고 이론에도 맞지 않는 조선 배척론임을 알 수 있다. 조엽(趙曄)의 《오월춘추》에는 '하우(夏禹) 정전(井田)이 조선³⁾ 것을 모방해서 행한 것이다'라고 하였으니, 이는 공정한 자백이다.

저들이 정전설을 아무리 소리 높여 외쳤더라도, 본래 민중을 움직여 부귀 계급을 타파하려 한 운동이 아니고, 오직 임금이나 귀족을 설복하여 그 이미 얻은 부귀를 버리고 그 가지고 있는 것을 민중에게 공평하게 나누어 주자는 것이므로, 민간엔 아무런 반응이 없었고, 임금이나 귀족들은 바야흐로 권리 쟁탈에 급급하여 정전설에 귀를 기울이는 자가 없었다.

진시황이 여러 나라를 토멸하여 중국을 통일하고 중국의 모든 재부(財富)를 독점하여, 아방궁을 짓고 만리장성을 쌓다가 2세에 망하고, 8년 큰 난리를 지나 한(漢)나라가 일어나니, 옛날부터 여러 나라에 온 귀족과 토호들이 많이 멸망하여 부귀 계급이 훨씬 줄고, 인구도 난리통에 많이 줄어들어 농토 부족의 근심이 없었으므로 문제되어 오던 사회 문제가 얼마 동안 잠잠하였으나, 2백년 태평세월을 지나서 인구는 크게 번성하고, 거농(巨農)과 대상(大商)이 발생하여, 부자는 여러 고을 땅을 가진 이가 있는 반면에 송곳 하나 꽂을 땅이 없

---

3) 본문의 州愼.

는 가난한 사람도 있어서, 다시 사회 문제가 학자나 정치가의 사이에 치열하게 논란되게 되었다. 그래서 어떤 이들은 한전의(限田議)[4]를 내어 인민의 땅을 얼마 이내로 제한하자고 하고, 어떤 이들은 주례(周禮)란 글을 지어, 이것을 중국 고대에 정전제를 실행한 주공(周公)이란 성인이 지은 글이라고 거짓 핑계하여 그 시절 제도를 반대하였다.

그런데 이때 한 제실(帝室)은 쇠약해지고, 외척(外戚) 왕씨(王氏)가 대대로 대사마(大司馬)와 대장군(大將軍) 직책을 가져 정권과 병권을 마음대로 하다가 왕망(王莽)이 대사마와 대장군이 되어서는 한의 평제(平帝)와 유자영(儒子嬰) 두 황제를 독살하고, 스스로 황제가 되어 국호를 신(新)이라 하였는데, 왕망은 실로 앞에서 말한 ①정전제 실행, ②한문화의 세계 통일이라는 두 가지 큰 사상을 가진 자였다. 그래서 주례(周禮)를 모방해 온 중국의 정전 구획에 착수하고, 또 사신을 이웃 나라에 보내어 많은 재물을 그 임금에게 뇌물로 주어, 인명과 지명을 모두 중국식으로 고치게 하고, 한문을 배우도록 꾀었다.

이보다 앞서 흉노가 남·북 둘로 나뉘어져서, 북흉노는 지금 몽골 북부에 웅거하여 한과 대항하였으나, 남흉노는 몽골 남부에 웅거하여 한(漢)에 신하로서 복종했다. 이때 왕망 사신이 남흉노 선우(單于) 낭아지사(囊牙知斯)를 꾀어 "두 글자를 넘는 이름은 중국 문법에 어긋나니, 낭아지사란 이름을 고쳐 '지(知)'라 하고, 흉노란 '흉(匈)'자가 불순(不順)하니 '항노(降奴)'라 고치고, 선우란 '선(單)'자가 뜻이 없으니 복우중국(服于中國)이란 뜻의 '복우(服于)'로 고치라"고 하였다.

낭아지사가 처음엔 듣지 않다가 왕망의 재물을 탐내어 한이 준 '흉노선우(匈奴單于) 낭아지사(囊牙知斯)' 인장(印章)을 버리고, 왕망이 새로 준 '항노복우(降奴服于) 지(知)' 인장을 받았다. 그러나 왕망이 다시 생각하기를, 남흉노가 관할하는 부하 무리가 너무 많아 뒷날 근심이 되지 않을까 염려하여, 그 부하 무리를 12부(部)로 나누어 열두 복우(服于)를 세우라고 하였다. 그러자 낭아지사가 크게 노하여 드디어 왕망에게 대항하여 싸우기에 이르렀다.

왕망이 여러 장수를 보내어 흉노를 치는데 요동에 조서를 보내 고구려현 군사를 징발하였다. 고구려현이란 무엇인가? 한나라 무제가 고구려국을 현으로

---

4) 토지 소유를 제한하자는 의논.

만들려다가 패하여 소수(小水), 지금 태자하(太子河) 부근에 한 현을 두고 조선 여러 나라 망명자와 포로 등을 끌어모아 고구려현이라 일컬어서, 이 고구려현을 현도군(玄菟郡)에 소속시키고, 통솔하는 장관 한 사람을 두어 고구려후(高句驪侯)라 일컬은 것이었다. 그런데 그 고을(縣) 사람들이 먼 길에 출정함을 꺼려 강제로 징발하니, 고을 사람들이 요새 밖으로 나와서 싸움터로 가지 않고 모두 도둑이 되어 약탈을 자행하였다. 왕망의 요서대윤(遼西大尹) 전담(田譚)이 추격하다가 패하여 죽으니, 왕망이 대장군 엄우(嚴尤)를 보내 그 고을의 후(侯) 추(騶)를 꾀어다가 목을 베어 장안으로 보내고 싸움에 크게 이겼음을 보고했다. 이어 고구려현을 하구려현(下句驪縣)이라 고치고 조서를 내려 여러 장수들을 격려하여 이긴 기세를 몰아 조선의 여러 나라와 흉노의 여러 부족을 쳐서 중국식 제도 실시를 재촉하였다. 이에 조선 여러 나라, 북부여와 고구려 등이 왕망에 대항하여 공수(攻守) 동맹을 맺고 왕망의 변경을 자주 침노하자, 왕망이 이에 조선과 흉노와의 전쟁을 위해 세금을 늘리고 사람을 징발하니 전 중국이 소란해졌다. 그래서 부유한 백성들만 왕망을 반대하는 것이 아니라, 가난한 사람들까지 떼를 지어 일어나 왕망을 토벌하므로, 왕망이 마침내 패망하고 한나라 광무제(光武帝)가 한나라를 다시 일으켰다.

《삼국사기》에는 왕망의 침입을 유류왕(儒留王) 31년 일로 기록하고, 후추(侯騶)를 고구려 장수 연비(延丕)로 하였으나, 이는 《삼국사기》 지은이가 ① 고구려 고기(古記)에 연대가 줄어든 공안(公案)이 있음을 보고 고기 연대를 《한서(漢書)》 연대와 맞추고, ② 《한서》의 고구려가 고구려국과 관계없는 한나라 현도군 고구려현(高句驪縣)인 줄을 모르고 이를 고구려국으로 잘못 알아서 《한서》 본문을 그대로 뽑아서 기록하는 동시에, 다만 유류왕이 왕망의 장수 손에 죽어 그 머리가 한나라 도읍 장안에까지 갔다고 함은 저들 사대주의자 패거리 눈에도 너무 엄청난 거짓말인 듯하므로, '고구려후추(高句驪侯騶)' 5자를 '아장연비(我將延丕)' 4자로 고친 것이다.[5]

---

5) 김부식이 흐리터분한 잘못은 많으나 턱없는 거짓은 못하는 사람이니, 연비는 혹 고기의 작자가 위조한 인물인 듯도 하다. 그러나 유류왕은 분명히 왕망보다 1백여 년 전 인물이고, 《한서》에 말한 고구려는 분명히 고구려국이 아니니, 설혹 연비라는 사람이 있었다 할지라도 유류왕 때 고구려 사람은 아닐 것이다.

그러니 왕망은 중국 유사 이래 처음으로 의식 있는 혁명을 행하려 한 사람이다. 그러나 이웃 나라를 너무 무시하여 남의 언어·문자·종교·정치·풍속·생활 등 모든 역사적 배경을 묻지 않고 한문화로 지배하려 하다가, 그 반감을 불러일으켜서 얼마간의 민족적 전쟁을 일으키게 하여, 결과가 내부 개혁 진행까지 저지하면서 그 패망의 첫째 원인을 만들었다. '신수두'교가 비록 태고의 미신이지만, 전해 내려온 연대가 오래고 유행한 지역이 넓어서, 한나라 유교는 이를 대적할 무기가 못 되고, 이두문이 비록 한자 음과 뜻을 빌려서 만든 것이지만, 조선의 인명·지명 등 명사[6]뿐 아니라, 노래나 시나 기록이나 무엇이거나 다 이때 조선인에게는 한자보다 편리했다. 그런 만큼 한자로 이두자를 대신할 가망이 없으니, 왕망의 한문화적 동방 침략이 어찌 망상이 아니겠는가? 하물며 흉노 본이름은 '훈'인데, 구태여 '훈'을 '흉노'로 쓰는 이는 한인(漢人)이고, 고구려 본이름은 '가우리'요, 고구려(高句麗)는 그 이두자인데, 구태여 고구려를 구려(句驪) 또는 고구려(高句驪)로 쓰는 이도 한인이었다. 한인의 짓도 괘씸하거늘 하물며 게다가 본명과는 얼토당토않은 글자를 가져다가 '항노(降奴)'라 하거나 '하구려(下句驪)'라 함에랴. 왕망의 패망이 또한 당연한 것이었다.

3. 선비(鮮卑)와 고구려 관계

고구려와 한(漢)이 충돌하는 사이에 서서, 고구려를 도우면 고구려가 이기고, 한을 도우면 한이 이겨, 두 나라 승패를 좌우하는 자가 있으니, 곧 선비라 일컫는 종족이다. 선비가 조선 서북쪽, 지금 몽골 등지에 분포되어 있다가, 흉노 모돈(冒頓)에게 패하여 그 본거지를 잃고 내외 흥안령(內外興安嶺) 부근으로 옮겨갔음은 이미 제2편 제3장에서 말했다. 그 뒤에 선비가 둘로 나뉘어 하나는 그대로 선비라 일컫고 하나는 '오환(烏桓)'이라 일컬었다.

두 선비가 말과 풍속이 거의 같으니, 짐승 고기를 먹고, 짐승 가죽으로 옷은 만들어 입고, 목축과 사냥으로 생활하는 종족으로서 저마다 읍락(邑落)을 나누어 사는데, 부족 전체를 통솔하는 대인(大人)이 있고, 읍락마다 부대인(副大人)이 있어 그 부족들은 모두 그 대인이나 부대인 이름자를 성으로 삼았다. 또

---

6) 고대에는 모두 우리말로 지은 명사.

한 싸우기를 좋아하므로 젊은 사람을 존중하고 늙은 사람을 천대하며, 문자가 없어 일이 있으면 나무에다 새긴 것을 신표(信標)로 삼아서 무리를 모으고, 모든 분쟁은 대인에게 판결을 받아서 지는 자는 소나 양으로 배상하였다.

조선이 모돈에게 패한 뒤에 선비와 오환이 모두 조선에 복종하지 않고, 도리어 조선 여러 나라를 침략하므로, 고구려 초 유류왕(儒留王)이 이를 걱정하여 부분노(扶芬奴)의 전략을 좇아 군사를 둘로 나누어 한 부대는 왕이 친히 거느리고 선비국 전면을 치고, 다른 한 부대는 부분노가 거느리고 가만히 샛길을 지나 선비국 후면으로 쳐들어갔다. 왕이 먼저 교전하다가 거짓으로 패한 척하며 달아나니, 선비가 그 본거지를 비워 두고 다투어 추격하므로 부분노가 이에 본거지를 습격 점령하고, 왕의 군사와 함께 앞뒤에서 쳐서 드디어 선비의 항복을 받아 속국으로 삼았다.

오환은 한 무제(武帝)가 위우거(衛右渠)를 토멸한 뒤에 이를 불러 우북평(右北平)·어양(漁陽)·상곡(上谷)·안문(雁門)·대군(代郡)—중국 서북부 곧 지금 직예성(直隸省)·산서성(山西省) 일대에 옮겨 살게 하여 흉노를 정찰하는 일을 맡아보게 하였다. 그 뒤 소제(昭帝) 때 오환이 날로 불어나, 그때 한의 집권자 곽광(霍光)이 뒷날 걱정거리가 될까 염려하여, 오환 선조 가운데 누가 모돈에게 패하여 죽은 참혹한 역사를 들고 나와 오환을 선동하여, 모돈 무덤을 파헤쳐 조상의 원수를 갚게 했다. 그러자 흉노 호연제선우(壺衍鞮單于)가 크게 노하여 날랜 기병 2만 명으로 오환을 치니, 오환은 한에 구원병을 청했다. 한이 3만 군사를 내어 구원한다고 말하고 멀리서 바라보고 있다가, 흉노가 물러나 돌아가는 것을 기다려 오환을 습격해서 수없이 학살하자 오환이 아주 쇠약해져서 다시 한에 대항하지 못하게 되었다.

왕망 때에 이르러서는 오환에게 흉노를 치라 하고 그 처자들을 여러 고을에 볼모로 삼고 오환을 휘몰아서 흉노를 전멸시키기 전에는 돌아오지 못하게 하니, 오환이 분하게 여겨 배반하고 달아나는 자가 많았다. 왕망이 이에 그 볼모로 한 처자를 모두 죽이니, 그 참혹함 또한 심했다.

왕망이 망하고 중국이 크게 어지러워지자, 고구려 모본왕(慕本王)이 이를 기회로 요동을 회복하고, 양평성(襄平城) 이름을 고쳐 고구려 옛 이름대로 오열홀(烏列忽)이라 일컬었다. 그리고 선비와 오환과 힘을 합쳐 자주 중국을 치니, 한 광무제(光武帝)가 한을 중흥한 뒤에 요동군(遼東郡)을 지금 난주(灤州)에 옮겨 설치하고, 고구려를 막기 위하여 장군 채동(蔡彤)을 요동태수로 삼았다. 그러나 채동이 자주 전쟁에 지고 돈과 비단으로 선비 추장 편하(偏何)를 달래어서 오환 추장 흠지분(歆志賁)을 살해하게 하니, 모본왕이 다시 선비와 오환을 타일러서 공동작전을 폈다. 한은 계책이 궁하여 해마다 2억 7천만 전(錢)을 고구려·선비·오환 세 나라에 바치기로 약속함으로써 휴전이 성립되었다.

모본왕이 한을 이기더니 몹시 거만해져서, 몸이 아플 때에는 사람을 눕혀 누울 자리를 삼고, 누울 때에는 사람으로 베개를 삼는데, 꼼짝만 해도 그 사람을 목베어 죽이니, 그렇게 죽은 사람이 수없이 많았다. 시신(侍臣) 두로(杜魯)가 왕의 베개가 되어 그 고통을 이기지 못하여, 일찍이 친구에게 울면서 그 사정을 하소연했다. 그러자 그 친구가 이렇게 말했다.

"우리를 살게 해주는 까닭으로 우리가 임금을 위하는 것인데, 우리를 죽이는 임금이니 도리어 우리의 원수가 아닌가? 원수는 죽이는 것이 옳소."

이에 두로가 칼을 품고 있다가 왕을 죽였다. 모본왕이 죽은 뒤에 신하들이 모본왕의 태자는 못났다고 하여 폐하고, 종실에서 맞아다가 세우니 이가 태조대왕(太祖大王)이다.

〈고구려 본기〉는, 대주류왕(大朱留王 : 大武神王) 이전은 확실히 연대가 줄어들었으므로 모본왕 본기부터 비로소 근거할 만한 재료가 될 것이지만 모본왕을 대주류왕의 아들이라고 하는 것은 그 연대가 줄어든 자취를 숨기려는 거짓 기록이다. 모본왕은 대개 대주류왕의 3세나 또는 4세가 되는 것이 옳고, 모본왕 때에 요동을 회복하였다는 기록은 없다.

태조왕 3년(기원 55년) 요서(遼西)에 10개 성을 쌓았으니, 요동은 그전에 한번 회복되었던 것이 명백하며, 《후한서》〈동이열전(東夷列傳)〉에 '고구려와 선비가 우북평(右北平)·어양(漁陽)·상곡(上谷)·태원(太原) 등지를 침략하다가, 채동(蔡彤)이 은신(恩信)[7]으로 불러 다시 항복하였다'고 하였으나, 해마다 2억 7천만 전을 바친 사실이 〈채동전(蔡彤傳)〉에 기록되어 있으니 이는 세공(歲貢)이요 은신(恩信)이 아니다.

---

7) 서로 은혜와 신의를 보증하는 뜻으로 주는 물품.

제2장
태조·차대 두 대왕 문치

1. 태조(太祖)·차대(次大) 두 대왕의 세계(世系)의 잘못

왕조 세계(世系)가 틀렸는지 안 틀렸는지는 사학가가 아는 체할 것이 아니지만, 고대사는 연대(年代)의 사실이 늘 왕조 족보에 딸려 전하므로, 그 틀렸는지 안 틀렸는지 여부를 가리게 되는 것이다. 이제 먼저 태조왕 세계를 말하기로 한다.

옛 사서에서는 태조왕을 유류왕(儒留王 : 琉璃王)의 아들 고추가(古鄒加) 재사(再思)의 아들이고, 대주류왕(大朱留王)의 조카라고 했다. 하지만 유류왕은 이미 말한 바와 같이 연대가 준 동안에 든 제왕이고, 광개토경호태왕(廣開土境好太王)의 16대 조상이므로, 모본왕(慕本王)에게는 3대조가 될 것이요, 태조왕에게는 4대조가 될 것이다.

그러니 유류왕을 태조왕의 아버지인 재사의 아버지로 한 것은 잘못된 기록이 아니면 속인 기록이다. 재사는 그 벼슬 이름이 고추가요, 고추가는 곧 '고주가'를 이두자로 기록한 것이다. '고주'는 오래된 뿌리(古根)란 뜻이요,[1] '가'는 신(神)의 씨란 뜻으로, 당시 5부(部) 대신 칭호가 된 것이니, '고주가'는 당시 종친 대신(宗親大臣)의 벼슬 이름이다.[2] 재사 '고주가'의 벼슬을 가졌으므로 종친 대신임이 분명하고, 《후한서》나 《삼국지》에 '처음에는 연나(涓那)는 왕 될 권리를 잃었으나 그 적통(嫡統) 대인(大人)이 오히려 고추가라 일컬어 종묘(宗廟)를 세울 수 있다'고 하였으나, 연나는 서부(西部)의 이름이고, 계나(桂那)는 중부(中部)의 이름이니, 고구려 정치체제에 중부가 주가 되고 4부가 이에 복속하였으므로, 어느 임금 때에도 중부를 두고서 서부인 연나에서 왕이 나왔을 리가 없

---

1) 지금 속어에도 古根을 '고주박'이라 함.
2) 지금 속어에도 먼 동족을 '고죽지 먼 등그럭이'라 함.

으니, 이는 태조왕이 연나의 우두머리인 고주가 재사의 아들로서 왕이 되고, 모본왕의 태자가 계나를 차지했던 '신한'의 아들로서 물러나 연나의 고추가가 되었음을 가리킨 것일 것이다. 〈고구려 본기〉에는 태조왕 뒤로는 다시 대주류왕 후예로서 들어가 왕위를 이은 이가 없고, 광개토경호태왕 비문에 대주류왕이 그 직계 조상이라고 씌어 있으므로, 태조왕의 아버지인 재사가 대주류왕의 조카가 아니라 3세손이 된다.

이제 또 차대왕(次大王) 세계(世系)를 말해 보도록 하자.《삼국사기》에 차대왕은 재사(再思)의 아들이요, 태조왕과 한 어머니의 아우라고 하였으나, 태조왕 때 차대왕은 왕자라 일컬었으니 차대왕이 태조왕의 아우라면, 어찌 왕의 아우라 하지 않고 왕의 아들이라고 하였는가. 지금 왕의 아들은 아니지만 전왕의 아들이므로 또한 왕자라 일컬었다면, 재사가 왕의 아버지요 왕이 아니니 왕의 아버지의 아들도 왕자라 일컬은 예가 있는가?

태조왕이 즉위할 때에 나이 겨우 7살이요, 생모되는 태후(太后)가 섭정하였으니, 이때에 재사가 생존해 있었을지라도 모든 일을 감당하는 것이 여자나 어린아이만도 못할 만큼 노쇠하여 7살 된 아들에게 왕위를 내주고 아내가 섭정하기에 이르렀는데, 그 뒤에 어찌 다시 굳세어져서 차대왕과 신대왕(新大王)과 인고(仁固) 3형제를 낳게 되었으랴?

재사가 정치에는 싫증이 났으나 아들을 낳을 만한 생식력은 강하였다 하더라도, 차대왕은 즉위할 때에 나이가 76살이었으니, 태조왕 19년이 그가 난 해요, 신대왕은 즉위할 때에 나이가 77살이었으니, 태조왕 37년이 그가 난 해이다. 태조왕 원년에 이미 늙었던 재사가 19년 만에 다시 차대왕을 낳고 그 뒤 또 20년 만에 신대왕을 낳았다는 것이 어찌 사리에 맞는 말이랴?

대개 차대왕과 신대왕, 인고 세 사람은 태조왕의 서자들이고, 차대왕에게 죽은 막근(莫勤)과 막덕(莫德) 두 사람은 태조왕의 적자들이므로, 신대왕과 인고가 비록 차대왕[3]의 권력 전단(專斷)을 미워하였으나 초록은 동색(同色)이라 그 반역의 음모를 고발하지 않은 것이고, 차대왕도 그 즉위한 뒤에 막근 형제는 살해했으나 신대왕과 인고는 그대로 둔 것이니,《후한서》에 차대왕을 태조왕의

---

3) 왕자 시절 차대왕.

아들로 기록한 것이 사실 그대로 쓴 것이요, 〈고구려 본기〉에 차대왕을 태조왕의 아우라고 한 것은 잘못 쓴 것이거나 거짓으로 쓴 것이다.

본기에 태조왕의 어릴 적 자(字)를 어수(於漱)라 하고 이름을 궁(宮)이라 하였으나, 어수는 이두문으로 '마스'라 읽을 것이고, 그 뜻은 궁(宮)이므로, 전자나 후자가 모두 태조왕의 이름이니, 어수는 어릴 적 자이고 궁은 이름이라고 나누어서는 안 된다. 차대왕의 이름은 수성(遂成)이니, 遂成(수성)은 '수성'으로 읽을 것인데, 더러운 그릇을 깨끗하게 하는 '짚몽둥이'[4]를 가리키는 말이다. 또한 태조(太祖)를 옛 사서에서는 시호(諡號)라고 했으나, 고구려는 처음부터 시호법을 쓰지 않고 생시에 그 공적을 찬양하여 '태조' 또는 '국조'라고 하는 존호(尊號)를 올렸으며, 차대왕은 그 공적이 태조왕 다음간다는 뜻으로 올린 존호이다.

2. 태조왕·차대왕 시대 '선비' 제도

고구려의 강성함은 선비 제도 창설로 비롯된 것인데 그 창설한 연대는 옛 사서에 전해지지 않으나, 조의(皂衣)[5]의 이름이 태조왕 본기에 처음으로 보였으니, 그 창설이 태조·차대 두 대왕 때가 됨이 옳다. '선비'는 이두자로 '선인(先人)' '선인(仙人)'이라 쓴 것으로서, 선(先)과 선(仙)은 '선비'의 '선' 음을 취한 것이고, 인(人)은 '선비'의 '비' 뜻을 취한 것이니, '선비'는 원래 '신수두' 교도의 보통 명칭이었는데, 태조왕 때에 와서 해마다 3월과 10월 신수두 대제에 모든 사람을 모아, 또는 칼로 춤을 추고, 또는 활도 쏘며, 또는 앙감질도 하고, 또는 태껸도 하며, 또는 강의 얼음을 깨고 물 속에 들어가 물싸움도 하고, 또는 노래하고 춤을 추어 그 잘하고 못함을 보며, 또는 크게 사냥을 하여 그 잡은 짐승의 많고 적음도 보아서, 여러 가지 내기에 승리한 사람을 '선비'라 일컫고, '선비'가 되면 나라에서 봉급을 주어 그 처자를 먹여 살림으로써 집안에 어려운 일이 없도록 하였다.

'선비'가 된 사람은 저마다 편대를 나누어 한 집에서 자고 먹으며, 앉으면 고사(故事)를 강론하거나 학예를 익히고, 나아가 산수를 탐험하거나 성곽을 쌓거나, 길을 닦거나, 군중을 위해 강습을 하거나 하여, 사회와 국가에 한몸을 바쳐

---

4) 짚수세미.
5) 다음에 상세히 설명한다.

모든 곤란과 괴로움을 마다하지 않는다. 그 가운데서 선행과 학문과 기술이 가장 뛰어난 자를 뽑아서 스승으로 섬긴다.

일반 선비들은, 머리를 깎고 조백(皁帛)을 허리에 두르고, 그 스승은 조백으로 옷을 지어 입으며 스승 가운데 최고 우두머리는 '신크마리', '두대형(頭大兄)' 또는 '태대형(太大兄)'이라 일컫고, 그 다음은 '마리', '대형(大兄)'이라 일컫고, 맨 아래는 '소형(小兄)'[6]이라 일컬었다. 전쟁이 일어나면 '신크마리'가 모든 '선비'를 모아 스스로 한 단체를 조직하여 싸움터에 나아가서, 싸움에 이기지 못하면 싸우다가 죽기를 작정하여, 죽어서 돌아오는 사람은 인민들이 이를 개선하는 사람과 같이 영광스러운 일로 보고, 패하여 물러나오는 자들은 몹시 업신여겨, '선비'들은 전쟁터에서 가장 용감하였다. 그때 고구려의 여러 지위는 거의 골품(骨品)[7]으로 결정되었으므로, 미천한 사람은 높은 지위에 오르지 못했지만, 오직 '신비' 단체는 귀천 없이 학문과 기술로 자기의 지위를 획득하므로, 이 가운데서 인물이 가장 많이 나왔다.

지금 함경북도 재가화상(在家和尙)이 곧 고구려 '선비' 유종(遺種)이니, 《고려도경(高麗圖經)》에 '재가화상(在家和尙)은 화상(和尙 : 중) 아니라 형(刑)을 받고 난 사람으로, 중처럼 머리를 깎아 화상이라 한다'고 하였는데, 이는 실제와 맞는 말이다. 그러나 형벌을 받은 사람이라고 한 것은 서긍(徐兢)[8]이 다만 중국 한나라 때 죄인을 머리를 깎고 노(奴)라 일컬은 글 때문에 드디어 재가화상을 형벌받은 사람이라고 억지 판단을 한 것이다.

대개 고구려가 망한 뒤에 '선비' 남은 무리들이 오히려 그 유풍(遺風)을 유지하여 마을에 숨어서 그 의무를 수행해 왔는데, '선비' 명칭은 유교도에게 빼앗기고, 그 머리를 깎은 까닭으로 하여 재가화상이란 가짜 명칭을 가지게 된 것이고, 후손이 가난해서 학문을 배우지 못해 조상의 옛일을 갈수록 잊어 자기네 내력을 스스로 증명하지 못한 것이다.

송도(松都 : 開城) 수박(手拍)이 곧 '선비' 경기의 하나이니, 수박이 중국에 들어가서 권법(拳法)이 되고, 일본에 건너가서 유도(柔道)가 되고, 조선에서는 조선

---

6) 본디 말은 상고할 수 없음.
7) 사회적 신분과 계급.
8) 《고려도경》 지은이, 중국 송나라 사람.

왕조에서 무풍(武風)을 천히 여긴 이래로 그 자취가 거의 전멸하였다.

3. 태조왕과 차대왕 때 제도

고구려가 추모왕(鄒牟王 : 東明聖王) 때에는 모든 작은 나라들이 늘어서 있을 뿐 아니라, 모든 규모가 초창기라 나라 체제를 미처 갖추지 못하였는데, 태조왕(太祖王) 때에 와서 차대왕(次大王)이 왕자로서 집정(執政)하여 각종 제도를 마련했다. 그러나 그 제도가 대개 왕검조선이나 삼부여 것을 참작하여 큰 차이 없이 거의 비슷하게 만든 것이다. 그 뒤 대(代)마다 다소 변경이 있었으나 대개 차대왕이 마련한 범위에서 벗어나지 않은 것이다. '신·말·불' 삼한 제도를 모방하여, 정부에 재상(宰相) 세 사람을 두었으니, '신가'·'팔치'·'발치'이다. '신가'는 태대신(太大臣)이란 뜻이니, 이두자로 '상가(相加)'라 쓰고, '신가'의 별명이 '마리'로 머리(頭)란 뜻이니, 이두자로 '대로(對盧)⁹⁾'라 쓰고, '신가'나 '마리'를 한문으로는 국상(國相) 또는 대보(大輔)라 썼다. '팔치'는 팔꿈치(肱)란 뜻이니 이두자로 '패자(沛者)'라 쓰고, '발치'는 다리(股)란 뜻이니 이두자로 '평자(評者)'라 쓰는데, 한문으로는 '좌보(左輔)·우보(右輔)'라 썼다.

위의 세 가지를 만일 한문으로 직역하자면 '두신(頭臣)'·'굉신(肱臣)'·'고신(股臣)'이라 할 것이지만, 글자가 아름답게 보이게 하기 위하여 '대보(大輔)·좌보(左輔)·우보(右輔)'라 했다. 《삼한고기(三韓古記)》《해동고기(海東古記)》《고구려고기(高句麗古記)》 등 책에서 이두자 표기를 좇아 '대로(對盧)·패자(沛者)·평자(評者)'로 기록하고, 또는 한문 표기를 좇아 '대보(大輔)·좌보(左輔)·우보(右輔)'라 하였는데, 김부식이 《삼국사기》를 지을 때에 이두와 한역의 같고 다름을 구별하지 못하고 철없는 붓으로 마구 빼고 마구 넣고 마구 섞고 마구 갈라 놓아, '좌우보(左右輔)를 고쳐 국상(國相)으로 만들었다' '패자(沛者) 다무를 좌보로 삼았다' 하는 따위의 웃음거리가 그 《삼국사기》 가운데 가끔 있다.

전국을 동·서·남·북·중 5부(部)로 나누어 동부는 '순라', 남부는 '불라', 서부는 '열라', 북부는 '줄라', 중부는 '가우라'라 하니, 순나(順那)·관나(灌那)·연나(椽那)·절나(絶那)·계안나(桂安那)는 곧 '순라·불라·열라·줄라·가우라'의 이두자인

---

9) 대는 옛 뜻으로 마주.

데, 관나의 '관(灌)'은 뜻을 취하여 '불'[10]로 읽을 것이고, 그 별명인 비류나(沸流那)의 '비류'는 음을 취하여 '불'로 읽을 것이니, 중국사의 '관나(灌那)'는 곧 고구려 이두자를 직접 수입한 것인데, 《삼국사기》에는 관(灌)을 관(貫)으로 고쳐 그 뜻을 잃었다. 그 밖의 순(順)·연(椽)·절(絶)·계(桂)의 네 나(那)는 모두 음으로 쓴 것이니, 중부(中部)는 곧 '신가' 관할이요, 동·남·서·북 네 부는 중부에 딸려 저마다 '라살'이란 이름의 높은 관리를 두었는데, 이것을 이두자로 '욕살(褥薩)'이라 쓰고, 한문으로 '도사(道使)'라 썼다. 도사는 '라살' 곧 욕살이니 도사의 도(道)는 '라'의 의역이요, 사(使)는 음역이다.

《신당서》에 '큰 성에는 욕살을 두니 당(唐)의 도독(都督)과 같고, 그 밖의 성에는 도사(道使)를 두니 당의 자사(刺史)와 같다'고 하였음은 억지 판단이다. '신가'는 정권뿐 아니라 내외 병마(兵馬)를 관장하여 권위가 대단해서 대왕과 견줄 만하나, 대왕은 세습으로 흔들리지 않는 높은 자리에 있고, '신가'는 3년마다 대왕과 4부의 '라살'과 그 밖의 중요한 관원들이 대회의를 열고 적당한 이를 골라 맡겼고, 공적이 있는 사람은 중임(重任)을 허락하였다. '라살'은 대개 세습이지만, 때때로 왕과 '신가'의 명령으로 파면되었다. 5부는 다시 저마다 5부로 나누고 부마다 또 3상(相)·5경(卿)을 내고, 벼슬 이름 위에 부의 이름을 더하여 구별하니, 이를테면 동부에 속한 '순라'는 '순라의 순라'이고, '불라'는 '순라의 불라'이며, 그 밖의 것도 이와 같다. 동부의 '신가'는 '순라의 신가'라 일컫고, 남부의 '신가'는 '불라의 신가'라 일컫고, 그 밖의 것도 이와 같았다.

이 밖에 '일치'라는 것은 도부(圖簿)와 사령(辭令)을 맡아보는데, 이두자로 '을지(乙支)' 또는 '우태(于台)'라 쓰고, 한문으로 주부(主簿)라 쓰며, '살치'란 것은 대왕의 시종이니 이두자로 '사자(使者)'라 쓰고, 그 밖의 중외대부(中畏大夫)·과절(過節)·불과절(不過節) 등은 그 음과 뜻과 맡은 직무를 알 수 없다.

《삼국지》《후위서(後魏書)》《양서(梁書)》《후주서(後周書)》《당서(唐書)》 등에 12급의 벼슬 이름을 실었으나, 조선어를 모르는 중국 역사가들이 전해 들은 것을 번역한 것이므로, 《삼국지》에 주부(主簿) 이외에 또 우태(于台)를 실은 것은 주부가 곧 우태의 의역임을 몰랐기 때문이고, 《신당서(新唐書)》에 욕사(褥奢) 이외

---

10) 灌은 본래 부을 관.

에 또 욕살(耨薩)을 실은 것은 욕사가 곧 욕살이 잘못 전해진 것임을 몰랐기 때문이다.

《통전(通典)》에 고추가(古鄒加)를 빈객(賓客)을 맡은 자라고 한 것은, 그때 고구려 종친대관(宗親大官)인 고추가가 외교관이 된 것을 보고 마침내 고추가를 외교관 벼슬로 잘못 안 것이요, 《구당서(舊唐書)》에 '조의두대형(皁衣頭大兄)이 3년마다 바뀐다'라고 한 것은 '선비'의 수석을 대신의 수석으로 잘못 안 것이다.

제3장
태조·차대 두 대왕의 한족 축출과 옛 땅 회복

1. 한(漢)의 국력과 동방 침략

　모본왕(慕本王)이 한때 요동을 회복하였음은 이미 제1장에서 말했다. 모본왕이 살해된 뒤에 태조왕(太祖王)이 7살에 즉위하였으나 국내 인심이 의아해하므로 요서(遼西)에 10개 성을 쌓았다. 그러나 이때에 한(漢)의 부강(富强)이 절정에 이르러 중국 유사 이래 처음이라 할 수 있게 되었다.

　명장 반초(班超)가 서역도호(西域都護)가 되어, 지금 서아시아의 차사(車師)·선선(鄯善) 등의 나라를 토멸하고 지중해에 다다라 대진(大秦) 곧 지금의 이탈리아와 소식을 통하여 피부가 희고 몸이 큰 인종과 양피지(羊皮紙)에 쓰는 해행문자(蟹行文字)[1]의 이야기가 《후한서》에 올랐고, 두헌(竇憲)이 5천여 리 원정의 군사를 일으켜, 지금 외몽골 등지에 나아가 북흉노를 크게 격파하여 북흉노가 흑해 부근으로 들어가서 동고트족을 압박하여, 서양사(西洋史)에서 민족 대이동을 촉발하고, 이로부터 2백여 년 뒤 흉노대왕 '아틸라'가 유럽 전체를 뒤흔드는 원인을 이루었다. 한나라가 이만한 국력을 가진 때였으니, 어찌 요동을 고구려의 옛 땅이라 하여 영구히 내어놓으랴? 어찌 고구려나 선비에게 영구히 2억 7천만 전(錢)이라는 굴욕적 세폐(歲幣)를 바치고 말랴? 이에 세폐를 정지하고 경기(耿夔)를 보내 군사를 거느리고 요하를 건너 6개 현을 다시 빼앗고, 경기에게 요동태수를 맡게 하여 동쪽 침략 기회를 기다렸다.

2. 왕자 수성(遂成)―차대왕의 요동 회복

　《후한서》에는 그때 한을 침략한 중심인물을 잘못 알았으니, 실은 태조왕은

---

1) 게가 기어가듯 옆으로써 나가는 서양 글자.

그때 고구려에 군림한 제왕일 뿐이고, 전쟁은 거의 차대왕인 왕자 수성(遂成)이 도맡았다. 전쟁이 처음에는 한이 주동이 되어 요동을 침략하여 요동을 빼앗는 동시에 고구려를 침노하면 고구려는 이에 저항하는 피동적 위치에 있었다. 그 다음에는 고구려가 주동이 되어 요동을 회복하는 동시에, 나아가 한의 변경을 잠식하면 한은 이에 반항하는 피동적 위치에 있었다. 요동 회복 전쟁은 기원 105년에 시작하여 121년에 끝나니, 전후 17년이 걸렸다.

이 전쟁의 초년, 기원 105년은 왕자 수성의 나이가 34살이었는데, '고구려는 비록 땅의 넓이나 인구 수가 한에 미치지는 못하나, 다만 고구려는 큰 산과 깊은 골짜기의 나라이므로, 웅거하여 지키기에 편리하고 적은 군사로도 한의 많은 군사를 방어하기에 넉넉하며, 한은 평원광야(平原廣野)의 나라여서 침략하기가 용이하여, 고구려가 비록 한번에 한을 격파하기는 어려우나, 자주 틈을 타서 그 변경을 시끄럽게 하여 피폐하게 한 뒤에 이를 격멸허야 할 것'이라는 판단에 따라 수성은 드디어 장기적인 소란작전을 한에 대한 전쟁 방략으로 정하고, 정예 군사로 요동에 들어가 신창(新昌)과 후성(候城) 등 6개 현(縣)을 쳐서 수비병을 격파하여 재물을 약탈하고, 그 뒤에 예(濊)와 선비(鮮卑)를 꾀어서 해마다 한의 우북평(右北平)·어양(漁陽)·상곡(上谷) 등지를 잇달아 침략하였으니, 한은 17년 동안 인축(人畜)과 재물 소모가 대단했다.

기원 121년 정월 한의 안제(安帝)는 고구려 침입을 걱정하여, 유주자사(幽州刺史) 풍환(馮煥), 현도군수(玄菟郡守) 요광(姚光), 요동태수(遼東太守) 채풍(蔡諷)에게 명하여 유주(幽州) 소속 병력으로 고구려를 공격하라 하였다. 이에 수성이 태조왕의 명령을 받아 '신치' 총사령이 되어, 2천 명으로 험한 곳에 웅거하여 풍환 등을 막고, 3천 명으로 샛길을 좇아 요동·현도 각 고을을 불질러서 풍환 등의 후방 지원을 끊어 드디어 그들을 크게 격파했다. 같은 해 4월 수성이 다시 선비 군사 8천 명으로 요동 요대현(遼隊縣)을 쳤다. 수성은 고구려의 날랜 군사를 신창(新昌)에 잠복시켰다가 요동태수 채풍의 구원병을 습격하여 채풍 이하 장수 1백여 명을 베어 죽이고 수없이 많은 군사를 살상하거나 사로잡아 드디어 요동군을 점령하고, 그해 12월 또 백제와 예 기병 1만을 내어 현도와 낙랑 두 군을 점령하여, 이에 위우거(衛右渠)가 한에게 잃었던 옛 땅, 곧 조선의 옛 오열홀(烏列忽) 전부를 완전히 회복하니, 한은 여러 해 전쟁이 국력이 피폐한 데다가 또 이처럼 크게 패하니 다시 싸울 힘이 없어서 드디어 요동을 내어 주고 다시 세폐(歲幣)를 회복하는 조건으로 고구려에 화의를 요청하였다. 그리고 포로한 사람에 대해 어른은 겸(縑)[2] 44필, 어린아이는 20필을 받고 돌려보냈다.

요동과 낙랑 등의 회복이 〈고구려 본기〉 태조왕 조나 《후한서》에 보이지 않았으나, 《구당서》 〈가탐전(賈耽傳)〉에 '요동과 낙랑이 한의 건안(建安) 때 함락되었다(遼東樂浪 陷於漢建安之際)'는 말을 실었는데, 가탐은 당나라 때 유일한 사이(四夷)의 고사(故事) 연구가이니, 그 말이 반드시 출처가 있을 것이나, 다만 건안(建安)은 기원 196년, 곧 한나라 헌제(獻帝) 원년이니까 고구려가 중간에 쇠미한 때이므로 건안은 곧 건광(建光)의 잘못이요, 건광은 곧 기원 121년 한나라 안제(安帝)의 연호이다. 왕자 수성(遂成)이 채풍을 죽이고 한의 군사를 격파한 때이니, 이때에 한이 요동군 안에 임시로 두었던 현도·낙랑 등의 군을 고구려가 회복했음이 틀림없다. 고구려가 이미 요동을 차지하자 지금 개평현(蓋平縣) 동북쪽 70리에 환도성(丸都城)을 쌓아 서방 경영 본거지로 삼고 국내성과 졸본성과 아울러 삼경(三京)이라 일컬었다.

환도성 위치에 대하여는 후세 사람의 논쟁이 분분하여, 어떤 사람은 환인현(桓仁縣) 부근, 곧 지금 혼강(渾江) 상류 안고성(安古城)이라고도 하고, 어떤 사람은 집안현(輯安縣) 홍석정자산(紅石頂子山) 위라고도 하지만, 앞의 것은 산상왕(山上王)이 옮겨가 설치한 제2환도성이요, 나중 것은 동천왕(東川王)이 옮겨가 설치한 제3환도성이다. 이것은 제6편에서 다시 서술하겠다.

태조왕 환도성은 곧 첫 번째 옮겨 쌓은 제1환도성이니, 《삼국사기》 〈지리지(地理志)〉에 '안시성(安市城)은 달리 환도성이라고도 한다'고 하였고, 《삼국유사》에는 '안시성은 옛날 안촌홀(安寸忽)이다'라고 하였는데, 환(丸)은 우리말로 '알'이라고 하니, 환도(丸都)나 안시(安市)나 안촌(安寸)은 다 '알티'로 읽을 것이므로, 다같이 한 곳, 지금 개평현(蓋平縣) 동북쪽 70리의 옛 자리임이 분명한데, 후세 사람들이 앞뒤 세 환도성을 옳게 구별하지 못하고 늘 환도성을 한 곳에서만 찾으므로, 아무리 환도성 고증에 노력하여도 위치는 여전히 모호했던 것이다.

---

2) 합사로 짠 명주.

제4장
차대왕의 왕위 빼앗음

1. 태조왕의 가정 불화

왕자 수성(遂成)이 이미 요동을 회복하고 한의 세폐(歲幣)를 받으니, 태조왕은 그 공에 상을 주어 '신가'에 임명하고 군국(軍國) 대사를 모두 맡겼다. 이에 위엄과 권세가 한몸에 모이고 명성과 인망이 천하에 떨치니, 수성이 만일 이 명성과 인망을 이용하여 나아가 요서를 쳤으면 삼조선 서북 옛 땅을 전부 회복하기가 쉬웠겠지만, 가정에 대한 수성의 불평이 공명을 향한 열정을 감쇄하여, 요동을 회복한 이튿날 한의 화의 요청을 허락[1]하고 귀국했다.

가정에 대한 수성의 불평이란 무엇인가? 수성은 태조왕 서자요, 막근(莫勤)과 막덕(莫德) 형제가 태조왕 적자임은 이미 앞에서 말했다. 막근은 고구려 왕실 가법(家法)에 따라 왕위를 상속받을 권리가 있고, 수성은 그 빛나는 무공에 따라 또한 태자가 되기를 희망하게 되었다. 그래서 수성은 요동의 싸움을 마치자 급히 돌아와 원정할 생각을 끊고, 밖으로는 정치에 힘쓰며, 어진 신하 목도루(穆度婁)·고복장(高福章)을 기용하여 '팔치'와 '발치'로 삼아서 인심을 거두고, 안으로는 사사로운 무리를 길러 태자 자리 얻기를 꾀하였는데, '불라(沸流那) 일치' 미유(彌儒)와 '환라(桓那) 일치' 어지류(菸支留), '불라' 조의(皂衣)[2]가 수성의 뜻을 알고 이에 아부하여 태자 자리 빼앗기를 몰래 모의했다.

그런데 태조왕은 수성을 태자로 삼자니 가법이 마음에 걸리고, 막근을 태자로 삼자니 수성이 마음에 걸려서 오랫동안 태자를 세우지 못했다. 수성이 정치에 매진한 지 10여 년이 지나도 태자 자리를 얻지 못하자 원망하는 기색이 이따금 얼굴에 보이고, 모의하는 흔적이 때때로 겉에 드러났다. 그러니 막근은

---

1) 앞 장에서 이미 말했다.
2) 그때 선비의 우두머리.

태자 지위를 빼앗길 뿐 아니라 수성에게 죽을까 두려웠으나, 병권도 없고 또 위엄과 명망이 수성에게 미치지 못해 그 대항할 방책은 오직 태조왕 마음을 돌리는 데 있음을 깨달았다. 이때 고구려 '신수두'에 신단(神壇) 무사(巫師)는 비록 부여(夫餘)처럼 정권을 가지지는 못하였으나, 복술(卜術)로써 남의 길흉화복을 예언한다 일컬어서 일반의 신앙을 받아 귀천 계급을 따지지 않고 모든 의심나고 어려운 일을 이 무사에게 결정을 청하는 때였으므로 막근은 무사에게 뇌물을 주고 도움을 빌었다.

기원 142년 환도성에 지진이 일어나고, 또 태조왕은 꿈에 표범이 범 꼬리를 물어 끊는 것을 보고 마음이 좋지 못하여, 무사를 불러 꿈풀이를 해 보라고 하자, 무사는 수성을 참소할 좋은 기회로 여기고 "범은 온갖 짐승의 어른이요, 표범은 범의 씨요, 범의 꼬리는 범의 뒤니, 아마 대왕의 작은 씨가 대왕의 뒤(후예)를 끊으려는 자가 있어 꿈이 그런가 합니다"고 말해 넌지시 서자 수성이 적자 막근을 해치리라는 뜻을 비쳤다. 그러나 태조왕이 수성을 사랑하는 마음이 어찌 갑자기 무사의 말에 기울어지랴. 다시 '불치' 고복장(高福章)을 불러 물으니, 고복장은 수성의 무리는 아니지만 아직 수성의 음모를 모르고 있었으므로 "선을 행하면 복이 내리고 불선을 행하면 화가 이릅니다. 대왕께서 나라를 집안같이 걱정하시고 백성을 자식같이 사랑하시면, 비록 재난과 변괴와 악몽이 있을지라도 무슨 화가 되겠습니까?" 하고 무사의 말을 반박하여 태조왕의 마음을 위로했다.

2. 수성(遂成)의 음모와 태조왕의 선위(禪位)

수성이 40년 동안이나 정권을 잡아 위엄과 복록을 멋대로 부리며 늘 막근(莫勤)을 죽여서 왕위 상속 권한을 빼앗으려고 했지만, 다만 부친인 태조왕이 이미 늙었으므로 돌아갈 날을 기다렸다가 일을 행하려고 했다. 또한 태조왕은 두 사람의 감정을 조화시켜서 자기가 죽은 뒤에도 아무런 변란이 없도록 만든 뒤에 태자를 책봉하려고 긴 세월을 그냥 지내 왔다.

기원 146년은 태조왕이 왕위에 있은 지 94년이요, 나이 100살 되는 경사스러운 해인데, 수성도 이때에 나이 76살이라, 백살 노인인 태조왕이 건강함을 보고 혹시 자기가 태조왕보다 먼저 죽어 막근에게 왕위가 돌아가지나 않을까 하여, 그해 7월 왜산(倭山)³⁾에서 사냥하다가 지는 해를 돌아보며 탄식하니, 그를 따르던 자들이 그 뜻을 알고 모두 힘을 다하여 왕자의 뒤를 따라 행동할 것을 맹세했다. 그런데 그 가운데 한 사람만이 홀로 "대왕께서 성명(聖明)하시어 인민이 공경하여 받드는데, 왕자가 좌우 소인들을 데리고 성명하신 대왕을 폐위하려고 하는 것은 한 가닥 실로 만근 무게를 끌려고 하는 것과 같을 뿐입니다. 만일 왕자께서 생각을 고치셔서 효도로써 대왕을 섬기시면, 대왕께서 반드시 왕자의 선함을 아시어 양위하실 마음이 있으시겠지만, 그렇지 않으면 큰 화가 있을 것입니다"고 하여 반대했다.

수성이 그의 말을 못마땅해하니, 그를 따르던 자들이 수성을 위해 그를 살해하고, 음모가 더욱 급히 진행되었다. 고복장이 눈치채고서 태조왕에게 들어가 수성을 죽이기를 청하였다. 태조왕은 신하로서 누릴 수 있는 어떤 부귀로도 수성의 마음을 달래지 못할 줄을 깨달았으나, 차마 죽이지 못하여 고복장의 청을 거절하고 수성에게 왕위를 물려준 다음 자신은 별궁으로 물러나고, 수성은 자리에 올라 차대왕(次大王)이라 하였다.

〈고구려 본기〉 태조왕 80년조에 '좌보패자(左輔沛者) 목도루(穆度婁)가 수성이 딴 뜻이 있음을 알고, 병을 일컫고 벼슬하지 않았다(左輔沛者穆度婁 知遂成有異志 稱疾不仕)'고 기록되어 있으니, 차대왕 2년조에 '좌보 목도루가 병을 일컫고 늙어서 물러났다(左輔穆度婁 稱疾退老)'고 기록되었으니, 이에 이미 15년 전에 병을 일컫고 벼슬하지 않은 목도루가 어찌 15년 뒤인 차대왕 2년에 또 병을 일컫고 늙어서 물러났다고 할 수 있으랴?

김부식이 《삼국사기》를 지을 때에 여러 고기(古記)에서 아무런 선택 없이 마구 실었음이 이같이 심했다. 하물며 좌보(左輔)나 패자(沛者)가 다 '팔치'의 번역인데 좌보패자라는 겹말 명사를 글에 올렸으니 어찌 우스운 일이 아니랴? 또 〈고구려 본기〉 태조왕조에 '94년 8월 왕이 장수를 보내 한의 요동 서안평(西安平)을 습격하여 대방(帶方) 수령을 죽이고 낙랑태수의 처자를 빼앗았다(九十四年八月 王遣將 襲漢遼東西安平縣 殺帶方令 掠得樂浪太守妻子)'라 하였는데, 이는 《후한서》에 '고구려왕 백고(伯固)가……질환(質桓) 어간에 다시 요동 서안평을

---

3) 연혁 미상.

침범하여 대방 수령을 죽이고 낙랑태수의 처자를 빼앗았다……(高句麗王伯固 質桓之間 復犯遼東西安平 殺帶方令 掠得樂浪太守妻子)'고 한 글을 그대로 뽑아서 기록한 것이다.

질환 어간이란 질제(質帝)와 환제(桓帝) 사이를 가리킨 것이니, 그때가 태조왕 94년이므로 김부식이 이 해에다 기록해 넣은 것이고, 백고(伯固)는 신대왕(新大王)의 이름이니, 이때는 신대왕 20년이므로, 김부식이 '고구려왕 백고(高句麗王 伯固)' 여섯 글자를 '견장(遣將)' 두 글자로 고친 것이다.

그러나 이때는 태조왕의 가정에 차대왕과 막근의 다툼이 있어 외부 일을 물을 사이가 없는 때였으므로, 《후한서》 질환의 어간은 환령(桓靈) 어간, 그러니까 환제(桓帝)와 영제(靈帝) 사이, 신대왕(新大王) 때로 개정함이 옳은데, 김부식이 이를 태조왕 94년 일로 적어 넣음으로써 이미 망령되어 조작을 했음에도 게다가 친절하게도 달까지 박아 '8월'이라 하였음은 무엇에 근거한 것인가? 그것은 김부식이 《삼국사기》에 국내외 기록을 뽑아 넣을 때에 모호한 것은 아무 근거 없이 연월(年月)을 스스로 정하고 자구를 보태거나 뺀 것이 많았던 것이다.

제5장
차대왕의 피살과 명림답부의 전권

1. 차대왕(次大王)의 20년 전제(專制)

차대왕이 태조왕의 양위를 받아 20년 동안 고구려에 군림하여 전제를 하다가 연나조의(椽那皂衣) 명림답부(明臨答夫)에게 살해당했다. 그러나 〈고구려 본기〉 차대왕조 내용이 간략하고 허술하여, 그 전제한 정도와 살해당한 원인이 무엇인지를 알기 어렵다. 이에 〈고구려 본기〉 차대왕조 전문을 여기에 번역해 싣고 나서 논평하고자 한다.

차대왕의 이름은 수성(遂成)이니, 태조왕의 동모제(同母弟)[1]로 용감하고 위엄이 있었으나 인자함이 적었다. 태조왕의 양위(讓位)로 왕위에 오르니 나이 76살이었다.
2년 봄 정월 관나(貫那 : 灌那) 패자(沛者) 미유(彌儒)를 우보(右輔)로 삼았다. 3월 우보 고복장(高福章)을 죽였는데, 그가 죽을 때에 탄식하며 "슬프고 원통하다. 내가 당시에 선조(先朝)의 근신이 되어 어찌 난을 일으킬 사람을 보고 말하지 않을 수 있었으랴? 선군께서 나의 말을 듣지 않으시어 이에 이르렀거니와, 지금 임금이 왕위에 올라 마땅히 정(政)과 교(敎)를 새로이 하여 백성에게 보여야 할 것인데, 불의로 충신을 죽이니 내가 무도한 세상에서 사느니 차라리 빨리 죽는 것이 낫다" 말하고서 형을 받으니, 먼 곳과 가까운 곳의 사람들이 이 소식을 듣고 분하게 생각하지 않는 이가 없었다. 가을 7월 좌보(左輔) 목도루(穆度婁)가 병을 일컫고 늙어서 물러가니, 환나(桓那)[2] 우태(于台) 어지류(菸支留)를 좌보로 삼아서 작위(爵位)를 더하여 대주부(大主簿)로 삼았다. 겨울 10월 비류나(沸流那) 조의(皂衣) 양신(陽神)

---

1) 동모제 3字는 서자로 고칠 것임.
2) 椽那로 고칠 것임.

을 중외대부(中畏大夫)로 삼더니 작위를 더하여 우태(于台)로 삼았다. 모두 왕의 옛날 친구였다. 11월 지진이 있었다.

3년 여름 4월 왕이 사람을 시켜 태조왕 원자(元子) 막근(莫勤)을 죽이니, 그 아우 막덕(莫德)이 화가 미칠까 봐 두려워서 스스로 목매어 죽었다. 가을 7월 왕이 평유원(平儒原)에서 사냥을 하였는데 흰 여우가 따라오며 울므로, 왕이 이를 쏘았으나 맞지 않았다. 왕이 무사(巫師)에게 물었더니 무사가 대답했다. "여우는 요망한 짐승이니 상서로운 것이 아닌데, 게다가 흰 여우이니 더욱 괴이한 변입니다. 천제(天帝)께서 순순(諄諄)히 말할 수 없기 때문에 요괴를 보여 인간 세상 임금으로 하여금 두려워하여 반성하게 하는 것이니, 대왕께서 만일 덕을 닦으시면 화를 돌려 복으로 만들 수 있습니다." 왕이 "흉한 것이면 흉할 것이고 길한 것이면 길할 것인데, 이제 이미 흉하다고 하고 또 길하다고 하니 어찌 속이는 말이 아니냐?" 하고 드디어 무사를 죽여 버렸다.

4년 여름 4월, 정묘(丁卯) 그믐날 일식이 있었다. 5월 다섯 개 별이 동쪽에 모였는데, 일관(日官)은 왕의 노함을 두려워하여 거짓말로 "이는 임금의 덕이요 나라의 복입니다"고 말해 왕이 크게 기뻐했다. 겨울 12월 얼음이 얼지 않았다.

8년 여름 6월 서리가 내려 쌓였다. 겨울 12월 천둥치고 지진이 있었다. 그믐날 객성(客星 : 彗星)이 달을 범하였다.

13년 봄 2월 꼬리별(孛星)이 북두(北斗)를 범했고, 5월 갑술(甲戌) 그믐날에는 일식이 있었다.

20년 봄 정월 일식이 있었다. 3월 태조왕이 별궁에서 돌아가니, 나이 119살이었다. 겨울 10월 연나조의(椽那皂衣) 명림답부(明臨答夫)가 왕이 백성들에게 차마 하지 못할 일을 하므로 왕을 죽이고 그 호(號)를 차대왕이라 하였다.

이상이 〈고구려 본기〉 차대왕조의 전부이다. 맨 끝에 '명림답부가 왕이 백성들에게 차마 하지 못할 일을 하므로 왕을 죽였다'고 했으나, 그 이전 기록을 상고해 보면 차대왕이 인민에게 차마 하지 못할 정사를 한 일이 하나도 없다. 고복장은 차대왕의 음모를 고발한 사람이므로 죽인 것이고, 목도루는 차대왕과 막근 중간에서 모호한 태도를 취한 사람이므로 내쫓은 것이다. 또한 무사는 태조왕의 꿈을 야릇하게 풀어 차대왕을 해치려 한 사람이므로 죽인 것이고,

막근 형제는 차대왕과 맞선 적이므로 죽인 것이다. 이것을 아무리 참혹하고 어질지 못한 짓이라 하더라도 사사로운 원한의 보복이고, 인민에게는 이해 관계가 없는 일일 뿐이다. 게다가 이것이 모두 차대왕 2년 내지 3년까지 일이니, 18년 뒤인 차대왕 20년 반란을 일으킨 명림답부의 유일한 구실이 될 수는 없다. 그 이외 기사는 일식과 지진, 성변(星變) 등과 같은 것뿐이니, 이런 천문지리 변화는 차대왕 정치의 잘잘못과는 관계가 없는 일이라, 이로써 인민에게 차마 못할 일을 한 증거로 삼을 수는 없다.

그러면 차대왕이 패망하고 명림답부가 성공한 원인이 어디에 있었는가? 차대왕이 패한 뒤에 좌보 어지류(菸支留)가 여러 대신들과 함께 차대왕의 아우 백고(伯固) 신대왕(新大王)에게 왕위 계승을 권했다. 어지류는 처음부터 차대왕을 도와 왕위 찬탈을 계획한 괴수요, 여러 대신들이란 대개 미유(彌儒)와 양신(陽神) 등일 것이다. 이로 미루어 보면 차대왕의 패망은 곧 자기 당의 이반에 의한 것임을 알 수 있다. 차대왕 즉위 이전 10여 년 동안에 차대왕을 위해 위험을 무릅쓰고 왕위 찬탈을 계획한 그 무리들이 차대왕과 20년 동안 부귀를 누리다가 도리어 왕을 배반한 것은 무엇 때문인가? 그 원인은 찾기 쉽다. 고구려는 원래 1인이 단독으로 다스리는 나라가 아니라 벌족(閥族)이 함께 다스리는 나라이다. 국가 기밀 대사는 왕이 마음대로 결정하지 못하고, 왕과 5부 대관들이 대회의를 열어 결정하고, 형벌로 사람을 죽이는 일 같은 것도 회의의 결정으로 행했다. 그런데 차대왕은 부왕을 가두고 그때 신앙의 중심인 무사를 죽인 사람이다. 비록 어지류 등의 도움을 받아 왕위에 올랐으나, 왕위에 오른 뒤에는 이 무리들을 안중에 두지 않고 군권(君權)이 오직 제일임을 주장하여 모든 일을 자기 독단으로 행하므로, 연나(椽那) '선비' 우두머리 명림답부가 그 본부(本部) '선비'로서 밖에서 반란을 일으키고 어지류 등이 안에서 호응하여, 태조왕이 돌아간 뒤를 기회로 삼아 차대왕을 죽이고 벌족이 함께 다스리는 나라를 회복한 것이다.

어떤 이는 명림답부를 조선 역사상 처음으로 혁명을 일으킨 혁명가라고 하지만 혁명은 반드시 역사상 진화의 의의를 가진 변동을 일컫는 것이니, 벌족이 함께 다스리는 옛 체제로 돌아가게 한 반란이 어찌 혁명이 되랴? 명림답부는 한때 정권 쟁탈의 효웅이라 함은 옳지만, 혁명가라 함은 옳지 않다.

2. 명림답부의 전권(專權)과 외교 정책

명림답부가 차대왕을 죽이고 차대왕 때 해를 피하여 산중에 숨어 있던 백고를 세워 신대왕이라 하고, 국내에 사면령을 내려 차대왕 태자 추안(鄒安)까지도 용서하여 양국군(讓國君)으로 봉하고 차대왕의 준엄한 형법을 폐지하니, 나라 사람들이 크게 기뻐하였다. 이에 명림답부가 '신가'가 되어 크고 작은 나랏일을 모두 맡아 처리하고, '팔치'와 '발치'를 겸하고, 예량(濊梁) 여러 맥족(貊族)의 부장(部長)을 함께 다스리니, 그 위엄과 권세가 태조왕 때 왕자 수성보다 더했다.

〈고구려 본기〉 신대왕조에는 '명림답부가 국상(國相)으로 패자(沛者)를 겸했다'고 했고, 또 '좌우보(左右輔)를 고쳐 국상으로 한 것이 이때에 비롯된 것이다' 하였는데, 이는 국상이 곧 '신가'인지를 모르고, 패자가 '팔치' 곧 좌보인지를 모르고서 함부로 내린 주해이다.

태조왕 때 한(漢) 요동을 지금 난주(灤州)에 옮겨다 두었음은 이미 앞에서 말했지만, 기원 169년 한이 요동을 회복하려고 경림(耿臨)을 현도태수(玄菟太守)로 삼아서 대거 침입했다. 명림답부가 여러 신하들과 함께 신대왕 앞에서 회의를 열고 싸우고 수비할 계책을 논의하였는데, 모두들 나가 싸우기를 주장했으나 명림답부는 "우리는 군사는 적으나 지세가 험하고, 한은 군사는 많으나 군량을 대기가 힘드니, 우리가 먼저 수비를 하여 한의 병력을 지치게 한 뒤에 나가 싸우면 백 번 싸워 백 번 이길 것입니다"라고 하여 먼저 지키고 나중에 싸우기로 계책을 정하고, 각 고을에 명하여 인민과 양식과 가축들을 거두어 성이나 산으로 들어가 굳게 지키게 했다.

한 군사가 침입하여 여러 달 동안이나 노략질했으나 얻는 것이 없고, 싸우려고 해도 응하지 않아 양식이 떨어져서 배고프고 피로하여 퇴각하기 시작했다. 이때 명림답부가 좌원(坐原)까지 추격하여, 한 군사는 한 사람도 돌아가지 못했다.

명림답부는 한 침입군을 격파하자 국토를 개척하려고, 먼저 선비의 이름난 왕인 단석괴(檀石塊)를 꾀어서 한 유주(幽州)와 병주(竝州:지금 直隸와 山西 두 省)를 침략하게 했다. 그 뒤를 이어서 고구려 군사로 한을 치려고 하다가 그만 병이 들어 죽으니, 나이 113살이었다. 신대왕이 친히 가서 통곡을 하고 왕의 예로써 장사지냈다.

《삼국사기》〈고구려 본기〉에 신대왕 4년(기원 168년) '한의 현도태수 경림(耿臨)이 쳐들어와서 우리 군사 수백 명을 죽였으므로, 왕이 항복하여 현도에 복속했다'고 했다. 신대왕 5년(기원 169년) '왕이 대가(大加)와 우거(優居), 주부(主簿)와 연인(然人) 등을 보내 요동 태수 공손도(公孫度)를 도와 부산(富山)의 적을 치게 했다'고 했다. 또한 8년(기원 172년) '한이 대병(大兵)으로 우리를 공격해 왔으므로…… 명림답부가 좌원(坐原)까지 추격하여 이를 크게 깨뜨려 한 군사가 하나도 돌아가지 못했다'고 했다. 앞의 두 기록은 《후한서》와 《삼국지》에서, 뒤의 한 기록은 고기(古記)에서 뽑아 쓴 것이다. 그러나 《조선사략(朝鮮史略)》에는 '신대왕 5년 한 현도태수 경림이 대병으로 침략해 오므로, ……명림답부가 좌원(坐原)에서 이를 크게 격파하여……'라고 하여 그 연조가 《후한서》의 '영제(靈帝) 건녕(建寧) 2년(기원 169년) 현도태수 경림……백고(伯固)가 항복했다(靈帝建寧二年 玄菟太守耿臨……伯固降)'라고 한 것과 부합한다.

따라서 경림의 침략군이 명림답부에게 패하였음이 분명한데, 김부식이 이것을 두 번의 사실로 제멋대로 나누어, 하나는 신대왕 4년, 또 하나는 신대왕 8년조에 기록한 것이다. 공손도는 《삼국지》에 따르면 한 헌제(獻帝) 영평(永平) 원년에 비로소 요동태수가 되었는데, 영평 원년은 기원 190년이요, 신대왕 5년에서 20년 뒤 일이다. 그러니 신대왕이 20년 뒤에 요동태수 공손도를 도울 수 없었음이 또한 분명한데, 옳고 그름을 가리지 못한 김부식이 그대로 〈고구려 본기〉 신대왕조에 잘못 기록한 것이다.

그러나 패해 달아난 경림을 크게 이겼다고 하고 연대도 닿지 않는 공손도를 신대왕의 종주국으로 기록해, 여기서 중국사의 거짓이 많음을 볼 수 있으며, 《동국통감(東國通鑑)》에는 현도태수 경림이 침략해 왔다가 명림답부에게 패한 것을 신대왕 8년 일로 기록하여 또 조선사략과 다르다. 대개 조선왕조 초기에는 《삼한고기(三韓古記)》《해동고기(海東古記)》 등 몇 가지가 있어, 《삼국사기》 이외에도 참고할 만한 책이 더러 있었는데, 그 고기(古記)들이 저마다 차이가 있었기 때문이다.

제6장
을파소(乙巴素)의 업적

1. 왕후의 정치 간여와 좌가려(左可慮)의 난

기원 179년 신대왕이 죽고 고국천왕(故國川王)이 즉위해서는 왕후 우씨(于氏)[1]가 뛰어난 자색으로 왕의 총애를 받아, 왕후의 친척 어비류(扵卑留)는 '팔치'가 되고 좌가려(左可慮)는 '발치'가 되어 정권을 마음대로 했다. 그 자제들이 교만하고 난폭하여, 남의 아내와 딸을 빼앗아다가 첩으로 삼고, 아들과 조카들을 잡아다가 종으로 부리며, 남의 좋은 밭과 훌륭한 집을 빼앗아 자기네 것으로 만들어서 나라 사람들 가운데 원망하고 비방하는 자가 많았다.

왕이 이것을 알고 죄를 주려고 하니까, 좌가려 등이 마침내 연나부(椽那部)에서 반란을 일으켰다. 왕이 기내(畿內) 군사와 말을 징집하여 이를 쳐 평정한 다음, 왕후 친족의 정치 간여를 징계했다. 그리고 4부(部) 대신에게 조서를 내려 '근자에 벼슬은 총애에 의해 임명되고, 지위는 덕행에 따라서 승진되지 못하여, 그 폐단이 백성에게 미치고 왕실까지 동요시켰으니, 이는 다 내가 밝지 못한 탓이다. 너희 4부는 저마다 그 관하 어진 사람을 천거하라'고 하였는데, 4부가 의논한 끝에 동부(東部)의 안류(晏留)를 천거했다.

2. 을파소(乙巴素) 등용

고국천왕이 안류를 써서 국정을 맡기려고 하니, 안류가 자기 재능은 큰 임무를 맡을 수 없다고 하고, 서압록곡(西鴨綠谷) 처사 을파소(乙巴素)를 천거했다.

을파소는 유류왕 때 대신 을소(乙素)의 후손으로, 예전과 지금의 치란(治亂)에 밝고, 민간의 이로움과 폐단을 잘 알고 학식이 넉넉했다. 그러나 세상에서

---

1) 椽那于素의 딸.

알아주는 자가 없으므로 초야에서 밭을 갈아 살아갈 뿐 벼슬할 뜻이 없었다. 그런데 고국천왕이 말을 낮추고 후한 예로 맞아 스승의 예르써 대접하고 중외태부(中畏太夫)를 삼아 '일치'의 작위를 더하고 가르침을 청했다.

을파소는 자기가 받을 벼슬과 작위가 오히려 자기의 포부를 펼 수 없으므로 굳이 사양하고, 다시 다른 어질고 유능한 이를 구하여 높은 지위를 주어 큰 사업을 성취하기를 청했다. 왕이 그의 뜻을 알고 을파소를 '신가'로 삼아서 모든 관리들의 위에서 다스리고 국정을 처리하게 했다. 여러 신하들은 을파소가 초야의 한미한 처사로서 하루 아침에 높은 지위에 오른 것을 시기하여 비난이 자자해지자, 왕이 조서를 내려 '만일 신가의 명령을 거역하는 자가 있으면 일족을 멸할 것이다' 하고 더욱 을파소를 신임했다. 을파소는 자기를 알아주고 크게 대우해 주는 데 감격하여, 지성으로 국정을 처리했다. 상과 벌을 신중히 하고, 정령(政令)을 밝혀 나라 안이 크게 다스려져서, 고구려 9백 년 동안 으뜸가는 어진 재상으로 일컬어졌다.

《삼국사기》〈고구려 본기〉에 '고국천왕[2]의 이름은 남무(男武 : 또는 伊夷謨)로, 신대왕 백고(伯固)의 둘째 아들이다. 백고가 죽자 나라 사람들이 맏아들 발기(拔奇)는 불초하다고, 함께 이이모를 세워서 왕으로 삼았다. 한 헌제(獻帝) 건안(建安) 초 발기는 자기가 형으로서 왕위에 오르지 못한 것을 원망했다. 그래서 소노가(消奴加)와 함께 저마다 딸린 민호(民戶) 3만여 명을 거느리고 공손강(公孫康)에게로 가서 항복하고 돌아와 비류수(沸流水) 상류에서 살았다(故國川王(或云國襄) 諱男武(或云伊夷謨) 新大王伯固之第二子 伯固薨 國人以長子拔奇不肖 共立伊夷謨爲王 漢獻帝建安初 拔奇怨爲兄不得立 與消奴加各將下戶三萬餘口 詣公孫康降 還住沸流水上)'고 하였다. 그러나 이는 김부식이 《삼국지위서》〈고구려전〉 본문을 그대로 떠다가 옮겨 쓴 것이다. 발기(拔奇)는 곧 〈고구려본기〉 산상왕조(山上王條)에 나오는 발기(發岐)요, 이이모(伊夷謨)는 곧 산상왕 연우(延優)이다.

이렇듯 《삼국지》를 쓴 사람이 발기와 연우 두 사람을 신대왕의 아들로 잘못 전한 것인데, 김부식이 경솔하게 그대로 믿고 고국천왕 남무(男武)를 곧 이이모

---

2) 또는 國襄이라 함.

라 하였고, 남무를 곧 발기의 아우라고 하였으니 이것이 첫째 잘못이다. 《삼국지》〈공손도전(公孫度傳)〉에 따르면, 공손강(公孫康)의 아버지 공손도가 한 헌제(獻帝) 초평(初平) 원년(기원 190년)에 요동태수가 되어서 건안(建安) 9년(기원 204년)에 죽고 공손강이 뒤를 이었다. 한 헌제 초평 원년은 고국천왕 12년이니, 고국천왕 즉위 초에는 공손강은 고사하고 그 아버지 공손도도 아직 요동태수를 꿈꾸지 못한 때인데, 김부식이 이를 고국천왕 즉위 원년 일로 기록하였으니, 이것이 두 번째 잘못이다. 앞에서 말한 신대왕 5년 '공손도를 도와 부산(富山)의 적을 쳤다(助公孫度 討富山賊)'고 한 것과 아울러 보면, 김부식이 곧 공손도를 어느 때 사람인 줄을 모른 듯하니 이 또한 이상한 일이다.

제6편
고구려의 쇠퇴 징조와 북부여의 멸망

제1장
고구려와 중국의 싸움, 고구려의 패전

1. 발기(發岐)의 반란과 제1환도 잔파(殘破)

기원 197년 고국천왕이 돌아가고 뒤를 이을 아들이 없었다. 왕후 우씨(于氏)가 좌가려(左可慮)의 난리 이후로 정치에 입을 벌리지 못하고 답답하게 대궐 안에 있다가, 왕이 돌아가면서 정치 무대에 다시 나설 열망을 품게 되었다. 이에 슬픔보다 기쁨이 앞서서 국상을 숨겨 발표하지 않고 그 밤에 미복으로 왕의 큰아우 발기(發岐)에게로 몰래 가서는 "대왕은 뒤를 이을 아들이 없으니 그대가 뒤를 이을 사람이 아닌가" 하고 발기를 유혹하는 말을 했다. 그러나 발기는 순나(順那) 고추가(古鄒加)로서 환도성간(丸都城干)을 겸하여 요동 전체를 관리하고 있어서 그 위엄과 권세가 혁혁할 뿐 아니라, 또한 고국천왕이 돌아가면 왕위를 이을 권리가 당당했으므로 우씨의 말을 새겨듣지 않고 엄정한 말씨로 우씨를 나무랐다. "왕위는 하늘이 명하는 것이니 부인이 물을 바가 아니고, 부인의 밤 나들이는 예(禮)가 아니므로 왕후로서 행할 일이 아닙니다."

우씨는 크게 부끄럽고 분하여, 그길로 곧 왕의 둘째 아우 연우(延優)를 찾아가서는 왕이 돌아간 일과 발기를 찾아갔다가 핀잔 받은 일을 낱낱이 호소했다. 연우는 크게 기뻐하고 우씨를 맞아들여 밤에 잔치를 베풀었다. 연우가 친히 고기를 베다가 손가락을 다치니 우씨가 치마끈을 잘라서 싸 주었다. 손목을 마주 잡고 대궐로 들어가 함께 자고, 이튿날 고국천왕이 돌아간 것을 발표하는 동시에 왕의 유조(遺詔)를 꾸며 연우를 왕의 후계로 삼아서 즉위하게 했다.

발기는 연우가 왕이 되었다는 말을 듣고 크게 노하여 격문을 띄워서 연우가 우씨와 몰래 통하고 차례를 건너뛰어 왕위를 빼앗은 죄를 폭로한 다음, 순나(順那)의 군사를 일으켜서 왕궁을 포위 공격했다. 사흘 동안 격전이 벌어졌으나 나라 사람들이 발기를 돕지 않으므로 결국 패하여, 순나의 인민 3만 명을 거느리고 요동 땅을 모두 들어 한 요동태수 공손도에게 항복하고 구원을 청했다.

공손도는 한말(漢末) 효웅(梟雄)이니, 기원 190년 한이 어지러워지는 징조를 보고 스스로 요동태수가 되기를 청하여 요동에서 왕 노릇 하기를 꿈꾸고 있었다. 그런데 이때 요동 본토는 차대왕이 점령한 뒤였으므로 고구려 땅이었고, 한 요동은 지금 난주(灤洲)에 옮겨다 두어 땅이 매우 좁아서 공손도는 언제나 고구려 요동을 엿보고 있던 참이라, 발기가 투항하자 크게 기뻐하여 마침내 정병 3만을 일으켜서 발기의 군사를 선봉으로 삼아 고구려에 침입하여, 차대왕 북벌군(北伐軍)의 본거지이던 환도성, 곧 제1환도에 들어가 마을을 불태우고 비류강(沸流江)으로 향하여 졸본성(卒本城)을 공격했다.

연우왕(延優王)이 아우 계수(罽須)를 '신치'[1]로 삼아서 항거해 싸워 한 군사를 크게 격파하고 좌원(坐原)까지 추격했다. 발기가 다급하여 계수를 돌아보고 말했다.

"계수야, 네가 차마 너의 맏형을 죽이려 하느냐? 불의한 연우를 위해 너의 맏형을 죽이려느냐?"

그러자 계수가 말했다.

"연우가 비록 불의하지만, 너는 외국에 항복하여 외국 군사를 끌고 와서 조상과 부모의 나라를 유린하니, 연우보다 더 불의하지 않으냐?"

발기가 크게 부끄러워 뉘우치고 배천(裵川: 곧 沸流江)에 이르러 자살했다. 발기가 한때 분함을 참지 못하여 나라를 판 죄를 지었으나 계수의 말에 양심이 회복되어 자살함에 이르렀다. 하지만 그가 팔아 버린 오열홀(烏列忽), 곧 요동은 회복하지 못하고 공손도 차지가 되었다. 이리하여 공손도는 드디어 요동왕이라 자칭하고 요동 전역을 나누어, 요동(遼東), 요중(遼中), 요서(遼西) 셋으로 만들고 바다를 건너 동래(東萊)의 여러 고을, 곧 지금 연태(煙台) 등지를 점령하여 한때 강력한 위엄을 자랑했다. 이에 연우왕은 지금 환인현(桓仁縣) 혼강(渾江) 상류[2]에 환도성을 옮겨 두고서 그곳으로 서울을 옮기니, 이것이 곧 제2환도(丸都)였다.

---

1) 전군 총사령관.
2) 지금 安古城.

2. 동천왕의 제1환도 회복경영

연우왕이 형수 우씨(于氏)의 도움으로 왕위를 얻고 우씨를 왕후로 삼았는데, 오래지 않아 우씨가 나이가 많아졌음을 싫어하여 주통촌(酒桶村)의 아름다운 처녀 후녀(后女)[3]에게 몰래 장가들어 소후(小后)로 삼아서 동천왕(東川王)을 낳았다.

기원 227년 연우왕(延優王: 山上王伊夷謨)이 돌아가고 동천왕(東川王: 憂位居)이 왕위에 올랐다. 이때 중국은 네 세력으로 나뉘었으니, ①위(魏)의 조씨(曹氏)가 업, 곧 지금 직예성(直隷省) 업현에 도읍하여 지금 양자강 이북을 차지하고, ②오(吳)의 손씨(孫氏)가 건업(建業), 곧 지금 강소성(江蘇省) 남경(南京)에 도읍하여 양자강 이남을 차지하고, ③촉(蜀)의 유씨(劉氏)가 성도(成都), 곧 지금 사천성(泗川省) 성도(成都)에 도읍하여 사천성을 차지하고, ④요동의 공손씨(公孫氏)가 양평(襄平), 곧 지금 요양(遼陽)에 도읍하여 지금 난하(灤河) 동쪽과 요동 반도를 차지했다.

고구려는 공손씨와는 적국이었고, 촉과는 길이 너무 멀어서 교류할 수 없었으며, 위(魏)와 오(吳) 두 나라와도 왕래가 없었다. 그런데 기원 233년 공손연(公孫淵)[4]이 간사한 꾀로 위와 오 두 나라 사이에서 이익을 취하려고, 오의 임금 손권(孫權)에게 사신을 보내 표(表)를 올려 신이라 일컫고, 함께 위를 공격하기를 청했다. 그러자 손권이 크게 기뻐하고 사신 허미(許彌) 등에게 수천 군사를 이끌게 하여 공손연에게 보냈다.

공손연은 허미를 위와 사귀는 미끼로 삼으려고, 먼저 허미의 보호 장사 진단(秦旦) 등 60여 명을 잡아서 현도군(玄菟郡), 곧 지금 봉천성성(奉天省城)에 가두어 죽이려 했다. 진단 등이 성을 넘어 도망쳐 고구려로 들어가서 거짓말로 다음과 같이 고했다.

"오 임금 손권이 고구려 대왕께 올리는 공물이 적지 않았고, 또한 고구려와 맹약하여 공손연을 쳐 그 토지를 나누어 가지자는 도서(圖書)도 있었는데, 불행히 배가 큰 바람을 만났습니다. 그래서 바닷길의 방향을 잃고 요동 바닷가에 도착했다가 공손연의 관리에게 알려져서 공물과 도서는 다 빼앗기고 일행이

---
3) 이름.
4) 공손도의 손자.

다 잡혀서 갇혔습니다. 다행히 틈을 얻어 범의 입을 벗어나 이렇게 왔습니다."

동천왕이 크게 기뻐하며 진단 등을 불러보고 조의(皂衣) 25명에게 명해 바닷길로 진단 등을 호송하였는데, 초피(貂皮) 1천 장과 둔계피 등을 손권에게 선사하고, 고구려 육군과 오 수군이 공손연을 함께 쳐서 멸망시키자는 조약을 맺었다.

이듬해 3년 손권이 사굉(謝宏)과 진굉(陳宏) 등을 사신으로 보내어 많은 옷과 보배를 바치니 동천왕이 또 '알치' 착자(窄咨)와 대고(帶固) 등을 보내 약간의 예물로 답했다.

착자가 오에 이르러 ① 오 수군이 약하여 바닷길로 공손연을 습격할 수 없으면서 오가 다만 큰소리로 자랑하여 고구려로부터 후한 물건을 받고자 하고, ② 손권이 고구려를 볼 때는 비록 공손했으나 그 내용을 국내에 선포할 때는 '동이(東夷)를 정복하여 그 사신이 공물을 바치러 왔다'고 하여 실답지 않은 말로 그 신민(臣民)을 속이고 있다는 것을 발견하고, 돌아와 왕에게 아뢰었다.

동천왕이 이 말을 듣고 크게 노하여 위제(魏帝) 조예(曹叡)에게 밀사를 보내어, 고구려와 위가 오와 요동에 대해 공수동맹을 맺어서 고구려가 요동을 치면 위는 육군으로 고구려를 돕고, 위가 오를 치면 고구려는 예(濊) 수군으로 위를 도와서, 두 적을 토멸한 뒤에는 요동은 고구려가 차지하고 오는 위가 차지하기로 했다.

그 이듬해 오의 사자 호위(胡衛)가 고구려에 오자 그 목을 베어 위에 보냈는데 그 뒤로 고구려와 위 두 나라의 교류가 매우 잦아졌다.

3. 공손연의 멸망과 고구려·위 두 나라의 충돌

기원 237년 동천왕이 '신가' 명림어수(明臨於漱)와 '알치' 착자와 대고(帶固) 등에게 군사 수만 명을 이끌고 양수(梁水)로 나아가서 공손연을 치게 하였다. 그러자 위는 유주자사(幽州刺史) 관구검(毌丘儉)에게 명하여 또한 군사 수만 명을 이끌고 요수(遼水)로 나오므로, 공손연은 곽흔(郭昕), 유포(柳蒲) 등을 보내 고구려를 막고, 비연(卑衍)·양조(楊祚) 등을 보내 위를 막았다. 오래지 않아 위 군사는 패하여 돌아가고, 공손연은 연왕(燕王)이라 일컬어 천자의 위의(威儀)를 갖추고 전력을 다하여 고구려를 막았다.

이듬해 위가 태위(太尉) 사마의(司馬懿)를 보내 군사 10만 명을 일으켜서, 먼저 관구검에게 요대(遼隊)를 쳐 공손연의 수비장 비연·양조 등과 대치하게 했다. 사마의는 가만히 북쪽으로 진군하여 마침내 공손연의 수도 양평(襄平)을 갑자기 포위했다. 공손연의 정예군은 모두 고구려를 방어하기 위해 양수로 나가고 양평은 텅 비어 있어서 비연 등이 돌아와 구원하다가 크게 패하였다. 공손연은 성안에 포위당하고 30여 일 동안 굶주린 끝에 엄중한 포위를 뚫고 나오려다가 잡혀 죽었다.

  공손씨는 요동에 웅거한 지 무릇 3세 50년 만에 망했다. 위가 이렇게 공손씨를 쉽게 멸망시킨 것은 고구려가 공손연의 후방을 견제해 주었기 때문이다. 그런데, 《삼국지위서》〈동이열전〉에 '태위 사마선왕(司馬宣王)이 무리를 거느리고 공손연을 쳤는데 궁(宮)이 주부 대가(大加)를 보내 수천 명을 거느리고 와서 도왔다(太尉司馬宣王 率衆討公孫淵 宮遣主簿大加 將數千人助軍)'고 한 기사 이외에는 《삼국지위서》〈명제기(明帝紀)〉나 〈공손도전(公孫度傳)〉에는 한 자도 언급하지 않았다. 이것은 '국내 일은 상세하게, 외국 일은 간략하게(詳內略外)'라는 저 역사가 고유의 필법을 지킨 것이다.

  〈고구려 본기〉에는 '위의 태부 사마선왕이 무리를 거느리고 공손연을 치자, 왕이 주부 대가를 보내 1천 명 군사를 거느리고 가 이를 도왔다(魏太傅司馬宣王 率衆討公孫淵 王遣主簿大加 將兵千人助之)'고 했으니 사마의를 사마선왕이라고 한 것을 보면 《삼국지》〈동이열전〉의 본문을 그대로 옮겨다 적었음이 분명하다. 그런데 수천 명을 1천 명이라 고친 것은 무슨 까닭인가? 이제 저들과 우리의 역사 사실에 관한 기록의 시말(始末)을 참작하여 아래와 같이 정리했다.

  위가 공손연을 토멸하여 요동이 모두 항복하자, 위는 고구려와의 맹약을 배반하고 땅 한쪽도 고구려에 물려주지 않았다. 그래서 동천왕이 노하여 자주 군사를 일으켜서 위를 토벌하여 서안평(西安平)을 함락했다. 서안평은 《삼국사기》에 '지금 압록강이 바다로 들어가는 어귀'라 하니, 이것은 《한서》〈지리지(地理志)〉에 따른 것이다. 하지만 공손연이 왕성할 때 고구려와 오·위의 교류가 늘 서안평 때문에 바닷길로 통했으므로, 이때 서안평은 대개 양수(梁水) 부근임이 옳다. 고대 지명은 늘 천이(遷移)가 잦았던 것이다.

4. 관구검의 침략과 제2환도 함락

　기원 245년께 위가 동천왕의 잦은 침입을 걱정하여, 유주자사 관구검을 보내어 수만 군사로 침략해 왔다. 그래서 왕이 비류수(沸流水)에서 이를 맞아 싸워서 관구검을 크게 격파하여 3천여 명을 목 베고, 양맥곡(梁貊谷)까지 추격하여 또 3천여 명을 목 베었다. 왕은 "위의 많은 군사가 우리의 적은 군사만 못하다" 하고, 이에 여러 장수들은 후방에서 싸움을 구경하게 하고 왕이 몸소 철기(鐵騎) 5천을 거느리고 진격했다.

　관구검 등이 우리 군사가 적은 것을 보고 죽을힘을 다하여 혈전을 벌여 전진해 와 왕의 군사가 퇴각하니 후군이 놀라 무너져서 드디어 참패하여 상한 군사가 1만 8천을 넘었다. 왕이 1천여 기병을 거느리고 압록원(鴨綠原)으로 달아나니 관구검이 드디어 환도(丸都 : 지금 安古城)에 들어와서 대궐과 민가를 모두 불태워 버리고 역대 문헌을 실어 위로 보내고는, 장군 왕기(王頎)로 하여금 왕을 뒤쫓게 했다. 왕이 죽령(竹嶺)에 이르렀을 때에는 여러 장수들이 모두 달아나 흩어지고, 오직 동부 밀우(密友)가 왕을 시위하고 있었다. 뒤쫓는 군사가 급히 달려들어 형세가 매우 위급하게 되었는데, 밀우가 결사대를 뽑아 죽음으로써 위 군사와 싸웠다.

　왕은 그 틈을 타서 도망하여 산골짜기에 들어가 흩어진 군사를 거두어 험한 곳을 지켰다. 그리고 군중에 명령을 내려 밀우를 구원해주는 자는 큰 상을 내릴 것이라고 하니, 남부(南部) 유옥구(劉屋句)가 이에 응하여 싸움터로 갔다. 밀우가 기진맥진하여 땅에 엎드러져 있음을 보고 들쳐 업고 돌아오니, 왕은 자기의 넓적다리 살을 베어 밀우에게 먹여 한참 만에 깨어났다. 이에 왕은 밀우 등과 함께 남갈사(南曷思)로 달아났다.

　그러나 위병 추격으로 다급해지자 북부 유유(紐由)가 "국가 흥망이 달린 이같이 위급한 판에 위험을 무릅쓰지 않으면 위태로운 판국을 돌이킬 수 없다" 하고, 음식을 갖추어 위 군사들 가운데로 들어갔다. 유유는 거짓 항복하는 글을 바치고, "우리 임금께서 대국에 죄를 지어 바닷가에 이르러 다시 더 갈 곳이 없으므로 항복을 청하며, 먼저 얼마 안 되는 음식으로 군사들을 위로하고자 합니다"고 하니 위 장수가 그를 불러 보았다. 유유는 음식 그릇 속에 감추어 갔던 칼을 빼어 위 장수를 찔러 죽였다. 왕이 군사에 명하여 위 군사를 반격하니 위 군사가 무너져서 다시 진을 이루지 못하고 요동 낙랑으로 달아났다.

이 싸움에 대한 기사는 김부식이 《삼국지》와 《고기(古記)》를 뒤섞어서 〈고구려 본기〉에 써넣어 앞뒤 기사가 서로 모순되는 것이 많다. 이를테면 ① '관구검이 군사 1만 명으로 고구려를 침략했다' 하고 '왕이 보기(步騎) 2만 명으로 맞아 싸웠다'고 했으니 고구려 군사가 위 군사보다 갑절인데, 그 아래 동천왕의 말을 실으면서 '위의 많은 군사가 우리의 적은 군사만 못하다'고 했음은 무슨 말인가? ② 비류수(沸流水)에서 위 군사 3천 명을 목 베고, 양맥곡(梁貊谷)에서 또 위 군사 3천여를 목 베었다고 했다. 그러니 1만 명 위병이 이미 6천여 명 전사자를 내어 다시 군대를 이룰 수 없었을 것이다. 그런데도 그 아래에 '왕이 철기(鐵騎) 5천으로 추격하다 크게 패했다'고 한 건 무슨 말인가? 〈관구검전〉에 그 결과를 기록하여 '논공행상을 받은 자가 1백여 명이었다'고 했으니, 그 출사(出師)한 군사의 많음과 싸움의 크기를 미루어 알 수 있을 것인데, 어찌 겨우 1만 명 출병이랴? 다만 저들이 역사에 상내약외(詳內略外)의 예를 지켜 그 기재가 이에 그쳤을 뿐이다. 〈고구려 본기〉에는 이 싸움을 동천왕 20년(기원 245년)이라 했으니, 동천왕 20년은 위의 폐제(廢帝) 방(芳)의 정시(正始) 8년이다.

《삼국지》〈관구검전〉에는 '정시(正始) 중에……현도(玄菟) 군사를 내어 고구려를 치고……6년에 다시 정벌했다(正始中……出玄菟討句驪……六年復征之)'라고 했다. 그러므로 《해동역사》에는 정시 5년과 6년 두 번의 전정으로 나누어 기록했는데, 정시 5년과 6년은 동천왕 18년과 19년이다. 그러나 《삼국지》 본기에는 정시 7년 '유주자사 관구검이 고구려를 쳤다(幽州刺史毋丘儉 討高句麗)'고 하여 〈고구려 본기〉와 맞는다. 어느 쪽을 좇음이 옳은가?

근세 기원 1605년 청의 집안현 지사(輯安縣知事) 아무개가 집안현 판석령(板石嶺) 고개 위에서 관구검 기공비(紀功碑)를 발견했다. 그 파편에 '6년 5월'이라는 글자가 둘째 줄에 보였다고 한다. 만일 이것이 진정한 유적이라면 정시 6년, 동천왕 19년이 곧 그 싸움의 시작이고, 다시 싸웠다는 기록은 잘못이다. 그러나 옛 청조 인사들이 옛 물건을 위조하는 버릇이 매우 많아서, 중국 현대에 빛을 보게 된 옛 비석, 옛 기와는 거의 가짜라 한다. 그러니 그 비석 파편은 아직 고고학자의 감정을 요할 것이고, 설혹 이것이 진짜 유적이라 할지라도 그것은 불내성(不耐城)의 명(銘)이요 환도성의 것은 아니다. 왜냐하면 집안현 환도성은 제3환도성이요, 제3환도성은 동천왕 때에는 아직 건축되지도 않았기 때문이다. 이에 대해서는 제2장에서 상세히 기록했다.

5. 제2환도성이 파괴된 뒤 평양 천도

제2환도성이 파괴되자 동천왕은 그의 서북쪽 정벌의 웅대한 마음이 찬 재(冷灰)가 되어 지금 대동강 평양으로 도읍을 옮겼다. 이것이 고구려가 처음으로 남천한 것이다. 평양 천도 뒤 대세가 변한 것이 둘이다. 그 하나는, 남낙랑에 딸린 작은 나라들이 비록 고구려에 복속해 있었으나 오히려 대주류왕(大朱留王)이 최씨를 멸망시킨 옛날 원한을 생각하여 복종과 배반을 거듭했다. 그런데 평양이 고구려 도읍이 되어 제왕 대궐과 군사 본영이 다 이곳에 있게 되니, 작은 나라들이 기가 눌려 차차 아주 꺾였다. 또 하나는 평양 천도 이전에는 고구려가 늘 서북으로 발전하여 흉노·중국 등과 충돌이 잦다가, 평양 천도에는 백제·신라·가라 등과 접촉하게 되어 북쪽보다 남쪽과의 충돌이 많아졌다. 다시 말하자면 고구려가 서북의 나라가 되지 않고 동남의 나라가 된 것은 곧 평양 천도가 원인이 된 것이다. 그러나 평양 천도는 제2환도성 파괴 때문이다. 그러므로 제2환도성 파괴는 고대사상 비상한 큰 사건이라 할 것이다.

제2장
고구려와 선비의 싸움

1. 선비 모용씨의 강성(强盛)

선비(鮮卑)는 늘 고구려에 복속하여, 비록 단석괴(檀石塊)의 용맹으로도 오히려 명림답부의 절제(節制)를 받다가 고구려가 발기(發岐)의 난을 거치면서 요동을 잃어버리고 나라 형세가 이미 약해지자, 선비가 드디어 배반하여 한(漢)에 가 붙었다. 한말(漢末)에 원소(袁紹)와 조조(曹操)가 서로 맞섰을 때 선비와 오환(烏桓)이 원소에게 붙었다가 원소가 망하니, 기원 207년 조조가 7월 장마를 틈타 노룡새(盧龍塞) 5백 리를 몰래 나와서, 선비와 오환을 불시에 공격하여 그 소굴을 파괴했다. 오환은 마침내 망했다. 선비는 그 뒤에 가비능(軻比能)이라는 이가 있어 다시 강대해져서 한의 유주(幽州)와 병주(竝州)를 자주 침략했다. 그런데 한 유주 자사(刺史) 왕웅(王雄)이 자객을 보내 가비능을 암살하자 선비는 다시 쇠약해졌다.

기원 250년께 선비가 우문씨(宇文氏)·모용씨(慕容氏)·단씨(段氏)·탁발씨(拓跋氏) 네 부로 나뉘어 서로 자웅을 다투더니, 모용씨 가운데 모용외(慕容廆)란 자가 용감하고 꾀가 뛰어나 부족이 가장 강성해졌는데 창려(昌黎) 태극성(太棘城 : 지금 동몽골 땅 特默右翼)을 근거지로 삼아서 사방으로 노략질을 했다.

이때에 중국은 위·오·촉 세 나라가 모두 망하고 진(晉) 사마씨(司馬氏)가 중국을 통일했으나 자주 모용외에게 패하여 요서 일대가 소란하지 않은 날이 없었다. 역사가들은 흔히 모용씨가 웅거한 창려를 지금 난주(灤州) 부근이라고 하지만, 《진서(晉書)》〈무제기(武帝紀)〉에는 '모용외가 창려를 침노했다'고 한 것을 보면, 위의 창려(지금 난주)가 곧 진(晉)의 창려가 아닌 것이 분명하고, 곧 나중에 모용외의 아들 모용기(慕容廆)가 도읍한 용성(龍城)과는 멀지 않은 땅일 것이다.

2. 북부여 파멸과 의려왕(依慮王) 자살

북부여는 제3편에서 말한 바와 같이 조선 여러 나라의 문화 원천이 되는 나라였다. 그러나 신라·고구려 이래로 압록강 이북을 잃고는 드디어 북부여를 조선 영역 밖 나라라 하여 그 역사를 정리하지 않았으므로, 해모수왕 뒤로 그 치란(治亂)과 성쇠를 알 수 없으나, 중국 역사가들이 저희들과 정치적으로 관계되는 사실을 몇 마디나마 기록했으므로 그 줄거리를 말할 수 있다.

후한(後漢) 안제(安帝) 영초(永初) 5년, 곧 기원 112년 부여왕[1]이 보병과 기병 7, 8천 명을 거느리고 한의 낙랑에 침입하여 관리와 백성을 죽이고 약탈을 했다고 하니, 이것이 곧 역사에 보이는 북부여가 외국에 대해 처음으로 군사를 부린 일일 것이다. 연광(延光) 원년, 곧 기원 121년 부여왕이 아들 위구태(尉仇台)를 보내 한 군사와 힘을 합하여 고구려·마한(百濟)·예·읍루(挹婁) 등을 격파했다고 했으나 이듬해 한이 차대왕에게 화의를 청하고 배상으로 비단을 바친 것을 보면 북부여와 한이 고구려를 격파했다는 것은 거짓 기록일 것이다.

기원 136년 위구태가 왕이 되어 2만 기병으로 한 현도군(玄菟郡)을 습격하고 그 뒤 공손도가 요동왕이 되어서는 부여의 강성함을 두려워하여 종실(宗室) 딸을 아내로 삼아서 고구려와 선비에 대한 공수동맹을 맺었으니, 위구태왕은 마치 고구려 차대왕처럼 꽤나 무예를 중히 여겨 높이 받드는 임금이고, 또 그가 왕위에 있었던 동안이 해모수 이후 북부여의 유일한 전성시대일 것이다.

위구태왕 뒤에 간위거왕(簡位居王)에 이르러서는 적자(嫡子)가 없어 마여(麻余)가 즉위했는데, 오가(五加) 가운데 우가(牛加)[2]가 반역할 마음을 품었으나, 우가의 형의 아들은 왕실에 충성하고 나랏일에 부지런하며 나라 사람들에게 재물을 잘 베풀어 주어 인심이 그에게로 돌아갔다. 우가 부자(父子)가 모반하니 위거가 그들을 잡아 죽이고 그 재산을 압수했다. 마여왕의 죽자 위거가 마여왕 아들 의려(依慮), 겨우 6살 난 어린아이를 세워 보좌했다.

위거가 죽고 의려가 왕위에 오른 지 41년 만에 국방이 소홀해졌다. 드디어 선비 모용외(慕容廆)가 이를 정탐해 알고 무리를 이끌고 북부여 도읍 아사달(阿斯達)에 침입하기에 이르렀다. 모용외가 침입하니 의려왕은 수비가 허약하여 막

---

1) 이름은 모름.
2) 이름은 모름.

아 내지 못할 줄 알고 칼을 빼어 자살했다. 유서로 나라를 망친 죄를 국민에게 사과하고 태자 의라(依羅)에게 왕위를 전하여 나라 회복에 힘쓰게 했다. 의려왕이 국방에 힘쓰지 못해 나라가 위태롭게 된 죄는 있으나, 항복하느니보다 차라리 죽는다는 의기를 가져 조선 역사상 처음으로 순국한 왕이 되어 피로써 뒷사람 기억에 살아 있다. 그러니 어찌 성하(城下)의 맹세를 맞어 구차스럽게 생명을 보전하려는 용렬한 임금에 비할 바이랴.

의려왕이 자살하니 의라가 서갈사나(西曷思那 : 지금 開原 부근) 숲 속으로 달아나 결사대를 모집해 선비 군사를 쳐 물리치고, 험한 곳을 지켜 새 나라를 세웠다. 아사달은 왕검 이래 수천 년 문화의 고도로서 역대 진귀한 보물뿐 아니라 문헌도 많다. 신지(神誌)의 역사와, 이두문으로 적은 풍월 등이 있었고 왕검의 태자 부루(扶婁)가 하우(夏禹)를 가르쳤다고 하는 금간옥첩(金簡玉牒)에 쓴 글도 있었다. 그런데 모두 선비의 만병(蠻兵)에 의해 타 버리고 말았다.

3. 고구려의 예란(濊亂) 토평(討平)과 명장 달가(達賈)의 비참한 죽음

선비가 북부여에 침입하기 6년 전인 기원 280년 고구려에서는 예(濊 : 本紀의 肅愼)의 반란이 있었다. 예는 수렵시대 야만족으로서, 처음에는 북부여에 복속해 있었는데, 북부여가 조세를 과중하게 받자 배반하고 고구려에 가 붙었다. 고구려가 요동을 잃고 나라 형세가 쇠약해지자 드디어 반란을 일으켜 국경을 침입하고 수없이 인민을 죽였으며 가축을 약탈했다.

서천왕(西川王)이 크게 걱정하여 장수 될 인재를 구하니 여러 신하들이 왕의 아우 달가(達賈)를 추천했다. 달가는 기묘한 계교로 예의 소굴을 습격하여 그 추장과 6, 7백 명을 포로로 삼았다. 그리고 부여 남쪽 오천(烏川)으로 옮겨서 여러 부락의 항복을 받으니, 서천왕이 달가를 안국군(安國君)에 봉했다.

서천왕이 죽고 아들 봉상왕(烽上王)이 즉위했는데, 왕은 천성이 남을 시기하고 의심하기를 잘했다. 그래서 달가가 항렬로 숙부임에도 그 이름이 전국에 떨치므로 죄를 얽어 사형에 처했다. 그래서 백성들이 모두 눈물을 흘리며 "안국군(安國君 : 達賈)이 아니었더라면 우리는 오래전에 예맥의 난리에 죽었을 것이다" 하고 슬퍼했다.

4. 모용외(慕容廆)의 패퇴와 봉상왕의 교만과 포악(暴惡)

모용외는 한 시대 효웅(梟雄)이었다. 그는 진(晉)의 정치가 부패하여 중국이 장차 크게 어지러워질 것을 내다보고, 바야흐로 전 중국을 아울러 차지할 야심을 가졌다. 그러나 만일 동으로 고구려를 꺾지 못하면 뒷걱정이 적지 않을 것을 잘 알고 있는 그는, 북부여를 격파한 뒤에 그 이긴 위세로 곧 고구려를 침노하려고 했으나, 다만 안국군(安國君 : 達賈)의 위명(威名)을 꺼려 주저하다가 안국군이 죽었다는 말을 듣고 크게 기뻐하여 기원 292년 날랜 군사를 이끌고 마침내 고구려 신성(新城)을 침범했다. 이때 봉상왕이 신성을 순행(巡幸)하고 있었는데, 모용외는 이를 알고 성을 포위하고 맹렬히 공격하여 상황이 매우 위급해졌다. 이때 신성의 성주 북부소형(北部小兄) 고노자(高奴子)가 5백 기병으로 모용외 군사를 돌격하여 이를 크게 깨뜨리고 왕을 구원해 냈다. 왕은 크게 기뻐하여 고노자의 작위를 높여 북부대형(北部大兄)에 임명했다.

이듬해 3년 모용외가 또 공격해 와서 졸본(卒本)에 침입하여 서천왕 무덤을 파다가 구원병에게 격퇴당했다. 왕이 모용씨가 자주 침노해 오는 것을 걱정하자 '신가' 창조리(倉助利)가 "북부대형(北部大兄) 신성 성주 고노자(高奴子)는 지혜와 용맹을 겸비한 뛰어난 장수입니다. 대왕께서는 고노자를 두고 어찌 선비를 걱정하십니까?" 하고 왕에게 아뢰자 고노자를 신성 태수로 삼았다. 고노자가 백성을 사랑하고 군사를 단련하여 여러 번 모용외 침략군을 격퇴하니 국경이 안정되고 모용외 군사가 다시 침노하지 못했다.

봉상왕은 그만 교만하고 방자해져서, 여러 해 흉년으로 백성들은 굶주리고 지쳐 있음에도 나라 안에서 일꾼을 징발하여 대궐을 지으니, 백성들이 달아나서 인구가 자꾸 줄어들었다. 기원 300년에 이르러서는 왕이 여러 신하들의 간하는 말을 모두 물리치고, 나라 안 15살 이상 남녀를 모조리 징발하여 건축공사에 부리자 '신가' 창조리가 간했다.

"천재(天災)가 잦아 농사가 되지 않아서 나라 안 인민이 장정은 사방으로 흩어지고 노약자는 구렁에 빠져 죽습니다. 그런데도 대왕께서는 이를 돌아보지 아니하시고 굶주린 백성을 몰아 토목의 역사를 시키십니다. 이는 임금이 할 일이 아닐뿐더러, 하물며 북쪽에는 강적 모용씨가 있어 날마다 우리 틈을 엿보고 있으니, 대왕께서는 깊이 생각하시기 바랍니다. 임금이 백성을 아끼지 아니할 때 신하가 임금을 간하지 아니하면 충(忠)이 아니므로, 신이 이미 '신가' 자리에 있어 말할 것을 숨길 수 없어서 아룁니다."

그러나 왕은 "임금은 백성이 우러러보는 것이니, 임금이 사는 대궐이 웅장하고 화려하지 않으면 백성이 무엇을 우러러보겠소? '신가'는 백성을 위해 명예를 구하지 마오" 했다. 창조리는 봉상왕이 잘못을 고치지 않을 줄을 깨닫고, 동지들과 비밀리에 의논하여 왕을 폐하려 했다.

5. 봉상왕 폐위와 미천왕 즉위

봉상왕은 처음에 숙부 달가(達賈)를 죽이고, 또 아우 돌고(咄固)를 의심하여 죽였는데, 돌고의 아들 을불(乙弗)이 화가 자기에게 미칠 줄 알고 달아났다. 봉상왕은 그 뒤에 여러 번 을불을 찾았으나 찾지 못했다. 을불은 도망하여 성명을 바꾸고 몸을 팔아, 수실촌(水室村) 사람 음모(陰牟)의 집에서 머슴살이를 했다.

음모는 일을 매우 고되게 시켰다. 낮이면 나무하고 밤이면 쉴 사이 없이 그 집 문 앞 늪에 돌을 던져 개구리를 울지 못하게 해서, 그 집 식구들이 편안히 잘 수 있게 했다. 을불은 견디다 못하여 1년 만에 또 도망하여 동촌(東村) 사람 재모(再牟)와 함께 소금 장사를 했다.

소금을 사서 배에 싣고 압록강으로 들여와 소금 짐을 강동(江東) 사수촌(思收村) 사람의 집에 부려 놓았다. 그 집 노파가 공짜로 소금을 달라고 하므로 한 말쯤이나 주었는데도, 노파는 마음에 차지 않아 더 달라고 보채었다. 을불이 주지 않았더니 노파는 도리어 꽁한 마음을 먹었다. 노파는 을불을 해치려고 소금 짐 속에다가 몰래 신 한 켤레를 묻어 놓았다가, 을불이 그 집을 떠난 다음에 뒤쫓아 와서 소금을 뒤져 신발을 찾아냈다. 그리고 노파는 을불 등 두 사람을 절도로 몰아 압록재(鴨綠宰)에게 고발하여 을불은 태형을 맞고, 소금은 빼앗아 노파에게 준다는 판결이 나왔다.

을불은 이에 소금 장사도 할 수 없고 머슴살이 할 곳도 얻을 수가 없어서, 숱한 마을 온갖 동네로 돌아다니면서 걸식하여 나날을 코냈다. 옷은 너덜너덜 찢어지고 얼굴은 보기에도 딱하게 파리해져 아무도 옛날 왕손(王孫) 아닌가 하는 의심을 갖지 않았다.

이때 '신가' 창조리(倉助利) 등이 봉상왕을 폐하면, 임금 될 인재로나 차례로 나 어느 모로 보나 을불이 가장 합당하다고 하여, 북부 '살이' 조불(祖弗)과 동부 '살이' 소우(蕭友) 등에게 을불을 찾게 했다. 그들은 비류수(沸流水)에 이르러 을불을 만났다. 소우가 을불의 어릴 때 모습을 알고 있어서, 그에게 나아가 절하고 가만히 말했다. "지금 임금이 무도하므로 '신가' 이하 여러 대신들이 의논하여 지금 임금을 폐하고 왕손(王孫)을 세우려고 찾아왔습니다. 지금 임금이 인심을 잃어 나라가 위태로우므로 여러 신하들이, 왕손이 품행이 단정하시고 성격이 인자하시어 조상의 업을 이을 만하다고 바라는 마음이 간절하니 왕손은 의심치 마십시오" 하고 데리고 돌아와 창조리의 동지 조맥남(鳥陌南) 집에 숨겨 두었다.

가을 9월 창조리가 봉상왕을 따라 후산(侯山)에 가서 사냥을 하다가, 갈댓잎을 따서 갓에 꽂고 외쳤다. "나를 따르겠다는 사람은 나처럼 갈대잎을 따서 갓에 꽂으시오" 하니 모든 사람들이 창조리의 뜻을 알고 일제히 갈대잎을 갓에 꽂았다. 이에 창조리가 여러 사람들과 함께 봉상왕을 폐하여 딴 방에 가두니, 왕은 죽음을 면치 못할 것을 스스로 깨닫고 그 아들 형제와 함께 목을 매어 자살했다. 을불이 왕위에 오르니 곧 미천왕(美川王)이다.

6. 미천왕의 요동(遼東) 승전과 선비(鮮卑) 축출

기원 197년 발기(發岐)가 반란을 일으키고부터 기원 370년 무렵 고국원왕(故國原王) 말년까지는 고구려 중쇠시대(中衰時代)인데, 미천왕 한 대는 이 중쇠시대 속에서도 가장 왕성한 때였다. 지은이가 일찍이 환인현(桓仁縣)에 머물러 있을 때, 그 지방 문사 왕자평(王子平)[3]의 말을 들으니, "고구려 고대에 '우글로' 대왕이 있었는데, 그가 아직 왕이 되기 전에 불우하여 사방으로 돌아다니며 걸식을 할 때 가죽으로 신을 만들어 신었습니다. 그래서 지금도 만주에서 가죽신을 '우글로'[4]라고 하는 것은 그 대왕의 이름을 따서 그렇게 부르는 것입니다. 그 대왕이 그렇게 걸식하도록 곤궁했지만, 늘 요동을 되찾을 생각을 가지고 있었습니다. 그래서 대왕이 요동 각지를 돌아다닐 때, 산과 내의 험하고 평탄함, 길

---

3) 본래 만주인.
4) 만주 노동자의 신.

의 멀고 가까움을 알기 위해 풀씨를 가지고 다니면서 길가에 뿌려 그 지나간 길을 기억했다고 합니다. 그런 유래로 지금 요동 각지 길가에 '우글로'란 풀이 많습니다"라고 했다. '우글로'가 을불과 음이 같고 또 고구려 제왕 가운데 초년에 걸식한 이가 을불뿐이니, '우글로'는 아마도 미천왕 을불이 가난하고 고생할 때 이름이 아닌가 짐작된다.

미천왕은 기원 300년부터 331년까지 무릇 31년 동안 왕위를 지킨 제왕이고, 그 31년 역사는 곧 선비 모용씨와의 혈전의 역사이기도 하다. 간략하고 허술한 〈고구려 본기〉와 허황하고 과장된 《진서(晉書)》를 합하여 그 진실에 가까운 것을 뽑아 왕의 역사를 서술하면 대략 아래와 같다.

1) 현도(玄菟) 회복—왕자 수성이 회복한 요동이 연우왕 때 다시 한 소유가 되었음은 앞에서 말했다. 미천왕이 즉위하고는 그 제2년에 곧 현도성을 격파하여 8천여 명을 포로로 하여 평양으로 옮기고, 16년 현도성(玄菟城)을 점령했다.

2) 낙랑 회복—낙랑 또한 한 무제(武帝) 4군(郡) 가운데 하나로서 대대로 빈번히 옮겨졌지만, 대부분이 요동 땅에 임시로 둔 것이고, 평양의 낙랑과는 거리가 멀리 떨어져 있었다. 〈고구려 본기〉 동천왕조(東川王條)에 따르면 위군(魏軍)이 낙랑으로 물러갔을 때 동천왕은 평양으로 도읍을 옮겼으며, 동천왕이 평양으로 천도한 뒤에도 위(魏)와 진(晉)의 태수(太守)는 여전히 존재했다. 만일 중국 낙랑이 곧 조선 평양(平壤 : 南樂浪)이라 한다면 이는 평양이 고구려 왕도(王都)인 동시에 또 중국 낙랑군 군치(郡治)가 되는 것이니, 천하에 어찌 이런 모순 당착되는 역사적 사실이 있으랴? 미천왕의 낙랑 점령은 재위 14년, 곧 기원 313년 일이니, 진(晉)나라 사람 장통(張統)이 낙랑과 대방 두 군[5]에 웅거하고 있었으므로 왕이 이를 공격하니, 장통이 항거할 힘이 없어 모용외(慕容廆)의 부하 장수 낙랑왕 모용준(慕容遵)에게 구원을 청했으나, 모용준은 그를 구원하러 갔다가 패했다. 마침내 장통을 꾀어 백성 1천여 집을 돌아 모용외에게 투항하니, 모용외는 유성(柳城 : 지금 錦州 등지)에 또 낙랑군을 임시로 두고는 장통을 태수로 삼았다. 이에 요동 낙랑은 고구려 차지가 되었다.

3) 요동 전승—요동 군치(郡治)는 양평(襄平 : 지금 遼陽)이니, 《진서》에 따르면

---

5) 대방도 요동에 임시로 둔 郡이요, 長湍 또는 鳳山의 帶方國이 아님.

'미천왕이 요동을 공격하다가 자주 패하여 물러나고 도리어 맹약을 청했다'고 했으나,《양서(梁書)》에는 '을불(乙弗 : 美川王)이 자주 요동을 침범하였으나 모용외가 제어하지 못했다(乙弗頻寇遼東 廆不能制)'고 하여 모용외가 늘 미천왕에게 패한 것으로 기록되어 있어, 두 책이 서로 모순된다.

그러나《진서》는 당태종이 지은 것이다. 당태종은 요동이 아무쪼록 중국 요동임을 거짓 증명하여 우리 나라 신하와 백성들을 고무해서, 고구려 요동에 대한 전쟁열을 불러일으키려 했다. 그래서 전대(前代) 역사책인《사기》《후한서》《삼국지》등에 기록되어 있는 조선 열국, 그 가운데에서도 특히 고구려 관련 문구를 많이 고쳤는데 그 자신이 지은《진서》는 더 말할 나위 있으랴.

그러니《양서》에 기록되어 있는 것이 도리어 진실하고, 현도와 낙랑이 이미 차례로 정복되었으니 겨우 몇 현(縣)밖에 남지 않은 요동도 고구려에게 돌아왔을 것이지만, 아직 충분한 증거가 없으므로 이만하여 둔다.

4) 극성(棘城) 전쟁—기원 320년 미천왕이 선비 우문씨(宇文氏)와 단씨(段氏), 진(晉) 평주자사(平州刺史) 최비(崔毖)와 연합해서 모용외의 도읍지 극성(棘城)으로 쳐들어갔다. 모용외가 네 나라 사이를 이간시켜 미천왕과 단씨는 물러나고, 우문씨와 최비가 모용외와 싸우다가 크게 패했다. 최비는 고구려에 투항하고 고구려 장수 여노자(如奴子)가 하성(河城)에 웅거해 있다가 모용외의 장수 장통(張統)에게 패했다고 하는데, 이것은《진서》에 전해진 것으로서 거의 사실인 듯하다. 여노자는 고노자(高奴子)의 잘못인 듯하나, 고노자는 모용외를 여러 번 격파한 명장이니 이제 장통에게 붙잡혔다는 말이 자못 의심스럽다. 또한 고노자가 봉상왕(烽上王) 5년 뒤로는 다시 〈고구려 본기〉에 보이지 않으니 그 동안에 이미 죽었을 것인데, 거의 40년 만에 갑자기 나타난 것도 매우 의심스럽다. 아마도 거짓 기록이 아닌가 싶다.

7. 제3환도(丸都), 지금 집안현 홍석정자산(紅石頂子山) 함락

기원 331년 미천왕이 죽고 고국원왕(故國原王) 쇠(釗)가 왕위를 이었다. 이듬해 모용외도 죽고 그의 세자 황(皝)이 왕위를 이었다. 고국원왕은 야심은 미천왕보다 더했으나 재략(才略)이 그에 미치지 못했다. 모용황은 그 야심과 재략이 아버지 외보다 뛰어난 효웅일뿐더러, 그의 서형(庶兄) 한(翰)과 그의 두 아들 준

(儁)과 각(恪) 등이 다 절세의 기재(奇才)였다.

고국원왕은 평양이 서북 경영에 불편하다 하여 지금 집안현 홍석정자산(紅石頂子山) 위에 새로 환도성(丸都城)을 쌓아 도읍을 옮겼다. 이것이 제3환도성이다.

태조왕 때 왕자 수성이 쌓은 제1환도는 아직 적국 땅으로 되어 있고, 동천왕이 쌓은 제2환도도 적국과 아주 가까웠다. 그러므로 나아가 싸우기에 편하고 물러나 지키기에 용이한 지방을 가려 도읍으로 정하려고 이 제3환도성을 쌓은 것이다.

모용황(慕容皝)은 고국원왕이 제3환도성으로 천도했다는 말을 듣자, 고구려가 장차 북벌할 것을 알고 먼저 고구려에 침입하여 타격을 주었다. 그와 동시에, 겉으로는 고구려를 피하여 멀리 달아나는 모습을 가장하여 고구려가 방비를 소홀히 하게 하려고, 극성(棘城), 곧 모용외 이래 저희 옛 도읍을 버리고, 거기서 서북으로 더 나아가 용성(龍城)으로 천도했다.

여러 신하들을 모아 놓고 모용황이 물었다. "고구려와 우문씨(宇文氏) 두 나라 가운데 어느 나라를 먼저 치는 것이 좋겠느냐?"

모용한(慕容翰)이 대답했다. "우문씨는 비록 강성하나 사실은 지키려는 뜻을 가졌을 뿐이지만, 고구려는 그렇지 않습니다. 우리가 만일 우문씨를 쳤다가는 고구려가 우리 뒤를 엄습할 염려가 없지 않으니 먼저 고구려를 치는 것이 옳습니다. 고구려를 치자면 두 길이 있는데, 하나는 북치(北置)로부터 환도성으로 향하는 북도(北道)요, 또 하나는 남협(南陝)과 목저(木底)를 거쳐 환도성으로 향하는 남도(南道)입니다. 북도는 평탄하고 넓으나 남도는 험하고 좁아서 고구려가 남도보다도 북도를 더 엄중히 방비할 것이니, 우리가 먼저 일부 군사를 내어 북도로 침입한다 일컫고, 가만히 대군을 내어서 남도로 공격하면 환도성을 깨뜨리기 어렵지 않을 것입니다."

그래서 모용황은 모용한의 계략을 채용했다.

고국원왕은 모용황의 군사가 북도로 침입해 온다는 보고를 듣자 저들의 계략을 모르고 아우 무(武)를 보내 5만 군사로 북도를 방비하게 하여, 무는 모용황의 장군 왕부(王富)의 목을 베고 그 군사 1만 5천을 전멸시켰다. 그러나 고국원왕은 적은 군사로 남도를 방어하다가 황의 대군을 만나 크게 패하여 단기(單

騎)로 도망쳤다. 결국 환도성이 적병에게 함락되어 왕태후 주씨(周氏), 왕후 모씨(某氏)가 다 적병에게 잡혔다. 모용황은 환도성을 얻고 다시 왕을 쫓으려다가, 장군 한수(韓壽)가 "고구려 왕이 비록 패해서 달아났으나, 여러 성의 구원병이 다 모여들면 넉넉히 우리 대군의 적수가 될 것입니다. 또 고구려 국내에는 험한 산이 많아 추격하는 것이 위험합니다. 고구려 왕의 아버지 무덤을 파서 해골을 가지고 그 모후(母后)와 아내를 잡아가면, 그는 죽은 아버지와 살아 있는 어머니와 아내를 되찾기 위해 할 수 없이 항복할 것입니다. 그런 다음에 은혜와 믿음으로 무마하여 그를 움직이지 못하게 한다면, 장래 우리의 중원 경영에 아무런 장애가 없을 것입니다"라고 말하였다. 모용황은 그의 말을 좇아 왕을 쫓기를 포기했다. 모용황은 고구려 국고(國庫)에 들어가 역대 문헌을 불태우고, 모든 진귀한 보물과 재산을 약탈하고, 성곽과 대궐과 민가를 모조리 파괴했다. 또한 미천왕의 능을 파 그 시체와 왕태후 주씨, 왕후 모씨를 싣고 돌아갔다. 적병은 비록 돌아갔으나 죽은 아버지와 생모가 적국에 잡혀 갔으므로, 고국원왕은 부모를 찾아오기 위해 공손한 말과 많은 예물로 모용씨와 교류하고, 하는 수 없이 중국 대륙 경영을 포기함으로써 수십 년 동안 약한 나라가 되었다.

환도성의 세 번 천도는 고구려 상대(上代) 성쇠의 역사를 충분히 설명해 준다. 태조왕 때 왕자 수성(遂成)[6]이 요동을 점령하고 제1환도성을 지금 개평(蓋平) 부근에 처음으로 쌓던 때가 고구려가 가장 강성한 때였다. 그리고 발기(發岐)가 모반하여 요동을 들어 공손씨에게 항복하므로 산상왕이 제2환도성을 지금 환인현(桓仁縣) 부근에 옮겨 쌓았다가 이것까지 위(魏) 장수 관구검에게 파괴된 때가 고구려가 쇠퇴해진 시기이고, 미천왕이 선비를 몰아내고 낙랑·현도·요동 등 군을 차례로 회복하여 중흥의 실적을 올리다가 중도에 죽고, 고국원왕이 왕위를 이어 제3환도성을 지금 집안현(輯安縣) 부근에 다시 쌓았다가 또 모용황에게 파괴당할 때가 고구려가 가장 쇠미해진 시기이다.

《삼국사기》에는 비록 이런 관계를 상세히 서술하지 못했으나, 〈본기(本紀)〉 지리를 상세히 고찰해 보면 그 요점을 알 수 있고, 《삼국지》에 이이모(伊夷謨)가 다시 새 나라를 만들었다고 한 것은 곧 제2환도성 축성을 가리킨 것이다.

---

[6] 뒤의 次大王.

이상의 기록은 《조선사략(朝鮮史略)》과 《삼국사기》에 보이는 것을 뽑아 기록한 것이다. 《진서》는 이미 대략 말한 바와 같이 당태종이 고구려를 헐뜯고 욕하기 위해 허다한 사실 아닌 기사를 거짓으로 만든 내용이 많은 글이다. 그러므로 위의 기사도 의심스러운 점이 없지 않다. 예를 들면 모용황이 미천왕 무덤을 파 갔다고 했으나, 미천왕 때 고구려 도읍은 평양이었고, 미천왕이 돌아간 지 12년 만에 고국원왕이 환도성으로 천도했으니, 고구려 역대 왕릉은 모두 당시 왕도(王都) 부근에 있었다. 그러므로 미천왕은 돌아간 뒤에 반드시 평양에 묻혔을 것이고 환도성에 묻히지 않았을 것인데, 환도성을 침략한 모용황이 어찌 평양에 묻힌 미천왕 능을 파 갈 수 있으랴? 그러므로 미천왕 능을 파 갔다는 말은 아주 의심스러운 동시에, 그 이하에 기록된 왕태후와 왕후를 잡아갔다는 것도 믿기 어렵다. 다만 이 뒤에 고구려가 30여 년 동안 곧 모용씨가 멸망하기 이전에는 다시 중국 대륙을 경영하지 못했음을 보면, 모용씨에게 크게 패하여 불리한 조건의 조약을 맺은 사실이 있었음은 분명하다.

제7편
고구려·백제 두 나라의 충돌

제1장
고구려·백제 두 나라 관계의 유래

1. 남낙랑·동부여의 존망과 고구려·백제 두 나라의 관계

고추모(高鄒牟)와 소서노(召西奴) 부부가 따로 고구려 백제 남북 두 왕국을 건설한 뒤 고구려는 북쪽 여러 나라들을 차차 정복해 들어가 북방의 유일한 강대국이 되는 동시에, 백제는 온조왕이 마한 50여 나라를 통일하고 진(辰)·변(弁) 두 나라와 신라, 가라(加羅)를 정복하여 또한 남방의 유일한 강대국이 되었다. 이는 이미 제4편과 제5편에서 대강 서술했다. 두 강대국이 이처럼 남북에서 대치했으나, 수백 년 동안 서로 한 번의 접촉도 없었음은, 남낙랑과 동부여가 두 나라 중간에서 장벽이 되었기 때문이다. 이제 두 나라의 접촉 사실을 쓰려고 하니, 먼저 남낙랑과 동부여의 존망 관계부터 말할 수밖에 없다.

남낙랑과 동부여의 열국이 고구려 대주류왕의 정복을 받고는 고구려를 원망하여 늘 중국의 후원을 얻어 이를 보복하려고 했으나 여의치 못했다. 태조왕 때 왕자 수성(遂成)이 한과 싸워 이기고 요동과 북낙랑을 회복하니, 남낙랑과 동부여는 물론 고구려에 눌려 꼼짝을 못하고, 백제도 고구려에게 신복(臣服)하여 그 요구에 응해 기병을 내서 고구려의 서정(西征)에 참가했으니, 이는 제5편과 제6편에 말했거니와, 백제사가 중간에 연대가 줄어들어 고구려 태조왕 때가 백제의 어느 왕 어느 시대에 해당하는지 아직 발견할 수 없고, 백제 초고왕(肖古王) 이후에야 그 연대를 겨우 믿을 수 있게 되었다. 초고왕 32년은 곧 고구려 산상왕 원년(기원 197년)이니, 고구려가 발기(發岐)의 난으로 요동과 북낙랑을 한인 공손씨에게 빼앗기자 남낙랑과 동부여가 고구려를 배반하고 자립했으며, 남낙랑 남부인 대방(帶方: 지금 長湍 내지 鳳山 등지) 호족 장씨는 또 남낙랑을 배반하고 대방국(帶方國)을 세웠다. 백제도 이를 틈타 고구려와 관계를 끊고 자립하고, 초고왕의 아들 구수왕(仇首王)이 예(濊)의 침노를 물리쳐서 나라 형세가 더욱 강성해졌다. 고이왕(古爾王)과 초고왕은 한 어머니에게서 태어난 형제인데, 기원 234년 구수왕(仇首王)이 돌아갔다. 이때 구수왕의 태자(太子)[1]이 나이 어린 것을 핑계로 그 왕위를 빼앗았다. 이때 고구려가 관구검에게 패하고 낙랑을 습격하여 남낙랑의 옛 도읍인 지금 평양을 빼앗아 도읍을 옮기고, 남낙랑은 풍천원(楓川原 : 지금 평강과 철원 부근)으로 옮기자, 고이왕이 남낙랑 변경을 침노하여 그곳 백성들을 붙잡아 갔다. 낙랑태수 유무(劉茂)와 대방태수 궁준(弓遵)이 남낙랑과 한편이 되어 동부여를 쳐서 이기고 회군하자, 고이왕은 아직 건국한 지 얼마 안 되는 백제로서 위(魏)를 대적하지 못할 줄 알고 그 약탈한 사람들을 돌려주고 화의를 청했다. 그러나 유무 등이 듣지 않고 신라 북부 여덟 개 나라를 모두 남낙랑에게 떼어 붙이려 했다. 왕이 노하여 진충(眞忠)으로 하여금 대방(帶方) 기리영(崎離營)[2]을 거쳐 궁준의 목을 베고 위나라 군사를 물리치니, 대방왕 장씨가 이에 백제의 위력을 두려워하여, 그 딸 보과(寶菓)를 고이왕(古爾王)의 태자 책계(責稽)에게 시집보내서, 북방에 대항하는 공수동맹을 맺었다.

 기원 285년 책계왕이 장인과의 동맹 의리를 내세워 대방을 구원하니, 이것이 백제와 고구려의 첫 충돌이었다. 그 뒤에 고구려는 선비 모용씨의 발흥으로 서북쪽 방어에 급급해서 남쪽을 돌아볼 겨를이 없었으나 남낙랑과 동부여는 백제의 강성해짐을 시기하여, 기원 298년 두 나라가 진(晉) 구원병과 합력하여 침노해 왔다. 책계왕이 나아가 싸우다가 빗나간 화살에 맞아 죽었다. 분서왕(汾西王)은 재위 7년 만에 남낙랑 자객에게 암살되었고, 이어 비류왕(比流王)이 섰다. 고구려 미천왕이 북으로 요동과 북낙랑을 격파하여 선비를 격퇴할 뿐 아니라 또 남쪽 경영에도 힘을 써서 남낙랑과 대방을 토멸하고, 오래지 않아 백제와도 결전을 하게 되었다. 그러나 미천왕이 죽어 그 문제가 유야무야하게 되었고, 미천왕의 아들 고국원왕이 서서 선비에게 패했음은 앞 편(編)에서 말했다. 고국원왕이 북방 경영을 포기하고 남진(南進)주의를 취하여 자주 백제를 침노하다가, 마침내 백제 근구수왕(近仇首王)을 만나 패하고 꺾이면서 드디어 남북 혈전 판국을 이루었으니, 다음 장에서 이를 서술하려 한다.

---

1) 고이왕의 종손 *沙伴*.
2) 지금 미상.

제2장
근구수왕(近仇首王)의 영무(英武)와 고구려의 쭈그러짐
(附:백제의 해외 정벌)

1. 백제의 대방(帶方) 병탄과 반걸양(半乞壤)의 접전

백제 근초고왕(近肖古王)은 처음에 왕후 진씨(眞氏)를 몹시 사랑하여, 왕후 친척인 진정(眞淨)을 신임하고 조정좌평(朝廷佐平)[1]으로 삼았는데, 진정은 권세를 믿고 함부로 날뛰어 모든 신하들을 억압하고, 백성들의 재물을 빼앗아서 20년 동안 국정을 어지럽혔다. 그러다가 태자 근구수(近仇首)가 영특하고 밝아서, 마침내 진정을 파면하여 폐단을 고치고, 대방 장씨(張氏)의 항복을 받아내어 그 땅을 군현(郡縣)으로 만들었으며, 육군 군제(軍制)를 개정하고 해군을 처음으로 설치하여, 바다 건너 중국을 침략할 야심을 품었다.

이때 고구려는 고국원왕이 환도(丸都)를 버리고 평양으로 도읍을 옮긴 다음, 선비에게 당한 치욕을 남쪽에서 풀려고 자주 백제를 침노하다가, 기원 369년에는 마병·보병 2만 명을 황·청·적·백·흑 다섯 깃발에 나누어 거느리고 반걸양(半乞壤:지금 碧瀾渡)까지 이르러 근구수왕이 나아가 싸웠다. 이보다 앞서 백제의 나라 말 목자(牧者) 사기(斯紀)가 잘못하여 말굽을 다치게 하고 그 죄가 두려워서 고구려로 달아나 고구려 군인이 되어 이 싸움에 왔는데, 몰래 탈출하여 근구수왕을 보고 "저들은 군사가 비록 많지만, 거의 남의 이목을 속이려고 수만 채운 의병(疑兵)이요, 오직 적기병(赤騎兵)만이 날래고 용감합니다. 그러니 적기병만 깨뜨리면 그 나머지는 스스로 무너져 흩어질 것입니다."

근구수왕이 그의 말을 좇아 날래고 용감한 군사를 뽑아 적기병을 격파하고, 고구려 군사를 모두 물리치면서 수곡성(水谷城:지금 黃海道 新溪) 서북쪽까지

---
[1] 형벌과 옥에 관한 일을 담당.

진격하여 돌을 쌓아 기념탑을 만들고 패하(浿河)[2] 이남을 거두어 백제 영토로 만들었다.

2. 고국원왕의 전사와 백제의 재령(載寧) 천도

반걸양(半乞壤) 싸움 뒤 3년에 고국원왕이 그 빼앗긴 땅을 회복하려고, 정병 3만 명으로 패하(浿河)를 건넜다. 근초고왕(近肖古王)이 근구수(近仇首)를 보내어 강 남쪽 언덕에 미리 복병했다가, 불의에 맞아 싸워서 고국원왕(故國原王)을 쏘아 죽이고, 패하를 건너 도읍을 함락하였다. 그러자 고구려가 이에 다시 국내성(國內城 : 지금 輯安縣)으로 도읍을 옮기고, 고국원왕의 아들 소주류왕(小朱留王 : 〈본기〉의 小獸林王)이 즉위하여 백제를 방어했다. 근초고왕(近肖古王)이 상한수(上漢水 : 지금 載寧江)에 이르러 황색 깃발을 세우고 크게 열병식을 행한 다음 도읍을 상한성(上漢城 : 지금 載寧)으로 옮겨 더욱 북방 진출을 꾀했다. 《삼국사기》〈지리지(地理志)〉 고구려조에는 고국원왕의 평양 천도를 기록하고 소주류왕의 국내성 재천도는 기록하지 아니하며, 역대 사학자들이 모두 고국원왕 뒤로는 고구려가 늘 평양 등지에 도읍하고 있었던 것으로 알고 있다. 그러나 고구려가 국내성을 고국천(故國川)·고국양(故國壤)·고국원(故國原)이라 일컬었으니, 고국원왕 시신을 그 천도 역사(役事)를 따라 국내성으로 옮겨와서 장사지냈으므로 고국원왕이라 일컬은 것이다. 이는 이때 고구려가 국내성으로 환도했다는 한 증거이다.

광개토경평안호태왕(廣開土境平安好太王) 비문에 따르면, 평안호태왕은 국내성에서 생장하여 국내성 부근에 장사지냈음이 명백하다. 이는 평안호태왕 전대(前代)에 국내성으로 환도한 또 하나의 증거이다. 국내성 환도는 곧 백제 침략을 피하기 위한 것이었다.

또 《삼국사기》〈백제 본기〉에는 '근초고왕이 고구려 평양을 빼앗고 물러나 한성에 도읍했다'고 하였고, 〈지리지〉에는 한성은 곧 남평양이라 하였으며, 이 밖에도 《삼국사기》 가운데 한성을 고구려 남평양으로 친 데가 대여섯 군데나 된다. 그러나 지금 한성은 오직 장수왕이 한번 함락한 일 이외에는 그 이전 어

---

2) 대동강 상류, 지금 谷山·祥原 등지.

느 해 어느 달에 고구려 땅이 되었다는 기록이 전혀 없으니, 북평양은 북낙랑 곧 요동 개평(蓋平)·해성(海城) 등지요, 남평양은 곧 지금 평양이니, 근초고왕이 쳐 빼앗은 평양이 지금 한성(서울)이 아니라 지금 평양인 한 증거요, 〈지리지〉에 중반군(重盤郡: 지금 재령)이 한성이라 했으니, 백제가 이미 평양을 함락하고 북진하여 지금 재령에 도읍했을 것이 사리에 맞는다. 그뿐 아니라 만일 근초고왕이 쳐 빼앗은 평양이 지금 한성이라고 한다면, 어찌 '고구려 평양을 빼앗아 도읍했다'고 기록하거나, '고구려 한성을 빼앗아 도읍했다'고 기록하지 않고, 구태여 평양과 한성을 갈라서 '고구려 평양을 빼앗고 물러나 한성에 도읍했다'고 기록했으랴?

이것은 근초고왕이 빼앗은 평양이 한성이 아니라 지금 평양이라는 또 하나의 증거가 된다. 〈백제 본기〉에 따르면 근초고왕이 물러난 한성 부근에 한수(漢水)와 청목령(靑木嶺) 등 지명이 있으므로, 어떤 이는 한수를 지금 한강이라 하고, 청목령을 지금 송악이라고 하지만 대개 고대에 도읍을 옮기면 그 부근 지명도 따라 옮겼으니, 한수·청목령 등은 모두 근초고왕이 천도할 때 따라 옮긴 지명이지 지금 한강과 지금 송악이 아니다.

백제에는 원래 세 한강이 있었으니, 지금 한성에 가까운 한강이 그 하나요, 앞에 말한 재령(載寧) 한성의 월당강(月唐江) 곧 한강이 그 둘이요, 나중에 문주왕(文周王)이 천도한 직산(稷山) 위례성(慰禮城)[3]의 한내가 그 셋이다.

이 책에서는 그 구별의 편의를 위하여 제1한강은 중한수(中漢水)·중한성(中漢城)이라 하고, 제2한강은 상한수(上漢水)·상한성(上漢城)이라 하고, 제3한강은 하한수(下漢水)·하한성(下漢城)이라 한다.

3. 근구수왕 즉위 뒤 해외 경략

근구수왕(近仇首王)은 기원 375년 즉위하여 재위 10년 동안 고구려에 대하여 겨우 한 번 평양을 침입한 적이 있었으나, 바다 건너 중국 내륙을 경략하여 선비(鮮卑) 모용씨(慕容氏) 연(燕)과 부씨(苻氏) 진(秦)을 정벌하고 지금 요서(遼西)와 산동(山東), 강소(江蘇)와 절강(浙江) 등지를 경략하는 등 넓은 땅을 장만했

---

[3] 한성에 가까운 지금 陽城.

다. 이런 기록이 비록 〈백제 본기〉에는 오르지 않았으나, 《양서(梁書)》와 《송서(宋書)》에 '백제가 요서와 진평군(晉平郡)을 공략하여 차지했다(百濟略有遼西晉平郡)'고 했고, 《자치통감(資治通鑑)》에는 '부여가 처음 녹산(鹿山)에 웅거했다가 백제에게 격파당해 서쪽 연(燕) 가까이로 옮겼다(扶餘初據鹿山 爲百濟所殘破 西徙近燕)'고 한 것이 이를 증명한다.

대개 근구수가 근초고왕의 태자로서 군국(軍國) 대사를 대리하여 이미 침입하는 고구려를 격퇴하고, 나아가서 지금 대동강 이남을 차지하고 나서 해군을 확장하여 바다를 건너 중국 대륙에 침입하여 모용씨를 쳐서 요서와 북경을 빼앗고 요서(遼西)와 진평(晉平) 두 군을 설치했다. 그리고 녹산(鹿山 : 지금 哈爾濱)까지 들어가 부여를 점령하여 북부여가 지금 개원(開原)으로 천도하기에 이르렀다. 모용씨가 망한 뒤 지금 섬서성에서는 진왕(秦王) 부견(符堅)[4]이 강성해져 근구수왕이 또 진과 싸워 지금 산동 등지를 자주 정벌하여 이를 도망치게 하였으며, 또한 남으로 지금 강소·절강성 등지를 차지하고 있는 진(晉)을 쳐서 또한 얼마간 주군(州郡)을 빼앗았으므로, 여러 책 기록이 대략 이러하다.

그러면 《진서》나 《위서》나 《남제서(南齊書)》에는 어찌하여 이를 빼 버렸는가? 중국 사관(史官)이 늘 나라의 수치를 꺼려 숨기는 괴상한 버릇이 있어, 중국에 들어가 주인 노릇한 모용씨(慕容氏) 연(燕)이나, 부씨(苻氏) 진(秦)이나, 탁발씨(拓跋氏) 위(魏)나, 근세 요(遼)·금(金)·원(元)·청(淸) 같은 것은, 저들이 자기네 역대 제왕으로 인정하므로, 그 업적을 그대로 기록했다. 하지만 그 외에는 거의 삭제했을 뿐만 아니라 당태종이 백제와 고구려를 침노하여 핍박할 때, 그 장수와 사졸들을 고무하기 위해 양국의 중국 침입 기록을 없애 버리고는 조선 양국 토지의 절반이 본래 중국 소유였다고 위증한다. 《진서》는 당태종 자신의 저서이므로 말할 것도 없이 백제 근구수왕의 대 중국 전공을 뺐을 것이고, 《위서》 《남제서》는 당태종 이전 것이므로 또한 구수왕 서쪽 정벌 이야기를 뺐을 것이며, 오직 《양서(梁書)》나 《송서(宋書)》의 '백제가 요서를 공략해서 차지했다'고 한 구절은 그 기록이 너무 간단하고 사실이 너무 소략해 당태종이 우연히 주의하지 못하여 그 문자가 그대로 유전된 것일 것이다.

---

4) 또한 선비족.

그러면 어찌하여 〈백제 본기〉에서는 이런 일을 뺐는가? 기는 신라가 백제를 미워하여 이를 뺐을 것이고, 또는 후세에 사대주의가 성행하여 무릇 조선이 중국을 친 사실은 이미 중국사에 보이는 것만을 뽑아다 기록하고, 그 나머지는 다 빼버렸기 때문이다.

근구수왕의 무공에 관한 기록이 이처럼 삭제되었을 뿐 아니라, 그 문화에 관한 것도 많이 삭제되었다. 이를테면 근구수왕이 10여 년은 태자로, 10년은 대왕으로 백제 정권을 잡았는데, 본기에 근구수왕의 문화적 사업 관련 기록이라고는 겨우 박사(博士) 고흥(高興)을 얻어 《서기(書記)》라는 백제 역사서를 지은 것 한 가지밖에 없다.

그런데 나는 일본사의 성덕태자(聖德太子)의 사적이 거의 근구수왕 것을 훔쳐다가 만든 것이라고 생각한다. 근구수의 근(近)은 음이 '건'이니 백제 때에는 성(聖)을 '건'이라 했으므로 근초고·근구수·근개루(近蓋婁)의 근(近)이 다 성(聖)을 의미하는 것이요, 구수(仇首)는 음이 '구수', 구수는 마구(馬廐)를 일컬음이다. 그러므로 일본 성덕태자의 '성덕'이란 칭호는 근구수의 '근(近)'을 가져간 것이요, 성덕태자가 마구간 언저리에서 났으므로 '구후(廐戶)'로 이름했다고 하는 것은 근구수의 '구수(仇首)'를 본받은 것이다. 이로 미루어 '성덕태자가 헌법(憲法) 17조를 제정했다'고 하는 것과 '불법(佛法)을 들여갔다'고 하는 것도 모두 일본인이 근구수왕의 공적을 흠모하여 이를 본떠다가 저 성덕태자전 가운데 넣은 것이 분명하다.

《삼국사기》를 보면 백제 침류왕(枕流王) 원년(서기 384년) 9월 '호승(胡僧) 마라난타(摩羅難陀)가 진(晉)으로부터 왔다'고 했는데, 역사가들이 이를 근거하여 백제 불교의 시초를 침류왕 원년으로 잡는다. 하지만 《삼국사기》에 늘 전왕 말년을 신왕 원년으로 삼고, 그 때문에 전왕 말년 일을 신왕 원년 일로 잘못 쓴 것이 허다하다. 이는 따로 변론할 것이다. 마라난타가 백제에 들어온 해는 근구수왕 말년 곧 기원 383년이요, 침류왕 원년 곧 기원 384년이 아니다.

제3장
광개토대왕의 북진정책과 선비 정복

1. 광개토대왕의 북정남토(北征南討)의 시초

기원 384년 백제 근구수왕(近仇首王)이 죽고 맏아들 침류왕(枕流王)이 왕위를 이은 지 2년 만에 또 죽으므로, 둘째 아들 진사왕(辰斯王)이 즉위했다. 진사왕은 어릴 때부터 총명하고 용감하다는 말을 들었으나 천성이 호탕하여 근구수왕이 성취한 강대국 권력을 빙자하여 인민을 가혹하게 부려서 청목령(靑木嶺: 지금 松都)으로부터 팔곤성(八坤城: 지금 谷山 등지)까지 성책을 쌓고, 다시 서쪽으로 꺾어 서해까지 1천여 리 장성을 쌓아 고구려를 막게 했다. 또한 백제 건국 이래 처음이라 할 만한 장려한 대궐을 도읍에 짓고 큰 연못을 파서 여러 가지 고기를 기르고 연못 가운데는 인공 산(山)을 만들어 기이한 새와 이상한 풀을 길러서 온갖 오락이 극도에 이르렀다. 이로써 인민의 원망이 이어나고, 해외 영토는 모두 적국에게 빼앗겨 나라 형세가 점차 쇠약해졌다.

고구려 고국양왕(故國壤王)은 곧 진사왕과 같은 시대 인물이니, 고국양왕이 조왕(祖王)이 피살당한 원수와 국토를 깎인 치욕을 갚기 위해 늘 백제를 치려고 별렀다. 이때 선비 모용씨가 진(秦)에게 망하고 진왕(秦王) 부견(符堅)이 강성하여 90만 군사로 동진(東晉)을 치다가 크게 패했다. 고국양왕이 이를 기회삼아 요동·북낙랑·현도 등 군을 다 회복했다. 그런데 모용씨 가운데 모용수(慕容垂)란 자가 다시 궐기하여 지금 직예성(直隷省)에 웅거하여 천왕(天王) 자리에 나아가 나라 이름을 다시 연(燕)이라 하여 세력을 회복하고, 자주 군사를 내어 요동을 집적거렸으며, 또 몽골 등지에 과려족(顆麗: 〈本紀〉의 契丹)이 강성해져서 고구려 신성(新城) 등지를 침략했다. 그래서 고국원왕은 즉위 뒤에 모용수와 싸워 요동을 회복하고 과려족을 몰아내어 북쪽 경계를 지키기에 급급하여 남쪽을 돌아볼 겨를이 없었다.

그러나 고국양왕 말년에 이르러 태자 담덕(談德) 곧 뒤의 광개토경평안호태왕이 영특하고 용감하여 병마(兵馬)를 맡아 늘 신속한 전략으로 백제 군사를 습격하여 석현(石峴) 등 10여 개 성을 회복하니, 진사왕이 여러 번 크게 패하여 드디어 한강(漢江) 남쪽 위례성(慰禮城 : 지금 廣州 南漢)으로 도읍을 옮기고, 담덕의 군사가 두려워서 나아가 싸우지 못하여, 중한수(中漢水 : 지금 한강 이북) 땅이 거의 고구려 차지가 되었으며, 관미성(關彌城 : 지금 江華)은 예로부터 땅의 형세가 험하다고 일컫는 곳이지만, 또한 담덕의 해군에게 함락되었다.

《삼국사기》에는 이 전쟁을 기록했으나, 광개토경평안호태왕 비문에는 이런 말이 없으니 이는 무슨 까닭인가? 《삼국사기》는 원래 《고기(古記)》에 따른 것인데, 《고기》는 이제 전하지 않지만 여러 책에 인용된 고기 문자를 보면 편년사(編年史)가 아니고 기전체(紀傳體)이기 때문에 연대 조사가 매우 곤란하다. 김부식이 착실히 조사해 보지 않고 아무렇게나 모든 사실을 각 왕 연조에 분배했다. 안라가라 멸망은 법흥왕 원년 일인데, 진흥왕 37년 일이라 했고, 석현(石峴) 등 회복과 과려족 격퇴는 고국양왕 말년 광개토경평안호태왕이 태자 담덕으로 있을 때 일인데, 왕이 된 뒤 일로 잘못 기록했다. 그러므로 이런 것을 잘 분별하여 《삼국사기》를 읽는 것이 좋다.

2. 광개토대왕의 과려(顆麗) 원정

고구려 태자 담덕(談德)이 고국양왕 뒤를 이어 왕위에 올랐는데, 과려가 자주 변경을 침노하므로 즉위 5년인 기원 395년 원정군을 일으켜 파부산(叵富山)과 부산(負山)을 지나 염수(鹽水)에 이르러, 그 6, 7백 개 마을을 파괴하고 소와 말, 양을 노획하여 돌아왔다. 파부산은 《수문비사(修文備史)》에 지금 음산산맥(陰山山脈)의 와룡(臥龍)이라 했고, 부산은 지금 감숙성(甘肅省) 서북쪽 아랍선산(阿拉善山)이라 하였으며, 염수는 《몽고지지(蒙古地誌)》에 따르면 소금기(鹽分)가 있는 호수나 강이 허다한데, 아랍선산 아래에 길란태(吉蘭泰)란 염수가 있어 물가에 늘 한 자 이상 여섯 자 이하 소금 더미가 응결된다고 하였다. 이로 미루어 보면 대개 광개토왕의 발자취가 지금 감숙성 서북에까지 미쳤음을 알 수 있으니, 이는 고구려 역사상 유일한 원정이 될 것이다. 이 원정은 《삼국사기》〈고구려 본기〉에는 누락되었고, 광개토왕 비문에만 기록되었는데, 과려가 혹시 〈고구려 본기〉에 있는 대로 거란(契丹)이 아닌가 하지만, 실은 거란은 선비 후예이니, 광개토왕 때 선비는 모용씨와 우문씨 등이요 거란이란 명칭이 없었으니, 〈고구려본기〉의 거란은 곧 후세 역사가들이 과려를 거란으로 망령되게 고친 것이다. 과려가 거란이 아니면 어느 종족인가? 《위서》나 《북사(北史)》에 따르면 흉노 후예인 '연연(蠕蠕)'이라는 종족이 지금 몽골 등지에 분포되어 한때 강성하였으니, 과려나 연연은 그 글자 음이 '라라'이니 과려는 곧 흉노의 후예이다.

3. 광개토대왕의 왜구 격퇴

왜(倭)는 일본의 본이름이다. 지금 일본이 왜와 일본을 구분하여 왜는 북해도(北海道) 아이누족이요, 일본은 대화족(大和族)이라고 하지만 일본 음에 화(和)와 왜(倭)가 같으니, 일본이 곧 왜임이 분명하다. 저들이 근세에 와서 조선사나 중국사에 쓰인 '왜'가 너무 문화 없는 흉포한 야만족임을 부끄럽게 여겨 드디어 화(和)란 명사를 지어낸 것이다.

백제 건국 이후까지도 왜가 어리석고 무지하여, 저 본삼도(本三島)[1]에서 고기잡이와 사냥으로 생활을 할 뿐이고 아무런 문화가 없었는데, 백제 고이왕이 그들을 가르쳐 인도해서 봉직(縫織)과 농작(農作)과 그 밖의 백공(百工)의 기예를 가르치고, 박사 왕인(王仁)을 보내 《논어》와 《천자문》을 가르쳐 주고, 백제 가명(假名) 곧 백제 이두자로 일본 가나(假名)란 것을 지어 주었으니 이것이 지금 이른바 일본자(日本字)라는 것이다. 왜가 이처럼 백제의 교화를 받아 백제 속국이 되었으나, 천성이 침략하기를 좋아하여 도리어 백제를 침범하니, 진사왕 말년에는 더욱 기승을 부렸다.

그러나 백제가 고구려에게 석현(石峴) 등 10여 개 성을 빼앗김을 통분히 여겨 기원 391년(광개토왕 원년) 왕이 진무(眞武)로 하여금 고구려가 새로 점령한 땅을 공격하고, 한편으로 왜와 친교하여 함께 고구려에 대한 동맹을 맺었다. 기원 395년(광개토왕 5년) 광개토왕이 과려 원정에서 돌아와 수군으로 백제 바닷가와 강가의 일팔성(壹八城)·구모로성(臼模盧城)·고모야라성(古模耶羅城)·관미성(關彌城) 등을 함락하고, 육군으로 미추성(彌鄒城)·야리성(也利城)·소가성(掃加

---

1) 일본 국토를 이룬 세 섬, 곧 本州·四國·九州.

城)·대산한성(大山韓城) 등을 함락하고 왕이 몸소 갑옷과 투구를 두르고 아리수(阿利水), 곧 지금의 월당강(月唐江)을 건너 백제 군사 8천여 명을 죽였다.

그러자 백제 아신왕(阿莘王)이 다급하여 왕제 한 사람과 대신 10사람을 볼모로 올리고, 남녀 1천 명, 세포(細布) 1천 필을 바쳤으며, '노객(奴客)'의 맹서를 쓰고, 고구려를 피해 사산(蛇山 : 지금 稷山)으로 천도하여 '신위례성(新慰禮城)'이라 일컬었다. 그 뒤 고구려가 북쪽 선비와 싸울 때마다 백제는 그 맹약을 어기고 왜병(倭兵)을 불러, 고구려가 새로 점령한 땅을 침노하고, 또 신라가 고구려와 한편 됨을 미워하여 왜병으로 신라를 침노했다.

그러나 광개토왕의 용병이 신과 같이 신속하여 북으로 선비를 치는 틈에 늘 백제의 기선을 제어하고 왜를 격파해서 신라를 구원했다. 임나가라(任那加羅 : 지금 高靈)에서 왜병을 대파하여 신라 내물왕이 몸소 광개토왕을 찾아보고 사례함에 이르렀다. 기원 407년 지금 대동강 수전(水戰)에서 가장 기묘한 공을 세워 왜병 수만 명을 전멸시키고 갑옷 투구 1만여 벌과 수없이 많은 무기와 물자를 얻으니, 왜가 이로부터 두려워하고 복종하여 다시는 바다를 건너오지 못하여 남쪽이 오랜 동안 평온했다.

4. 광개토왕의 환도(丸都) 천도와 선비(鮮卑) 정복

광개토왕은 야심이 많고 무략(武略)이 뛰어난 인물이지만, 사실은 동족을 사랑하는 마음이 대단했다. 백제를 공격한 것은 백제가 왜와 결탁한 것을 미워해서이지, 땅을 빼앗기 위해서가 아니었다. 광개토왕의 유일한 목적은 북쪽의 강성한 선비를 정벌하여 지금의 봉천성(奉天省)과 직예성(直隸省) 등지를 차지하는 것이었다. 그래서 남쪽과의 전쟁은 늘 소극적 의미를 가진 것이요, 북쪽과의 전쟁이 비로소 적극적 의미를 가진 것이었다.

그래서 왕은 제5의 도읍인 안시성(安市城 : 지금 蓋平 부근)으로 천도하고, 선비 모용씨와 10여 년 전쟁을 계속하였는데 늘 저들의 허를 틈타 불의에 쳐서 선비를 격파함으로써 마침내 요동으로부터 요서(遼西 : 지금 永平府)까지 차지했다. 늘 승리를 하여 명장이라 일컫던 연왕(燕王) 모용수(慕容垂)도 패하여 물러나고, 그 뒤를 이은 연왕(燕王) 성(盛)과 희(熙) 등 중국 역사상 일대 효웅들이 다 꺾여서 할 수 없이 수천 리 땅을 고구려에게 떼어 주어 광개토왕이란 그 존호(尊號)처럼 국토를 넓혔다.

《진서(晉書)》에 겨우 '태왕(太王 : 好太王)이 연평주(燕平州) 숙군성(宿軍城)을 침노하므로 평주자사(平州刺史) 모용귀(慕容歸)가 달아났다'고 기록했을 뿐이고, 그 외에는 도리어 연(燕)이 늘 이긴 것으로 기록했음은 무슨 까닭인가? 《춘추》에 적(狄)이 위(衛)를 멸망시킨 것을 기록하지 않은 것처럼 외국과의 전쟁에 패한 것을 숨기는 것은 중국 사관(史官)의 상례이다. 그때 모용씨(慕容氏) 연(燕)이 멸망하고 탁발씨(拓跋氏) 위(魏)가 강성했던 것도 호태왕이 연을 공격한 것과 직접 관계가 있고, 동진(東晉)의 유유(劉裕)가 일어나서 선비족(鮮卑族)과 강족(羌族)을 이기고 송고조(宋高祖)가 황제 될 터를 닦은 것도 호태왕이 연을 공격한 것과 간접 관계가 있다.

저들이 그 완고하고 편벽된 상례를 지켜 사실을 사실대로 쓰지 않아, 기원 5세기 초 중국 대국(大局)이 변화한 원인이 가려진 것이다. 광개토경평안호태왕 비문은 《진서》와 달리 곧 호태왕의 후손 제왕이 세운 것이다. 그런데 그 가운데 선비 정벌에 대한 문구가 기재되지 않은 것은 무슨 까닭인가?

내가 일찍이 호태왕비를 구경하기 위해 집안현(輯安縣)에 이르러 여관에 들었을 때, 만주 사람 영자평(英子平)이란 소년을 만났는데, 필담으로 한 비에 대한 그의 이야기는 다음과 같았다.

"비가 오랫동안 풀숲 속에 묻혔다가 최근 영희(榮禧)[2]가 이를 발견했다. 그 비문 가운데 고구려가 땅을 침노해 빼앗은 글자는 모두 칼과 도끼로 쪼아내어 알아볼 수 없게 된 글자가 많다. 또한 그 뒤 일본인이 이를 차지하여 영업적으로 이 비문을 박아서 파는데, 때때로 글자가 떨어져 나간 곳을 석회로 발라 알아볼 수 없는 글자가 도리어 생겨나서 참되고 틀림없는 사실은 삭제되고, 위조한 사실이 첨가된 듯한 느낌도 없지 않다."

그러니까 이 비문에 호태왕이 정작 선비(鮮卑)를 정복한 큰 전공이 없음은 삭제되었기 때문이다. 아무튼 호태왕이 평주(平州)를 함락시키고 그 뒤에 선비의 쇠퇴를 타고 자꾸 나아갔더라면 호태왕이 개척한 토지가 그 존호 이상으로 넓었을 것이다. 그러나 이미 말한 바처럼 호태왕은 동족을 사랑하는 이였다. 연

---

2) 또한 만주 사람.

신(燕臣) 풍발(馮跋)이 연왕 희(熙)를 죽이고, 고구려 선왕의 서손(庶孫)으로 연에서 벼슬하던 고운(高雲)을 세워 천왕(天王)이라 일컫고 호태왕에게 보고하니, 호태왕은 "이는 동족이니 싸울 수 없다" 하고 사신을 보내 즉위를 축하하고 촌수를 따져 친족의 의를 말하고 전쟁을 그만두니, 호태왕의 북진정책이 이에 종말을 고했다. 호태왕은 기원 375년[3]에 나서 기원 391년 즉위하여, 412년 돌아가니 나이 39살이었다.

광개토경평안호태왕의 조각난 비석이 지금 봉천성 집안현 북쪽 2리쯤에 있는데 높이가 대략 21자[4]이니, 근세에 만주 사람 영희(榮禧)라는 이가 발견하여 인행(印行)했는데 비석에는 떨어져 나간 글자가 많았다. 그 뒤 일본 사람이 그 비를 차지하여 인행해서 팔았으나, 그 떨어져 나간 글자를 혹 석회로 발라서 글자를 만든 곳이 있어서, 학자가 그 진상을 잃었음을 한탄한다.

---

3) 백제 근구수왕 원년.
4) 넓이 4.5자~6.6자 옆면 4.4자~4.8자.

제4장
장수태왕의 남진정책과 백제 천도

1. 장수태왕(長壽太王)의 역대(歷代) 정책 변경

기원 412년 장수태왕이 광개토왕 뒤를 이어 즉위하여 491년 돌아가니 재위 79년이었는데, 이 79년 동안은 조선 정치사상에 가장 큰 변화를 일으킨 기간이다. 무슨 변화인가?

곧 고구려 역대 제왕들이 또는 북진주의를 쓰고 또는 남북병진주의(南北幷進主義)를 써 왔는데 북수남진주의(北守南進主義)가 장수태왕 때부터 비롯되어 드디어 남방 세 나라의 대 고구려 공수동맹을 환기시켰다. 남방의 백제는 이미 강성해졌고, 신라와 가라(加羅 : 駕洛)도 차차 강성해져서 예전과 비교할 바가 아니었으니, 고구려 정치가가 되어서는 남쪽을 돌아보지 않을 수 없었다. 광개토왕은 다만 외족(外族) 여러 나라 곧 중국과 선비, 과려(顆麗) 등을 정복하여 동족 여러 나라는 자연 그 깃발 아래 무릎을 꿇도록 하였거니와, 장수태왕은 이 정책을 위험하게 생각해서 동족 여러 나라를 먼저 통일한 뒤에 외족과 싸우는 것이 옳다고 하여, 드디어 광개토왕 정책을 변경하여 평양으로 천도하고 북수남진주의를 쓰기에 이른 것이다.

이때에 연(燕) 신하 풍발(馮跋)이 연왕 희(熙)를 죽이고, 고구려 지손(支孫) 고운(高雲)을 세워 황제로 삼아서 광개토왕의 문죄(問罪)를 면했으나, 오래지 않아 풍발이 고운을 죽이고 스스로 서서 천왕(天王)이라 했다. 제2세 홍(弘)에 이르러서는 선비의 별부(別部)인 탁발씨(拓跋氏)가 지금 산서(山西) 등지에 나라를 세워 날로 커져서 황하(黃河) 이북을 거의 차지하고, 군사를 내어 연을 치니, 풍홍의 국토가 날로 줄어들어서 견디어 내기가 아주 어려우므로 자주 사신을 고구려에 보내어 구원을 빌었다.

장수왕은 북수남진(北守南進)이 그가 작정한 정책이었으므로, 위(魏)와 말썽을 일으키는 것을 좋아하지 않았다. 그러나 연이 모용희(慕容熙) 이래로 백성의 힘을 빼앗아 대궐과 대궐 정원을 아주 장려하게 만들 뿐 아니라, 궁중에 진귀한 보물과 미인을 수없이 모아 들여서 음탕과 호사가 모든 나라 가운데 으뜸이었다. 비상할 정도로 이기심이 강했던 장수왕이 이를 탐내어 연의 사신을 속여 "고구려가 남쪽 백제의 난이 그치지 않아 아직 큰 군사를 낼 수 없으니, 만일 연왕이 기꺼이 고구려에 와서 머무른다면 마땅히 장사들을 보내서 영접하고 나중에 기회를 보아 구원해 주겠노라"고 말하니, 연왕 홍(弘)이 이를 허락했다.

기원 426년 위가 기병 1만과 보병 수만을 동원하여 연의 도읍 화룡(和龍 : 지금 鄴)을 침노하자, 장수왕이 말치(左輔) 맹광(孟光)을 보내 군사 수만 명을 거느리고 가서 연왕 홍을 맞이하게 하니, 위 군사가 이미 연 도읍에 이르러 서문으로 입성했다. 맹광이 급히 동문으로 들어가 위에 항복한 연 상서령(尙書令) 곽생(郭生)의 군사와 싸워 곽생을 쏘아 죽이고 연의 무기고에 들어가 정예한 무기를 빼앗아 위 군사를 격파하고 대궐에 불을 지르고 진귀한 보물과 미인을 거두어 가지고 돌아왔다.

위왕은 그 보물과 미인을 빼앗겼음은 나무라지 못하고, 다만 연왕 홍이 고구려에 머무르는 것을 싫어하여 그를 넘겨주기를 청했으나, 장수왕이 허락하지 않았다. 그러나 위의 환심을 잃지 않으려고 자주 위와 교류하고, 또 남중국 송(宋)과 친히 사귀어 위를 견제했다.

2. 위기승(圍碁僧)의 음모와 백제의 피폐

장수왕은 외교 수단으로 중국 위(魏)와 송(宋)을 견제하고는, 백제를 파멸시키기에 전력을 기울였다. 그러나 왕은 부왕인 광개토왕과 같은 전략가가 아니라, 흉측하고 악독한 음모가였다. 칼이나 활로 적국을 정면으로 공격하지 않고, 먼저 간사하고 악독한 술책으로 그 심복들을 부식(腐蝕)시킨 뒤에 손을 대는 그런 사람이었다. 장수왕은 평양으로 천도한 뒤에 몰래 조서를 내려 백제 내정을 문란케 할 기묘한 계략을 가진 책사를 구했는데, 그 조서에 응하여 불교승(佛敎僧) 도림(道琳)이 나섰다.

그때 백제 근개루왕(近蓋婁王)은 바둑의 명수였고 도림도 바둑의 명수였다. 도림은 장수왕에게 몰래 아뢰어 거짓 죄를 지어 도망치는 사람 차림으로 백제로 들어가 근개루왕을 만나 보고 바둑 동무가 되기로 하고, 아침저녁으로 근개루왕을 모시고 바둑을 두었다. 근개루왕은 자기의 바둑 적수가 천하에 오직 도림 한 사람뿐이라 하여 그를 끝없이 친애하였다.

도림이 몇 해 동안 근개루왕 곁에 있으면서 왕의 성격과 행동을 상세히 알아보고는 말했다.

"신이 한낱 망명해 온 죄인으로서 대왕의 총애를 받아 의식 거처를 이같이 사치하고 아름답게 하니 이 은혜를 갚을 길이 없습니다. 이제 신의 어리석은 생각을 다하여 한마디 대왕께 말씀드리고자 합니다. 대왕의 나라가 안으로는 산을 끼고 밖으로는 바다와 강이 둘러 있어 적병이 백만이라도 어쩌지 못할 천험(天險)입니다. 대왕께서 이런 천험에 의지하여 숭고한 지위와 부유한 왕업을 가지고 사방의 눈과 귀를 일으켜 세울 만한 기세를 지으시면, 사방의 여러 나라들이 바야흐로 존숭하여 섬기기를 게을리하지 못할 것입니다. 그런데 이 성을 높이 쌓지 못하시고 대궐을 크게 짓지 못하시며 선왕의 해골을 작은 뫼에 파묻고, 인민의 집은 해마다 장마에 떠내려 보내어, 외국인이 보기에 창피한 일이 많으니, 누가 대왕의 나라를 우러러보며 높이 받들려고 하겠습니까? 대왕을 위하여 취하실 바가 아니라고, 신은 생각합니다."

근개루왕이 그의 말을 달게 여겨 전국 남녀를 모두 징발하여, 벽돌을 구워 둘레 수십 리나 되는 왕성을 높이 쌓고, 성안에는 하늘에 닿을 듯한 대궐을 지었다. 욱리하(郁里河 : 지금 陽城 한내) 가에서 큰 돌을 가져다가 큰 석관(石棺)을 만들어 부왕의 해골을 넣어 넓고 큰 왕릉을 만들어서 묻고, 왕성 동쪽에서 숭산(崇山) 북쪽까지 욱리하에 제방을 쌓아 어떤 장마에도 물난리가 나지 않도록 했다.

이런 공사를 치르고 나니 국고가 탕진되고 군자(軍資)도 모자라고 백성들의 힘도 쇠잔해지니, 도둑이 벌떼처럼 일어나서 나라 형세가 위태롭기가 누란(累卵)과 같았다. 이에 도림이 성공한 줄 알고 도망하여 고구려에 돌아와서 장수왕에게 그 사실을 아뢰었다.

3. 고구려군 침입과 근개루왕 순국

장수왕이 도림의 보고를 듣고 크게 기뻐하며 '말치' 제우(齊于)와 백제에서 항복한 장수 재증걸루(再曾桀婁)와 고이만년(古爾萬年) 등을 보내어, 3만 군사로 백제 신위례성(新慰禮城 : 지금 稷山 부근)을 쳤다. 근개루왕이 고구려 군사가 공격해 온다는 말을 듣고, 이에 도림의 간사한 계책에 속은 줄을 알고는 태자 문주(文周)를 불러 울면서 "내가 어리석어서 간사한 자의 말을 믿어 나라가 이 꼴이 되었으니, 비록 위급한 환난이 있은들 누가 나를 위하여 힘쓸 이가 있겠느냐? 고구려 군사가 이르면 나는 국가를 위해 희생하여 속죄하려니와, 네가 나를 따라 부자가 함께 죽으면 무슨 도움이 되겠느냐? 너는 빨리 남쪽으로 달아나 의병을 모으고 외국 원조를 청하여 조상의 업을 이어라"라고 말하고는 문주를 떠나보냈다.

제우 등이 북성(北城)을 쳐 7일 만에 함락하고, 군사를 옮겨 남성(南城)을 치니, 온 성중이 떨고 동요하여 싸울 뜻이 없었다. 근개루왕이 친히 나아가 싸우다가 고구려 군사에게 잡혔다. 걸루(桀婁)와 만년(萬年) 등이 처음에는 예전 군신의 의리를 지켜 말에서 내려 두 번 절하더니 갑자기 왕의 얼굴에 세 번이나 침을 뱉어 꾸짖었다. 그리고 왕을 결박하여 아차성(阿且城 : 지금 廣州 峨嵯山)에 이르러 항복을 받으려고 했으나 이에 응하지 않으므로 결국 해치고 말았다. 이로써 신위례성(지금 稷山 부근) 이북이 모두 고구려 차지가 되었다.

아신왕(阿莘王)이 광개토왕을 피해 신위례성으로 서울을 옮긴 것은 이미 앞에서 말했다. 정다산(丁茶山 : 丁若鏞)이 직산을 문주왕(文周王) 남천(南遷) 뒤 잠도(暫都)라 한 것은 그릇된 판단이다. 사성(蛇城)은 직산의 옛 이름이고 숭산(崇山)은 아산(牙山)의 옛 이름이니, 이 장(章)을 참고하면 직산 위례성이 문주왕 이전 곧 아신왕이 천도한 곳임이 더욱 명백하다.

제8편
남방 여러 나라의 대고구려 공수동맹

제1장
네 나라 연합군과의 싸움과 고구려의 퇴각

1. 신라·백제 두 나라 관계와 비밀동맹 성립

장수왕의 남진정책(南進政策)이 비록 한때 백제를 무너뜨렸으나, 마침내 남쪽 세 나라, 신라·백제·가라 연맹을 이루게 한 원인이 되어 역사상 처음인 큰 변화의 국면을 이루었다. 이 연맹 주력이 신라에 있었으므로, 이제 그 경과를 서술함에 먼저 신라 대 백제·고구려 관계의 유래부터 대략 말하려 한다.

신라는 원래 그 지방이 고구려와 멀고 백제와 가까워서, 고구려보다 백제와의 관계가 더욱 복잡했다. 그러나 《삼국사기》 신라와 백제 관련 기록은 믿을 것이 적으니, 그 한두 예를 들어 보겠다. 이를테면, 신라가 탈해이사금 뒤로 백제와 서로 2백 명 정도 적은 군사로 연혁도 전하지 않는 와산(蛙山) 봉산(烽山) 등지를 거의 해마다 빼앗고 빼앗기곤 했다고 했으나, 신라는 당초 경주 한 귀퉁이 조그만 나라이고, 백제는 온조왕 때 벌써 마한 50여 나라를 차지하였으니, 어찌 신라와 똑같이 해마다 2백 명 정도 군사를 내었으랴?

또 한 가지, 두 나라가 간혹 서로 사이좋고 친하게 지낸 일이 있으나 늘 백제가 먼저 신라를 향하여 화의를 구걸하였다고 하는데, 백제가 신라보다 몇 갑절 되는 큰 나라로서 어찌 늘 먼저 굴복했으랴? 백제와 신라 사이에 가라 여섯 나라와 사벌(沙伐)과 감문(甘文) 등 완충국이 있었는데, 어찌 백제가 가라 등의 나라들과는 한 번의 충돌도 없고, 도리어 신라를 침범했으랴? 대개 신라가 백제를 심하게 원망해 백제가 망한 뒤 그와 관계된 사적을 많이 고치거나 위조했다. 중국 《삼국지》《남사(南史)》《북사(北史)》 기록을 보면 신라가 처음 백제의 절제를 받았다 했으니, 이것이 도리어 믿을 만한 기록일 것이다.

근구수왕 백제가 고구려와 혈전을 벌이는 동안에 신라는 비로소 자립하여 백제에 대항하였다. 오래지 않아 고구려 광개토왕이 나와 국위를 크게 떨치자 백제 아신왕(阿莘王)이 왜병을 불러 북으로 고구려를 막고 남으로 신라를 쳤다. 이에 신라 내물이사금(奈勿尼師今)은 고구려 구원병을 얻어 왜를 물리치고, 몸소 광개토왕을 알현하고 왕족 실성(實聖)을 볼모로 보냈다. 내물이사금이 죽자 내물의 아들 눌지(訥祗)가 아직 어리므로 실성이 귀국하여 왕위를 잇고, 눌지와 복호(卜好) 형제를 고구려에 볼모로 보냈다. 그 뒤에 실성이사금이 고구려 귀인(貴人)과 결탁하여 눌지를 죽이려고 했으나, 고구려 사람이 듣지 않고 눌지를 돌려보내어 실성이사금을 죽이고 즉위했다.

눌지이사금이 이처럼 고구려 덕분에 왕위를 얻었으나, 고구려가 백제를 아우르면 신라도 홀로 견디어 내지 못할 것을 잘 알고, 박제상(朴堤上)을 보내어 신라의 고구려에 대한 정성이 한낱 볼모가 있고 없음에 달린 게 아니라는 말로 고구려 군신을 설득하여 왕의 사랑하는 아우 복호를 데려오고, 또 한편으로 비밀리에 백제와 통하여 고구려를 막으려 했으며, 백제도 왜는 멀고 신라는 가까우므로 왜와의 교류를 끊고 신라와 사귀어 고구려를 막기로 결정하여 신라와 백제 두 나라 동맹이 성립했다.

《삼국사기》에 눌지이사금 39년, 기원 455년 고구려가 백제를 침범하니 눌지이사금이 군사를 보내 백제를 구원했다 하였으니, 이는 곧 위에 말한 두 나라가 동맹을 맺은 결과이다. 이 밖에도 고구려 대 동맹 양국 침략전과 동맹 양국 대 고구려 방어전이 잦았을 것이지만, 기록에 보이지 않는 것은 사문(史文)이 떨어져 나가 없어졌기 때문이다.

2. 신라·백제·임나·아라(阿羅) 네 나라 동맹

장수왕이 신위례성(新慰禮城)을 침노하자 근개루왕(近蓋婁王)의 태자 문주(文周)가 신라에 와서 위급함을 고하니, 신라는 동맹 의리뿐 아니라, 그 스스로를 방어하기 위해 어쩔 수 없이 출병하게 되었다. 그래서 자비마립간(慈悲麻立干)이 군사 1만 명으로 구원에 나섰으나 근개루왕은 이미 죽고 신위례성은 무너졌으므로 문주왕(文周王)은 도읍을 회복하지 못하고 물러나 웅진(熊津)에 도읍하니, '웅진'은 광개토왕 비문에 '고모나라(古模那羅)'라고 한 곳이다. 둘 다 '곰나루'로 읽을 것이니, 전자는 뜻으로 쓴 이두자요, 후자는 음으로 쓴 이두자이다. 지금 공주(公州)가 그때는 '곰나루'이다.

이때 지금 한강 이남에 신라·백제 이외에 가라 등 여섯 나라가 있어서 지금 경상남도를 나누어 웅거했음은 제3편에서 말한 바 있지만, 최초에는 신가라가 종주국이고 임나(任那)·아라(阿羅)·고자(古自)·고령(古寧)·벽진(碧珍) 다섯 가라는 이에 딸려 있었다. 그런데 그 뒤에 신가라와 다른 세 가라는 미약해져서 정치 문제에 관여할 권리를 잃고 오직 임나와 아라 두 가라만이 강성해져 신라와 맞섰다.

그래서 광개토왕이 왜를 칠 때에도 상당한 군사를 내어 신라와 함께 고구려를 도와서 왜와 싸웠다. 그러나 이때 신위례성이 무너지고 백제가 웅진으로 천도하니, 두 가라가 모두 크게 놀라 스스로 보전하기를 도모하는 동시에, 신라와 백제도 두 나라 힘만으로는 고구려를 막아 내기에 부족함을 느끼고 드디어 두 가라의 동맹 가입을 권유하여, 이에 신라·백제 두 나라 대 고구려 공수동맹이, 신라·백제·임나·아라 네 나라 대 고구려 공수동맹으로 변했다.

장수왕은 신라가 지난번 고구려의 큰 은혜, 곧 광개토왕이 왜군을 정벌한 일을 잊고 백제와 연합함을 크게 분하게 여겨, 기원 481년 대병을 일으켜 신라 동북부를 침공했다. 그러자 신라 소지마립간(炤智麻立干)은 몸소 비열홀(比列忽 : 지금 安邊)에 이르러 방어하다가 크게 패하고 고구려 군사는 이긴 기세를 타서 남으로 나와 고명(孤鳴 : 지금 淮陽) 등 일곱 성을 함락하였다. 그래서 백제 동성대왕(東城大王)[1]은 두 가라국과 연합하여 길을 나누어 응원하여 고구려 군사를 격파하고 그 잃은 땅을 회복했다.

3. 네 나라 동맹이 40년 계속됨

네 나라 동맹으로 장수왕의 남진 쇠채찍이 꺾이고, 백제와 신라가 다함께 스스로 보전함을 얻었으니, 이것은 당시 조선 정치사상 큰 사건일 수밖에 없다. 백제 동성대왕이 해외를 경략(經略)[2]하여 백제가 고구려 이상의 강국임을 자랑하던 때까지도 이 동맹은 오히려 계속되었다. 기원 494년 신라가 살수(薩水 : 지금 대동강 상류) 부근에서 고구려와 싸우다가 견아성(犬牙城)에서 포위당해 구원을 청하므로, 백제 동성대왕이 군사 3천 명을 보내 고구려를 격퇴하고 포위

---

1) 다음 章 참조.
2) 다음 章 참조.

를 풀었다. 또 이듬해 고구려가 백제의 반걸양(半乞壤)을 치자, 신라 소지마립간이 또한 구원병을 보내 고구려 군사를 격퇴했으니, 이 동맹이 대개 40여 년 계속되었음이 분명하며, 이 동맹이 해체된 뒤에야 신라가 가라(加羅) 침략을 시작했다.

제2장
백제의 위(魏) 침입 격퇴와 해외 식민지 획득

1. 동성대왕(東城大王) 이후 백제가 다시 강해짐

백제는 신위례성이 무너져서 외우(外憂)가 한창 심한 가운데 내란이 또한 잦아서, 문주왕(文周王)은 곰나루(熊津)로 천도한 뒤 4년[1] 만에 반란을 일으킨 신하 해구(解仇)에게 죽음을 당했다. 문주왕의 맏아들 임근왕(壬斤王)[2]은 13살 소년으로서 즉위했다. 그 이듬해에 좌평(佐平) 진남(眞男), 덕솔(德率) 진로(眞老) 등과 몰래 모의하여 해구를 죽인 뛰어나게 훌륭한 임금이었지만 3년 만인 15살 젊은 나이에 죽었다. 그해 기원 479년 동성대왕이 즉위했다.

왕의 이름은 마모대(摩牟大)니, 옛 사서에 마모(摩牟)라 쓴 것은 끝 한 자를 생략한 것이고 모대(牟大)라고 쓴 것은 처음 한 자를 생략한 것이다. 왕이 즉위때 나이가 얼마였던 것은 역사에 기록되지 않았으나 임근(壬斤)의 사촌아우니까 열네댓 살 남짓이었다. 왕은 어린 소년으로 이같이 어려운 판국을 당했지만, 천성이 성숙하고 백발백중의 활쏘는 재주가 있어 고구려와 위를 물리쳐 국난을 평정했다. 그뿐 아니라, 바다를 건너 중국의 지금 산동(山東)·절강(浙江) 등지를 점령하고 일본을 쳐서 속국으로 만들었다. 그 밖에도 전공이 많았는데, 《삼국사기》에는 다만 그때 천재(天災)인 한두 번의 홍수와 가뭄과 왕의 사냥한 일만을 기록했을 뿐, 그 나머지는 모두 뺐다. 이는 신라 말기 문사들이 삭제한 것일 것이다. 이제 다음에 그의 약사(略史)를 말하기로 한다.

2. 장수왕의 음모와 위병(魏兵) 침입

이때 중국은 황하(黃河) 남북으로 갈려 곧 위(魏)와 제(齊) 두 나라로 분립했

---

1) 연표에는 3년.
2) 본기에는 三斤이라 했으나 그의 딴이름 壬乞로 보면 三斤의 三은 壬의 잘못.

다. 위는 곧 선비족 탁발씨(拓跋氏)로, 모용씨(慕容氏) 연(燕)을 대신하여 일어난 나라인데, 그 세력이 대단히 커져서 그즈음 유일한 강국으로 치게 되었다.

그런데 장수왕은 남쪽 네 나라 동맹으로 백제를 정복할 수 없으므로 손도 대지 않고 사람을 죽이는 신랄한 수완을 부려 제3국이 먼저 백제를 격파하게 하고 자기는 그 뒤에서 이익을 거두려고 했다. 그래서 해마다 황금과 명주(明珠) 10되를 위왕에게 보내 주다가, 3년 만에 사신 예실불(芮悉弗)을 빈 손으로 위왕에게 보냈다. 위왕이 그 까닭을 물으니, 예실불이 "사비(泗沘) 부여에는 황금산이 있고 섭라(涉羅 : 지금 濟州)에는 명주담(明珠潭)이 있어 두 가지 보물이 한량없이 나므로 예전에는 이를 캐어서 폐하께 바쳤는데, 이제 사비 부여는 백제 도읍이 되고 섭라도 백제가 정복하여 황금산과 명주담이 모두 그들 손에 들어가서, 우리 고구려인은 그 두 가지 보물을 구경할 수 없습니다. 그러니 어찌 폐하께 갖다 드릴 것이 있겠습니까?"라고 말했다.

위나라 임금과 신하들이 이 말을 곧이듣고 백제를 쳐서 황금산의 황금과 명주담의 명주를 빼앗을 야욕에 동침(東侵) 군사를 일으켰다.

《삼국사기》에는 《위서》에서 뽑아다가 예실불의 일을 장수왕 아들 문자왕(文咨王) 때 일로 기록했으나 남양 예씨(南陽芮氏) 족보에 따르면, 예실불을 그 시조라 하고 그가 위나라에 사신으로 간 일을 앞서 말한 것과 같이 기록했다. 대개 위가 북으로는 고구려, 남으로는 제(齊), 곧 그 육지가 맞닿아 있는 나라를 두어 두고 멀리 바다를 건너 백제와 싸운다는 것은 해운이 불편한 고대에서 땅을 다투려는 자의 일이 아니라 예실불의 말에 속아 황금과 명주를 가지려 했음이 사실인 듯하고, 위의 백제 침입이 장수왕 때요 문자왕 때가 아니니 《삼국사기》 연대가 틀린 듯하므로, 이제 《삼국사기》를 버리고 예씨 족보를 따른다.

3. 위병(魏兵)의 두 차례 패배

중국 대륙에 있는 나라들로 조선에 침입한 자가 허다하지만, 그 군사 수가 대략 10만에 이른 것은 탁발씨 위(魏)가 시초였고, 이런 큰 적을 격퇴한 이는 백제 동성왕이 처음이었다. 《위서》에는 그 나라의 수치를 숨기기 위해 이를 기록하지 않았고, 《삼국사기》는 백제의 공을 시샘하여 그 사적을 삭제한 신라 사관의 필법을 그대로 좇아 기록하지 않았다. 오직 《남제서(南齊書)》에 그 요점이 기재되었으나, 그것도 당태종의 훼방으로 그 대부분은 빠지고 겨우 동성왕이 남제(南齊)에 보낸 국서가 남아 있어 그 사실의 편린을 알 수 있을 뿐이다.

그 국서는 완전한 원문이냐 하면, "중국인은 남의 시문[3]을 대담하게 고쳐 중국을 '수방(殊方)' 또는 '원방(遠邦)'이라 쓴 자구는 저들이 채집할 때에 반드시 '황도(皇都)' 또는 '대방(大邦)' 등으로 고친다"고 한 박연암(朴燕岩) 선생의 말이 있으니, 심상한 음풍영월(吟風咏月)의 시나 글도 그러하거든 하물며 정치상에 관계되는 국서이랴.

우리는 그 국서를 통해서 ①기원 490년 위가 두 번이나 보병과 기병 수십만을 내어 백제를 침노했던 것과, ②동성왕이 첫 번째에 삭녕장군(朔寧將軍) 면중왕(面中王) 저근(姐瑾), 건위장군(建威將軍) 팔중후(八中侯) 부여고(夫餘古), 건위장군 부여역(夫餘歷), 광무장군(廣武將軍) 부여고(夫餘固)를 보내어 위병을 맞아 싸워서 이를 크게 격파한 것과, ③동성왕이 두 번째에는 정로장군(征虜將軍) 매라왕(邁羅王) 사법명(沙法名), 안국장군(安國將軍) 벽중왕(辟中王) 찬수류(贊首流), 무위장군(武威將軍) 불중후(弗中侯) 해례곤(解禮昆), 광위장군(廣威將軍) 면중후(面中侯) 목간나(木干那)를 보내어 위병을 맞아 쳐서 수만 명을 목 베었던 것과, ④동성왕이 이 두 번 큰 싸움에서 큰 승리를 얻고 국서와 우격(羽檄)[4]을 여러 나라에 보내어 이를 과시한 것과 ⑤동성왕이 여러 대 이래로 쇠잔해진 백제에 태어나서 나라 형세가 위태로운 때를 당하여 위의 두 번 큰 싸움의 승리에 힘입어 국운을 만회하고 마침내 해외 경략의 터를 닦았다는 것과, ⑥그때 출전한 대장들은 저근·사법명·부여고·부여력·부여고·찬수류·해례곤·목간나 등이었음을 알 뿐이요, 전선(戰線)이 얼마나 길었으며 싸움이 얼마나 계속되었는지, 후자는 육전이었는지 해전이었는지, 이는 모두 분명치 않다.

어찌하여 전후 두 차례 전쟁에 대장은 각각 네 사람이었던가? 이는 백제왕도 부여나 고구려와 같이 중·전·후·좌·우 5군(軍) 제도를 써서 동성왕이 중군 대원수가 되고, 네 사람은 각기 네 원수가 되었기 때문이었다.

무슨 이유로 저근(姐瑾)이나 사법명(沙法名) 등은 동성왕 신하들인데 또한 왕이라 하였는가? 이것은 조선의 옛 제도이니 대왕은 '신한'의 번역으로 곧 한 나

---

3) 조선인 詩文.
4) 나라의 급한 일에 내는 檄文.

라에 군림한 천자를 일컫는 것이고, 왕은 '한'의 번역으로 곧 대왕을 보좌하는 소왕(小王)들의 칭호이기 때문이다.

4. 동성왕의 해외 경략과 중도에 돌아감

조선 역대로 바다를 건너 영토를 둔 것은 오직 백제 근구수왕과 동성왕 두 시대뿐이다. 동성왕 때는 근구수왕 때보다 더욱 영토가 넓었다. 《구당서(舊唐書)》 〈백제전(百濟傳)〉에 백제 지리를 기록하되 '서(西)로 바다를 건너 월주(越州)에 이르고, 북으로 바다를 건너 고려(고구려)에 이르고, 남으로 바다를 건너 왜에 이른다(西渡海至越州 北渡海至高麗 南渡海至倭)'라고 했다. 그런데 월주는 지금 회계(會稽)이니, 회계 부근이 모두 백제 소유였다. 《문헌비고(文獻備考)》에 '월왕(越王) 구천(句踐)의 고도(古都)를 둘러싼 수천 리가 다 백제 땅이었다'라고 한 것이 이를 가리킨 것이고, 고려는 당인(唐人)이 고구려를 일컬은 명사이다.

고구려 국경인 요수(遼水) 서쪽, 곧 지금 봉천(奉天) 서쪽이 모두 백제 소유였으니, 《만주원류고(滿洲源流考)》에 '금주(錦州)·의주(義州)·애훈(愛琿) 등지가 모두 백제이다'라고 한 것이 이를 가리킨 것이다. 왜는 지금 일본이니, 위에 인용한 《구당서》 위 두 구절에 따르면 그즈음 일본 전국이 백제 속국이 되었던 것이 틀림없다. 백제가 위의 해외 식민지를 언제 잃었는가 하면, 성왕(聖王) 초년 고구려에게 패하고 말년 신라에게 패하여 나라 형세가 한때 쇠약해졌으니, 이때에 이르러 해외 식민지가 거의 몰락했을 것이다.

동성왕이 이런 전공을 이루었으나, 홍수와 가뭄이 심한 때임을 돌아보지 않고, 화려하게 큰 임류각(臨流閣)을 짓고, 그 앞에 원림(園林)을 만들고 못을 파서 진기한 새와 기이한 고기를 기르고, 또 사냥을 즐겨 자주 거동을 했다. 기원 501년 11월 사비부여(泗沘夫餘) 마포촌(馬浦村) 사냥에서 큰 눈을 만나 묵고 있다가, 왕을 원망하던 위사좌평(衛士佐平) 가림성주(加林城主) 백가(苩加)가 보낸 자객 칼에 죽으니, 재위 23년이요, 그 나이 겨우 30살 남짓이었다.

제9편
삼국 혈전의 시작

제1장
신라의 발흥

1. 진흥대왕(眞興大王)의 화랑 설치

화랑(花郎)은 한때 신라가 크게 일어난 원인이 되었을 뿐 아니라, 후세에 한문화(漢文化)가 발호하여 사대주의파 사상과 언론이 사회의 인심과 풍속, 학술을 지배하여, 온 조선을 들어 중국화하려는 판에 이에 반항, 배척하여서 조선을 조선답게 지켜왔다. 송도(松都)[1] 중엽 이후로는 화랑 명맥이 겨우 유지되어, 비록 직접 그 감화를 받는 사람은 없지만, 그래도 간접으로 화랑 풍속의 여운을 받아 가까스로 조선이 조선되게 하여 온 것은 화랑이었다. 그러므로 화랑의 역사를 모르고 조선사를 말하려 함은 머리를 빼고 그 사람의 정신을 찾으려는 것과 같이 어리석은 일이다.

그러나 화랑파(花郎派)들이 스스로 기록한 문헌인 《선사(仙史)》《화랑세기(花郎世紀)》《선랑고사(仙郎故事)》 등은 모두 없어져서 화랑의 사적을 알자면 오직, 화랑의 문외한인 유교도(儒敎徒) 김부식(金富軾)의 《삼국사기》와, 불교도 무극(無亟) 일연(一然)의 《삼국유사》에 실린, 과화숙식(過火熟食)[2]으로 적은 수십 줄 기록밖에는 없다. 그 수십 줄 기록이나마 정확하냐 하면 그렇지 못하다. 이제 《삼국사기》에 보인 화랑 설치의 실록을 말하려 한다. 《삼국사기》〈신라 본기〉 진흥대왕조기 본문은 다음과 같다.

> 37년 봄 비로소 원화(源花)를 받들었다. 처음에 임금고 신하들이 사람을 알아볼 수 없음을 근심하여, 무리가 모여서 떼지어 놀게 하고 그 행동을 살펴본 다음

---

[1] 고려시대.
[2] 지나가는 불에 음식이 익는다는 뜻으로, 어떤 사람을 위하여 한 것은 아니지만 결과적으로는 그 사람에게 은혜가 되었음을 뜻함.

에 채용해서 쓰고자 했다. 마침내 아름다운 여인 두 사람을 골랐는데, 한 사람은 남모(南毛), 또 한 사람은 준정(俊貞)이라 했다. 그 무리가 3백 여 명이 모였는데, 두 여인은 아름다움을 다투어 서로 시기하여, 준정이 남모를 자기 집으로 데려다가 억지로 술을 권하여 몹시 취하게 한 다음, 끌어다가 강물에 던져 죽였다. 일이 발각되어 준정이 처형되니 무리들이 서로 사이좋게 지내지 못하게 되어서 다 흩어져 버렸다. 그 뒤에 다시 얼굴이 아름다운 남자를 골라 몸을 꾸며서 이름을 화랑(花郞)이라고 하여 받드니, 무리가 구름처럼 모여들었다. 그들은 또는 서로 도의(道義)를 배우고 닦고, 또는 서로 노래와 음악을 즐기며, 산수(山水)를 유람하여 아무리 멀어도 가지 않는 곳이 없었다. 이로 인하여 그 사람의 바르고 그름을 알아서 착한 사람을 골라 조정에 추천했다. 그래서 김대문(金大問)의《화랑세기》에 '어진 재상과 충성된 신하가 여기서 나오고, 좋은 장수와 용감한 군사가 이로 말미암아 나왔다'고 했다. 최치원(崔致遠)의《난랑비서(鸞郞碑序)》에는 '나라에 현묘한 교가 있어 풍류라고 한다. 교를 베푼 근원으로 신사(神史)에 상세히 갖추어져 있는데 실로 삼교(三敎 : 유교·불교·선교)를 포함하고 있다. 인간을 접화(接化)하며, 또한 들어와서는 집안에 효도하고, 나가서는 나라에 충성한다고 한 것은 노사구(魯司寇 : 孔子)의 취지요, 무위(無爲)의 일에 처하고 불언(不言)의 교를 행한다고 한 것은 주주사(周柱史 : 老子)의 종지(宗旨)요, 모든 악한 일을 하지 말고 모든 착한 일을 받들어 행하라고 한 것은 축건태자(竺乾太子 : 釋迦)의 교화이다'라고 했다. 당나라 영호징(令狐澄)의《신라국기(新羅國記)》에는 '귀인 자제로서 아름다운 사람을 골라 몸을 단장하게 하여 이름을 화랑이라 하고, 나라 사람들이 모두 존중하여 섬겼다'고 했다. (三十七年春 始奉源花 初君臣病無以知人 欲使類聚群遊以觀其行義 然後擧而用之 遂簡美女二人 一曰南毛 一曰俊貞 聚徒三百餘人 二女爭娟相妬 俊貞引南毛於私第 强勸酒至醉 曳而投河水以殺之 俊貞伏誅 徒人失和罷散 其後更取美貌男子 粧飾之 名花郞以奉之 徒衆雲集 或相磨以道義 或相悅以歌樂 遊娛山水 無遠不至 因此知其人邪正 擇其善者 薦之於朝 故金大問花郞世記曰 '賢佐忠臣 從此而秀 良將勇卒 由是而生'崔致遠鸞郞碑序曰 '國有玄妙之道 曰風流 設敎之源 備詳神史 實乃包含三敎 接化群生 且如入則孝於家 出則忠於國 魯司寇之旨也 處無爲之事 行不言之敎 周柱史之宗也 諸惡莫作 諸善奉行 竺乾太子之化也'唐令狐澄新羅國記曰 '擇貴人子弟之美者 傳紛粧飾之 名曰花郞 國人皆尊事之也')

글 끝에 김대문과 최치원의 말을 인용하여 화랑을 몹시 찬미한 듯하나, 꼼꼼히 따져 보면 크게 잘못되고 황당하다. 〈사다함전(斯多含傳)〉에 따르면 사다함이 가라 정벌에 참여한 것이 진흥대왕 23년이니, 37년 이전에 이미 화랑이 있었음이 분명한데, 이제 37년에 화랑이 비롯했다고 하는 것은 무슨 말인가?《삼국유사》에 따르면 원화(源花)는 여자 교사이니 원화를 폐지한 뒤에 남자 교사를 두어 국선(國仙) 또는 화랑(花郞)이라 일컬었는데, 이제 원화를 화랑이라 함이 무슨 말인가? 대개 김부식 시절에는 화랑의 명칭도 아주 끊어지지 않고, 화랑의 책이 많이 남아 있을 때였음에도 그가 지은《삼국사기》에는 설치 연대를 모호하게 하고, 원류(源流)의 구별을 가리지 못했음은 무슨 까닭인가?

김부식은 유교도 영수로서 화랑파 윤언이(尹彦頤)를 내쫓고, 화랑 역사를 말살한 자이니, 그의 마음대로 하자면《삼국사기》가운데 화랑이라는 명사를 한 자도 남겨 두지 않았겠지만, 다만 그는 중국을 숭배하는 사람이라, 우리 이야기가 무엇이든 중국 서적에 나와 있으면 이를《삼국사기》에서 빼지 못했던 것이다. 그러므로 그가 아무리 화랑을 시샘해도 다만 중국의《대중유사(大中遺事)》《신라국기》같은 글 속에 화랑이라는 말이 실려 있으므로《삼국사기》에서도 빼지 못했다. 그가 이 장 끝에 인용한《신라국기》가 겨우 '택귀인자제(擇貴人子弟)' 이하 모두 24자에 지나지 않으나, 도종의(陶宗儀)의《설부(說郛)》에 인용한《신라국기》에 '신라 임금과 신하들이 사람을 알아볼 수 없는 것을 근심하여……채용하여 쓰고자……'라고 한 말이 있는데, 이로 미루어보면 그 이하 사실과 김대문·최치원의 논평(論評)까지도 대개《신라국기》것을 뽑아 기록한 것이 아닌가 한다. 그는 이처럼《신라국기》에 있는 화랑 설치 사적을 인용하고, 본국에 전해지고 있는 것은 말살해 버렸다.

《삼국유사》에 기록된 화랑 실록은 다음과 같다.

진흥왕이 즉위했다. ……크게 신선을 숭상하여 남의 집 아름다운 처녀를 골라서 원화(原花)로 만들었다. 그것은 무리를 모아 선비를 뽑고, 또 효·제·충·신(孝悌忠信)을 가르치고자 한 것이었으니, 또한 나라를 다스리는 대요(大要)였다. 이에 남모랑(南毛娘)과 교정랑(蛟貞娘 : 俊貞娘) 두 원화를 선출하니 무리가 3, 4백 명이나 모였다. 교정랑이 남모랑을 투기하여 술자리를 마련하고 남모랑을 취하도록 마시게 하여 몰래 끌어다가 북천[3] 물 속에 돌로 묻어 죽였다. 무리들이 남모랑이 간 곳을 알지 못하여 슬피 울며 흩어졌는데, 어떤 사람이 그 음모를 알고, 노래를 지어 거리 아이들을 꾀어 돌아다니며 부르게 했다. 남모랑 무리가 듣고 그 시체를 북천 속에서 찾아내고 준정랑을 죽였다. 이에 대왕[4]은 명령을 내려 원화를 폐지하였는데, 몇 해 뒤 왕이 다시 나라를 크게 일으키려면 먼저 풍월도(風月道 : 花郎道)를 일으켜야 하겠다고 생각하고, 다시 명령을 내려 양가(良家) 남자로서 덕이 있는 사람을 뽑아 이름을 화랑(花郎)이라 고치고, 처음 설원랑(薛原郎)을 받들어 국선(國仙)으로 삼으니, 이것이 화랑국선의 시초였다. (眞興王卽位…… 多尙神仙擇人家娘子美艶者 捧爲原花 要聚徒選士 敎之以孝悌忠信 亦理 國之大要也 乃取南毛娘蛟貞娘兩花 聚徒三四百人 蛟貞者嫉妬毛娘 多置飮酒 毛娘至醉 潛昇去北川中 擧石埋殺之其徒罔知去處 悲泣而散 有人知其謀者 作歌誘街巷小童唱於街 其徒聞之 尋得其尸於北川中 乃殺蛟貞郎 於是 大王下令 廢原花 累年王又念 欲興邦國 須先風月道 更下令 選良家男子有德行者 改爲花娘 始奉薛原郎爲國仙 此花郎國仙之始)

위 기록은 《삼국사기》에 비하여 좀 상세하나, 또한 아닌 밤중의 홍두깨같이 나온 소리가 적지 않다. 이를테면 진흥대왕이 신선을 숭상하여 원화·화랑을 받들었다 하니 원화나 화랑이 도사나 황관(黃冠 : 野人) 종류란 말인가? 《삼국유사》 지은이는 불교도였기 때문에 《삼국사기》 지은이인 유교도같이 남을 배척하는 심술을 가지지 않았을 것이지만 그 기록이 모호하기는 마찬가지이다.

국선화랑(國仙花郎)은 진흥대왕이 고구려 '선비' 제도를 모방한 것으로 '선비'를 이두자로 선인(先人) 또는 선인(仙人)이라 썼음은 이미 제3편에서 말했다. '선비'를 신수두 단(壇) 앞에서의 경기대회에서 뽑아 이들로 하여금 학문을 힘쓰고 수박(手搏)·격검(擊劍)·사예(射藝)·기마·택견·앙감질·씨름 등 여러 가지 기예를 익히고 사방의 산수를 탐험하게 했다. 시와 노래와 음악을 익히고, 한 곳에서 같이 자고 먹고 하며, 평시에는 환난 구제, 성(城)·길 따위 수축(修築) 등을 스스로 담당하고, 싸움이 나면 싸움터에 나아가 죽음을 영광으로 알아서 공익을 위해 한 몸을 희생하는 것이 선비와 같다. 국선(國仙)이라 함은 고구려 선

---

3) 경주 북쪽에 있는 내.
4) 진흥왕.

인(仙人)과 구별하기 위해 위에 국(國)자를 더하여 지은 이름이다. 화랑(花郎)이라 함은 고구려 '선비'가 조백(皂帛)을 입어 '조의(皂衣)'라 일컬은 것과 같이 신라 '선비'는 화장을 시키므로 '화랑'이라 일컬은 것이니, 또한 조의와 구별한 이름이다.

'원화(原花)'는 마치 유럽 중고시대 예수교 무사단 여교사처럼 남자의 정성(情性)을 조화하기 위하여 둔 여교사이다. 《소재만필(昭齋謾筆)》에 '화랑의 설(說)에, 사람이 전쟁에 죽은 뒤엔 천당(天堂) 첫자리를 차지하고, 노인으로 죽으면 죽은 뒤 영혼도 노인이 되며, 소년으로 죽으면 죽은 뒤 영혼도 소년이 된다고 하여, 화랑들이 소년으로 전쟁에서 죽는 것을 즐겼다'고 했다.

그러므로 다만 국선(國仙)의 선(仙)자 때문에 장생불사(長生不死)를 구하는 중국 선도(仙道)로 알면 큰 잘못이다. 최치원이 '무위(無爲)의 일에 처하고 불언(不言)의 교를 행한다고 한 것은 주주사(周柱史)의 종지이다'라 하였으니 이것은 다만 국선의 교가 유·불·도 삼교의 특징을 갖추어 가졌음을 찬탄한 말이니 국선은 투쟁 속에서 생활하기에 무위나 불언과는 거리가 아주 먼 교이다.

앞에 말한 《삼국사기》의 '나라에 현묘(玄妙)한 교가 있어 풍류라고 한다'고 한 것과, 《삼국유사》의 '득오(得烏)는 이름이 풍류황권(風流黃卷)에 딸려 있었다'고 한 것으로 보면 국선의 교를 '풍류'라고 이름붙인 것을 알 수 있다. 앞에 말한 《삼국유사》의 '나라를 크게 일으키려면 먼저 풍월도를 일으켜야 한다'고 한 것과, 《삼국사기》〈검군전(劒君傳)〉에 '나는 풍월(風月)의 뜰에서 수행했다'고 한 것으로 보면 국선 도를 또한 풍월이라고 했음을 알 수 있다.

풍류는 중국 문자의 유희풍류(遊戲風流)의 뜻이 아니라, 우리말의 풍류 곧 음악을 가리키는 것이다. 풍월도 중국 문자의 음풍영월(吟風詠月)의 뜻이 아니라, 우리말의 풍월 곧 시가(詩歌)를 가리키는 것이다. 대개 화랑 도가 다른 학문과 달라, 기술에도 힘쓰지만 음악과 시가에 특히 전념하여 인간 세상을 교화했다. 《삼국사기》〈악지(樂志)〉에 보인 진흥왕이 지은 '도령가(徒領歌)'와 설원랑(薛原郎)이 지은 '사내기물악(思內奇物樂)'은 물론 화랑이 지은 것이다. 《삼국유사》에 '신라 사람들이 향가를 숭상했는데 이는 때때로 능히 천지와 귀신을 감동시키는 일(羅人尙響歌者 尙矣……故往往能感動天地鬼神者非一)'이라고 한 향가 또한 거의 화랑 무리가 지은 것이다. 최치원의 《향악잡영(鄕樂雜詠)》에 이 시가와 음악으로 연극을 많이 행하니 부여 사람이나 삼한 사람이나 노래를 좋아하여 밤낮으로 노래와 춤이 끊이지 않았다 한 것은 《삼국지》에도 분명히 실려 있다.

신라가 습속을 교도(敎導)의 방법으로 세워 시가·음악·연극 등을 행하여 인심을 고무했기 때문에, 본디는 조그만 나라였으나 마침내 문화상·정치상으로 고구려와 백제를 대항할 수 있게 된 것이다. 화랑 원류(源流)를 적은 《선사(仙史)》《선랑고사(仙郎故事)》《화랑세기(花郎世記)》 등이 모두 전해지지 않았지만, 《선사》는 곧 신라 이전, 단군 이래 고구려·백제까지의 유명한 '선비'를 적은 것이다. 〈고구려 본기〉에 '평양은 선인(仙人) 왕검의 집(平壤者 仙人王儉之宅)'이라 한 것이 곧 《선사》 본문 한 구절일 것이고, 《선랑고사》《화랑세기》 등은 곧 신라 이래 '선비'를 적은 것이다. 《삼국사기》 열전에 간혹 그것을 뽑아서 적은 것이 있으나, 이는 모두 의로운 다툼에 공이 있는 화랑 졸도(卒徒)들뿐이고, 3백여 화랑, 낭도(郎徒) 스승들은 하나도 적지 않았으니, 여기서도 김부식이 화랑을 말살하려는 심리가 나타나 있다.

2. 여섯 가라의 멸망

김수로(金首露) 여섯 형제가 신가라(지금 金海)·밈라가라(지금 高靈)·안라가라(지금 咸安)·구지가라(지금 固城)·별뫼가라(지금 星州)·고링가라(지금 咸昌)에 나뉘어 왕이 되었다는 것과, 밈라·안라 두 가라가 네 나라 동맹에 참가하여 백제를 도와 고구려를 방어했다는 것은 이미 제4편과 제8편에서 말했다. 신라의 지증·법흥·진흥 세 왕이 연이어 여섯 가라를 잠식해 들어가서, 진흥왕 때에 이르러서는 여섯 나라가 모두 신라 차지가 되어, 지금 경상도가 완전히 통일되었다. 이제 여섯 가라 흥망 약사(略史)를 말하려고 한다.

신가라는 《삼국사기》〈신라 본기〉에 '금관국(金官國)'이라 한 것인데, 시조 수로왕(首露王) 때에는 신라보다 강성하여 신라 파사이사금(婆娑尼師今)이 그 이웃의 조그만 나라인 음집벌(音汁伐 : 지금 경주 북쪽)과 실직(悉直 : 지금 三陟)과의 국토 분쟁을 해결짓지 못하여 수로왕의 중재를 청했는데, 수로왕이 말 한마디로 해결 지으니 세 나라가 다 기꺼이 복종했다. 그 결과로 파사이사금이 수로왕에게 잔치를 베풀어 사례하게 되었다. 이때 신라 육부(六部) 우두머리 가운데 한 사람인 한기부(漢祇部) 부장 보제(保齊)가 지위가 낮은 사람을 김수로왕 접대 담당자로 삼았으므로 수로왕이 노하여 종 탐하리(耽下里)에게 명하여 보제를 죽였다. 파사이사금은 감히 수로왕에게는 죄를 추궁하지 못하고 단지 탐하리에게만 죄를 주려 하고, 탐하리를 숨긴 음집벌국을 쳐 멸망시킬 뿐이었다. 그러나 수로왕 이후에는 나라 형세가 날로 미약해져서 밀라가라의 침노를 받다가 신라 법흥왕 19년, 기원 532년 그 제10대 구해왕(仇亥王)이 나라의 재물과 처자를 데리고 신라에 투항해 버렸다.

안라가라는 그 연대와 사실을 거의 모르게 되었으나, 이미 앞에서 말한 것처럼 고구려 광개토대왕이 남쪽을 정벌할 때에 신라와 함께 고구려에 붙어 백제에 대항하고, 백제 문주왕이 구원을 빌었을 때에는 또 신라 네 나라 동맹에 참가하여 고구려를 방어했으니, 비록 작은 나라였지만 이렇듯 그때 정치 문제에 빠지지 않는 나라였다.

옛 사서(史書)에 안라가라가 멸망한 연조를 기록했으나, 《삼국사기》〈신라 본기〉 지증왕 15년조에는 '소경(小京)을 아시촌(阿尸村)에 두었다'고 했는데, 안라의 이두자가 아시촌(阿尸村)이니, 지증왕 15년 이전 안라가라가 이미 멸망한 것이다. 《삼국사기》〈지리지〉에는 '법흥왕이 큰 병으로 아시량국(阿尸良國)을 멸망시켰다'고 했는데, 먼저 임금이 돌아간 해를 새 임금 원년으로 잘못 기록함은 《삼국사기》에 여러 군데에서 보이는 일이라, 지증왕 15년, 곧 지증왕이 돌아간 해는 곧 법흥왕 원년일 것이니, 안라가라가 법흥왕 원년에 망한 것이 아닌가?

그러나 《삼국사기》〈열전〉에 따르면 '지증왕 때에 김이사부(金異斯夫)가 연변군관(沿邊軍官)[5]이 되어 말들을 국경에 모아 놓고 날마다 군사들더러 타고 달리게 하니, 가야 사람들이 이것을 늘 보아 예사로 알고 방비를 하지 않으므로, 이사부가 습격하여 이를 멸망시켰다'고 했다. 그런데 이 가야는 곧 안라가라를 가리킨 것이니, 안라가라가 대개 지증왕 말년에 이사부의 손에 망해 법흥왕 원년에 그 도읍이 신라 소경(小京)이 된 것으로서, 〈지리지〉의 말은 틀린 것이다.

밀라가라는 여섯 가라 가운데 그 건국 뒤 신라와 가장 악전고투하던 작은 강국이었다. 처음에는 신라와 싸울 때마다 거의 이기다가 신라 내해이사금(奈

---

5) 국경 지방을 맡아 방어하는 官吏.

解尼師今) 14년, 기원 209년 그에 소속되어 있던 포상팔국(浦上八國)[6]이 배반하여 연맹군을 일으켜서 밈라에 침입, 크게 승리하여 1천 명을 포로로 잡으므로 밈라왕이 그 왕자를 신라에 볼모로 보내고 구원병을 빌려, 신라 태자 석우로(昔于老)가 6부 정병을 거느리고 가서 구원하여 포상팔국 장군을 죽이고 포로 6천 명을 빼앗아 밈라에 돌려주었다. 그 뒤로부터 밈라는 국세가 허약해져서 신라에 대항하지 못했다. 그러나 중간에 신라와 합세하여 고구려 광개토왕도 돕고, 네 나라 동맹에 참가하여 백제도 구원해 주었다.

신라의 지증·법흥 두 대왕이 안라가라 등을 토멸하자, 제6대 가실왕(嘉實王)이 두려워서 신라 귀골(貴骨) 비조부(比助夫)와 결혼하여 스스로 보전하고자 했으나, 마침내 신라의 습격을 당하여 망하고, 그 뒤에 가실왕이 왕족과 신라에 복종치 않는 사람들을 거느리고 미을성(未乙城), 곧 지금 충주로 달아나서 백제에 의지하여 신라를 막고 미을성을 도읍으로 삼았다.

기원 554년 백제 성왕(聖王)이 구양(狗壤 : 音 글래), 지금 백마강 상류에서 신라를 공격했는데, 밈라 군사도 이를 따라 갔다가 신주군주(新州軍主) 김무력(金武力)[7]의 복병을 만나 두 나라 연합군이 전멸했다. 이것은 제10편에서 상세히 서술하겠다. 기원 564년 신라 병부령(兵部令) 김이사부(金異斯夫)와 화랑 사다함(斯多含)이 침입하여 이 옮겨 앉은 밈라가라까지 멸망시켰다.

옛 사서에서는 모두 대가야(大伽倻) 곧 밈라가라가 지금 고령에 건국했다가 고령에서 망한 것으로 기록되어 있다. 그런데 이제 어느 책에 밈라가 지금 충주에 웅거했다고 하는 것인가? 《삼국사기》 열전에 '강수(强首)는 중원경 사량부 사람이다(强首中原京沙良部人也)'라 하고, 또 강수의 진술을 기록하여 '신은 본래 임나가량 사람입니다(臣本任那加良人也)'라고 하였으니, 중원경은 곧 지금 충주요, 임나가량은 곧 '밈라가라'이니 '밈라가라'가 충주에 천도했던 한 증거요, 《삼국사기》 〈악지(樂志)〉에 '우륵(于勒)은 본래 성열(省熱) 사람이다(于勒省熱人)'라 했는데, 우륵은 밈라가라 악공(樂工)이요, 성열현(省熱縣), 곧 지금 청풍(淸風 : 丹陽)은 그때 충주 곧 미을성(未乙城)에 딸린 땅이었으니, 밈라가라가 충주에 천도했던 또 하나의 증거요, 〈신라 본기〉 진흥왕(眞興王) 15년, 기원 554년 '백제와

---

6) 대개 지금 南海·泗川 등지.
7) 신가라의 항복한 왕 仇亥의 아들.

가량이 와서 관성을 공격했다(百濟與加良來攻管城)'고 했는데, 가량(加良)은 또한 '밈라가라'를 가리킨 것이고, 관성(管城)은 백제 고시산(古尸山 : 지금 沃川狗壤 부근)이니, 이때 밈라가라가 백제와 연합하여 옥천을 친 것은 장차 지금 영동을 지나 추풍령을 넘어서 고령(高靈)의 옛 도읍을 되찾으려다가 패해 망한 것이니, 이는 '밈라가라'가 충주에 천도한 세 번째 증거이다. '밈라가라'는 비록 멸망했으나 강수(强首)의 문학과 우륵(于勒)의 음악으로 이름을 전하여 여섯 가라 가운데 가장 뛰어난 업적을 남긴 나라였다.

'구지' '별뫼' '고링' 세 가라는 《삼국사기》〈지리지(地理志)〉에 다만 '신라에게 멸망했다'고 하고 언제라는 것은 말하지 않았으나, '구지'는 밈라가라와 가까우니 그 운명이 밈라가라와 같았을 것이다. 여섯 가라가 이미 멸망하니, 신라가 계립령(鷄立嶺) 이남을 모두 통일하여 백제와 고구려에 대한 혈전이 시작되었다.

제2장
조령·죽령 이북 10고을 쟁탈
―고구려·신라·백제 세 나라 사이 100년 전쟁과 수·당 침입 끄나풀이 된 문제―

1. 무녕왕 북진과 고구려 위축

　백제 동성왕(東城王)이 비록 반신(叛臣) 백가(苩加)에게 암살당했으나, 그 아들 무령왕이 또한 영특하고 용감하여 곧 백가의 난을 쳐서 평정했다. 같은 해 무령왕은 고구려 방비가 흐트러진 틈을 타서 달솔(達率) 부여우영(夫餘優永)과 정병 5천 명을 보내어 고구려 수곡성(水谷城 : 지금 新溪)을 습격하여 깨뜨리고서 그 뒤 몇 년 동안 장령(長嶺 : 지금 서흥 鐵嶺)을 차지하여 성책을 쌓아서 예(濊)를 방비하니, 이에 백제 서북쪽이 지금 대동강까지 미쳐 근구수왕 때 옛 모습을 회복했다.

　기원 505년 고구려 문자왕이 그 치욕을 씻으려고 많은 병사를 이끌고 침입하여 가불성(加弗城)[1]에 이르니, 무령왕이 정병 3천을 이끌고 나와 싸웠다. 고구려 사람들이 백제 군사가 적음을 보고 방비를 하지 않으므로 왕이 기묘한 계교를 내어 이를 갑자기 공격하여 크게 깨뜨리니, 10여 년 동안 고구려가 다시는 남쪽으로 침범해 오지 못했다.

　왕이 그 틈을 타서 안팎의 놀고먹는 자들을 모아 농토에서 일하게 하고, 둑을 쌓아 논을 만들게 하여 나라 창고가 더욱 충실해졌다. 또한 서쪽으로 중국과 서남으로 인도·대식(大食 : 사라센) 등의 나라들과 통상하여 문화도 상당히 발달하니, 재위 24년은 백제의 황금시대라고 칭송할 만했다.

---

1) 지금 어디인지 미상.

2. 안장왕의 연애전쟁과 백제 패퇴

고구려 안장왕은 문자왕의 태자이다. 안장왕이 태자로 있을 때 한번은 상인(商人) 차림을 하고 개백(皆伯: 지금 高陽 幸州)에 가서 놀고 있었다. 마침 그때 그곳 장자(長者) 한씨(韓氏) 딸 주(珠)는 절세미인이었다. 안장이 백제 감시원의 눈을 피하려고 한씨 집으로 도망해 숨어 있다가, 주를 보고 놀라서 기뻐하며 마침내 몰래 정을 통하고, 부부가 되기로 약속을 맺었다. 단장은 가만히 주에게 "나는 고구려 대왕의 태자이니, 귀국하면 많은 군사를 몰아 이곳을 차지하고 그대를 맞아 가리라"라고 말했다.

그리고 안장은 백제 감시원의 눈을 피해 도망쳐서 돌아왔다. 문자왕이 죽고 안장왕이 왕위를 이었다. 안장왕은 자주 장사를 보내 백제를 쳤으나 늘 패했다. 왕이 친히 나서서 정벌을 꾀하기도 했으나 또한 성공하지 못했다.

그런데 그곳 태수가 한씨 딸 주가 아름답다는 소문을 듣고 주의 부모에게 결혼하게 해 달라고 신청하였다. 그러자 주는 하는 수 없이 "나는 이미 정을 준 남자가 있는데 멀리 가서 아직 돌아오지 않고 있으니, 그 남자의 생사나 안 뒤에 결혼 여부를 말하겠다"고 했다.

태수가 크게 노하여 "그 남자가 누구냐? 어찌 바로 달하지 못하느냐? 고구려의 첩자여서 말을 못하는 것이 아니냐? 적국 첩자와 정을 통했으니, 너는 죽어도 죄가 남는다" 하고 옥에 가두어 사형에 처하리라 위협하면서, 한편으론 온갖 달콤한 말로 꾀었다.

주가 옥중에서 노래를 부르기를 "죽어죽어 일백 번 다시 죽어 백골이 진토 되고 넋이야 있건 없건 임 향한 일편단심 가실 줄이 있으랴" 하니 듣는 이 모두가 눈물을 흘렸다.

태수는 그 노래를 듣고 주의 뜻을 돌이킬 수 없음을 알고 죽이기로 작정했다. 안장왕은 주가 갇혀 있는 사실을 몰래 탐지하여 알고 더없이 초조해하였으나 도무지 구할 길이 없었다. 여러 장수를 불러 "만일 개백현(皆伯縣)을 회복하여 한주를 구원하는 사람이 있으면 천금과 만호후(萬戶侯)의 상을 줄 것이다"라고 해도 아무도 응하는 자가 없었다.

왕에게는 이름이 안학(安鶴)인 친누이동생이 있는데, 또한 절세미인이었다. 안학은 늘 장군 을밀(乙密)에게 시집가려고 하고 을밀 뜬한 안학에게 장가들려고 했으나, 왕이 을밀의 문벌이 변변찮다고 허락지 않았다. 을밀은 병을 핑계로 벼슬을 버리고 집에 들어앉아 있었다.

이때에 이르러 왕이 현상금을 내건 소식을 듣고는 왕을 찾아갔다.

"천금과 만호후의 상이 모두 신의 소원이 아닙니다. 신의 소원은 안학과 혼인하는 것뿐입니다. 신이 안학을 사랑함이 대왕께서 한주를 사랑하심과 마찬가지입니다. 대왕께서 만일 신의 소원대로 안학과의 혼인을 허락하신다면, 신 또한 대왕의 소원대로 한주를 구해 오겠습니다."

왕은 마침내 한주를 사랑하는 마음이 여동생인 안학을 아끼는 마음보다 더 커서 드디어 을밀의 청을 허락하고 하늘을 가리켜 맹세했다.

마침내 을밀은 수군 5천 명을 거느리고 바닷길을 떠나면서 왕에게 아뢰었다. "신이 먼저 백제를 쳐서 개백현을 회복하고 한주를 살려 낼 것이니, 대왕께서는 대군을 거느리고 천천히 육로로 좇아오시면 수십 일 안에 한주를 만나실 겁니다."

을밀은 은밀히 결사대 20명을 뽑아 평복에 무기를 감추어 가지고 앞서서 개백현으로 들어갔다. 태수는 이를 깨닫지 못하고, 그의 생일을 맞이하여 관리와 친구들을 모아 크게 잔치를 열고, 오히려 한주가 마음을 돌리기를 바라, 사람을 보내 꾀었다.

"오늘은 내 생일이다. 오늘 너를 죽이기로 정했으나 네가 마음을 돌리면 곧 너를 살려 줄 것이다. 그러면 오늘이 너의 생일이라고 해도 좋을 것이다."

한주가 대답했다. "태수가 제 뜻을 빼앗지 않으면 오늘이 태수 생일이 되겠지만, 그렇지 않으면 태수 생일이 곧 제가 죽는 날이 될 것이요, 제 생일이면 곧 태수의 죽는 날이 될 것입니다."

태수가 이 말을 전해 듣고 크게 노하여 빨리 처형하라고 명했다. 이때 을밀의 장사들은 춤꾼으로 가장하고 잔치 자리에 들어가 칼을 빼어 많은 손님을 살상하고 고구려 군사 10만이 입성했다고 외치자 성안은 금방 어지러워졌다. 이 순간 을밀이 군사를 몰고 성을 넘어 들어가서 감옥을 부수어 한주를 구해 내고, 부고(府庫)를 봉하여 안장왕이 오기를 기다리는 한편, 한강 일대 각 성읍을 쳐서 항복받으니 백제가 크게 동요했다.

이에 안장왕이 아무런 장애 없이 백제의 여러 고을을 지나 개백현에 이르러 한주를 만나고, 안학을 을밀에게 시집보냈다.

이상은 《해상잡록(海上雜錄)》에 보이는 것으로, 《삼국사기》〈백제 본기〉 안장왕조에는 비록 안장왕이 개백현을 점령했다는 기록은 없으나, 《삼국사기》〈지리지〉 개백현 주(註)에는 '왕봉현(王逢縣)은 일명 개백현이니, 한씨 미녀가 안장왕을 만난 곳이다(王逢縣 一云皆伯 漢氏美女 迎安藏王之地)'라고 하였고, 달을성현(達乙省縣) 주(註)에는 '한씨(漢氏) 미녀가 높은 산에서 봉화(烽火)를 들어 안장왕을 맞이한 곳이므로 뒤에 이름을 고봉(高烽)이라 하였다(漢氏美女 於高山頭 點烽火 迎安藏王之處 故後名高烽)'고 했으니 한씨(漢氏)는 곧 《해상잡록》 한씨(韓氏)일 것이고, 한씨 미녀는 곧 한주일 것이며, 달을성현은 지금 고양(高陽)이니, 곧 을밀이 개백현을 점령하고 대왕과 한주를 만나게 한 곳일 것이다.

그리고 개백은 '가맛'으로 읽을 것이니, '가'는 고구려에서 왕이나 귀족을 일컫는 명사요, '맛'은 만나 본다는 뜻이다. 개(皆)는 음이 '개'이므로 그 음의 상성과 중성을 빌려 '가맛'의 '가'로 쓴 것이니, 아래 글에서 '왕기현(王岐縣) 일운(一云) 개차정(皆次丁)'이라 한 것이 더욱 '개'가 왕의 뜻임을 증명하고, 백(伯)은 뜻이 '맛'이므로 그 뜻의 소리 전부를 빌려 '가맛'의 '맛'으로 쓴 것이다.

그러니까 '개백'은 이두자로 쓴 '가맛'이요, '왕봉(王逢)'은 한자로 쓴 '가맛'이다. '가맛'은 곧 한주가 안장왕을 만나 본 뒤의 이름인데, 역사가들이 그 본명을 잊고 또 이두문 읽는 법을 몰라서, 마침내 개백을 안장왕 이전 이름으로 안 것이다. 백제 본기 성왕(聖王) 7년[2] 고구려가 북쪽 변방 혈성(穴城)을 빼앗았다고 했는데, 혈성은 혈구(穴口), 곧 지금 강화(江華)이니 이것이 곧 을밀이 행주(幸州)를 함락하는 동시에 점령한 곳으로 생각된다.

단심가는 정포은(鄭圃隱 : 鄭夢周)이 지은 것이라고 하지만, 위 기록으로 보면 대개 옛 사람, 곧 한주가 지은 것을 정포은이 불러서 즈선시대 태종(太宗)의 노래에 대답한 것이며, 포은이 지은 것은 아닌 것으로 생각된다.

---

2) 안장왕 11년, 기원 529년.

3. 이사부·거칠부 등의 집권과 신라·백제 두 나라 동맹

고구려와 백제가 한창 혈전을 벌이는 동안 신라에 두 정략가가 나왔으니, 하나는 김이사부(金異斯夫)요, 또 하나는 김거칠부(金居柒夫)이다. 《삼국사기》〈열전〉에 '이사부는 일명 태종(苔宗)'이라고 했으나, 《훈몽자회(訓蒙字會)》에 '태(苔)'를 '잇'으로 풀이했으니, '이사(異斯)'는 음으로, '태(苔)'는 뜻으로 '잇'을 쓴 것이고, '황(荒)'은 지금도 '거칠황'으로 읽으니, '거칠(居柒)'은 음으로, '황(荒)'은 뜻으로 '거칠'을 쓴 것이다. 부(夫)는 《칠서언해(七書諺解)》에 사대부를 '사태우'로 음해(音解)했으니, 그 옛 음이 '우'이고, '종(宗)'은 뜻이 '마루'이다. 그러니까 이두자 읽는 법으로 '이사부(異斯夫)'나 태종(苔宗)은 '잇우'로, 거칠부(居柒夫)와 황종(荒宗)은 '거칠우'로 읽을 것이다.

이사부는 기지가 대단하여 젊어서 가슬라(迦瑟羅) 군주(軍主)[3]가 되었는데, 이때 우산국(于山國 : 지금 울릉도)이 모반을 일으켜 모두 군사를 내어 토벌하자고 했으나 이사부는 "우산국은 조그만 섬이지만 습속이 우둔하고 사나워서 힘으로 굴복시키려면 많은 군사가 필요할 것이니, 계책을 쓰는 것이 좋습니다"고 했다. 그러고는 나무로 사자를 만들어 배에 싣고 가서 우산국 부근에 배를 멈추고 "너희들이 만일 항복하지 않으면 이 짐승을 풀어놓아 죄다 밟아 죽일 것이다" 하니, 우산국이 두려워 항복했다. 그 뒤에 '안라' '밈라' 등 가라를 정복하고 지증·법흥 두 왕조를 섬겼다.

진흥왕 원년(기원 540년) 진흥왕이 7살 된 어린아이로 즉위하여 모태후(母太后)가 섭정하고, 이사부는 병부령(兵部令)이 되어 전국 병마(兵馬)를 도맡았으며, 모든 내정과 외교에 참여했다.

거칠부의 할아버지 내숙(乃宿 : 또는 仍宿)은 쇠뿔한[4]이고, 아버지 물력(勿力)은 아찬(阿湌)이었으니, 왕족으로서 대대로 장상(將相) 집안이었다. 거칠부는 젊을 때 큰 뜻을 품고 고구려를 정찰하려고 머리를 깎고 중이 되어 고구려에 들어가서 각지를 정탐했다. 그때 법사(法師) 혜량(惠亮)의 강당에 참석하여 강의를 들었는데, 혜량은 눈치 빠른 중이었으므로 거칠부를 달리 보고 "사미(沙彌)[5]"는

---
3) 각 고을 군사의 장관, 뒤의 都督.
4) 신라 宰相의 일컬음.
5) 새로 중이 된 사람.

어디서 왔느냐?"고 물었다.

거칠부가 "저는 신라 사람으로서 법사의 이름을 듣고 불법을 배우려고 왔습니다"고 대답했다.

혜량은 "노승이 불민하지만 또한 그대를 알아보오. 고구려 국내에 어찌 그대를 알아보는 사람이 없겠소. 빨리 돌아가오" 하고, 뒷날 거칠부 소개로 신라에 투항하기를 희망했다. 거칠부는 돌아와 한아찬(大阿湌)[6]이 되어 이사부와 함께 국정에 참여하여, 먼저 백제와 동맹해서 고구려를 깨뜨리고, 또 시기를 보아 백제를 습격하여 국토를 늘리기를 꾀했다.

이때 백제 성왕(聖王)이 한강 일대를 고구려에게 빼앗기고 신라와 동맹하려고 했는데, 신라가 동맹했던 여섯 가라를 합쳐 버렸으므로 성왕은 신라와 동맹하는 것이 달갑지 않았다. 하지만 당시에 가라가 이미 망해 동맹할 만한 제삼국이 없어서 사신을 신라에 보내니, 이사부가 흔쾌히 이를 승낙하여 신라·백제의 대고구려 공수동맹이 성립되었다.

4. 신라 10군 탈취와 공수동맹 결렬

기원 548년 고구려 양원왕(陽原王)이 예(穢) 군사를 거느리고 백제 한북(漢北) 독산성(獨山城)을 공격하자 진흥왕은 백제와의 동맹에 따라 장군 주령(朱玲)을 보내 정병 3천으로 응원해서 고구려 군사를 격퇴했다. 이때 한강 이북은 안장왕의 연애전(戀愛戰) 때문에 모두 고구려 차지가 되어 있었는데, 이 한북(漢北)이란 어느 곳인가? 이는 대개 지금 양성(陽城) 한내[7] 북쪽을 가리킨 것이요, 독산성(獨山城)은 지금 수원과 진위(振威 : 平澤郡) 사이 독산(禿山) 고성(古城)으로 생각된다.

양원왕이 이 보고를 받고 다시 대병을 내어 더욱 깊이 들어가서 이듬해에는 지금 충청도 동북쪽 일대로 들어왔다. 고구려는 도살성(道薩城 : 지금 淸安)에 진을 치고, 백제는 금현성(金峴城 : 지금 鎭川)에 진을 쳐서 서로 혈전을 벌였으나 승부가 나지 않았는데, 신라는 백제 동맹국이었지만 움직이지 않고 있었다.

이듬해 기원 551년 돌궐족이 지금 몽골로부터 동침(東侵)해 와서 고구려 신성

---

6) 大官 관직명.
7) 漢字로 번역하면 역시 漢江.

(新城)과 백암성(白岩城)을 공격하므로 양원왕이 군사를 나누어 장군 고흘(高紇)을 보내 돌궐족을 격퇴하는 동안, 백제 달솔(達率) 부여달기(夫餘達己)가 정예병 1만 명으로 평양을 급습하여 점령했다. 그러자 양원왕은 도망쳐서 장안성(長安城)을 새로 쌓고 도읍을 옮겼다.

장안성은 지금 평양이라고도 하지만 만일 평양이라고 한다면, 이는 양원왕이 평양에서 평양으로 달아난 것이 되니 이것이 어찌 말이 되는가? 장안성은 대개 지금 봉황성(鳳凰城)이고 그때 신평양(新平壤)이니, 안동도호부(安東都護府: 지금 遼陽)에서 남쪽으로 평양까지 8백 리라고 한 것이 그것이다. 〈고구려 본기〉에 '평원왕(平原王) 28년 장안성으로 도읍을 옮겼다'고 했으니, 양원왕이 한때 이곳으로 천도했다가 곧 평양으로 환도하고, 뒤에 평원왕에 이르러 다시 장안성, 곧 신평양으로 도읍을 옮긴 것이다.

신라가 만일 그 동맹의 신의를 지켜 백제와 협력해서 고구려를 쳤더라면, 고구려를 멸망시켰을지도 모른다. 그러나 신라는 가까운 백제를 먼 고구려보다 더 미워하는 터였고, 또한 백제를 위해 고구려를 토멸하면 그 결과로 백제가 강성해져서 신라로서는 대적하기 어려워진다는 것을 알았다. 그래서 진흥왕은 가만히 백제 뒤를 습격하여 그 새로 얻은 땅을 빼앗기로 작정하고, 병부령(兵部令) 이사부에게 지금 충청도 동북으로 진군하게 하고, 한아찬(大阿湌) 거칠부에게 구진(仇珍)·비태(比台)·탐지(耽知)·비서(非西)·노부(奴夫)·서력부(西力夫)·비차부(比次夫)·미진부(未珍夫) 등 팔로(八路) 군사를 거느리고 죽령 이북으로 진군하게 하니, 백제는 이를 동맹국 출병이라 하여 크게 환영했다.

그러나 나라끼리 투쟁에 무슨 신의가 있으랴? 이사부가 백제와 협력하여 도살성(道薩城)을 도로 빼앗고는 곧 백제 군사를 갑자기 공격하여 금현성(金峴城)을 함락하였다. 또한 거칠부는 군사를 나누어 죽령 밖 백제 각 군영을 쳐 깨뜨려서 백제가 점령하고 있는 죽령 밖 고현(高峴) 이내 10개 고을을 빼앗았다. 그러자 백제는 닭 쫓던 개 지붕 쳐다보는 꼴이라기보다 독에 든 쥐요, 함정에 빠진 범 꼴이 되었다. 그래서 10개 고을을 빼앗겼을 뿐만 아니라, 평양에 쳐들어갔던 수만 대병도 진퇴유곡(進退維谷)이 되어 패망했다.

위 전황은 신라가 그 맹약을 배신한 행위를 숨기기 위해 백제의 평양 격파를 〈신라 본기〉에서 빼어 버렸고, 거칠부의 10개 고을 탈취가 누구와 싸운 결과인지는 기록하지 않았다. 그러나 '백제가 먼저 평양을 공격해 깨뜨렸다(百濟先攻破平壤)'고 한 7자가 우연히 남아 있어서, 이것이 〈거칠부전(居柒夫傳)〉에 실려 그 일을 후세에 분명히 밝히게 되었다.

청안(淸安)의 옛 이름은 도살(道薩) 또는 도서(道西)이니, 모두 '돌시울'로 읽을 것이다. 진천(鎭川)의 옛 이름은 흑양(黑壤)·금양(金壤)·금현(金峴)·금물내(金勿內) 또는 만노(萬弩)이니, 우리 옛말에 천(千)을 '지물', 만(萬)을 '거물'이라 했는데, 진천은 '거물래'이므로 흑양의 흑(黑)과 만노의 만(萬)은 모두 '거물'의 뜻을 쓴 것이고, 금물(今勿)과 금물(金勿)은 '거물'의 음을 쓴 것이며, 양(壤)·내(內)·노(弩)는 모두 '래'의 소리를 쓴 것이며, 금양(金壤)·금현(金峴)의 '금(金)'은 금물(金勿)을 줄인 것이고, '현(峴)'은 금물내(金勿內)의 산성을 가리킨 것이다.

《삼국사기》〈지리지〉에 지금 경기도는 물론이요, 충청도 충주·괴산까지도 고구려 영토로 되어 있었으므로 근세에 정다산(丁茶山)·한진서(韓鎭書) 등 여러 선생이 모두 "고구려가 지금 한강 이남 땅을 한 발자국도 밟아 본 적이 없다"고 하여 《삼국사기》의 잘못을 공격했으나, 이 도살성 점령으로 보건대 고구려가 한강을 건너지 못했다는 말이 어찌 잠꼬대가 아닌가?

그러나 이는 고구려의 한때 점령지이고, 오랫동안은 황해도까지도 늘 백제 땅이었으니, 충청북도 각지를 고구려 고을로 만든 《삼국사기》가 잘못이 없지는 않다. 죽령(竹嶺) 밖 고현(高峴) 안쪽 10개 고을은 어디인가? 죽령은 지금 죽령이요, 고현은 지금 지평(砥平 : 楊平郡) 용문산(龍門山) 명치(鳴峙)이고, 10개 고을은 지금 제천(堤川)·원주(原州)·횡성(橫城)·홍천(洪川)·지평(砥平 : 楊平)·가평(加平)·춘천(春川)·낭천(狼川 : 지금 華川) 등지이니, 뒤에 신라 9주(州)의 하나인 우수주(牛首州) 관내 군현(郡縣)이 그것이다.

5. 백제 성왕 전사와 신라 국토 확장

신라가 10개 고을을 빼앗고는 고구려와 강화하고, 어제 동맹국 백제를 적국으로 삼아서 그 동북쪽을 침략하여 지금 이천(利川)·광주(廣州)·한양(漢陽) 등지를 취하여 신주(新州)를 두었다. 백제는 패하여 고립되었으나 그 분함을 억제하지 못하여 밈라가라 유민(遺民)을 꾀어 국원성(國原城 : 지금 충주)을 떼어 주어 다시 왕국을 건설하게 했다. 기원 554년 밈라와 군사를 합쳐 어진성(於珍

城 : 지금 珍山, 錦山郡)을 쳐 신라 군사를 격파하여 남녀 3만 9천 명과 말 8천 필을 노획하고, 나아가서 고시산(古尸山 : 지금 沃川)을 공격하니, 신라의 신주(新州) 군주(軍主) 김무력(金武力)과 삼년산군(三年山郡 : 지금 報恩郡) 고우도(高于都)가 대병으로 원조했다. 성왕이 정병 5천 명을 뽑아 신라 대본영(大本營)을 야습하려고 구천(狗川)[8]에 이르러 신라 복병을 만나 패전하여 전사했다. 신라 군사가 이긴 기세를 타서 백제 좌평(佐平)[9] 네 사람과 군사 2만 9천 명을 목 베고 사로잡으니, 백제 전국이 크게 동요했다.

 신라는 그 뒤 더욱 백제를 공격하여 남쪽으로 비사벌(比斯伐), 곧 지금 전주를 쳐 완산주(完山州)를 두고 북쪽으로 국원성(國原城)을 쳐서 '제2밈라'를 토멸하여 그 땅에 소경(小京)을 두었다. 진흥왕이 이처럼 백제를 격파하여 지금 양주·충주·전주 등, 곧 지금 경기·충청·전라도 요지를 얻고, 곧 고구려를 쳐서 동북으로 지금 함경도 등지와 지금 만주 길림 동북쪽을 차지하니, 이때가 신라 국토가 건국 이래 가장 넓었다.

 《삼국사기》〈신라 본기〉 진흥왕조는 연월(年月) 뒤바뀜과 사실 누락이 한둘이 아니다. 화랑 설치 연대가 틀렸다는 것은 이미 제1장에서 말했지만, 14년 가을 7월 '백제 동북쪽 변방을 빼앗아 신주(新州)를 두었다(取百濟東北鄙 置新州)'라 했고, 겨울 10월 '백제 왕녀에게 장가들어 소비(小妃)로 삼았다(娶百濟王女 爲小妃)'고 하였으니, 아무리 교전이 무상한 때였지만 어찌 넉 달 전에 전쟁을 하여 그 땅을 빼앗고 빼앗기고 하다가 넉 달 후에 결혼하여 장인 사위의 나라가 된단 말인가? 하물며 이는 고을을 빼앗긴 뒤 3년밖에 안 되었으니, 3년 전 백제가 신라와 화평하고 사이가 좋다가 그렇게 속고, 3년 뒤 딸을 주어 그 왕을 사위로 삼았으랴?

 진흥왕 12년 '왕이 순행하여 낭성(娘城 : 지금 忠州 彈琴臺 부근)에 이르러, 우륵과 그 제자 이문(尼文)이 음악을 잘 안다는 말을 듣고 특별히 불러 보았다(王巡狩次娘城 聞于勒及其弟子尼文知音樂特喚之)'고 했으니, 〈악지(樂志)〉에는 우륵은 성열현(省熱縣 : 지금 淸風) 사람으로, 그 나라가 어지러워짐을 보고 악기를 가지고 신라에 귀순하니, 진흥왕이 국원(國原)에 거주하도록 했다고 되어 있다.

---

8) 음은 '글래'이니 沃川의 이름이여서 생겼는데, 지금 白馬江 상류.
9) 대신.

대개 우륵은 본래 제1밈라(지금 高靈) 사람으로, 제2밈라에 들어와 지금 청주 산수를 좋아하여 그 곳에 머물러 살다가 제2밈라가 강성해지지 못할 것을 알고 신라에 귀순하였는데, 진흥왕이 제2밈라를 쳐 평정한 뒤에 국원(지금 忠州)에 살도록 한 것이다. 그 뒤 순행하는 길에 우륵을 불러 거문고를 타게 하여 들어 본 곳이 지금 충주 탄금대(彈琴臺)이다. 그런데 국원성이 신라 소유로 된 것이 진흥왕 16년이므로 진흥왕이 우륵의 거문고를 들어 본 것도 16년 이후일 것인데, 어찌 12년에 낭성(娘城)에 순행하여 우륵의 거문고를 들었다고 했는가?

한양(漢陽) 삼각산 북쪽 봉우리에 있는 진흥왕 순수비는 왕이 백제를 쳐서 성공한 유적이고 함흥(咸興) 초방원(草坊院)의 진흥왕 순수비는 고구려를 쳐서 성공한 유적인데, 〈신라 본기〉 진흥왕조에 이 같은 큰 사건이 다 탈락되지 아니 했는가? 《만주원류고(滿洲源流考)》와 《길림유력기(吉林遊歷記)》에, 길림은 본래 신라 땅이고, 신라의 계림(鷄林)으로 말미암아 그 이름을 얻은 것이라고 되어 있다. 이것은 진흥왕이 고구려를 쳐서 땅을 개척하여 지금 길림 동북까지도 차지하였다는 한 가지 증거이다. 《박연암집(朴燕巖集)》에는 복건성(福建省) 천주(泉州)·장주(漳州)가 일찍이 신라의 땅이 되었다고 하였는데, 어느 책에 의거한 말인지 알 수 없어서 인용하지 못하거니와, 진흥왕이 혹 해외도 경략하여 그 유적을 남긴 곳이 있지 않은가 한다.

6. 고구려의 신라 침략과 바보 온달 전사(戰死)

고구려는 평양이 백제에게 함락될 때 신라 요청에 응하여 고구려와 신라는 서로 사이좋게 지냈으나 그 뒤 진흥왕이 고구려 동쪽 변방을 습격하여 남가슬라(南迦瑟羅)로부터 길림(吉林) 동북쪽까지 차지하므로, 고구려는 어쩔 수 없이 전투를 벌여 비열홀(比列忽 : 지금 安邊 이북)을 회복했다. 그러나 그 나머지 땅, 장수왕이 점령하고 안장왕 이후에 다시 점령했던 계립령(鷄立嶺 : 지금 鳥嶺) 서쪽과 죽령(竹嶺) 서쪽 여러 고을은 끝내 찾지 못했다.

신라는 당시 작전상 가장 요긴한 북한산(北漢山)을 차지한 뒤 영원히 이 땅을 차지하자는 생각에서 '장한성가(長漢城歌)'를 지어 노래를 부르자, 고구려 사람들로서는 가슴이 아프지 않을 수 없었다. 그래서 거의 해마다 군사를 동원하여 신라를 침노했으나 끝내 성공하지 못하고, 평원왕(平原王) 사위 온달(溫達)이

전사하는 참극만 연출되었다.

그때 시인 문사들은 이 일을 노래하고 이야기하였으며, 이두문으로 기록하여 고구려 사회에 널리 퍼뜨림으로써, 일반 고구려인의 적개심이 더욱 굳어져, 결국 고구려가 멸망할 때까지 신라와는 평화가 영영 끊어지고 말았다.

이제 사서에 실려 있는 온달 이야기를 아래에 말하려 한다.

온달(溫達)[10]은 얼굴이 울퉁불퉁하고 성도 없는 거지였다. 그러나 마음은 시원했다. 집에 앞 못 보는 노모가 있어 늘 밥을 빌어다가 대접하고 그 밖에는 일이 없어 거리를 어슬렁거리며 이리저리 돌아다녔다. 가난하고 천한 자를 업신여기는 것은 어느 사회에서나 마찬가지이라, 바보도 아닌 온달을 모두 '바보 온달'이라 불렀다.

고구려 평원왕에게 공주가 하나가 있었는데, 어릴 때부터 걸핏하면 울었다. 평원왕은 사랑하는 마음에서 공주가 울 때마다 "오냐 오냐, 울지 마라. 울기를 좋아하면 너를 귀한 집 며느리로 주지 않고 바보 온달에게 시집보낼 것이다" 하고 실없는 말로 달래곤 했다. 공주가 장성해 혼인할 나이가 되자, 왕은 상부(上部) 고씨(高氏)와 공주를 맺어주고자 했다.

공주는 "아버지께서 늘 저더러 바보 온달에게 시집보낸다고 말씀하셨는데, 이제 와서 다른 사람에게 시집보내시면 그 말씀이 거짓말이 되지 아니합니까? 저는 죽어도 바보 온달에게 가서 죽겠습니다" 하고 반대했다.

평원왕이 크게 노하여 "너는 만승천자(萬乘天子)의 딸이 아니냐? 만승천자의 딸이 거지의 아내가 되겠단 말이냐?"

그러나 공주는 듣지 않고 "필부도 거짓말을 할 수 없는데 만승천자로서 어찌 거짓말을 하실 수 있습니까? 저는 만승천자의 딸이기 때문에 만승천자의 말씀이 거짓말이 되지 않게 하기 위해서 온달에게 시집가렵니다"고 했다.

평원왕은 어찌할 수가 없어서 "너는 내 딸이 아니니 내 눈앞에 보이지 마라" 하고 대궐에서 내쫓았다.

공주는 다만 금팔찌 수십 개를 팔에 끼워 가지고 대궐을 나와서, 벽도 다 떨

---

10) 옛 음은 '온대'니 百山의 뜻.

어지고 네 기둥만 남은 온달 집을 찾아 들어갔다. 온달은 어디 가고 노모만 있는지라, 노모 앞에 절을 하고 온달이 간 곳을 물었다. 노모가 눈은 멀었지만, 코가 있어 그 귀한 여인에게서 나는 향기를 맡고, 귀가 있어 그 아리따운 미인 목소리는 들을 수 있었으므로, 이상하게 여겼다.

노모는 그 명주같이 보드랍고 고운 손을 만지며, "어디서 오신 귀하신 처녀인지 모르지만, 어찌하여 빌어먹고 헐벗은 내 아들을 찾습니까? 내 아들은 굶다굶다 못하여 산으로 느릅나무 껍질이나 벗겨다가 먹으려고 나가서 아직 돌아오지 않았습니다"고 했다.

공주는 산 아래로 가서 느릅나무 껍질을 벗겨 짊어지고 오는 온달을 만나, 자기가 찾아온 이유, 곧 혼인하고자 하는 생각을 말했다. 사람으로서야 어찌 부귀한 집 아름다운 여자가 빈천한 거지 남편을 구할 리 있으랴 하는 생각에, 온달이 "너는 사람 홀리는 여우나 도깨비지 사람은 아닐 것이다! 해가 졌으니 네가 나에게 덤비는구나"라고 소리쳐 말하고는 뒤도 돌아보지 아니하고 집으로 달려와서 사립문을 꼭 닫아 걸었다.

공주가 뒤쫓아와서 그 문 밖에서 하룻밤을 자고 그 이튿날 또다시 들어가 간청했다. 온달이 대답할 바를 몰라 머뭇거리기만 하자 노모가 말했다.

"내 집같이 가난한 집이 없고, 내 아들보다 더 천한 사람이 없는데, 그대가 한 나라 귀인으로서 어찌 가난한 집에서 남편을 섬기려고 하오?"

공주가 "종잇장도 마주 들면 가볍다고 했으니, 마음만 맞으면 가난하고 천한 것이 무슨 관계가 있겠습니까?" 하고, 드디어 금팔찌를 팔아 집과 밭과 논이며, 종과 소며, 그 밖의 모든 것을 다 사들였다. 빌어먹던 온달은 하루 아침에 부자가 되었다. 그러나 공주는 온달을 한갓 부자로 만드는 것이 목적이 아니었으므로, 온달더러 말타고 활쏘기를 배우기 위해 말을 사오라 했다. 이때는 전국시대였으므로 고구려에서도 말을 관리하는 일을 매우 중히 여겨, 대궐에서 키우는 말을 국마(國馬)라 하여 잘 먹여 잘 기르고 화려한 굴레를 씌웠다.

그런데, 왕이 말을 타다가 다치면 말먹이와 말몰이를 죄주었으므로, 말먹이와 말몰이들은 날래고 굳센 준마가 있으면 이를 굶기고 때려서 병든 말을 만들어 버리는 일이 많았다. 공주는 비록 깊은 대궐 안에서 살던 처녀였지만 이런 폐단을 잘 알고 있었으므로, 온달에게 "시장의 말을 사지 마시고 버리는 국마를 사 오십시오"라고 일렀다.

　공주는 온달이 사 온 말을 몸소 먹이고 다듬어 살지고 웅장한 말로 키웠다. 온달의 말타고 활쏘는 재주도 날로 진보하여 이름난 사람이 오히려 온달에게 미치지 못했다.

　마침내 3월 3일 신수두 대제(大祭) 경기 대회에 온달이 참여하여 말타기에서 우승을 하고 사냥해 잡은 사슴도 가장 많았다. 평원왕이 그를 불러 이름을 물어 보고 크게 놀라며 감탄했다. 그러나 공주에 대한 분노가 아주 풀리지를 아니 하여, 사위로 인정하지 아니했다.

　그 뒤에 주(周:于文氏) 무제(武帝)가 중국 북쪽을 통일하여 위엄을 떨치고, 고구려의 강함을 시기하여 요동(遼東)에 침입해 왔다. 고구려는 배산(拜山) 들에서 이를 맞아 싸웠는데, 어떤 사람이 혼자서 용감하게 나가 싸웠다. 칼 쓰는 솜씨가 능란하고 활 쏘는 재주도 심히 묘하여, 적군 수백 명을 순식간에 쓰러뜨렸다. 온달이었다.

　왕은 비로소 탄식하며 "이는 진정 내 사위로다" 하고, 온달을 불러 대형(大兄)[11]에 임명한 후 극진히 총애했다. 평원왕이 돌아가고 영양왕(嬰陽王)이 즉위하자 온달이 아뢰었다.

　"계립령(鷄立嶺)과 죽령(竹嶺) 서쪽 땅은 본래 우리 고구려 땅이었는데 신라에게 빼앗겼습니다. 그 땅 백성들은 언제나 원통하게 여기고 부모 나라를 잊지 못하고 있습니다. 대왕께서는 신을 믿으시고 군사를 주시면 한 번에 그 땅을 회복하겠습니다."

　영양왕이 이를 허락하여 출발하게 되었는데, 온달은 군중에서 맹세하였다. "신라가 한수(漢水) 이북 우리 땅을 빼앗았으니, 이번 싸움에 만일 그 땅을 회복하지 못하면 나는 돌아오지 않을 것이다."

　온달은 아차성(阿且城)[12] 아래 이르러 신라 군사와 접전하다가 빗날아온 화살에 맞아 죽었다. 이에 장례를 치르기 위하여 돌아가려 하였으나, 온달 시신이 든 관이 땅에 붙어 떨어지지 아니하였다. 공주가 친히 다가가서 울면서 "나라 땅을 되찾지 못했는데 임이 어찌 돌아가실 수 있겠습니까? 임이 돌아가시

---

11) 五品쯤 되는 벼슬 이름.
12) 지금 서울 부근 廣津 아차산.

지 않는데 첩이 어찌 혼자 돌아갈 수 있겠습니까?" 하더니 또한 까무러쳐서 깨어나지 않았다. 그래서 고구려 사람들은 공주와 온달을 그 땅에 나란히 장사지냈다.

관이 땅에 붙어 떨어지지 않을 리가 있을까? 그때 장례를 치르던 사람들은 온달의 관을 가지고 돌아가려 하다가 온달의 애국충렬에 감동하고, 또 전날 온달이 계립령과 죽령 서쪽 땅을 회복하지 않으면 돌아오지 않겠다고 한 말을 생각하고, 차마 관을 들 수가 없어 관이 땅에서 떨어지지 않는다고 말한 것이다.

《삼국사기》〈온달전(溫達傳)〉 끝에 '공주가 와서 관을 어루만지며 "죽고 사는 것은 이미 결정났습니다. 돌아가십시다" 하니 마침내 관이 떨어져 장사를 지냈다(公主來 撫棺曰 死生決矣 嗚呼歸矣 遂擧而窆)'고 하였다. 그러나 만일 이같이 공주가 그렇게 말하고 울었다면, 공주는 국토에 대한 열정이 없을 뿐 아니라, 남편에 대한 사랑도 너무 담박하다 할 것이다. 또 온달의 관이 이 말에 떨어졌다면 온달은 국토의 회복을 위해 죽은 것이 아니고 상사병에 걸려 죽은 것일 뿐이다. 그러니, 공주가 전날에 말을 사다가 온달을 가르친 본의가 무엇이며, 온달이 편안한 부귀를 버리고 전쟁에 나선 진정한 마음은 무엇일까?

《조선사략(朝鮮史略)》은 '나라 땅을 되찾지 못했는데 임이 어찌 돌아가실 수 있겠습니까? 임이 돌아가시지 않는데 첩이 어찌 혼자 돌아갈 수 있겠습니까? 하며 통곡하고 기절하니, 마침내 고구려 사람들이 공주를 나란히 그 곳에 장사지냈다(國土未還 公能還 公旣未還 妾安能獨還 一慟而絶 高句麗人 遂幷葬公主於其地)'고 하였으니, 《조선사략》은 물론 시대 차이로 보아 그 믿음성이 《삼국사기》만 못하지만, 이 문구는 군국시대(軍國時代) 사상을 그린 것이므로 본서에서는 이를 채택한다.

정다산·한진서 등 선생이, 온달의 한수 이북 운운한 말에 따라 고구려가 한수 이남을 차지해 본 적이 없음을 증명하였지만, 그렇다면 계립령 이서가 우리 땅이라고 한 말은 어떻게 해석할 것인가? 고구려가 장수왕 몇 해와 안장왕 이후 몇 해에 한수 이남을 점령했던 것은 분명하니, 온달이 말한 한수(漢水)는 지금 한수(漢江)가 아니라 지금 양성(陽城)의 '한내'이다.

전에 일본인 금서룡(今西龍)이 북경대학(北京大學)에서 조선사를 강의할 때에 〈온달전(溫達傳)〉은 역사로 볼 가치가 없다고 했는데, 이것은 참으로 문맹(文盲)

의 말이다. 온달의 죽음으로 고구려·신라 강화의 길이 끊어지고, 백제가 고구려와 동맹하여 삼국 흥망 판국을 이루었으니, 〈온달전〉은 삼국시대의 두드러지게 중요한 역사이다. 그러나 김부식의 첨삭 때문에 그 가치가 얼마만큼 줄어졌음은, 역사를 올바르게 볼 줄 아는 사람들만이 이해할 뿐이다.

제3장
동서전쟁(同壻戰爭)

1. 백제 왕손 서동(薯童)과 신라 공주 선화(善花)의 결혼

　기원 6세기 후반 백제 위덕왕(威德王) 증손 서동(薯童)은 준수한 도련님으로 삼국 안에서 크게 이름이 났었고, 신라 진평왕(眞平王) 둘째 따님은 삼국 안에서 가장 어여쁜 아가씨로 이름이 났다. 그런데 진평왕은 아들이 없고 딸만 몇을 낳은 가운데 둘째 따님 선화가 꽃같이 어여쁘므로 가장 사랑하여 "신라 왕 된 것이 나의 자랑이 아니라, 선화 아버지 된 것이 나의 자랑이다"라고 말하곤 했다. 왕은 늘 선화를 위해 사윗감을 구했는데, 서동의 이름을 듣고는 선화의 남편으로 희망하였고, 위덕왕은 증손 서동을 위해 증손부감을 구했는데, 또한 선화의 이름을 듣고 서동의 아내로 희망했다.

　가족 제도 시대라, 한 가정 어른, 곧 양편 주혼자(主婚者)로서, 게다가 저마다 한 나라 대왕으로서 이렇게 생각했다면 그 결혼은 물론 쉬웠을 것이다. 그런데 그 결혼은 쉽지 않을 뿐만 아니라, 절대로 성립되지 않을 사정이 있었다. 설혹 누가 그 결혼을 제의하더라도 진평왕이나 위덕왕은 반드시 크게 노하여 그 제의한 자를 역적놈이라고 처벌할 만한 사정이 있었다.

　신라는 여러 대에 걸쳐 박(朴)·석(昔)·김(金) 세 성이 서로 결혼하여, 그 아들이나 사위 가운데 나이가 많은 사람으로 왕위를 잇게 해 왔다. 따라서 성이 다른 집안 딸은 혹 세 성의 집으로 데려올 수 있으나, 세 성 집안 딸은 성이 다른 집안에게로 시집가지 못하는 터였다. 그렇기 때문에 소지왕(炤智王)이 백제 동성왕(東城王)에게 딸을 주었다고 하고, 법흥왕(法興王)이 밈라가라 가실왕(嘉實王)에게 누이동생을 주었다고 한 것은 실은 친딸, 친누이동생이 아니라, 육부(六部) 귀골(貴骨)의 딸이나 누이동생을 준 것이었다. 그러므로 김씨인 진평 딸 선화의 장래 남편은 박씨가 아니면 석씨, 석씨가 아니면 그 동성 김씨라야 했다. 그러니, 어찌 신라 사람도 아닌 백제 부여씨(夫餘氏) 서동의 아내가 될 수 있으랴? 이는 선화 쪽 사정이다.

백제는 신라처럼 결혼에 관하여 성씨에 엄격한 제한은 없었다. 그러나 위덕왕의 아버지 성왕(聖王)을 죽인 자가 누구인가? 곧 진평왕의 아버지인 진흥왕(眞興王)이요, 진흥왕은 성왕의 사위였다. 증손부 며느리를 어디서 데려오지 못하여 아버지 죽인 원수의 손녀를 데려오랴? 장인을 죽인 괴팍하고 흉악한 사위의 손녀를 데려오랴? 서동의 장래 아내가 백제 목씨(木氏)·국씨(國氏) 등 8대 성 여자이거나, 그렇지 않으면 민가 여자는 될지언정 어찌 전대 원수인 진흥왕 자손이 될 수 있으랴. 이는 서동 쪽 사정이다.

또 백제나 신라의 여러 신하들은 거의가 전쟁에서 서로 죽이던 이들의 자손이므로 모두 그 결혼을 반대할 것이다. 이것도 두 사람이 결혼할 수 없는 또 하나의 사정이었다.

사정이 이러함에도 서동은 커 갈수록 '백제 왕가에 태어나지 않고 신라 민가 자제로나 태어났더라면 선화 얼굴이라도 한 번 바라볼 수 있을 것을, 선화에게 내 모습을 한 번 보여 줄 수 있을 것을' 하는 생각이 머리에서 떠나지 않았다. 마침내 서동은 백제 왕궁에서 탈출하여 신라 동경(東京 : 지금 경주)을 찾아가서는 머리를 깎고 어느 대사(大師) 제자가 되었다. 이때 신라에서는 불교를 존중하여 왕이나 왕의 가족들은 궁중에 중을 청하여 재도 올리고, 고승 1백 명을 모시고 설법을 듣는 큰 법회를 베풀기도 했다. 서동은 법회를 틈타 오래 그리던 선화와 만날 길을 얻었다.

두 사람의 눈이 마주치자 선화는 '백제 서동이 사랑스러운 사나이라고는 하지만 아마 저 중만은 못할 것이다' 하고, 그 날부터 서동에 대한 생각을 버리고 중 하나를 그리게 되었다. 한편 서동은 또한 '내가 네 남편이 되지 못할진대 죽어 버리리라, 너도 내 아내가 되지 않으려거든 죽어 버리라' 하는 마음을 가졌다. 두 사람 마음은 이렇게 서로 맺혔다.

그래서 서동은 선화 시녀에게 뇌물을 주고 밤을 타 선화 궁으로 들어가 사통을 했다. 선화는 이제 서동이 아니고는 다른 사나이 아내가 되지 않으리라 하고, 서동도 선화가 아니고는 다른 여자 남편이 되지 않으리라고 굳게 맹세를 했다. 그러나 주위 사정이 허락하지 않는대야 어찌하랴?

서동과 선화는 의논한 끝에 차라리 이 일을 세상에 널리 알려, 세상에서 허락하면 결혼하고, 그렇게 되지 않으면 함께 죽기로 작정했다. 서동은 가끔 엿이며 밤이며 그 밖의 여러 가지 과일을 많이 사가지고 거리로 돌아다니며 아이들을 꾀어 이런 노래를 부르게 했다.

"선화 아가씨는 염통이 반쪽이라네. 본래는 온통이었지간, 반쪽은 떼어서 서동에게 주고 반쪽은 남겨서 가지고 있으나 상사병을 앓고 있다네. 서동이여, 어서 오소서. 어서 와서 염통을 도로 주시어 선화 아가씨를 살리소서."

그 노래는 하루아침에 신라 서울 동경에 쫙 퍼져서 모르는 이가 없게 되었다. 그리고 선화는 그 아버지 진평왕에게 고백하고, 서동은 귀국하여 증조부 위덕왕에게 바른대로 고하여, 다른 사람과 결혼하라 하면 죽기로 반대했다. 진평왕과 위덕왕은 처음에는 부모나 조부모 몰래 남녀가 사통한 것은 가정의 큰 변이라 하여 당장 사형에 처할 듯했으나, 사랑하는 딸, 사랑하는 손자를 어찌하랴?

진평왕은 마침내 박·석·김 세 성의 결혼 습관을 깨뜨리고 위덕왕은 아버지 원수를 잊고, 서동과 선화의 결혼을 허락하여 두 나라 왕실이 다시 새 사돈 사이가 되었다.

2. 결혼 뒤 10년 동안 두 나라 동맹

두 사람이 결혼한 뒤로 신라와 백제 두 나라는 매우 친밀하게 지냈다. 《삼국사기》에는 그런 말이 없으니, 그것은 신라가 나중에 고타소랑(古陀炤娘)의 참혹한 죽음(다음 절 참조)으로 백제를 몹시 원망하여, 백제를 토멸한 다음에 그런 기록을 모두 태워 버려서, 신라 왕가 여자로서 백제에 시집간 자취를 숨겨 버렸기 때문이다.

그러나 《삼국유사》는 서동이 선화 공주의 아름다움을 듣고 머리를 깎고 신라 도읍으로 가서 노래를 지어 아이들을 꾀어서 부르게 했다고 하였다. 《여지승람(輿地勝覽)》에는 '무강왕(武康王)이 진평왕 딸 선화 공주에게 장가들어 용화산(龍華山)에 미륵사(彌勒寺)를 짓는데, 진평왕이 여러 공인을 보내 도왔다'고 하였다. 또 《고려사》〈지리지〉에는 '후조선(後朝鮮) 무강왕(武康王) 기준(箕準) 비(妃)의 능을 세상 사람들이 말통대왕릉(末通大王陵)이라 부른다'고 하고, 그 주(註)에 '백제 무왕(武王) 어릴 적 이름 서동(薯童)이라 한다'고 했다. 그런데 서동이 백제 왕위를 물려받은 지 42년 만에 돌아가서 시호를 무왕(武王)이라 했으니, 무강왕은 후조선 기준(箕準)이 아니라, 무왕을 잘못 쓴 것이다. 또 서동과 말통(末通)은 이두로 읽으면, 서동의 서(薯)는 뜻을 취하고 동(童)은 음을 취하여 '마동'으로 읽을 것이요, 말통(末通) 두 글자가 다 음으로 '마동'으로 읽을 것이므로, 말통대왕릉은 곧 무왕 서동과 선화 공주를 합장(合葬)한 능이다.

그런데 말통대왕이 왕이 된 뒤에 곧 신라와 혈전을 벌이게 되었으니, 신라가 그 적국에 많은 공인을 보내어 절 짓는 일을 도왔을 리가 없다. 미륵사 건축은 대개 서동이 왕손(王孫)으로 있을 때 원당(願堂)으로 지은 것이고, 그 원당을 지을 때에는 신라·백제 두 사돈의 나라가 서로 화평하여 고구려에 대한 동맹국이 되었으므로, 진평왕 원년에서 24년까지, 곧 백제 위덕왕 26년부터 45년을 지나 혜왕(惠王) 2년과 법왕(法王) 2년을 거쳐 무왕 2년까지는, 신라와 백제 사이에 한 번도 전쟁이 없었다. 또 두 나라가 앞서거니 뒤서거니 하여 수(隋)에 사신을 보내어 고구려 치기를 청함으로써 수의 문제·양제 두 대의 침입[1]을 일으키게 했다.

3. 동서전쟁(同婿戰爭)—용춘(龍春)의 총애 다툼과 무왕의 항전

백제가 위덕왕 말년이거나 혜왕·법왕 연간, 곧 서동이 왕증손이었던 때이거나 왕손 또는 태자였을 때에는 늘 신라와 좋게 지냈다. 그러나 무왕 3년, 곧 서동이 왕이 된 뒤 3년(기원 602년) 신라와 전쟁이 벌어져서, 백제는 신라 아모산성(阿母山城 : 지금 雲峰)을 치고, 신라는 소타(小陀)·외석(畏石)·천산(泉山)·옹잠(甕岑 : 지금 德裕山)에 성책을 쌓아 백제를 막았다. 백제는 좌평(佐平) 해수(解讎)를 보내 네 성을 공격하고 신라 장군 건품(乾品) 무은(武殷)과 격전을 벌여 이 뒤부터는 지금 충청북도 충주·괴산·연풍·보은 등지와, 지금 지리산 좌우 무주·용담·금산·지례 등지와, 지금 덕유산 동쪽 함양·운봉·안의 등지에서 수없이 많은 생명과 재산을 버려, 쇠가 쇠를 먹고 화살이 화살을 먹는 참극을 연출하였다.

속담에 아내가 귀여우면 처가 말뚝에도 절을 한다고 했는데, 무왕은 어찌하

---

1) 제10편 참고.

여 왕이 되어 정치 권력을 잡자 도리어 애처의 아버지 나라를 말뚝만큼도 여기지 아니하고 날마다 군사로써 유린하려 했는가?

신라 왕위는 박·석·김 세 성이 서로 전하였으나, 이것은 그 시조 박혁거세(朴赫居世) 때부터 글로 명백하게 기록된 헌법은 아니다. 처음에는 박·석 두 성이 서로 혼인하여 두 성의 아들이나 사위만 왕이 될 권리를 가지다가, 건국 3백 년쯤 뒤에 미추이사금이 김씨로서 점해이사금의 사위가 되어서 두 성에 끼어들어 세 성이 서로 전하는 판국이 되었다. 그렇다면 6백 년 뒤에 부여씨(夫餘氏)가 세 성에 끼어 네 성이 서로 전하는 판국이 되는 것이 무엇이 안 될 것인가? 백제 무왕에게 신라 왕위를 물려받을 권리가 있다고 할 수 있다. 또 신라는 원래 아들이나 사위 가운데 나이가 많은 사람이 전왕 뒤를 이었다. 그런데 진평왕은 딸만 있고 아들이 없는데, 맏딸 선덕(善德)이 출가(出家)해서 여승이 되어 정치에 관여하지 않게 되자, 선화가 둘째 딸이지만 선화 남편 무왕이 그 맏사위이므로 무왕이 신라 왕위를 이어받을 권리가 있다고 할 수 있다. 이 두 가지 조건으로 무왕은 신라 왕이 될 희망을 가졌었을 것이고, 진평 또한 왕위를 무왕에게 전해 줄 생각을 가졌었을 것이다. 만일 그렇게 되었더라면 박·석·김·부여 네 성이 서로 전해 주는 판국이 되어, 신라와 백제가 합쳐져 한 나라가 되어 두 나라 인민의 뜻 없는 혈전을 면했을 것이다.

백제에는 부여씨 아래에 진(眞)·국(國)·해(解)·연(燕)·목(木)·백(苩)·협(劦) 여덟 대가(大家)가 있었으나, 실상은 부여씨가 정권을 독차지하여 고구려의 벌족 공화(共和)와도 다르고, 신라는 본디 박·석·김 세 성 공화의 나라였으나, 이 때는 김씨 한 집안이 거의 그 왕위 상속을 독점하다시피 하고 있는 때였으므로 두 나라 왕만 마음이 맞으면 결혼에 의한 양국 연합은 용이했을 것이다.

그러나 천하의 일이 어찌 그렇게 평탄하게 진행되랴? 두 나라의 여러 신하들은 거의 다 이를 반대했겠지만, 그 가운데에서도 가장 극렬하게 반대한 이는 김용춘(金龍春)이었을 것이다. 김용춘이 누구인가. 김용춘은 진평왕 셋째딸 문명(文明)의 남편이다. 선화가 멀리 백제로 시집가서 떨어져 있으니, 진평왕의 애정이 자연스레 문명에게 쏠리고, 따라서 첫째 사위인 선화 남편 서동보다 둘째 사위 용춘을 더 사랑하게 되었을 것이다.

용춘은 만일 신라 왕위가 서동에게 가지 않으면 곧 자기에게로 돌아올 필연

성을 가졌으니, 왕위가 서동에게 돌아가는 것을 반대하고 이를 저지했을 것이다. 그 반대가 성공하여 진평왕은 드디어 서동에게 왕위를 물려줄 생각을 끊고, 그리고 출가해서 중이 된 맏딸 덕만(德曼), 곧 선덕여대왕을 불러다가 왕태녀로 삼았다. 그리고 왕은 용춘을 중용하여, 장래 명색은 선덕여왕에게 있을지라도 실권은 용춘에게 있게 했을 것이다. 왕위 계승권을 용춘에게 주지 않고 덕만에게 준 것은 물론 서동의 감정을 융화시키려는 생각이었다. 그러나 서동도 총명한 인물이라, 어찌 그런 수단에 속으랴?

그는 즉위 뒤에 용춘을 죽이려고 군사를 일으켜 신라를 공격했다. 용춘이 처음에는 뒤에 숨어 진평왕 참모 역할만 하다가 나중에는 내성사신(內省私臣)으로 대장군을 겸하여 직접 전선에 나타나서 악전고투를 해마다 계속하였다. 이것이 이른바 동서전쟁(同壻戰爭)이었다.

4. 동서전쟁의 희생자

이 전쟁은 앞에서 말한 바와 같이 두 동서 사이의 신라 왕위 쟁탈전이었으니, 두 사람의 비열한 이기주의의 충돌에 지나지 않는다. 그렇지만 서로 국가와 민족의 흥망이라는 명분을 내걸고 그 나라 안 인심을 고무하고 명예와 벼슬을 약속하며 군사를 독려하니, 한편으로는 비애에 우는 인민이 있음에도 한편에서는 공명에 춤추는 장수와 군사가 적지 아니했다.

《여지승람》의 영평(永平 : 지금 陜川) 부자못〔父子淵〕 고적에서 이런 사정을 볼 수 있다. 신라에서는 전쟁이 지루하게 오래가니 민가 장정들이 전쟁에 나가면 돌아올 기간이 몇 번 지나도 돌아오지 아니했다. 어떤 늙은 아버지가 여러 해 만에야 아들이 전장에서 돌아온다는 기별을 듣고 마중 나갔다. 부자는 이 못〔淵〕 위의 바위 위에서 서로 껴안고 울며불며 오래 그리던 도타운 사랑의 정회와 생활의 곤란을 하소연하다 바위 아래로 떨어져 죽었다. 이에 이 못에 장사를 지냈으므로 부자못〔父子淵〕이라는 이름이 생겼다고 한다.

《삼국사기》〈설씨녀전(薛氏女傳)〉에도 이런 이야기가 있다. 설씨녀는 집이 가난하고 일가도 없었으나, 얼굴이 아름답고 행실이 정숙하여 보는 사람들이 모두 칭찬하고 부러워했지만 감히 가까이 다가서지 못했다.

진평왕 때 그의 늙은 아버지가 먼 곳에 수자리를 가게 되어, 딸은 크게 걱정하고 이웃집 소년 가실(嘉實)에게 이 일을 이야기했다. 가실은 자기가 대신 가기를 자청했다. 아버지가 이 말을 듣고 크게 기뻐하며, 가실과 딸을 결혼시키려고 하였다. 설씨 딸은 가실에게 "전장에 나가면 3년이 지나야 돌아올 것이니, 돌아와서 결혼하자"고 했다. 가실이 허락하고 자기의 말을 처녀에게 주고, 뒷날 신표로 거울을 둘로 쪼개어 두 사람이 한 쪽씩 가졌다.

가실이 수자리를 나가서는 3년의 곱인 6년이 넘어도 돌아오지 않으므로, 아버지가 딸의 일을 민망하게 여겨 다른 사람에게 시집보내려고 했다. 딸은 듣지 않았으나 아버지는 막무가내였다. 딸이 도망하려고 가실이 준 말을 타고서 막 떠나려 할 때 가실이 달려왔다. 의복이 남루하고 생김새가 여위어 알아볼 수 없게 되어 있었다. 가실이 깨어진 거울을 꺼내어 맞추어 보고 서로 얼싸안고 울었다. 이리하여 두 사람은 마침내 결혼했다.

위의 두 가지 기록이 비록 그때 정황을 만분의 일도 채 전하지 못한다 해도 그때 백성들의 근심과 괴로움을 잘 나타낸 것이라고 하겠다. 그러나 무사 사회는 이와 전혀 다르니, 아래에 그 몇 가지를 기록하려고 한다.

1) 귀산(貴山)은 파진간(波珍干) 무은(武殷)의 아들이요, 사량부(沙梁部)[2] 사람이었다. 어릴 때 추항(箒項)과 친하게 지내 함께 원광법사(圓光法師)에게 나아가서 가르침을 청했다. 법사는 "불교에 열 가지 계행이 있는데, 너희들은 남의 신하이므로 그것을 받들어 행하지 못할 것이다. 화랑의 다섯 가지 계행이 있으니 임금을 충성으로 섬기며, 어버이를 효도로 섬기며, 벗을 믿음으로 사귀며, 싸움에는 용감하게 나아가며, 생물을 살상함에는 가려서 해야 한다고 하였다. 너희는 이것을 받들어 행하여라"고 말하였다……진평대왕 건복(建福) 19년(기원 602년) 백제가 침노하여 아모산성(阿母山城 : 지금 雲峰)을 포위하고 공격하므로, 왕이 파진간 건품(乾品)·무은 등을 보내어 방어하게 했는데, 귀산과 추항도 따라갔다. 그런데 백제가 거짓 패하여 천산(泉山 : 지금 咸陽)으로 퇴각하여, 복병으로 신라의 추격군을 격파하고 쇠갈고리로 무은을 얽어매어 사로잡으려 했다. 귀산이 "우리 스승이 나에게 가르치시기를 싸움에 용감하게 나아가라고 하셨

---

2) 六部 가운데 하나.

으니, 어찌 감히 물러나랴" 하고 추항과 함께 창을 들어 죽기로 싸워서 적 수십 명을 죽이고, 아버지 무은을 구원했는데……금창(金瘡)[3]이 온 몸에 가득하여 중도에서 죽었다.

2) 찬덕(讚德)은 모량부(牟梁部)[4] 사람이었는데, 용기와 절개가 있었다. 진평왕 건복(建福) 27년 가잠성주(椵岑城主)가 되었는데, 이듬해 10월 백제가 공격해 와서 포위당한 지 1백여 일이 되었다. 왕이 상주(上州)·하주(下州)·신주(新州) 군사 5만 명을 내어 가서 구원하게 했으나 패하고 돌아갔다. 찬덕이 분개하여 군사들에게 "세 주(州) 군사가 적이 강함을 보고 진격하지 못하고, 성이 위태로움을 보고도 구원하지 못하니 그것은 의(義)가 없는 것이다. 의가 없이 사는 것은 의가 있게 죽는 것만 못하다" 하고, 성안 양식이 떨어지고 물이 없어 시체를 먹고 오줌을 마시면서 힘을 다해 싸우다가 이듬해 정월 다시 더 버틸 수 없게 되자, 찬덕은 머리로 괴목(槐木)을 들이받아 골이 깨어져서 죽었다. 단잠성은 지금 괴산(槐山)이니, 괴산은 찬덕이 머리로 괴목을 받은 까닭으로 하여 생긴 이름이다.

3) 해론(奚論)은 찬덕의 아들이다. 진평왕 건복 35년 금산당주(金山幢主)로서 한산주(漢山州) 도독 변품(邊品)과 함께 가잠성을 회복하려고 했다. 싸움이 시작되자 해론은 "여기는 우리 아버지가 전사하신 곳이다" 하고 홀로 달려 나가서 적 몇 사람을 죽이고 죽으니…… 시인들이 긴 노래(長歌)를 지어 그를 조상했다.

4) 눌최(訥催)는 사량부(沙梁部) 사람이다. ……진평왕 건복 41년(기원 614년) 백제 대군이 침입하여 속함(速含)·앵잠(櫻岑)·기잠(岐岑)·봉잠(烽岑)·기현(旗縣)·용책(冗柵) 등 여섯 성을 공격하므로 왕이 상주·하주·귀당(貴幢)·법당(法幢)·서당(誓幢)의 다섯 군사에 명하여 가서 구원하도록 했다. 다섯 장군은 백제 진영이 당당함을 보고 감히 나아가지 못했는데, 그 가운데 한 장군이 말했다.

"대왕께서 오군(五軍)을 우리 여러 장군에게 맡기시어 나라 존망이 이 싸움에 달려 있지만, 이길 수 있으면 나아가고 어려우면 물러나라는 것이 병가에서 이르는 말입니다. 이제 적의 형세가 저렇듯 강성하니, 만일 나아갔다가 패하면 후회한들 무슨 소용이 있겠습니까?"

모두들 그 말이 옳다 하여 돌아가기로 했는데, 너무 면목이 없어서 노진성

---

3) 칼이나 창에 찔려서 난 상처.
4) 六部 가운데 하나.

(奴珍城)을 쌓고 돌아갔다. 이에 백제는 더욱 급히 공격하여 속함·기잠·용책 세 성을 함락하였다. 눌최는 앵잠·봉잠·기현 세 성을 굳게 지키다가 다섯 장군이 모두 돌아갔다는 말을 듣고는 분개하여 군사들을 돌아보고 말했다.

"봄이 되면 초목이 다 무성해지지만, 겨울이 되면 소나무·잣나무만이 홀로 푸르다. 이제 구원병은 없고 세 성이 심히 위태로우니, 이는 지사(志士)와 의부(義父)가 절개를 세울 때이다. 너희들은 어찌하려느냐?"

사졸들이 모두 눈물을 뿌리며 함께 죽기를 맹세했다. 성이 함락되고 살아남은 사람이 몇 되지 않았지만 끝까지 힘써 싸우다가 죽었다.

이상 네 전쟁은 곧 신라의 파진간이며 도독이며 다섯 장군들이 출동한 동서 전쟁에 관한 충신 의사의 약사이다. 백제에게는 큰 전쟁이었으므로 역사에 특기한 것이고, 이 밖에도 자질구레한 싸움은 거의 없는 날이 없었다. 백제사는 거의 다 없어져서 알 수 없이 되었으나, 백제가 신라보다 강하고 사나운 호전국이었으니, 그 희생된 충신 의사도 신라보다 많았을 것이다. 그러나 두 동서, 곧 두 개인의 이기주의를 성취하기 위하여 수많은 인민을 죽이는 전쟁에 희생된 사람들이니, 이 시대 충신 의사 또한 가치 없는 충신 의사들이라 할 것이다.

제10편
고구려와 수의 전쟁

제1장
임유관(臨渝關) 싸움

1. 고·수전쟁(高隋戰爭) 원인

세력과 세력이 만나면 서로 충돌하는 것은 공리(公理)요 정리(定理)이다. 고대 동아시아에서 수많은 족속이 대립했지만 모두 무지하고 미개한 유목 야만족들이었다. 그래서 혹시 한때 정치 세력을 가졌다 하더라도 문화가 없으므로 뿌리 없는 나무처럼 쓰러지는 날에는 다시 일어날 터까지 없어지지만, 토착 민족으로 역사가 오래되고 문화가 상당히 발달한 민족은 중국과 조선이었다. 중국과 조선은 고대 동아시아 양대 세력이었으니, 만나면 어찌 충돌이 없으랴? 만일 충돌이 없는 때라면 반드시 이쪽이나 저쪽이나 내부 파탄과 불안이 있어서 저마다 그 내부 통일에 바쁜 때였을 것이다.

상고시대는 말할 것도 없거니와, 고구려 건국 이래로 조선은 아직 봉건 상태에 있어 여러 나라가 서로 번갈아 침범하므로 다른 나라를 정벌할 힘이 없고 중국은 한(漢)이 통일하여 외국을 정벌할 힘이 넉넉하였으므로 한의 고구려 침략이 가장 잦았다. 태조·차대 두 대왕 때에는 고구려가 비록 조선을 통일하지 못했으나 국력이 매우 강성하여 조선 안에서는 거의 대적할 세력이 없었으므로, 한을 쳐서 요동을 점령하는 동시에 직예(直隸)·산서(山西) 등지도 그 침략 범위 안에 들었다. 그러나 오래지 아니하여 왕위 쟁탈 난리가 거듭되어, 마침내 발기(發岐)가 요동을 들어 공손도(公孫度)에게 항복하여, 고구려는 가장 백성이 많이 모여 사는 기름진 땅을 잃고 약한 나라가 되었다.

고구려가 그 약한 나라의 지위를 면하려고 조조(曹操) 자손 위(魏), 또는 모용씨(慕容氏) 연(燕), 곧 중국 북방 여러 나라들을 향하여 도전하는 동안 남쪽에서는 백제와 신라가 일어나 고구려와 대등한 세력을 이루었다. 고구려는 고국양(故國壤)·소수림(小獸林)·광개토(廣開土) 세 대왕이 일어나서 요동을 치고, 또 서북으로 거란(契丹)을 정복하여 열하(熱河) 등지를 점령한 데 이어 장수왕(長壽王)이 70년 동안 백성의 힘을 길러 인구가 크게 불고 나라 힘이 팽창하여, 중국과 맞서 싸울 만하게 되었다.

그러나 남쪽 네 나라의 고구려에 대한 공수동맹이 이루어져서 뒤에서 견제를 받아 장수왕 이래로 북진주의를 버리고 남쪽 통일에 힘썼고, 중국도 남북으로 나뉘어서 산해관(山海關) 동쪽을 엿볼 겨를이 없었으므로, 위(魏) 탁발씨(拓拔氏)의 백제 침입[1]과 주(周) 우문씨(宇文氏)의 고구려 침입[2] 같은 일시 침입은 있었으나, 서로 흥망을 다투는 끊이지 않고 이어지는 혈전은 없었다.

그러나 기원 590년께 우문씨의 제위(帝位)를 빼앗은 수 문제 양견(楊堅)이 진(陳)[3]을 아우르고 전 중국을 통일하여 강대한 제국이 되어[4] 중국 이외 나라들을 깔보았는데, 이때 북쪽 돌궐이나 남쪽 토욕혼(吐谷渾)은 모두 쇠약하여 중국에 신하의 예를 취할 뿐이었다. 그런데 오직 동쪽 고구려 제국이 가장 강성하여 중국에 대항하였으니, 어찌 저 오만하고 자존심 센 중국 제왕이 이를 참을 수 있었겠는가. 이것이 수가 고구려를 침노한 첫째 원인이었다.

백제와 신라는 수십 년 동안 서로 풀지 못할 원수를 맺었지만, 갑자기 장인과 사위 나라가 되어서[5] 서로 화평하는 한편 두 나라가 모두 고구려를 미워하여 저마다 사신을 수에 보내어 고구려 치기를 청하고, 가끔 고구려 국정의 허실을 수에 알려 주어 수 임금과 신하의 야심을 조장하였다. 이것이 수가 고구려를 침노한 둘째 원인이었다.

뒤에 신라가 당(唐)에게 망하지 않고, 구차한 반독립국이나마 지켜 내려온 것은, 오랜 동안 고구려의 끈덕진 저항과 연개소문(淵蓋蘇文)의 맹렬한 공격이 있었던 때문이다. 만일 고구려가 수에게 망했더라면, 백제나 신라도 다 수 군현이 되고 말았을 것이다. 그러므로 우리가 옛 역사를 읽을 때에 신라·백제가 수에 대해 응원을 청한 사실을 보고는 책을 물리고 한숨을 짓게 되는 것이다.

---

1) 제8편 제2장 참고.
2) 온달이 격퇴하였다.
3) 중국 江南 六朝 가운데 하나.
4) 수의 왕가와 장군이나 재상들이 거의 다 鮮卑族 중국에 동화된 지 오래임.
5) 제9편 제1장 참조.

2. 수 문제의 모욕적인 글과 강이식(姜以式)의 북벌 주장

기원 597년은 곧 고구려 영양왕 8년이요, 수 문제가 진(陳)을 병합하여 중국을 통일한 지 17년 되는 해이다. 수는 이즈음에 자주 풍년이 들고 군비도 넉넉하게 갖추어지자 고구려에 대해 자웅을 겨루어 보려는 생각에서 도리에 어긋나고 오만방자하기 이를 데 없는 모욕적인 글을 보내왔는데, 그 대강은 이러했다.

'짐이 천명을 받아 온 천하를 사랑하고 육성하여 왕에게 바닷가 한귀퉁이를 다스리도록 맡긴 것은 교화를 널리 펴서 모든 사람으로 하여금 저마다 그 천성을 완수하게 함이라, 왕이 늘 사절을 보내 해마다 조공을 하니,[6] 비록 변방의 나라라 일컫기는 하지만 그 성의가 미흡하다. 왕은 이미 짐의 신하이니 짐의 덕을 본받음이 옳은데, 말갈(靺鞨) 사람들을 억압하고, 거란(契丹) 사람들을 가두어 신하나 첩(妾)으로 삼고, 짐에게 조공하는 것을 막아 착한 사람이 의를 사모함을 밉게 여기니, 어찌 이같이 해독이 심하냐? 짐의 태부(太府)에 공인(工人)이 적지 아니하니 왕이 쓰고자 하여 주청만 한다면 얼마든지 보낼 것인데,[7] 왕은 지난번에 가만히 재물을 써서 소인을 이용하고, 군사를 기르며 병기를 수리하니, 이것이 무엇을 하려 함이냐. ……고구려는 비록 땅이 좁고 백성이 적은 나라이지만 이제 왕을 내쫓으면 반드시 다른 관리를 뽑아 보내야 할 것이다. 그런데 왕이 만일 마음을 씻고 행실을 바꾼다면 곧 짐의 좋은 신하가 되니 어찌 반드시 달리 관리를 두랴. 왕은 잘 생각하라. 요수(遼水)가 넓다 한들 장강(長江: 揚子江)과 어찌 비하며, 고구려 군사가 많다 한들 진국(陳國)과 비하랴. 짐이 만일 길러 줄 생각을 두지 않고 왕의 허물을 책망하고자 한다면, 한 장군을 보내면 족하리니 무슨 큰 힘이 들랴마는, 그래도 순순히 타일러서 왕이 스스로 새로워지기를 바란다.'

《삼국사기》에는 수 문제가 이 글을 평원왕(平原王) 32년(기원 590년)에 보낸 것으로 기록되어 있고, 《수서(隋書)》에는 문제 개황(開皇) 17년에 보낸 것으로 되

---

[6] 다른 나라가 사신 보내는 것을 조공이라고 함은 중국 춘추 시대 이래 상례로, 그들의 역사책에나 그렇게 썼을 뿐이고 대등한 나라에 보내는 국서에는 쓰지 못했는데, 이제 고구려의 노여움을 격발시켜 한번 싸우고자 고의로 쓴 것임.

[7] 그 부강함을 과장한 말.

어 있다. 그러나 평원왕 32년은 문제 개황 17년이 아니니,《삼국사기》에는 연조를 잘못 기록했고, 개황 17년은 평원왕이 돌아간 지 7년 뒤이니,《수서》에는 왕의 대를 잘못 기록한 것이다. 이웃나라 제왕 별세는 늘 그 사실을 보고해 온 해에 기록하고, 따라서 그 사실이 발생한 연조를 틀리게 고쳐 쓰는 것은 춘추시대 이래 중국 습관이므로《수서》의 잘못된 기록이 생기게 된 것이다.

《삼국사기》〈고구려 본기〉는 평원왕·영양왕 두 왕조(王條) 연대는 고기(古記)를 좇고 서로 관계된 사실은 오로지《수서》에서 뽑아 기록하였다.《수서》에 이 글이 평원왕에게 보낸 것이라고 했으므로《사기》에 그 글을 평원왕 32년에 옮겨 기재하여 연대를 그르치는 동시에 사실에 관계된 인물까지 잘못 기록한 것이다.

영양왕이 이 모욕적인 글을 받고 크게 노하여, 여러 신하들을 모아 놓고 회답글을 보낼 것을 의논하였다. 강이식(姜以式)은 "이같이 오만무례한 글은 붓으로 회답할 것이 아니요, 칼로 회답해야 합니다" 하고 곧 개전하기를 주장하였다. 왕이 그의 말을 좇아 강이식을 병마원수(兵馬元帥)로 삼아서 정병 5만을 거느리고 임유관으로 향하게 하고, 먼저 예(濊)[8] 군사 1만 명으로 요서에 침입하여 수 군사를 유인하게 하고, 거란 군사 수천 명으로 바다를 건너가 지금 산동을 치게 하니, 이에 두 나라의 첫 번째 전쟁이 시작되었다.

《삼국사기》에는 강이식의 이름이 보이지 않으니, 그것은《수서(隋書)》만을 뽑아 기록했기 때문이다.《대동운해(大東韻海)》에는 강이식을 살수전쟁(薩水戰爭) 때 병마도원수(兵馬都元帥)라 했고,《서곽잡록(西郭雜錄)》에는 임유관 전쟁의 병마원수라고 하여, 두 책 기록이 같지 않다. 그러나 살수전쟁에는 왕의 아우 건무(建武)가 해안을 맡고 을지문덕(乙支文德)이 육지를 맡았으니, 어찌 병마도원수 강이식이 있었으랴? 그러므로《서곽잡록》기록을 좇는다.

3. 임유관(臨渝關) 싸움

이듬해 고구려 군사가 요서(遼西)에 침입하여 수 요서총관(遼西總管) 위충(韋沖)과 접전을 벌이다가 거짓 패하여 임유관에서 나왔다. 그러자 수 문제가 30

---

8)《수서》靺鞨.

만 대군을 들어 한왕(漢王) 양양(楊諒)을 행군대총관(行軍大總管)으로 삼아 임유관으로 나오고, 주나후(周羅睺)를 수군총관(水軍總管)으로 삼아서 바다로 나아가게 했다. 주나후는 평양으로 향한다는 말을 퍼뜨렸으나, 실은 양식 실은 배를 거느리고 요해(遼海)로 들어와 양양에게 군량을 대어 주려고 했다.

강이식은 수군을 거느리고 바다 가운데로 들어가 이를 맞아 쳐서 배를 격파하고, 군중에 영을 내려 성책을 지키고 나가 싸우지 말라 하였다. 수 군사는 양식이 없는 데다가 또한 6월 장마를 만나 굶주림과 전염병에 숱한 사람이 낭자하게 죽어 가 후퇴하기 시작했다. 강이식이 이를 추격하여 전군을 거의 섬멸하고, 무수한 군기를 얻어 개선했다.

《수서》에는 '양양의 군사는 장마에 전염병을 만나고, 주나후의 군사는 풍랑을 만나 퇴각했는데, 죽은 자가 열에 아홉이었다'고 했다. 불가항력의 자연의 힘에 패한 것이지 고구려에게 패한 것이 아니라는 기록이다. 이는 중국의 체면을 위해 치욕을 숨기는 저들의 이른바 춘추필법(春秋筆法)에 따른 것이니, 임유관 싸움은 물론이고, 다음 장에서 말할 살수(薩水) 싸움 기록에도 그런 투의 기록이 많다. 아무튼 임유관 싸움 이후에 수 문제가 고구려를 두려워하여 다시는 군사를 일으키지 못하고, 서로 휴전조약을 맺고 상품 무역을 다시 시작하여, 두 나라 사이에 10여 년 동안 아무 일이 없었다.

제2장
살수 싸움

1. 제2차 고수전쟁 원인과 동기

고구려가 장수왕 이래로 남진주의(南進主義)를 취해 서북 중국과는 친교를 맺고 남쪽 신라·백제에 대하여는 전쟁을 하였다. 마침 수(隋)가 중국 남북을 통일하자, 고구려가 이를 두려워하여 우리도 빨리 신라와 백제를 토멸해서 조선을 통일해야겠다는 생각으로 자주 남쪽 정벌 군사를 일으켰다. 신라와 백제는 동서(同壻)전쟁으로 서로 화합할 여지가 없게 되어 해마다 무력으로 다투는 데다가 북쪽 고구려의 침략이 있어 국력이 피폐해져 견디어 낼 수 없었다. 이에 두 나라는 저마다 사신을 수에 보내어 고구려 공격을 종용했다. 그러나 수는 임유관 싸움에 혼이 나서 고구려를 가벼이 대적할 수 없다는 것을 알고 이를 거절했다.

문제(文帝)가 죽고 양제(煬帝)가 즉위하여서는 해마다 풍년이 들어 전국이 부유해지고, 곳곳 창고에는 곡식이 가득 찼다. 양제는 순유(巡遊)하기를 좋아하여 지금 직예성(直隷省) 통주(通州)에서 황하(黃河)를 건너 지금 절강성(浙江省) 항주(杭州)까지 3천 리나 되는 긴 운하를 파서, 용주(龍舟)[1]를 타고 이리저리 돌아다니며 토욕혼(吐谷渾 : 지금 西藏)과 서돌궐(西突厥 : 지금 蒙古)과 돌궐(突厥 : 지금 蒙古 東部) 등 여러 나라로부터 조공을 받아 이 하늘 아래에는 오직 수만이 강대한 제국이라고 자랑하려 했다.

그런데 동방에 고구려가 있어 조선 서북쪽, 곧 지금 황해·평안·함경 세 도와 지금 봉천(奉天)·길림(吉林)·흑룡강(黑龍江) 세 성을 모두 차지하여, 토지는 비록 수나라보다 좁지만 인구가 많고 군사가 용감하여 수와 겨루려 하였으니, 일찍

---

1) 제왕이 타는 배.

이 병마도원수로 강남(江南) 진(陳)을 토평하여 무공을 스스로 자랑하고 허영적 야심이 가득한 양제가 어찌 잠시인들 고구려를 잊을 수 있겠는가? 그것이 폭발하지 않고 있었던 것은 다만 때를 기다리고 있었기 때문이다.

기원 607년[2] 양제가 기병 수백을 거느리고 유림(榆林 : 지금 山西省 寧夏)에 이르러 돌궐의 계민가한(啓民可汗)의 장막에 들렀다. 이때 돌궐이 비록 수나라에 신하라 일컫고 있었으나, 또한 고구려의 강함을 두려워하여 자주 사신을 보내 조공하면서, 두 나라에 대해 속국 구실을 하므로 고구려가 답사(答使)를 보냈는데, 양제가 이것을 알고 계민가한을 위협하여 고구려 사신을 불러보았다.

양제의 총신 배구(裴矩)가 양제를 꾀어 "고구려 땅은 거의 한사군(漢四郡)의 땅인데 중국이 이를 차지하지 못하는 것은 수치입니다. 선제(先帝 : 文帝)가 일찍이 고구려를 토멸하려 하셨으나, 양양(楊諒)이 재능이 없어서 성공하지 못했는데, 전하께서 어찌 이를 잊으시겠습니까?" 했다. 그래서 양제는 고구려 사신을 보고 "만일 고구려 왕이 입조(入朝)하지 않으면 짐이 마땅히 출순(出巡)[3]할 것이다" 하고 을러댔다.

사신이 귀국하여 보고하는 말을 듣고 고구려 조정에서는 어떤 의논을 했는지는 역사책에 빠져 있어서 알 수 없다. 그런데 배구는《동번풍속기(東藩風俗記)》 30권을 지어 양제에게 올렸는데, 그 가운데 평양의 아름다움과 개골산(皆骨山 : 金剛山)의 빼어남을 격찬하였다. 배구의《동번풍속기》는 그렇잖아도 각처를 돌아다니며 놀기를 좋아하는 양제에게 고구려를 침략하고자 하는 욕심을 더욱 부채질하여 명분 없는 군사를 일으켜서 동양 고대 역사상 일찍이 없었던 큰 전쟁을 벌이기에 이르렀다.

2. 수 양제 침입과 그 전략

기원 611년 6월 양제가 고구려를 치는 조서를 내려, 전국 군사를 이듬해 정월 안으로 탁군(涿郡 : 지금 直隷省 涿縣)에 모이게 하고, 유주총관(幽州總管) 원홍사(元弘嗣)를 보내 동래(東萊 : 지금 烟台) 바다 어귀에서 병선 300척을 만들게 하고, 4월 강남(江南)과 회남(淮南)의 수수(水手) 1만 명, 노수(弩手) 3만 명, 영남

---
2) 양제 즉위 3년.
3) 침입한다는 뜻.

(嶺南) 배압수(排鑷手) 3만 명을 징발하여 수군을 증강하였다. 5월 하남(河南)과 회남(淮南)에 조서를 내려 전차 6만 대를 만들어서 군사와 무기와 군막을 실어 나르게 하고, 7월 강남·회남의 민부(民夫)와 배를 징발하여 여양창(黎陽倉)과 낙구창(洛口倉) 등 창고 쌀을 탁군으로 운반하게 하였다. 강과 바다에는 배들이 1천여 리에 널리고, 육지에는 곳곳에서 물건 운반하는 일꾼 수십만 명이 언제나 동원되어 떠들어 대는 소리가 밤낮으로 그치지 아니했다.

이듬해 정월 양제가 탁군에 이르러 모든 군사를 지휘하는데, 좌우 각 12군으로 나누어 한 군단에 대장과 아장(亞將) 한 사람씩 두고, 기병은 40여 대(隊)인데, 1대는 100명이요, 10대가 1단(團)이 되어 네 단에 나누고, 보병은 80대인데 20대가 1단이 되어 또한 네 단에 나누고 치중병(輜重兵)과 산병(散兵) 또한 각각 네 단에 나누어 보병 사이에 끼우고, 갑옷 투구와 기치는 단마다 빛깔을 달리 하고, 나아가고 물러나고, 머무르고 걷는 것이 정연하니 모두 24군단이었다.

하루에 한 군단씩 40리마다 한 진영을 이루어 출발하는데, 40일 만에야 모두 출발하니, 머리와 끝이 서로 닿아 북소리 나팔소리가 산하를 뒤흔들고, 깃발이 960리에 뻗쳤으며, 마지막으로 어영군(御營軍)이 출발하는데 또한 80리에 뻗쳤다. 정규 군사가 모두 113만 3천 8백명이었는데 이를 2백만이라 일컬었고, 뒷바라지하는 군사는 4백만이나 되니, 중국 역사상 가장 규모가 큰 출병이었다.

《수서(隋書)》에 양제의 출군 명령을 기록하였는데, 좌군(左軍) 12군단은 누방(鏤方)·장잠(長岑)·명해(溟海)·개마(蓋馬)·건안(建安)·남소(南蘇)·요동(遼東)·현도(玄菟)·부여(夫餘)·조선(朝鮮)·옥저(沃沮)·낙랑(樂浪) 등의 길로 나가고, 우군(右軍) 12군단은 점선(黏蟬)·함자(含資)·혼미(渾彌)·임둔(臨屯)·후성(侯城)·제해(提奚)·답돈(踏頓)·숙신(肅愼)·갈석(碣石)·동이(東暆)·대방(帶方)·양평(襄平) 등의 길로 나가서 모두 평양에 모이라고 했다.

명해(溟海)는 지금 강화(江華)요, 옥저(沃沮)는 함경도와 훈춘 등지요, 임둔과 동이는 지금 강원도이니, 평양에 모이라는 군사가 어찌 훈춘이나 함경도나 평양 이남 땅으로 나왔을 것인가?

《자치통감(資治通鑑)》에 여러 군단의 진행한 실황을 기록하였는데, 좌익위대장군(左翊衛大將軍) 우문술(宇文述)은 부여도(夫餘道)로 나가고, 우익위대장군

(右翊衛大將軍) 우중문(于仲文)은 낙랑도(樂浪道)로 나가고, 좌효위대장군(左驍衛大將軍) 형원항(荊元恒)은 요동도(遼東道)로 나가고, 우효위장군(右驍衛將軍) 설세웅(薛世雄)은 옥저도(沃沮道)로 나가고, 우둔위장군(右屯衛將軍) 신세웅(辛世雄)은 현도도(玄菟道)로 나가고, 우어위장군(右禦衛將軍) 장근(張瑾)은 양평도(襄平道)로 나가고, 우무위장군(右武衛將軍) 조효재(趙孝才)는 갈석도(碣石道)로 나가고, 좌무위장군(左武衛將軍) 최홍승(崔弘昇)은 수성도(遂城道)로 나가고, 우어위호분낭장(右禦衛虎賁郞將) 위문승(衛文昇)은 증지도(增地道)로 나가서 모두 압록수(鴨綠水) 서쪽에 모였다. 그런데 낙랑·현도는 한(漢) 이래로 요동에 임시로 둔 북낙랑·북현도도 있었으니 압록강 서쪽에 모였다고도 할 수 있지만, 옥저가 어찌 압록강 서쪽이 될 수 있는가? 그러므로 《자치통감》 지명들은 거의 임시로 가정한 이름이고 고구려 본지명이 아니니, 이로써 그 행군 노선을 상세히 말할 수는 없다. 이제 그 전쟁의 광경에 따라 미루어 보건대, 양제의 작전 계획은 대략 다음과 같았다.

  24군단을 수륙 두 방면으로 나누되, 육군은 다시 두 부로 나누었다. 그 하나는 어영군(御營軍)과 그 밖의 10여 군단이니, 양제가 스스로 장수가 되어 요수(遼水)를 건너 요동의 여러 성을 치기로 하고, 또 하나는 좌익위대장군 우문술(宇文述) 등 9군단이니, 우문술이 사령(司令)이 되고 우익위대장군 우중문(于仲文)이 참모가 되어 요수를 건너 고구려 수도 평양에 침입하기로 했다. 수군이 또한 수만 명이니 우익위대장군 수군총관(水軍總管) 내호아(來護兒)와 부총관 주법상(周法尙)이 양식 실은 배를 거느리고 바닷길을 따라 대동강으로 들어가서 우문술과 합세하여 평양을 공격하기로 한 것이었다.

  대개 태조왕(太祖王) 때 왕자 수성(遂成)[4]이 한(漢)나라 군사 식량 보급로를 끊고 이를 격파한 이래 고구려에서 언제나 북방 침입을 방어할 때 수성이 쓴 계책을 쓰는 사람은 반드시 승리하였고, 북방 침입자들도 이것을 가장 경계했다. 그러므로 이제 수 양제는 육군은 가는 동안의 식량만 가지고 가고, 목적지인 요동·평양 두 성에 이른 수군에 맡겨서 운반해 온 양식을 먹고 두 성을 포위하여 지구전을 벌여서 뒤에 고구려의 항복을 받으려는 것이었다.

---

4) 뒤의 次大王.

3. 고구려의 방어와 그 작전계획

후세에 살수 싸움을 말하는 이는 거의 을지문덕(乙支文德) 한 사람의 계획으로 치고, 또 을지문덕이 겨우 수천 명 군사로 수나라 수백만 대군을 격파한 것으로 말하는데, 이것은 사실과 맞지 않는다.

고구려가 망할 때에도 그 상비군이 30만이나 되었으니, 하물며 영양왕의 전성기이랴. 이때에는 오히려 30만 명이 넘었을 것이다. 또 광개토왕 비문에 '왕이 친히 수군을 거느리고 나갔다'고 한 것으로 보거나, 양제의 고구려에 대한 선전 조서로 보거나 아무튼 고구려에 수군이 존재했음을 알 수 있으니, 수군은 대략 수만 명에 가까웠을 것이다.

이 30여만 명 가운데 남쪽 백제와 신라를 경계하는 데 몇만 명이 필요했을 것이고, 그 나머지도 20여만 명이 되었을 것이니, 이 20만 명은 수나라에 대항하는 전사가 되었을 것이다. 물론 수륙군 대원수는 왕의 아우 건무(建武)요, 육군 원수는 을지문덕이었다. 양제가 수륙 양면으로 고구려를 공격하려 하니 고구려의 작전계획 또한 수륙 양면 방어를 모두 중히 여기는 가운데 먼저 지키고 나중에 싸우는 것을 계획의 중심으로 삼았다. 육상 전사들은 백성에게 명하여 양식을 거두어 가지고 모두 성안으로 들어가 있게 하고, 수군도 저마다 요새 항구의 안전지대로 물러나 지킴으로써 싸움을 피하다가 수나라 군사가 양식이 떨어지기를 기다려서 공격하게 했다.

4. 고구려군의 패강(浿江) 승전

을지문덕이 수나라 군사를 깊숙이 꾀어들이려고 요하(遼河) 서북쪽에 있던 군사를 거두어들여 요하를 지켰다. 그해 3월 수나라 군사가 요하에 이르러 서쪽 연안 수백 리에 진을 치니, 마치 벌떼처럼 우글우글하고, 군사 장비와 군기가 울긋불긋 햇빛에 빛났다.

수나라 군사 가운데 첫째가는 용장이며 선봉인 맥철장(麥鐵杖)이 부교(浮橋)를 매어 동쪽 언덕에 대려고 하였다. 을지문덕이 여러 장수들로 하여금 맞받아치게 하여 맥철장 등 장사 수십 명과 군졸 1만여 명을 목 베고 부교를 끊어 버렸다. 그러자 수나라 군사 가운데 잠수 잘하는 자와 헤엄 잘 치는 자가 전공을 세우려고 다투어 물에 뛰어들어 격전을 벌이면서 부교를 다시 매었다. 을지문덕이 예정되었던 계획에 따라 거짓 패하여 퇴군하니, 수 양제가 그 전군을 휘몰아 요하를 건너와서 어영군과 좌익위대장군 등은 요동성을 포위 공격하게 하고 좌둔위대장군 토우서(吐禹緒) 등 10여 군단은 그 부근 성들을 포위 공격하게 했다. 또 좌익위대장군 우문술(宇文述) 등 9군단은 을지문덕을 추격하여 평양을 치게 했다.

이보다 앞서 우익위대장군 내호아(來護兒)가 장강(長江)과 회하(淮河)의 수군 10여만 명을 거느리고 양식 실은 배를 호위하면서 동래(東萊 : 지금 烟台)에서 출발하여, 창해(滄海 : 渤海)를 건너 패강(浿江 : 대동강) 어귀로 들어오므로, 이에 맞서 왕제 건무가 비밀히 수군 장졸을 후미진 항구에 숨겨 두고 평양성 아래 인가에는 집집마다 재물을 내놓고 수나라 군사가 상륙하는 것을 내버려 두자, 내호아가 정병 4만 명을 뽑아서 패강을 거슬러 올라와 성 아래로 돌진했는데, 재물을 노략질하느라 대오가 어지럽게 무너졌다.

이때 건무가 결사대 5백 명을 뽑아 성곽과 빈 절에서 내달아 돌격해서 깨뜨리고 모든 군사에게 호령하여 수나라 군사를 추격하게 했다. 여기저기 숨어 있던 수군들도 일시에 내달아 함께 공격하니, 수나라 군사가 강 어귀에 이르러 배를 타려고 서로 다투어 짓밟혀 죽는 자가 수없이 많았고, 양식 실은 배가 모두 바다 속에 가라앉으니 내호아는 홀몸으로 조그만 배를 타고 도망쳤다. 양식 실은 배가 모두 없어졌으니, 이미 평양성에 침입해 있던 우문술 등의 대군은 무엇을 먹고 싸우랴? 고구려가 이때에 이미 승세를 잡았으니, 전공을 따진다면 왕제 건무가 을지문덕보다 앞섰다고 할 것이다.

왕제 건무의 공이 이같이 컸지만 역사를 읽는 사람들이 흔히 을지문덕만 아는 것은 무슨 까닭인가? 사마온공(司馬溫公)의 《통감고이(通鑑考異)》에 내호아가 양식 배를 잃지 아니했더라면 우문술의 살수(薩水) 패전은 없었을 것이라고 했으니, 대개 옳은 말인가 한다.

5. 고구려군의 살수 승전

을지문덕이 요하에서 퇴군하여 수나라 군사의 허실을 탐지해 보려고 거짓 항복을 청하는 사자가 되어 수나라 군 진중에 들어가서 그 내부 형편을 살펴보고 돌아왔다. 우문술 등은 그의 용모와 체구가 위엄 있고 건장함에 놀라, 이 사람이 고구려 대왕이나 대대로(大對盧)인가 보다 하고 사로잡지 못한 것을 후회하고, 사람을 보내어 다시 만나자고 청했다.

을지문덕은 이때 이미 패강 승전 소식을 들었을 뿐 아니라 우문술의 모든 군사들에게 굶주린 기색이 있음을 눈치챘다. 이미 반드시 이길 기틀을 잡았는데, 어찌 다시 범의 굴에 들어가겠는가? 달려 돌아오면서 수나라 군사를 유인하기 위해 요새를 만나면 가끔 머물러 접전하다가 거짓 패하여 하루 동안에 일곱 번 싸워 일곱 번 패했다. 우문술 등이 크게 기뻐하여 고구려 군사는 하잘것없다고 내쳐 달려와 살수(薩水 : 지금 청천강)를 건너 평양에 이르렀다.

평양에 이르자 성안과 성 밖의 인가가 고요하여 사람이란 그림자도 볼 수 없고, 개소리 닭소리도 들리지 아니하므로 우문술은 의심이 나서 바로 나아가지 못하고, 사람을 보내어 닫힌 성문을 두드렸다. 그러자 성중에서 대답하기를 "우리가 곧 항복하려고 땅과 인구의 문서와 장부를 조사하는 중이니, 대군은 성 밖에서 닷새만 기다리시오" 했다.

전보 같은 것이 없던 고대이므로 우문술 등은 그때까지도 내호아가 패전한 것을 까맣게 모르고, 내호아가 오면 함께 공격하려고 성안의 요구를 승낙하고 성 부근에 진을 쳤다. 군사들이 시장하여 약탈하려고 했으나 집집이 모두 텅텅 비어 아무것도 없었다. 닷새가 지나 열흘이 되어도 성안에서 아무런 동정이 없으므로, 우문술이 군사를 지휘하여 성을 공격하니, 성 위 사면에 고구려 깃발이 일시에 꽂히고 화살과 돌이 비 오듯 쏟아졌다.

을지문덕이 통역에게 "너의 양식 실은 배가 바다에 가라앉아 먹을 양식은 끊어졌고 평양성은 높고 튼튼하여 넘어올 수 없으니, 너희들이 어떻게 하겠느냐?" 하고 외치게 하고, 포로로 잡은 수나라 수군 장졸들의 도장과 깃발을 던져 주었다. 수나라 군사가 그제야 내호아가 패했음을 알고 군심이 갑자기 소란해져 싸울 수 없게 되자, 우문술 등은 퇴각하기 시작했다.

을지문덕은 미리 사람을 보내어 모래주머니로 살수 상류를 막고 정병 수만 명을 뽑아서 한가롭게 수나라 군사를 뒤쫓았다. 우문술 등이 살수에 이르렀으나, 배가 하나도 없고 물의 깊고 얕은 데를 알지 못하여 머뭇거리는데, 돌연 일곱 사람의 고구려 중이 다리를 걷고 물에 들어서면서 "오금에도 차지 않는 물이오" 하고 건너갔다.

수나라 군사가 크게 기뻐하며 다투어 물에 들어섰다. 을지문덕 군사는 이들이 채 중류에 미치지 못했을 때 상류의 모래 주머니로 막은 물을 터놓았다. 수나라 군사는 물이 사납게 내리 닥치는데, 문덕 군사가 뒤쫓아와서 맹렬히 공격하니, 거의가 칼과 화살에 맞아 죽고 물에 빠져 죽었다. 겨우 목숨을 건진 자는 하루 낮 하루 밤 사이에 450리나 도망가 압록강을 건너 달아났는데, 요동성에 이르렀을 때 보니 살아 돌아온 자는 우문술 등 아홉 군단 30만 5천 명 가운데 겨우 2천7백 명밖에 안 되었다. 무기와 그 밖의 몇만 수레 물건들은 모조리 고구려 노획품이 되었다.

6. 고구려군의 오열홀(烏列忽)대승

양제(煬帝)의 어영군과 그 밖의 10여 군단 수십만 군사가 오열홀과 요동 곳곳 성들을 공격했으나 하나도 함락하지 못했을 뿐 아니라, 3월부터 7월까지 무릇 네댓 달 동안 고구려 사람들의 화살에 맞아 죽어서 성 아래에는 해골이 산을 이루었고, 또 양식을 얻지 못하여 장졸들은 굶주리고 있다가 우문술 등이 패하여 돌아가는 것을 보자, 더욱 싸울 생각을 잃었다. 그러나 양제는 오히려 마지막 요행을 얻을까 하여 모든 군사들을 오열홀 성 아래에 집합시켰는데, 을지문덕이 이를 쳐 크게 깨뜨려 사람과 말을 수없이 죽이고, 한없이 많은 물건을 노획했다.

뒤에 고구려가 망했을 때 당(唐) 장수 설인귀(薛仁貴)가 그곳에 서 있던 경관(京觀)[5]을 헐고 백탑(白塔)을 세웠는데, 세상 사람들이 이를 당 태종(唐太宗)이 안시성(安市城)을 침공할 때 당 장수 울지경덕(蔚遲敬德)이 세운 것이라 하지만 이는 잘못 전해진 말이다. 수나라 24군단 수백만 명이 이에 전멸하고, 오직 호분낭장(虎賁郎將) 위문승(衛文昇)의 패잔군 수천 명이 남아 있어 양제를 보호하며 도망하였다.

《수서(隋書)》에는 살수에서의 우문술 패전은 기록하고, 오열홀에서의 양제 패전은 기록하지 않았는데 그것은, 이른바 높은 이의 수치를 숨기기 위한 춘추필법(秋春筆法)이니, 이런 춘추필법을 알아야만 중국 역사를 읽을 수가 있다.

---

5) 무공과 전과를 과시하기 위하여적 시체를 쌓고 흙으로 덮은 무덤.

요하를 건너 ○○리에 발착수(渤錯水)가 있는데, 이것을 수(水)라 이름붙였지만, 실은 수(강물)가 아니라 유명한 요동의 200리 진수렁으로, 일명 요택(遼澤)이라고도 한다. 당 태종 조서에 '요택매골(遼澤埋骨)'이라는 기록이 나오는 것을 보면, 수나라 군사가 이 땅에서 매우 많이 죽었음을 알 수 있다. 이것도 대개 고구려 군사의 추격에 쫓겨 죽은 것일 것이다.

이 전쟁은 패강(浿江)·살수(薩水)·오열홀(烏列忽) 3대전을 포함한 것으로 으뜸가는 공은 패강 싸움이고, 다음은 살수 싸움이며, 마지막은 오열홀 싸움이었다. 그래서 모두 통틀어서 살수대첩(薩水大捷)이라 부르는 것은 옳지 않지만, 오랜 동안 씌어 왔으므로 그대로 쓴다.

제3장
오열홀·회원진 두 싸움과 수 멸망

1. 수 양제의 두 번째 침략과 오열홀(烏列忽) 성주의 방어

수 양제가 패해 돌아가서는 그 패전의 죄를 우문술(宇文述) 등 여러 장수들에게 돌려 파면하여 옥에 가두고, 패전의 치욕을 씻으려고 이듬해 정월 다시 전국 군사와 말을 탁군(涿郡)으로 소집하여 요동 옛성[1]을 수축하여 군량을 저축해 놓도록 준비하였다. 양제는 "여러 장수들의 지난번 패전은 군량이 모자란 때문이요, 싸움을 잘 못한 죄가 아니다" 하여 전국에 알리고, 다시 장군들 직위를 복직시켰다. 그리고 고구려를 칠 계획을 세우는데, "작년에 요동을 평정하지 못하고 평양을 공격한 것이 실책이었다" 하여, 조서로는 대개 작년과 같이 여러 장수들의 출정할 길을 지정했으나, 내용은 먼저 오열홀을 쳐서 함락한 뒤에 차차 그 지리를 따라 각 주군(州郡)을 평정하며 평양까지 내닫자는 것이었다.

이때 수나라는 크게 패한 뒤라 국고는 텅 비고, 군대 수효가 턱없이 모자라며, 백성의 힘이 고갈되어 민심이 떠나고 있었다. 이렇게 사회가 어수선해지자, 반란을 기도하는 자들이 지은 '무향요동낭사가(無向遼東浪死歌)'가 유행했다. 양제는 상황이 이러함에도 백성의 재물을 강탈하여 군량을 마련하고, 남자들을 군사로 강제 징발하여 몇 년간 훈련시켜 요동으로 향하게 했다. 우문술(宇文述)·이경(李景) 등 여러 장수들에게 명하여 고구려를 응원하는 길을 막게 하고, 양제는 몸소 어영군 여러 장수들을 거느리고 오열홀을 공격했다.

당시 오열홀 성주 이름은 역사에 보이지 않으나, 지혜롭고 용감하고 침착하고 의연한 인물이요, 성안 모든 장졸(將卒)들은 거의 모두 수없이 많은 싸움을

---

1) 지금 永平府니 곧 고구려 태조왕이 요동을 차지한 뒤에 漢이 이 땅에 옮겨다 둔 것.

경험한 용사들이었다. 그래서 양제가 비루(飛樓)²⁾를 맨다, 운제(雲梯)³⁾를 세운다, 지도(地道 : 땅굴)를 판다, 토산(土山 : 흙산)을 쌓는다 하여, 성(城)을 공격하는 방법을 모조리 모두 써보았으나, 그때그때 알맞은 방어전을 벌여서, 서로 대치한 지 수십 일에 수나라 군사가 수없이 죽었다.

그때 수나라 동도수장(東都守將) 양현감(楊玄感)이 반란을 일으킨다는 기별이 와서, 양제는 무기와 물자와 성 공격하는 기구들을 모두 버리고 밤 10시께 비밀히 여러 장수들을 불러 황급히 군사를 돌이켰는데, 그만 오열홀 성주에게 발각되어 후군이 고구려 군사의 습격을 받아 거의 전멸했다.

2. 수 양제의 세 번째 침입과 궁노수(弓弩手)의 저격

양제는 비록 양현감의 반란을 평정했지만, 국력이 피폐하고 인민의 원한이 극도에 이르렀다. 그런데도 양제는 오히려 패전 치욕을 씻고자 병마를 또 징집하여 회원진(懷遠鎭)으로 나아가는데, 군사들은 앞선 두 번 패전으로 가면 죽을 줄 알므로 도중에서 도망하는 자가 많고, 이미 반란을 일으킨 지방 가운데에는 징집에 응하지 않는 곳도 있었다.

양제는 싸우기 어려울 것을 깨닫고 중지하려고 했다. 그러나 그러면 온 나라 안 웃음거리가 되어 반란을 진압할 수 없을 것을 생각하고, 어떤 구실이라도 잡아서 휴전을 하려고 고구려에 대해 반신(叛臣) 곡사정(斛斯政) 인도를 유일한 조건으로 화의를 제의했다. 곡사정은 곧 양현감 무리로서 고구려에 투항한 사람이다.

이때 고구려 국론이 두 파로 갈리니, 한 파는 남쪽 신라·백제를 토멸하기 전에는 중국에 대해 말을 낮추고 후한 예물로 화평을 유지하는 것이 옳다, 지금까지 중국에 대해 너무 강경하여 여러 해 전쟁을 했으니, 오늘부터라도 다시 정책을 변경하여 수나라와 화의하자고 주장했고, 또 한 파는 신라와 백제는 산과 내가 몹시 험하여 지키기는 쉽지만 공격하기는 어려우며, 또 인민들이 굳세어 좀처럼 굴복하지 않는데, 중국 대륙은 이에 반하여 넓은 들이 많아서 군사를 쓰기가 좋고, 인민들이 전쟁을 두려워하여 한족이 무너지면 다른 쪽이 동요

---

2) 나는 듯이 높이 세운 누각.
3) 높은 사닥다리.

하므로, 장수왕의 북수남진책(北守南進策)이 본디 잘못된 것이다, 오늘부터라도 이 정책을 버리고 남쪽은 방어만 하고 정병을 뽑아 수나라를 치면, 비록 많은 군사가 아니더라도 성공하기 쉬우며, 성공한 뒤에 백성을 위무하고 인재를 채용하면 전 중국을 통일하기가 용이하다고 했다.

전자는 왕의 아우 건무(建武) 일파의 주장이니 많은 호족들이 이에 속해 있었다. 후자는 을지문덕 일파의 주장이니 일부 무장들이 속해 있었다. 두 사람이 모두 전쟁에서 큰 공을 세워서 나라 사람들의 신망이 높았으므로, 두 파의 세력도 거의 비슷했다.

영양왕은 을지문덕 주장에 찬동했으나, 고구려는 원래 호족(豪族) 공화(共和)의 나라였으므로, 왕 또한 건무 일파의 의견을 꺾지는 못했다. 이럴 때에 양제가 곡사정 인도를 조건으로 화의를 제출하자, 많은 사람들이 건무파에 따랐다. 드디어 망명해 온 가련한 곡사정 인도를 허락하는 동시에, 사자가 국서를 받들고 양제 군영으로 갔다.

어떤 장사가 이에 몹시 분개하여 쇠뇌(弩弓)를 품에 품고 사자 수행원으로 가장하여 가만히 사자 뒤를 따라 들어가서 양제의 가슴을 쏘아 맞히고 달아났다. 비록 이로써 화의를 깨뜨리지 못하고 곡사정 인도도 중지시키지 못했으나, 양제 넋을 빼앗고 고구려 사기가 왕성함을 넉넉히 보였다. 그 화살을 맞고 돌아간 양제는 병도 들고 부끄럽고 노여워서 울분을 참지 못하다가, 나라 안이 크게 어지러워지면서 몇 해 안 가 암살당하니 수나라는 마침내 망했다.

안정복(安鼎福) 선생이 이 전쟁을 논평하면서, 영양왕이 살수 승전 위세로 수양제의 자기 아비 죽인 죄를 성토하고 을지문덕 장군을 호령하여 수를 합병하지 못했음을 한탄하였으나, 양제가 아비를 죽였다는 설에는 의문이 있을 뿐 아니라, 수나라 궁중 비사라 고구려 사람이 듣지 못했을 것이므로 말할 것이 못 된다. 그런데 《해상잡록(海上雜錄)》에는 분명히 이 전쟁 끝에 을지문덕 일파가 북벌을 주장했음을 기록했는데, 선생이 이를 그의 저서 《동사강목(東史綱目)》에 기록하지 않은 것은 무슨 까닭인가? 아마도 비사(秘史)의 설(說)을 정사(正史)에 넣을 수 없다는 뜻일 것 같다. 그러나 정사 《삼국사기》《동국통감》 등은 사대주의 기록이어서 중국과의 전쟁에 대해서는 오로지 중국 기록만 인용했으니, 비사의 설이 도리어 정확한 재료가 아닌가 하여 본서에서는 이를 채록했다.

제11편
고구려와 당의 전쟁

제1장
연개소문의 서유(西遊)와 그 혁명

1. 연개소문의 출생과 소년시절 서유(西遊)

연개소문은 ①고구려 9백 년 이래 전통이었던 호족공화제(豪族共和制) 구제도를 타파하여 정권을 통일했고, ②장수왕 이래 철석같이 굳어온 서수남진(西守南進) 정책을 변경하여 남수서진(南守西進) 정책을 세웠고, ③그래서 국왕 이하 대신·호족 수백 명을 죽여 자기 독무대로 만들고, 서국(西國 : 중국) 제왕인 당 태종을 격파하여 중국 대륙 침략을 시도하였으니, 그 선악 현부(善惡賢否)는 별문제로 하고, 아무튼 고구려뿐 아니라 동아시아 전쟁사에서 유일한 중심인물이었다.

그러나《삼국사기》에 실린 연개소문의 사실은 겨우〈김유신전(金庾信傳)〉가운데, '개금(蓋金 : 연개소문)이 김춘추를 객관에 머무르게 했다'는 한 마디가 있을 뿐이고, 그 외에는 오로지 신·구 두《당서(唐書)》와《자치통감(資治通鑑)》등 중국사에서 뽑아 기록한 것뿐인데, 중국사는 곧 연개소문을 상대해서 혈투하던 당 태종과 그 신하들의 입과 붓에서 나온 것을 재료로 한 것이기 때문에 믿을 가치가 매우 적다.

연개소문은 고구려 서부(西部) 세족(世族)이요, 서부 명칭이 연나(淵那 : 涓那)이므로 성이 연(淵)이다. 그런데,《삼국사기》에 성을 천씨(泉氏)라 한 것은, 당나라 사람이 고조(高祖)의 이름 '연(淵)'을 피하여 '천'으로 대신한 것을 그대로 가져다 기록했기 때문이다.

당나라 사람 장열(張悅)이 규염객(虯髥客)에 대한 사실을 쓰면서 '규염객은 부여국 사람으로 중국에 와서 태원(太原)에 이르러 이정(李靖)과 친교를 맺고 이정의 아내 홍불기(紅拂妓)와는 남매의 의를 맺고서 중국 제왕이 되려고 꾀하다가 당공(唐公) 이연(李淵)의 아들 세민(世民 : 唐太宗)을 만나 보고는 그의 뛰어난 기상과 재기에 눌려 이정에게 중국 제왕 될 것을 단념했노라 하고 귀국하여 난을 일으켜서 부여국왕이 되었다'고 하였다.(《虯髥客傳》의 대략적인 번역)

선배들은 "부여국은 곧 고구려요, 규염객은 곧 연개소문이다"라고 했다. 당 태종의 영기에 눌려 중국 제왕 되기를 단념했다는 것은, 제왕은 하늘이 정하는 것이요 구구한 지략 있는 자가 엿볼 것이 아니라는, 중국 소설가의 권선징악에 바탕한 필법일 뿐이거니와, 연개소문이 중국을 침략하려 하여 그 국정을 탐지하기 위해 한 번 서유(西遊)한 것은 사실인 듯하다. 중국에 전하는 《갓쉰동전(傳)》은 이것과 같은 소설이니, 그 대강은 다음과 같다.

연국혜라는 한 재상이 있었는데, 나이 50이 되도록 자녀가 없어서 하늘에 아들 점지를 기도하여 한 옥동자를 낳아 이름을 갓쉰동이라고 했다. 갓 쉰 살 되던 해에 낳았다는 뜻이었다. 아이가 자라면서 용모가 비범하고 재주가 뛰어나므로 연국혜는 손 안의 구슬같이 사랑하여 늘 곁에서 떠나지 못하게 했다. 갓쉰동이가 7살 되던 해에 문 앞에서 장난을 하고 노는데, 어떤 도사가 지나가다가 그를 보고 "아깝다, 아깝다" 하고 갔다.

연국혜가 그 말을 듣고 뒤쫓아가 도사를 붙잡고 그 까닭을 물었다. 도사는 처음에는 굳이 사양하고 말하지 아니하다가, 나중에 "이 아이가 자라면 부귀와 공명이 무궁할 것이지만, 다만 타고난 수명이 짧아서 그때를 기다리지 못할 것이오"라고 말했다. 그러면 그 액을 면할 방법이 없느냐고 물으니까, "15년 동안 이 아이를 내버려 부모와 서로 만나지 못하게 하면 그 액을 면할 것이오" 했다.

연국혜는 차마 못 할 일이었지만 도사 말을 믿고 아들 장래를 위해, 하인을 시켜서 갓쉰동이를 멀리멀리 산도 설고 물도 선 어느 시골에 데려다 버리게 했다. 다만 훗날 도로 찾을 수 있도록 표적을 만들기 위해 먹실로 등에다가 '갓쉰동' 석 자를 새겨서 보냈다. 갓쉰동이가 버려진 곳은 원주(原州) 학성동(鶴城洞)이었다. 그 동네 장자 류씨(柳氏)가 그날 밤 꿈에 앞내에서 황룡(黃龍)이 하늘로 올라가는 것을 보고 괴이하게 여겨 새벽에 앞내에 나가보니, 한 준수한 어린아이가 있으므로 데려다가 길렀다. 이름은 그 등에 새긴 글자를 보고 그대로 '갓쉰동'이라 불렀다.

갓쉰동은 자랄수록 미목이 청수하고 용모가 영특하나 그 내력을 알 수 없어 온 집안이 천한 사람으로 대접했다. 장자는 그를 사랑하기는 했으나, 남의 시비를 싫어하여 그 신분을 높여 주지 못하고, 다만 글을 약간 가르쳐 자기 집 종으로 부렸다.

하루는 갓쉰동이 산에 올라가 나무를 베는데, 난데없이 청아한 퉁소 소리가 들렸다. 지게를 버티어 놓고 그 소리 나는 곳을 찾아가니, 한 노인이 앉아서 퉁소를 불고 있었다. 노인이 갓쉰동이를 보더니 "네가 갓쉰동이가 아니냐? 네가 오늘에 배우지 아니하면 장차 어찌 큰 공을 이루겠느냐?" 하고 학문이 필요함을 이야기해 주었다. 갓쉰동이는 그 이야기에 취하여 해 지는 줄도 모르고 듣고 있는데, 노인이 석양을 가리키며 "오늘은 늦었으니 내일 오라" 하고는 어디로인지 휙 가 버렸다.

갓쉰동이는 그제야 깜짝 놀라, 내가 나무를 하러 왔다가 빈 지게를 버티어 놓고 해를 모두 보냈으니 주인의 꾸중을 어찌 모두 듣나 하고 내려와 보니 누군가 나무를 베어 지게에 한짐 지어 놓았다. 갓쉰동이는 그 이튿날부터 나무를 하러 산에 가면 반드시 그 노인을 만나고, 만나서는 검술·병서·천문·지리 등을 배웠다. 그리고 내려오면 반드시 지게에 나무가 지워져 있어서 그대로 지고 돌아올 뿐이었다.

장자는 아들도 없이 딸만 셋을 두었는데, 딸들 이름을 문희·경희·영희라 했다. 세 사람이 모두 뛰어난 미인인데, 영희가 더욱 뛰어났다. 갓쉰동이가 15살 되던 해 봄 어느 날, 장자는 갓쉰동이를 불러 세 딸을 가마에 태우고 봄나들이를 가라고 했다. 갓쉰동이 가마꾼을 데리고 문희 방 앞에 가서 "아가씨, 가마를 대령했습니다" 하니, 문희가 버선발로 마루 끝에 나서더니 "아이고, 맨땅을 어떻게 디디겠느냐? 갓쉰동아, 네가 거기 엎드려라" 하여 갓쉰동이 등을 밟고 가마에 올라탔다.

경희를 태울 때 경희도 그러는지라 갓쉰동이 화가 나서 한주먹으로 때려 주고 싶었지만, 장자의 은혜를 생각하여 꾹 참았다. 영희 방에 가서는, '이년도 그년들 동생이니 별다르겠는가' 싶어서 "가마를 대령했습니다." 한마디 하고는 미리 뜰에 엎드렸다. 영희가 문에서 나와 보고는 놀라 "갓쉰동이, 이게 무슨 짓이냐" 했다.

갓쉰동이 말했다. "갓쉰동이 등이야 하느님이 아가씨들을 위해 만든 것이 아닙니까? 이 등으로 나무를 져다가 아가씨들 방을 덥히고, 이 등으로 쌀을 실어다가 아가씨들 배를 불리고, 아가씨들이 앉고 싶으면 갓쉰동이 등을 자리로 쓰시고, 아가씨들이 걷고 싶으면 갓쉰동이 등을 다리로 삼으시고……"

말이 채 끝나기도 전에 영희가 달려들어 "아서라, 이게 무슨 짓이냐? 사람 발로 사람 등을 밟는 법이 어디 있느냐?" 하고 갓쉰동이를 일으켰다. 갓쉰동이는 일어나 영희의 꽃 같은 얼굴, 관옥 같은 살결과 정다운 말소리에 마음을 잡지 못하고, '나도 어렴풋이 어릴 때 일을 생각하면 너와 결혼할 만한 집안인데……' 하는 생각에 눈물이 글썽해졌다. 영희도 갓쉰동이의 용모가 범상치 않고 음성이 우렁찬 것을 보고, 이 같은 사나이가 어찌하여 남의 집 종이 되었을까 하는 생각에 눈물이 주르르 흐르는 것도 깨닫지 못했다.

이 뒤로부터 갓쉰동이는 영희를 생각하고 영희는 갓쉰동이를 사랑하여, 두 사람 사이의 정(情)이 점점 두터워졌다. 갓쉰동이가 "내가 일곱 살 때 집을 떠나던 일이 어렴풋이 기억나는데, 아마 우리 부모님께서 도사 말을 믿고 나를 버렸다가 훗날 다시 찾으려 한 것 같다. 나도 집에 돌아가면 귀한 집 아들이니 너 나하고 결혼하자"고 청혼했다.

"나는 귀인 아내 되기를 바라는 것이 아니라, 사나이 아내가 되기를 바란다. 만일 네가 사나이가 아니라면 귀한 집 아들이라 해도 내 남편이 못 될 것이고, 네가 사나이라면 종이라 하더라도 나는 너 아니면 아내가 되지 않겠다. 그러니 너는 네 회포를 말해 보아라" 했다.

갓쉰동이 "달딸이[韃靼]는 늘 우리나라를 침범하여 백성을 괴롭히는데, 우리는 다만 침입하는 달딸이를 쳐 물리칠 뿐이요, 달딸국에 쳐들어가지 못했다. 나는 이것이 분하여 늘 달딸이 땅을 한 번 쳐서 백 년 태평을 이룩하려고 생각한다" 말하고, 요즈음 나무하러 산에 가서 어떤 노인에게 날마다 검술·병서·천문·지리 등을 배우고 있음을 이야기했다.

영희는 크게 기뻐하며, "그렇지만 적국을 치자면 적국 형편을 잘 알아야 할 것이다. 네가 친히 달딸국에 들어가 두루 돌아다녀서 국정을 살펴보아 훗날 성공할 터를 닦아 가지고 오라. 그러면 나는 네 아내가 못 되면 종이 되어서라도 네 앞에서 백 년을 모시도록 하겠다"고 했다. 갓쉰동이는 이를 쾌히 허락하고 장자 집에서 달아나는데, 영희는 제가 가진 금가락지와 은그릇 등을 주어 노자를 만들게 했다.

갓쉰동이가 달딸국에 들어가서는 달딸 말도 배우고 달딸 풍속도 익혔다. 또 그 내정을 알기 위해 이름을 돌쇠로 고치고 달딸국 왕의 노비가 되었는데, 행동이 영리하므로 왕의 신임을 받았다. 그런데 왕의 둘째 아들이 영민하고 또 사람을 잘 알아보아, 갓쉰동이가 비상한 영걸이라는 걸 알았지만 달딸 종자가 아니니 죽여서 후환을 없애자고 그 아비에게 고하였다. 그래서 갓쉰동이를 철책 안에 잡아 가두고 음식을 끊어 굶겨 죽이려고 했다.

갓쉰동이는 곧 위태로움을 깨달았다. 그러나 뾰족한 계책이 없어 답답히 앉았다가, 자기 곁에 매를 잡아 넣은 새장을 보고, 와락 달려들어 새장을 부수고 매를 모두 날려보냈다. 이때 마침 달딸왕 부자는 모두 사냥을 나가고 달딸왕 공주가 그를 지키고 있다가 놀라면서 "네가 왜 매를 모두 놓아 보내느냐? 우리 아버지와 오빠에게 더욱 죄를 짓는 것이 아니냐?"고 힐책했다.

갓쉰동이 말했다. "내가 나 갇힌 것을 답답하게 여기는 마음으로 갇힌 매를 보니 곧 매가 답답해할 것을 생각했다. 나는 나를 풀어 주지 않는 사람을 원망하면서, 내 곁에 갇혀 있는 매를 풀어 보내지 못한다면 매가 얼마나 나를 원망하랴. 차라리 매를 위해 죽을지언정 매의 원망을 받지 않으리라 하는 마음이 불같이 일어나 갇혀 있는 매를 놓아주었다."

공주가 그의 말을 듣고 측은히 여겨 "내가 우리 둘째 오라버니에게 들으니, 네가 우리 달딸을 멸망시키려고 태어난 사람이라 하던데, 어찌하여 달딸을 망치려고 하느냐?"고 했다.

갓쉰동이 말했다. "하늘이 나를 달딸을 망치려고 내셨다면 너의 오라버니가 나를 죽이려고 해도 죽지 않을 것이고, 또 나를 죽일지라도 나 같은 사람이 또 나올 것이다. 너의 오라버니에게 이렇게 잡혀 죽게 된 몸이 어찌 달딸을 멸망시킨단 말이냐? 공주가 만일 나를 풀어 주면 나는 저 매와 같이 산으로 물로 훨훨 날아다니면서 '나무아미타불'을 불러 공주를 사랑하고 보호해 달라고 외울 뿐이오, 다른 생각이 없겠다."

공주가 더욱 측은히 여기는 빛이 있더니, "오냐, 내 아무리 무능한 여자인들 내 아버지 딸이요 우리 오라버니 동생이니 어찌 너 하나를 살려 주지 못하겠느냐? 얼마 안 가 우리 아버지와 오라버니가 돌아오시거든 너의 무죄함을 아뢰어 너를 살려 돌아가게 할 것이다"라고 했다.

갓쉰동이 공주 얼굴을 한참 쳐다보다가 고개를 숙이고 말했다. "공주는 애쓰지 마오. 돌쇠 한 놈 죽는 것이 무슨 큰일인가. 내가 듣기로는 부처님은 사람을 구할 때에 그 아버지와 오라버니에게 고한 일이 없다던데······."

공주가 그 말에 얼굴빛이 더욱 변하더니, 내전 불당에 들어가 기도하고 열쇠로 철책 문을 열어 갓쉰동이를 내어보냈다. 공주가 손목을 잡고 말했다.

"내가 너를 처음 보았지만 너를 보내는데 내 마음도 따라간다. 네 몸은 매같이 훨훨 날아서 가더라도 네 마음일랑은 나를 주고 가거라."

갓쉰동이는 "공주가 나를 잊을지언정 내가 어찌 공주를 잊겠는가?" 하고는 갈 길이 바빠 걸음아 날 살려라 하고 두 주먹을 불끈 쥐고 도망하여 성문을 나왔다. 그러고는 풀뿌리를 캐 먹으면서 낮에는 숨고 밤에는 걸어 달딸 국경을 벗어나 귀국했다.

달딸의 둘째 왕자가 돌아와 공주가 갓쉰동이를 사사로이 놓아준 것을 알고 크게 노하여 칼을 빼어 누이동생 공주의 목을 베었다.

이 이야기는 계속해서 갓쉰동이가 귀국한 뒤에 책문(策文)을 지어 과거에 급제한 일이며, 영희와 결혼한 일, 달딸을 토평한 일, 그밖에도 이야기들이 많으나, 모두 생략한다.

그러나 나는 이것을 연개소문이 중국을 정탐한 전설의 일단으로 믿는다. 왜냐하면 갓쉰동은 곧 개소문(蓋蘇文)이니 개(蓋)는 갓으로 읽고 소문(蘇文)은 쉰으로 읽을 것이며, 국혜는 곧 남생(男生)의 묘지(墓誌)에 보인 개소문의 아버지 태조(太祖)이다. 그러므로 하나는 그 이름이고 하나는 그 자(字)이거나, 그렇지 않으면 국혜가 혹 소설가 사사로이 지은 이름일 것이다.

달딸국 왕은 곧 당 고조(唐高祖)요, 둘째 왕자는 곧 당고조 둘째 아들 태종이다. 그러면 어찌하여 당고조와 태종을 달딸왕과 달딸왕자라 하였는가? 이는 수백 년 이래 사대주의파 세력에 눌려 언문책이라고 천대하던 우리 글로 쓴 여염집 부녀자가 읽는 책에서도 당당히 중국 대륙의 정통 제왕을 공격하거나 비난하지 못했으므로 당(唐)을 달딸로, 당고조를 달딸국 왕으로, 태종을 달딸국 둘째 왕자로 고친 것이다. 연개소문이 병력으로 그 임금과 대신과 그 가족 등 수백 명을 죽인 사실이 왜 《갓쉰동전》에 빠졌는가? 이것도 구소설의 권선징악 주의에 위배되는 것이라 하여 고친 것이다.

연개소문 시대에는 조선에 과거가 없던 시대라 책문(策文)을 지어 과거에 급제한 일이 없을 것이다. 이것은 과거에 급제한 이를 하늘의 신선같이 본 조선시대 습관에 따라 덧붙인 것이다. 《갓쉰동전》은 이같이 옛 전설을 고치고 새 관념으로 첨삭하여 지은 소설이니, 그 본디 것의 신용 가치 여하를 말할 수 없음이 아깝다.

《규염객전(虯髯客傳)》과 《갓쉰동전》 두 책 기록이 좀 다른데, 이제 두 책 기록의 진위를 추론한다. 이때에 고구려가 수 양제(隋煬帝) 수백만 군사를 대파하여 전 중국이 크게 놀라 떨고, 당 고조 부자는 수 양제 치하에 있는 태원(太原)의 소공국(小公國)이요, 이정(李靖)은 태원의 한 작은 벼슬아치였다. 태원이 옛날부터 고구려 침략을 많이 받던 지방이므로 더욱 고구려 사람을 경계했을 것이다. 또 당 태종은 안으로 전 중국을 평정하고 밖으로 고구려를 토멸할 야심을 가져, 늘 고구려나 고구려 사람들의 행동을 주목했을 것이다.

그래서 당 태종은 그 여러 노복들 가운데 변장한 고구려 사람 연개소문을 발견한 것이니 얼마나 놀랐으랴? 하물며 《당서(唐書)》에도 연개소문은 모습이 괴이하고 의기가 호탕하고 뛰어나다고 했으니, 당 태종이 이를 발견하자 장래 강적이 수중에 잡혔음을 알고, 비상한 요행으로 여기며 얼마나 좋아했으랴? 그 놀라움과 좋아함 끝에 반드시 죽이려고 했을 것도 불을 보듯 뻔한 사실일 것이다. 이치로 미루어 보아 《갓쉰동전》은 믿을 만한 점이 많다. 신구 두 《당서》에는 '개소문은 방자하다.' '개소문은 감히 나오지 못했다.' '개소문은 이리 같은 야심……'이라는 당 태종의 말을 기록했는데, 이는 개소문을 미워한 말이기는 하지만, 반면에 개소문을 꺼려 했음을 드러내기도 한다.

《이위공병서(李衛公兵書)》에 '막리지(莫離支) 개소문은 스스로 군사(병법)를 안다고 했다'고 한 문구가 있는데, 여기에도 개소문을 고멸했다느니보다 두려워 공경한 뜻이 엿보인다. 그런데 연개소문이 당 태종을 만나보고 영기에 눌려 동으로 나왔다는 것이 무슨 말인가? 두 기록을 대조해 볼 때 《규염객전》은 의심할 만한 점이 많으므로, 본서에는 《규염객전》을 버리고 《갓쉰동전》을 취했다.

2. 연개소문 귀국 뒤 내외 정세

기원 616년께 연개소문이 중국에서 귀국하였다. 연태조(淵太祚) 부부는 그 등에 새긴 이름을 증거삼아 그 아들을 찾았고, 만리 밖으로 떠난 장래 남편을 기다리던 류씨 집 영희는 신랑을 맞아, 한때 기이한 이야기로 고구려 국내에 널리 퍼졌다고 했다. 이는 모두 역사 사실이 못 되므로 여기서는 생략한다.

개소문이 귀국한 뒤에 수 양제는 그 신하 우문화급(宇文化及)[1]에게 참살당하고, 여러 영웅들이 우우 일어나 서로 다투니 중국 전체는 끓는 물처럼 부글부글하였다. 오래지 않아 당공(唐公) 이연(李淵)의 아들 이세민(李世民 : 당태종)도 아버지 이연을 협박하여 또한 반란군을 일으켰다. 처음에는 오히려 수나라에 신하의 예를 취하다가 마침내 다른 세력을 말끔히 토멸하고는 드디어 아버지 연을 추대하여 당 황제(唐皇帝)로 삼고 오래지 않아 당 태종은 형 건성(建成)과 아우 원길(元吉)이 권력 다툼을 하는 데에 노하여 군사를 일으켜 둘을 죽이고, 아버지 연을 협박하여 황제 자리를 빼앗아 스스로 제위에 올랐다.

연호를 정관(貞觀)이라 하고 15년 동안 정치와 전쟁에 힘쓰며, 이름난 신하와 어진 재상을 등용하여 여러 문화사업을 크게 일으키고, 국가사회주의를 행하여 국내 땅들을 모두 공전(公田)으로 만들어서 백성들에게 대략 공정하게 분배하였으며, 또 16위(衛)를 세우고, 고구려 징병제를 참작하여 상비군 이외에 예비병을 두어, 전국 백성이 해마다 농한기에 말타고 활쏘기를 익히게 하고, 이정(李靖)·후군집(侯君集) 등 여러 장수들을 내보내어 돌궐(突厥 : 지금 내몽골)과 철륵(鐵勒 : 지금 외몽골) 여러 부(部), 토욕혼(吐谷渾 : 지금 西藏)을 정복하여 문치와 무공이 모두 혁혁했다. 이것이 중국사에서 가장 칭송하는 '정관의 치〔貞觀之治〕'이다.

그러면 연개소문이 귀국한 이듬해, 수가 망한 뒤로부터 정관 15년까지 26년 동안 고구려 내정은 어떠했던가? 왕의 아우 건무(建武)는 을지문덕과 함께 수나라 군사를 물리친 두 대원훈(大元勳)이지만 을지문덕은 북진남수(北進南守)주의를 지키고, 건무는 북수남진(北守南進)주의를 주장하여 서로 정견을 달리 했는데, 영양왕이 돌아가고 건무가 즉위(기원 618년)하고부터는 더욱 북수남진

---

1) 薩水에서 패해 돌아간 장군 宇文述의 아들.

주의를 굳게 지켜, 을지문덕 일파 여러 신하들이 수·당이 일어나고 망하는 기회를 타 서북으로 강토를 늘리자고 주장했으나, 왕이 듣지 아니하였다. 오히려 당에 사자를 보내어 화평을 맺고 수나라 말기에 사로잡은 중국인을 모두 돌려보내는 한편 장수왕의 남진정책을 다시 써서 자주 군사를 내어 신라와 백제를 쳤다.

연개소문이 이를 반대하고 "고구려의 우환이 될 것은 곧 당이지 신라와 백제가 아니다. 지난날에 신라와 백제가 동맹하여 우리나라 땅을 침노해 빼앗은 일이 있으나, 이제는 사정이 변하여 신라와 백제 사이에 서로 원수로 여김이 깊어져서 다시 두 나라가 동맹을 맺을 가능성이 없다. 그러므로 남쪽에 대해서는 견제책을 써서 신라와 동맹하여 백제를 막거나, 백제와 동맹하여 신라를 막거나 하면, 두 나라가 서로 싸우는 통에 우리나라는 남쪽 걱정이 없게 될 것이니, 이 틈을 타서 당과 결전하여 다투는 것이 옳다. 서쪽 당(唐)나라는 우리 고구려와 언제나 양립하지 못할 나라이니, 이것은 지나간 일을 보아도 분명하다. 왕년에 수나라 몇 백만 군사를 격파했을 때, 곧 대군을 내어 토벌했더라면 그 평정이 손바닥을 뒤집는 것과 같이 쉬웠을 것인데, 그 천재일우의 좋은 기회를 잃었음이, 뜻있는 이들이 통분하게 여기는 바이다. 오늘날 저들이 형제가 화목하지 아니하여 건성은 세민을 죽이려 하고, 세민은 건성을 죽이려 하는데, 이연이 어리석고 사리에 어두워 두 사람 사이에서 어찌하지 못하고 있다. 이런 판에 만일 우리나라가 대군으로 저네를 치면, 건성이 모반하여 우리에게 붙거나, 세민이 모반하여 우리에게 붙을 것이다. 설혹 그렇지 못할지라도 저들이 수나라 말년에 우리에게 크게 패하고 또 여러 해 난리가 뒤를 이어 백성의 힘이 아직 회복되지 못했으므로 반드시 전쟁을 할 여력이 없을 것이니, 이것도 비상한 좋은 기회이다. 만일 저들 두 형제 가운데 한 사람이 패해 죽고 한 사람이 권력을 장악해서 세력이 통일된 뒤에 폐정(弊政)을 고치고 군제(軍制)를 바로잡아 우리나라를 침범하면, 땅의 크기와 백성의 많기가 모두 저들에게 미치지 못하는데, 고구려가 무엇으로 저들에게 대항할 것인가? 국가 흥강의 기틀이 여기 있건만, 이를 아는 신하와 장수들이 없으니 어찌 한심하지 아니하랴?"라고 하였다.

이처럼 연개소문은 당나라 정벌을 극력 주장했으나, 영류왕과 다른 신하들은 듣지 아니했다.

기원 626년에 이르러 세민(世民 : 당태종)이 무덕(武德) 9년 아버지의 황제 자리를 빼앗을 때, 신라와 백제에 사신을 보내 서로 전쟁을 하지 말라고 권고하였다. 그리고 오래지 않아 다시 을지문덕의 전승 기념으로 쌓은 경관(京觀)이 두 나라 평화에 장애가 된다며 그 철회를 요구해 왔다. 영류왕은 크게 놀라 오래지 않아 당 침입이 반드시 있을 것을 깨달았다. 그런데도 오히려 북수남진 정책을 그대로 지켜 남쪽 침략을 그만두지 않았으며, 국내 남녀를 징발하여 북부여성(北夫餘城)에서 지금 요동반도(遼東半島) 남쪽 끝까지 1천여 리에 걸쳐 16년 동안 장성을 쌓았다. 그 역사(役事)가 전쟁보다 더 거창하여, 남자는 농사를 짓지 못하고, 여자는 누에를 쳐 길쌈을 하지 못하니 국력이 크게 피폐해졌다. 《삼국사기》에는 그 장성을 연개소문의 주청에 의해 쌓은 것이라고 했으나, 이것은 '연개소문이 노자상(老子像)과 도사(道士)를 청해 왔다'고 하는 말과 한가지로 거짓말이다.

3. 연개소문의 혁명과 대살육

기원 646년께 서부(西部) 살이(薩伊 : 라살) 연태조(淵太祚)가 죽자, 아들 연개소문이 살이 직위를 물려받게 되었다. 그러나 연개소문은 늘 격렬하게 당을 치기를 주장하므로, 영류왕을 비롯하여 모든 대신과 호족들은 연개소문을 평화를 파괴할 인물이라고 위험시하여 그가 직위 물려받는 것을 허락하지 아니하였다. 이는 곧 연개소문의 정치 생명을 끊어 버리는 것이었다.

연개소문은 자기 소신이 아주 굳어서 "내가 아니면 고구려를 구할 사람이 없다" 하고 자처하는 인물이었지만, 또한 어릴 때 타향과 외국에서 두 번이나 종노릇을 한 경력이 있어서 굽혀야 할 때 굽힐 줄 아는, 의지가 굳은 인물이었다. 개소문은 직위를 물려받지 못하자 곧 사부(四部) 살이와 그 밖의 호족들을 찾아다니며 호소했다. "개소문이 불초하나 대인들께서 큰 죄를 가하지 않으시고 다만 직위 계승만 못하게 하시니, 이것만도 그 은혜가 지극합니다. 오늘부터 개소문도 힘써 뉘우쳐 여러 대인들의 교훈을 좇으려 합니다. 바라건대 여러 대인들께서는 개소문이 직위를 계승케 해 주십시오. 그랬다가 불초한 일이 있으면 직위를 도로 빼앗으시기 바랍니다."

여러 대인이 그의 말을 애처롭게 여겨 서부 살이 직을 맡아보게 했다. 그러나 오히려 수도에 있는 것이 좋지 못하다 하여, 북쪽으로 쫓아내어 북부여 장성 쌓는 일을 감독하게 했다. 이에 연개소문은 서부 군사를 거느리고 출발할 날짜까지 정했다.

전에 당 태종이 고구려 내정을 탐지하려고 자주 밀사를 보냈는데 번번이 고구려 순라군에게 발각되었다. 이에 남해 가운데 있는 삼불제국(三佛齊國) 왕에게 뇌물을 주고 고구려 군사 수효와 군대 배치, 군용 지리와 그 밖의 내정을 탐지해 주기를 부탁했다. 삼불제국은 남양(南洋)의 한 조그만 나라로 옛날부터 고구려와 호시(互市)2)를 하고 조공을 바쳤으므로 그 사신이 오면 마음대로 곳곳을 돌아다닐 수 있었다. 그래서 삼불제국 왕이 당의 부탁을 쾌히 승낙하고, 조공 핑계를 대고 정탐 사신을 고구려에 보냈다. 그래서 그 사신이 여러 가지를 정탐한 뒤 귀국한다고 하고는 바다로 나가 당으로 향했다가 바다 가운데서 고구려 해라장(海邏長)3)에게 잡혔다.

해라장은 의지가 넘치는 무사요, 연개소문을 하늘의 신같이 숭배하는 사람이었으므로, 늘 조정이 연개소문의 계책을 써서 당을 치지 아니하는 것을 분해하고 있었다. 그러던 차에 당 밀정 삼불제국 사신을 잡으니, 그 비밀 문서는 빼앗아 조정에 올리고 밀정은 옥에 가두려 했으나, 곧 생각을 바꾸어 '아서라, 적을 보고도 치지 못하는 나라에 무슨 조정이 있단 말이냐?' 하고 문서는 모두 바다 속에 던져 버리고, 먹으로 사신 얼굴에다 다음 한시 한 편을 새겼다.

'해동 삼불제(三佛齊) 얼굴에 먹물로 글자를 새기노니, 내 어린아이 이세민(李世民)에게 이른다. 올해에 만약 조공을 오지 않으면 몇년에 마땅히 죄를 묻는 군사를 일으키리라.'(面刺海東三佛齊 寄語我兒李世民 今年若不來進貢 明年當起問罪兵)

그리고 '고구려 태대대로(太大對盧) 개소문 군사 아무개 씀(高句麗太大對盧淵蓋蘇文卒某書)'이라고 덧붙였다. 얼굴은 좁고 글자 수는 많아서 먹의 흔적이 흐리어 알아볼 수가 없다 하여, 다시 그것을 종이에 베껴서 그 사신에게 주어 당으로 보냈다.

당 태종이 이것을 보고 크게 노하여 곧 조서를 내려 고구려를 침노하려고

---

2) 국제무역.
3) 해안경비대장.

하니 모시고 있던 신하가 간했다. "대대로(大對盧)는 연개소문이 아니니, 이제 사신 얼굴에 먹물로 글자를 새긴 연개소문이 어떤 사람인지도 알 수 없고, 하물며 누구인지도 알 수 없는 연개소문 부하 군사의 죄로 맹약을 깨뜨리고 군사를 내어 고구려를 치는 것은 옳지 않습니다. 먼저 사신을 보내어 밀서(密書)로 왕에게 알아보는 것이 좋을 줄 압니다."

당 태종이 그의 말을 좇아 사실의 진위를 알려 달라는 밀서를 보냈다. 영류왕이 밀서를 보고 군사를 보내 해라장을 잡아다가 문초했다. 해라장이 강개하여 자백하고 조금도 어려워하지 않았다. 영류왕이 크게 노하여 서부 살이 연개소문 한 사람만 빼놓고 다른 여러 살이와 대대로, 울절(鬱折) 등 여러 대신을 밤에 비밀히 소집하고는 의논했다.

"해라장이 당 임금을 모욕한 것은 오히려 조그만 일이거니와, 그 끝에 태대대로도 아닌 연개소문을 태대대로라 쓴 것과, 또 많은 대신들 가운데 다른 대신을 말하지 않고 연개소문을 들어 그의 휘하군사로 일컬은 것을 보면, 저들 연개소문을 따르는 자들이 그를 추대하는 것이 분명하고, 또한 연개소문이 언제나 당나라 칠 것을 선동해서 조정을 반대하여 인심을 사니, 이제 그를 죽이지 아니하면 후환을 생각하지 않을 수 없으니, 벼슬을 박탈하고 사형에 처함이 옳다"는 것에 여러 사람의 의논이 일치했다.

전날 같으면 한 번 명령하여 군사 한 사람을 보내서 연개소문을 잡아 올 수 있었을 것이다. 하지만 지금은 연개소문이 서부 살이가 되어 많은 군사를 장악하고 있는 데다 그 억센 천성이 체포를 받지 않고 열에 아홉은 반항할 것이 틀림없으니, 조서로 연개소문을 잡으려면 한바탕 국내가 소란해질 것이었다.

이제 연개소문이 장성 축조 역사를 감독할 명을 받아 떠날 날이 멀지 않았으므로, 오래지 않아 임금에게 하직 인사를 드리러 올 것이니, 그때에 그의 모반한 죄를 선포하고 잡으면 한 장사의 힘으로도 넉넉히 그를 잡을 수 있으리라 믿고, 여러 대신들은 왕 앞에서 물러나와 비밀히 그날이 오기만 기다렸다.

그러나 천하 일은 사람 예상대로만 되지 않는다. 아침 저녁 시시각각 엉뚱한 방향으로 돌변하는 것이다. 어전회의 비밀이 어떻게 새어 나갔던지 연개소문이 알았다. 그래서 그는 심복 장사들과 비밀히 모의하고 선수를 칠 계교를 세웠다. 떠나기 전 어느 날, 평양성 남쪽에서 크게 열병식을 거행한다고 하고 왕과 각

대신들의 참석을 요청했으며 각 부(部)에도 알렸다. 각 부 살이와 대신들은 가기 싫었지만, 안 가면 연개소문의 의심을 사서 큰일에 불리하다 하여 모두 참석하기로 하고, 오직 왕은 존엄을 지켜 시위병을 거느리고 그대로 왕궁에 있기로 했다. 그렇게 하면 연개소문이 비록 딴 마음을 품고 있다고 하더라도 왕의 위엄에 눌려 감히 어찌하지 못하리라는 것이었다.

그날이 되자 모든 대신들이 연개소문의 열병식장에 이르러 낭랑하게 울려 퍼지는 군악 아래 인도되어 군막 안에 들어가 자리에 앉았다. 술이 두어 순배 돌았을 때 연개소문이 갑자기 "반적(反賊)을 잡아라" 하고 외치자, 주위에 대령했던 장사들이 번개같이 달려들어 칼·도끼·몽둥이를 일제히 휘둘렀다. 참석한 대신들도 모두 백전노장이었지만 겹겹이 포위되었고, 게다가 수효가 워낙 적어 벗어날 도리가 없었다.

순식간에 대신과 호족 수백 명이 한꺼번에 참살되고 온 식장이 피로 물들었다. 이에 연개소문이 부하 장사를 거느리고, 왕의 긴급명령이 있어 왔다고 일컫고 성문을 지나 대궐 문으로 들어갔다. 막아 서는 수비병을 칼로 치고 궁중에 뛰어들어서 영류왕을 죽여 그 시체를 두 토막 내어 수채에 던져 버렸다. 시위병들은 연개소문의 늠름한 위풍과 신속한 행동에 놀라고 질려서 한 사람도 대항하지 못했다. 20년 전 패강(浿江) 어귀에서 수나라 장수 내호아(來護兒)의 수십만 대군을 일격에 섬멸하여 천하에 이름을 떨쳤던 영류왕이 의외에 무참히도 연개소문에게 죽임을 당했다.

연개소문은 영류왕을 죽이고 곧 왕의 조카 보장(寶藏)을 맞아들여 대왕을 삼고, 자기는 '신크말치'라 일컬어 대권을 잡았다. 보장은 비록 왕이라 하나 아무런 실권이 없고, 연개소문이 실권을 가진 진짜 대왕이었다. '신크말치'는 곧 태대대로(太大對盧)이다. 고구려는 처음에 세 재상을 두어 '신가' '말치' '불치'라 일컬었는데, 이것을 이두자(吏讀字)로 '상가(相加)' '대로(對盧)' '패자(沛者)'라고 썼다. '신가'는 정권(政權)과 병권(兵權)을 모두 장악했는데 그 뒤에 '신가' 권력이 지나치게 크다 하여 그 이름까지 폐지하고 '말치' '크말치'라 일컬어, 병권은 없이 오직 왕을 보좌하고 백관을 감찰하는 수석(首席) 대신 역할을 하게 했다. 그런데 이제 연개소문이 '크말치' 위에 '신'자를 더하여 '신크말치'라 일컬어 정권과 병권을 모두 맡았다. 또 살이(薩伊) 세습을 폐지하고 모두 연개소문 무리로 임명했으며, 4부 살이 평의제(評議制)를 폐지하여 관리 출척(黜陟), 국고 출납, 선전(宣傳) 및 강화(講和) 등 큰일을 모두 '신크말치' 전단(專斷)으로 하고, 왕은 옥새만 찍을 뿐이었다. 그리하여 연개소문은 고구려 9백 년 동안의 장상 대신들뿐 아니라, 어느 제왕도 가지지 못했던 권력을 쥐게 되었다.

4. 연개소문의 대당(對唐) 정책

당나라에 대적하여 이를 쳐 없애고 중국을 고구려 부용(附庸 : 속국)으로 만드는 것이 연개소문 필생의 목적이었다. 연개소문이 젊을 때 서유(西遊)한 것도 이 목적을 달성하기 위함이었으며, 혁명적 수단을 써서 왕을 죽이고, 각 부 호족을 무찌르고, 정권과 병권을 한 손에 거두어 잡은 것 또한 이를 위해서였다. 그러나 당은 땅 크기와 인구 수가 모두 고구려의 몇 갑절이므로, 연개소문은 고구려 혼자의 힘으로 치느니보다 여러 나라가 힘을 합치는 것이 좋을 것이라 생각했다.

이때에 고구려와 당 이외에 몇몇 나라가 있었으니, 첫째 고구려의 동족인 남쪽의 신라·백제가 있었고, 둘째 고구려의 이족(異族)인 돌궐(突厥)·설연타(薛延陀 : 지금 서부몽골 등지)·토욕훈(吐谷渾) 등이 있었다. 연개소문은 처음에 영류왕에게 고구려·백제·신라 세 나라가 연합하여 당과 싸워야 한다고 아뢰었으나 영류왕이 듣지 아니했다. 또 김춘추(金春秋)가 고타소랑(古陀炤娘)의 원수를 갚으려고 고구려에 와서 구원을 청하니,[4] 연개소문이 김춘추를 자기 집에 머무르게 하며 천하 대세를 이야기하고, "사사로운 원수를 잊고 조선 세 나라가 제휴하여 중국을 칩시다"라고 권했다. 그러나 김춘추는 한창 백제에 대해 이를 갈고 있는 때였으므로 또한 듣지 아니했다.

《삼국사기》〈고구려 본기〉에는 김춘추의 내빙을 보장왕(寶藏王) 원년(기원 642)이라 기록되어 있다. 그러나 이것은 《사기》가 늘 전왕(前王)이 죽은 해 일을 신왕 원년으로 내려 쓴 때문이다. 또 〈김유신전(金庾信傳)〉에는 태대대로 개금(蓋金)이 김춘추를 객관에서 묵게 했다고 했으나, 이는 연개소문의 훗날 직함을 가져다 미리 쓴 것이다.

---

4) 제12편 참고.

연개소문이 정권을 잡았을 때, 신라는 이미 당과 동맹했으므로 고구려는 백제 의자왕(義慈王)에게 사신을 보내 "백제가 신라와 싸우견 고구려는 당을 쳐서 당이 신라를 구원하지 못하게 하고, 고구려가 당과 싸우면 백제는 신라를 쳐서 신라가 당에 응하지 못하게 하자" 하는 교환 조건으로 동맹을 맺었다. 연개소문은 또 오족루(烏簇婁)를 돌궐(突厥) 등 여러 나라에 보내어, 고구려가 당과 싸우게 되면 저들로 하여금 당의 배후를 습격하도록 운동하였다. 그러나 이때에 돌궐 등 여러 나라가 이미 당에 정복되어 세력이 미약해서, 겨우 설연타(薛延陀) 진주가한(眞珠可汗)이 이를 허락하는 외에는 감히 응하는 자가 없었다. 개소문은 탄식하며 "고구려가 남진책을 굳게 지키다가 천재일우 좋은 기회를 놓친 것이 적지 않다"고 했다.

제2장
요수 싸움

  요수 싸움은 옛 사서에서는 몽땅 빠지고 말았다. 그러나 《신당서(新唐書)》〈고구려전(高句麗傳)〉에 '신라가 구원을 청하므로 황제[1]가 오선(吳船) 4백 척을 내어 양식을 운반하고, 영주도독(營州都督) 장검(張儉)에게 고구려를 치게 했는데, 마침 요수가 범람하여 군사를 돌이켰다'고 했다. 이는 분명히 기원 645년 안시성(安市城) 싸움 전에 요수에서 벌어진 큰 싸움에서 당이 완전히 패했으나, 당 사관들이 나라의 수치를 숨기는 춘추(春秋) 필법을 써서 이같이 모호하고 간략한 몇 구절 기록으로 남긴 것이다.
  이는 대략 당 태종이 연개소문의 혁명 뒤에 고구려 인심이 불안해하고 의심하는 것을 기회로 삼아 신속히 수군을 내어 쳐들어왔다가 고구려 수군에게 패한 것이다. 기록이 넉넉지 못하므로 그 실제를 자세히 적을 수 없으나, 이것이 안시성 싸움의 전초전 격이요, 두 나라 충돌의 첫째 장이므로 이제 그 눈동자만 보여준다.

---

1) 당 태종을 가리킨 것.

제3장
안시성 싸움

1. 안시성 싸움 전 피차의 교섭과 충돌

《삼국사기》에 기록된 고구려와 수(隋)와 당(唐)의 두 번 싸움의 사실은 거의 《수서(隋書)》와 《당서(唐書)》를 추린 것이고, 그 두 싸움에 관한 《수서》와 《당서》 기록이 거의 거짓임은 이미 앞에서 말했다. 그런데 《수서》는 수나라가 그 싸움 뒤에 곧 멸망하고, 그 싸움을 기록한 자가 수나라 사람이 아니요 당나라 사람이므로 거짓이 오히려 적고, 《당서》는 당나라 연대가 오래 계속되어 고구려와 싸운 기록은 곧 당나라 때 사관(史官)이 적은 것이기 때문에 시비와 승패를 뒤집어 꾸민 거짓이 얼마인지를 알 수 없다. 이제 신구 《당서》와 《자치통감(資治通鑑)》, 《책부원귀(冊府元龜)》 등에 보인 두 나라의 교섭과 충돌 경과를 대강 기록하고 그 진위를 분별한 다음 그때 실정을 논술하려고 한다.

1) 정관(貞觀) 17년 6월……태상승(太常丞) 등소(鄧素)가 고려[1]에 사신으로 갔다가 돌아와서, 회원진(懷遠鎭)에 수비병을 더 두어 고구려를 압박하기를 청하자, 태종이 "먼 곳의 사람이 복종하지 아니하면 문덕(文德)을 닦아서 찾아오게 해야 한다고 하였소. 나는 수비병 1~2백 명으로 멀리 떨어져 있는 사람들을 두려워 떨게 만들었다는 말을 여태 듣지 못했소"라고 말하였다.(貞觀十七年六月……太常丞鄧素 使高麗還 請於懷遠鎭增置戍兵 以逼高麗 上曰 遠人不服 則修文德以來之 未聞一二百戍兵 能威絶域者也)

등소가 고구려를 보고 온 결과 고구려의 강성함을 두려워하여 수비병을 증가시키기를 청한 것인데, 단 몇백 명을 청한 것이 아닐 것이다. 이는 한갓 업신여겨 쓴 글이지 실제가 아닐 것이다.

---

[1] 고구려.

2) 윤(閏) 6월 태종이 방현령(房玄齡)에게 "개소문이 그들의 임금을 죽이고 국정을 혼자서 결정하니, 진정 참을 수 없는 일이오. 지금 우리 병력으로 쳐서 빼앗기가 어렵지 아니할 것이나, 다만 백성들을 수고롭게 할 수 없어 먼저 거란(契丹)과 말갈(靺鞨)에게 치게 하려고 하는데 어떻게 생각하오?"라고 말했다.(閏六月 上謂房玄齡曰 蓋蘇文 弑其君 而專國政 誠不可以忍 以今日兵力 取之不難 但不欲勞百姓 吾欲且使契丹靺鞨擾之何如)

말갈은 곧 예(濊)이니 고구려에 복속한 지가 이미 수백 년이요, 거란도 장수태왕 이후에 고구려에 속했으니, 당 태종이 어찌 예와 거란을 시켜 고구려를 침노하게 할 수 있으랴? 당 태종이 비록 망령이 들었더라도 이따위 실정에 맞지 않는 말은 하지 않았을 것이니, 이것도 대개 사관의 망령된 기록이다.

3) ……어떤 사람이 황제에게 고려²⁾를 치기를 권했으나, 황제는 상중(喪中)³⁾이라 하여 치려고 하지 아니했다(……或勸帝 可遂討高麗 帝不欲因喪伐之)라고 했다.

그런데 당 태종이 연개소문을 임금 죽인 적이라 하여 이를 치려고 했다면, 춘추 의리로 보더라도 상중에 치는 것이 옳을 것인데, 당 태종이 도리어 상중이라 하여 치려 하지 않았다고 하는 것은 무슨 말인가? 대체로 당 태종이 이때에는 아직 동침(東侵) 방략을 완전히 정하지 못하여 군사를 일으키지 못한 것이니, 사관의 해설은 당치도 않다.

4) 신라가 사신을 보내어 "고려가 백제와 동맹하여 장차 신라를 치려고 한다"라고 말했다. 당제(唐帝: 태종)가 사농승(司農丞) 상리현장(相里玄獎)에게 국서를 가지고 가 고구려를 타일러 '신라는 우리에게 나라를 맡겼으니 너희와 백제는 각기 군사를 거두어라. 만약 다시 공격하면 내년에 군사를 일으켜서 너희 나라를 칠 것이다'라고 했다.

이듬해 정월에 현장이 평양에 도착하자, 막리지⁴⁾는 이미 군사를 내어 신라를 쳐서 그 두 성을 깨뜨렸었다. 현장의 요구로 고구려왕이 막리지를 불러 돌아오자, 현장이 그를 타일러 '고구려는 신라를 공격하지 말라'고 하였다. 이때 막리지가 "옛날 수(隋)가 우리나라를 침노하자, 신라는 우리의 허를 틈타 우리 땅 5

---

2) 고구려.
3) 영류왕의 죽음.
4) 연개소문.

백 리를 빼앗았으니, 원래 우리가 땅을 침노했다고 할 것이 아니다. 군사를 일으키기가 두려워서 아직까지 못 했을 뿐이다"라고 말했다.(新羅遣使言 高麗百濟 聯和 將見討……唐帝命司農丞相里玄獎 齎璽書 諭高麗曰 新羅委質國家 爾與百濟 各宜戢兵 若更攻之 明年發兵 擊爾國矣 翌年正月 玄獎至平壤 莫離支已發兵 擊新羅 破其兩城 高麗王使召之乃還 玄獎諭使勿攻新羅 莫離支曰昔隋人入寇 新羅乘虛 奪我地五百里 自非歸我侵地 恐兵未能已)

상리현장이 이처럼 오만한 국서를 가지고 왔다면 훗날 장엄(蔣儼)[5])과 같이 옥에 갇혔을 것인데 어찌 무사히 돌아갔으랴? 또 연개스문이 이때 신라 정벌 중에 있었다면, 어찌 당나라 사신 현장이 요청한다고 해서 소환될 수 있었으랴? 〈신라 본기(新羅本紀)〉에 따르면 수나라가 침노해 왔을 때 허를 틈타 5백 리 땅을 빼앗은 일도 없고, 또 연개소문이 두 성을 격파한 일도 없었으니, 이것은 당 태종이 현장이 사신 갔다 돌아온 것을 출병의 구실로 만들어 나라 안에 선포하려고 조작한 말일 것이다.

5) 황제가 고구려를 치고자 고구려를 속일 사자를 모으는데, 사람들이 가기를 꺼려 하니, 장엄(蔣儼)이 분연히 나서서, "천자의 위무(威武)에 사이(四夷)가 모두 두려워하는데, 어느 나라가 감히 명을 받들고 간 사람을 도모하겠느냐? 만약 불행한 일이 있다고 한다면, 진실로 내가 죽을 것이다" 하고 마침내 자기가 가기를 청하여 갔다가 막리지에게 구금되었다(帝將伐高句麗 募僞使者 人皆憚行 蔣儼奮曰 以天子威武 四夷畏威 蕞爾國敢圖王人 如有不幸 固吾死所也 遂請行 爲莫離支所囚)고 했다.

장엄이 무슨 사명을 띠고 갔는지 역사에 기록되지 아니했으나, 만일 그전에 연개소문에게 잡혀서 죽은 당나라 사신이 없었다면, 어찌하여 모두 가기를 꺼려 하였겠는가? 이로써 당나라 사관들이 그 나라의 치욕을 숨기기 위하여 교섭의 전말을 많이 빼어 버렸음을 볼 수 있다.

고구려와 당은 서로 강약을 다투는 양립할 수 없는 나라요, 연개소문과 당 태종은 너나 우열을 내기하는 양립할 수 없는 인물이었다. 이 같은 두 인물이 두 나라의 정권을 잡았으니, 두 나라 사이에서 전쟁은 조만간 일어날 수밖에

---

5) 아래 글에 보임.

없었던 사실이었다. 만일 연개소문의 집권이 몇 해만 더 빨랐더라면, 당 태종이 침입하기 전에 이미 연개소문의 서정(西征)이 있었을지도 모를 일이었다. 다만 당 태종이 중국을 통일한 지 30년, 또 제왕이 되어 모든 시설을 그의 재주와 지략을 다하여 정비한 지 20년, 또 돌궐·토욕혼 등 나라를 정복한 지 10년이 된 뒤에야 연개소문은 겨우 혁명에 성공하고 '신크말치' 자리에 올랐으므로 당 태종이 먼저 침입한 것이다.

연개소문은 자기가 고구려 내정과 외교의 모든 큰 사건을 일제히 정비한 뒤에 전쟁을 했으면 하는 생각이 굴뚝 같았겠지만, 이는 사세가 허락하지 않는 것이었다. 그래서 서둘러 남으로 백제와 동맹을 맺고, 서북으로 설연타(薛延陀) 등을 선동하여 같은 편으로 만들 뿐이었다. 당 태종은 수 양제가 고구려와의 전쟁으로 망했음을 생각하였으나, 전쟁을 하지 않을 수 없는 형세에 있음을 자각했으므로, 연개소문의 내부 세력이 아직 완전히 굳어지기 전에 이를 꺾으려고 서둘러서 군사를 동원한 것이다.

이것이 그때 양편 형세였다. 이 밖의 중국사서의 춘추필법에 따른 기록과 우리나라 사서의 노예근성에 충실한 편집은 거의 믿을 수 없는 망령된 말들뿐이다.

2. 당 태종의 전략과 침입 노선

당 태종의 고구려 침입은 짧은 동안의 일이지만, 그것을 계획하고 준비한 것은 거의 20년 동안의 일이었다. 진(秦)·한(漢) 뒤에 흉노(匈奴)가 쇠하고, 위(魏)·진(晉) 뒤로 오호(五胡)는 모두 중국에 뒤섞여 살았으며, 그 밖에 돌궐·토욕혼이 가끔 중국 서북에서 일어났으나 모두 오래지 않아 잔약해졌다.

오직 고구려만이 동남·동북에서 중국과 대치하여 탁발씨(拓拔氏) 주(周)와 겨루고, 수(隋) 양제(煬帝) 수백만 군사를 전멸시켜서 위세가 일세를 뒤흔들어 놀라게 하는 동시에, 중국과 맞서서 '신수두' 교의(敎義)며 이두자 시문이며, 그 밖에 음악·미술 등이 모두 고유 국풍(國風)으로 발달하여, 정치상뿐 아니라 엄연히 일대 제국을 형성했다.

이 때문에 당 태종이 시기하여 정관(貞觀)의 치(治) 20년 동안 겉으로는 편안하고 한가롭게 여러 신하들과 도를 닦고 덕을 닦는 길을 강론했지만, 머릿속에는 휘하의 모신(謀臣)인 방현령(房玄齡) 등도 알지 못하게 고구려와의 전쟁 계획이 오락가락했던 것이다. 그는 고구려를 치려면 수 양제가 패한 원인을 구명한 다음 그와 반대되는 전략을 짜야겠다고 하여, 다음 초안을 작성했다.

 1) 수 양제가 패한 첫째 원인은 정예병을 가리지 않고 많은 군사를 취하여, 숫자상으로는 비록 4백만 명에 이르렀으나 전투를 감당할 만한 자는 수십만도 되지 못한 때문이라 하여, 10년 양성한 군사 가운데 특별히 정예병 20만 명을 골라 뽑는다.
 2) 수 양제가 패한 둘째 원인은 고구려 변경부터 잠식해 들어가지 않고 대뜸 대군을 이끌고 평양에 침입했다가 양식길이 끊어지고 후원군이 없었던 때문이라 하여, 평양에 침입하지 않고 먼저 요동 각 고을을 정복해야 한다.
 3) 수 양제가 패한 셋째 원인은 수백만 육군이 저마다 먹을 양식을 스스로 지고 가다가 도중의 군량으로 삼고, 따로 수군에게 배로 곳곳 창고에 있는 양식을 운반해서 목적지에 머물러 있는 군사의 양식으로 삼게 했다가, 양식 실은 배가 고구려 수군에게 모두 격침된 때문이라 하여, 배로 양식을 운반하는 위험을 보충하기 위해 국내에 소·말·양 등 목축을 장려해서, 전사 한 사람에 대해 타는 말과 양식 실은 소 각 한 마리와 양 몇 마리씩을 분배해 주어, 양식을 군사가 직접 지고 가지 않고 소로 운반하게 하여, 도착한 뒤에는 배로 운반해 오는 양식을 기다릴 것 없이 양식이 충족하게 하고, 또 소·양·말 등의 고기를 먹게 하려 했다.
 4) 수 양제가 패한 넷째 원인은 다른 여러 나라의 원조 없이 오직 혼자 힘으로 고구려와 싸웠기 때문이라 하여, 신라 김춘추(金春秋)가 구원을 청하자 공수동맹의 의를 맺어 고구려 뒤쪽을 교란시키게 하려 했다.

 이상과 같은 방략을 주도면밀하게 작성한 뒤, 기원 644년 7월 각 군대를 낙양(洛陽)으로 집결시키고, 군량은 영주(營州) 대인성(大人城 : 지금 秦皇島)에 모으게 하였다. 그리고 영주도독(營州都督) 장검(張儉)에게 명하여 유(幽)·영(營) 두 주(州) 군사를 인솔하고 요동 부근을 기습하여 고구려 형세를 알아보게 하는 한편 장작대장(將作大匠) 염입덕(閻立德)에게 군량을 대인성으로 운반하게 했다.

그해 10월 형부상서(刑部尙書) 장량(張亮)을 평양도행군대총관(平壤道行軍大總管)으로 삼고, 상하(常何)·좌난당(左難當)을 부총관(副總管)으로 삼고, 방효태(龐孝泰)·정명진(程名振)·염인덕(冉仁德)·유영행(劉英行)·장문간(張文幹)을 총관(總管)으로 삼아서 장강(長江)과 회하(淮河), 영동(嶺東)과 섬서(陝西) 정병 4만 명과 장안(長安)과 낙양(洛陽) 용사 3천 명을 거느리고 바닷길로 떠나, 말로는 평양으로 향한다고 하고 실은 요하(遼河)로 향했다.

또 이적(李勣)을 요동도행군대총관(遼東道行軍大總管)으로 삼고, 강하왕(江夏王) 도종(道宗)을 부총관으로 삼고, 장사귀(張士貴)·장검(張儉)·집실사력(執失思力)·글필하력(契苾何力)·아사나미사(阿史那彌射)·강덕본(姜德本)·오흑달(吳黑闥)을 총관으로 삼아서 육로로 요동을 향하여, 두 군사가 요동에서 합세하게 하고, 당 태종은 친히 군사 20만 명을 거느리고 뒤따르기로 했다.

3. 연개소문의 방어 겸 진공(進攻) 전략

당나라 군사가 침입해 온다는 소식이 전해지자, 연개소문은 여러 장수들을 모아 대항할 계책을 강구하는데, 어떤 이는 평원왕 때에 온달이 주(周)와 싸웠을 때와 같이 기병으로 마구 무찔러서 요동평야에서 격전을 벌여 승부를 결정짓는 것이 옳다고 하고, 어떤 이는 영양왕 때 을지문덕이 수와 싸웠을 때와 같이 마을과 들의 인민과 곡식을 모조리 성으로 옮겨 지키게 한 뒤에 평양으로 꾀어 들여 양식길을 끊어서 굶주려 피곤해졌을 때를 타서 쳐 깨뜨리는 것이 옳다고 하는 등 의견이 분분했다.

연개소문이 말했다.

"전략은 형세에 따라 정하는 것이오. 오늘날 형세가 평원왕 때나 영양왕 때와 다른데 어찌 그때와 같은 전략을 쓴단 말이오. 오늘에는 위치를 골라 방어하고 기회를 따라 진공해야 할 것이니, 옛날 사람이 규정한 것을 그대로 지켜서는 아니 되오."

그리고 그는 건안(建安)·안서(安市)·가시(加尸)·횡악(橫岳) 등 몇몇 성읍만 굳게 지키게 하고, 그 나머지는 곡식과 말먹이를 옮겨 놓거나 태워 버려 적이 노략질할 것이 없게 하라고 명령했다. 또 오골성(烏骨城 : 지금 連山關)을 방어선으로 삼아 용감한 장수와 군사를 배치해 놓고, 따로 안시성주(安市城主) 양만춘

(楊萬春)과 오골성주(烏骨城主) 추정국(鄒定國)에게 비밀히 일렀다.

"지금 당나라 사람들이 수나라의 패전한 것을 교훈 삼아 양식에 특별히 유의해서 장래 군량이 모자랄 때 보충하려고 부대 안에 소·말·양을 수없이 가져 왔소. 그러나 가을이 되고 겨울이 되어 물들이 모두 마르고 강물도 얼어 버리면, 그 가축들을 무엇으로 먹이겠소. 저들도 이것을 알기 때문에 빨리 싸워 결판을 내리려고 할 것이오. 그러나 저들은 수나라 패전을 고훈삼아 평양으로 바로 나오지 않고, 안시성을 먼저 공격할 것이오. 양공(楊公:萬春)은 나가 싸우지 말고 성을 굳게 지키다가 저들이 굶주리고 피곤해지기를 기다렸다가, 양공은 안에서 나와 공격하고, 추공(鄒公:定國)은 밖에서 진격하오. 나는 당나라 군사 뒤를 습격하여 그 돌아갈 길이 없게 해서 이세민(李世民:唐太宗)을 사로잡으려 하오."

4. 상곡(上谷) 횃불과 당 태종 패주

《해상잡록(海上雜錄)》에 이런 기록이 있다.

'당 태종이 출병하기 전에 일찍이 당의 첫째가는 명장 이정(李靖)을 행군대총관(行軍大總管)으로 삼으려고 하니까, 이정이 사양하며 말했다. "임금의 은혜도 무겁거니와 스승의 은혜도 돌아보지 않을 수 없습니다. 신이 일찍이 태원(太原)에 있을 때에 개소문을 만나 병법을 배웠습니다. 그 뒤에 폐하를 도와 천하를 평정한 것이 모두 그의 병법에 힘입은 것이니, 오늘에 와서 신이 어찌 감히 전일에 스승으로 섬기던 개소문을 치겠습니까?" 태종이 다시 물었다. "개소문의 병법이 옛 사람 가운데 누구와 견줄 만하오?" 이정은 "옛날 사람은 알 수 없거니와, 오늘날 폐하의 여러 장수들 가운데는 그의 적수가 없고, 비록 천자의 위엄으로 상대하신다 하더라도 이기시기 어려울까 합니다" 하고 대답했다. 태종은 못마땅해 하면서 "중국의 넓은 땅과 많은 백성과 강한 병력으로 어찌 한낱 개소문을 두려워한단 말이오?" 했다. 이정이 다시 "개소문은 비록 한 사람이지만 그의 재주와 지혜가 만 사람에 뛰어납니다. 어찌 두렵지 아니하겠습니까?" 하고 말했다.'

이 기록이 사실이라 하면 당 태종은 이때 일찍이 누이동생 때문에 연개소문을 죽이지 못했음을 후회했을 것이다.

기원 645년 2월 당 태종이 낙양에 이르러, 수나라 우무후장군(右武候將軍)으로 양제를 따라 살수 싸움에 참가하고, 수가 망한 뒤에 당에 벼슬하여 의주자사(宜州刺史)가 되었다가 나이가 많아 퇴직한 정원숙(鄭元璹)을 불러 고구려 사정을 물어보았다.

정원도는 "요동은 길이 멀어 양식 운반이 곤란하고, 고구려가 성을 지키는 데 능하여 성을 함락하기는 아주 어렵습니다. 신은 이번 길을 매우 위태롭게 봅니다"라고 했다. 당 태종은 좋아하지 않고 "오늘 우리 국력이 수나라와 비교할 바 아니니, 공은 다만 결과나 보시오" 했다. 그러나 만일을 염려하여 태자와 이정(李靖)에게 후방을 엄중히 지키라 명하고 마침내 출발했다.

요택(遼澤 : 지금 渤錯水)에 이르니 200리 진구렁에 사람과 말이 지날 수 없어, 장작대장(將作大匠) 염입덕(閻立德)에게 나무와 돌을 운반해다가 길을 만들게 했다. 그곳에는 수나라 때 장사들의 해골이 곳곳에 널려 있었다. 당 태종이 이를 보고 제문을 지어 울며 제사 지내고 여러 신하들을 돌아보며 말했다.

"오늘날 중국 젊은이들이 거의 이 해골들 자손이니 어찌 복수를 하지 않겠소."

당 태종은 요택을 지나자 "누가 개소문더러 병법을 안다고 하느냐? 병법을 안다면 어찌 이 요택을 지키지 않는단 말이냐?" 하며 비웃었다.

요하(遼河)를 건넌 다음에는 싸움이 순조로워서 요동, 곧 오열홀(烏列忽)·백암(白巖)·개평(蓋平)·횡악(橫岳)·은산도(銀山渡)·황성(黃城) 등을 차례로 함락했다. 다시 이적(李勣) 등 여러 장수들을 불러 군사회의를 열고 새로 나아갈 길을 의논했다. 강하왕(江夏王) 도종(道宗)은 오골성을 쳐 함락했으니 바로 평양을 공격하자고 했고, 이적과 장손무기(長孫無忌)는 안시성을 치자고 했다. 수 양제가 일찍이 우문술(宇文述) 등에게 30만 대군을 거느리고 가서 평양을 공격하다가 전군이 패한 것을 당 태종도 경계하는 바였으므로, 이적의 의견에 따라 안시성을 침노했다.

연개소문이 안시성주 양만춘과 오골성주 추정국에게 요동 싸움을 위임했음은 이미 앞에서 말하였다. 안시성은 곧 '아리티' 또는 환도성(丸都城)이라 또는 북평양(北平壤)이라 일컬었는데, 태조왕(太祖王)이 일찍이 서부 방면을 경영하기 위해 설치한 것이다. 발기(發岐)의 난에 이곳을 중국에게 빼앗겼다가, 고국양왕(故國壤王)이 회복한 이래로 바다와 육지의 요충이라 하여 성을 더 높이 쌓고 정예병을 배치한 다음, 성안에 언제나 수십만 섬의 양식을 쌓아 두었다. 공격하기 어렵고 함락할 수 없는 요새로 일컬어 온 지 오래였다.

그해 6월 당 태종이 이적 등과 함께 수십만 군사를 거느리고 성안을 향하여 외치게 했다.

"너희들이 항복하지 않으면 성을 함락하는 날에 모조리 죽일 것이다."

양만춘이 성 위에서 통역자를 시켜 당의 군사에게 소리 쳤다.

"너희들이 항복하지 않으면 성에서 나가는 날에 모조리 죽일 것이다."

당 군사가 성 가까이 가면 성안 군사가 이를 쏘아 죽이되 헛쏘는 화살이 없으므로, 당 태종은 성을 겹겹이 엄중하게 포위하여 성안을 굶주리게 하려고 했다. 하지만 성안에는 양식이 넉넉했다. 이에 반하여 당 군사는 비록 가져온 양식은 많았으나 몇 달을 지내니 차차 떨어져 가고, 요동의 몇 성을 얻기는 했으나 빈 성이었으며, 수로로 오는 배들은 모두 고구려 수군에게 격파당해 양식 운반할 길이 없었다. 게다가 요동은 날씨가 일찍 추워지므로 만일 가을 바람에 풀이 마르면 소·말·양들을 먹일 수가 없어 굶어 죽을 것이었다.

당 태종은 크게 당황하여 강하왕 도종에게 명하여, 안시성 동남쪽에 흙성을 쌓게 했다. 흙으로 나뭇가지를 싸서 층층이 쌓아 올리고, 중간에 길 다섯을 내어 왕래케 하였는데, 10일 동안의 품과 50만 일꾼의 공전(工錢)을 들였다. 게다가 군사 수만 명이 날마다 6, 7번을 번갈아 교전하여 죽고 상하는 자가 적지 아니했다.

흙산이 이루어지자 산 위에서 포석(抛石)[6]과 당차(撞且)[7]를 굴려 성을 무너뜨리니, 성안에서는 무너진 곳에 목책을 세워서 막았으나 당할 수가 없었다. 양만춘은 결사대 1백 명을 뽑아 성이 무너진 곳으로 갑자기 내달아 당 군사를 쳐 물리치고, 토산을 빼앗아 산 위 포석과 당차를 차지하여 이것으로 도리어 산 위 당 군사를 치니, 당 태종이 달리 계책이 없어 군사를 철퇴시키려고 했다.

연개소문은 요동 싸움을 양만춘·추정국 두 사람에게 맡기고 정병 3만으로 적봉진(赤峰鎭 : 지금 熱河) 부근으로 나가 다시 남으로 나아가 장성(長城)을 넘어 상곡(上谷 : 지금 河間) 등지를 습격하였다. 당 태자 치(治)가 어양(漁陽)에 머물러

---

[6] 돌을 던지는 기구.
[7] 냅다 질러 파괴하는 수레.

있다가 크게 놀라 봉화를 들어 횃불이 하룻밤에 안시성에까지 연락되었다.

당 태종은 임유관 안에 변란이 일어났음을 알고 곧 군사를 돌이키려고 했다. 오골성주 추정국과 안시성주 양만춘은 그 봉화로 연개소문이 이미 목적지에 다다른 것과, 당 태종이 장차 도망할 것을 짐작하고, 추정국은 전군을 거느리고 안시성 동남쪽 좁은 골짜기로 몰려 나와서 당 군사를 갑자기 공격하고, 양만춘은 성문을 열고 급히 내달아 공격했다. 당 군사가 크게 어지러워져서 사람과 말이 서로 짓밟으며 도망했다.

당태종은 헌우란(靬芋灤)에 이르러 말이 수렁에 빠져서 꼼짝을 못하고, 양만춘의 화살에 왼쪽 눈을 맞아 거의 사로잡히게 되었다. 이때 용장 설인귀(薛仁貴)가 달려와서 당 태종을 구하여 말을 갈아 태우고, 전군(前軍) 선봉 유홍기(劉弘基)가 뒤를 끊고 혈전을 벌여서 당 태종은 가까스로 달아났다. 《성경통지(盛京通志)》〈해성고적고(海城古蹟考)〉에 씌어 있는 '당 태종의 말이 빠진 곳(唐太宗陷馬處)'이 곧 그곳이니, 지금까지도 그곳 사람들에게 '말이 수렁에 빠지고 눈에 화살을 맞아 당 태종이 사로잡힐 뻔했다'는 이야기가 전해져 오고 있다.

양만춘 등이 당 태종을 추격하여 요수에 이르러 많은 당나라 장수들의 목을 베고 사로잡으니, 요택에 이르러서 당 태종은 말을 몰아 수렁에 처넣고 그것을 다리 삼아서 밟고 건너갔다. 10월 임유관에 이르러서는 연개소문이 당군의 돌아갈 길을 끊고, 뒤에서는 양만춘이 번개같이 추격해 오니, 당 태종은 어찌할 바를 몰랐다. 그럴 때 마침 눈바람이 크게 일어 지척을 분별할 수 없게 되어 양편 사람과 말이 서로 엎드러지고 자빠지고 하여 크게 혼란해지니, 당 태종은 그 기회를 틈타 도망하여 돌아갔다.

안시성 싸움은 또한 동양의 옛 역사상 크나큰 전쟁이었다. 비록 군사 숫자로는 살수싸움에 미치지 못하지만, 서로의 방략이 용의주도함과 군대의 정예함과 물자 소모는 살수싸움보다 더했으며, 싸움을 한 시일도 그보다 갑절이나 되었다.

이 싸움이 곧 두 민족 운명을 결정짓게 한 큰 전쟁이었는데도, 당사(唐史) 기록은 거의가 사리에 모순된다.

① 백제는 고구려 동맹국이었는데도 당사에는 '백제가 금휴개(金髹鎧)[8]를

---

8) 검게 옻칠한 갑옷.

바쳐서 전군이 이것을 입고 출전하니 갑옷이 햇빛에 찬란하게 빛났다'고 했다. 고구려 동맹국인 백제가 도리어 적국인 당 군사에게 무장을 제공한 것이 아닌가?

②당군 패망은 곧 양식 부족이 원인이었는데, 당사에는 '당 태종이 백암성(白巖城) 등을 깨뜨리고 양식 10만 섬 또는 50만 섬을 얻었다'고 하였으니, 그들이 운반해 온 양식 이외에 얻은 양식이 또한 적지 않았던 것이 아닌가?

③연개소문이 영류왕과 수많은 호족들을 죽이고는 연씨(淵氏)네 무리를 써서 중요한 직위에 두어, 오래전부터 시행되어 오던 벌족정치(閥族政治)를 타파하고 정권을 통일했는데, '당 태종이 안시성에 이르니 북부욕살(北部耨薩) 고연수(高延壽)와 남부욕살 고혜진(高惠眞)이 고구려·말갈(靺鞨 : 濊) 군사 15만 6천 8백 명을 거느리고 와서 안시성을 구원했다'고 했다. 왕족 고씨(高氏)가 오히려 남북 두 부(部)를 근거지로 하여 살이(薩伊)의 중요한 임구를 맡아 군사 수십만을 가졌다니, 연개소문의 혁명 뒤에 고구려의 상황이 어찌 그러했을 것인가?

④안시성은 곧 환도성(丸都城)으로 고구려 삼경(三京) 가운데 하나로서 해륙 요충이니, 개소문이 혁명한 뒤에 이 땅을 다른 파에게 줄 수 없을 것이다. 그런데, 당사에 '안시성주 양만춘이 재주와 용기가 있고, 성이 험하고 양식이 풍족하므로 막리지 연개소문의 난에 웅거해 지켜서 항복하지 아니하므로 막리지가 그 성을 주었다'고 했다. 그렇다면 그때에 고구려가 몇 개 나라로 나뉘어 있었던 것인데, 어찌 하나로 단결하여 수십만 당군을 막았을까?

⑤평양 공격 계책은 수 양제가 패망한 것인데, 당사에 '이정(李靖)이 이 계책이 쓰이지 아니한 것을 패전의 첫째 원인으로 삼고, 당 태종 또한 이를 후회했다'고 했다. 이는 오래지 않은 양제의 일을 잊어버린 것이 아닌가?

이처럼 사실에 모순되는 기록이 많은 것은 무슨 까닭인가? 대개 그 이유는 다음과 같다.

1) 사방의 모든 나라를 모두 당 속국으로 보는 주관적 자존심에 몰리어, 사관(史官)들이 언제나 높은 이를 위해 숨기고, 친한 이를 위해 숨기고, 중국을 위해 숨기는 이른바 춘추필법으로 기록했기 때문이다. 백제가 고구려 동맹국이라는 것은 객관적인 사실임에도 첫째 조항의 망발을 했다.

2) 요동성·개평성 등을 차례로 점령하도록 내버려둔 것이 연개소문의 예정

했던 전략인데, 그런 계책에 빠진 것을 숨기기 위하여, 그 노획품이 많았음을 과장하다가 둘째 조항의 위증을 하게 된 것이다.

3) 당 태종이 패해 달아난 것을 승리한 것으로 뒤집어 꾸미다가 고씨(高氏) 천하가 이미 연씨(淵氏) 천하가 된 것을 망각하고 문득 15만 대군을 가진 고연수·고혜진 두 욕살(褥薩)이 투항했다는 셋째 조항의 망령된 조작이 있게 된 것이다.

4) 당 태종이 수십만 대군으로 네댓 달 만에 한낱 외로운 안시성을 함락하지 못한 수치를 숨기기 위해 '안시성은 곧 당 태종이 공략하지 못했을 뿐 아니라, 그 본국 고구려의 대권을 잡은 연개소문도 어찌하지 못했다'는 넷째 조항의 기록을 남겼다.

5) 당이 고구려에게 패한 것은 여러 계책이나 사람이 모자랐기 때문이 아니라, 어떤 기묘한 계책이 있어도 쓸 수 없었기 때문이라 하여 '도종(道宗 : 江夏王)이 평양의 허를 찔러 공격하자고 했다' 하는 다섯째 조항의 어리석은 말이 있게 된 것이다.

이상은 그 대강을 말한 것이어니와, 꼼꼼하게 따져서 검토해 보면 거의가 모두 이런 것들이다. 그러므로 이제 당사를 좇지 않고 《해상잡록》·《성경통지》 및 동북삼성(東北三省) 사람들의 전설 등을 재료로 하여 기록했다.

5. 당 태종이 화살 독에 죽고 연개소문이 당을 침

당 태종이 양만춘의 화살에 눈이 빠졌음은 모든 인사들의 전설이 되고 시인의 시가에 올랐다. 목은(牧隱) 이색(李穡)의 〈정관음(貞觀吟)〉에는 '이는 주머니 속에 든 물건이라더니만, 눈이 화살에 떨어질 줄 뉘 어찌 알았으랴(謂是囊中一物耳 那知玄花落白羽)'라고 했고, 노가재(老稼齋) 김창흡(金昌翕)의 〈천산시(千山詩)〉에는 '천추에 대담한 양만춘이 규염(虯髯)의 눈동자 쏘아 떨어뜨렸네(千秋大膽楊萬春 箭射虯髯落眸子)'라 하였으며, 그 밖에도 이런 시가 많다.

그러나 우리나라 《삼국사기》 《동국통감》 등 사서에는 그때 전황에 관해 다만 신·구 《당서(唐書)》에서 뽑아 기록했을 뿐이고, 이런 말이 없다. 이는 사대주의파 사학자들이 그때 우리나라의 외국에 대한 승리 기록을 모두 삭제해 버렸기 때문이다.

이것을 중국 사서에서 따져 보면《구당서(舊唐書)》〈태종본기(太宗本記)〉·《신당서(新唐書)》·《자치통감(資治通鑑)》이 세 가지에 실린 당 태종의 병에 대한 진단 기록이 서로 달라서, 하나는 당 태종이 내종(內腫)으로 죽었다고 했고, 또 하나는 당 태종이 이질로 죽었다고 하여, 한 시대에 전 중국에 군림했던 만승황제(萬乘皇帝)가 죽은 병이 늑막염인지 장티푸스인지 모르도록 모호하게 기록된 것이다. 이것은 고구려 독화살에 죽은 치욕을 숨기려다가 이같이 모순된 기록을 남긴 것이다. 그러나 요동에서 얻은 병이라고 한 것에서는 모든 기록이 일치하니, 양만춘이 쏜 화살 독으로 죽은 것은 분명하다. 이것은 송(宋) 태종(太宗)이 태원(太原)에서 화살을 맞아 생긴 상처 때문에 그 독이 해마다 재발하다가 3년 만에 죽은 것을 송사(宋史)에서 숨긴 것과 같은 것이다.[9]

이 뒤에 신라와 당 동맹이 더욱 공고해진 것과, 당의 안녹산(安祿山)·사사명(史思明)의 난과 번진(藩鎭) 발호 등은 당 태종이 고구려 독화살에 맞아 죽은 사건과 관계되지 않은 것이 없는데도 이를 숨겨서 역사상 사실 원인을 모르게 했다. 춘추필법의 해독이 또한 이처럼 심하다 하겠다.

연개소문이 중국에 침입한 사실도 기록에는 보이지 않지만, 지금 북경(北京) 조양문(朝陽門) 밖 7리쯤에 있는 황량대(謊粮臺)를 비롯하여, 산해관(山海關)까지 사이에 황량대라 일컫는 지명이 10여 군데나 되는데, 전설에 황량대란 당 태종이 모래를 쌓아 양식을 저장해 놓은 것이라고 속여, 고구려 사람이 습격해 오면 복병으로 맞아 공격한 곳이라 하니, 이는 연개소문이 당 태종을 북경(北京)까지 추격한 유적이고, 산동(山東)·직예(直隸) 등지에 드문드문 고려(高麗) 두 글자를 위에 붙인 지명이 있으니, 전설로는 이것이 모두 연개소문이 점령했던 곳이라고 하는데, 가장 두드러진 것은 북경 안정문(安定門) 밖 60리쯤에 있는 고려진(高麗鎭)과 하간현(河間縣) 서북쪽 12리쯤에 있는 고려성(高麗城)이다.

당나라 사람 번한(樊漢)은 〈고려성회고시(高麗城懷古詩)〉에서 '외딴 곳 성문은 열렸는데(僻地城門啓), 구름이 걸쳐 있는 숲에는 성가퀴가 길게 뻗어 있네(雲林雉堞長). 물은 맑아 지는 해 잠겨 있고(水明留晩照), 모래는 어슴푸레 별빛을 비춘다(沙暗燭星光). 북소리에 구름 길게 피어오르고(疊鼓連雲起), 갓 핀 꽃들이 땅

---

9) 陳霆의《兩山墨談》에 보임.

을 단장했네(新花拂地粧). 문득 세상은 변하여(居然朝市變), 다시는 풍악 소리 울리지 않네(無復管絃鏘). 가시덤불 먼지 속에서(荊棘黃塵裏), 오래된 길가엔 쑥대만 우북(蒿蓬古道傍), 먼지 속엔 비취가 묻혀있네(輕塵埋翡翠). 거친 무덤 위엔 소와 양들이(荒壠上牛羊), 그때 일을 이제 와 무어라 하랴(無奈當年事), 가을소리 맑은데 기러기가 줄지어 나아가는구나(秋聲肅雁行)'라고 하였는데, 이 시로 보건대 연개소문이 한때 당나라 땅에 드나들며 침략을 했을 뿐 아니라, 성을 쌓고 사람들을 이주시켜서 북소리가 구름 밖에까지 울려 퍼지고, 땅은 온통 꽃밭인데, 거리가 번화하고 음악 소리는 맑고 또렷하며, 비취와 보옥 등이 넘쳐서 새로 점령한 땅의 풍성함을 자랑하던 사실을 읊은 실록(實錄)으로 볼 수 있겠다.

당의 사서를 보면 당 태종이 안시성에서 도망해 돌아간 뒤에, 거의 해마다 달마다 고구려 침략 군사를 일으켜서 '아무 해 아무 달에 우진달(牛進達)을 보내서 고구려를 쳐 어느 성을 깨뜨렸다.' '어느 해 어느 달에 정명진(程名振)을 보내서 고구려를 쳐 어느 성을 깨뜨렸다' 하는 따위 기록이 수없이 많다.

이것은 당 태종이 고구려 때문에 눈이 빠지고, 그의 백성들의 아들들이 많이 죽거나 상하여, 천신(天神) 같은 제왕 위엄이 땅에 떨어진 데다가, 고구려에 대한 복수의 군사를 일으키지 않으면 더욱 안팎 웃음거리가 되겠고, 그렇다고 다시 대거 공격하자니 수 양제 꼴이 될 것이므로, 교활한 술책을 써서 다달이 '여러 장수를 시켜 고구려 어느 곳을 침략했다', '고구려 무슨 성을 점령했다' 하는 거짓 보고를 올리게 하여, 그 실상 없는 무위(武威)를 국내에 보인 것이다.

당 태종이 죽을 때에 유조로 요동 싸움을 그만두게 한 것은, 한편으로 아들 고종(高宗)이 아버지 원수를 갚지 못하는 책임을 가볍게 하고, 한편으로는 인민을 사랑한다는 명성을 얻으려고 한 것이었다. 그러나 그때에는 본디 요동에는 싸움이 없었는데, 무슨 싸움을 그만둔단 말인가? 당 태종 일생은 허위뿐이니, 역사가나 역사를 읽는 사람은 그 기록을 상세히 구명해 보아야 할 것이다.

연개소문은 무엇으로써 이처럼 외정(外征)에 성공했는가? 그 근거는 두 가지였다. 《발해사(渤海史)》《舊唐書》〈渤海傳〉에 '대문예(大門藝)가 "옛날 고구려가 전성기에는 강병 30여만 명으로 당나라와 겨루었다"고 말했다(大門藝曰 昔高句麗全盛之時 強兵三十餘萬 抗敵唐家)'라고 했고, 《당서(唐書)》에도 '고려(고구려)가 신성(新城)과 국내성 보병과 기명 4만 명을 일으켰다(高麗發新城國內城步騎四

萬)'.'신성(新城)에는 건안(建安) 때에도 군사가 오히려 10만이었다(新城建安之時 猶十萬)'.'고구려와 말갈 군사가 합하여 15만 명이었다(高麗靺鞨之衆 十五萬)'이라 했다. 이상의 말에 따르면 고구려 정규군이 30만 명이 넘었고, 그 밖의 산병(散兵)도 적지 않았음을 알 수 있다. 또《고려사》〈최영전(崔瑩傳)〉에 '당 태종이 30만 무리로 고구려를 침노하니, 고구려는 승군(僧軍) 3만 명을 내어 이를 격파했다(唐太宗 以三十萬衆 侵高句麗 高句麗發僧軍三萬擊破之)'고 했고,《고려도경(高麗圖經)》에는 '재가화상(在家和尙)……조백(皂帛)으로 허리를 동이고……전쟁이 있으면 스스로 단결하여 한 단체를 만들어서 전장에 나아갔다(在家和尙……以皂帛束腰……有戰事 則自結爲一團 以赴戰場)'고 했다.《해상잡록(海上雜錄)》에는 '명림답부(明臨答夫)와 개소문은 모두 조의선인(皂衣仙人) 출신이다(明臨答夫蓋蘇文此皆皂衣仙人出身)'라고 했다. 이상의 글에 따르면 승군(僧軍)이란 불교 중으로 편성된 군사가 아니라, 곧 '신수두' 단전(壇前) 조의(皂衣) 무사요, 연개소문은 조의 우두머리(首領)였음을 알 수 있다. 그러니 수십만 군대와 그 중심인 6만 조의군(皂衣軍)은 연개소문의 외정(外征)을 성공시킨 첫째 근거였다.

미수(眉叟) 허목(許穆)은 "싸움을 좋아하는 나라로 백제만 한 나라가 없다(好戰之國 莫如百濟)"고 했고, 순암(順庵) 안정복(安鼎福)은 "세 나라(신라·백제·고구려) 가운데에서 백제가 가장 전쟁을 좋아한다고 일컫는다(三國之中 百濟最以好戰稱)"고 했다. 이렇듯 날래고 사나워서 싸움을 잘하는 나라인 백제가 고구려와 동맹을 맺은 것도 연개소문이 외정을 하게 된 근거의 하나였다.

최치원(崔致遠)은 "고구려와 백제가 강성할 때에는 강한 군사가 1백만 명이라, 북으로 유(幽)·계(薊)·제(齊)·노(魯) 등지를 소란하게 했고, 남으로 오(吳)·월(越)을 침략했다(高麗百濟全盛之時 强兵百萬 北撓幽薊齊魯 南侵吳越)"고 했는데, 이것은 연개소문이 백제와 합작한 결과를 말한 것이다. 여기서 '북쪽을 토평했다(北平)' '남쪽을 평정했다(南定)' 하지 않고 '북쪽을 소란하게 했다(北撓)', '남쪽을 침략했다(南侵)'고 한 것은, 이 글이 당(唐)을 존중하는 최치원이 당의 어느 재상에게 올린 글이기 때문에 춘추필법에 따른 말을 쓴 것이요, 실은 이때에 유계(幽薊 : 지금 北京市)와 제노(齊魯 : 지금 山東省), 오월(吳越 : 지금 江蘇省과 浙江省)이 모두 고구려와 백제 세력 아래 있었다. 연개소문이 백제와 관계된 사실은 다음 편에서 상세히 서술하고자 한다.

6. 연개소문 사적에 관한 거짓 기록

신라 때에는 연개소문을 백제 원조자라 하여, 그 뒤에는 유교 윤리상 임금을 죽인 적신이라 하여, 또는 사대주의를 위반한 죄인이라 하여 늘 박대해서, 그에 관한 전설이나 사적을 아주 없애 버리기를 일삼았다. 오직 도교(道敎) 수입과 천리장성 축조를 그가 한 일이라 하지만, 실은 《당서(唐書)》에서 부연해 온 거짓 기록일 뿐 사실이 아니다. 이제 《삼국유사(三國遺事)》 본문을 실어 그것이 거짓 기록임을 증명하고자 한다. 《삼국유사》의 본문은 다음과 같다.

'살피건대 《당서》에 이르기를, 이보다 앞서 수 양제가 요동을 정벌할 때, 비장(裨將) 양명(羊皿)이 싸움이 불리하여 죽게 되자 "기어코 총신(寵臣)이 되어 저 나라(고구려)를 멸망시키겠다"고 맹세하여 말하였다. 개씨(盖氏)가 조정을 독단하게 되자 성을 개씨라 하니, 곧 양명(羊皿)의 말이 이에 들어맞은 것이다(두 글자를 합쳐 盖가 되니, 그가 죽어서 盖蘇文이 되었다는 뜻). 또 살피건대 《고려고기(高麗古記)》에 이르기를, 수 양제가 대업(大業) 8년 임신(壬申) 30만 군사를 거느리고 바다를 건너 공격해 왔다……10년 갑술(甲戌) 황제가 퇴군하려 하며, 좌우에 일러 "내가 천하 주인이 되어 친히 조그만 나라를 치다가 이롭지 못했으니 만대에 웃음거리가 되었다"고 말했다. 이때 우상(右相) 양명(羊皿)이 아뢰어 "신이 죽어서 고려 대신이 되어 기어코 나라를 멸망시켜 황제 원수를 갚겠습니다"라고 말하였다. 황제가 돌아가고 그는 고려에 태어났는데, 나이 15살에 총명하고 용감하였다. 이때 무양왕(武陽王 : 榮留王)이 그가 어질다는 말을 듣고 불러들여 신하로 삼았다. 그는 스스로 성을 개(盖), 이름을 금(金)이라 했다. 벼슬이 소문(蘇文)에 이르렀는데, 그것은 곧 시중(侍中)과 같은 직위였다. 개금이 왕에게 아뢰어 "솥에는 발이 셋이 있고 나라에는 세 가지 교(敎)가 있어야 하는데, 신이 보건대 나라 안에는 다만 유교와 불교만 있고 도교가 없어 나라가 위태롭습니다"라고 말하였다. 왕이 옳게 여기고 당에 아뢰어 도교를 청했으므로, 태종이 숙달(叔達) 등 도사(道士) 여덟 사람을 보내 주었다. 왕은 기뻐하고 절을 도관(道觀)[10]으로 만들고 도사를 높여 유사(儒士) 위에 앉혔다. ……개금은 또 동북과 서남에 장성을 쌓기로 정하여, 남자는 성을 쌓고 여자는 농사를 짓기 16년 만

---

10) 도교의 寺院.

에 역사를 마치었는데, 보장왕(寶藏王) 때 당 태종이 친히 육군(六軍)[11]을 거느리고 와서 공격했다(按唐書云先是隋煬帝征遼東 有裨將羊皿 不利於軍 將死有誓曰 必爲寵臣 滅彼國矣 及盖氏擅朝 以盖爲氏 乃以羊皿是之應也 又按高麗古記云 隋煬帝 以大業八年壬申 領三十萬兵 渡海來征 十年甲戌……帝將旋師 謂左右曰 朕爲天下之主 親征小國而不利 萬代之所嗤 時右相羊皿奏曰 臣死爲高麗大臣 必滅國 報帝王之讐 帝崩後 生於高麗 十五聰明神武 時武陽王聞其賢 徵入爲臣 自稱姓盖名金 位至蘇文 乃侍中職也 金奏曰 鼎有三足 國有三敎 臣見國中 唯有儒釋 無道敎故國危矣 王然之 奏唐請之 太宗遣叔達等道士八人 王喜 以佛寺爲道觀 尊道士 坐儒士之上……盖金又奏 築長城東北西南 時男役女耕 役至十六年乃畢 及寶藏王之世 唐太宗 親統以六軍來征)."

양명(羊皿)이 다시 태어나 개씨(盖氏)가 되었다는 것은 요망한 말이고, 연개소문을 '성을 개, 이름을 금이라 했고, 벼슬이 소문에 이르렀다'고 한 것도 망령된 말이니, 변론할 것도 없다. 그 밖에 도교를 들여왔다느니 장성 쌓기를 정했다느니 한 것 또한 거짓 기록이다. 수 양제는 기원 617년 죽었다. 그리고 영류왕, 곧 무양왕이 노자교(老子敎 : 道敎)를 들여온 것은 《당서》에 분명히 당고조(唐高祖) 무덕(武德) 7년(기원 624년)으로 되어 있다. 연개소문이 수 양제가 죽은 뒤에 태어났으면, 영류왕이 노자교를 수입할 때에는 겨우 8살이다. 그런데 '나이 15살에……신하가 되어……당에 아뢰어 정했다'고 한 것은 무슨 말인가? 장성 축조는 영류왕 14년 시작했으니 기록대로 16년 만에 준공했다면 보장왕 5년, 곧 당 태종이 침략해 온 이듬해에 마친 것이다. 그런데, '16년 만에 역사를 마치고……당 태종이 친히 육사(六師)를 거느리고 와 공격했다'고 한 것은 어떻게 된 것인가?

영류왕은 북수남진주의(北守南進主義)를 써서 당과는 화친하고 신라와 백제를 공략하려 했던 사람이고, 연개소문은 남수북진주의(南守北進主義)를 써서 백제로 신라를 견제하고 당을 공략하려고 한 사람이니, 당 황제가 성이 이(李)요, 도교 시조 노자(老子)도 성이 이씨이기 때문에, 당대(唐代)에는 노자를 그 선조라고 위증(僞證)하여 극진히 받들었으므로, 영류왕이 당과 화친하려고, 당의 조상 노자의 교와 그 교도인 도사를 맞아 온 것일 것이다. 종교로는 '신수두'

---

11) 모든 군사.

를 신봉하면서, 정책으로는 당을 공략하려는 연개소문이 어찌 국교를 버리고 적국인 당의 조상 노자의 교인 도교를 맞아들였을 리가 있겠는가?

장성은 나아가 치기 위해 쌓은 것이 아니라, 지켜 방어하기 위해 쌓은 것으로 북쪽을 막아 지키려는 영류왕이 쌓은 것일 것이다. 그런데 날마다 북쪽 공략을 주장한, 또 그 주장을 실행에 옮긴 연개소문이 어찌 그 같은 국력을 들여 백성의 원한을 살 방어용 장성을 쌓았을 리가 있겠는가? 이렇게 연조가 맞지 아니하고 이치에도 맞지 아니하니, 이 두 가지 사실이 모두 거짓 기록임에 의심의 여지가 없다.

어떤 이는 "《삼국사기》를 보면 연개소문이 유·불·도 세 교는 솥발과 같아서 하나라도 없어서는 안 된다고 하여 왕에게 이를 아뢰어 도교를 당에 구했다고 한 것이 보장왕 2년 일이니, 《삼국유사》에 개금(盖金)의 도교 청래(請來) 운운한 것이 다만 그 연대가 틀렸을 뿐이고 사실은 확실히 있었던 것이 아니냐?"고 말하지만, 《삼국유사》에는 이것을 《고려고기》에서 인용했다고 했으니, 《삼국사기》도 《고려고기》에서 인용했음이 분명하고, 《고려고기》에는 '개금이 무양왕, 곧 영류왕에게 아뢰어 도교를 당에서 들여왔다'고 했으니, 《삼국사기》를 지은 김부식이 그 연조를 옮겨 보장왕 2년 일로 기록했음이 또한 분명하다. 김부식이 각종 고기와 중국사 사실을 마구 끌어다가 그 사기를 지었는데, 가끔 연조가 모호한 일이면 그 사실의 있고 없음을 상세히 구명하지도 않고 마음대로 연월을 고쳐 넣은 것이 허다하니, 연개소문이 보장왕에게 도교 들여오기를 청했다고 하는 것도 한 예이다. 그러니 연개소문이 도교를 들여오고 장성 쌓기를 청했다는 두 사건은 물을 것 없는 거짓 기록이다.

그러니까 그 거짓 기록의 근거가 된 것은 《고려고기》이다. 《고려고기》는 어찌하여 이 같은 거짓 기록을 썼는가? 《고려고기》는 대개 신라 말 불교승이 지은 것이다. 중국 위(魏)나라 세조(世祖)와 당나라 무종(武宗)이 도교를 위해 나라 안 모든 불교의 절을 파괴하고 모든 불교승을 살해했기 때문에, 그 무렵 어느 나라 불교승이나 모두 도교에 대하여 이를 갈며 분하게 여겼고, 연개소문은 백제와 동맹하여 신라를 멸망시키려고 한 인물이므로, 신라 사회가 연개소문을 극구 헐뜯고 욕하는 판이라, 《고려고기》 지은이가 고기를 지을 때 《당서》에서 '영류왕이 도교를 들여왔다'고 한 것과 '장성을 쌓았다'고 한 것을 보고, 이에 도교를 몹시 원망하는 마음으로 《당서》 기록을 억지로 끌어다 방편(方便)의 법라(法螺)[12]를 크게 불어 대고, '도교를 믿지 말아라. 도교를 믿다가는 고구려처럼 나라가 망할 것이다. 도교를 들여와서 우리의 정신 생명을 없애려고 하고, 장성 쌓는 역사를 일으켜서 우리의 육체 생명을 없애려 한 자는 곧 연개소문이다' 하여, 연개소문을 미워하는 사회 심리를 이용해서 도교를 배척하려고 한 것이다. 그러나 연대와 사리가 맞지 아니하니, 그것이 거짓 기록임이 스스로 밝혀지는 것이다.

본국에 전해지고 있는 연개소문은 모든 명사(名詞)와 사실을 거의 모두 바꾸어 전한 《갓쉰동전》 이외에는 모두 이런 거짓말뿐인가? 내가 20년 전 서울 명동에서 노상운(盧象雲) 선생이란 노인을 만났는데, 그는 "연개소문은 자(字)가 김해(金海)이고 병법이 고금에 뛰어났었다. 그의 저서 《감해병서(金海兵書)》가 있어 송도(松都) 때(고려 때)에도 늘 각 방면 병마절도사(兵馬節度使)가 부임할 때 한 벌씩 하사했는데, 지금은 그 병서가 아주 없어졌다. 연개소문이 그 병법으로 당의 이정(李靖)을 가르쳐, 이정이 당의 가장 뛰어난 명장이 되고, 그 이정이 지은 《이위공병법(李衛公兵法)》은 무경칠서(武經七書)의 하나로 꼽는다. 그 원본에는 연개소문에게 병법을 배운 이야기를 상세히 쓰고 있을 뿐만 아니라 연개소문을 숭상한 문구가 많았으므로, 당(唐)·송(宋) 사람들이 연개소문과 같은 외국인을 스승으로 하여 병법을 배워서 명장이 된 것은 실로 중국의 큰 수치라 하여 드디어는 그 병법을 없애 버렸고, 지금 유행하는 《이위공병서》는 후세 사람이 위조한 것이기 때문에 그 첫머리에서부터 '막리지는 스스로 병법을 안다고 했다'고 하는, 연개소문을 헐뜯는 말로 시작되었다. 그러나 이것은 원본이 아니다"라고 말했다. 선생이 이런 말을 어디에 근거하여 한 것인지, 내가 당시 사학에 어두워서 상세히 물어보지 못했다.

요양(遼陽)·해성(海城)·금주(金州)·복주(復州) 등지에 연개소문 고적과 전설이 많고, 또 연해주(沿海州) 개소산(蓋蘇山)에는 연개소문 기념비가 서 있어서, 해삼위(海蔘威 : 블라디보스토크)에서 배를 타고 블라고베센스크로 가려면 바다 가운데서 그 산을 바라보게 된다고 하니, 뒷날 그 비석을 발견하여 연개소문

---

12) 소라고둥, 허풍떤다는 뜻.

에 대한 기록을 변증(辯證)하고 떨어져 나간 기록을 보충할 날이 있을까 한다.

7. 연개소문이 죽은 해 오차 10년

《삼국사기》의 연개소문 사적은 《구당서(舊唐書)》와 《신당서(新唐書)》, 《자치통감(資治通鑑)》 등에서 뽑아 쓴 것임은 이미 앞에서 말했거니와, 이들 책에서는 모두 연개소문의 죽은 해를 당 고종(高宗) 건봉(乾封) 원년이라고 했는데, 건봉 원년은 보장왕 25년(기원 666년)에 해당하므로, 《삼국사기》에도 보장왕 25년 연개소문이 죽은 것으로 되어 있다.

그러나 연개소문이 보장왕 25년인 기원 666년에 죽었다면, 연개소문이 죽기 전 고구려 동맹국 백제가 이미 멸망했고, 고구려 도읍 평양도 소정방(蘇定方)에게 포위를 당했을 것이니, 무엇 때문에 당 태종과 이정 등이 연개소문을 두려워하고, 소동파(蘇東坡 : 蘇軾)와 왕안석(王安石) 등이 연개소문을 영웅으로 받아들였을 것인가?

그래서 나는 연개소문이 적어도 백제가 멸망하기 몇 해 전에 죽었다고 가정했다. 이 가정 아래 연개소문이 죽은 해를 찾은 지 오래였으나, 확증을 얻지 못했다. 그러다가 근일 이른바 천남생(泉男生) 묘지(墓誌)란 것이 하남(河南) 낙양(洛陽) 땅 속에서 발견되었는데, 그 묘지에 따르면 남생 형제 다툼이 건봉(乾封) 원년, 곧 기원 666년 이전 일임을 분명히 알았다. 그 묘지에는 연개소문이 어느 해에 죽었다는 말은 없으나, 남생이 '24살에 막리지에 임명되고 삼군대장군(三軍大將軍)을 겸했으며, 32살에 태막리지 총록군국 아형원도(太莫離支總錄軍國阿衡元道) 벼슬이 더해졌다(二十四 任莫離支 兼授三軍大將軍 三十二 加太莫離支 總錄軍國阿衡元道)'고 했으며, '의봉(儀鳳) 4년 정월 19일 병이 들어 안동부(安東府) 관사(官舍)에서 죽으니 나이 46이었다(以儀鳳四年正月十九日 遭疾 遷於安東府之官舍 春秋四十有六)'고 했다. 당 고종 의봉 4년은 기원 679년이요, 기원 679년에는 남생이 46살이고, 그의 24살 때는 기원 657년이다. 기원 657년 24살 때 막리지 겸 삼군대장이 되어 병권을 잡았으니, 기원 654년 연개소문이 이미 죽어서 그 직위를 남생이 대신했음이 확증된 것이다. 또는 남생이 32살 대막리지가 되던 해, 기원 665년 연개소문이 죽어서 그 직위를 남생이 대신한 것으로 보는 사람도 있을 것이다. 하지만 《삼국사기》〈고구려 본기〉나 열전인 〈연개소문전〉에는 모두 연개소문이 막리지가 되었다고 했고, 《삼국사기》〈김유신전〉이나 천남생 묘지에는 모두 연개소문을 태대대로(太大對盧)라 했으며, 〈연개소문전〉에는 아버지 서부대인(西部大人) 대대로가 죽어 연개소문이 그 직위를 이어받았다고 하고, 천남생 묘지에는 증조부 자유(子遊),[13] 조부 태조(太祚)[14]가 모두 막리지에 임명되었다고 하여, 어느 책에서는 막리지를 다른 책에서는 태대대로 또는 대대로라 했고, 또 다른 책에서는 태대대로 또는 대대로를 닥리지라 했다.

대로의 대(對)는 뜻이 '마주'이니 대개 이두문으로 대(對)는 뜻으로 읽으면 '마'가 되고, 막리지의 막(莫)은 음으로 읽어 '마'가 되며, 막리지의 리(離)와 대로의 로(盧)는 모두 음으로 읽어 'ㄹ'이 되어 막리나 대로는 모두 '말'로 읽을 것이다.

고구려 말년 관제(官制)에 '말치'가 장수와 재상 임무를 겸하여, 마치 초대 '신가'와 같았으니, '말치'를 이두문으로 대로(對盧) 또는 막리지(莫離支)라고 썼다. 대로지(對盧支)라 쓰지 않고 대로(對盧)라고만 쓴 것은 생략한 것이고, '말치'에 임명된 지 몇 해가 되면 태대(太大)의 호를 더하여 태대대로지(太大對盧支) 또는 태막리지(太莫離支)라 썼다. 태대막리지(太大莫離支)라 쓰지 않고 대막리지라고만 쓴 것 또한 생략한 것이다. '말치', 곧 대로지(對盧支) 도는 태대막리지(太大莫離支)가 그 직위는 같으나 '신크', 곧 '태대(太大)'는 곧 그 공훈과 덕을 기려 주는 품계이다. 《삼국사기》〈직관지(職官志)〉에 각간(角干) 김유신의 큰 공로를 상 주어 태대각간(太大角干)이라 하여 태대(太大) 두 자를 각간 위에 더한 것과 같은 것이다. 그러니 남생이 24살 때 곧 막리지 겸 삼군대장군이 된 해, 기원 657년이 남생이 정권과 병권을 모두 잡은 확증이 된다. 따라서 그것은 같은 해에 연개소문이 죽은 확증이 된다.

만일 대로와 막리지가 같은 '말치'의 이두자라면 어찌하여 남생 묘지에 '증조부 자유, 조부 태조, 아버지 개금이 모두 막리지에 임명되었다(曾祖子遊 祖太祚 父蓋金 竝任莫離支)'고 하거나, 아니면 '증조부 자유, 조부 태조, 아버지 개금이 모두 태대대로에 임명되었다(曾祖子遊 祖太祚 父蓋金 任太大對盧)'고 하지 않고, '증조부 자유, 조부 태조가 모두 막리지에 임명되고, 아버지 개금은 태대대

---

13) 연개소문의 할아버지.
14) 연개소문의 아버지.

로에 임명되었다(曾祖子遊 祖太祚 幷任莫離支 父蓋金 任太大對盧)'고 하여 막리지와 대대로를 구별하여 썼는가?

묘지 윗부분에는 남생의 직책을 중리위진대형(中裡位鎭大兄)이라, 태막리지(太莫離支)라 쓰고, 아랫부분에는 남생이 당에 항복한 뒤에도 여전히 태대형(太大兄)이란 옛 작위에 임명되었다고 하였으니, 태대형은 중리위(中裡位) 진대형(鎭大兄)을 가리킨 것이거나 태막리지를 가리킨 것일 터인데, 이같이 다른 글자로 썼으니, 묘지에 쓰인 벼슬 이름은 거의 구별할 수 없을뿐더러, 또한 '모두 막리지에 임명되고……태대로에 임명되었다'고 한 아래 구절이 '그의 할아버지와 아버지가 양야(良冶)·양궁(良弓)으로 모두 병권을 잡고 나라 정치를 오로지했다(乃祖乃父 良冶良弓 竝執兵斡 咸專國柄)' 한 것이니, 막리지와 태대대로가 모두 같이 병권과 정권을 독차지한 유일한 수석 대신임을 알 수 있고, 또《당서》〈고려전〉에는 '대대로는 모든 나랏일을 맡아 처리했다(大對盧 總知國事)'했고,《당서》〈개소문전〉에도 '막리지는 당 중서령(中書令) 병부상서(兵部尙書) 지위와 같다(莫離支 猶唐中書令兵部尙書職)'고 했으니, 더욱 그 두 가지가 똑같이 장상(將相) 직책을 겸한 유일한 대관임을 알 수 있다.

그러므로 기원 657년 '신크말치' 연개소문이 죽고 그 맏아들 남생(男生)이 '말치'가 되어 아버지 연개소문의 직위를 상속했다가 9년 뒤 '신크'의 호를 더하여 '신크말치'라 일컬었던 것에는 의심이 없으니, 옛 사서에 따라 기원 666년 연개소문이 죽었다고 함은 물론 큰 착오이거니와, 묘지에 남생이 대막리지가 되었다는 해를 따라 기원 665년 개소문이 죽었다고 하는 것도 큰 잘못이다. 연개소문이 죽은 해는 분명히 기원 657년이다.

어떤 사람은 "《구당서》와《신당서》에 모두 연개소문이 죽은 해를 늘려 기원 666년이라 했고, 천남생 묘지에 또한 아버지 연개소문이 죽은 해를 쓰지 아니했음이 모두 무슨 까닭인가?"라고 물었는데, 이는 다름 아니라 당 태종이 눈알이 빠져 죽은 것이 곧 연개소문 때문이고, 당의 땅 일부도 연개소문에게 빼앗겼으니 춘추의 의(春秋之義)로 말하면 당의 여러 신하들이 마땅히 시각을 지체하지 않고 복수를 강구함이 옳을 것이다. 그러나 이제 세월을 넘겨 연개소문 생전에는 다만 고구려의 침략만 당하고 고구려에는 한 발자국도 침입하지 못한 것은 곧 연개소문을 두려워하고 꺼리어 군부(君父)의 원수를 잊었으니 이 얼마나 수치스러운 일이냐? 이 수치를 가리기 위해 연개소문 생전에도 당 군사가 평양을 포위한 일이 있었다는 표시를 하기 위해, 연개소문이 죽은 해를 10년이나 늘려 역사에 올린 것이니, 이는 다음 편에서 말하는 부여복신(扶餘福信)이 죽은 달을 늘린 것과 같은 수단이다. 고대에는 교통이 불편하고 역사 서류가 많지 못하여 이웃나라 이름난 이의 생사를 민간에서는 거의 관청 선포에 의해 서로 전할 뿐이므로, 이같이 연개소문의 죽은 해에 대한 거짓 기록이 드디어 중국 안에서는 실록(實錄)으로 유행된 것이었다.

8. 연개소문 공적에 대한 약평(略評)

옛날부터 역사가들은 성패 흥망으로 그 사람의 낫고 못함을 정하고, 또 유가(儒家) 윤리관으로도 남의 잘잘못을 논란하는데, 연개소문은 성공했지만 못난 아들들이 그의 업적을 지키지 못했으므로, 춘추필법을 본받는 자들이 배척하고 흉악한 적이라 헐뜯고 욕해 왔다.

그러나 어떤 것이 혁명인가? 반드시 역사상 진화(進化)의 의의를 가진 변화가 그것이다. 역사란 것이 어느 날 어느 때고 변화하지 않는 때가 없으니, 또한 어느 날 어느 때에 혁명 없는 때가 없을 것이다. 그러면 역사 전부를 혁명이라고 일컫는 것이 옳겠지만, 역사가들은 특히 혁명이라는 명사를 귀중히 여겨, 문화상 또는 정치상 두드러지게 시대를 구분할 만한 진화의 의의를 가진 인위적 대변혁을 가리켜 혁명이라 일컫는다. 그러니 이런 의미로 정치사상 혁명을 구하자면, 우리 조선 수천 년 역사에 몇이 못 될 것이다. 한양(漢陽) 이씨(李氏)로 송도(松都) 왕씨(王氏)를 대신한 것이나, 조선(朝鮮)의 이시애(李施愛)·이괄(李适) 등의 반란이 그 성패는 다르지만 실상은 모두 정권 쟁탈 행동에 지나지 아니하니, 그것은 내란이라 역대(易代)라 일컫는 것은 옳지만, 혁명이라 일컬음은 옳지 않다.

그런데 연개소문은 그렇지 아니하다. 그는 봉건 세습 호족공치제(豪族共治制) 정치를 타파하여 정권을 한 곳에 집중시켰으니, 이는 갈라져서 따로따로인 대국(大局)을 통일로 돌리는 동시에, 그 반대자는 군주나 호족을 묻지 않고 한꺼번에 소탕하여, 영류왕 이하 수백 명 대관을 죽이고, 침노해 온 당 태종을 격파했을 뿐 아니라, 도리어 당으로 진격하여 중국 전국을 놀라 떨게 하였으니, 그는 다만 혁명가의 기백을 가졌을 뿐 아니라, 또한 혁명가의 재능과 지략을 갖추었다고 하는 것이 옳겠다.

다만 그가 죽을 때에 따로 어진 이를 골라 자기 뒤를 이어 조선인 만대 행복을 꾀하지 못하고, 어리석은 자식 형제에게 대권을 맡겨 결국 이미 이룬 공업을 뒤엎어 버렸으니, 대개 야심이 많고 덕이 적은 인물이었던가 싶다.

그러나 그 역사가 아주 없어져서 오직 적국 사람들 붓으로 전한 기록을 가지고 그를 논술하게 되어, 사실 전말을 환히 알아볼 수 없으니, 경솔하게 그 일부를 들어 그 전체 내용을 논하는 것은 옳지 못할뿐더러, 수백 년 사대(事大)의 용렬한 종이 된 역사가들이 그 좁쌀만 한 주관적 눈에 보인 대로 연개소문을 가혹하게 평하여, '신하는 충성으로 임금을 섬긴다(臣事君以忠)' 하는 갖추지 못한 도덕률로 그의 행위를 규탄하며, '작은 자가 큰 자를 섬기는 것은 하늘을 두려워하는 것이다(以小事大者畏天)' 하는 노예근성 심리로 그 업적을 부인하여, 시대적 대표 인물의 유체(遺體)를 거의 한 점 살도 남지 않도록 씹어 대는 것은, 내가 크게 원통하게 여기는 바이다. 이제 이를 위해 대략 몇 마디 평을 더했다.

제12편
백제의 강성(强盛)과 신라의 음모

제1장
부여성충의 위대한 계략과 백제의 영토 개척

1. 부여성충(扶餘成忠)의 건의

부여성충은 백제 왕족이었다. 어릴 때부터 지모(智謀)가 뛰어나서, 일찍이 예(濊) 군사가 침략해 오자 고향 사람들을 거느리고 나가 산보(山堡)에 웅거하여 지키는데, 늘 기묘한 계교로 많은 적을 죽이니, 예 장수가 사자를 보내 "그대들의 나라를 위하는 충절을 흠모하여 약간의 음식을 올리오" 하고 궤 하나를 바쳤다. 사람들이 모두 궤를 열어 보려고 했으나, 성충이 굳이 못 열게 말리고서 궤를 불 속에다 넣게 했다. 그 속에 든 것은 벌과 땡삐(땅벌) 따위였다. 이튿날 또 예 장수가 궤 하나를 바쳤다. 모두들 불에 넣으려고 하니까, 성충은 그것을 열어 보게 했다. 그 속에는 화약과 염초(焰硝) 따위가 들어 있었다. 사흘째 되는 날 또 궤 하나를 보내왔는데, 성충은 그것을 톱으로 켜게 했다. 그러니까 피가 흘러 나왔다. 칼을 품은 용사가 허리가 끊어져 죽었다.

이때는 기원 645년, 무왕(武王)은 죽고 의자왕(義慈王)이 즉위해 있었는데, 의자왕은 그 말을 듣고 성충을 불러 물었다.

"내가 덕이 없어 대위(大位)를 이어 감당치 못할까 두려워하고 있는 중이오. 신라가 백제와 풀 수 없는 큰 원수가 되어, 백제가 신라를 멸망시키지 못하면 신라가 백제를 멸망시킬 것이니, 이는 더욱 내가 염려하는 바요. 옛날 월왕(越王) 구천(句踐)이 범려(范蠡)를 얻어 10년 동안 생취(生聚)[1]하며 10년을 교육하여 오(吳)를 멸망시켰으니, 그대가 범려가 되어 나를 도와 구천이 되게 해 주지 않겠소?"

성충이 대답했다. "구천은 오왕 부차(夫差)가 교만하여 월에 대한 근심을 잊

---
1) 백성을 길러 군대를 튼튼히 하고 나라를 부강하게 함.

었으므로 20년 동안 생취하고 교육하여 오를 멸망시켰지만, 이제 우리나라는 북으로 고구려, 남으로 신라의 침략이 그칠 날이 없어서 전쟁 승패가 순간에 달려 있고 국가 흥망이 아침저녁에 달려 있으니, 어찌 한가롭게 20년 생취 교육할 여가가 있겠습니까? 그런데 고구려는 서부대인(西部大人) 연개소문이 바야흐로 불측한 뜻을 품고 있어 오래지 않아서 내란이 있을 것이라, 한참 동안 외국을 경영하지 못할 것이니 아직은 우리나라가 근심할 바가 아니지만, 신라는 본래 조그만 나라로서 진흥왕(眞興王) 이래로 문득 강한 나라가 되어 우리나라와 원한을 맺어 근자에 와서는 더욱 심하여, 내성사신(內省私臣) 용춘(龍春)이 선대왕(백제 武王)과 혈전을 벌이다가 죽고, 그의 아들 춘추(春秋)[2]가 언제나 우리나라의 틈을 엿보았으나 다만 선대왕의 영민하심과 용맹하심이 두려워서 얼른 움직이지 못했습니다. 그런데 이제 선대왕께서 돌아가셨으니 저네는 반드시 대왕을 전쟁에 익숙하지 못한 소년으로 업신여기고, 또한 우리나라에 상사(喪事)[3] 있음을 기회로 여겨 오래지 않아서 침략해 올 것이므로, 이에 대한 반격 대책을 연구함이 옳을까 합니다."

왕이 물었다. "신라가 우리나라를 침범하면 어디로 오겠소?"

성충이 대답했다. "선대왕께서 성열성(省熱城 : 지금 淸風) 서쪽 가잠성(椵岑城 : 지금 槐山) 동쪽을 차지하시니, 신라가 이를 원통해한 지 오래이므로 반드시 가잠성을 공격해 올 것입니다."

왕이 다시 물었다. "그러면 가잠성 수비를 증강시켜야 하지 않겠소?"

성충이 대답했다. "가잠성주 계백(階伯)은 지혜와 용기를 겸비하여, 비록 신라가 전국 군사로 포위 공격한다 하더라도 쉽사리 깨뜨리지 못할 것이라 염려할 것이 없고, 갑자기 나가서 적의 허를 찌르는 것이 병가 상책이니, 신라 정병이 가잠성을 공격해 오거든 우리는 가잠성을 구원한다 일컫고 군사를 내어 다른 곳을 공격하는 것이 좋습니다."

왕이 다시 물었다. "그러면 어느 곳을 치는 것이 좋겠소?"

성충이 대답했다. "신이 들으니, 대야주(大耶州 : 지금 陜川) 도독(都督) 김품석(金品釋)이 김춘추의 사랑하는 딸 소랑(炤娘)의 남편이 되어 권세를 믿고 부하

---

2) 다음 장 참고.
3) 武王의 죽음.

와 군사와 백성을 학대하고 음탕과 사치를 일삼아서 원한의 대상이 된 지 오래 되었습니다. 이제 우리나라가 국상(國喪)을 당했다는 갈을 들으면 수비를 더욱 소홀히 할 것이고, 또 신라 정병이 가잠성을 포위 공격하는 때이면 대야성이 위급해지더라도 갑자기 이를 구원하지 못할 것입니다. 우리 군사가 대야성을 함락시키고, 그 이긴 여세를 몰아 진격하면 신라 전국이 크게 소란해질 것이니, 이를 쳐 멸망시키기는 아주 쉬울 것입니다."

왕은 "그대 지략은 고금에 짝이 드물겠소" 하고 성충을 상좌평(上佐平)에 임명했다.

2. 대야성 함락과 김품석(金品釋)의 죽음

이듬해 3월 신라가 과연 장군 김유신에게 정병 6만 경을 거느리고 와서 가잠성을 치게 하니, 계백이 성을 의지하여 임기응변으로 응전하여 여러 달 동안 신라 군사가 많이 죽고 다쳤다. 7월 의자왕이 정병 수만 명을 뽑아 가잠성을 구원한다 일컫고 북으로 향해 나아가다가 갑자기 군사를 돌이켜 대야주로 향하여 미후성(獼猴城)을 포위 함락했다. 대야주는 신라 서쪽의 요긴한 진(鎭)으로, 관할하는 성과 고을이 40여 곳이나 되었다.

김춘추는 그 공주 소랑을 사랑하여 대야주 속현(屬縣)인 고타(古陀 : 지금 居昌)를 그 식읍(食邑)으로 주어 고타소랑(古陀炤娘)이라 일컫고, 소랑 남편 김품석을 대야주 도독으로 삼아서 그 40여 성과 고을을 관할하게 했다. 그런데 품석은 음란하고 난폭하여 군사와 백성을 구휼하지 아니하고, 재물과 여색을 탐내어 가끔 부하 아내나 딸을 빼앗아 첩으로 삼았다.

품석 휘하 장수 검일(黔日)이 자신의 아름다운 아내를 품석에게 빼앗기고 통분하여 늘 보복하려 하다가, 백제가 미후성을 함락했다는 말을 듣고 가만히 사람을 보내 내응하기를 청했다. 의자왕이 부여윤충(扶餘允忠)[4]에게 정병 1만을 거느리고 나아가게 하여, 백제 군사가 성 아래 이르자 검일이 성안 창고에 불을 질러 군량을 모두 태워 버리니, 온 성안이 술렁이고 두려워서 나가 싸울 뜻이 없었다. 품석 부부가 하는 수 없이 그 휘하 서천(西川)에게 성 위에 올라가서

---

4) 성충 아우.

윤충에게 '우리 부부가 고향으로 돌아가는 것을 허락해 준다면 성을 내어 주겠노라'고 청하게 했다.

윤충이 이 말을 듣고 좌우를 돌아보며 말했다. "저희 부부를 위해 국토와 백성을 파는 놈을 어찌 살려 두겠소? 그러나 허락하지 않으면 성안에 그대로 웅거하여 지켜 얼마 동안을 더 싸울지 모를 일이니, 차라리 거짓 허락하고 사로잡는 것이 좋겠소." 그리고 서천에게 대답했다. "해를 두고 맹세하여 공의 부부가 살아 돌아가는 것을 허락하겠소" 하고 약속한 뒤 가만히 복병을 두고 군사를 물렸다. 그러니 품석이 먼저 그 부하 장사들에게 성 밖으로 나가게 했다. 백제가 복병을 내어 습격하여 죄다 죽이고, 품석 부부는 검일에게 살해당했다. 이리하여 백제 군사가 성안으로 들어갔다.

의자왕이 미후성에서 와서 윤충의 작위를 높여 주고, 말 20마리와 쌀 1천 섬을 상으로 주었으며, 그 이하 장사들에게도 차례로 상을 내려 칭찬하고 나서 여러 장수들을 나누어 보내 각 고을을 공략하게 했다. 대야주는 원래 임나가라(任那加羅) 땅이었으므로, 그 지방 인민들이 옛 나라를 생각하고 신라를 싫어하다가, 백제 군사가 이르니 모두 환영하여 40여 성과 고을이 한 달 안에 온통 백제 차지가 되었다. 《삼국사기》에는 '7월 의자왕이 미후성 등 40여 성을 함락하고, 8월 윤충을 보내어 대야성을 함락했다'고 했고, 《해상잡록(海上雜錄)》에는 '대야성을 함락한 뒤에 40여 성으로부터 항복을 받았다'고 했는데, 뒤의 것이 사리에 가까우므로 여기서는 이를 좇았다.

대야(大耶)는 '하래'로 읽는 것이니, 낙동강 상류를 일컫는 말인데, 〈김유신전〉에는 대야를 '대량(大梁)'이라고 기록했다. '야(耶)' '양(梁)' 등이 옛날에는 모두 '라' 또는 '래'로 읽었고, 대야를 신라 말엽에 합천(陜川)으로 고쳐 후세에는 이것을 '합천'이라 읽었으나 그 무렵에는 합(陜)의 첫소리 '하'와 내(川)의 뜻 '래'를 따라 '하래'로 읽었다.

3. 고구려·백제 동맹 성립

의자왕이 대야주 40여 개 성을 차지한 지 오래지 않아서 연개소문이 영류왕을 죽이고 고구려의 전권을 잡았다.

의자왕이 성충(成忠)에게 물었다. "연개소문이 신하로서 그 임금을 죽였는데, 고구려 전국이 두려워서 그 죄를 묻는 자가 한 명도 없는 것은 무슨 까닭이오?"

성충이 대답했다. "고구려가 서국(西國 : 중국)과 전쟁을 한 지 수백 년 만에 처음에는 여러 번 서국에게 패하다가 근세에 이르러 날로 강대해져서 요동을 차지하여 그 세력이 요서에까지 미치고, 육상(陸上)에서만 마음대로 돌아다닐 뿐 아니라, 바다에까지 드나들어, 영양왕 때에는 세 번이나 백만 수나라 군사를 격파하여 나라 위엄이 크게 떨쳤습니다. 이에 고구려 군사와 백성들이 서국과 맞서려는 기염이 하늘을 찌르려 하는 판인데, 건무(建武 : 영류왕)가 도리어 이를 압박하고 서국과 화친하여 군사와 백성들의 노여움을 산 지가 오래였습니다. 연개소문은 고구려 여러 대 장상(將相)으로 이름난 집안으로서, 왕의 정책에 반대하고 정당론(征唐論)을 주장하여 국민들 마음에 호응하고, 그러하여 건무를 죽였으므로 고구려 전국이 연개소문의 죄를 묻지 아니할 뿐 아니라, 바야흐로 그 공을 노래하는 것입니다."

왕이 다시 물었다. "고구려와 당이 싸우면 어느 나라가 이기겠소?"

성충이 대답했다. "당은 비록 땅이 고구려보다 넓고 인민도 고구려보다 많지만, 연개소문의 전략은 이세민(李世民 : 당 太宗)이 따를 바가 아니니, 승리는 반드시 고구려에 돌아갈 것입니다."

왕이 또 물었다. "이세민은 네 나라 여러 영웅들을 토벌하여 통일된 중국 황제가 되었고, 연개소문은 아무런 싸움의 경력이 없소. 어찌 연개소문의 전략이 이세민보다 낫다고 하오?"

성충이 대답했다. "신이 왕년에 일찍이 고구려에 가서 연개소문을 만나 보았습니다. 그때에는 연개소문이 아무런 직위도 없고, 다만 한 명문 집안의 귀소년이었지만, 모습이 우람하고 의기가 호탕하므로, 신이 그를 기이하게 여기고 사랑하여 함께 이야기하다가 말이 병법에 미쳤습니다. 그래서 신은 연개소문의 지혜와 계략이 비상함을 알았습니다. 이번 일로 말하더라도 연개소문이 아버지 직위를 이어받은 지 오래지 않아 아무런 기색도 없다가 하루아침에 대신 이하 수백 명을 죽이고, 패수(浿水) 전쟁에 수(隋) 군사를 격파하여 위명을 떨친 건무왕을 쳐 이기고 고구려 대권을 잡았습니다. 이는 이세민이 따를 바가 아닙니다."

왕이 또 물었다. "그러면 고구려가 당을 멸망시킬 수 있단 말이오?"

성충이 대답했다. "그것은 단언할 수 없습니다. 만일 연개소문이 10년 전 고구려 대권을 잡았더라면 오늘날 당을 멸망시켰을는지 모릅니다. 그러나 연개소문은 겨우 오늘에 와서야 성공했는데, 이세민은 이미 20년 전 서국을 통일하였고, 나라 다스리는 규모가 정밀하며, 인민을 사랑하여 민심이 기쁜 마음으로 복종한 지 이미 오래입니다. 따라서 연개소문이 설혹 싸움에 이긴다 하더라도 민심이 갑자기 당을 배반하지 않을 것입니다. 이것이 당을 멸망시키기 어려운 한 가지 이유입니다. 연개소문이 비록 고구려를 통일했지만, 그것은 겉모양이고 그 속에는 왕실과 호족들의 남은 무리가 날로 연개소문의 뜻을 엿보고 있습니다. 그러니 만일 연개소문이 당을 멸망시키기 전에 죽고 그 후계자가 옳은 감〔人材〕이 아니면 사방에서 반란이 일어날 것입니다. 이것이 당을 멸망시키기 어려운 또 한 가지 이유입니다. 그러니 두 나라 흥망을 미리 말하기 어렵습니다."

왕이 물었다. "우리나라가 이제 대야주는 차지했으나, 아직 그 근본을 뒤집어 엎지 못했으므로 신라는 보복할 마음이 없어지지 않을 것이오. 고구려가 당을 멸망시키거나 당이 고구려를 멸망시키거나 한 뒤에는 반드시 남침해 올 것이니, 그때에 우리나라는 북으로 고구려나 당 침략을 받고, 동으로는 신라 반격을 받을 것인데, 앞으로 어떻게 하면 좋겠소?"

성충이 대답했다. "지금 형세로 보건대 고구려가 당을 치지 않으면 당이 고구려를 쳐서 서로 대립할 것인데, 이것은 연개소문이 뻔히 알고 있을 것입니다. 또한 고구려가 당과 싸우자면 반드시 남쪽 백제나 신라와는 화친하여야만 뒤를 걱정하지 않아도 된다는 것을 연개소문이 환히 알고 있을 것입니다. 그리고 백제와 신라는 서로 원한이 깊어 고구려가 두 나라 가운데 한 나라와 화친하면 다른 한 나라와는 적국이 된다는 것도 연개소문이 잘 알고 있을 것입니다. 그러므로 연개소문은 앞으로 두 나라 가운데 어느 한 나라와 화친하여, 당과 전쟁을 할 때에 남쪽 두 나라가 서로 견제해서 고구려를 엿보지 못하게 되기를 바랄 것입니다. 이제 백제를 위해 계책을 세운다면 빨리 고구려와 화친하여, 백제는 신라를, 고구려는 당을 맡아 싸우는 것이 옳을 줄 압니다. 신라는 백제의 적이 못되니, 틈을 타서 이로움을 따라 나아가면 모든 편의가 고구려보다 백제에 있습니다."

왕은 그의 말이 옳다고 하고 성충을 고구려에 사신으로 보냈다.

성충이 고구려에 가서 이해를 따져 연개소문을 달래서 동맹 조약이 거의 맺어지게 되었는데, 연개소문이 갑자기 성충을 멀리하고 여러 날을 만나 보지 아니했다. 성충이 의심이 나서 탐지해 보니, 신라 사신 김춘추(金春秋)[5]가 와서, 고구려와 백제 동맹을 막고 고구려와 신라 동맹을 맺으려고 하는 것이었다.

그래서 성충은 곧 연개소문에게 글을 보냈다.

"공이 당과 싸우지 않으려면 모르지만, 만일 당과 싸우고자 한다면, 백제와 화친하지 않으면 안될 것이오. 왜냐하면 서국이 고구려를 칠 때에 번번이 양식 운반 불편으로 패했으니, 수나라가 그 분명한 본보기요. 이제 백제가 만일 당과 연합하면 당은 육로인 요동으로부터 고구려를 침노할 뿐 아니라, 배로 군사를 운반하여 백제로 들어와서 백제 쌀을 먹어 가며 남에서부터 고구려를 칠 것입니다. 그러면 고구려가 남과 북 양면으로 적을 받게 될 것이니, 그 위험이 어떠하겠습니까? 신라는 동해안에 나라가 있어서 당 군사를 운반하는 편리가 백제만 못합니다. 그뿐 아니라, 신라는 일찍이 백제와 화약하고 고구려를 치다가 마침내 백제를 속이고 죽령(竹嶺) 밖 고현(高峴) 안 10군을 함부로 점령했음은 공이 잘 아는 바이니, 신라가 오늘 고구려와 동맹한다 하더라도 내일 당과 연합하여 고구려 땅을 빼앗지 않으리라 어떻게 보증하겠습니까?"

연개소문이 이 글을 보고는 김춘추를 가두고 죽령 밖 욱리하(郁利河) 일대 땅을 빼앗으려고 했다. 이리하여 성충은 마침내 고구려와 동맹을 맺고 돌아갔다.

4. 안시성 싸움 때 성충의 건의

기원 644년 신라는 장군 김유신을 보내 죽령을 넘어 성열(省熱)·동대(同大) 등 여러 성을 공격하므로, 백제 의자왕은 여러 신하들을 모아 응전할 계책을 의논했는데, 이때 성충이 말했다.

"신라가 여러 번 패했는데도 스스로 보전할 것을 생각하지 않고 이제 갑자기 침략을 시도하니, 여기에는 반드시 까닭이 있을 것입니다. 신이 들으니, 김춘추

---

5) 뒤의 태종무열왕.

가 딸 고타랑(古陀娘)을 잃은 복수를 하기 위해 여러 번 가만히 바다를 건너 당에 들어가서 구원병을 청했다고 합니다. 당 임금 이세민이 해동(海東)을 침략할 뜻을 품은 지 오래였으므로, 반드시 신라와도 고구려·백제 두 나라에 대한 음모를 꾸몄을 것입니다. 헤아리건대 아마 당은 고구려를 치는 동시에 수군으로 백제 서쪽에 침입하고, 신라는 백제를 쳐서 고구려를 구원하지 못하게 하고, 또한 대군으로 고구려 후방을 교란하려고 했을 것입니다. 그러나 신라가 성열·동대 등 성을 차지하기 전에는 고구려 후방을 교란시키지 못할 것이고, 당이 요동을 차지하기 전에는 수로로 양식 운반하기에 급급하여 백제에 침입할 병선이 없을 것입니다. 그러니 백제로서 계책을 세운다면, 당분간 성열 등 성을 신라에게 내어 맡기고 군사를 단속하여 기다려야 할 것입니다. 당과 신라가 고구려와 격렬한 전투를 벌여 서로 손을 빼기가 어렵게 될 것인데, 신라는 백제를 염려하여 군사를 많이 내지 못할 것이지만, 당은 반드시 나라를 기울여 고구려에 침입할 것이니, 백제는 그 틈을 타서 배로 정병 수만 명을 운반하여 당 강남(江南)을 친다면 이를 점령하기가 아주 용이할 것이고, 강남을 점령한 뒤에는 그 물력(物力)과 민중으로 나아가 공략한다면, 서국 북쪽은 비록 고구려 차지가 되더라도 남쪽은 모두 백제 차지가 될 것입니다. 그러면 신라가 비록 백제를 아무리 원망하더라도, 하잘것없는 조그만 나라가 어찌하겠습니까? 오직 머리를 숙여 명령을 따를 뿐일 것입니다. 그때에는 백제가 신라를 쳐 멸망시킬 수도 있고, 그대로 존속시킬 수도 있어서 아무런 말썽이 없을 것입니다."

의자왕이 성충의 말을 좇아 여러 장수들에게 명하여 변경을 굳게 지키게 했다. 이듬해에 과연 당이 30만 대군을 일으켜 고구려에 침입했는데, 안시성을 포위하고 싸웠으나 몇 달 동안 승부가 나지 않았다. 한편 신라는 13만 대군을 내어 고구려 남쪽을 공격하여 그 후방을 교란시키려고 하므로, 의자왕은 계백(階伯)에게 명하여 신라 후방을 습격해서 성열 등 7개 성을 회복하고, 윤충을 보내 부사달(夫斯達 : 지금 松都) 등 10여 개 성을 점령하고, 수군으로 당 강남을 습격하여 월주(越州 : 지금 紹興) 등지를 점령하여 착착 해외 점령지를 경영하다가, 임자(任子)의 참소로 성충이 마침내 왕의 박대함을 당하여 그 뜻을 펴지 못했다.

제2장
김춘추의 외교와 김유신의 음모

1. 김춘추의 복수 운동

김춘추는 신라 내성(內省) 김용춘(金龍春), 곧 백제 무왕(武王)과 동서전쟁(同婿戰爭)을 한 사람의 아들이다. 김용춘이 죽으니 김춘추가 그 직위를 이어받아 신라 정치를 도맡아 처리했고, 백제 무왕과 혈전을 벌였다. 무왕이 죽은 뒤에 의자왕이 성충의 계교를 써서 대야주를 쳐 김품석(金品釋)[1] 부부를 죽이고 그 관내 40여 개 성을 빼앗으니, 김춘추는 그 소식을 듣고 어떻게나 통분했던지, 기둥에 기대서서 그 앞을 사람이나 개가 지나가는 것도 깨닫지 못하고 붉게 상기한 얼굴로 멍하니 바라보다가 갑자기 주먹으로 기둥을 치며 "사나이가 어찌 보복을 못하랴?" 하고 일어섰다.

그러나 신라는 나라가 작고 백성이 적으니 무엇으로 백제에 보복을 하랴? 오직 외국 원조를 빌릴 수밖에 없다는 것이 김춘추가 궁리궁리 끝에 결론지은 생각이었다. 그래서 김춘추는 고구려로 들어갔다. 고구려는 수나라 백만 대군을 격파한 유일한 강대국이요, 연개소문은 고구려의 유일한 거인이니, 연개소문만 사귀면 백제에 복수를 할 수 있으리라 생각했다. 그리하여, 신라·고구려 두 나라 동맹의 이로움을 들어 연개소문과 거의 동맹이 이루어지게 된 판에, 백제 사신 상좌평(上佐平) 성충이 이것을 알고 연개소문에게 글을 보냈다.

연개소문은 마침내 김춘추를 잡아 가두고 욱리하(郁利河) 일대 땅을 요구하기에 이르렀다. 김춘추가 이에 가만히 종자로 하여금 고구려왕의 총신 선도해(先道解)에게 선물을 주고 살려 주기를 빌었다. 그러나 연개소문의 세상인 판에 총신이 무슨 소용이 있으랴? 그래도 선도해는 선물을 탐내어 그것을 받고

---

[1] 김춘추 사위.

"내가 공을 살려 줄 수는 없으나 공이 살아 돌아갈 방법을 가르쳐 주리다" 하고 그 무렵 고구려에 유행하던 거북과 토끼 이야기〔龜兎談〕책을 주었다. 김춘추가 그 책을 읽어 보니 그 내용은 대강 다음과 같은 것이었다.

'토끼가 거북의 꾐에 빠져서 그 등에 업혀 용왕국(龍王國)으로 벼슬을 하려고 들어갔다. 들어가 보니 벼슬을 주려고 한 것이 아니라, 용왕이 병이 들었는데 토끼 간이 약이라고 하여 거북을 보내서 자기를 꾀어 온 것이었다.

토끼가 얼른 꾀를 내어 용왕에게 "신은 달 정기를 받아 태어난 아들이라 달을 보고 잉태했으므로, 선보름 달이 찰 때에는 간을 꺼내 놓고 후보름에 달이 기울 때에는 간을 다시 넣어둡니다. 그런데 신이 대왕 나라에 들어올 때에 마침 선보름이라 간을 꺼내놓았으므로, 지금 신의 간이 신 뱃속에 있지 않고 금강산 속 어느 나무 밑에 감추어 두었습니다. 신을 다시 내보내 주시면 그 간을 가져오겠습니다" 하고 용왕을 속였다.

그리하여 마침내 다시 거북 등에 업혀 바다 밖으로 나왔다. 토끼는 뭍에 닿자 "사람이나 짐승이나 간을 꺼냈다 넣었다 하는 일이 어디 있더냐? 아나 옛다, 간 받아라" 하고 깡충깡충 뛰어 달아났다.'

김춘추는 선도해의 뜻을 알고 고구려 왕에게 거짓 글을 올려 욱리하 일대 땅을 고구려에 바치겠노라고 했다. 그래서 연개소문은 김춘추와 약속을 맺고 그를 석방하여 귀국하게 했다. 김춘추는 국경에 이르자 고구려 사자를 돌아보며 "땅이 무슨 땅이란 말이냐? 어제 맹약은 죽음을 벗어나려는 거짓말이었다" 하고 토끼처럼 뛰어 돌아왔다.

김춘추가 고구려에 가서 실패하고 돌아오자, 신라는 고구려·백제 두 나라 사이에 고립된 한낱 약소국이 되어 바다 서쪽 당에 동맹을 청하게 되었다. 그래서 김춘추는 바다를 건너 당에 들어가서 당 태종을 보고 신라의 위급한 형편을 말하고, 힘닿는 데까지 자기를 낮추고 많은 예물로 구원병을 청하는데, 당나라 임금과 신하의 뜻을 맞추기 위해 아들 법민(法敏 : 뒤의 문무왕)과 인문(仁問) 등을 당에 볼모로 두고, 본국 의복과 관을 버리고 당 의복과 관을 썼으며, 진흥왕 이래로 일컬어 오던 본국 제왕과 연호를 버리고, 당 연호를 쓰기로 했다. 또 당 태종이 편찬한 《진서(晉書)》와, 그가 보태고 깎고 한 《사기(史記)》《한서(漢書)》《삼국지》 등에 실려 있는, 조선을 업신여기고 모욕한 말들을 그대로 가져다가 본국에 유포시켜 사대주의 병균을 퍼뜨리기 시작했다.

2. 김유신 등용

김춘추가 한창 복수 운동에 분주한 판에 그를 보좌하는 한 명물이 있었으니, 김유신이었다. 그즈음 연개소문을 고구려 대표 인물이라 하고 부여성충을 백제 대표 인물이라 한다면, 김유신은 곧 신라 대표 인물이라 할 것이다.

고구려·백제가 망한 뒤에 신라 역사가들이 그 두 나라 인물의 전기적 자료를 말살해 버리고 오직 김유신만을 찬양했다. 《삼국사기》〈열전〉에 김유신 한 사람 전기가 을지문덕 이하 수십 명 전기보다도 그 양이 훨씬 많고, 부여성충 같은 이는 그 열전에 끼이지도 못했다. 〈김유신전〉에 화려하고 아름다운 말이 많음을 미루어 알 수 있다. 이제 그 가운데 사리에 맞는 것만을 추려 보기로 한다.

김유신은 신가라 국왕 구해(仇亥)의 증손이다. 다섯 가라국이 거의 모두 신라와 싸우다가 망했으나, 신가라는 한 번도 싸우지 않고 나라를 들어 귀부(歸附)해 왔을뿐더러 신라처럼 골품(骨品)을 다투는 나라였다. 그래서 왕은 구해에게 감사하여 식읍(食邑)을 주고 준귀족(準貴族)으로 대우했다. 구해는 또 장병대원(將兵大員)이 되어 구천(狗川) 싸움에서 백제왕을 쳐 죽인 전공도 있었다. 그러나 신라 귀골(貴骨)들이 김무력(金武力: 仇亥)을 다른 나라에서 온 김씨라 하여, 세 성 김씨와 구별하여 세 성들과 혼인하는 것을 허락하지 아니했다.

그런데 김무력의 아들 서현(舒玄)이 일찍이 출유(出遊)하다가 세 성 김씨인 숙흘종(肅訖宗)의 딸 만명(萬明)이 몹시 아름다움을 보고 정을 금치 못하고 추파로 뜻을 통하여 야합해서 유신을 배었다. 숙흘종이 이것을 알고 크게 노하여 만명을 가두었다. 그러나 만명은 도망하여 금물내(今勿內: 지금 鎭川)의 서현이 있는 곳으로 가서 부부 예를 이루고 유신을 낳았다. 아버지 서현은 일찍 죽고, 어머니 만명이 유신을 길렀다.

유신이 처음에는 방탕하여 행동을 조심하지 않았는데, 그 어머니가 울며 타이르는 말을 듣고 감격하고 깨달아서 학업에 힘썼다. 17살에 화랑 무리가 되어 중악산(中岳山)·연박산(咽薄山) 등에 들어가서 나라를 구하려는 기도를 올리고, 검술을 익혀 차차 이름이 났다. 그러나 유신이 가라국 김씨이기 때문에 어지간한 연줄이 없이는 중요하게 쓰이지 못할 줄을 알고, 그즈음 총신인 내성사신(內

省私臣) 김용춘의 아들 춘추와 사귀어, 뒷날 현달(顯達)할 발판을 만들려고 했다. 하루는 자기 집 부근에서 두 사람이 제기를 차다가 유신이 일부러 춘추 옷을 차 단추를 떨어뜨리고, 춘추를 데리고 집으로 들어가서 자기 막내 누이를 불러 그 단추를 달게 했다. 누이 보희(寶姬)가 엷은 화장에 산뜻한 옷차림으로 바늘과 실을 가지고 나오는데, 그 아름다움이 춘추 눈을 황홀하게 했다. 춘추가 혼인을 청하여, 마침내 춘추는 유신의 매부가 되었다.

용춘이 죽고 춘추가 정권을 잡으니, 유신은 장수로서의 능력뿐 아니라 춘추의 도움으로 마침내 신라 군주(軍主)가 되고, 춘추가 왕이 되자 소뿔한(舒弗翰)[2] 직위를 얻어 신라 병마(兵馬)를 한 손에 쥐었다.

3. 김유신 전공(戰功)의 많은 거짓

《삼국사기》〈김유신전〉을 보면, 유신은 전략과 전술이 모두 남보다 뛰어나 백전백승의 명장이라고 하였다. 그러나 대개는 그 패전은 가려 숨기고 조그만 승리를 과장한 거짓 기록들이다.

진덕대왕(眞德大王) 원년(기원 647년) 백제 군사가 화산(花山)·감물(甘勿)·동잠(桐岑) 세 성을 공격하므로, 유신이 보병과 기병 1만으로 항전하였는데, 고전을 하다가 힘이 다했다. 유신이 비녕자(丕寧子)를 보고 "오늘 일이 급하니 그대가 아니면 누가 모든 사람들의 마음을 격발시킬 수 있겠는가?" 하였다. 비녕자는 두 번 절하여 응낙하고 적을 향해 돌진하는데, 그의 아들 거진(擧眞)과 종 합절(合節)이 그 뒤를 따랐다. 세 사람 모두 힘을 다해 싸우다가 죽으니, 신라 삼군(三軍)이 감동하여 앞을 다투어 진격해서 적병을 크게 깨뜨리고 3천여 명을 목 베었다.

유신이 압량주(押梁州 : 지금 慶山) 군주가 되어……대량주(大梁州 : 大耶州) 싸움을 보복하려고 하였다. 왕이 말했다. "적은 군사로 큰 군사를 대적함이 위태롭지 아니하오?" 유신이 "……지금 우리들은 한마음이 되었으니 백제를 두려워할 것 없습니다"고 말하자 왕이 출병을 허락하였다. 유신이 고을 군사를 조련하여 대량주 성 밖에 이르니, 백제가 항거해 싸웠다. 유신이 거짓 패하여 옥문

---
2) 벼슬 이름으로, 將相을 겸함.

곡(玉門谷)으로 들어가니, 백제 군사가 가벼이 여겨 크게 몰려왔다. 유신은 복병을 내어 앞뒤로 쳐서 크게 깨뜨리어, 백제 장군 여덟 명을 사로잡고 군사 1천여 명을 베었다. 그리고 사자를 백제 장군에게 보내어, "우리 군주 품석과 그의 아내 김씨 뼈가 너희 옥중에 있으니……네가 죽인 두 사람 뼈를 보내면, 나는 살아 있는 여덟 사람을 돌려주겠다"고 했다.

백제가 품석 부부의 유골을 돌려보내므로 유신은 여덟 사람을 돌아가게 하고, 이긴 기세를 타고 백제 경계를 넘어 들어가 악성(嶽城) 등 12개 성을 빼앗고서 1만 명을 베고 9천 명을 사로잡았다. 이 공으로 유신은 이찬(伊飡) 작위를 받고 상주행군대총관(上州行軍大總管)이 되었으며, 진례(進禮) 등 9개 성을 도륙하여 9천여 명을 베고 6백여 명을 사로잡았다.

2년(기원 648년) 8월 백제 장군 은상(殷相)이 석토(石吐) 등 7개 성을 공격하므로, 왕이 유신·죽지(竹旨)·진춘(陳春)·천존(天存) 등 장군에게 명하여 삼군을 다섯 길로 나누어 백제군을 치게 하였는데, 서로 지고 이기고 하여 열흘이 되도록 풀리지 아니하여, 시체가 들에 널리고 흐르는 피가 내를 이루었다. 유신 등이 도살성(道薩城) 아래에 주둔하여 말과 군사를 쉬게 한 다음 다시 공격하려고 하는데, 마침 물새가 동쪽에서 날아와 유신 군막 위를 지나갔다.

군사들이 모두 불길한 징조라고 하니, 유신이 "오늘 백제에서 정탐이 올 것이니, 너희들은 모르는 체하라" 하고, 군중에 명령을 내려 "수비를 견고히 하여 움직이지 말라. 내일 구원병 오는 것을 기다려 싸울 것이다" 하였다.

백제의 정탐이 돌아가 은상에게 이 말을 고하여, 은상은 구원병이 오는 줄 알고 의심하며 두려워했다. 유신 등이 일시에 내달아 맹렬히 공격하여 크게 깨뜨리고, 달솔(達率)·정중(正仲)과 군사 1백 명을 포로로 잡았으며, 좌평 은상·자견(自堅) 등 10명과 군사 8천980명을 베고, 말 1만 마리와 갑옷 1천8백 벌, 그 밖에 기계도 수없이 노획하였다. 돌아오는 길에 백제 좌평 정복(正福)이 군사 1천 명을 데리고 와서 항복하므로 놓아주었다.

〈본기〉 기록도 이와 비슷한데, 악성(嶽城)은 연혁을 알 수 없으나, 진례가 용담(龍潭)·진안(鎭安) 사이 진잉을(進仍乙)[3]이므로, 악성도 그 부근일 것이니, 이것

---

3) 고구려 본이름인데 신라에서 진례(進禮)라 하였음.

은 전라도 동북 지방이 신라 위협을 받은 것이고, 석토는 연혁을 알 수 없으나, 도살성이 곧 청안(淸安) 옛 이름이므로 석토도 그 부근일 것이니, 이것은 충청도 동북 지방을 신라가 차지하고 있은 것이다. 또 유신이 이처럼 늘 승리를 거두었다면 백제 국토가 몹시 쭈그러졌을 것인데,《당서(唐書)》에는 신라 사신 김법민(金法敏)이 구원을 청하면서 '큰 성과 요긴한 진(鎭)이 모두 백제 차지가 되어 국토가 날로 줄어들었습니다……다만 옛 땅만 도로 찾는다면 강화를 청하겠습니다(大城重鎭 幷爲百濟所幷 疆宇日蹙……但得古地 卽請交和)'라 하였고《삼국유사》에는 '태종대왕이 백제를 정벌하고자 당에 군사를 청하였는데. 일찍이 혼자 앉아 있으면 근심하는 빛이 얼굴에 나타났다(太宗大王 欲伐百濟 請兵於唐 嘗獨坐 憂形於色)'고 하였다.

이 때에 백제는 성충(成忠)·윤충(允忠)·계백(階伯)·의직(義直) 등 어진 재상과 이름난 장수가 수두룩하고, 사졸들은 숱한 싸움을 겪어서 도저히 신라의 적이 아니었으니, 김유신이 몇 번 변변찮은 작은 싸움에서는 이겼었는지 모르지만, 그 기록과 같이 공이 혁혁하지는 못하였던 것이다.

4. 김유신 특유의 음모

앞에서 말한 바와 같이 김유신 전공이 거의 거짓 기록이라면 김유신은 무엇으로 그렇게 일컬어졌는가? 김유신은 지혜와 용기 있는 명장이 아니라, 음험하고 사나운 정치가요, 그 평생의 큰 공이 싸움터에 있지 않고, 음모로 이웃 나라를 어지럽힌 사람이다. 그 실례를 하나 들겠다.

신라 부산현(夫山縣 : 지금 송도 부근) 현령(縣令) 조미곤(租未坤)이 백제 포로가 되어 백제 좌평 임자(任子) 집 종이 되었는데, 충실하고 부지런하게 임자를 섬겨 자유로이 밖에 드나들게 되자, 가만히 도망해서 신라에 돌아와 백제국 내사정을 고하였다.

유신이 말했다. "임자는 백제 왕이 사랑하는 대신이라니, 내 뜻을 알려 신라에 이용되게 하면 그대 공이 누구보다도 클 것인데, 그대가 위험을 무릅쓰고 내 말대로 할 수 있겠소?"

조미곤이 말했다. "생사를 돌아보지 않고 명령대로 하겠습니다." 조미곤은 유신의 밀령을 받고 다시 백제에 들어가 임자를 보고 "이 나라 신민이 되어 이

나라 풍속을 모른다는 것은 안 될 일이기에, 미처 아뢰지 못하고 나가 다니다가 돌아왔습니다"고 둘러댔다.

임자는 이 말을 곧이 듣고 의심하지 않았다. 조미곤이 틈을 타 임자에게 말했다.

"지난번에 실은 고향을 생각하여 신라에 갔다 왔습니다. 먼젓번 말은 한때 꾸민 말이었습니다. 신라에 가서 김유신을 만나 보았습니다. 유신이, '백제와 신라가 서로 원수가 되어 전쟁이 그치지 아니하니, 두 나라 가운데 한 나라는 반드시 망할 것이며, 그러면 우리 두 사람 가운데 한 사람은 지금의 부귀를 잃고 남의 포로가 될 것입니다, 원컨대 우리 두 사람이 미리 약속하여, 신라가 망하면 유신이 공에 의지해 백제에서 다시 벼슬을 하고, 백제가 망하면 공이 유신에게 의지해 신라에서 다시 벼슬을 하기로 합시다, 그러면 두 나라 가운데 어느 나라가 망하든지 우리 두 사람은 여전히 부귀를 보전할 것이 아니겠소'라고 말하면서 자기의 뜻을 말씀드려 보라고 하였습니다."

임자는 잠자코 아무 말이 없었고, 조미곤은 송구스러워하며 물러났다.

며칠 뒤 임자가 조미곤을 불러 전날 한 말을 물었다. 조미곤이 다시 유신의 말을 되풀이하는 "나라는 꽃과 같고 인생은 나비와 같은 것인데, 만일 이 꽃이 진 뒤에 저 꽃이 핀다면 이 꽃에서 놀던 나비가 저 꽃으로 옮겨가 사시를 언제나 봄처럼 놀아야 할 것이 아닙니까? 어찌 구태여 꽃을 위해 절개를 지켜 부귀를 버리고 몸을 망치겠습니까?"라고 말하였다.

임자는 원래 부귀에 얼이 빠진 추악한 사나이였으므로, 이 말을 달게 여겨 조미곤을 보내 유신 말에 찬성하였다. 유신이 다시 임자에게 "한 나라 권세를 독차지하지 못하면 부귀가 무슨 뜻이 있겠소? 들으니 백제에는 성충이 왕의 총애를 받아 모든 것이 모두 그의 뜻대로만 되고, 공은 겨우 그 아래에서 하는 일 없이 세월을 보낸다니 어찌 부끄러운 일이 아니겠소?" 하고 백방으로 꾀어 부여성충을 참소하게 했다.

마침내는 요망한 계집 금화(錦花)를 임자에게 천거하여 백제 왕궁에 들여보내게 해서, 부여성충 이하 어진 신하들을 또는 죽이고 또는 귀양 보내서, 백제로써 백제를 망치게 하였다.

제3장
부여성충의 자살

1. 금화(錦花)와 임자(任子)의 참소

임자는 김유신이 보낸 무당 금화를, 미래의 화복과 국가 운명의 길고 짧음을 미리 아는 선녀라 일컬어 의자왕에게 천거하였다. 왕이 이에 혹해서 금화에게 백제 앞날의 길흉을 물었다.

금화는 눈을 감고 한참 있다가, 신의 말을 전한다며 말했다. "백제가 만일 충신 형제를 죽이지 아니하면 눈앞에 나라가 망하는 화가 미칠 것이요, 죽이면 천년 만년 영원히 국운이 계속될 것입니다."

왕이 말했다. "충신을 쓰면 나라가 흥하고 충신을 죽이면 나라가 망함은 고금을 통한 이치인데, 이제 충신 형제를 죽여야 백제 국운이 영원할 것이라고 하다니 그게 무슨 말이냐?"

금화가 말했다. "그 이름은 충신이지만 실은 충신이 아니기 때문입니다."

왕이 물었다. "충신 형제란 누구란 말이냐?"

금화는 대답하였다. "첩은 다만 신의 비밀한 명령을 전할 뿐이고 그것이 누구인지는 알지 못합니다."

그래서 왕은 성충(成忠)과 윤충(允忠) 형제가 모두 이름에 충(忠)자가 있어 그들을 의심하기 시작하였다.

임자는 성충에 대한 왕의 마음이 흔들렸음을 알고, 그를 참소하여 내쫓으려고 하였다. 왕이 마침 임자와 한가로이 술을 마실 때, 임자에게 물었다. "성충은 어떠한 사람이오?"

임자가 대답하였다. "성충은 재주와 계략이 또래 가운데 뛰어나 전쟁 승패를 미리 획책하면 백에 한 번도 실수하는 일이 없고, 남의 뜻을 잘 짐작하며 말솜씨가 있어 이웃 나라에 사신으로 가면 임금을 욕되게 하지 아니합니다. 참으로 천하 기재입니다. 그러나 그런 기재가 있는 만큼 그를 다루기가 매우 어렵습니다. 신이 들으니 성충이 고구려에 사신 갔을 때에 개소문과 친밀하여 개소문더러, '고구려에 공이 있고 백제에 성충이 있으니 우리 두 사람이 힘을 합하면 천하에 얻지 못할 것이 있겠소?' 하여 엄연히 백제 개소문으로 자처하고, 개소문은 성충에게 '나나 공이 아직 대권을 잡지 못하였음이 한이오' 하며 성충을 매우 후하게 대접했다고 합니다. 성충이 이같이 불측한 마음을 가지고 이웃 나라 권세 있는 신하와 정의가 매우 가깝고, 또 그의 아우에 윤충 같은 명장이 있으니, 신은 대왕께서 돌아가신 뒤에는 백제는 대왕 자손 백제가 아니요 성충 백제일 것으로 생각합니다."

이에 왕은 윤충을 파면하여 소환하고, 성충을 소홀히 대접하였다. 이때 윤충은 바야흐로 월주(越州)에서 장사를 훈련하여 당 강남(江南)을 온통 집어삼키려고 하는 참이었는데, 갑자기 참소를 만나 파면돼서 돌아오니, 오래지 않아 월주는 당에 함락되었다. 그래서 윤충은 울분하여 죽었다.

2. 성충의 자살과 그 무리 축출

윤충이 죽고 성충도 물리쳐지니 금화는 더욱 기탄없이 의자왕에게 권하여 웅장하고 화려한 왕흥사(王興寺)와 태자궁(太子宮)을 지어 나라 재정을 마르게 하고, 백제 산천 지덕(地德)이 험악하니 쇠붙이로 이를 억눌러야 한다고 하여 곳곳 명산에 쇠기둥 또는 쇠못을 박고, 강과 바다에 쇠그릇을 던져 넣어 나라 안 철이 동나게 하였다. 나라 사람들이 금화를 원망하여 '불가살'이라 일컬었다. '불가살'은 백제 신화의 '쇠 먹는 신' 이름이었다.

이에 성충이 상소하여 임자와 금화의 죄를 통렬히 논란하였으나, 왕 좌우가 모두 임자와 금화 심복이었으므로 "성충이 대왕 총어를 잃은 뒤로 늘 울분한 마음을 가지고 있었으므로 오늘날 이런 상소를 올린 것입니다"라고 앞다투어 성충을 참소하였다. 왕은 성충을 잡아서 옥에 가두고 좌평 흥수(興首)를 고마미지(古馬彌知: 지금 長興)로 귀양 보냈으며, 서부은솔(西部恩率) 복신(福信)을 파면하여 가두니, 이들은 모두 성충 무리였다.

성충은 옥중에서 다시 유언 상소를 올렸다.

"충신은 죽을지라도 임금을 잊지 못하니니, 신이 한 말씀 올리고 죽고자 하니다. 신이 천시(天時)와 인사(人事)를 살피건대, 오래지 않아 전화(戰禍)가 있을 것입니다. 무릇 군사를 씀에 지세를 택하여 위쪽에 처해서 적에 대응해야만 조그마한 위험도 없이 안전합니다. 만일 적병이 침입하거든 육로로는 탄현(炭峴)에서 막고, 수로로는 백강(白江)에서 막아 험한 곳에 웅거해 싸워야 합니다."

상소를 올린 뒤 성충은 음식을 끊고 28일 만에 죽으니, 곧 고구려 태대로 연개소문이 죽기 한 해 전이었다.

후세 사람들이 탄현은 지금 여산(礪山) 탄현(炭峴)이라 하고, 백강은 지금 부여(扶餘) 백강(白江)이라고 하지만, 백제가 망할 때 신라 군사가 탄현을 넘고 당 군사가 백강을 지난 뒤에 계백(階伯)이 황산(黃山 : 지금 連山 부근)에서 싸우고, 의직(義直)이 부여 앞 강에서 싸웠으니, 탄현은 지금 보은(報恩) 탄현(炭峴)이고, 백강은 지금 서천(舒川) 백마강(白馬江)이 바다로 들어가는 어귀, 흥수(興首)의 이른바 기벌포(伎伐浦)이다.[1]

---

1) 다음 장 참조.

제4장
나·당 연합군 침입과 백제 의자왕 사로잡힘

1. 신라·당나라 연합군 침입

기원 654년 진덕여대왕(眞德女大王)이 돌아가고 김춘추(金春秋)가 왕위를 이으니 그가 이른바 태종무열왕(太宗武烈王)이다. 태종 아버지 용춘(龍春) 때부터 이미 왕의 실권은 그가 가지고 있었지만 다만 동서인 백제 무왕(武王)과의 왕위 다툼의 감정을 누그러뜨리고자 왕의 명의는 첫 번에는 선덕(善德), 다음에는 진덕(眞德), 곧 출가하여 여승이 된 두 여인에게 준 것이었는데, 이제 와서는 두 나라의 갈라진 상처가 다시 아물 수 없게 깊어졌으므로, 태종은 왕의 명의까지도 차지한 것이었다.

태종이 왕이 되자 더욱 김품석(金品釋) 부부의 보복을 서두르게 되었을 뿐 아니라, 또한 백제 침노가 전보다 심하므로 태자 법민(法敏)을 당에 보내어 구원병을 청하였다. 당은 이때 태종이 죽고 고종(高宗)이 즉위하여 고구려에 대한 아버지 원수를 갚으려고 여러 번 고구려를 공격하였다가 모두 실패하였으므로, 이에 먼저 신라와 힘을 합하여 백제를 쳐 없앤 다음에 다시 고구려를 함께 공격하기로 하고 태종의 청을 허락하였다.

2. 계백과 의직(義直)의 전사

기원 660년 3월 신라 왕자 인문(仁問)이 당 행군대총관(行軍大總管) 소정방(蘇定方)과 함께 군사 13만 명을 거느리고 내주(萊州)로부터 바다를 건너 6월 덕물도(德勿島: 지금 南陽 德勿島)에 이르렀다. 신라 태종이 금돌성(今突城: 지금 陰城)에 진을 치고, 태자 법민과 대각간(大角干) 김유신과 장군 진주(眞珠)·천존(天尊) 등을 보내 병선 1백 척으로 맞이하였다. 소정방이 법민에게 "신라·당 두 나라 군사가 수륙으로 나뉘어, 신라 군사는 육지로 쫓고, 당 군사는 물로 쫓아 7

월 10일 백제 서울 소부리(所夫里)에서 집합합시다" 하므로, 법민·유신 등이 다시 금돌성으로부터 돌아와 김품일(金品日)·김흠순(金欽純) 등 여러 장군들과 함께 정병 5만 명을 거느리고 백제로 향하였다.

그제야 의자왕은 깊은 밤의 연회를 파하고 여러 신하들을 불러 싸우고 지킬 방법을 의논하는데, 좌평 의직(義直)은 "당나라 군사가 물에 익숙지 못한 터에 멀리 바다를 건너왔으므로 반드시 피곤할 것이니, 뭍에 내리자마자 돌격하면 깨뜨리기 쉬울 것이고, 당 군사를 깨뜨리면 신라는 저절로 겁이 나서 싸우지 않고 무너질 것입니다" 하였고, 좌평 상영(常永)은 "당 군사는 멀리 와서 빨리 싸우는 것이 이로울 것이므로 뭍에 내릴 때에는 장수와 군사들이 모두 용감하게 싸울 것이니, 험한 곳을 막아 지켜서 저네가 양식이 떨어지고 군사가 해이해진 뒤에 싸우는 것이 옳고, 신라는 일찍이 여러 차례 우리 군사에게 패하여 우리를 두려워하고 있으니, 먼저 신라 군사를 쳐 깨뜨리고 다시 형편을 보아 당 군사를 치는 것이 좋습니다"라고 하여 의논이 분분하였다.

의자왕이 전에는 평시나 전시를 물론하고 용단을 잘 내렸는데, 이 때에 와서는 요망한 무당과 여러 소인들에게 둘러싸여서 의외로 흐리멍덩하여 어찌할 바를 모르다가, 홀연히 지모로 이름 있던 좌평, 일찍이 성충의 무리로 지목되어 고마미지(古馬彌知 : 지금 長興)에 귀양 간 부여흥수(扶餘興首)를 생각하고, 사자를 보내서 그에게 계책을 물었다.

흥수는 대답하였다. "탄현(炭峴)과 기벌포(伎伐浦)는 국가 요충이라, 한 사람이 칼을 빼어들고 막으면 만 사람이 덤비지 못할 곳입니다. 수륙 정예를 뽑아서 당 군사는 기벌포로 들어오지 못하게 하며, 신라 군사는 탄현을 넘지 못하게 하고, 대왕께서는 왕성을 지키다가 저들 두 적이 양식이 떨어지고 군사가 피로해진 다음에 맹렬히 공격하면 백 번 싸워 백 번 이길 것입니다."

사자가 돌아와서 그대로 보고하니, 임자 등은 성충의 남은 무리들이 다시 등용될까 두려워서 말하였다. "흥수가 오래 귀양 가 있어서 임금을 원망하고 성충의 옛 은혜를 생각하여 언제나 보복하려고 생각하고 있었으므로 이제 성충이 남긴 상소 찌꺼기를 주워서 나라를 그르치려고 하는 것이니, 그의 말을 써서는 안 됩니다. 당 군사는 기벌포를 지나 들어오게 하고 신라 군사는 탄현을 넘어 들어오게 한 다음에 힘써 공격하면 독 안에 든 자라를 잡는 것과 같습니다. 이리하면 두 적을 모두 분쇄할 수 있을 것인데, 어찌하여 험한 데를 막고 적병과 대치하여서 시일을 허비하여 군사의 용기를 줄게 합니까?"

왕은 그의 말이 옳다 하여, 다시 궁녀들에게 술을 올리고 노래를 부르게 하여 전쟁이 눈앞에 있음을 잊었다.

7월 9일 신라 대장 김유신·김품일(金品日) 등이 군사 5단 명을 거느리고 탄현을 지나 황등야군(黃登也郡 : 지금 論山·連山 사이)에 이르니 의자왕이 장군 계백을 보내어 신라 군사를 막게 하였다.

계백은 출전에 임하여 "탄현의 천험(天險)을 지키지 않고 5만 군사로 10배나 되는 적을 막으려 하니, 내 일을 내가 알겠다." 탄식하고 처자를 불러 "남의 포로가 되느니 차라리 내 손에 죽어라" 하고 칼을 빼어 므두 죽였다. 그러고 나서 군중에 나아가 군사들을 모아 놓고 "고구려 안시성주(安市城主) 양만춘(楊萬春)은 5천 무리로 당 군사 70만을 깨뜨렸으니, 우리 5천 군사 한 사람이 열 사람을 당할 것인데, 어찌 신라 5만 군사를 두려워하겠느냐?" 하고는 군사를 몰아 달려가 황등야군에 이르러 험한 곳에 웅거해서 세 진영에 나뉘어 싸우니, 김유신 등이 네 번 공격하였다가 네 번 모두 패하여 사상자가 1만여 명이나 났다.

김유신은 싸워서 이길 수는 없고, 당 군사와 약속한 7월 10일은 다가오니 다급해서, 품일과 흠순을 돌아보고 말했다. "오늘 이기지 못하면 약속을 어기게 되는데, 당 군사가 홀로 싸우다가 패하면 신라의 수십 년 공들인 일이 헛일로 돌아갈 것이고, 당 군사가 이기면 비록 남의 힘으로 복수는 하였다 하더라도 신라가 당의 업신여김을 견디지 못할 것이니 어찌하면 좋겠소?"

품일과 흠순이 "오늘 열 갑절 많은 군사로 백제를 이기지 못한다면 신라 사람은 다시 낯을 들지 못할 것이오. 먼저 내 아들을 죽여 남의 자제들을 죽도록 격려하여 혈전을 벌이지 아니하면 안 되겠습니다" 하고, 흠순은 그의 아들 반굴(盤屈)을, 품일은 그의 아들 관창(官昌)을 불렀다.

"신라 화랑이 충성과 용맹으로 이름을 날렸다. 이제 1만 화랑으로 수천 백제 군사를 이기지 못한다면, 화랑은 망하고 또 신라도 망한다. 너희들이 화랑 우두머리가 되어 화랑을 망치고 말겠느냐? 신하가 되어서는 충성을 다할 것이고, 자식이 되어서는 효도를 다할 것인데, 위급함을 당하여 목숨을 바쳐야만 충과 효를 다했다고 할 것이다. 충효를 다하고 공명을 세우는 것이 오늘 너희들이 할 일이 아니겠느냐?"

반굴이 "네" 하고 대답한 다음 그 무리와 함께 백제 진중으로 돌격해 모두 전사하였다. 관창은 나이 겨우 16살로, 화랑 가운데 가장 어린 소년이었는데, 반굴의 뒤를 이어 혼자서 백제 진중으로 달려들어가 몇 사람을 죽이고 사로잡혔다.

계백이 소년의 용감함을 사랑하여 차마 해치지 못하고 탄식하며 "신라에 소년 용사가 많으니 갸륵하다" 하고 그대로 돌려보냈다. 관창은 아버지 품일에게 "오늘 적진에 들어가 적장을 베지 못하였으니 참으로 부끄럽습니다" 하고, 물을 움켜 마셔 목마름을 풀고는 다시 말에 채찍질하여 창을 들고 백제 진중으로 달려들었다.

계백이 그의 목을 베어 머리를 말꼬리에 매달아서 돌려보냈다. 품일이 이것을 보고 도리어 기뻐서 뛰며 외쳤다. "내 아들의 면목이 산 사람 같구나. 나라 일에 죽었으니 죽은 것이 아니다."

이에 신라 군사들이 모두 감격하여 용기가 났다. 그러자 유신이 다시 총공격 명령을 내려, 수만 명이 일제히 돌진하였다. 계백이 친히 북을 쳐 응전하니, 두 나라 군사가 서로 육박전을 벌였다. 계백과 그가 거느린 백제 군사는 참으로 용감하였지만 워낙 수효가 모자라니 어찌하랴. 한갓 성스럽고 깨끗한 희생으로 전장에서 쓰러져, 백제 역사 끝장을 장식하였다. 신라 군사는 개가를 부르며 백제 수도로 향하였다.

이때 당 장수 소정방(蘇定方)은 백강(白江) 어귀 기벌포(伎伐浦)에 이르렀으나, 끝없는 진펄에 행군할 수가 없어서 풀과 나무를 베어다가 깔고 간신히 들어오고 있었다. 그런데도, 백제 왕은 임자 말대로 독 안에서 자라를 잡으려고 그 곳을 지키지 않고, 수군은 백탄(白灘 : 지금 白江)을 지키고 육군은 언덕 위에 진을 치고 있었다. 그러는 사이에 당 군사는 이미 진펄을 지났으므로 용기가 두 배로 올라 백제 수군을 깨뜨리고 언덕으로 올라왔다.

의직은 군사를 호령하여 격전을 벌이다가 죽었다. 의직은 지략이 계백만은 못하지만 용감하기는 비슷하여 한때 당나라 군사들의 간담을 서늘케 하였다. 그래서 신라 사람들이 의직이 죽은 곳을 조룡대(釣龍臺)라 이름하였으니, 의

직을 용에 비유하고 의직을 죽인 것을 용을 낚아 올린 것에 비유한 것이었다.
《여지승람(輿地勝覽)》에는 '소정방이 백강에 이르자 비바람이 크게 일어서 행군할 수가 없으므로 무당에게 물으니, 강의 용이 백제를 수호하는 것이라고 하므로, 소정방이 흰 말을 미끼로 하여 용을 낚아 잡았으므로, 강은 백마(白馬)라 이름하고 그곳을 조룡대라 한 것이다'라고 하였다.

그러나 백마강이란 이름이 이미 소정방이 오기 전부터 있었으니, 성충의 유언으로 올린 상소에도 백강 어귀에 대해 말하였다. 밫강은 백마강의 준말이고, 일본사에는 백촌강(白村江)이라 일컬었는데, 촌(村)은 뜻이 '말'이니 백촌강은 곧 백마강의 별역(別譯)이다. 그 이야기 자체가 허황할 뿐 아니라 역사와도 모순되니, 《해상잡록》에 보인 바와 같이 의직이 죽은 곳이라고 하는 것이 옳을 것이다.

3. 의자왕이 잡히고 백제의 두 수도가 함락됨

김유신 등이 계백 군사를 격파하고 그 이튿날인 11일 백마강에 다다르니, 소정방이 약속 기일이 지났다고 신라 독군(督軍) 김문영(金文穎)을 목 베려고 하였다. 유신은 당이 신라를 속국으로 대하려는 것이 분하여 눈에서 불이 떨어지는 듯, 어느덧 칼을 빼어들고 여러 장수들을 돌아보며 "백제는 내버려 두고 당과 싸우자"고 외치니, 당 장수 가운데 이것을 탐지한 자가 있었으니 이자가 소정방에게 말하여 마침내 김문영을 풀어 주고, 두 나라 군사가 합세하여 '솝울'을 공격하였다.

의자왕은 태자 외에 적자가 몇 있고 또 서자가 40여 명이나 있어, 왕이 평일에 그들에게 모두 좌평(佐平) 직함을 주어, 나라의 큰일에 모두 참여하고, 심지어 실권도 행사하였는데, 이때에 와서 대략 세 파로 나뉘었다. 태자 효(孝) 등은 북경(北京) 곰나루성(熊津城)으로 가서 웅거하여 전국 의병을 모으자고 하였고, 둘째 아들 태(泰)는 솝울을 지켜 부자(父子)·군신(君臣)이 힘써 싸우면서 의병을 기다리자고 하였으며, 왕자 융(隆) 등은 고기와 술과 폐백을 적군에게 올려 물러가기를 빌자고 하였다. 사오십 명 적자와 서자들이 광 앞에서 저마다 자기 의견을 주장하여 떠들어 대니, 왕이 어느 의견을 좇아야 할지 몰라서 왕자의 말을 모두 허락하였으니, 융에게는 강화 권한을 맡기고, 태에게는 싸워 지킬 권한을 맡기고, 자기는 태자와 함께 북경 곰나루성으로 도망하였다.

융이 소정방에게 글을 보내 퇴군하기를 요청하고 고기와 술을 보냈다가 모두 거절당하니, 둘째 아들 태가 대왕 자리에 올라 군사와 백성들과 함께 방어전을 펴는데, 태자의 아들 문사(文思)가 "대왕과 태자께서 생존해 계신데 삼촌이 어찌 스스로 왕위에 오르는가? 만일 일이 평정되면 삼촌을 좇던 자는 모두 역적의 죄로 죽을 것이다" 하고 좌우를 거느리고 성에서 달아나니, 백성들이 모두 그를 따르고, 군인들도 싸울 뜻이 없었다. 또 융은 화의를 성립시키지 못했음을 부끄럽게 여겨 성문을 열고 나가 항복하니, 신라와 당 군사가 성안으로 올라갔다. 왕후와 왕의 희첩(姬妾)과 태자의 비빈(妃嬪)들은 모두 적병에게 욕보지 않으려고 대왕포(大王浦)로 달아나 바위 위에서 강물에 뛰어들어 죽으니, 낙화암(落花巖)이란 바위 이름이 생겨서 지금까지 그 곧은 절개를 전한다. 다른 여러 아들들은 또는 자살하고 또는 달아났다.

의자왕은 곰나루성으로 달아나 성을 지키는데, 수성대장(守城大將)이 곧 임자(任子) 무리라 왕을 잡아 항복하려고 하였다. 왕은 스스로 목숨을 끊으려고 하였으나 동맥이 끊어지지 아니하여 태자 효(孝)와 소자 연(演)과 함께 포로가 되어 당 진영으로 묶여 갔다. 당 장수 소정방은 거의 죽게 된 의자왕을 이리저리 굴리며 "아직도 대국에 항거하겠느냐?" 하고 장난거리로 삼고, 신라 태자 법민(法敏)은 왕자 융을 마구 굴리며 "네 아비가 우리 누이 부부를 죽인 일이 생각나느냐?" 하고 앙갚음을 하였다.

신라 태종이 소정방에게 고맙다는 뜻을 전하기 위하여 금돌성(今突城)에서 '솝울'로 달려갔다. 소정방은 일찍이 당 고종으로부터 백제를 토벌하거든 기회를 보아 신라를 쳐 빼앗으라는 밀명을 받고 왔으므로, 틈을 엿보고 있는 참이었다. 김유신이 이것을 알고 태종에게 아뢰어 어전회의를 열어 대항책을 강구하는데, 김다미(金多美)가 말했다.

"우리 군사가 백제 옷을 입고 당 군영을 치면 당 군사가 나와 싸우면서 우리 군영에 구원을 청할 것입니다. 그때 불의에 습격하면 당 군사를 깨뜨릴 수가 있을 것입니다. 그러고 나서 백제 전역을 수복하고 북으로 고구려와 화친하고 서쪽으로 당에 항거하며, 백성을 위무하고 군사를 길러 때를 기다렸다가 병사를 움직이면 누가 우리를 모욕하겠습니까?"

태종이 말했다. "이미 당 은혜를 입어 적국을 토벌하였는데, 또 당을 치면 하늘이 어찌 우리를 돕겠느냐?"

김유신이 말했다. "개의 꼬리를 밟으면 주인이라도 무는 법입니다. 이제 당이 우리 주인이 아닌데 우리 꼬리를 밟을 뿐 아니라, 우리 머리를 깨려고 하니 어찌 그 은혜를 생각하겠습니까?"

그러면서 당을 치기를 굳이 권하였으나, 태종은 끝내 듣지 아니하고 군중에 명하여 엄중히 대비만 하게 할 뿐이었다. 소정방은 신라가 경계함을 알고 그 음모를 중지하였다. 전해 오는 말에 따르면 함창(咸昌 : 尙州) 당교(唐橋)에서 당 군사를 습격하여 크게 깨뜨렸다는 설이 있으나, 《삼국유사》에는 사실에 없는 말이라고 바로잡았다.

백제는 수없이 전쟁을 한 나라이므로 나라 사람들이 전쟁에 익숙하고 의리에 용감하였으나, 유교를 수입한 뒤로는 일반 사회가 덩분이라는 굴레에 목이 매여, 성충과 흥수가 비록 외적을 평정할 만한 재주와 지략을 가졌다고 하지만 그래도 명림답부(明臨答夫)와 같이 폭군을 죽일 만한 기백은 없었고, 계백과 의직이 비록 자기 몸과 집안을 희생하는 충렬을 가졌으나 연개소문과 같이 내부를 숙청할 수완은 없어서, 마침내 망령된 의자왕을 처치하지 못하여, 임자 등 소인배 무리들이 수십 년 동안 정치 중심을 잡고, 평시에는 나라 재물을 자기네 한 몸 향락에 써서 탕진하고, 난시에는 나라를 들어 적국에 투항하게 하였다.

중경(中京)과 상경(上京)이 모두 왕자 투항으로 망하고, 그밖에 삼경(三京)과 각 고을들 또한 모두 반항 없이 적 차지가 되어 버렸다. 그러나 인민의 '다물(多勿)'운동[1]은 의외로 격렬하여, 임금과 관리들이 나라를 판 뒤에 분연히 일어나 맨손으로 적병과 싸워 망국의 마지막 날 역사를 혈우(血雨)로 끝맺었다. 만일 그들이 유교 명분설(名分說)에 속지 않고 혁명의 기분을 가졌더라면, 어찌 간사한 자들이 나라를 망치도록 내버려 두었으랴? 이제 다음 장에 백제 다물운동(多勿運動)에 대하여 그 대강을 말하려 한다.

---

1) 나라를 되찾자는 운동.

제5장
백제 의병 봉기

1. 의자왕이 잡힌 뒤 일어난 의병

'솝울'이 이미 적에게 함락되고 의자왕이 잡혀가니, 고관과 귀인들은 거의 모두 임자·충상(忠常) 등 나라를 팔아먹은 무리들이므로, 모두 저마다 맡아 지키던 성과 고을을 들어 적에게 항복하였지만, 성충 무리로 몰려 벼슬에서 물러난 옛 신하들과 초야 의사들은 망국의 화를 구원하고자 곳곳에서 벌떼처럼 일어났다. 이같이 열렬한 '다물'운동의 의사들은 신라 역사가들이 이를 패잔한 도둑이라 배척하여 그 사적을 지워 버려서 그들 이름조차 묻혀 버렸으니 얼마나 애석한 일인가?

이에 〈신라 본기〉·〈김유신전〉·《해상잡록》·《당서》·《일본서기(日本書紀)》 등 책을 참조하여 보면, 그때 백제 의병이 일어난 지방은 대략 세 군데이다. 하나는 백제 남부 동북(東北 : 지금 전라도 동북)인 금산(錦山) 내지 진안(鎭安) 등지요, 또 하나는 백제 서부 서쪽 절반(지금 충청도 서쪽)의 대흥(大興)·홍주(洪州 : 지금 洪城) 내지 임천(林川) 등이고, 나머지 하나는 백제 중부(中部 : 지금 충청남도) 연기(燕岐) 등지이다. 이제 세 파의 전말을 대강 말하여 백제 말년 혈전사(血戰史)의 일부를 보이려 한다.

2. 중·남 두 지방 의병의 패망과 서부 의병의 방어

서부 의병대장 부여복신(扶餘福信)은 무왕(武王) 조카인데, 일찍이 고구려와 당에 사신으로 가서 외교계 인재로 이름났고, 서부은솔(西部恩率)이 되어 임존성(任存城)을 견고히 수리하고 성안 창고에 양식을 비축해 두는 외에, 통주(箭柱)를 세워 그 속에 쌀가루를 감추어 두어 뒷날 뜻밖의 일에 대비하였는데, 마침내 임자의 참소를 만나 벼슬을 내어놓으니, 군사와 백성들이 모두 목놓아 울어서 차마 볼 수 없었다. 당 군사가 중경 '솝울'과 상경 '곰나루'를 함락시켜 왕이 잡혀가니, 성안 군사들이 현재 은솔을 내쫓고 복신을 추대하여 은솔로 삼아서 항전하였는데, 전 좌평 자진(自進)[1]은 주류성(周留城)[2]을, 전 좌평 정무(正武)는 두시이(豆尸伊)[3]를 습격해서 웅거하여, 군사를 합하여 곰나루를 '다물(多勿)'하려고 복신에게 사람을 보내어 힘을 합하기를 청하였다.

복신이 대답했다.

"이제 적의 대군이 우리의 두 서울과 각 요지를 빼앗아 웅거하고 우리 물자와 기계들을 모두 몰수하였는데, 우리가 초야에서 흩어진 군사와 양민을 소집하여 대나무 창과 몽둥이로 화살과 칼을 가진 저들을 나아가 공격한다면 이것은 반드시 패할 것이오. 우리 의병이 패망하면 백제 운명은 끝장이오. 당이 군사 10만 명을 내어 바다를 건너왔으니, 그 양식은 신라의 공급과 우리 국민에게서 약탈한 것에 의지할 수밖에 없소. 그런데 신라는 여러 해 전쟁으로 국고가 바닥이 나서 오래도록 양식을 공급하지 못할 것이고, 민간 약탈로는 많은 군사 양식을 보충할 수 없을뿐더러 더욱 우리 백성들의 반감이 쌓여서 의병 수를 증가시킬 뿐이니, 당 군사들도 이것을 알기 때문에 겨칠 안 가서 반드시 1, 2만 수비병을 두고 대부분은 돌아갈 것이오. 우리가 이제 다만 험하고 요긴한 성을 굳게 지키다가 저네가 물러간 뒤에 때를 타서 저들 수비병을 격파하고 조종(祖宗) 구업(舊業)을 회복해야 할 것이오. 그렇지 않고 지금 싸워서 요행의 승리를 바라서야 되겠소."

그러나 정무 등이 듣지 않고 '곰나루'성 동남쪽 진현성(眞峴城)을 쳐서 잡힌 의자왕 이하 대신들과 장졸들을 빼앗으려다가 실패하고 정무는 두시성으로, 자진은 주류성으로 달아나 웅거하여 지켰다.

오래지 않아 당이 '곰나루'를 웅진도독부(熊津都督府)라 일컫고 당 장수 유인원(劉仁願)은 당 군사 1만 명으로, 신라 왕자 인태(仁泰)는 신라 군사 7천 명으로 함께 지키게 하고, 그 밖의 각 중요한 성에다가 모두 두 나라 군사 얼마씩을 배치하였다. 곳곳 의병들은 신라 태종이 토평할 책임을 맡고, 당 소정방은 10만

---

1) 《당서》에는 道琛.
2) 〈김유신전〉의 豆率城이니 지금 燕岐의 元帥山.
3) 지금 茂朱 남쪽이니 신라 伊山縣.

군사를 거느리고 9월 3일 돌아갔다.

이에 자진이 복신과 군사를 합하여 곰나루성을 치자고 하니, 복신이 말했다. "우리 군사가 패망한 이제 한 번 큰 승리가 없으면 인심을 진작시킬 수 없는데, '곰나루'성은 지세가 험하여 공격해 떨어뜨리기가 아주 어려우니, 차라리 정예 군사를 뽑아 신라 군사의 돌아가는 길을 끊는 것이 좋겠소."

그러나 자진은 듣지 않고 곧 군사를 지휘하여 성 동남쪽 진현성과 왕흥사 고개마루의 성채를 깨뜨려 많은 물자와 기계를 빼앗고, '곰나루'성 사면에 네댓 군데 목책을 세워서 신라의 군량 운반하는 길을 끊으니, 일시에 의병 형세가 크게 떨쳐서 남부 20여 성이 모두 호응하였다. 그러나 신라 태종이 태자 법민· 각간 김유신 등 여러 장수들과 함께 여례성(黎禮城 : 지금 茂朱 南界)을 공격하므 로 진무(眞武)가 나가 싸우다가 전사하고, 진현성 의병도 신라 군사에게 습격당 해 1천 5백 명이 죽고, 왕흥사 고개마루 성채 의병도 7백 명이 전사하였다. 이 에 신라 군사가 임존성(任存城)을 쳤는데, 복신의 방어가 면밀하여 마침내 이기 지 못하고 군량이 뒤따르지 못하므로 11월 1일 군사를 돌이켰다.

3. 부여복신(扶餘福信)의 연전연승

이듬해 3월 부여복신이 강서(江西)의 흩어진 군사를 모아 강을 건너가서 진 현성을 회복하니, 당 장수 웅진도독 유인원이 정병 1천 명을 보냈다. 복신이 중 로에서 불의에 습격하여 한 사람도 살아 돌아가지 못하게 하니, 유인원이 신라 에 잇따라 사자를 보내 구원을 청하여, 신라 태종이 이찬(伊湌) 품일(品日)을 대 당장군(大幢將軍)으로, 잡찬(匝湌) 문충(文忠)을 상주장군(上州將軍)으로, 아찬 (阿湌) 의복(義服)을 하주장군(下州將軍)으로, 무연(武軟)·욱천(旭川) 등을 남천 주대감(南川州大監)으로, 문품(文品)을 서당장군(誓幢將軍)으로, 의광(義光)을 낭 당장군(郞幢將軍)으로 삼아 가서 구원하게 하니, 3월 5일 그 선봉대가 두량윤성 (豆良尹城 : 지금 定山)에 이르러 진지를 살펴보았다. 복신이 그 대오가 정연하지 못함을 보고 갑자기 나가 습격하여 전멸시키고 그 군계(軍械)를 빼앗아서 몽둥 이를 대신하고 성으로 들어와 지켰다.

신라 대군이 이르러 성을 포위하고 36일 동안 공격하였으나 함락하지 못하 고 사상자만 많이 내고 돌아가니, 이때 복신이 사방 의병을 지휘하여 좌충우

돌 수많은 장수와 군사를 베고 물자와 기계를 모두 빼앗았으며, 다시 진격하여 가소천(加召川)에 이르러서는 신라가 구원병으로 보낸 긷흠순(金欽鈍)의 군사와 싸워 크게 깨뜨리니, 흠순 등이 홀몸으로 달아나 신라 군사가 다시는 나오지 못하였다.

  이에 복신은 왕자 풍(豊)을 맞아다가 왕을 삼고 곰나루성을 포위하여 신라에서 양식 운반해 오는 길을 끊으니, 복신의 명성이 천하에 떨쳤다. 이에 백제의 여러 성과 고을이 모두 호응해서, 신라와 당이 임명한 관리를 죽이고 복신에게 스스로 와서 복속되었으며, 고구려 남생(男生)은 구원병을 보내어 북한산성(北漢山城)을 쳐 멀리 복신을 응원하고, 일본은 화살 10만 개를 바쳐 복신을 도왔다.

제6장
고구려의 당군 격퇴와 백제 의병의 전성

1. 연개소문 사후 고구려 내정(內政)

고구려 말년 역사는 옛 사서들이 모두 《당서(唐書)》의 거짓 기록을 가져다 ①연개소문 죽은 해를 연장시켰고, ②연개소문이 요수(遼水) 서쪽에서 획득한 땅을 줄여 붙이고, ③연개소문 생전과 사후 고구려와 당에 대한 관계 사실을 위조하여서 고구려의 멸망한 진상을 잘 알 수 없을 뿐 아니라, 백제와 고구려 관계도 알 수 없게 되었다. 연개소문이 기원 657년에 죽었음은 제11편에서 말한 바이거니와, 연개소문이 죽은 뒤 그 뒤를 이은 자는 그의 아들 남생(男生)이다. 남생 묘지(墓誌)에 따르면 '9살 때부터 총명하여 조의선인(皁衣先人)의 한 사람이 되고, 아버지에게 뽑혀 낭관(郎官)이 되어 중리대형(中裡大兄)·중리위두대형(中裡位頭大兄)의 요직을 역임하고 24살에 막리지가 되어 삼군대장군을 겸임하였다'고 하였으니, 연개소문이 죽고 남생이 그 직위를 이어받았음이 분명하다.

연개소문이 죽은 뒤 고구려와 당 관계가 어떠하였던가는 역사책 기록이 분명하지 않으나, 《구당서》나 《신당서》〈고려전〉이나 〈정명진전(程名振傳)〉에는 당 고종 영휘(永徽) 6년 '정명진·소정방 등이 고구려를 쳐 5월에 요수를 건너고 귀단수(貴端水)에서 고구려 군사를 격파하여 1천여 명을 죽이고 사로잡았다' 하였고, 《구당서》〈유인궤전(劉仁軌傳)〉에는 당 고종 현경(顯慶) 2년 '유인궤가 정명진을 부장으로 삼아 고구려를 귀단수에서 격파하여 3천 명을 베었다' 하였다.

당 태종이 안시성에서 연개소문에게 패하여 돌아갈 때에 화살에 맞은 눈의 상처가 덧나서 죽었으니, 그의 친아들인 고종과 그의 신하인 이적(李勣)·소정방(蘇定方) 등의 복수하고자 하는 마음이 얼마나 간절하였으랴마는, 마침내 여러 해 동안 군사를 한 명도 일으키지 못한 것은 연개소문의 위명을 두려워했기 때문일 것이다. 그런데 갑자기 귀단수 싸움이 있었다는 것은 무슨 그럴 만한 기회를 엿본 것이 있기 때문일 것이다. 그 기회는 무엇인가?

현경 2년은 곧 기원 657년, 연개소문이 죽은 해이니, 연개소문이 죽은 기회를 탄 것이다. 그러면 〈고려전〉과 〈정명진전〉에는 어찌하여 귀단수 싸움을 영휘 6년, 곧 서기 655년, 연개소문이 죽기 3년 전 일로 기록하였는가?

대개 당시 이 싸움의 동기는, 당이 연개소문이 죽은 기회를 타려고 한 것인데, 이제 당 사관이 연개소문이 죽은 해를 연장해 놓고 보니, 그 싸움 동기가 무엇인지 알 수 없게 되었으므로, 저네가 그 싸움의 동기, 이른바 '군사를 일으키는 데는 명분이 있어야 한다(師出有名)'는 구실을 만들고자 하여, 신라 태종 원년 곧 신라 사자의 구원 요청이 있은 해이므로 지나간 해를 각 전기에 그대로 거짓 기록하여 싣고, 오직 〈유인궤전〉에만은 우연히 검열을 잘못하여 그 싸움 연조를 그대로 적은 것이다.

그러니까 이 싸움은 연개소문이 죽은 뒤 당이 고구려에 처음으로 침입한 싸움이다. 그 승패 상황은 전해지지 않았으나, 대개 연개소문이 점령하였던 산해관(山海關) 서쪽 땅, 곧 당의 옛 땅을 당이 도로 차지하고, 다시 나아가 여러 번 요수 동쪽을 침노하다가 패해 물러나서, 그들은 당(唐) 한 나라의 힘만으로는 도저히 고구려를 이기지 못할 줄을 알고, 신라와 연합하여 양쪽에서 협공할 것을 애타게 바랐었다.

그런데 이때에 백제와 고구려는 또한 함께 신라를 쳐서 멸망시키려고 신라 북쪽 경계에 자주 군사를 내어 공격하므로, 신라 태종이 새로 즉위하자 태자 법민을 당에 보내어 구원병을 청하고, 아울러 백제의 어진 신하 성충(成忠)이 이미 죽고 의자왕이 교만하고 횡포하여 겉으로는 비록 강성한 듯하나 내용은 텅 비어 있어서, 두 나라 군사가 함께 공격하면 이를 멸망시키기 쉽다는 것을 설명하였다. 당 임금과 신하가 이 말을 듣고 크게 기뻐하여 마침내 10만 대군을 내어 신라와 협력하여 백제를 토벌한 것이다.

백제가 멸망한 사실은 이미 앞장에서 대강 말하였거니와, 백제가 망할 때에 고구려 남생이 백제에 구원병을 내지 못한 것은 큰 실책이었다. 백제가 망한 뒤에도 당 군사가 이미 돌아가고 의병이 벌떼처럼 일어나는 때에 고구려가 군사 수만 명을 내어 '곰나루'와 '솝울' 등지로 나아가서 복신, 자진 등과 연합하여 싸웠더라면 백제는 다시 일어났을 것이요, 백제가 다시 일어나면 넉넉히 신라를 견제하여 당 군사에 양식을 공급하지 못하였을 것이고, 신라 양식이 아니고는 고구려에 연개소문·양만춘 같은 영걸이 없더라도 당이 평양까지 침입하지 못했을 것이며, 설혹 침입하였더라도 수 양제(煬帝)처럼 패해 무너졌을 것이다.

그러므로 고구려 안전을 도모하려면 먼저 백제를 멸망에서 구원했어야 할 것인데, 신라와 당 두 나라 군사가 이미 백제를 멸망시킨 뒤에야 소수 군사를 보내어 칠중성(七重城 : 지금 積城)을 함락하고는 돌아가 버렸고, 부여복신이 군사를 일으켜 백제 전국이 거의 회복된 뒤에도 겨우 수천 명을 내었으나, 남녀 합해서 겨우 2천 몇백 명 신라인이 있는 외로운 북한산성을 함락시키지 못하고 패하여 물러났으며, 그 밖에는 백제를 구원하는 움직임이 없었으니, 남생은 뒷날 나라 망친 죄를 짓기 전에 나라를 그르친 죄도 적지 않았다. 이런 용렬한 사나이에게 정권을 물려주고 죽은 연개소문은 또한 어찌 죄가 없다 할 수 있으랴?

2. 평양 당군(唐軍)과 웅진 신라군 패전

기원 662년 당(唐)이 임아상(任雅相)·글필하력(契苾何力)·소정방(蘇定方)·설인귀(薛仁貴)·방효태(龐孝泰) 등 여러 장수를 보내어 하남(河南)·하북(河北)·회남(淮南) 등 67주(州) 군사를 징발하여 35개 길로 나누어 평양에 침입하게 하고, 낭장(郎將) 유덕민(劉德敏)을 함자도(含資道) 총관(總管)으로 임명하여 신라로 들어가서 신라 군사와 협력하여 고구려 남쪽 경계를 침략하는 동시에 신라 양식을 평양으로 운반해 보내게 하였다.

신라는 이때 태종(김춘추) 상사(喪事)가 있음에도 새 왕 중종 문무왕(中宗文武王 : 法敏)이 김유신·김인문·김양도(金良圖) 등 아홉 장수로 하여금 전국 군사를 총동원하는 동시에 큰 수레 2천 량을 만들어 쌀 4천 섬, 벼 2만 2천여 섬을 실어다 평양에 있는 당 군사에게 보내려고 했다. 이때 백제 의병이 태산(兌山 : 錦山)에 웅거하여 복신과 호응하고 있었는데, 당 웅진도독 유인궤가 급히 문무왕에게 사자를 보내 고했다.

"만일 태산의 백제 군사를 그대로 두어 세력이 공고해지면 양식 운반하는 길이 끊어져서 주둔해 있는 1만 7천 두 나라 군사가 모두 굶어 죽어 웅진이 다시 백제 것이 되어 백제가 다시 회복될 것이요, 백제가 회복되면 더욱 고구려를 도모하기 어려울 것이니, 먼저 태산성을 쳐 주시기 바랍니다."

그래서 문무왕은 김유신 등 여러 장수들과 함께 9월 15일 형산성 아래에 이르러 항복하기를 권하면서, 항복하면 부귀(富貴)를 누리게 해주겠다고 꾀었다. 그러나 의병들은 큰 소리로 "성은 비록 작지만 장졸이 모두 의에 용감하여 싸우다가 죽은 백제 귀신이 될지언정, 항복하여 산 신라 사람이 되지 않겠다" 하고 외치고는 대항해 싸웠다. 결국 여드레 만에 성안 군사 수천 명이 모두 전사하고 성이 함락되었다. 신라 군사는 나아가 우술성(雨述城 : 지금 懷德)을 포위하였다. 이 우술성은 복신이 신라의 군량 운반 길을 끊기 위하여 장수를 보내어 지키게 한 곳이다. 수십 일을 마주 버티다 성안의 달솔(達率) 조복(助服)과 은솔(恩率) 파가(波伽)가 적과 내응하여 성안 의병 1천 명이 모두 전사하고 함락되었다.

이리하여 웅진의 양식 운반하는 길이 열렸으나, 평양 당나라 군사가 고구려 군사에게 크게 패해 패강도총관(浿江道總管) 임아상은 지나가는 화살에 맞아 죽고, 옥저도총관(沃沮道總管) 방효태는 그 아들 13명과 함께 사수(蛇水 : 지금 普通江)에서 패전하여 군사가 전멸하였고, 소정방 등의 군사는 한시성(韓始城 : 지금 평양 부근 西施村)에 웅거하여 있다가 양식이 떨어져 신라 공급을 애타게 기다리며 연방 사자를 보내므로, 신라 김유신은 근사를 두 군단으로 나누어, 한 군단은 김유신이 인솔하여 평양으로 양식을 운반하고, 한 군단은 김흠순이 인솔하여 웅진으로 양식을 운반하게 하였는데, 칠중하(七重河)에 이르러서는 모든 장수들이 모두 두려워서 건너가려 하지 않았다.

김유신이 "고구려가 망하지 않으면 백제는 다시 일어나고 신라는 위태롭게 될 것이니, 우리가 어찌 위험을 꺼리겠소" 하고는 사잇길로 강을 건너는데, 고구려 사람들에게 발각될까 보아 험한 산을 타 수십 일 만에 평양에 이르러 소정방에게 양식을 전해 주었다. 소정방 군사들이 배불리 먹고는 패전한 끝에 다시 나아갈 수 없다 하여 바다를 따라 달아나 돌아갔다.

신라 군사는 머물러 싸우고자 하였으나 수효가 고구려 군사에 대적할 수 없고, 달아나 돌아가려 해도 고구려 군사가 추격할 것이라 형세가 매우 난처하였다. 이에 유신은 영을 내려 깃대를 그대로 꽂아 두고 소와 말 꼬리에는 북과 북채를 달아매어 서로 쳐서 소리가 나게 하고, 장졸들만 가만히 빠져나와 돌아오는데, 날씨가 춥고 굶주려 사상자가 많이 나고, 또 칠중하에 이르러서는 고구려군에게 추격을 당하다가 요행히 벗어났다.

동시에 웅진에 양식을 나르던 신라 군사들은 돌아가는 길에 큰 눈을 만난 데다가 백제 군사에게 포위되어 살아 돌아간 자가 백에 하나도 못 되었다. 부여복신이 다시 '곰나루'성에 이르러 성 부근 사면에다가 목책을 세워서 신라와 당나라 군사의 교통을 차단하니, 백제 전국이 모두 호응하여 신라와 당 두 나라에서 임명한 새 관리들을 죽이고 백제 관리를 세워 모두 부여복신 지휘 아래 들어오니, 이때는 백제 '다물'운동이 이미 완성되었다고 할 만하였다.

제7장
부여복신의 죽음과 고구려 내란

1. 자진(自進)이 처형됨

부여복신이 처음으로 군사를 일으킬 때에 어떤 사람이 복신에게 말했다. "남의 제재를 받으면 큰일을 실패하기 쉽습니다. 공은 무왕의 조카요 명망이 안팎에 떨치니 스스로 서서 왕이 되어 전국 군사를 지휘하시는 것이 옳습니다."

그러나 복신은 "그렇게 하면 그것은 사(私)를 인민에게 보이는 것이니 의가 아니오" 하고, 의자왕의 아들 왕자 풍(豊)을 맞아 왕으로 삼았다.

또 자진(自進)이 의병을 앞장서 주창한 공이 있고, 일찍이 좌평 벼슬을 지낸 대신이라 하여 영군대장군(領軍大將軍)이 되게 하고, 복신 자신은 상잠장군(霜岑將軍)이 되어 강서(江西) 군사를 맡았다.

복신이 신라와 당 두 나라 군사를 여러 번 격파하고 '곰나루'성을 포위 공격하니 당 장수 유인궤가 감히 나와 싸우지 못하고, 또 소정방 등이 평양에서 패하여 달아나니, 저들이 크게 낭패하여 당 고종이 유인궤에게 조서를 내려, 웅진의 외로운 성을 지키기 어려우니 전군이 곧 바닷길르 돌아오라고 하여, 유인궤 등이 도망하여 돌아가려고 하였다.

복신이 이것을 알고 여러 장수들을 모아 당군의 돌아가는 길을 공격해서 유인궤를 사로잡으려 했는데, 자진은 본래부터 언제나 복신의 재주와 명망이 자기보다 뛰어남을 시기하다가, 이 일을 듣고는 복신이 더욱 큰 공을 이룰까 걱정하여, 유인궤에게 복신의 계책을 밀고하고, 또 인궤에게 "당의 황제가, 만일 백제가 한 나라가 되는 것을 허락한다면 백제가 길이 당의 은혜를 감사하여 당을 높이 섬길 것이요, 복신 등을 잡아 바치겠습니다"고 하여 인궤는 도망해 돌아갈 생각을 중지하고, 자진과 서로 자주 연락을 주고 받았다. 그러다가 복신의 부장 사수원(沙首原)이 그 밀모의 증거를 잡아 복신에게 알리니, 복신이 크게 노하여 연회를 베푼다고 하고 여러 장수들을 모이게 하여 그 자리에서 자진을 잡아 그 죄를 밝히고 풍왕에게 고하여 처형하려고 하였다.

왕은 자진이 비록 죄가 있으나 대신이니 극형에 처하는 것은 옳지 않다며 형을 감해 주려고 하였으나, 복신은 나라를 배반한 자는 살려 둘 수 없다고 고집하여 마침내 자진을 참형에 처하였다.

2. 부여복신(扶餘福信) 피살

풍왕은 복신에게 옹립되어 왕이 되었으나 언제나 병권이 여러 장수들 손에 있음을 꺼리어 왔다. 이런 때 복신이 자진을 처형하여 전국 병권이 복신에게 돌아가니, 왕 좌우에서 "복신이 전횡하여 제멋대로 대신을 죽이니, 그의 안중에 어찌 대왕이 있겠습니까? 대왕께서 만일 복신을 죽이지 아니하시면, 복신이 장차 대왕을 해칠 것입니다"라고 복신을 참소하였다.

이에 왕은 복신을 죽이기로 비밀히 모의하고, 그해 6월 복신이 병이 나 굴방에서 치료하고 있는 기회를 타서, 왕이 문병한다 핑계하고 좌우 신임하는 신하들을 거느리고 가서 갑자기 달려들어 복신을 결박하고 왕명으로 좌평 이하 각 대신을 불러 복신의 손바닥을 뚫어 가죽끈으로 꿰고 죄를 논하였다. 그런데 풍왕도 복신이 죽으면 적병을 막을 사람이 없는 줄은 환히 아는 터이라, 마음속으로 두렵고 염려되기는 하였지만 그대로 "복신의 죄가 죽이는 것이 옳으냐?" 하고 물었다.

달솔 집덕(執德)이 "이런 악독한 반역자는 죽여도 죄가 남습니다"고 하였다. 복신이 집덕을 향해 침을 뱉고 "이 개 같은 놈아……" 하고, 마침내 회자수 칼에 목이 떨어졌다. 복신의 죽음을 듣고 백제 백성들이 모두 눈물을 뿌렸다.

《구당서(舊唐書)》에는 '용삭(龍朔) 2년(기원 662년) 7월 유인궤·유인원 등이 지키던 진(鎭)의 군사를 거느리고 복신의 남은 무리를 웅진 동쪽에서 크게 격파하여 지라성(支羅城)·윤성(尹城)과 대산(大山)·사정(沙井) 등 목책을 함락시켰다. ……이때 복신이 병권을 도맡아서 부여풍(扶餘豊)과 서로 시기한 끝에 복신이 병이라 일컫고 굴방에 누워 부여풍이 문병 오기를 기다렸다가 습격해서 죽이려고 하였다. 풍이 이것을 알고 신임하는 사람들을 거느리고 가서 복신을 엄습해 죽였다(龍朔 二年 七月 仁軌仁願等率留鎭之兵 大破福信餘衆於熊津之東 拔其支

羅城及尹城大山沙井等柵……時福信 旣專其兵權 與扶餘豊 漸相猜貳 福信稱疾 臥於窟室 將候扶餘豊問疾 謀襲殺之 扶餘豊覺而率其親信 掩殺福信'고 하였고, 《일본서기(日本書紀)》에는 '천지(天智) 2년(기원 663년) 6월 백제왕 풍장(豊璋)이 복신이 모반하지나 않을까 의심하여 가죽끈으로 손바닥을 꿰어 결박하고……달솔 득일(得日)이, 악독한 반역자는 살려 두어서는 안 된다고 하여…… 목 베어 소금에 절였다. 8월 갑오(甲午) 신라가 바로 침입하여 유주(柔州) 취하기를 도모하였다(天智 二年 六月 百濟王豊璋 嫌福信謀反心 以革穿掌而縛……達率得執日 此惡逆之人 不合放捨……斬而醢首 八月甲午 新羅 謀直入先取柔州)'고 하여, 두 책의 연조와 사실이 서로 다르다.

복신이 죽은 해는 《삼국사기》 〈신라 본기〉에 따르면 《일본서기》와 맞을 뿐 아니라, 그 사실로 말하더라도 이미 대군을 장악한 복신이 병권이 없는 풍왕을 죽이려면 당장에 죽일 수도 있겠는데, 어찌 굴실에 누워 풍이 문병 오기를 기다려 죽이려고 하였겠는가? 이것이 《당서》의 첫째 의심스러운 점이다. 또 신라나 당이 복신에게 여러 번 패하여 1만 7천 외로운 군사로 위태로운 성을 겨우 지키고 있었는데, 어찌 아무런 형세 변동도 없이 갑자기 나와 싸워서 지라성(支羅城) 곧 주류성(周留城 : 지금 燕岐)과 윤성(尹城 : 지금 定山), 대산(大山 : 지금 韓山), 사정(沙井 : 지금 溫陽) 등 각지를 평정하였겠는가? 이것이 당서의 둘째 의심스러운 점이요, 의병이 여러 번 승전하여 백제 전역이 거의 회복되었으므로, 풍왕이 복신을 죽여 그 군권(君權)을 확장하려고 한 것일 것이니, 어찌 곳곳 성책이 거의 모두 함락되어 장차 망하려는 권리를 찾으려고 복신을 해쳤을 것인가? 이것이 《당서》의 셋째 의심스러운 점이다. 그러므로 《당서》를 버리고 《일본서기》를 좇는 동시에 《해상잡록》 전설을 취하여, 백제 마지막 위인 사적의 모자람을 보충한다.

3. 복신이 죽은 뒤 풍왕(豊王)이 망함

유인궤가 '곰나루'성에서 포위되었으나 신라와 당이 모두 복신을 두려워하여 나아가 구원하지 못하였는데, 복신이 죽었다는 말을 듣고 당 고종은 장군 손인사(孫仁師)에게 2만 7천 명 군사를 거느리고, 백제 의자왕의 아들로서 당에 포로가 되어 있던 왕자 융(隆)을 백제왕이라 일컬어 데리고 가게 하여 바닷길로 와서 덕물포(德勿浦)에 상륙하여 비밀히 사자를 보내 "풍왕은 잔인하고 시기심이 많아서, 자기를 옹립하고 또 큰 공이 있는 부여복신을 죽였으니 하물며 다른 장수들이야 오죽하리오. 당은 원래 백제 땅을 차지하려는 것이 아니라 오직 백제가 고구려와 한편 되는 것이 미워서 신라와 함께 백제를 친 것이오. 이제 융은 백제 선왕의 사랑하는 아들로서 능히 대세를 알고, 또 황제(당)의 신임을 얻었으므로 백제왕 작위를 주고 대군으로 호위하여 귀국하게 하였으니, 백제의 총명한 장수와 군사들은 나의 말을 믿고 융을 왕으로 받들면 전쟁의 수고로움이 없이 고국을 회복하고 편안히 부귀를 누릴 수 있을 것이지만, 만일 대군에게 완강히 항거하다가는 나도 공들을 용서하지 않을 것이오. 공들은 잔인한 풍을 임금으로 받들었다가는, 패하면 대군에게 죽임을 당할 것이요, 승리하면 풍의 시기를 받아 복신처럼 참혹하게 죽을 것이니, 이 어찌 지혜로운 자가 취할 일이리오?" 하는 조서를 전하여 풍왕의 여러 장수들을 꾀었다.

남부달솔(南部達率) 흑치상지(黑齒常之)와 진현성주(眞峴城主) 사즐상여(沙叱相如)가 풍이 복신을 죽인 것을 원망하다가 마침내 그 관내 2백여 성을 들어 융에게 투항하고, 흑치상지는 다시 서부달솔 지수신(遲受信)에게 글을 보내어 풍왕이 잔인하여 백제를 중흥시킬 영주가 아님을 말하고, 같이 항복하여 함께 일을 하자고 권하였다.

지수신은 대답하였다. "우리들이 상좌평(上佐平 : 복신)과 함께 의병을 일으켜 백제를 부흥시키려고 하다가 불행히도 중도에 간신에게 모해당했으니 이 어찌 우리들이 통분할 일이 아니겠소마는, 상좌평이 의병을 일으킨 것은 본래 당 군사를 내쫓으려 함이었는데, 어찌 상좌평의 죽음을 아파하여 그 복수를 위해 당에 투항한단 말이오? 그것은 상좌평을 배반하는 것일 뿐 아니라, 곧 백제를 배반하는 것이니, 상좌평의 영혼이 있다면 그 마음 아픔이 손바닥 꿰뚫리던 혹독한 형벌의 아픔보다 더할 것이오. 나는 공이 번연히 후회하고 다시 돌아오기를 바라오."

그러나 흑치상지는 대답을 주지 않고 5월에 신라·당 두 나라 군사 앞잡이가 되어 부하 5만 명을 이끌고 주류성을 포위하였다. 이에 백제가 두 나라로 나뉘어, 지수신이 관할하는 서부는 풍왕에게 속하여 서백제(西百濟)가 되고, 흑치상지가 관할하는 남부는 융에게 속하여 남백제(南百濟)가 되었다.

서백제는 당을 대적하여 싸우는데, 남백제는 당 노예가 되어 그 지휘를 받아 서백제를 치니, 아, 백제 중흥 대업을 이같이 창피하게 만든 자는 곧 부여풍—상좌평 부여복신을 죽인 부여풍—이니, 부여풍은 곧 중흥하는 백제를 멸망시킨 첫째가는 죄인이다. 풍은 비록 죄인이지만 풍이 악하다고 하여 백제를 배반하고 당 노예가 된 흑치상지도 곧 백제를 멸망시킨 둘째가는 죄인이다. 옛 사서에는 오직 《당서》의 포폄(襃貶)에 따라 흑치상지를 몹시 찬미하였으니, 이 어찌 어리석은 아이의 붓장난이 아니냐?

풍이 복신을 죽이고는 적병을 막을 만한 방략이 없으므로, 곧 고구려와 왜(倭)에 사자를 보내어 구원병을 청하였는데, 고구려는 당 침략을 염려하여 군사를 내지 못하였고, 왜는 병선 4백 척을 보내어 원조하였다.

왜병은 백마강 가운데 있고, 서백제 군사는 강언덕에 진을 쳐, 남백제·신라·당 세 나라 군사와 서로 맞서 싸웠다. 신라 병선이 강 상류로부터 왜 병선을 무찌르며 모조리 태워 버리니, 왜병이 패하여 모두 물에 빠져 죽고, 언덕 위 서백제 군사는 남백제와 당 군사에게 패하였다. 이에 세 나라 군사가 총집결하여 주류성을 치니, 풍은 드디어 달아나고 장수와 군사들은 모두 전사하였다.

韓國痛史
한국통사
박은식

서언(緒言)

  대륙의 원기(元氣)는 동으로는 바다로 뻗어 백두산으로 솟았고, 북으로는 요동평야를 열었으며, 남으로는 한반도를 이루었다. 한국은 당요(唐堯)시대에 나라를 세워[1] 인문(人文)이 일찍 열렸고, 그 백성은 윤리가 돈독하여 천하가 군자의 나라로 칭했으니, 역사는 면면히 4,300여 년이나 이어졌다. 아! 우리 옛 문화가 극동 세 섬[2]에 파급되어 저들의 음식·의복·궁실뿐 아니라 종교와 학술도 우리로부터 나온 까닭에 저들은 일찍이 우리를 스승으로 섬겨 왔는데, 이제는 우리를 노예로 삼았구나.

  나는 재앙이 닥쳐왔을 때 태어나 나라 망한 것을 애통해하다가 차마 죽지 못하고 마침내 도망쳐 나왔다. 경술년(1910) 모월 모일 아침에 한성을 떠나 저녁에 압록강을 건너 다시 북쪽으로 강기슭을 거슬러 올라가 위례성(慰禮城)이 바라다보이는 곳에 머물렀다.[3] 고금(古今)을 살펴보니 허전한 느낌이 들고 안타까워 오랫동안 그곳을 떠날 수가 없었다. 이역(異域) 땅에 도망와 있으니 사람을 대하기가 점점 부끄러워지고 길가 아이들과 시장 사람들조차 모두 나를 망국노(亡國奴)라 욕하는 것만 같았다. 세상이 비록 넓다고는 하나 이런 욕을 짊어지고 어디로 돌아가리오. 때는 혼하(渾河)에 가을이 저물어 쑥은 꺾어지고 풀들은 시들었으며, 원숭이도 슬피 울고 부엉이도 울어댄다. 내가 고향을 떠나올 때 슬퍼하며 흘린 눈물이 아직 마르지도 않았는데, 이런 정경을 바라보고 더욱 서글퍼져 견딜 수가 없다. 고국을 바라보니 구름과 연기가 서린 듯 아득하기만 하다.

  아름다운 산천에서 우리 조상들이 살았고, 울창한 삼림들은 우리 조상들

---

1) 《삼국유사》〈고조선〉조 '당고즉위오십년(唐高卽位五十年)' 기록에 따른 것으로, 고조선이 중국 전설상의 성왕인 요임금 시대에 세워졌다는 뜻.
2) 일본을 이루고 있는 혼슈(本州)·큐슈(九州)·시코쿠(西國).
3) 박은식이 환인현으로 망명한 것은 졸본성(현재 오녀산성)일 것이다.

이 심었으며, 기름지고 넓은 옥토는 우리 조상들이 경작했고, 금·은·동·철 등도 우리 조상들이 채취했고, 가축과 물고기도 우리 조상이 길러왔다. 궁실(집)로 비바람을 피하였으며, 의관(衣冠)으로 짐승과 구별하였고, 각종 기명(器皿)[4]으로 생활을 도왔으며, 예악(禮樂)과 형정(刑政)으로 문명을 창조하였으니, 이것들은 모두 우리 조상들의 손에 의한 것이었다. 무릇 우리 조상은 그 무한한 두뇌와 피땀을 다하여 우리 자손들에게 생산과 교육 기구를 물려주어 갖추게 하였다. 대대로 전하고 지키어 우리 생활이 넉넉해졌고, 우리 도덕이 바르게 되어 용모와 기상이 길이 전해지게 되었다. 어찌하여 하루아침에 다른 종족에게 강탈되어 사방으로 흩어져 살면서 고통을 견디지 못하고 있으니, 장차 절멸(絶滅)의 환난에 빠지려는가.

무릇 세상의 강포(强暴)한 자는 날로 약한 나라를 침략하여 삼키고, 약한 종족을 도태시키는 것을 능사로 삼는다. 그 참혹한 해독을 받은 나라가 많지만, 우리 민족과 같이 지구상에서 가장 악랄한 왜놈들에게 유린당한 경우는 아마 없는 것 같다. 고금(古今)의 망한 나라들을 비교하여 예를 들면, 스웨덴이 노르웨이를, 오스트리아가 헝가리를 합방했다고 하지만, 그 민족을 대우하는 데는 차별이 없었는데 우리 한인도 그렇단 말인가. 터키가 비록 이집트를 합병하였으나 아직도 그 왕을 존속시켜 조상에 제사지내는 것을 그치지 않게 하였는데, 우리 한국 황제는 왜놈이 주는 왕의 작위를 받았다.[5] 영국은 캐나다에게 헌법을 허용하고 의회 설립을 보장하여 유지토록 하고, 다른 나라와 더불어 맺은 조약도 일일이 모두 보존토록 하였는데, 우리 한인은 이런 것을 얻을 수 있는가. 왜놈이 한국에서 행한 정책은 대만(臺灣)에서 행한 것과 차이가 없으니, 나라도 아닌 대만과 같은 대우를 받는 것은 나라가 망하면서 더욱 멸시를 받은 것이다. 또한 무릇 사람은 옷을 걸치고 곡식으로 배를 채우니, 흙을 먹고 샘물을 마시는 벌레와 같지 않다. 곧 삶을 꾀하는 산업이 있다.

비록 영국이 인도와 이집트를, 프랑스가 베트남을, 미국이 필리핀 등을 강한 힘으로 빼앗았으나, 백성의 산업은 스스로 보존토록 하였다. 왜국은 빈국(貧國)

---

4) 살림살이에서 쓰이는 그릇붙이, 기물.
5) 강점 뒤로 일본은 대한제국 광무황제(고종)는 이태왕(李太王), 융희황제(순종)는 이왕(李王)이라 불렀다.

으로, 자국의 빈궁한 백성은 더욱 쪼들리게 되고 부채드 날로 늘어나자, 우리 백성들에게 가혹한 세금을 난폭하게 거두는 것은 물론 우리 곡창지대에 배를 대어놓고 쌀을 마구 실어 날랐다. 또한 맨손으로 한국에 건너오는 궁민(窮民)들이 벌떼처럼 몰려와서 우리 백성 재산을 빼앗지 않고는 살아갈 방안을 마련할 수 없었다. 또한 왜국 정부는 자기네 국민을 이주시키는 것에 급급하여 자금을 대주지도 않았다. 비록 왜국이 우리 백성들에게 관대한 정치를 베풀어 생명을 보존시키고자 해도 그네들 현실 사정에서 불가능한 것이다. 이로써 보건대 고금의 망한 나라의 참상이 우리 한국보다 더 심한 경우를 어디에서도 그 유래를 찾아볼 수 있겠는가. 하늘과 땅은 아득하고 쇠잔한 숨길로 마음은 편치 못하여 아픔을 울부짖고 원통함을 호소하길 스스로 그칠 수가 없구나.

옛사람이 이르기를 나라는 멸할 수 있으나 역사는 멸할 수 없다고 하였다. 나라는 형체이고 역사는 정신이다. 이제 한국의 형체는 허물어졌으나 정신만을 홀로 보존하는 것이 어찌 불가능하겠는가. 이것이 《통사(痛史)》를 짓는 까닭이다. 정신이 보존되어 멸하지 아니하면 형체는 반드시 부활할 때가 있을 것이다. 그러나 이 책은 갑자년(1864) 뒤로 50년 역사만을 다루니, 어찌 우리 4천 년 역사의 모든 정신을 전할 수 있겠는가. 이것은 우리 민족이 우리 조상을 생각하며 잊지 않는 데 있을 것이다.

무릇 예루살렘이 비록 망하여 유대인들은 다른 나라로 흩어졌지만, 다른 민족에 동화되지 않고 지금까지 2천 년에 이르도록 유대족의 뿌리를 잃지 않고 있는 것은, 그들 조상의 종교를 보존했기 때문이다. 인도가 비록 망하였으나 브라만(Brahman)교가 그 조상의 가르침을 굳게 지키면서 부흥을 기다리고 있다.

멕시코는 에스파냐에 망하면서 교화(敎化)와 문자(文字)가 모두 없어져서 지금 종족은 비록 존재하나, 외는 것이 다 에스파냐 글이고, 행하는 것이 모두 에스파냐 교화이며, 흠모하는 대상이 모두 에스파냐 영웅호걸이다. 멕시코인의 형체는 비록 존재하나 정신은 이미 전멸하였다.

오늘날 우리 민족 모두가 우리 조상의 피를 골육(骨肉)으로 삼고, 우리 조상의 혼을 영각(靈覺)으로 삼고 있으니, 우리 조상은 신성한 교화(敎化)를 가졌고, 신성한 정법(政法)도 가졌으며, 또한 신성한 문사(文事)와 무공(武功)도 있었으니, 우리 민족을 다른 것에서 구함이 어찌 옳다고 하겠는가. 무릇 우리 형제들은 이런 점을 언제나 생각하여 잊지 말고, 형체와 정신이 전멸(全滅)되지 않도록 하여야 할 것이니, 이를 구구(區區)히 바랄 뿐이다. 이런 점은 본 책 이외에, 우리 민족이 융성했던 시대 역사에서 구하는 것도 옳을 것이다.

태백광노(太白狂奴)[6]

---

[6] 박은식의 호.

제1편

1. 지리의 대강
〈생략 : 한반도의 지리적 위치, 백두산을 비롯한 여러 산, 해안과 바다, 큰 강, 각 도의 유적과 역사, 대표적인 도시 등을 정리〉

2. 역사의 대개(大槪)
상고시대에 신인(神人)이 천부삼인(天符三印)을 가지고 태백산(太白山) 단목(檀木) 아래에 내려왔다. 사람들이 그를 추대하여 임금으로 삼고 나라를 세우니, 이때가 당요(唐堯)시대 무진(戊辰)년이었다. 이가 단군(檀君)이며, 나라 이름이 조선(朝鮮 : 고조선)이었다. 의식(衣食) 제도를 가르치고, 제천(祭天)의 예(禮)를 행했으며, 아들 부루(扶婁)에게 옥백(玉帛)¹⁾을 주어, 도산(塗山)²⁾의 하(夏)나라 우(禹) 임금에게 나아가 만나게 하였으니, 이것이 통교(通交)의 시작이었다.

조선 풍속에 아들이나 딸을 낳으면 반드시 삼신(三神)에게 제사를 드리고, "삼신께서 낳으셨으니 삼신이 보살펴 주소서"라고 축원하는데, 이때 삼신은 환인(桓因)·환웅(桓雄)·단군(檀君)을 말한다. 대개 삼신이 생민(生民)의 조상이 되었으니, 백성은 태어나서 그 근본에 보답하는 것을 중하게 여기게 되었다. 단군이 하늘에 제사를 지낸 것이 교화(敎化)의 시작이었다. 조선은 나라를 전해 온 것이 1,480년에 이르렀다.

〈중략 : 기자조선, 해부루 북부여, 위만조선, 삼한 등을 설명〉

고구려 시조 주몽(朱蒙)은 동부여로부터 졸본(卒本)에 이르러 나라를 세웠다.

---

1) 옥과 비단. 예물.
2) 중국 안휘성에 있는 산 이름. 《좌전》에 '우임금이 제후를 도산에서 만났다(禹會諸侯於塗山)'는 기록이 있다.

하늘로부터 신무(神武)[3]를 받아 각 부(部)를 정복하고 단군과 기자의 옛 땅을 회복했다. 그 아들 유리왕(類利王 : 琉璃王)은 선비족을 쳐서 합하였다. 손자 대무신왕(大武神王)은 강토를 크게 개척하고, 부여·양맥(梁貊)·개마·낙랑 등 여러 나라를 합병하여, 동쪽 변방을 웅시(雄視)하였다. 제17대손 광개토왕(廣開土王)은 무예가 뛰어나 세상을 덮을 정도였는데, 북으로는 거란을 정벌하여 수천 리 영토를 개척하였고, 남으로는 왜(倭)를 정벌하여 신라를 구하였고, 백제도 정벌하여 선왕 원수를 갚았다. 그 업적을 기념한 비가 지금 봉천성 지안(輯安)현에 있으니, 곧 옛날 환도성(丸都城)이다. 영양왕(嬰陽王) 때 수나라 양제(煬帝)가 천하 병사를 모아 우문술(宇文述) 등을 파견하여 요동을 건너 평양을 공격하자, 대신 을지문덕(乙支文德)이 기이한 계책을 내어 대파하여 수나라 군사는 몰살되었다. 보장왕(寶藏王) 때 천개소문(泉蓋蘇文 : 연개소문)이 나랏일을 담당하였는데, 매우 억세고 사나워 싸우기를 좋아하여 장책(長柵) 1천여 리를 쌓았으며, 여러 차례 신라를 정벌하였다. 당 태종(太宗)이 사신을 보내 원한을 풀고자 하였으나, 천개소문은 듣지 않고 그 사신을 가두어 버렸다. 태종이 크게 화를 내어 스스로 군대를 이끌고 요동을 공격하였으나, 안시성(安市城) 성주 양만춘(楊萬春)이 이를 패퇴시켰다. 천개소문이 죽자, 아들 남건(男建)과 남생(男生)이 권력을 다투어 서로 공격하였는데, 남생이 당나라 군대를 이끌고 들어와 자신이 태어난 나라를 정벌하였다. 신라 또한 군대를 보내어 협공하자 고구려는 마침내 망하게 되었으니, 나라를 누려온 지 700여 년이었다.

〈중략 : 백제 건국, 개로왕, 근초고왕, 침류왕, 동성왕, 의자왕 등을 거론하고, 신라 혁거세, 석탈해, 김알지 등과 태종 무열왕, 김유신에 의한 고구려와 백제 멸망 언급〉

대개 삼국시대는 무력을 숭상하여 서로 경쟁하면서도 천문·지리·의학·미술·공예 등과 유교·불교 등이 동시에 발달하여 이를 왜에 전수(傳授)하여 미개한 것을 깨우쳐 주었다.

〈중략 : 신라 말기 진성여왕의 실정과 후삼국 정립, 고려 건국과 통일, 태조

---

[3] 귀신과 같은 무예.

〈왕건의 유교와 불교 장려, 광종의 문풍, 성종 때 서희(徐熙)의 활동, 현종 때 강감찬의 활약, 무신정권 변천, 공민왕 정치, 이성계의 활동과 조선 건국, 태종 때 인쇄술 발달 등을 간략하게 서술〉

세종은 하늘로부터 예지(叡智)[4]를 받고 태어났다. 부지런히 다스리는 것을 구하여, 추우나 더우나 날마다 한결같이 경연(經筵)[5]에 나아가서 강론을 빠뜨린 적이 한 번도 없었으며, 30년을 하루같이 변함이 없었다. 책을 읽고 한번 눈에 스쳐 지난 것은 결코 잊지 않았다. 성균관(成均館)[6]을 세워 귀척(貴戚) 자제를 취학시켰으며, 집현전(集賢殿)을 두어 어진 선비를 양성하여 《고려사(高麗史)》를 개수하고, 《오례의(五禮儀)》, 《삼강행실도(三綱行實圖)》, 《농사직설(農事直說)》, 《치평요람(治平要覽)》, 《용비어천가(龍飛御天歌)》, 《신제진법(新製陣法)》, 《구황촬요(救荒撮要)》 등을 편찬케 하였다. 국문(國文)을 만들어 소리를 펴서 글자로 하여 '훈민정음(訓民正音)'이라 하였다. 물자를 내어 교육을 보급하였으며, 아주 간편하도록 율관(律管)을 만들어 음악을 바로잡고, 의방(醫方)을 편집하여 민생을 돌보았다. 혼천의(渾天儀)로 시간을 알리고, 측우기(測雨器)를 만들어 생산을 고르게 하고 재배(栽培)를 슬기롭게 하였다. 아, 성세(盛世)였도다! 세간에서는 '동방의 요순(堯舜)시대'라 일컬었으니 믿을 만하다. 문치가 융성해지면서 무공 또한 확장되었으니, 김종서(金宗瑞)에게 명하여 야인(野人 : 여진족)을 쫓아내고 땅을 개척하여 관북 6군을 더 설치하였다. 이종무(李從茂)로 하여금 함선 500척을 이끌고 왜의 대마도(對馬島)를 정벌케 하였다.

〈중략 : 세조의 정치와 편찬사업, 성종의 학문 권장, 연산군 이후 사화(士禍), 선조 때 임진왜란과 이순신의 공적, 인조 때 병자호란, 효종의 무비(武備)와 북벌론 등을 기술〉

(북벌론이 실패한) 뒤로 나라에 외환(外患)이 없어 백성들이 병(兵)을 알지 못했고, 안일한 생활이 오래 지속되면서 나태한 생활이 습관이 되고, 허문(虛文)

---

4) 뛰어난 지혜.
5) 학식과 덕망 있는 신하들이 임금에게 유학의 경서를 강론하는 것.
6) 유교 교육을 맡아보던 관부.

만 숭상·장려하여 군정(軍政)이 폐하고 해이해져서 약점의 누적이 매우 심해졌다. 또한 숙종, 경종 뒤로 헌종, 철종에 이르기까지 당쟁이 더욱 치열해져서, 선비들의 기운이 꺾였으며, 외척이 정권을 장악하여 뇌물이 성행하였다. 나라 창고는 비게 되었고, 백성의 살림도 줄어들고 피폐해졌다. 세상 풍속이 아래까지 더럽혀지고, 인심이 그 속에 빠져서 국가 형세가 날로 쇠퇴로 치달았다. 광무제(光武帝:高宗) 때에도 이런 것들은 계속되었는데, 마침 세계 변천에 당면하여 이웃 열강이 서로 다투어 사변(事變)을 번갈아 일으키면서 환난(患難)은 더욱 심해져 갔다.

제2편

1. 대원군(大院君) 섭정(攝政)

 계해년(1863) 겨울, 제25대 철종(哲宗)이 승하(昇遐)하고 뒤이을 자손이 없자, 익종(翼宗) 왕비 조(趙)씨의 명으로 흥선군(興宣君)의 둘째아들로 왕위를 잇게 하였다. 이에 대신(大臣) 정원용(鄭元容) 등이 의위(儀衛)를 갖추어 운현궁 사저로 가서 대궐로 모셔들였다. 왕비 조씨의 명을 받들어 익종 계통을 이어받아 익성군(翼成君)에 봉하고, 이어 제26대 왕으로 책립(冊立)하여 즉위하니, 그때 나이 12세 고종이었다. 조씨를 높여 대왕대비로 하고, 헌종 왕비 홍씨를 왕대비(王大妃)로 하였으며, 흥선군을 대원군(大院君)으로 삼았다. 대왕대비는 나랏일에 어려움이 많고 새 임금이 어리므로, 아버지인 대원군에게 정사를 섭정토록 하였다. 조두순(趙斗淳)을 영의정, 김병학(金炳學)을 우의정, 이경하(李景夏)를 훈련대장 겸 포도대장으로 삼았다.

 〈안(按)〉 대원군은 나랏일을 할 만하였으나 애석하게도 그 배운 바가 없어 나랏일을 도모하지는 못하였다. 무릇 나랏일을 하고자 뜻을 세운 사람이, 비록 임금에게 극진하고 백성을 윤택케 할 만한 어짊(仁)도 있고, 어려운 일을 떠맡을 만한 재주도 있으며, 원망을 견디고 어려움을 배척할 만한 용기가 있다고 하더라도, 그 지위를 얻지 못하면 나랏일을 할 수 없다. 지금 대원군은 그 지위가 임금과 같고 권한이 자기 한 몸에 집중되어 있었고, 모든 신하들이 그의 지휘에 따랐으며, 모든 백성이 그의 명성을 우러러보았으니, 따뜻함이 봄볕 같고 사나움이 번개와 세찬 바람 같아 주위의 간섭도 없었고, 밑에서 거슬림도 없어서 명령하면 바로 행하고 금지하라면 바로 그쳤다. 후세(後世) 이주(伊·周)[1]라 할 만하니 진실로 가능하지 않

---

1) 伊는 殷나라 伊尹, 周는 周나라 周公.

은 것이 없었다. 비록 그 지위에 있더라도 재주가 미치지 못한다면, 그 일을 할 수 없다. 대원군은 용맹 과감하고 번개처럼 빠르고 변통에 능하여 옛일에 얽매이지 않았고, 일을 곧장 단행하여 다른 사람 말을 돌아보지 않았다. 권세 있는 인척을 배제하고, 문벌(門閥)을 타파하고 군포(軍布)를 고쳤으며 서원을 철폐한 것은, 모두 뛰어난 굳센 힘에서 나온 것이었다. 대대로 내려오던 동주철벽(銅柱鐵壁)과 같은 굳은 습관에 손을 대어 부수었으니 진정한 정치상 대혁명가였다.

그리고 그 때로 말한다면 전지구상의 시국(時局)이 일변하여 유럽과 미국의 풍조가 동아시아에 스며들어 중국은 영국·프랑스와 전쟁을 치렀고, 일본은 혁신의 소리를 외쳤으며, 한반도 또한 따라서 동요하여, 정치계 인걸(人傑)이라 한다면, 옛 것을 없애고 새것을 반포하고 나라 기틀을 다시 세워 나라 명맥을 이어가야 할 때였다. 하물며 외척이 나라를 병들게 한 나머지, 백성이 초췌하게 되어 (백성은) 배고픔과 목마름을 벗어나 먹고 마실 수 있게 할 정치를 바랐다.

무릇 대원군은 그 '지위'가 큰일을 할 수 있었고, '재주'가 큰일을 할 수 있었으며, 또 '시운(時運)'도 큰일을 할 수 있었는데, 꼭 필요한 것은 '배움'이었다. 고금을 두루 통하고 세상을 관찰할 만한 학식으로 힘센 팔을 걷어붙이고 새로운 조선을 건설하여 문명한 열강과 같이 바다와 육지로 함께 달리며 여유로워야 하였다. 애석하게도 대원군은 배운 바가 없어 안으로는 사사로운 지식으로 나라를 다스려 움직임이 많고 거동이 지나쳤으며, 밖으로는 배척을 주로 하여 쇄국을 행하여 스스로 소경이 되었다. 마침내 매우 가까운 곳[2]에서 변란이 발생하여 화(禍)가 나라에 미쳤으니, 반도 중흥의 기운도 마침내 회복하지 못했다. 아! 애석하도. 아픈 역사(痛史)가 여기에서 비롯되었다.

대원군은 먼저 정권을 통일하여 대강(大綱 : 큰 기강)을 세웠다. 그 전에는 정당이 갈라져서 사색(四色 : 노론·소론·남인·북인)이 기치를 내걸고 각 벽루(壁壘)에서 서로 다투니, 이쪽이 강하면 저쪽이 쇠약하고, 동에서 일어나면 서에서 분발하여 보복이 끊이지 아니하였다. 선혈(鮮血)이 길게 흘러, 3백 년 동안 비록 어질고 지혜 있는 선비나 충성스럽고 착한 신하라 할지라도, 모두 이 당쟁의

---

2) 고종 왕후 민씨와 민씨 세력.

소용돌이에 빠져들어 감히 나랏일을 돌보지 않고 자기 안위만을 위해 힘썼다. 외척이 정권을 마음대로 하여 권력을 다투고, 또한 저마다 나뉘어 권력 다툼을 하였으며, 벼슬을 위해 아첨하고 뇌물을 서로 다투었으니, 그 방법도 다양하였다. 대원군은 외척을 배제함은 물론 당쟁을 가라앉히고, 사람을 쓰되 오직 그 사람의 재주만을 보고 가문에 얽매이지 않았으며, 정치를 행하되 오직 한길로 나아갔다. 달리 곁길로 빗나감이 없어 권력이 하나로 통일될 수 있었다.

2. 경복궁 중건(重建)

경복궁은 조선 개국 초 창건되었으나 임진왜란 때 병화(兵火)로 불타 없어졌다. 주춧돌만 나뒹굴고 인적이 끊어지고 잡초만 우거진 지 2백 년이 넘었다. 일찍이 헌종 때에 중건하자는 논의가 있었으나 재정이 궁핍하여 그만두었다. 이때에 대원군이 앞장서서 조정에 "이는 선왕(先王)이 남기신 뜻이라 감히 어길 수 없다"고 건의하였다. 반대하는 자가 있었으나 그것을 물리치고 공사를 일으켜 대장군 이경하에게 명하여 감독하게 하였다. 공부(貢賦)[3]를 많이 징수하고 인두세(人頭稅)[4]를 부과하였으며, 경기도 내 백성을 동원하여 돌아가면서 일을 시키니 하루 인원이 수만 명에 이르렀다. 춤꾼과 가기(歌妓)를 모집하여 대(隊)를 편성하고 공연케 하여 일꾼들을 격려했다. 관동지방(강원도) 거목을 벌채하여 뗏목으로 만들어 강물에 띄워 수송하였으며, 목자를 쌓아둔 것이 산더미 같았다.

어느 날 저녁에 불이 나서 타 버리자 많은 사람이 놀라 공사를 그만두자 하였으나 대원군은 조금도 흔들리지 않고 더 널리 목석을 채집하여 속히 완성하도록 하였다. 또한 재목이 될 만하면 각 대가(大家)집 무덤가에 심은 나무까지도 벌채하면서 "이것은 나라의 큰일이다. 그대 집안 조상의 영혼이 있다면 반드시 즐거워하며 도와줄 것이다"라 하였다. 그리고 국고(國庫)만으로 중건 비용을 충당할 수 없게 되자 종친(宗親) 및 경재(卿宰) 이하 지방관리, 상민(常民)들로부터 기부금을 거두어들였으니, 이것이 원납전(願納錢)이었다. 그래도 모자라

---

3) 지방 토산물을 나라에 바치던 조세.
4) 각 개인에 대해 일률적으로 부과하는 조세.

서 다시 당백전(當百錢)⁵⁾을 주조하여 충당하였다. 을축년(1865)에 시공해서 정묘년(1867)에 낙성하니 공사비용이 8천만 냥이었다. 다시 대궐 밖에 육조(六曹) 청사를 지어 좌우에 나란히 자리잡게 하였다. 이에 왕은 창덕궁에서 옮겨와 과장(科場 : 과거시험)을 베풀고 낙성식을 가졌다. 경회루는 매우 크고 장엄하고 화려하였으며 우뚝 솟아 사방에서 볼 수 있었다. 대원군의 과단성 있는 결정이 아니었다면 될 수 없었던 일이었다. 그러므로 이것을 보고 그의 성격을 상상해 볼 수 있다.

그러나 이런 역사(役事)는 국가 제도가 안정되고 재정이 풍부해진 뒤에 했어야 하였는데, 먼저 선왕의 궁궐부터 수축한 것은 옳지 못했다. 그때 상황은 온갖 법이 해이해지고 국력이 피폐해 있어, 피폐하고 추락된 것을 들어 고치는 것이 무엇보다도 시급하였는데, 할 것은 안 하고 안 할 것을 하였으니 이럴 수가 있단 말인가. 하물며 당백전을 주조하여 나라의 화폐정책을 더욱 어지럽히고 원납전을 징수하여 민력(民力)을 쇠약하게 한 것은 완급(緩急)을 잃은 큰 실책이었다.

3. 서원 철폐

우리나라 서원은 중종 때 유학자인 주세붕(周世鵬)의 백운동(白雲洞) 서원에서 비롯되었다. 대개 산수 좋고 고요하고, 선유(先儒) 학자들이 머물렀던 곳을 정해 수양하며 선현이 인재를 키우던 뜻을 본받았으니 진실로 아름다운 것이었다. 그러므로 조정(朝廷)에서 편액(扁額)을 내리고 서적을 하사하며 장려하였다. 이로 말미암아 사림들은 다투어 각처에서 자진해서 서원을 설립하니 변두(籩豆)⁶⁾가 즐비하였고, 거문고 소리와 책 읽는 소리⁷⁾가 가득하였다. 그러나 급기야 뒤에 와서 폐해가 나타나게 되었다. 앵무새처럼 주견 없이 말만 따라하고, 원숭이가 모자를 쓴 것처럼 흉내만 내면서 읍양(揖讓)⁸⁾을 가장하고 다툼을 일

---

5) 한 푼이 엽전 1백 푼과 맞먹던 돈.
6) 제사나 잔치 때 쓰는 그릇.
7) 학교 교육.
8) 손 모아 절하면서 겸손한 뜻을 표시함.

삼았고, 청류(淸流)⁹⁾에 의탁해서 명리(名利)¹⁰⁾만 추구하였으며, 조상의 음덕을 빙자하여 횡포를 저질렀다. 이로 말미암아 서원은 당쟁의 연출장으로 변했으며, 사문(私門)이 대립하는 보루가 되었고, 무위도식(無爲徒食)의 소굴이 되었다. 특히 화양동의 우암 송시열(宋時烈) 서원은 더욱 절대적인 세력을 차지하여 원장(院長)으로 피선되는 것은 입각(入閣)하는 것과 같은 정도의 영광으로 여겼으며, 백성을 호령함이 목사(牧使)나 방백(方伯)보다 더 엄했다. 화양동 묵패자(墨牌子)¹¹⁾는 백성들에게는 공포의 대명사가 되었다.

　대원군은 민간에서 자라서 서원의 폐단을 잘 알고 있었다. 그는 붕당과 토호를 제거하려면, 그 소굴을 철거해야겠다 마음먹고, 이에 각 도에 서원을 철폐하라고 명령하였다. 특수한 것 약간만 남겨 놓고 모두 헐어 버렸으며, 서원 유생들은 모두 집으로 돌아가서 학문을 연마케 하고, 어기는 자는 반드시 죽이되 용서하지 않았다. 그러나 서원에서 모시는 사람이 모두 명문 집안 조상이었고, 그 땅과 재산이 모두 유림들 은거지였으므로 서원철폐에 반대하는 풍조가 사방에서 빗발치듯 하였다. 각 도 유생들은 통문(通文)을 내어 사람을 모으니, 치건(緇巾)¹²⁾한 사람과 가죽 허리띠¹³⁾를 두른 사람들로 서울에 모여든 자 만여 명은 글을 올리어 진정하였으며, 청하는 바를 들어주지 아니하면 물러가지 않겠다고 맹세하였다. 조정은 변란이라도 발생할 것을 두려워하여 대원군에게 입을 모아 "서원은 선현을 제사지내고 사림을 배양하는 곳인데 어찌 철폐하여 양반들의 반발을 들끓게 하는가. 원컨대 그대로 보존토록 해 달라"고 간언하였다. 그러자 대원군이 노하여 "진실로 백성에게 해가 된다면 비록 공자(孔子)로부터 나온 제도라 하더라도 나로서는 용서할 수 없을 것인데, 하물며 서원이 조상에게 제사지낸다 하면서 도둑 소굴로 바뀌어 공자에 죄를 저질렀으니 어찌 그대로 둘 수 있겠는가"라 말하였다. 형조(刑曹) 및 각 병 군졸에 명하여 유생들을 모두 한강 밖으로 몰아 쫓아버렸다. 지방관리들이 우물쭈물하며 바로 시행하

---

9) 청렴결백한 자.
10) 명성과 이익.
11) 먹으로 쓴 패찰.
12) 유생들이 쓰는 검은 두건.
13) 문무관이 사용하는 허리띠.

지 않는 자가 있으면 지체 없이 관직을 빼앗고 죄를 물었다. 각 지방에서는 이런 소리를 듣고 벌벌 떨며 일시에 서원을 헐어 버렸으며, 그 땅에서 생산되는 양곡은 군량으로 삼았다. 이에 양반들은 그 근거지를 상실하였으며, 모두 마음속으로 불만을 품고 대원군을 헐뜯어 욕하기를 동방의 진시황(秦始皇)이라 하였다. 그러나 백성들은 한결같이 그의 현명한 결단을 칭송하였다.

4. 조세 정책 개혁

조선시대 세법으로 이른바 군포(軍布)가 있다. 세상에서 황당하고 잘못된 법 가운데 이것보다 심한 것은 없을 것이다. 그런데 4백 년 동안 시행되다가, 대원군에 이르러 비로소 혁신(革新)되었다. 대개 납세라는 것은 국민의 동등한 의무로서, 세금을 많이 내는 자가 의정(議政)에 뽑힐 권리를 가지며, 세금을 내지 아니하는 자는 국민 자격을 잃는 것이 각국의 예이다.[14] 그런데 우리나라는 이와 반대로 세금을 내는 자는 천하고 자격이 없으며, 세금을 내지 않는 자가 귀하고 권리가 있었다. 국초에 호포(戶布)는 있었고 군포(軍布)는 없었는데, 이때 포는 곧 화폐였다.

중종 때에 양연(梁淵)의 주청으로 군포로써 호포를 대신케 하였다. 휴번(休番)[15]한 군졸들에게 신역(身役)을 대신하여 포를 내도록 한 뜻은 잘못이나, 군졸들이 서울에 올라와서 근무하는 것을 면제하여 집에서 생업에 종사토록 하고 신역 대신 포를 바치게 한 것은 죄가 되지는 않았다. 그러나 오랜 시일을 시행하자 군포 액수가 날로 증가하여 관에서 계산한 것보다 많아졌고, 심지어 왕실 경비나 관료 녹봉, 서리 급료 등을 모두 여기에서 취하게 되었다. 그런데 군졸이 점점 많이 죽었는데도 군적(軍籍)에 실려 있게 되니 군적은 모두 귀록(鬼錄)[16]이 되었다. 이에 이름만 보고 포를 징수하니, 어미 뱃속에서 갓 떨어진 어린아이나[17] 죽어서 이미 땅속에 들어가 백골이 된 자들[18]까지 모두 착취당하였

---

14) 그때 서양 민주주의 정치에서는 재산이나 성별 등에서 아직 차등이 존재하였다.
15) 군역의 번을 담당하지 않음.
16) 죽어서 이미 귀신이 된 사람들의 명부.
17) 황구첨정(黃口簽丁).
18) 백골징포(白骨徵布).

다. 또한 그 이웃[19]이나 친척[20]으로부터 징수하고, 그렇지 못하면 그 마을사람에게 물렸으니, 군적은 우리 백성이 영원히 벗어날 수 없었던 죄인 명부(罪案)[21]였다. 한편 귀족 집안이나 충훈가(忠勳家), 효자 열녀가(烈女家), 과거급제자나 서사자(筮仕者)[22]나 관리가 된 자는 모두 군역이 면제되어 국민의 의무를 부담하지 않았을 뿐 아니라 도리어 월등한 권리를 누렸다. 그 인원이 날로 증가하니 세금을 어디에서 거둘 것인가. 관청에서는 단지 귀록만을 보고 군포를 책정하여 일체를 처리하니, 법의 잘못됨이 여기에서 그칠 것인가. 무릇 군인은 국가를 방비하여 인민을 보호함을 직분으로 삼는다. 그러므로 먹고사는 것을 잘 대접함은 떳떳한 법인데, 그들이 이처럼 천대받고 학대받으니 어찌된 일인가. 조정에서도 그 폐단을 알아 여러 차례 개혁하자는 논의가 있었으나, 그 발언은 늘 조정을 떠들썩하게만 하였을 뿐 결론을 이끌어 내지는 못하였다. 이에 이르러 대원군이 의연히 개혁을 단행하여 군포를 혁파하고 호포를 징수하여, 귀천을 구분하지 않고 고루 국세를 부담지웠다. 이에 오래도록 쌓인 폐막(弊瘼)이 일거에 깨끗해졌다.

  우리나라 환곡(還穀) 제도는 고구려 고국천왕(故國川王) 때 진대법(賑貸法)이 그 근원이었다. 해마다 봄에 관곡을 내어 빈민에게 빌려주어 그 농작을 돕고, 가을걷이가 끝나면 관에서 거두어들이니, 이를 환자(還子 : 還上)라 하였다. 백성이 그 혜택을 받았으니 진실로 좋은 법이었다. 그 뒤로 계속되었으나 조선에 이르러서는 폐법(弊法)으로 바뀌어 백성을 빈곤하게 하고 관을 살찌게 함이 막심하였다. 나누어 주는 뜻이, 진대가 아니고 그 이자를 백성들에게 더 부담시키는 것이 되었다. 그러므로 그것을 거두어들일 때 더 거두는 것을 모미(耗米)라 하였으며, 그 명목도 매우 많았다. 관사(官司) 서리배는 자신들 급료도 거두어들였으며, 간악한 방법으로 문서에 농간을 부리니 이자 액수가 문득 증가하여 하나가 열이 되고, 열이 또 백이 되니, 백성 부담이 날로 증가하였다. 또한 간악한 향리와 지방 토호들은 벌레가 먹어 생긴 부족분도 백성으로부터 거두어 보

---

19) 인징(隣徵).
20) 족징(族徵).
21) 죄안. 죄과에 대한 재판 기록.
22) 처음으로 벼슬한 사람.

충하니 백성들은 더욱 감당하지 못하였다. 이에 이르러 대원군은 주자(朱子)의 사창법(社倉法)[23]으로 바꾸어 그 폐단을 고쳤다.

재정통일책을 실시해 거두어들인 각종 세금은 중앙에 보내도록 하고, 각 도에서 대동법(大同法)[24]에 따라 거두어들이는 쌀이나 포, 돈은 체납하지 못하도록 하였다. 이에 선혜청(宣惠廳)[25]·만리창(萬里倉)·상평창(常平倉)[26]·군자감(軍資監)[27]·광흥창(廣興倉)[28] 등의 창고가 모두 가득 차고, 은괴·전화(錢貨)를 부민(富民)에게 맡겨 이자를 늘리고, 다시 종친부(宗親府)[29] 안에 창고를 지어 은화를 저장하였다. 이때의 부력(富力)이야말로 족히 10년 동안의 경비를 지출할 수 있었고, 그 성과는 실로 근래에 볼 수 없던 것이었다. 그러나 나라의 부(富)는 백성의 부에 기초한 것인데, 백성들의 생업을 장려해 부의 근원을 개척하는 데까지는 미치지 못하였다. 이것은 대원군의 학식이 짧은 까닭이 아니겠는가.

5. 국방에 대한 관심과 풍속 교정

〈생략 : 대원군은 서양 세력 침투에 대비하여 군제를 개편하고, 군사를 훈련시킴. 그리고 의관(衣冠) 등 각종 습속을 바꾸었으며, 양반이 잘못을 저질러도 묵인하는 폐단이나 과객당(過客黨) 폐단 등도 개혁함.〉

6. 천주교 금지 및 신도 학살

대원군이 서교(西敎 : 천주교)에 대하여 피비린내 나는 탄압을 한 것은 진실로 외세를 배척하려는 열의에서 나온 것으로 너무 난폭했다. 그러나 이제 와서 살펴보건대 서교가 우리나라에서 매우 발달할 수 있었던 것은 어찌 보면 그 유혈(流血)의 효과가 아니었겠는가. 그 전말의 대강을 기술하면 다음과 같다.

〈중략 : 인조 이후 서학 및 천주교 전래와 조정의 금지〉

---

23) 곡식을 저장해 두었다가 흉작에 대비하는 제도.
24) 특산물로 바치던 공물을 쌀로 환산하여 바치게 하던 법.
25) 대동법에 따라 거두어들인 조세를 관리하던 관청.
26) 물가를 조절하던 관청.
27) 군수품 출납을 맡아보던 관청.
28) 관리 녹봉에 관한 사무를 보던 관청.
29) 왕실의 족보 작성 보관 및 왕족들을 관리하던 관청.

1866년(고종 3) 1월(이하 음력), 러시아 군함이 원산에 와서 통상 및 한국내륙으로의 이주건에 대해 청하여 왔다. 이때 러시아는 베이징조약[30]으로 흑룡강 북쪽 땅을 차지하여 한국 함경도와 경계를 접하게 되었고, 태평양 방면으로 진출하고자 이런 교섭을 요구하였다. 대원군은 비록 준엄히 거절하였지만, 마음 속으로 두려워하여 군사적 대비책을 강구하였다. 선교사들은 이런 기회를 이용하여 정부로부터 포교의 공인을 얻고자, 궁중에 있는 신도들에게 러시아를 방어할 계책을 논의토록 하면서 "러시아를 방어하는 것은 영국·프랑스와 우호를 맺는 것보다 좋은 것이 없고, 영국·프랑스와 우호관계를 맺으려면 선교사의 힘을 이용하는 것보다 더 좋은 계책이 없다"고 말하도록 하였다. 또한 박마르다(朴Martha)[31] 부인에게 대원군 부인을 설득하게 했으며, 남상교(南尙敎)가 대원군을 뵙고 또한 이런 방책을 아뢰면서 다블뤼(Daveluy) 신부를 불러 만나볼 것을 청하여 허락받았다. 이에 다블뤼가 1월 25일 입경하였고, 또한 베르뇌(Bernuex) 주교도 29일에 도착하여 면담하고자 하였다.

  그런데 대원군은 신년(新年) 일이 바쁘다는 핑계로 만나기를 허락하지 않았다. 여러 날 머물러 있던 러시아 함대가 닻을 올리고 가 버리자, 대원군은 국제적인 의견을 천주교 교도에게 듣는다는 것은 나라를 크게 욕되게 하는 것이라 하고 노하여 그들을 없애 버리고자 하였다. 그때 마침 한 통의 비서(飛書)[32]가 베이징으로부터 전해졌다. 그 글에는 '청국은 일찍이 양교(洋敎 : 西敎)를 박멸하였으나 복수한 일은 없었는데, 최근 역내(域內)에 있는 외국인을 살해하겠다는 의논이 벌써 결정되었다'라고 하였다. 또한 각 도 곤리들 또한 대원군이 배외(排外)의 뜻을 품고 있다는 것을 알고 앞다투어 양이(攘夷)[33]를 외치면서 아부하였다. 더하여 많은 사람들이 남의 의견에 부화뇌동하여 떠들었다. 이에 대원군의 의사가 결정되어 교도를 학살하는 참극이 벌어지게 된다.

  2월 20일 밤에, 홍종삼(洪鍾三)·남상교·이신규(李臣逵) 등이 체포되었으며, 이

---

30) 1857년 애로호사건으로 영국과 프랑스 연합군의 베이징 침략을 해결하기 위해, 1860년 청이 영국과 프랑스 및 러시아와 맺은 조약. 이때 러시아는 우수리 강 동쪽을 할양받았다.
31) 고종의 유모.
32) 이름을 숨긴 글.
33) 오랑캐를 물리침.

경하(李景夏)·이재소(李在韶) 등이 대원군의 명을 받고 성중에 있는 교도들을 수색하여 남녀노소를 가리지 않고 모두 살해하니 이때 죽은 자가 1만여 명이나 되었다. 22일에 이르러 시체를 수구문(水口門) 밖에 버리니 높이가 구릉만 하였고, 성중 개천은 모두 붉은 빛으로 변했다. 이날 선교사 베르뇌·다블뤼 등도 잡혔다. 3월 초에 이르기까지 체포된 선교사는 9명으로 모두 처형되었다. 베르뇌 주교가 처음 감옥에 들어왔을 때 그를 개종시켜 돌아가게 하려고 달랬으나, 그는 "하느님께 몸을 바쳤고, 의롭지 못하게 굴복하는 것은 옳지 못한 것"이라 하면서 권유를 듣지 않고 죽었다. 다블뤼 신부는 형장에 들어가면서 조용히 고개를 숙이고 손을 받쳐들고 마지막 기도를 올린 뒤에 죽음에 임했다. 이보다 이틀 앞서 먼저 남상교도 효수(梟首)당했고, 홍종삼·이신규는 종로에서 거열(車裂)형으로 처형되었다. 또한 팔도에 명하여 교도 12만 명을 붙잡아 모두 죽였다. 어떤 사람은 이교(吏校)[34]의 원한으로 억울하게 화를 당한 경우도 있었다.

그 무렵 프랑스 선교사로 한성에 머문 자가 12명 있었으나 난을 피해 도주한 자는 겨우 3명이었다. 리델(Ridel) 신부는 낮에는 숨어 있고 밤에만 걸어서 황해도 장연에 도착, 어선을 얻어 타고 중국 웨이하이(威海衛)[35]로 갔으며, 다시 즈푸(芝罘)[36]를 거쳐 톈진에 도착하여 해군 제독 로즈(Roze)를 만나 이런 변고를 알렸다. 이때 베이징 주재 프랑스 공사 벨로네(Henri de Bellonnet)가 이미 이 보고를 접하고 크게 놀라, 공친왕(恭親王)에게 청과 조선의 관계에 대해 물었다. 공친왕은 "조선은 청국의 속방이 아니다"라고 하였다. 이에 프랑스는 곧장 군사를 파견하여 조선으로 달려가려 하였으나, 마침 교지(交趾)[37]에 난(亂)이 있어 이를 도와주는 일이 급하므로 실행하지 못하였다. 교지의 난이 평정되자, 7월에 벨로네가 공친왕에게 서신을 보내 조선을 정벌하겠다는 일을 알려왔으며, 리델 신부를 통역 삼아 먼저 군함 3척을 파견하여 한강 부근을 탐사하였다. 9월 로즈 제독이 즈푸를 출발하여 다도해를 지나 한강으로 거슬러 들어오다가 1척이 암초에 부딪혀 깨어지고, 2척은 한성

---

34) 관아의 하급관리 이서와 군교를 이름.
35) 산동반도 북쪽 항구 도시.
36) 중국 산동성 옌타이의 옛 이름.
37) 현재 베트남 북부 통킨·하노이 지방.

근교 양화진·서강 일대에 진출하여 닻을 내리고 수심을 측정하다가 갑자기 한성 군대의 습격을 받았다. 그들은 감히 싸워 볼 생각도 못하고 급히 즈푸로 돌아갔으니, 그것은 군사가 적었던 까닭으로 대군을 이끌고 올 것을 계획한 것이었다. 교도들은 모두 실망하고 탄식하였다.

7. 프랑스군 대파

프랑스 함대가 퇴각하자, 대원군은 그들이 다시 올 것을 헤아려 인재를 널리 채용하고 여러 사람의 대응책을 받아들여 군사력을 강화하였다. 이때 한성근(韓聖根)·윤웅렬(尹雄烈) 등은 무재(武才)가 뛰어나 등용되었으며, 김기두(金箕斗)·강국(姜國) 등은 기교(機巧)의 재질이 뛰어나서 기용되었다. 초야(草野)에 묻혀 있는 자도 대책을 제시하는 이가 많았다. 삼군영(三軍營)을 두고 2군 2대와 총후군(總後軍)·별초군(別哨軍)·왜창대(倭鎗隊)·호미창대(虎尾鎗隊) 등을 편성하고, 사람을 일본에 파견하여 총검을 구입하였다. 또한 포병대를 편성하고 기관포를 수리하여 해안 수비를 공고히 했다. 이경하를 순무사(巡撫使)로, 이원희(李元熙)를 순무중군(巡撫中軍)으로 삼아, 정예 5천 명을 선발하여 양화진에 주둔하도록 했다. 또한 대신들이 제의하는 화의(和議)를 배척하였다. 이에 사기가 충천하여 모두 일전(一戰)을 겨루어 보았으면 하고 바랄 정도였다. 이때 대원군은 실로 천하를 삼킬 만한 기개가 있었다.

같은 해 10월, 프랑스 해군제독 로즈가 군함 7척과 2천 5백 명 병력을 인솔하고 즈푸를 출발하여 물치도(勿淄島 : 작약도) 부근에 이르렀다. 대원군은 싸워 막으라고 명령하였다. 이경하는 각 군을 총지휘하여 8천 명 병력으로 경성을 수비하고, 이원희는 선봉대 3천 명을 거느리고 통진에 주둔했으며, 정지현(鄭志鉉)은 인천에 진을 치고, 김선필(金善弼)은 부평에 진을 쳤다. 또 강화방비군 3대를 편성하여 한성근은 문수산성을 지키고, 양헌수(梁憲洙)는 정족산성을 지키고, 이기조(李基祖)는 광성진을 지키니 3대의 인원이 6천 명이었다. 10월 14일, 프랑스 함대 1척이 한강을 거슬러 바로 상륙하여, 15일 초지진과 광성진을 함락하고, 16일 강화를 함락하였다. 강화유수 이인기(李寅夔)와 통진부사 이공렴(李公濂)이 성을 버리고 도망하였으며, 전(前) 판서 이시원(李是遠)은 음독자살했다. 이에 한성이 크게 동요하여 화의를 주장하는 사람도 있었고, 혹은 임금을 북한산성으로 모시자는 주장도 있었다. 대원군은 의연히 그것을 배척하며 "나라는 망하지 않는 나라가 없고 사람은 죽지 아니하는 사람이 없는 법인데 죽든지 망하든지 하면 해야지 어찌 가히 오랑캐에게 화의를 하자고 애걸할 것이며, 또한 어찌 경고를 들었다고 바로 숨겠는가"라고 말하였다.

프랑스군은 2대로 나누어 상륙하여, 한 부대는 통진을 침범했으며, 한 부대는 문수산성을 침범했다. 10월 26일, 문수산성을 침범한 프랑스군은 잠복중이던 한성근의 소부대에게 막대한 손실을 입었다. 우리 군사는 험한 지역에 자리잡고 지키면서 10여 일이나 버티었다. 대원군이 다시 평안도 정포병(精砲兵)을 보내 싸움을 돕자 군세(軍勢)가 크게 강화되었다. 11월 7일, 프랑스 해군 대령 올리비에(Ollibier)가 육전대(陸戰隊 : 해병대)로 하여금 정족산성을 공격하려다가 양헌수가 이끈 정예병에게 공격당해 참패하였다. 로즈는 기세가 꺾여 마침내 강화성을 불사르고 도망쳤다(병인양요, 丙寅洋擾).

이경하 등이 개선하자, 대원군은 마침내 서양인을 경시하여 "저들은 비록 튼튼한 함대와 좋은 무기를 가지고 있으나 그 군대는 매우 약하니 두려워할 것이 없다"고 하였다. 그러고는 '洋夷侵犯 非戰則和 主和賣國(서양 오랑캐가 침범하는 데 싸우지 않으면 화친을 하자는 것이요, 화친을 주장하는 것은 나라를 파는 것이다)'라는 열두 자 및 "戒我萬年子孫(자손 만대에 경계한다)"는 여섯 자를 비석(척화비)에 새겨 한성에서부터 각 시읍 거리에 이르기까지 일제히 세웠다. 다시 묵공(墨工)[38]에게 명하여 먹을 만들 때는 반드시 이 12자를 새겨 넣어 팔게 하였다. 이에 전국적으로 양이(攘夷) 여론이 일치하였다. 프랑스인들은 보불전쟁[39]으로 인하여 그 뒤 다시 침범하지 못하였다.

8. 미국 군함 격퇴

1865년 6월, 미국 상선 1척이 황해도 해안에서 조난으로 파손되었다. 대원군은 신문을 하고 잘 대접한 뒤 돌려보내라고 명하였다.

1866년(고종 3) 7월, 또 미국 상선 1척이 즈푸를 출발하여 대동강을 거슬러 올

---

38) 먹 만드는 사람.
39) 프로이센-프랑스전쟁(1870). 통일 독일을 이룩하려는 비스마르크의 정책과 그것을 저지하려는 나폴레옹 3세의 정책이 충돌하여 일어난 전쟁.

라오다가 평양에 이르렀는데, 탐사하러 온 것인지, 유람하러 온 것인지, 고분 보물을 취하려 온 것인지를 알 수 없었다. 배에 탄 사람은 미국인 3명, 영국인 2명, 말레이시아인 및 중국인 19명이었다. 그때까지도 평양 백성들은 외국인을 눈으로 본 적이 없었던 까닭에 이들을 프랑스인이나 해적으로 알고 마침내 불질러 섬멸하였다(제너럴 셔먼호 사건).

대개 미국인이 프랑스인과 다르다는 것과, 상선이 병선과 다르다는 것을 알지 못한 데서 이런 일이 일어났다. 이런 점에서 구미인(歐米人 : 서양인)은 우리를 야만인이라고 비웃게 되었다. 그러나 이때 구미인 또한 우리에게 만행을 저질렀다.

1868년(고종 5) 4월, 미국인 젠킨스(Jenkins)가 상하이에서 독일연방 상인 오페르트(Oppert), 통역관으로 프랑스인 선교사 페롱(Ferron)[40] 등과 함께 모의하고, 기선 2척에다 서양인 8명, 말레이시아인 20명, 중국인 1백 명을 태우고 상하이를 출발하여 일본 나가사키(長崎)로 향하다가 뱃길을 돌려 충청도로 들어왔다. 5월 8일에 아산만 행담도에 정박했으며, 다음날 작은 기선에 약간 명을 태우고 해안 입구 40해리 떨어진 곳에서 밤이 되기를 기다렸다가 상륙하였다.

오페르트는 그 무리를 지휘하여 몰래 덕산(德山)에 들어와 대원군의 부친 남연군(南延君) 묘를 파헤쳤다.[41] 관을 열려다가 실패하고, 날이 밝아오면서 그곳 사람들이 급히 추격하자, 총을 쏘며 도망하여 마침내 배로 돌아갔다. 다시 아산에서 강화만에 이르러 또한 우리 군사의 추격을 받고 급히 도주했다. 저들의 계책이 남연군 유해를 유괴하여 배상금을 요구하려 했던 것인지, 그 속에 황금과 보물이 있을 것으로 믿고 그것을 취하려 한 것인지는 알 수 없었다. 이로 말미암아 대원군의 서양인에 대한 원한이 더욱 깊어졌고, 백성들 또한 모두 배척하여 그들을 굴총도(掘塚盜)[42]라 하면서 "저들이 그런 만행을 저지르면서 스스로 문명인이라 자랑하는 것은 모두 속이고 위협하는 것이다"라고 말했다. 배외사상(排外思想)이 더욱 굳어져서 이를 뿌리째 없애는 것은 불가능하였다.

---

40) 다년간 조선에서 포교활동을 했던 사람.
41) 남연군 분묘 도굴사건 또는 덕산굴총사건.
42) 묘를 파헤치는 도둑놈.

미국 상선이 피해를 받은 뒤 미국 함선이 다시 대동강 어구에 들어와서 그 피해 전말을 상세히 조사하였다.

신미년(1871) 미국 정부는 베이징 공사관 서기 및 상하이 총영사의 보고를 받고, 일찍이 일본을 개발(개항)했던 것과 같이 조선을 개발하고자 이 기회를 이용하였다. 곧 베이징 공사 로(Frederick F. Low) 및 태평양 함대 사령관 해군 소장 로저스(J. Rodgers)에 명하여 해원조난구호조약 체결에 주력하고 또 통상수교도 되도록 가능하도록 하였으며, 병력은 사용하지 말도록 하였다.

5월 16일 미국함대 5척이 일본 나가사키를 출발하여 25일 월미도(月尾島) 부근에 정박하였다가, 30일 물치도와 율도(栗島) 사이로 옮겨 정박했다.

6월 2일 포함 2척, 작은 기선 4척으로 한강으로 진입하기 위해 강화 해협 손돌목을 지날 때 우리 군대가 포격을 가하자, 미국함대는 피해를 입고 물러갔다. 이때 미국 군인들이 상륙하여 강화유수를 만나 미국과 통교할 것을 정부에 타진한즉, 정부는 "우리나라는 4천 년 쌓아 온 문화로도 족하거늘 어찌 다른 것을 구하리오"라고 대답하였다.

6월 10일, 미국 해군 중령 블레이크(Homer C. Blake)가 포함 2척, 작은 기선 4척, 보트 20척에 병사 759명과 대포 7문을 싣고, 그날 오후에 광성진의 제1포대를 함락하고 이어 육전대(陸戰隊)를 상륙시켰다. 다음날 연이어 제2, 제3포대를 함락하였다. 중군(中軍) 어재연(魚在淵)과 그 아우 재순(在淳)이 힘써 싸우다 함께 전사했고, 우리의 정예 포병이 힘을 다해 막아냈다. 미국공사는 '이 일로 싸우는 것은 본국 정부의 뜻이 아니며, 한성으로 진입하려면 정부의 훈령이 다시 있어야 한다'고 하고, 이에 사령관과 의논하고 독립기념일 전날에 닻을 올리고 돌아가서 다시 오지 않았다. 이 일로 백성들이 더욱 서양인을 경시하였다(신미양요, 辛未洋擾).

〈안〉 대원군이 프랑스, 미국과 전쟁을 치르면서 의기가 더욱 높아져서 일찍이 시(詩)로써 그 의지를 이야기한 것이 있다. '서양 선박 불타는 연기로 천하가 어두웠지만 동방 일월은 오래도록 밝으리'라는 것이었다. 한때 꿈같은 말이긴 하였지만 또한 장하지 아니한가. 그러나 대개 프랑스인이 온 것은 포교를 위함인데 그들을 죽인 것은 잔혹하였고, 미국인이 온 것은 통상을 열고자 함이었는데 이를 거부하고 싸운 것은 고루한 짓이었다. 그때 사정에서 마땅한 것은 반드시 다른 나라들과 수교를 잘하고, 정법(政法)·예술(藝術 : 기술) 분야에서 널리 좋은 인재를 뽑고, 교육과 식산(殖産)에 힘써 진보를 꾀하여 우리 백성들의 지혜를 깨우치고 우리 실력을 키워 나라가 자립할 수 있도록 하는 것이었다. 저들은 우의(友誼)로써 대했으나 우리는 적의(敵意)로써 대했고, 저들은 말(言辭)로써 하였으나 우리는 무력(干戈)으로 답했다. 또한 우리 문물이 이미 족하다고 말하고, 우리 무력이 이미 강하다고 하여, 고루하고 오만하게 고집만 부려 이런 기회에 역행하여 도리어 그 재앙을 입었다. 누구라도 대원군이 시급하고 중요한 일을 알지 못하고 망령되이 대세를 거역했다고 탓하지 않으리오.

　그러나 감히 말하건대 그 뒤 정치한 사람들의 죄가 더 심했다. 무릇 대원군의 쇄국정책은 오히려 시대상황으로서 이해할 수 있다. (그러나) 우리들이 걸어온 자취가, 좁은 나라를 떠나지 못하고, 보는 힘도 해외에 미치지 못하여, 한 모서리만을 바라보는 관견(管見)[43]으로 시세를 헤아리지 못한 것은 대원군 한 사람뿐 아니라 온 나라 사람이 다 그러했다. 대원군이 시세를 관찰했다면, 어찌 분발하여 해보고자 하지 않았으리오. 그런데 그 뒤의 위정자들로 말하자면, 각국과 통교하고 문호를 개방하여 사신 왕래가 계속되고, 황인종과 백인종 간에 입을 맞추며 유럽·북아메리카와 아시아가 악수하는 때에, 우리 가운데에는 시급하고 중요한 일을 알고 때를 살필 줄 안다고 자랑하는 사람이 많았다. 그런데 인습에 젖어 남을 따라 하기만 좋아하고, 즐기고 놀기만 하고, 게으르고 오만하여, 털끝만큼도 자강사업에 힘을 기울이지 않아 우리 사직(社稷)을 멸망시켰으니 그 죄가 더욱 심한 것은 어찌할 것인가.

9. 일본과의 교섭

　〈생략 : 일본이 메이지유신 뒤 조선에 보낸 문서에 황제, 황칙 등의 용어를 사용하자, 조선 조정에서는 이것이 전례와 다르다는 이유로 돌려보냄. 이즈음 일본에서는 정한론(征韓論)[44]이 일어남〉

---

43) 좁은 소견.
44) 1870년대 전후하여 일본 정계에서 일어났던 조선 정복에 관한 주장.

10. 대원군의 환정(還政)[45]

대원군의 10년 정사(政史)는 장점과 단점이 혼재하고, 득과 실을 모두 볼 수 있다고 할 수 있다. 백 년 이래로 허위와 당장 편안함만이 풍습을 이루고, 인심이 이미 부패에 빠져 나라 행보 또한 쇠퇴하는 쪽으로 기울어졌다. 여기에 외척 전횡이 더하여져 조정 기강도 점점 쇠퇴해갔으며, 지방세력들이 무력을 자행하고, 법령도 땅에 떨어졌다. 대원군이 그 막강한 힘을 발휘하여 힘써 고쳐, 관리들의 깨끗한 정치와 국가 재정을 여유 있게 쇄신한 것은 득이 많은 것이었다. 그러나 혼자만 총명한 체 권력을 천단(擅斷)[46]하고 어진 사람을 얻어 함께 일하는 것을 중요하게 여기지 않았다. 정권을 잡은 초기부터 급히 토목공사를 벌여 마음대로 조세를 거두어들였고, 벌주고 죽이는 것을 남용하여 도(道)를 살리지 않고 백성을 죽였으며, 또한 쇄국(鎖國)을 스스로 장하다 하여 대세의 흐름을 망령되이 반대하였으니, 이 모든 것이 그의 단점이다. 이 단점 때문에 패배한 것은 이치로 보아 괴이할 것이 없다.

그러나 지위를 존중하고 법령을 힘써 행할 때, 춘생추살(春生秋殺)[47]하고 뇌려풍비(雷厲風飛)[48]한 것은 실로 대원군 이전 신하들이 하지 못했던 것이었다. 이로써 나라 사람들이 그를 신령(神靈)같이 두려워하고 태산같이 의지하였으며, 외국인에 이르기까지 그의 명성과 위엄을 두려워하여 영웅호걸(英雄豪傑)이라 하였는데, 누가 하루아침에 넘어지리라고 헤아릴 수 있었겠는가.

오호라! 나라 사람들의 속담에 이르기를 세무십년(勢無十年)[49]이라 하더니 이 말은 불행하게도 적중하였다. 대원군이 섭정한 기간이 만 10년이었는데, 큰 정적(政敵)이 궁궐 안에서 나왔다. 마침내 5백 년 종사(宗社)가 골육(骨肉)의 알력으로 망하였으니, 어찌 하늘의 뜻이 아니겠는가.

왕후 민씨는 여흥부원군(驪興府院君) 민치록(閔致祿)의 딸이었는데, 대원군의 부인도 민씨였으며, 그 아우 민승호(閔升鎬)는 민치록의 양자였다. 병인년(1866)

---

45) 대원군이 섭정에서 물러나고 왕의 친정으로 되돌림.
46) 제 마음대로 처단함.
47) '봄은 만물을 살리고 가을은 죽인다'는 한유(韓愈)의 글.
48) 명령의 엄함을 의미하는 말.
49) 10년 가는 권세는 없다.

고종 혼례 문제가 거론되자, 대원군은 조대비에게 아뢰어 민씨를 왕후로 삼았다. 그것은 그 아버지로 본다면 처당(妻黨)⁵⁰⁾이 된다. 민치록은 이미 죽었고, 민승호는 나이가 어려서 자기에 대항할 수 없다는 것을 유리하게 여겼으며, 또한 자기를 대신하여 대권을 잡을 수 있는 것도 자신의 부인이라고 생각하였으니, 이것은 계책과 생각이 짧은 것이었다.

  왕후는 총명하여 경서와 역사에 통달하였고, 특히 《좌씨전(左氏傳)》을 좋아하였다. 이에 이르러 그의 친척을 끌어들여 중요한 자리에 임명하고 그 문호를 넓혔다. 유독 조대비 또한 대원군의 천단을 좋아하지 아니하였다. 이에 민규호(閔奎鎬)·조영하(趙寧夏) 등이 대원군의 큰아들 재면(載冕)과 모의하여 고종의 친정(親政)을 권했다. 그런 기회가 무르익자, 강직한 선비인 간관(諫官)⁵¹⁾ 최익현(崔益鉉)이 상소하여 대원군을 탄핵하니 조정과 재야가 진동하였다. 대원군이 노하여 죽이고자 하니 민씨·조씨 등 여러 사람이 모두 힘을 다해 최익현을 보호하였고, 고종도 특별히 호조참판으로 발탁하여 총애하였다. 대원군이 마침내 운현궁으로 물러나니 대권(大權)은 옮겨지게 되었다(1873).

  그때 민규호가 서하(書下)⁵²⁾의 예를 만들어 고종에게 행할 것을 권하였다. 대개 관직을 임명할 때에는 이부(吏部)에서 주의(注擬)⁵³⁾로 하는 것이 법에 정해진 바였다. 비록 권신이 나랏일을 맡아보면서 사사로이 관리로 삼고자 하여도 오히려 이런 예에 따라야 했다. 이에 이르러 민규호가 대원군의 정권을 꺾으려는 생각에서 고종에게 서하를 권하였던 것이다. 왕이 임명할 사람의 성명을 붉은 종이에 친히 써서 내려보내게 한 것이다. 이로 말미암아 왕이 권력을 좋아하는 것이 날로 심해지고, 대원군이 물러나게 되었으나 그 계책은 오히려 독(毒)이 되었다. 가까운 신하가 총애를 도둑질하고 관리 기강이 문란해진 것은 모두 이런 일에서 생겨났으며, 난양지후 조하지장(爛羊之侯 竈下之將)⁵⁴⁾ 같은 무리들이

---

50) 처가 일족.
51) 사헌부 관리.
52) 임금이 교서(敎書)를 내려 명령하는 것.
53) 후보자 3인을 추천하면 왕이 이 가운데 한 사람을 낙점하는 것.
54) 분수에 넘치는 관직을 받은 자를 말함. 《후한서》〈유현전〉에 나오는 말로 그 무렵 관직을 받은 자 가운데 아이도 있고 푸줏간 주인도 있어 장안 사람들이 "난양두가 관내후, 조하양이 중랑장"이라고 하였다.

조정에 잇달아 자취를 남기면서 마침내 망국에 이르게 되었다. 저들이 대원군을 해친 것이, 나라의 운명을 해쳐서 빨리 망하게 재촉한 결과가 아니었겠는가.

이때에 대원군에 의해 뜻이 꺾였던 귀족들이 관직에 나가고자 민씨 문 앞으로 달려가니 그들의 조아자(爪牙者 : 심복)가 날로 증가하였으며, 대원군과 관계가 있었던 자들은 모두 먼 곳으로 귀양가게 되었으니 내외관계(內外官界)가 완전히 달라지게 되었다. 갑술년(1874) 원자(元子)가 탄생하였고, 특사 이유원(李裕元)을 베이징에 파견하여 청국 조정대신들과 결속하여 외부 지원세력으로 삼았고, 대원군의 배외정책(排外政策)을 고쳐서 일본과 수호통상조약을 맺게 되니, 외교력 또한 대원군의 고립정책에 비할 바가 아니었다.

11. 일본과의 첫 번째 조약

대원군이 정권을 장악하고 있을 때 외세 배척을 주로 하였는데, 이때는 국론이 일치하고 그 소리가 매우 장대하였다. 그러나 대원군이 물러가자 마침내 일변하여 개국하게 되었고, 대원군이 쇄국정책에서 실정을 했다고 모든 사람들이 말하였다. 그러나 개국정책이라는 것도 나라가 망하는 것을 구하지 못했으니 어찌된 것인가.

〈중략 : 중국 전국시대 진(秦)과 한(韓)의 관계를 예로 들고, 약한 나라에서 일을 꾀하는 것이 어렵다는 것을 지적〉

우리나라가 자수(自修)·자강(自强)의 실력을 가진 채 문호를 개방하고 열강과 조약을 맺었다면, 상업 교류나 문물 수입으로 이익을 획득하고 좋은 것이 많았을 것이다. 만일 실력이 족히 스스로 견고하지 못한 채 저들 강대국과 더불어 개국한 것은, 울타리를 걷어내고 마음과 뱃속을 드러내어 허약한 실상을 더욱 분명하게 보인 것으로, 마침내 저들에게 탐축(耽逐)[55]의 야심을 갖게 하고, 약탈의 편리함을 주었을 뿐이었다. 이것이 개국정책이 또한 실패로 돌아간 이유이다.

고종 12년 을해년(1875) 12월 일본의 전권판리대신 구로다(黑田淸隆)와 의관

---

55) 즐기고 다툼. 곧 병탄.

(議官) 이노우에(井上良馨) 등이 다시 수호할 것을 청해 왔다.

이보다 먼저 일본인 하치노하(八戶叔順)란 자가 상하이에서 "일본이 장차 조선을 크게 정벌하려 한다"고 떠들어 대어 여러 신문에 그 내용이 실린 바 있었다.

갑술년(1874) 청나라 조정이 우리나라에 조회(照會)[56]하기를 '서양장군 지켈(Prosper Giquel, 프랑스인)의 말에 따르면, 일본은 지금 5천 명 군사를 나가사키(長崎)에 주둔시키고 있고, 대만에서 군대를 철수한 뒤에 장차 조선을 공격할 것이며, 프랑스와 미국은 조선과의 지난번 싸움이 해결되지 않았으므로 반드시 군함으로 일본을 도울 것이다. 만약 중국이 능히 조선에 권하여 프랑스, 미국과 통상조약을 맺을 것 같으면, 일본도 형세가 고립되어 감히 군대를 움직이지 못할 것이니, 일본이 망령스런 행동을 해도 조선 힘으로 또한 족히 버틸 수 있을 것이다……'라 하였다.

우리 조정에서도 회답을 보냈는데, 이것을 달래고 위협하는 것으로만 보았고, 그 뜻이 통상조약을 맺는 것에 있음을 헤아리지 못하였다.

을해년(1875) 8월 일본 군함 운요호가 서해를 따라 우장(牛莊)으로 가다가 식수를 구하고자, 함장 이노우에(井上良馨)가 작은 배를 타고 영종성(永宗城) 밑에 이르렀는데, 우리 포대 수비병이 외국 군함이 습격해 오는 것으로 알고 발포하였고, 일본 함정도 화포를 쏘아 영종포대를 함락하였다. 함장이 그 상황을 돌아가 보고하자 국론(國論)[57]이 다시 일어나 특파사절이 국서(國書)를 가지고 왔다.

그때 대원군은 척화(斥和)[58]로써 청의(淸議)[59]를 고취하였고, 영의정 이최응(李最應), 우의정 김병국(金炳國), 원로 홍순목(洪淳穆) 등이 동조했다. 일본 사신은 정산도(頂山島)에 머무르며 형세를 관망하였다. 이때 청국은 (조선에게) 싸움을 주장하는 것은 불리하다고 권고하였다. 또한 민씨 척족들도 대원군을 반대하기 위하여 화의(和議)를 주장했으며, 우의정 박규수(朴珪壽)와 통사(通事)

---

56) 사실 확인.
57) 조선을 정벌하자는 정한론(征韓論).
58) 화친 제의를 물리침.
59) 높고 깨끗한 언론.

오경석(吳慶錫) 또한 강화의 편리함을 말하였다. 이에 신헌(申櫶)·윤자승(尹滋承) 등을 강화도에 보내 일본 사신과 회견하게 하였다. 이에 하치노하의 황당무계한 말과 영종도 포격건 등으로 서로 잘못을 꾸짖다가 병자년(1876) 2월 수호조관(修好條款)을 협정하니, 이것이 병자년에 맺은 첫 번째 조약이었다(조일수호조규).

수호조관(修好條款)

대일본국은 대조선국과 본디 우의(友誼)를 두터이 하여온 지가 여러 해 되었으나 지금 두 나라의 정의(情意)가 미흡한 것을 보고 다시 옛날의 우호 관계를 닦아 친목을 공고히 한다. 이는 일본국 정부에서 선발한 특명 전권 변리 대신 육군 중장 겸 참의 개척 장관(陸軍中將兼參議開拓長官) 구로다 기요타카와 특명 부전권 변리 대신 의관 이노우에 가오루가 조선국 강화부(江華府)에 와서 조선국 정부에서 선발한 판중추부사 신헌(申櫶)과 부총관 윤자승(尹滋承)과 함께 각기 받은 유지(諭旨)에 따라 조관(條款)을 의정(議定)한 것으로서 아래에 열거한다.

제1관 조선국은 자주 국가로서 일본국과 평등한 권리를 보유한다. 이후 양국은 화친의 실상을 표시하려면 모름지기 서로 동등한 예의로 대해야 하고, 조금이라도 상대방의 권리를 침범하거나 의심하지 말아야 한다. 우선 종전의 교제의 정을 막을 우려가 있는 여러 가지 규례들을 일체 혁파하여 없애고 너그럽고 융통성 있는 법을 열고 넓히는 데 힘써 영구히 서로 편안하기를 기약한다.

제2관 일본국 정부는 지금부터 15개월 뒤에 수시로 사신을 파견하여 조선국 경성(京城)에 가서 직접 예조 판서(禮曹判書)를 만나 교제 사무를 토의하며, 해사신(該使臣)이 주재하는 기간은 다 그때의 형편에 맞게 정한다. 조선국 정부도 수시로 사신을 파견하여 일본국 동경(東京)에 가서 직접 외무경(外務卿)을 만나 교제 사무를 토의하며, 해사신이 주재하는 기간 역시 그 때의 형편에 맞게 정한다.

제3관 이후 양국 간에 오가는 공문(公文)은, 일본은 자기 나라 글을 쓰되 지금부터 10년 동안은 한문으로 번역한 것 1본(本)을 별도로 구비한다. 조선은 한문을 쓴다.

제4관 조선국 부산(釜山) 초량항(草梁項)에는 오래전에 일본 공관(公館)이 세워져 있어 두 나라 백성의 통상 지구가 되었다. 지금은 종전의 관례와 세견선(歲遣

船) 등의 일은 혁파하여 없애고 새로 세운 조관에 준하여 무역 사무를 처리한다. 또 조선국 정부는 제5관에 실린 두 곳의 항구를 별도로 개항하여 일본국 인민이 오가면서 통상하도록 허가하며, 해당 지역에서 임차한 터에 가옥을 짓거나 혹은 임시로 거주하는 사람들의 집은 각각 그 편의에 따르게 한다.

제5관 경기(京畿), 충청(忠淸), 전라(全羅), 경상(慶尙), 함경(咸鏡) 5도(道) 가운데 연해의 통상하기 편리한 항구 두 곳을 골라 지명을 지정한다. 개항 시기는 일본력(日本曆) 명치(明治) 9년 2월, 조선력 병자년(1876) 2월부터 계산하여 모두 20개월로 한다.

제6관 이후 일본국 배가 조선국 연해에서 큰 바람을 만나거나 땔나무와 식량이 떨어져 지정된 항구까지 갈 수 없을 때에는 즉시 곳에 따라 연안의 지항(支港)에 들어가 위험을 피하고 모자라는 것을 보충하며, 선구(船具)를 수리하고 땔나무와 숯을 사는 일 등은 그 지방에서 공급하고 비용은 반드시 선주(船主)가 배상해야 한다. 이러한 일들에 대해서 지방의 관리와 백성은 특별히 신경을 써서 가련히 여기고 구원하여 보충해 주지 않음이 없어야 할 것이며 감히 아끼고 인색해서는 안 된다. 혹시 양국의 배가 큰 바다에서 파괴되어 배에 탄 사람들이 표류하여 이르면 곳에 따라 지방 사람들이 즉시 구휼하여 생명을 보전해주고 지방관에게 보고하며 해당 관청에서는 본국으로 호송하거나 가까이에 주재하는 본국 관원에게 교부한다.

제7관 조선국 연해의 도서(島嶼)와 암초는 종전에 자세히 조사한 것이 없어 극히 위험하므로 일본국 항해자들이 수시로 해안을 측량하여 위치와 깊이를 재고 도지(圖志)를 제작하여 양국의 배와 사람들이 위험한 곳을 피하고 안전한 데로 다닐 수 있도록 한다.

제8관 이후 일본국 정부는 조선국에서 지정한 각 항구에 일본국 상인을 관리하는 관청을 수시로 설치하고, 양국에 관계되는 안건이 제기되면 소재지의 지방 장관과 토의하여 처리한다.

제9관 양국이 우호 관계를 맺은 이상 피차의 백성들은 각자 임의로 무역하며 양국 관리들은 조금도 간섭할 수 없고 또 제한하거나 금지할 수도 없다. 양국 상인들이 값을 속여 팔거나 대차료(貸借料)를 물지 않는 등의 일이 있을 경우 양국 관리는 포탈한 해당 상인을 엄히 잡아서 부채를 갚게 한다. 단 양국 정부는 대신 상환하지 못한다.

제10관 일본국 인민이 조선국이 지정한 각 항구에서 죄를 범하였을 경우 조선국에 교섭하여 인민은 모두 일본국에 돌려보내 심리하여 판결하고, 조선국 인민이 죄를 범하였을 경우 일본국에 교섭하여 인민은 모두 조선 관청에 넘겨 조사 판결하되 각각 그 나라의 법률에 근거하여 심문하고 판결하며, 조금이라도 엄호하거나 비호함이 없이 공평하고 정당하게 처리한다.

제11관 양국이 우호 관계를 맺은 이상 별도로 통상 장정(章程)을 제정하여 양국 상인들이 편리하게 한다. 또 현재 논의하여 제정한 각 조관 가운데 다시 세목(細目)을 보충해서 적용 조건에 편리하게 한다. 지금부터 6개월 안에 양국은 따로 위원(委員)을 파견하여 조선국의 경성이나 혹은 강화부에 모여 상의하여 결정한다.

제12관 이상 11관 의정 조약은 이날부터 양국이 성실히 준수하고 준행하는 시작으로 삼는다. 양국 정부는 다시 고치지 못하고 영원히 성실하게 준수해서 화호(和好)를 두텁게 한다. 이를 위하여 조약서 2본(本)을 작성하여 양국 위임 대신이 각각 날인하고 서로 교환하여 신임을 명백히 한다.

12. 청국의 우리나라 자주외교 인정

고종 15년 무인년(1878)에 일본 외무부로부터 우리 예부(禮部)로 글이 왔는데, 그 속에는 프랑스 전권공사가 말한 바에 따르면, '프랑스 선교사 4~5명이 귀국에 도착하자마자 체포되어 하옥되었는데, 만약 귀정부에서 참형(慘刑)으로 처리한다면 프랑스 정부가 가만히 보고만 있지 않고 대응하겠다고 하였다. 귀국을 위해 우려하여 특별히 충고하니, 죄수들을 풀어 부산의 우리 관리관에게 넘겨주어 돌아가게 한다면 그 은혜에 깊이 감사할 것이다'라고 하였다.

이때 우리 조정에서 이 일로 청국에 교섭하는 회신 가운데 '상국(上國) 지휘(指揮)' 등의 말이 있었다. 일본 정부는 '조일수호조약 제1관에 이미 〈조선은 자주의 나라〉임을 확인하였는데, 이제 와서 〈상국〉이라는 두 글자로 속방(屬邦)의 의미로 교섭하고 있다'고 트집을 잡았다. 청국 정부에서 회답하기를 '제1관에 〈조선은 자주의 나라〉에 관계되는 말이 있으나, 조선은 오랫동안 중국에 복사(服事)[60]하였지만 정령(政令)은 자신의 이치로 균등하게 하였던 자주의 나라이

---

60) 복종하여 섬김.

며, 이것은 천하가 다 아는 사실이다. 응당 조선이 짐작하여 회답해야 할 것이다'라고 하였다.

고종 16년 기묘년(1879)에 청국 조정에서 우리나라와 프랑스, 미국과의 통상을 주선하였으나, 우리는 오히려 고집을 부리며 따르지 않았다.

7월에 북양대신(北洋大臣) 이홍장(李鴻章)이 특별히 봉조하(奉朝賀)[61] 이유원(李裕元)에게 편지를 보냈다.

〈중략 : 편지를 인용함. 일본의 야만성과 침략성을 걱정하고, 또한 다른 나라들도 문호 개방을 요구할 것이니, '독(毒)을 이용하여 독을 공격하며, 적(敵)으로써 적을 제압하는 계책'을 써야 하고, 기회를 보아 차례로 서양 각국과 통상조약을 맺을 것을 권고하였다. 또 조약을 맺을 때에는 아편 금지, 내지에서의 선교활동 등은 금지시키고, 통상조약이라는 것에 유의하라 하였다. 이것이 일본을 견제하고 러시아를 막을 수 있는 방법이라고 하였다.〉

〈안〉 이 편지는 기묘년(1879) 7월에 온 것이었다. 다음해 경진년(1880)에 우리 조정은 다시 미국의 통교 요구를 거절하였다. 우리나라에 아직 배외사상(排外思想)이 강하여, 중국의 주선도 효과가 없었다. 대저 이 편지에서 천여 마디의 말로 누누이 말한 것은, 우리나라의 외교 방침에 그치지 않고 우리에게 경고한 것이었다. 또 다시 그것을 인용한다면, '일본은 그 헛된 힘을 믿고 고래가 작은 물고기를 통째로 삼키고, 또 누에가 뽕잎을 먹는 듯한 계책으로, 오키나와(琉球)를 폐멸(廢滅)한 일은 그 일단이 탄로났는데, 귀국이 이에 준비함이 없으면 되겠는가'라 말하였다.

그리고 우리 형편이 외롭고 세력이 약하여 장차 오키나와처럼 될 것을 우려하고, 우리에게 무비(武備) 마련을 권하여 국방을 단단히 하고, 열국과 연호(聯好)하여 일본을 견제하라고 권하였던 것이다. 또한 '귀국의 정교(政敎)와 금령(禁令)은 모두 자주(自主)로 하였으므로, 이런 대사를 어찌 우리들이 간여할 수 있는가. 오직 우리 중국과 귀국이 한집안 같이 우의가 있고, 또 우리 동삼성(東三省)[62]의 울타리와 같으니 어찌 순치상의(脣齒相依)[63]뿐이랴. 귀국 근심이 곧 중국 근심이라'

---

61) 전직 관원을 예우하여 종2품 관원이 퇴직한 뒤에 특별히 내린 벼슬.
62) 만주 지역 요령성·흑룡강성·길림성.
63) 입술과 이처럼 둘 사이의 관계가 지극히 밀접한 관계.=보거상의(輔車相依).

고 말하였다.

　이는 실제적인 것이었고, 충고였으며, 돈독한 사랑이었고, 서로 돕는 것이었다. 우리나라 사람이 이로 말미암아 깊이 반성하고 일찍이 분발하여, 안으로는 정치를 닦고, 밖으로는 외교를 잘하며, 문약(文弱)을 떨쳐내고 무강(武强)으로 변화시키고, 또 요해처(要害處)에 방어를 단단히 구축하였다면, 스스로 수모를 당하지 않았을 것인즉, 그들이 어찌 우리를 오키나와처럼 했겠는가. 못난 사람들은 오랜 습관에 안주하고, 학자는 들은 것에만 빠져 홀로 본 것만 알았다. 위에서 말한 것들이 모두 헛된 의논에 굴복하여 그 효력을 잃었으니, 마침내 순망치한(脣亡齒寒)[64]의 형세가 되고 말았다. 노성(老成)[65]의 말이 불행하게도 적중하였으니, 이 또한 어찌 애통하지 않은가.

13. 일본인과의 통상 및 토지 조차(租借)[66]

　통상하고 개항하는 것은 외교의 급선무이다. 이제 천하가 크게 열리고 육대륙이 연결되니 무릇 상전계(商戰界)[67]의 패왕(覇王)들이 번개같이 빠르게 안개처럼 모여들어 호랑이가 응시하고 매가 먹이를 채어 가듯이 신속하게 기회를 노리고 있다. 우리나라는 천연 자원이 풍부하나 쌓아두고 개발하지 아니하였으니, 강하고 힘이 있는 저들이 그대로 지나치지 않고 기어코 획득하려 할 것이다. 비록 온갖 무력에 호소하더라도 반드시 억지로 개방시킬 것인즉 아무리 닫고 숨긴다고 해서 소용이 있으랴. 우리나라는 병자년(1876)부터 외국인과 통상개항을 하였는데, 바로 우리가 가진 자원을 드러내는 시초가 되었다. 옛사람의 말에 수후지주(隨侯之珠)[68]와 만금(萬金)의 재산을 가지고 들판에서 잠을 자는데 안으로는 맹분(孟賁)[69]의 위엄도 없고, 밖으로는 궁노(弓弩)[70]의 방어도 없다면 하룻밤도 지나지 않아 사람들은 반드시 위태롭다고 여길 것이라고 하였다.

---

64) 입술과 이가 서로 의지하듯 밀접한 관계. 《전국책》〈좌전〉에 나오는 말.
65) 경험이 많고 나이가 많은 사람, 곧 이홍장.
66) 어떤 나라가 다른 나라 영토의 일부를 빌려 일정기간 통치하는 일.
67) 상업으로 전쟁하는 세계.
68) 매우 귀중한 보석을 뜻함.
69) 맨손으로 살아 있는 소의 뿔을 뽑았다는 제나라 용사.
70) 궁은 화살 하나를, 노는 여러 개의 화살을 동시에 쏠 수 있는 도구.

이제 외국인과 함께 상업 전쟁을 개시하였으니 우리 상공(商工)의 실력이 가히 경쟁하기에 족하다면, 보유한 자원이 하룻밤 근심도 되지 않을 것이나, 우리가 이런 실력이 있었단 말인가.

〈중략 : 중국 조(趙)나라 무령왕(武靈王)이, 중산국(中山國)을 공격하기 위해 사람을 보내 관측하게 하였는데, 관측했던 사람이 "선비만을 쓰게 되면 나라가 반드시 허약하게 되고 반드시 망할 것이므로 구태여 공격할 필요가 없다"라고 말했던 고사를 인용〉

우리나라에서는 선비를 귀히 여기고 상공(商工)을 천하게 여겼으며, 허문(虛文)을 숭상하고 실업(實業)을 게을리한 지가 오래되었다. 하루 아침에 저들 상업 전쟁 세계의 강자와 더불어 겨룬다면 어찌 능히 적수가 되겠는가. 다만 우리의 고유 자원을 보여 주어 다른 사람들이 점취(覘取)[71]하는 것만 편하게 해 주면서, 혹시 사람들에게 뒤질까 두려워하였다.

병자년(1876) 6월 일본 외무대신 미야모토(宮本小一)가 통진에 머무르자, 교리(校理) 이희원(李喜元)을 보내 맞이하게 하여 도성 밖에서 접대하였다. 또한 정부는 당상관(堂上官) 조인희(趙寅熙)를 강수관(講修官)에 임명하고, 조규를 토의하여 확정짓도록 하였다.

저들이 조선 육로를 통해 청국에 왕래할 것과 도성 내에 관(館)을 개설하여 머무르고, 여덟 곳 항구를 개방해 줄 것을 요구하였으나 모두 거절하였다. 단지 부산 초량만을 허락하고, 예로부터 왕래하여 상업을 하던 동래부 30리 지역을 설정하였으며, 수호조규를 의논하여 정하였다(수호조규 부록).

〈후략 : 총 11조항으로 된 수호조규의 내용 소개, 거항장 내에서 일본인 가옥, 토지임차 허용, 행상은 개항장에서 10리 이내, 일본 화폐 사용 허용 등 내용 포함, 1877, 1879년 일본측에서 추가 개항을 요구하여, 1879년 덕원부 원산항을 개항〉

---

71) 몰래 취함.

14. 임오년 군졸의 난

임오년(1882) 정월 백기(白氣 : 흰 빛)가 하늘을 지나갔다.[72] 이때에 궁중에서 기도회(祈禱會)를 크게 베풀자, 무당과 소경 악사가 가득 찼다. 국내 모든 명산(名山)과 대천(大川), 신사(神祠), 불우(佛宇 : 불당)에도 두루 미치지 않음이 없었는데, 금강산 1만 2천 봉 각 봉우리마다 고루 쌀 한 섬과 베 한 필, 돈 1천 냥씩 시주한 것이 한두 번에 그치지 않았다. 신에게 제사 지내지 않을 때에 제사 지내는 일이 성행함은 이전에는 없었던 일이다. 또한 연회와 유흥은 헤아릴 수 없었고, 광대와 기녀가 밤낮으로 흥청대고 놀았으며, 음식과 하사한 상으로 쓴 비용이 거만금에 달하였다. 이로 말미암아 대원군이 다년간 축적하여 넘치고 풍부했던 각 창고가 모조리 비어 버렸고, 조세 수입으로는 일상적인 비용에도 부족하게 되었으며, 세금을 거두어들이는 관원도 모두 파산하여 도망가 버렸다. 백관들에게 녹봉을 주지 못한 것이 5, 6년에 이르렀고, 삼군(三軍)은 군량을 받지 못한 지가 13개월이 넘었다. 그런데 선혜청 당상(堂上) 김보현(金輔鉉), 어영대장 민겸호(閔謙鎬), 호조판서 민치상(閔致庠) 등은 오로지 나라를 좀먹고 자기만 살찌우면서 백성을 돌아보지 않았다. 이로 말미암아 백성들의 원한이 그 무렵 벼슬아치들에게 집중되었으며, 모두 다시금 대원군을 생각하게 되었다.

이해 봄에, 새로 두 영(營)을 설치하여 이경하(李景夏)를 무위대장(武衛大將)으로, 신정희(申正熙)를 장어대장(壯禦大將)으로 삼았으며, 일본인 호리모토(堀本禮造)를 초빙하여 하도감(下都監)에서 신식 훈련을 행하니, 이름하여 별기군(別技軍)이라 하였다. 진신(搢紳)[73]의 자제로서 총명하고 준수한 연소자 1백여 명을 뽑아 사관생도라 부르면서 기예(技藝)[74]를 학습시켰다. 구식병사는 장차 추려내고자 하였으니, 이 또한 군인들 마음속에 불평을 갖게 하였다.

6월 9일, 광흥창(廣興倉)의 쌀을 내어 (군인들에게) 한 달치 군량을 지급하라 하였다. 그러나 창고를 지키는 관리는 민겸호의 사인(私人)으로, 농간을 부려 이익을 탐내어 오래되어 썩은 쌀을 지급하였는데 그것도 한 섬이 10되도 채 되

---

72) 백기가 하늘을 지나간 것은 예로부터 병란이 일어날 조짐으로 거론되었다.《삼국지 위서》〈왕숙전〉에 '백기경천'은 '동남쪽에 난이 일어날 것'이라 하였다.
73) 벼슬아치.
74) 군사기술.

지 않았다. 구식군인들이 민겸호에게 호소하였지만, 그는 도리어 꾸짖으며 물리쳤다. 이에 군중들의 분노가 더욱 격해지면서 훈련도감 병사가 주도하여 창고지기를 죽여 버렸다. 군사들이 함께 모여서 "일이 이미 여기까지 이르렀으니 반드시 죽음을 면치 못할 것이니, 차라리 죽을 각오로 거사하여 나라를 위해 희생하자"고 말하였고, 군중들도 그 자리에서 좋다고 응하였다. 동별영(東別營) 장교와 기병 및 각 군영이 일치 투합해서 무기고를 파괴하고 무기를 끄집어 내어 무장하니 함성이 하늘을 진동하였다(임오군란).

이때 궁중에서는 바야흐로 연회와 유흥이 베풀어지고 있었는데, 갑작스레 변란 소식을 듣고 크게 놀라 (왕은) 가까이 있던 신하에게 급히 명하여 선유(宣諭)[75]하도록 했으나, 군중들은 듣지 아니하였다. 이에 대원군을 대궐로 불러들여 민심을 진정시킬 계책을 물었다. 대원군은 이경하가 평소 군인들의 환심을 얻고 있으므로, 동별영으로 나아가 효유(曉諭)[76]케 하였다. 그러나 군중이 도리어 이경하를 협박하니, 그는 두려워 바로 빠져나와 돌아왔다.

이때 난군(亂軍)의 한 부대가 민겸호, 김보현 및 여러 민씨 집으로 쳐들어가 집을 때려부수고 유린하자, 남녀노소가 일시에 도망쳐 숨어 버렸다. 민창식(閔昌植)은 옷을 바꿔 입고 도망가다가 길에서 살해당하였다. 또 한 부대는 감옥을 부수고 모든 죄수를 풀어 주었다. 그때 오랫동안 가물었는데 마침 이날 큰 비가 내리자, 많은 사람들은 억울함을 씻어낸다고 하였다. 또한 성 밖에 있는 각 절로 달려가 불지르고 헐어 버리니 이는 음사(淫祀)와 재물을 없앤 것에 대한 한(恨) 때문이었다. 한 부대는 하도감으로 달려가 일본인 훈련교관 호리모토를 죽였으며, 또 한 부대는 천연정(天然亭)에 돌입하여 일본 공관을 공격하여 일본인 7명을 살해하였다. 공사 하나부사(花房義質)는 스스로 그 사택에 불을 지르고 칼을 휘두르며 양화진을 통해 제물포로 탈주하였다.

6월 10일 새벽에, 난군이 일제히 운현궁에 들어가 호소하였다. 대원군은 "내가 비록 너희들의 괴로운 상황을 알고 있으나 구제할 방법이 없으니, 물러가서 당국의 조치를 기다리는 것이 옳다"라고 말하였다. 군중들은 더욱 당국을 원망하면서 바로 나아가 영의정 이최응을 추격하여 죽였는데, 이최응은 대원군

---

75) 왕의 뜻을 백성들에게 알리는 것.
76) 알아듣도록 타이름.

의 맏형이었다. 마침내 군중들은 돈화문을 통해 궁궐로 들어가 민겸호, 김보현 등을 죽이고 왕후의 행방을 찾았다. 무예별감(武藝別監) 홍재희(洪在羲)가 몰래 왕후를 받들고 화개동 윤태준(尹泰駿) 집으로 모셨다가 다시 충주 장호원 충주목사 민응식(閔應植) 집으로 피신시켰다. 이때 대궐 뜰에는 선혈이 낭자했으며 예리한 칼날과 창끝이 빽빽이 늘어서 번득거렸다. 궁중 호위병졸은 모두 도주했고, 네댓 명 대신들도 사색(死色)이 되었다.

고종은 대원군에게 위촉하여 속히 민심을 진정시키도록 하였다. 대원군은 누차 난군에게 물러갈 것을 명했으나 난군이 "왕비가 살아 있으면 반드시 우리들 모두를 죽일 것이다. 차라리 큰일을 행하고 죽으면 죽었지 결단코 물러갈 수 없다"고 대답하였다. 대원군은 강제로 물리칠 수 없음을 알고 "왕비는 창졸간에 이미 승하하였으니 누가 그대들에게 해를 줄 것인가. 그대들은 물러가라"고 말하였다. 군중들이 그것을 믿지 아니하자, 이에 승정원에 명하여 국상령(國喪令)을 반포하였다. 승지(承旨) 조병호(趙秉縞), 김학진(金鶴鎭) 등이 반대하자 다른 사람을 대신케 하였다. 마침내 국상령이 내려지자 백관들과 선비, 일반인 등은 슬퍼하며 상복을 입었다. 또한 옥체[77]는 혼란 가운데 없어졌으니 의관장(衣冠葬)을 행하자는 의논이 있었다. 이런 조치는 상경(常經)에 크게 어그러지는 일이며, 또한 권의제변(權宜制變)[78]을 잃은 것으로, 지식인들은 위험스런 일이라 하였다. 이때 이재면(李載冕)이 훈련대장이 되어 선혜청 당상과 호조판서를 겸했다.

6월 12일 밤에, 부상(負商)[79] 수만 명이 성 안에 들어와 난동을 부린다는 소문이 일시에 번져서 성내가 물 끓듯 하였고, 남녀 노소가 부축을 받으며 미친 듯이 급히 피하는 것이 파도치는 소리같이 요란하였다. 다투어 성문을 빠져 나가려 하였으나, 성문이 이미 닫혀 있었으므로 남북 산마루에 올라가 통곡하니 그 소리가 끊이지 않았으며, 그 광경이 매우 참담(慘憺)하였다. 대원군은 걸어서 돈화문 밖으로 빠져 나와 군중을 불러 효유하고, 무기고에서 병기를 가져다가 각 지역을 지키라고 명하였는데, 군중들이 다투어 달려가서 질서가 다시 문란

---

77) 왕비 시신.
78) 임시로 제도를 변화시키는 것.
79) 보부상. 등짐장수.

해졌다. 하늘은 어둡고 길이 캄캄하여 모두 부상배(負商輩)같이 보여 문득 가다 가도 맞아 죽어 횡사한 시체가 즐비하게 깔렸다. 그런데 부상배가 입성한다는 말은 전혀 헛소문이었으니 더욱 괴이한 일이었다.

대원군은 이 변란으로 다시 정권을 잡았다. 대관요즈이 많이 변경되었는데, 이회정(李會正)·임응준(任應準)·조병창(趙秉昌)·정현덕(鄭顯德)·조채하(趙采夏)·이원진(李源進)·조우희(趙宇熙)·이재만(李載晩) 등이 모두 등용되었으며, 세력만 좇는 사람들이 다시 운현궁에 돌아오니 거마(車馬)가 구름 같았다. 민씨 일가는 모두 숨어서 나타나지 않았다. 또한 전국 신민(臣民)은 모두 왕후 장례를 인정하여 흰 상복을 입은 것이 달포가 넘었다. 왕후는 충주에 있으면서 몰래 사람을 보내어 고종에게 소식을 보냈으며, 또한 민태호에게 밀사를 보내어 청국 조정에 급박함을 알리도록 하였다. 물밑에서 나타난 이런 변화의 실마리는 의외의 결과를 낳았으니, 중국과 일본 간 중대교섭 또한 이 때문에 일어나게 되었다.

전(前) 판서 신응조(申應朝)는 광주(廣州) 고향집에 은퇴하였다가 이에 이르러 좌의정에 발탁되었으나 끝내 사양하고 나아가지 않았으며 상복 또한 입지 않았다. 평안도 순찰사 김병덕(金炳德)은 국상령을 반포하지 않았다. 이 두 사람은 부지런히 행하고 배움이 밝은 신중한 군자였다.

15. 청국병 도래와 일본병 퇴각

일본공사 하나부사(花房義質)는 인천에서 나가사키로 귀국하여 일본 정부에 (임오군란을) 보고하였다. 그때 싸우자는 논의도 있었고 또한 화의(和議)를 주장하는 논의도 있었으나, 담판하여 결정하기로 하고, 외무경 이노우에(井上良馨)에게 시모노세키(下關)로 나아가 하나부사에게 요령을 전해 주도록 하였다. 하나부사는 7월 2일 인천에 도착하여 호위병 1개 중대를 인솔하고 서울에 들어왔으며, 5일 육군소장 다카시마(高島鞆之助), 해군소장 니레(仁禮景範) 등이 전투병 1천 5백여 명을 거느리고 왔다. 20일 하나부사는 여러 요구 조건을 번갈아 내놓고는 3일 안에 회답할 것을 재촉하였다.

이보다 먼저 김윤식·어윤중 등이 톈진(天津)에서 군란(軍亂) 소식을 듣고, 청국 서리직례도독(署理直隷都督) 장수성(張樹聲)에게 급히 알리고 속히 파병하여 난군(亂軍)을 평정하고 죄상을 심문해 줄 것을 청했으며, 또한 일본인 행동도 제압해 달라고 하였다. 드디어 북양해군제독(北洋海軍提督) 정여창(丁汝昌)에 명하여 군함 제원호(濟遠號)를 인솔케 하였다. 광동수사제독(廣東水師提督) 오장경(吳長慶)이 육영병(六營兵)을 이끌고 남양만에 도착했으며, 참의(參議) 마건충(馬建忠)이 육군 1백, 해병 50명을 데리고 한성으로 들어왔다. 일본공사 및 군인들은 23일 한성으로부터 제물포로 후퇴하였다.

7월 13일, 마건충이 운현궁 사저로 대원군을 방문하여 오랫동안 말을 나누면서 "공은 고마움에 답해야 하지 않겠는가"라고 말하자, 대원군이 이에 응하고 바로 그날 저녁에 청군 진영에 나아가 고마움을 표하였다. 밤이 깊어지자 청군 진영에서 대원군을 수행하던 종들을 구금하고 대원군을 가마에 태워 남대문을 빠져 나갔는데, 양화진에 이르렀을 때 비로소 하늘이 밝아오기 시작했다. 인천에 이르러 기선에 태워 톈진으로 보내 바오딩부(保定府)에 가두었다. 16일 군란(軍亂)의 우두머리를 잡아 처형했다. 이는 청국 조정이 신속히 처리하고 먼저 제압하여 다른 일이 일어나지 않게 하려던 것이었다.

이에 왕후가 궁궐로 돌아왔으며, 이 사실을 국내에 널리 알리니, 신하와 백성들의 (상복으로 입은) 흰 의관은 갑자기 검은색으로 변하였다. 이때에 민씨 세력은 달이 다시 둥글어진 것 같았는데, 여주·충주에 따라가서 애썼던 사람들은 모두 일약 고위관직에 올랐다. 민응식·민병석(閔丙奭)·민형식(閔炯植)·민영기(閔泳綺) 등 척족들은 잇달아 중요한 자리를 차지하여 권세가 불꽃 튀듯 했다. 대원군이 행한 짧은 기간의 행정은 모두 물거품이 되었고, 운현궁 문에는 다시 작라(雀羅)[80]가 설치되었으며, 그가 친히 믿고 뽑아 썼던 이회정·조채하·정현덕 등 10여 명은 모두 죽음을 당하였다. 우리나라는 예로부터 정권경쟁으로 참혹한 일을 연출함이 심했다. 사대부로서 국가와 민족에 관계되어 피 흘린 사람은 적었고, 매번 정국 변경으로 피 흘린 일이 많았으니 더욱 슬픈 일이었다.

16. 일본인의 요구 해결

〈생략 : 일본의 요구에 대한 타협으로 일본에 대한 배상, 일본 공사관 경비를

---

80) 참새 잡는 그물. 출입통제를 위해 설치한 것.

위한 군대 주둔 인정, 조선 대신이 국서(國書)를 가지고 일본에 가서 사과하는 것 등을 내용으로 하는 제물포조약 체결〉

17. 중국과 일본의 군대 주둔

고종 20년 계미년(1883) 일본 판리공사(辦理公使) 다케조에(竹添進一郞)가 한성으로 와서 제물포조약 제5조에 따라 공관(公館)을 지키는 수비병 2백 명을 두니, 청국정부 또한 원세개(元世凱)·황사림(黃士林)·마건충 등에 명하여 군인 2천 명을 하도감에 머무르게 하였다. 그때 한성과 강화의 각 군(軍)은 중국 군제(軍制)로 훈련하였다. 왕석창(王錫鬯)이 총리군국기무아문(總理軍國機務衙門) 참의(參議)가 되고 마건충은 찬의(贊議)가 되니, 중국 세력이 이에 우세하게 되었고 일본인은 오래도록 (이를) 시기하였다.

〈안〉 중국과 일본은 시종(始終) 우리나라 내란을 간섭하고 부채질하였다. 누가 이런 내전을 숙성시키고 키웠는가. 임오군란으로 말하자면, 군졸들이 먹을 것을 받지 못한 지 13개월이 지났는데도 구휼하지 아니하고 시간을 끌면서 위험한 지경으로 치달아 난이 일어날 수밖에 없었다. 무릇 갑오년(1894) 일[81]에 이르러서는 관리들의 탐욕과 포악함이 날로 심하여 할박(割剝)하고 수괄(搜括)함[82]이 굶주린 호랑이보다 무섭고 촘촘한 그물보다 빈틈이 없었다. 백성들은 죄가 없었고, 오직 생업이 있는 것이 죄였는데, 이미 생업을 상실하였으니 어떻게 살아갈 수 있었겠는가. 그러므로 비록 순박하고 어질고 유약하여 온순하게 복종하는 것이 우리 한민족(韓民族)이라 하더라도 어쩔 수 없이 만 번 죽는 가운데 한 번 살기 위한 계책으로 무리지어 일어나 관리를 축출하고 그 울분을 씻으려 하였던 것이다. 한 번 외치면 만 사람이 응하고, 그렇지 않은 곳이 없었다.

그런즉 난폭하고 간사한 무리들(외세)이 이런 분위기에 편승하여 혼란을 일으켜 그 원하는 바를 굳건히 하였다. 이로 말미암아 내란이 계속 일어나게 되었고, 이웃나라 간섭으로 한반도에 회오리바람이 일어나 흔들고. 마침내 나라가 망하게 된 것이었다. 《시경(詩經)》에 이른바 '화란(禍亂)은 하늘로부터 내려온 것이 아니라 사

---

81) 농민전쟁.
82) 살갗을 벗기고 살을 도려내듯 샅샅이 뒤져내어 수탈함.

람들이 다투었기 때문이라'고 하지 않았던가. 무릇 대원군으로 말한다면, 비록 그가 한 일에 득실(得失)이 있어 가려내기는 어렵지만, 그가 정사를 행할 때는 창고가 가득 차고 군량이 풍족하였으며, 백성을 가까이 대하는 관리도 반드시 청렴결백한 사람을 택하였다. 소민(小民)들도 생업에 안분(安分)[83]할 수 있었고, 군란이나 민란 등도 도저히 일어날 수 없었다. 내란이 발생하지 않았다면 외부 간섭이 어찌 이 지경까지 이르렀겠는가, 애석하도다.

그래도 이 노정치가(대원군)는 오히려 저들(민씨 세력)보다 잘했다. 그러나 정권 쟁탈 싸움에 빠져 한번 넘어져서 일어나지 못하고 남전(籃田)[84]으로 물러나 은거하면서 묵묵히 나날을 보냈다. 그 뒤 임오군란으로 잠시 정권을 잡았다가, 반란 주도의 최고 책임자란 누명을 쓰고 백발에 포로 신세가 되어 이역(異域)에서 외롭게 신음하여 천하 웃음거리가 되었으니 어찌 슬프지 아니한가.

18. 유럽과 미국 등 열강과의 수호통상

이보다 먼저 서양 여러 나라들이 우리나라에 수호통상을 요구하였으나 번번이 거절당하였다. 임오년(1882) 뒤로 김홍집(金弘集)·김윤식(金允植)·어윤중(魚允中)·홍영식(洪英植) 등은 외국에 여행한 경험이 있어 쇄국이 그때 사정에 적절치 않다는 것을 알게 되었다. 이에 각국과 관계를 개선하여 미국(1882), 영국·독일(1883), 러시아·이탈리아(1884), 프랑스(1886), 오스트리아(1892), 벨기에·덴마크(1902) 등과 조약을 맺어, 모두 공사(公使)를 두었으며, 우리나라 또한 답빙사(答聘使)를 파견하였다.

이에 대조선대군주(大朝鮮大君主)도 각국 원수와 대등한 자격으로 자주 외교를 하게 되었다. 비로소 문호를 개방하고 유럽과 미국 등 새로운 사조(思潮)를 수입하였으며, 기계국(機械局)·박문국(博文局)·전신사(電信司) 등을 설치하고, 또한 외국인을 초빙하여 고문으로 삼았다. 그러나 쇄국의 오래된 습관이 아직 없어지지 않았고, 수구 세력이 오히려 강하여 외국인으로 초빙된 자는 모두 놀고 먹으면서 하는 일이 없었다. 이른바 문명을 촉진시키기 위해 갖춘 것도 대개 실

---

83) 편안한 마음으로 자기 분수를 지킴.
84) 란텐. 중국섬서성 지명.

시되지 못했다. 어윤중은 굳세고 결단성이 있었으며, 이재(理財)[85]에 밝아 호조 참판이 되어 감성청(減省廳)을 설치하고 쓸데없는 비용을 절약하였는데, 결국 귀척(貴戚)의 질시를 받아 서북경략사(西北經略使)로 쫓겨났다.

〈안〉 우리나라는 동방 해륙(海陸)의 요충에 처하여 열강이 서로 만나는 지점으로, 유럽의 발칸 반도와 같아서, 중국·일본·러시아 3국과의 관계가 더욱 컸다. 중국이 여기에서 세력을 상실하면 동삼성(東三省)의 울타리가 무너져서 장성(長城) 이내[86]가 하루도 편안하게 쉴 수 없게 될 것이고, 일본도 이곳에서 물러서게 되면 세 개 섬 속에 틀어박혀 대륙으로 발을 뻗을 수 없게 될 것이다. 러시아 또한 이곳에 진출하지 못하면 동방 해로(海路)로 빠져 나와 태평양에서의 권리를 취할 수 없게 될 것이다. 이것은 지리상 자연스러운 관계였다. 그러므로 이 세 나라가 세력균형을 이루어 서로 견제하면 우리나라도 유럽의 여러 약소국들처럼 독립할 수 있을 것이요, 어느 한 나라가 독점하고 우월하여 잠식하게 되건 위험하게 될 것이다. 한편 영국·미국·독일·프랑스 등 또한 여기에서 세력을 넓혀 나가려 하지 않은 것은 아니나, 힘이 미치지 못하고 정치와 상업상 모두 절대적인 이해관계가 없었으므로 반드시 인명과 나라 재물을 허비해 가면서 다투지는 않았다.

그러므로 그 조약 내용에도 비록 독립국으로 대우한다고는 하였으나 유지하겠다는 책임은 지지 않았다. 이 때문에 영국은 영·일동맹을 맺을 때에도 일본이 한국에서 가지는 우월한 권리를 허용하였으니, 한국이 병합되는 것도 이미 여기에서 이루어진 것이었다.

미국과 우리는 '특별호혜조약'[87]을 맺었고, 또한 두 나라가 어려움에 처하게 되면 상호 원조한다고 분명하게 지적하였다. 그런 까닭에 우리 군신(君臣) 상하가 은연 가운데 기대고 마음속 깊이 미국인에 대해 동정을 표했으며, 실로 다른 나라에 비해 중요하게 여겼다. 미국인의 이권 획득 또한 그러하였다. 이에 일본 가네코(金子) 남작이 미국에서 다년간 살면서 사방으로 주선해서 "일본이 어쩔 수 없이 한국을 개도(開導)하는 책임을 맡겠다"고 하였다. 이어 미국 전(前) 대통령 태프트

---

85) 재물을 유리하게 다룸.
86) 산해관 내 중국 본토.
87) 최혜국 대우조약.

(William Taft)와 루스벨트(Theodore Roosevelt)가 서로 의논하여 결국 일본 요구를 허락하였으며, 일본이 한국을 강점하는 날에 와서는 다른 나라보다 먼저 앞장서 이를 인정하고, 우리나라와 맺은 조약의 조건을 포기하였다.

저들 영국인과 미국인은 일본인의 환심을 사기 위해 우리나라를 이용한 것에 불과하였다. 독일·프랑스 또한 그들 상업에 방해가 없다고 하면서 일본의 행동을 반대하지 않겠다고 하였다. 그것은 저들 각국이 우리나라와 수호조약을 맺고, 미국 또한 원조하겠다고 언명하였지만, 우리 존망(存亡)에 대해서는 아무런 관심도 보이지 않고 도리어 강자에게 동의를 표한 것은 지리상·정치상·상업상 절대적인 이해관계가 없었던 까닭이었다.

이것으로 본다면, 국제조약의 의무도 오로지 이해관계만 따져보고 그 효력 유무를 결정짓는 것이고, 이른바 약장(約章)[88]도 모두 종이 위에 글자를 다듬은 것에 불과하였다. 우리나라가 자강(自强)·자립(自立) 실력이 없고, 허망하게 외국인의 달콤한 말만을 믿고 스스로 안심한 것이 더욱 망국(亡國)을 재촉하였을 따름이었다.

19. 갑신년 개혁당(改革黨)의 난

일본인이 한국에서 여러 차례 진퇴(進退)를 거듭한 것은, 중국이 일본을 눌러 꼼짝 못하게 하였기 때문이었다. 그런 까닭에 (일본의) 분한 감정이 날로 더해 갔고, 기회를 엿보아 (중국을) 배제하려 하였다. 이때 김옥균(金玉均)·박영효(朴泳孝)·홍영식·서광범(徐光範) 등의 소년당(少年黨)은 일본과 친밀한 자들이었고, 민태호(閔台鎬)·조영하(趙寧夏)·윤태준(尹泰駿)·김윤식·어윤중 등은 노성파(老成派)로 청국과 친했던 자들이었다.

같은 시기에 러시아 또한 세력을 잠식하여 러시아 공관 서기로 근무했던 베베르(Waeber)의 부인은 궁중을 출입하였고, 우리 정부 또한 김학우(金鶴羽) 등을 블라디보스토크에 파견하여 우의를 증진하여, 한규직(韓圭稷)·이조연(李祖淵)·조정희(趙定熙) 등은 친러당이 되었다. 세 당[89]의 분립으로 서로 다투는 계기가 만들어졌다. 이에 친일당들은 친청, 친러 양파를 제거하고 개혁을 단행하

---

88) 약속한 법.
89) 친일, 친청, 친러.

게 된다.[90]

계미년(1883) 11월, 다케조에(竹添進一郎)가 귀국하고, 김옥균은 차관도입을 핑계로 일본에 건너가서 청국을 배제할 계책을 은밀히 개진하였다. 일본 정부에서도 기뻐하며 임오군란 때 청산되지 않은 배상금 40만 원을 돌려주겠다고 하면서 그 진행을 도왔다. 김옥균은 학도(學徒) 20여 명을 인솔하고 귀국했다. 이때 마건충 또한 일이 있어 청으로 돌아갔다.

갑신년(1884) 9월, 다케조에가 (조선에) 왔다. 이때 중국과 프랑스 사이에서는 안남전(安南戰 : 청프전쟁)이 일어났다. 일본공사가 김옥균 등을 꾀어 말하기를 "청국이 이제 조선을 돌아볼 틈이 없으니 청국 세력을 배제하고 독립할 기회는 바로 이때이다. 기회를 놓치지 말라"고 말하였다. 이들은 매일 밤 은밀하게 모여서 일본군 도움을 받아 청국인을 방어하고, 자객을 양성하여 친청파를 제거하려 하였다.

또한 일본 정부도 군함을 파송하며 후원하겠다고 비밀리에 약속하였다.

같은 해 10월 17일, 우정국(郵政局)이 완성되고, 홍영식이 우정국 총판이 되어, 연회를 베풀고 고위 관직자들과 각국 공사와 영사들을 초청하였다. 이에 육조판서와 내외아문 독판(督辦), 전후좌우 4영사(四營使), 그리고 미국공사 푸트(Foote), 영국공사 애스튼(Aston), 청국영사 진수당(陳樹棠) 등이 모두 연회에 참석하였으며, 일본공사는 병을 핑계로 오지 않고 서기 시마무라(島村)가 대신 참석하였다.

그날 오후 6시에 연회가 시작되었는데, 홍영식 등은 미리 왕궁 문 앞과 경우궁(景祐宮) 안에 사관생도들을 매복시켰고, 또한 우정국 앞 개천에도 자객을 매복시켰으며, 서로 방화(放火)로 신호하기로 하였다. 김옥균 등이 자주 출입하면서 지휘하였는데, 형상과 흔적을 속이고 비밀리에 행하였다.

10시가 되어 갑자기 담 밖에서 불길이 일어났다. 그때 달이 밝아 대낮 같은데 불빛이 충천하였다. 민영익이 불을 끄기 위해 먼저 자리에서 일어나 문 밖으로 나오니 자객이 개천 속에서 따라오면서 칼로 내리쳤다. 민영익이 몇 군데 상처를 입고 뛰어들어와 쓰러지자, 초대된 사람들은 모두 크게 놀랐다. 친일당(親

---

90) 갑신정변.

日黨)들은 여기에서 친청파들을 모두 살해하려 하였으나 단지 민영익 한 사람만을 부상시켰다.

박영효·김옥균·서광범 등은 대궐로 바삐 달려가 바로 침전(寢殿)으로 들어갔다. 미리 내통해둔 궁녀가 문을 열고 기다리고 있었던 까닭에 들어갈 수 있었다. 그들은 헐떡이며 "청나라 군사가 난을 일으켜 불빛이 성안에 가득하고 대신들을 찔러 죽이고 있으니 급히 이 자리를 옮기시어 피신하시라"고 급히 아뢰었다. 아울러 일본공사를 불러들여 호위케 할 것을 청하였으나, 고종은 허락하지 않았다. 김옥균 등은 울며불며 달래고 위협하여 빨리 옮길 것을 요구했다. 중관(中官 : 내시) 류재현(柳在賢)이 살해되자, 고종은 어찌할 바를 몰라하며 침전(寢殿)에서 나갔으며, 조태후·홍태후와 왕후, 태자 이하 모두 걸어서 따라 나섰다.

영숙문(永肅門)에 이르러 갑자기 총성이 일어나자, 김옥균 등은 급히 "외국 병사[91]들이 많이 오고 있으니 서둘러야 한다"고 외쳤다. 그것은 친일당들이 미리 이곳에 사관생도들을 매복시켜 놓았다가 고종이 이르는 것을 엿보아 총소리를 내기로 암호로 삼은 것이었다. 그들은 다시 일본공사를 불러들여 호위케 해야 한다고 청했으나 고종이 허락지 않자, 김옥균·서광범 등은 품고 있던 연필과 서양 종이를 꺼내어 '일사래위(日使來衛)[92]'의 넉자를 쓰고 증거할 수 있는 인신(印信)도 없이 일본공관에 보냈다. 고종 행차가 경우궁에 도착하자, 일본병들은 이미 낭우(廊宇 : 행랑채)에 가득하였다. 일본 역관(譯官) 아사야마(淺山顯藏)는 (고종을) 맞아 뵈옵고, 공사 다케조에도 따라 들어왔다. 고종은 동상(東廂)[93]에 거처하고, 일본공사와 일당들은 청사(廳事)에 거처했다.

잠시 후 사관생도 12명이 궁궐에 들어와 에워쌌다. 김옥균·홍영식 등은 슬퍼하여 우는 모양을 짓고 있었다. 이에 일본병은 궁궐 문을 에워싸고 친일당들은 그 가운데 있으면서 명령들을 제정하였다.

18일, 새벽에 좌영사(左營使) 이조연, 후영사(後營使) 윤태준(尹泰俊), 전영사(前營使) 한규직 등이 비밀리에 모의하고 청국 병영에 이 사실을 알렸다. 김옥균 등은 그들을 의심하고 생도를 시켜서 후당(後堂)으로 끌고 가서 살해하였으며,

---

91) 청나라 병사.
92) 일본 공사는 와서 호위하라.
93) 정침(正寢)의 동쪽과 서쪽에 있는 방을 상(廂)이라 함.

해방총관(海防總管) 민영목(閔泳穆), 보국(輔國) 민태호(閔台鎬), 조영하 등도 교지(敎旨)를 고쳐서 불러들이고 들어오는 즉시 죽였다.

친일당 수십 명이 왕을 좌우에서 압박하고 꼼짝도 못하게 하여 왕은 기거조차 자유롭지 못하였으며, 어찬(御餐)[94] 또한 때를 맞춰 올리지 못했다. 또한 사각(巳刻)[95]에 계동궁(桂洞宮)[96]으로 어가(御駕)를 옮긴 다음 파수를 더욱 엄하게 하였다. 궁문을 출입하는 자가 뚝 그쳤으며, 친일당의 시중꾼들도 일본 장관(將官)의 신표(信標)를 휴대해야 하였다.

김옥균 등은 드디어 왕명이라고 속여 새로운 정부를 조직하였다. 좌의정에 이재원(李載元), 우의정에 홍영식, 병조판서에 이재완(李載完), 이조판서에 심순택(沈舜澤), 호조판서에 김옥균, 예조판서에 윤홍연(尹洪淵), 형조판서에 이윤응(李允應), 공조판서에 홍종헌(洪鍾軒), 외아문독판(外衙門督辦)에 김홍집, 외아문협판(協辦)에 김윤식, 전후양영사(前後兩營使) 겸 좌우포장(左右捕將) 한성판윤(漢城判尹)에 박영효, 좌우양영사(左右兩營使) 겸 협판교섭사무(協判交涉事務)에 서광범(徐光範), 전영(前營) 정령관(正領官)에 서재필(徐戩弼) 등을 각각 임명하였다. 일본 유학생도 한 부대를 조직하고 군사권과 재정권을 전부 장악하게 하였다. 그러나 백관으로 입궐하지 않은 자에게는 영을 내려 시행할 수도 없었고, 또한 청국병이 하도감에 있으면서 동정을 탐문하고 있었다.

박영효는 어가를 강화로 옮겨 다시 거사를 꾀하려 하였으나, 다케조에 공사는 일본 국체(國體)에 손해를 끼칠까 두려워 찬성하지 않았으며, 김옥균도 그와 뜻을 같이했다. 해 질 녘에 마침내 다시 창덕궁으로 돌아와 왕이 관물헌(觀物軒)에 거처하니 일본군과 김옥균 등은 더욱 빈틈없이 지켰다. 안팎이 막혀 끊어지고 인심도 흉흉하여 왕의 안위조차 예측할 수 없었다. 이에 심상훈(沈相薰)·이봉구(李鳳九) 등은 청군 진영에 급함을 알리고 들어와 호위해 줄 것을 청하였다.

19일, 전권위원 원세개와 통령(統領) 오조유(吳兆有)가 사람을 입궐시켜 이유를 물었으나 세 시가 지나도 회답이 없자 드디어 스스로 군대를 이끌고 입궐하

---

94) 왕의 수라.
95) 오전 10시께.
96) 보국 이재원의 집.

였다. 우리측 좌우 양영(兩營) 군사도 그들을 따라갔다. 일본병은 문루(門樓)에 숨어 있다가 발포하여 청국병과 격투를 벌여 서로 사상자가 나왔으나, 일본병은 청국병을 대항하기가 어려웠다. 이에 (일본병과) 김옥균 등은 함께 왕을 호위하고 후원 연경당(演慶堂)으로 피신하였는데, 마침내 (왕은) 왕비와도 서로 헤어지게 되었다. 밤이 되어 깜깜하게 되자, 일본군은 저마다 나무 뒤에서 총을 발사하였고, 우리 군대는 퇴각하였다. 왕은 길을 돌아서 옥류천 뒤 북장문(北墻門)으로 피했다.

무예위사(武藝衛士)와 별초군(別抄軍)이 비로소 왕을 호위하고 빠져 나오려 하였으나, 친일당이 가로막고 못 가게 하여 이루지 못했다. 이에 다케조에 공사는 일이 불리하게 전개되는 것을 깨닫고 난병(亂兵) 속으로 뛰어들어가 북악을 따라 공사관으로 돌아갔다. 박영효·김옥균·서광범·서재필 등도 모두 일본병을 따라 갔으나, 오직 홍영식·박영교(朴泳敎) 및 생도 7명은 왕을 따라 북관묘(北關廟)에 이르렀다. 원세개는 군대를 보내 왕을 호위하려 하였으나 홍영식 등이 왕의 옷자락을 잡아당기며 제지하였다. 많은 군인들이 힘을 내어 왕의 사인교(四人轎)[97]를 모시려 하자, 홍영식 등은 오히려 기세를 올리며 꾸짖었다. 중군(衆軍)은 마침내 홍영식과 박영교를 끌어내어 난도질을 하여 죽였으며, 사관생도 7명도 모두 죽였다.

대부분 사람들은 마음으로 쾌재를 외쳤으니, 수레가 선인문(宣仁門) 밖 오조유 군영에 이르자 길가 백성들은 몹시 기뻐 춤을 추었으며 또는 재목을 빼어다가 장작불을 붙여 왕의 행차를 밝혔다. 다음날 왕은 하도감에 있던 원세개 군중으로 자리를 옮겼다.

이때 우리 국민들은 일본인을 원수로 보았고, 맹세코 함께 살 수 없다고 하면서 만나게 되면 격투를 벌이고 살상하기도 하였다. 청국병 또한 밤에 일본공사관을 습격하여 39명을 죽이고 부녀자를 욕보였으며 관사를 파괴하였다. 드디어 다케조에는 깃발을 내리고 군대를 인솔하여 서소문을 빠져나와 도망쳤으며, 길에서 총탄을 발사하여 우리 백성들 가운데 죽은 자가 많았다. 우리 백성들은 더욱 노하여 그들의 공관을 불태웠고 육군대위 이소바야시(磯林眞三)를 살해

---

97) 네 사람이 메는 가마.

하였다. 김옥균·박영효·서광범·서재필 등은 머리를 깎고 양복차림으로 영사관에서 나무 궤짝 속에 몸을 감추었다가, 24일 일본 상선 치토세마루(千歲丸)호를 타고 도망쳤다. 처음 박영효·김옥균 등이 다케조에 공사와 더불어 모의할 때는 일본 정부가 군함을 파송하기로 약속하였으나, 기일을 어기고 오지 않았다. 궁중에서 전하는 바로는 그날 저들이 애태우며 몹시 고대하는 빛이 역력하였다고 하는데, 그것은 약속되었던 군함 때문이었다고 한다.

이에 우리 조정은 친일당 무리를 체포하라 명했고, 정변에 가담했던 생도 이창규(李昌奎)·서재창(徐載昌)·오창모(吳昌模) 등 11명을 죽였다.

23일, 왕이 청군 진영에서 환궁하였다. 원세개는 부하를 이끌고 함께 입궐하여 궁궐 수비를 맡았다. 다음 날 군대를 보내 왕비와 왕세자를 동교(東郊)에서 맞이하니 이에 인심이 가라앉게 되었다. 지난 17일부터 19일까지 내린 칙교(勅敎)[98]와 정사계사초기(政事啓辭草記) 등을 모두 환수하여 시행하지 못하도록 명령을 내리고, 총리군국아문을 없애고 의정부에 합하였다.

김옥균·박영효·홍영식·서광범 등은 모두 이름난 집안 출신 소년 재사(才士)들로, 왕이 총애하여 요직에 쓰고자 외국에 유람시키고 시무를 관찰시키고, 모두 요직에 앉혔다. 그들 또한 새로운 법으로 정치를 개혁하고 독립하여 국체(國體)를 높이고자 빠짐없이 개혁안을 제시하여 자못 부합되는 점이 많았다. 개진(開進)[99]이 점차 이루어지고 있었다.

그러나 이 정변을 거친 뒤부터 왕은 깊이 징창(懲創)[100]하여, 이른바 신진세력으로 시무를 건의하는 자들을 모조리 꺼리고 미워하며 멀리하였다. 이로 말미암아 개진의 길은 더욱 막히고, 완고한 세력이 더욱 확장되었다. 또한 임오군란으로 운현당(雲峴黨)[101]으로 지목되었던 자들도 모두 배척되었고, 갑신정변으로 개혁당과 가까이한 흔적이 있는 자들도 모두 거세되었다. 중요한 자리에서 세력을 잡고 정권을 장악하고, 국명을 담당하는 자는 오직 외척인 민씨들뿐이었다. 만약 척신(戚臣)이 어질다 하더라도, 한 나라의 일은 큰 것이어서 한 집안이

---

98) 왕의 조서.
99) 개화로 나아감.
100) 혼나서 스스로 경계함.
101) 대원군의 심복.

홀로 짊어질 수 없거늘, 하물며 모두 재주는 없으면서 (임금의) 총애를 믿고 세력에 의지하여, 교만하고 사치하며 탐욕스럽고 방종한 무리들이 무엇을 할 수 있었겠는가. 나라의 앞길이 더욱 위기에 빠지게 되었던 것이다.

〈안〉 갑신년 개혁당의 실패에 대해 나라 사람들 가운데 일부는 혹 애석하게 생각하기도 하였다. 김옥균에 대해서는 나라 사람들이 그의 재주를 칭찬하였으며, 일본인 또한 많은 사람들이 숭배하여 혹은 그의 전기를 저술하기도 하였고, 혹은 그의 필적(筆跡)을 보물처럼 여기기도 하였다. 혹은 그의 무덤에 절하며 평생토록 사모하는 자도 있었고, 혹은 그의 모발을 습득하여 '영웅의 피'라 하면서 간직하기도 하였다. 그들이 이것을 모으는 것은 쓸모없는 일은 아니었으니, 김옥균이 갑신정변을 주모(主謀)하였기 때문이었다.

나에게 갑신 개혁당에 관계되어 그 정황을 잘 아는 친구가 있어서 일찍이 "만약 갑신정변이 실패하지 않았다면 그 결과가 어떻게 되었을까"라고 물었다. 그는 "애석한 일이다. 그런 일류 재사(才士)가 일본인에게 팔려 큰 잘못을 저질렀다"고 대답하였다. 내가 "어째서 그런가" 하니, 그는 "저들 일본인이 어찌 다른 사람을 위하여 충성스러운 것을 꾀하고 사람의 아름다움을 이루겠는가. 또한 저들은 우리나라를 침략하려는 뜻을 품어 기도하고 제사 드리지 않는 날이 없었다. 우리의 진보는 저들에게는 불리하다. 우리나라가 만약 진보하려는 기세를 보일 것 같으면, 저들은 반드시 온갖 방법으로 우리를 해코지하려 들 것이요, 도와주려 하겠는가. 대개 저들은 여러 번 청국인의 우세에 굴복하였으므로 한 번 도약하여 능가하려는 백 가지 계책을 뚫고 가다듬었으나, 구멍이 없어서 들어가지 못한 꼴이었다.

그런데 우리의 소년 영예(英銳)들이 바야흐로 일본의 새로운 물결에 심취하여 독립의 영광을 흠모하자, 저들 일본인은 곧 이것을 알아차리고 이용하기 위하여 꾀어내어 청국을 물리치고 독립한다면 원조할 것을 허락하였다. 그 실상은 한국과 중국 사이에 나쁜 감정을 도발시켜 이득을 취하려던 것이었다. 우리 소년 영예는 그것을 조심하지 않고, 오히려 저들에게 의지해서 일을 이루려 하다가 그 꾀임에 속아 패배에 빠지게 되었으니 이 또한 애석하지 아니한가. 진실로 그렇지 않다면 저들이 군함을 파송한다고 약속하고 어찌 갑자기 배반하였겠는가. 이는 누각(樓閣)에 올라가게 꼬드기고는 사다리를 치워버린 것과 같은 것이다. 김옥균이 일본 도쿄에서 망명 생활을 하면서 재차 거사를 도모코자 하였으나, 저들은 이내 추방하여 오가사와라섬(小笠原島)에 유폐시켜 버렸으니, 어찌 이것을 아껴 도와주는 것이라고 하겠는가. 이에 김옥균도 (일본을) 믿을 수 없다는 것을 알게 되어 갑오년(1894) 봄 일본을 떠나 상하이로 가서 당초 방침을 변경하여 중국인들과 천하 대사(大事)를 함께 꾀하려 하였으나 불행히 자객에 의해 살해되었다. 박영효 또한 일본에 몇 년 동안 있다가 그들을 믿을 수 없음을 알게 되었다. 갑오년 뒤로 미미하나마 일본에 항의하는 모습을 보이자, 저들은 또한 그를 추방 구금하였으니, 힘쓸 만한 여지도 없어져 버렸다. 김옥균이 있었더라도 마찬가지였을 것이다. 그러므로 일류 재사(才士)들이 일본인에 팔려 대사를 치른 것은 큰 착오였다고 말할 수 있다"고 대답하였다.

내가 정변에 가담한 여러 사람을 생각하니, 그들은 우리나라의 혁명가(革命家)들이었다. 그러나 나이도 어리고, 의기는 날카로웠으나 경험한 바가 많지 않았고, 연구가 깊지 아니한 가운데 급히 착수하여 밑바닥에서부터 실패하였던 것이다. 무릇 혁명가나 애국지사는 정치가 극도로 부패한 국면을 맞게 되면 대들보가 부러지고 서까래가 넘어져 치어 죽을 지경에 이른다고 하더라도 어쩔 수 없이 파괴하고 고쳐 짓는 하나의 방법만을 취해야 한다.

그러나 이런 거사는 비록 과격하게 일을 진행해야 한다고 하나 실제로는 순(順)하게 해야 되고, 또 천시(天時)가 응해야 된다. 사람의 일은 점진적으로 변화되어야 하고, 순서를 밟아 나아가야 되며, 각종 기관도 순서에 따라 설치되어야 된다. 혹 종교에 따라 인도하고, 혹 학설로 창도하고, 언론으로 인심을 고취하며, 문자(文字)로 정리(政理)를 발휘하여 많은 사람들로 하여금 점차 사상(思想)이 여기로 기울어지게 하여야 한다. 그 뒤에 정치 방면에 들어가 맹렬하고 급작스런 수단을 이용하여 찬성자가 많아지고 반대자가 적어졌을 때 새로운 정치를 세워야 아무런 방해물이 없게 된다. 비록 하루 동안에 성공한다 하더라도 실은 수십 년 장구한 시일 동안 미리부터 준비해야 할 것이다. 이것은 세계 혁명사의 경험이다.

금번 정변에 참여한 사람들은 기관으로 사람들의 사상을 이끌어 찬성자를 획득하려는 것도 없이 급격하게 거사하니 행위가 난폭해지게 마련이었다. 위로는 임금에게서 얻지 못하고, 가운데로는 관료에게서도 얻지 못하고, 밑으로는 군민(軍民)에게서도 환심을 얻지 못하여 사면(四面)에 적을 만들었으니, 그 어찌 성사될 수 있었겠는가. 또한 무릇 혁명가는 천하에 큰 어려움을 무릅써야 하고, 천하의 아주 험한 것을 경험해야 하며, 오로지 자기의 힘을 내어야 한다. 그런데 외국인이 우리 내홍(內訌)[102]을 이용하고 간섭함에 있어서랴. 하물며 우리가 스스로 해결하지 못하고 다른 사람 힘을 빌려서 다른 사람에게 권한을 쥐어 주니, 설사 성공한다 하더라도 저들은 반드시 손을 거두고 돌아가려 하지 않을 것이다. 곧 엄연히 비둘기가 까치 둥우리에서 살면서 보답하라고 책하는 것과 같으니, 백 배, 천 배로 갚으라고 한다면 장차 무슨 법으로 제지할 것인가.

또한 독립도 자기 힘으로 얻어야 확고하게 유지할 수 있고, 만약 다른 나라의 힘에 의지하여 얻을 것 같으면 이른바 독립이라는 것도 단지 헛된 이름이요, 이름 또한 오래 부지하지 못할 것이다. 어찌 족히 고귀하다고 하리오. 천하 형편을 알고, 많은 경력과 연구의 깊이가 있지 아니하고 한갓 거칠고 대담한 예기(銳氣)로 급하게 일을 꾀하는 것은 반드시 실패하는 길일 것이다.[103]

20. 일본사신의 5개 조항 요구
〈생략 : 갑신정변 뒤 일본은 한성조약(漢城條約)을 통하여 배상금을 받아감〉

21. 청국과 일본의 텐진조약
〈생략 : 갑신정변을 통해 대립한 청과 일본은 텐진조약을 맺어 '4개월 이내 청일 양군 철수 및 장래 사건으로 출병할 때에는 반드시 서로 통고할 것'을 약정함. 이것은 1894년 청일전쟁이 조선 반도에서 일어나는 단서를 제공함.〉

22. 러시아 세력의 확대
〈생략 : 러시아 베베르 공사의 대한(對韓) 침투 활약과 러시아의 남하 및 이에 대한 영국의 거문도 사건〉

---

102) 내부 싸움.
103) 우리는 흔히 갑신정변의 실패 원인으로 '민중의 지지를 얻지 못했던 점, 외세에 의존했던 점'을 지적한다.

23. 대원군의 환국(還國)

임오년(1882) 7월 청국에 의해 구금되어 톈진으로 호송된 대원군은, 이홍장이 후하게 대접하여 동양대세를 설명하고, 베이징으로 보내 청국황제를 만나 뵙게 한 뒤 톈진 보정부(保定府)에서 지내게 하였다. 대원군은 말과 얼굴빛이 엄정하였으며, 거동이 태연하여 조금도 적소(謫所)[104] 생활의 번뇌의 빛이 없었으니, 중국인들은 그를 대인군자(大人君子)라 칭하였다.

그곳은 물과 토양이 몹시 나빠서 사람들이 많은 병을 앓고 우물이 오랫동안 말라 있었다. 대원군이 이곳에 오자 맑은 샘물이 갑자기 솟아오르고 물맛이 좋아져서 뱃속을 맑게 씻어 주었다. 살모사·도마뱀·지네 등이 집을 뚫고 침상까지 침입하여 사람들이 몹시 괴로워하였는데, 없애려 하지 않고도 모두 저절로 없어지니 인근 사람들은 "조선국 대인이 내리신 덕이라"고 하였다. 대원군이 머물렀던 집 옆 무기고에 화약이 저장되어 있었는데, 하루는 실수로 불이 나서 불길이 거의 대원군 집 가까이 미치게 될 정도로 형세가 몹시 위급해졌다. 주위 사람들이 모두 깜짝 놀라 피할 것을 권고했으나, 대원군은 옷깃을 여미고 위엄 있게 정색을 하고 앉아서 "내가 부끄러움이 없거늘 하늘이 어찌 나를 불태워 죽이겠는가"라고 말하였다. 말이 끝나기도 전에 홀연히 강한 바람이 땅을 휩쓸더니 도리어 불을 끄게 하였다. 그것을 본 사람들은 모두 이상한 일이라 여겼다.

원세개는 오랫동안 조선에 머무르면서 한국인의 인심을 살펴본 결과, 백성들이 대원군을 몹시 생각하고 있고, 또한 그의 웅대한 계략은 위기에 빠진 상황을 충분히 극복할 수 있으며, 또한 그 무렵 시류배(時流輩)들의 외교정책은 변환을 예측하기 어려우나, 오직 대원군만은 그렇지 않다고 보았다.

을유년(1885) 봄에 원세개는 한성에서 돌아오면서 톈진에 이르러 이홍장과 상의하였다.

이때 청국 조정은 순친왕(醇親王)이 정치를 담당하고 있었는데, 대원군을 돌려보내자는 의논이 있었다. 왕후가 그 소식을 듣고 몹시 원망하여 성을 내었으나, 대의(大義) 때문에 겉으로는 감히 대원군 환국을 막지 못했고 속으로는 저지하려 하였다. 또한 한국인이 거절하여 받아들이지 않겠다는 말도 있었는데,

---

104) 귀양 가서 사는 곳.

청국 조정은 그것을 염려하여, 원세개의 위세와 명망을 이용하여 대원군을 보호하고 환국하도록 명하였다. 민영익이 톈진에 와서 대원군 환국을 막으려고, 여러 번 원세개에게 대원군을 덕산(德山)¹⁰⁵)에 머물도록 해달라 청했다. 그러나 원세개가 의리를 들어 꾸짖으니 민영익은 부끄러움을 감추지 못하고 물러났다.

8월 9일, 원세개와 대원군이 함께 병선 2척을 타고, 27일 한성에 들어와서 운현궁 본가에 도착하였다. 대원군이 비록 늙은 나이로 3년 동안이나 청에서 귀양 생활을 하였으나, 수양도 쌓고 습성도 변화되었음에 틀림없었다. 또한 천하 시세를 볼 줄도 알게 되었고, 정치상 국교 방침 또한 지난날과 같지 않았다. 그가 돌아온 것은 원세개의 주선과 이홍장의 묵계였다. 그런 까닭에 그가 혹시 다시 정권을 잡아 다시 혁신을 시도하는 것이 아닐까 기대하였다. 그러나 조선으로 돌아온 지 얼마 되지 않아 궁중에서는 대원군이 가까이하고 신임하는 자들을 골라내어 제거해 버리니 (대원군은) 더욱 편안치 못하였다. 그리하여 하루는 원세개가 대궐에 들어가 좋은 말로 마땅히 골육지친(骨肉之親)¹⁰⁶)을 잘 모시고 자효지의(慈孝之義)¹⁰⁷)를 보존해야 한다고 설명하였으며, 대원군이 일체의 다른 일에 간여함을 불허한다고 밝혔다.

왕후가 그것을 듣고 약간 안심하는 듯도 하였으나, (자기에게) 불평하는 사람들이 그곳을 왕래하는 것을 우려하였다. 그리고는 운현(雲峴)을 받들어 모신다고 칭하고는 의절(儀節)¹⁰⁸)을 만들어 문 앞에 붉은 나무 말을 세우고 다른 사람의 출입을 금하니 대원군이 노하여 뽑아 버렸다. 이런 조치로 그의 구금 생활은 중국 보정부(保定府)에 끌려갔을 때보다 더욱 심했다.

우리 민족이 4천 년을 내려오는 사이 가장 존중하며 뿌리내려 살아 있는 맥(脈)으로 삼았던 것이 윤리였는데, 이때에 이르러 천륜(天倫)은 마침내 끊어졌으니, 정견(庭堅)¹⁰⁹)의 제사가 이어질 것인가. 아 슬프다.

---

105) 충청남도 예산군. 대원군 생부 남연군 묘소가 있는 곳.
106) 부모형제.
107) 부자 간의 의.
108) 예의와 절차.
109) 요(蓼)나라 선조로 자손들의 나라가 없어져 제사를 받지 못했음.

24. 황두 배상사건

원산을 개항한 뒤 미곡(米穀)을 무역하는 일본 상인이 많이 모여들었다. 고종 26년 기축년(1889)에, 함경도 관찰사 조병식(趙秉式)이 흉년을 이유로 방곡령(防穀令)을 내리고 미곡 운매(運賣)[110]와 수출을 금하였다. 일본 상인이 이미 방곡령 전에 값을 정하여 매입하기로 계약한 것도 모두 저지당하였다. 막 수출하려던 황두(黃豆)[111] 또한 모두 쌓아두니 결국 썩게 되었다. 일본 상인은 손해액이 14만 1천여 원이나 된다고 떠들었고, 일본공사 곤도(近藤眞鋤)는 금지령을 철회하고 손해를 배상하라고 여러 차례 교섭을 벌였다.

다음 해 4월에 이르러, 정부에서 금수(禁輸)를 해제하라 명하였음에도 조병식은 오히려 고집을 부리고 따르지 않았다. 이에 내부는 조병식에 대해 3등 월봉(越俸)[112]의 법에 따라 감봉 처분할 것을 청하였다. 이때에 이르러, 일본 정부는 가지야마(梶山鼎介)를 공사에 임명하였는데, 공사는 통상국장 하라(原敬)와 함께 조선에 와서 담판하여 배상금 9만여 원을 요구하였다. 중국 총리 원세개가 나서 중개하여 마침내 6만 원으로 타협하여 정하려 하였으나, 일본인은 오히려 날짜 수로 계산함으로써 손해 본 액수가 본전과 이자를 합해 20만 원을 초과하였다고 억지를 부려, 의논은 결론이 나지 않았다. 일본은 가지야마를 파직하고 오이시(大石正己)를 공사로 삼았다.

고종 29년 임진년(1892) 12월 (오이시가) 한성에 도착하여 배상을 독촉하자, 우리 조정이 오히려 연기시켰다. 오이시는 분개하여 공사관 깃발을 내리고 공사관을 철수하여 돌아가려 하였다. 이에 원세개가 "방곡령은 조약에 위배되니 조선 정부에 잘못이 있다. 단지 조선 재정이 가난하여 모두 갚을 수가 없으니, 청컨대 전에 의논한 6만 원으로 타결하는 것이 좋겠다'라고 다시 조정하였다. 그러나 오이시는 완곡히 사양하고 거절하였다. 다음해 5월 왕을 뵙고 주청하여 배상금 11만 원을 받아가고야 말았다.

---

110) 옮겨서 파는 것.
111) 누런 콩.
112) 봉급을 떨어뜨리는 것.

25. 극에 달한 내정 부패

갑신정변 뒤 10년 동안은 내정(內政) 부패가 극도에 치달았다. 외척들은 세력을 믿고 다투어 방자한 짓을 하고 탐욕과 사치를 일삼았다. 환관들은 왕의 은총을 도적질하여 마음대로 권력을 휘둘렀고, 시정 무뢰배가 정관계 일에 간섭하고, 다투어 거간꾼 행세를 하였다. 무당과 점쟁이 같은 요괴한 천류들이 은택(恩澤)[113]을 더럽히고 음사(淫祀)[114]를 널리 확장하였다. 또한 경사를 칭하여 큰 잔치를 거행하지 않는 해가 없었고, 밤새도록 행한 연회가 낮이 되어도 그치지 않았으며, 광대와 기녀들이 백 가지 유희를 연출하였다. 주지육림(酒池肉林)에 허비된 비용이 수만 금이나 되었으니, 그것은 모두가 백성의 피를 빨아 긁어모은 것이었다.

지방 관리들은 구리 냄새로 (곧 돈을 바치고) 관리 노릇을 하지 않는 자가 없었으니, 그런 까닭에 그물로 (고기를 잡듯이) 이득을 다 차지하는 것을 직으로 삼고, 게다가 연못까지 말려 고기를 잡아가듯이 남김없이 빼앗아 갔다. 백성들이 모두 생업을 잃고 말았으니 원망이 하늘까지 치솟았고, 험한 곳(산간)으로 도주하여 무리를 모아 관리를 축출하고 곳곳에서 봉기하였다. 이에 동학(東學) 무리들이 시세에 편승하니 혁명 풍조가 무르익어 갔다. 이로 인해 동아시아의 대전국(大戰局)이 야기되었다.

이때를 당하여 우리 백성은 깊은 물 속과 뜨거운 불구덩이에 빠져 소리치고 뒹굴었으나 목숨을 의탁할 곳이 없었다. 내란 기운이 잠복하게 되었고, 장차 우촉측발(遇觸則發)[115]의 위급함이 끝날 것 같지 않았다. 걸음마 배우는 어린아이마저도 그 위험성을 두려워하고, 전국이 어두워 점차 꺼져 갔으니, 큰 소리로 외치고 기력을 다하여 광분하는 것도 없어지게 되었다. 만에 하나라도 구하려 한다면 무엇이었겠는가. 어찌 전국 인사들이 모두 귀머거리가 되고, 소경이 되고, 절름발이가 되고, 마목(麻木)[116] 환자가 되어 느끼고 깨닫는 바가 없었으랴. 대개 나라가 망하려 하면 먼저 인심(人心)이 죽는데, 마음은 어떻게 죽는가. 이

---

113) 왕의 은혜.
114) 나쁜 귀신을 제사지내는 것.
115) 우연히 부딪쳐 일이 발생함.
116) 근육이 굳어지면서 감각이 없어지는 병.

는 사사로운 것이 공(公)을 멸하는 것이다.

우리나라는 1백 년 전부터 내려오면서 세도정치가 아래까지 더럽혀 선비들의 기운이 쇠하여 보잘것없이 되고, 사람들은 모두 사사로움만을 좇아 단지 자신만을 꾀하여 벼슬살이하는 것을 큰 일로 여겼으며, 세력에 아첨하여 자기 한 몸을 보호하였으니, 옳고 그름이 뒤바뀌고 공론(公論)이 명백하지 않게 되었다. 이 지경에 이르자, 당로자(當路者)[117]들은 여러 사람들의 입을 막아버리는 것만 일삼아 올빼미가 날개를 편 듯이 기세가 매우 사나워서, 인품 있고 정직한 신하들의 간언이 적막하여 전혀 들리지 않게 되었다.

이건창(李建昌)·권봉희(權鳳熙)·안효제(安孝濟)·박시순(朴始淳)·장병익(張炳翊) 등이 겨우 그런 잘못된 처사를 나아가 아뢰어 대략이나마 그때 폐단을 거론하였다. 처음에는 왕을 진노케 하는 위험한 말도 아니었으나 오히려 모두 비방했다 하여 축출하였다. 이로 말미암아 사대부들은 말을 조심하고, 친구들이 서로 모여 바둑판에 둘러앉아 도박이나 하고, 술 마시고 놀면서 우스갯소리로 소일하였다. 오직 말이 나랏일에 미치게 되면, 당로자에게 저촉될까 두려워하였다. 이것이 바로 마음이 죽은 것이다. 예나 지금이나 언로(言路)를 막아버리고 큰 난리가 일어나지 않은 때는 없었다.

26. 갑오년 동학란

동학은 그 발단은 매우 미미했으나 그 결과는 매우 컸다. 희미한 불덩어리가 넓은 평야를 불태우는 데까지 번지고, 방울방울 떨어진 물이 흘러서 강물을 이루는 것처럼 나라 안에 대란(大亂)과 중일(中日) 사이 대전(大戰)[118]도 이로 말미암아 시작되었다. 일찍이 철종(哲宗) 때 경상도 경주 사람 최제우(崔濟愚)[119]라는 사람이 지체가 낮은 집안에서 출생하여 스스로 서교(西敎)에 대하여 동학을 창도하였는데, 그 종지는 유교·불교·도교를 혼합한 것이었다. 주문을 외울 때 '시천주 조화정 영세불망 만사지(侍天主 造化定 永世不忘 萬事知)'[120]라는 13자

---

117) 정권을 잡고 있는 사람.
118) 청일전쟁.
119) 아명 최복술.
120) 한울님을 내 마음에 모시면, 무위이화하는 조화가 줄곧 얻어질 것이고, 한평생 잊지 않고

를 암송했다. 주문을 외어 천령을 내리게 하고, 칼춤을 추며, 공중에 솟아오르는 것 등의 일들은 동학 경전에 실려 있다.[121] 그 무리들은 밤이면 깨끗한 물을 떠놓고 '보국안민(輔國安民)'을 기도하고, 밥 지을 때마다 쌀 한 숟갈씩을 성미(誠米)라고 하여 교주(敎主) 공양(供養)을 위해 모았으며, 교주를 받들어 대신사(大神師)라 하였다. 천주교·기독교 등 서교와 마찬가지로 수십 년도 지나지 않아 전국에 보급되었으니 어찌 기이하지 않은가. 대개 그 원인은 다음과 같은 세 가지였다.

첫째, 우리나라에는 길흉화복을 예언한 기록이 전해내려 오는데, 《정감록(鄭鑑錄)》이라는 것이 가장 대표적인 것으로, 백성들 사이에 널리 퍼져 있었다. 그 책에는 이씨의 국운은 500년이면 끝나고 진인(眞人)이 나와 그 대신 흥할 것이라고 하였고, 또 이로움은 궁궁을을(弓弓乙乙)에 있다고 하였다. 동학은 (정감록의) 뜻을 취하여 말을 꾸미어, '13세 식신(式神)이 강림할 것'이라고도 하였고, 또 '궁을가' 노래를 불렀고, '궁을기' 깃발도 만들었다. 또 동학에 입교하는 사람은 삼재(三災)[122]와 팔난(八難)[123]을 면할 수 있고, 병이 든 사람이 약을 복용하지 않더라도 부적을 태워 마시면 낫는다고 하였다. 이런 가운데 진인이 출현하여 창생을 널리 구한다고 하였으니, 미신의 성행함이 많은 사람들에게 퍼져 있었다.

둘째, 우리나라 계급에 양반과 상민의 구별이 있었다. 양반이 상민을 대우하는 것이 노예와 같았으며, 토호(土豪)들은 힘으로 수탈을 자행하고 가혹하게 억압하였다. 이런 이유로 상민들은 양반을 질시(嫉視)하였고, 피와 뼈에 사무친 원수로 삼은 것이 기백 년이나 내려와, 그 쌓이고 쌓인 억울함과 불평의 기운으로 이런 격렬한 반항 단체를 만들게 되었으니, 요원의 불길처럼 거센 위세를 보였다.

셋째, 관리의 탐욕과 포학함이 수십 년 동안 계속되고, 잘못된 정치가 날로 심해져서, 권세 있고 지위 높은 신하들은 관직을 돈 나오는 구멍으로 여겼다.

정성을 다하면 만 가지 도리를 깨닫는다는 의미의 주문.
121) 《동경대전》〈논학문〉, 《용담유사》〈검가〉 등에 관련 일들이 기록되어 있다.
122) 수재·화재·풍재 또는 전란·질병·기근.
123) 배고픔·목마름·추위·더위·물·불·칼·병란.

지방 서리들도 백성의 살림을 재화의 샘물[124]로 여기고, 상부에 예물 바치는 일을 가장 중요한 일로 삼았으며, 백성을 후려쳐서 재물을 박탈하는 것을 직무로 하였다. 많은 돈을 가진 사람들은 모두 회벽지죄(懷璧之罪)[125]가 씌워졌고, 소 한 마리가 경작할 만한 땅을 가지고 있어도 위첩지매(僞呫之媒)[126]를 초래하였다. 이에 만 번 죽다가 한 번 살기 위해, 무리를 모아 관리를 축출하고 관사를 불지르고 부수었으니, 질서가 크게 혼란스럽게 되었던 것이다. 이에 동학이 이런 기회에 편승하여 탐학한 관리를 죽이고 민생(民生)을 구제하며, 간당(奸黨)을 쓸어 없애고 국가를 살리겠다는 뜻으로 팔방으로 포고하니, 일시에 향응(響應)[127]하는 것이 바람과 번개처럼 빨랐다.

최제우는 철종 말년에 요언(妖言)을 퍼뜨린 죄로 죽음을 당하였고, 고종 30년 계사년(1893) 제2대 교주 최시형(崔時亨)[128]이 상소를 올려 스승의 신원(伸寃)[129]을 청원하였다(교조 신원 운동). 그러나 벼슬아치 사류들이 이들을 목 베어야 한다고 번갈아 상소하자, 이 소식을 듣고 놀라 도망하였다. 그러고는 양호(兩湖)[130] 사이에 방책을 설치하고 깃발을 세워 원근 사람들을 불러모으니, 그 세력이 널리 퍼졌다. 조정에서는 어윤중을 선유사로 삼아 윤음(綸音)[131]을 가지고 가서 널리 알려 그들을 해산시키도록 하였다.

고종 31년 갑오년(1894) 봄에, 동학이 호남 고부(古阜)에서 난을 일으켰으니, 이는 군수 조병갑(趙秉甲)이 격발시킨 것이었다. 이때 경리사(經理使) 민영준(閔泳駿)이 더욱 가렴주구(苛斂誅求)[132]의 재간을 부렸으니, 그는 고종의 사랑을 독차지하고, 지방장관도 모두 그의 손에서 배출되었다.

지방관들은 모두 가렴주구를 장기로 하였다. 조병갑은 처음 고부군수에 부

---

124) 곧 돈을 모을 수 있는 원천.
125) 재물이 많으면 재앙을 부르게 된다는 뜻.
126) 위조문서를 가지고 남의 땅을 빼앗으려 함.
127) 메아리쳐 옴.
128) 원문에 최제우로 되어 있으나 오기임.
129) 원통함을 풀어버림.
130) 호남과 호서.
131) 임금의 말씀.
132) 세금을 혹독하게 징수하고 강제로 재물을 빼앗음.

임했을 때에 이미 많은 부정행위를 저질러 백성들이 아직 그 쓰라림을 잊지 않고 있는데, 그가 다시 재임하여 또 그런 일을 저질렀으니 어찌 난(亂)이 일어나지 않을 수 있었겠는가. 조병갑이 호(戶)마다 쌀과 곡식을 거두어 바닷길을 이용하여 팔아먹으려던 가운데 백성들의 소요가 발생하였던 것이다.

정부는 장흥부사 이용태(李容泰)를 안핵사(接覈使)로 임명하여 사실 여부를 조사 보고토록 하였다. 그곳에 당도한 이용태는 이 기회를 틈타 어부지리(漁父之利)[133]를 얻으려고 하였다. 소요를 다스리려다가 도리어 더욱 시끄럽게 되었으니, 민심은 한층 더 격동하여 난(亂)으로 발전했다.

고부 향장(鄕長) 손화중(孫化中), 향민 전봉준(全琫準), 전주민 김개남(金介男 : 金開男) 등은 동학당 우두머리로, 장대를 높이 들고 봉기하였다. 한 번 외치니 많은 사람들이 호응하여 그 무리가 크게 되었으며, 마침내 고부·부안·흥덕·태인·정읍·장성·무장·함평 등 여러 군을 함락하였다. 이를 근거로 하여 수십 군데 영둔(營屯)을 연결하게 되었으며, 그들은 다음과 같은 격문(檄文)을 발포(發布)하였다.

'우리들의 이번 거사는 위로는 종사(宗社)를 보존하고, 아래로는 백성을 보호하기 위한 것이다. 죽음을 무릅쓰고 맹세를 하였으니 삼가 가벼이 행동하지 말 것이며, 다만 다가오는 개혁이나 지켜보라. 전운사(轉運使)[134]가 이민(吏民)[135]에게 폐해가 되었고, 균전관(均田官)이 폐단을 없앤다는 것이 또 다른 폐단이 되었으며,[136] 각 시전(市廛)이 백성에게 분담시켜 거두어들이고, 각 포구 선주(船主)들이 강제로 빼앗았다. 또 다른 나라 잠상(潛商)들이 고가로 쌀을 무역하고 있으며, 염분(鹽盆)을 시세(市稅)에서 충당하였다. 여러 가지 조목의 폐막(弊瘼)[137]을 모두 열거할 수 없다. 무릇 사농공상(士農工商)의 모든 사람이 한마음으로 협력하여 위로는 나라를 돕고, 아래로는 빈사 상태에 있는 백성들을 편안히 한다면 어찌 다행한 일이 아니리오.'

---

133) 쌍방이 다투는 틈을 이용하여 이익을 챙기려 함.
134) 세곡 징수·운반·수납을 관리하는 책임자.
135) 지방 아전과 백성.
136) 그때 '전운사 조필영과 균전사 김창석은 난을 숙성시킨 자'라 하였다.
137) 없애기 어려운 폐단.

이에 부중(部衆)[138]에게 "매양 행진할 때, 병사의 피를 흘리게 하지 않고 이기는 자가 가장 공이 있는 사람으로 하겠다. 비록 어쩔 수 없이 싸움을 벌인다 해도 사람을 다치게 하거나 죽이지 말 것이며, 행군하여 지나가는 지역에서도 사람이나 물건을 해치지 말 것이며, 또한 효제충신(孝悌忠信)한 사람들이 사는 지역에는 10리 이내에 군대를 주둔시키지 말 것"이라고 약속하였다. 또한 '군령 12조'를 발표하여 농민군을 경계하고 타일렀다.[139] 또 영광군 이향(吏鄕)에게 공문을 보내, 벼슬아치들의 폐해와 백성의 고통에 관련된 각종 문서들을 모두 가져와 조사를 받으라고 하였다.

이때 전운사 조필영(趙弼永)이 더욱 멋대로 탐학을 저질러, 백성들이 억울함과 분통함을 품고 있었는데, (백성들은) 이 격문 소식을 듣고 모두 뛰쳐나와 이에 향응(響應)하여 각 군에 비치된 무기를 모두 탈취하고, 공당(公堂)에 침입하여 관장(官長)을 구타하여 욕보이고, 혹은 감옥을 열고 죄수를 풀어주고, 혹은 관청 창고를 부수고 약탈하였다. 무장·흥덕의 군 관아와 영광의 전운영(轉運營)이 모두 불타 부서졌다. 큰 깃발에 '보국안민 체천행도(輔國安民 體天行道)[140]'의 여덟 글자를 크게 쓰고, 백성을 구제하기 위한 '의병(義兵)'이라 칭하였다. 무리가 수만에 이르렀으며, 호남의 여러 고을 관아가 유린당하였다.

영광군수 민영수(閔泳壽)는 도망쳤고, 전주가 함락되자 전라감사 김문현(金汶鉉)도 성을 버리고 도망쳤다. 조정에서는 전라병사(全羅兵使) 홍계훈(洪啓薰)을 양호초토사(兩湖招討使)로 삼아 장위병(壯衛兵) 2개 대대를 인솔하고 내려가 소탕케 하였다. 이어서 김학진(金鶴鎭)을 전라감사에, 이원회(李元會)를 양호순변사(兩湖巡邊使)에 각기 임명하여 진압하라고 명하였으며, 엄세영(嚴世永)을 염찰사(廉察使)로 삼아 백성의 폐해를 알아 오도록 하였다.

전봉준은 매우 걸출하고 지략이 있어 여러 차례 관군을 속여 패배시켰다. 오직 미신(迷信)으로 그의 무리들을 복종시켜 물불을 가리지 않고 뛰어들고 피하

---

138) 농민군.
139) ①항복한 자는 대접받는다. ②곤궁한 자는 구제한다. ③욕심부리는 자는 추방한다. ④순종하는 자는 경복한다. ⑤굶주린 자는 먹인다. ⑥간활한 자는 없앤다. ⑦도망가는 자는 쫓지 않는다. ⑧가난한 자는 구해 준다. ⑨거역하는 자는 효유한다. ⑩병자에게는 약을 준다. ⑪불효자는 죽인다. ⑫불충한 자는 제거한다. 등 12개 항.
140) 나라를 보필하고 백성을 편안히 하며 하늘을 본받아 도를 행한다는 뜻.

는 바가 없게 하였다. 일찍이 그 무리에게 "나는 신부(神符)[141]가 있어 몸을 보호할 수 있으니, 비록 대포 연기가 자욱하고 총알이 비처럼 쏟아지는 곳에 있더라도 부상당하는 일이 없다. 너희들은 이것을 봐라"고 이르고는, 이어 소매 속에 탄환 수십 발을 몰래 감추고, 믿을 만한 교인 10여 명과 비밀리에 짜고 그를 에워싸고 일제히 총을 쏘도록 하였는데, 실제는 공포(空砲)를 쏘게 하였다. 전봉준이 포위된 가운데서 뛰어나오며 소매를 흔드니 탄환이 우수수 땅에 떨어졌다. 그것을 지켜보던 많은 사람들이 "장군은 신인(神人)이다"라고 말하였다. 이에 그 무리들은 그 부적을 지니고 총탄을 무서워하지 않았다.

그 무렵 동학의 다른 일파가 호서지방인 공주·사오(沙塢) 및 보은·회덕·청산·옥천 등지에 모여 있었다.[142] 그들은 무기고에서 무기를 빼앗아 여러 읍을 유린하였으니, 그 숫자가 수만을 넘었다. 양반 토호를 오랜 원수로 여겼으므로 이런 기회를 이용하여 원수를 갚고자 하였다. 결박지어 구금시켜 놓고 채찍질을 가하기도 하였고, 혹은 집을 파괴하고 부녀를 겁탈하였고, 혹은 호롱불을 들려 혼행(婚行)의 시중드는 일을 시키기도 하였다. 혹은 빼앗겼던 묘지를 되돌려 받기도 하였으며, 혹은 (세력 있는) 사람을 포박하여 베어 죽이면서 악종(惡種)[143]을 베어 버린다고도 하였다. 군현 관리들도 모두 붙잡혀 왔는데, 진영의 문을 크게 열어 놓고 탐학을 저지른 정도에 따라 곤장을 때렸으며, 고함지르고 꾸짖고 제멋대로 기세등등하게 날뛰었다. 그 기염(氣焰)이 미치는 바는 털에 불이 붙는 것 같아서, 열흘이 안 되어 경기·강원·황해·경상도까지 뻗어 나갔다.

어리석은 백성들의 어지러움이 일시에 풍미(風靡)하여 '시천주 조화정 영세불망 만사지'를 외는 소리가 방방곡곡에 가득하고, 미쳐 날뛰며 난무하는 모습이 해괴했다. 대개 동학당은 본디 정치사상이나 혁명성질이 포함되어 있었으나, 많은 것이 비천(卑賤), 무뢰, 우둔, 무식한 무리에게서 나온 까닭에 이처럼 난폭하였다. 그러나 엄격하고 각박했던 종래 계급이 이로 말미암아 무너졌으니, 또한

---

141) 영험 있는 부적.
142) 그 무렵 동학 조직은 남접은 전봉준, 북접은 교주 최시형이 이끌었다. 1894년 3월 1차 농민전쟁 때는 북접이 반대하였으나, 같은 해 9월 2차 농민전쟁 때 정부군이 북접 거점인 보은을 공격하면서 북접도 어쩔 수 없이 가담하게 되었다.
143) 악질 종자.

개혁의 선구라 말할 수 있다. 저들은 오합지졸(烏合之卒)로 창졸간에 거사하여 평소 전투 기술도, 뛰어난 무기도 없었으나, 그 부주(符呪)만 믿고 물불을 가리지 않고 달려드는 강한 마력(魔力)이 있었다. 또한 한성 정계에서도 비밀히 내응자를 획득하였으니, 만약 번개와 같이 신속하게 저 마력을 지닌 군대—정예군에는 미치지 못하지만—를 이끌고 밤을 새워 쉬지 않고 곧바로 한성에 들어와서 개혁에 착수하였다면 외국인도 간섭하지 못했을 것이다. 서양에서 보는 혁명의 혈광(血光)을 다시 아시아 동쪽 반도에서 볼 수 있었는데, 이들에게 담력과 식견이 없었으니 어찌하랴.

4월 28일, 초토사 홍계훈이 동학군을 공격하여 수백 명을 죽이고 전주를 수복하였다. 9월에는 이두황(李斗璜)·성하영(成夏泳) 등이 안성(安城)의 동학군을 공격하여 소탕하였으며, 지평 사람 맹영재(孟英在)가 향병(鄕兵)을 모집하여 홍천의 동학군을 공격하여 격파하였고, 홍주목사 이승우(李勝宇)는 영·호남 각지의 동학군을 공격하여 차례로 평정하였다. 11월에 이르러 순무영 영관(巡撫營領官) 이규태(李圭泰)와 성하영·장용진(張容鎭) 및 일본 군대가 공주의 동학군을 함께 소탕하였고, 12월에 전라감사 이도재(李道宰)는 전봉준과 김개남 등을 사로잡아 서울로 압송하여 참수하였다. 그들 무리들은 주둔하고 있던 여러 지역에서 관군과 일본군에 저항하였으나 고전(苦戰)하였다. 8, 9월에 이르기까지 사망자는 30만 명이나 되었다고 한다.

처음 동학군은 창궐하면서 장차 한성으로 북상하여 왕의 곁에 있는 나쁜 관리들을 깨끗이 쓸어버리겠다고 선언하였다. 전주가 함락되었다는 보고가 전해지자 조정은 크게 진동하였고, 정권을 잡은 자는 곧 원세개에게 가서 급박함을 알리고 군대를 보내어 동학군들을 소탕해 줄 것을 요청했다. 이것이 바로 중국과 일본이 충돌하는 기점이 되었다.

이때 김옥균을 역적으로 처벌하고자 하였다. 먼저 김옥균, 박영효 등이 일본으로 망명하자, 우리 조정에서는 여러 번 인도해 줄 것을 요구하였으나 이루어지지 않았다. 뒤에 김옥균은 오가사와라섬(小笠原島)으로 유배되었다가 또 다시 삿포로(札幌)로 옮겨졌다. 갑오년(1894) 3월 이일직(李逸稙)·홍종우(洪鍾宇) 등이 일본으로 건너가 국사범들을 살해하고자 하였다. 이일직이 박영효를 살해하려다 기밀이 누설되어 체포되자, 김옥균은 일본을 떠나 중국으로 건너가고자 하였고, 이홍장 또한 편지를 써서 그를 초청하였다. 그러나 그는 상하이에 도착하자마자 홍종우에게 피살되었다. 일본인들이 그 유해를 일본으로 가져가려 했는데, 중국 경찰이 그것을 탈취하여 군함에 실어 조선으로 보냈다. 조선 조정에서는 대역죄에 처하여 양화진에서 육시(戮屍)[144]하고, 며칠 동안 효시하여 보이고 다시 사지를 잘라내어 팔도에 돌리라고 하였다. 일본인들이 이것을 듣고 매우 한스러워하였고, 무력으로 씻어보려 하였으니, 이것이 또한 국제 사회(곧 청과 일본)의 갈등을 빚게 된 한 원인이 되었다.

27. 구원병 요청의 전말

조정에서는 청나라에 원병을 주장하면서 일본이 결코 출병할 이유가 없다고 보았다. 원세개 또한 주일공사 왕봉조(汪鳳藻)의 보고에 의거하여, "일본 정부는 바야흐로 의회와 알력이 심하여 (이를) 조정하는 데 어려움이 있으므로 나라 밖 일에 힘을 기울이는 것은 불가능하다"고 하였다. 이에 (청국은) 파병을 의결하였고, 우리 조정에서도 청나라 공사에게 다음과 같이 조회(照會)를 보냈다.

〈중략 : 동학군을 없애기 위해 군대의 원조 요청 및 중국 원세개의 응낙 답신〉

〈안〉 갑오년 일은 지나 버렸으므로 우리 국민이 당국의 잘못된 조치를 추궁하는 것은 쓸데없는 일이지만, 그 말(정부에서 청병을 요청하면서 한 말)은 아직도 뼈아픈 말이라 할 수 있다. 무릇 갑오동학란은 그 허물이 정부에 있고 백성들에게는 없다는 것은 천하가 모두 아는 바이고 숨길 수도 없다. 그런데 정부가 중국에 원병을 요청하면서 자국 백성을 '백성들의 습성이 흉한(兇悍)[145]하고 성질이 휼간(譎奸)[146]하다'고 한 것이 도대체 할 수 있는 말인가. 무릇 우리 백성은 윤상(倫常)을 돈독히 지키며, 질서에 순응하여 아랫사람이 윗사람에 복종하고 천한 사람이 귀한 사람에 굴복하는 것을 하늘의 도리로 알고 있었다. 비록 관리의 압제가 끝

---

144) 시신에게 벌을 주어 다시 죽임.
145) 흉악하고 사나움.
146) 속이고 간사함.

이 없고 가렴주구(苛斂誅求)가 그치지 않았지만, 모두 고개를 숙이고 귀를 늘어뜨리어 순종하여, 감히 그들의 불법처사를 배척하거나 항의하지도 못하였다. 그런즉 우리 국민이 죄가 있다면 나약했던 것인데, (이를) 모질고 사납다고 한 것은 옳지 못하다. 자유를 생명으로 삼는 유럽이나 미국 사람들 같았으면 어찌 이런 '악한 정부'를 용납하여 하루인들 남아 있게 하였겠는가.

아닌 게 아니라 호남지방은 땅이 비옥하여 산물이 많아 백성들은 스스로 하늘에서 내린 산물만 가지고도 휴양(休養)[147]하기에 편안하여 괴로움을 참아가며 모험하는 습성이 없었다. 그런데 윗사람을 섬기는 것을 잘하여 평소 유약하고 기대기를 잘한다고 희롱을 들어왔는데, 정부는 오히려 천부(天府)[148]로 보고, 권세가는 찬주(饌厨 : 부엌)로 여겼다(수탈하였다). 이제 다른 나라에 대하여 명백하게 '백성의 습성이 흉한(凶悍)하고, 성질이 휼간(譎奸)하다'고 하였으니, 비록 그런 말이 난이 일으킨 허물을 면하고 이를 백성에게 돌리기 위해 나왔다고 하더라도 그 말은 너무나도 잘못된 것이었다. 대저 탐학과 불법이 누적되어 오늘의 반란을 양성(釀成)한 것이 누구인가. '흉한 휼간' 네 글자는 정부가 지어낸 것으로, 이런 말로 백성에게 억지로 뒤집어씌운 것은 옳지 못하다.

아! 수십 년 전부터 내려오면서 궁중은 탕장(帑藏)[149]을 써서 산천과 신불(神佛)에 망령되이 제사나 지낸 것은, 귀신의 비호를 빌고 안락을 향유하기를 추구한 것이었다. 심복의 신하들은 잘못된 점을 고치라고 말 한 마디 못하면서 도리어 무당과 점쟁이들을 끌어들여 성원하였다. 이제 나라에 난귀가 생겼는데 어찌 육갑(六甲)·육정(六丁)[150]·신장(神將)·귀졸(鬼卒)에 청하여 이들을 제거하지 아니하였는가. 또한 지방의 세력 있는 서리라는 자들은 아장월(牙仗鉞)[151]을 세워 부적(符籍)을 얽어매고, 인수(印綬)[152]를 허리에 둘러차고는 백성들의 재산이나 낚고 사냥하는 데 공을 세운 자들일 뿐이다. 모두 조정의 용감한 장수요 권세가 심복인데, 왜 이 무리들에게 힘을 내어 소탕하라고 명하지 않고, 외국인에 원병을 보내 달라고 구걸

---

147) 편히 쉼.
148) 산물이 많이 나는 토지.
149) 국가의 금은을 보관하는 창고.
150) 육갑·육정은 둔갑술을 할 때 부르는 神將 이름.
151) 상아로 장식한 깃발에 천자가 내린 상징적 도끼.
152) 벼슬아치가 임금으로부터 받은 표장.

하였던가. 저들은 대체로 악을 쌓아온 지 오래되어 항상 떨고 있었고, 백성의 토벌을 두려워하였는데, 동학도들이 왕의 측근을 제거하겠다고 선언하자 마음이 허전해지고 간담이 겁에 질려 빠져 나갈 곳이 없다고 판단하여 다급함을 알리는 데 급급하였다. 오직 중국 공사관만 얼마나 고달팠던가.

이때 나(박은식)는 한성에 있다가 원병을 청하겠다는 소식을 듣고, 당로자(當路者)에게 "동학(東學) 무리는 오합지중(烏合之衆)이라 관군들이 힘써 소탕한다면 어찌 진정시키지 못하랴만, 어찌 이를 근심하여 중국에 원병을 청하기에 이르렀단 말인가. 우리나라에 구구한 내란이 있어 스스로 소탕하지 못하고, 전적으로 다른 사람에게 위급함을 구해 달라 애걸하는 것은 나라의 큰 수치가 아닌가. 또한 갑신년(1884) 텐진조약에 명시된 바와 같이 만약 청국에서 파병하면 일본도 어찌 무슨 말이 없으랴. 이 일로 양국 군대를 불러들이게 된다면, 우리나라가 무사히 보존될 수 있겠는가"라고 물었다. 당로자는 이에 대해 답도 하지 못했다. 슬프다! 부유(腐儒)[153]의 말이 불행하게도 적중되고 말았도다.

이에 중국 북양대신 이홍장은 원세개의 전보를 받고 섭지초(葉志超)·섭사성(葉士咸) 등에게 5병영 군함 제원(濟遠)·양위(揚威)·치원(致遠)·평원(平遠)·조강(操江) 등 5척을 이끌고 가도록 명하였다.

갑오년(1894) 5월 1일, 이들은 웨이하이를 출발하여 3일 충청도 아산만에 도착하여 6일 상륙하였으며, 양위·평원·조강 등 3척은 인천항에 들어왔다. 우리 조정에서는 이중하(李重夏)를 영접관으로 임명하여 가서 일을 처리하도록 하였다.

28. 일본군 입성

일본에서는 처음 우리나라에 동학란이 일어났다는 소식을 듣고 여론이 일고 근심의 빛이 역력했으며, 일본 정부에 출병을 촉구하였다. 일본 정부도 만약 난리가 확산되고 거세어져 일본 거류민(居留民)이 해를 입게 된다면 마땅히 파병하여 보호해야 한다고 하였다.

---

153) 쓸모없는 선비. 곧 박은식 자신을 낮추어 하는 말.

〈중략 : 일본 외무대신 무쓰무네미쓰(陸奧宗光) 주도하에 5월 6일 일본군도 인천항에 들어왔는데, 조선 조정에서 철병을 요구하였으나, 일본은 청국병이 철병한다면 철거하겠다고 하면서 거절〉

이에 조정은 근심과 공포 속에서 어찌할 바를 알지 못했다. 그런데 갑신정변을 일으켰다가 숨어살던 자들이 차츰 그 자취를 드러냈다. 안경수(安駉壽)·김가진(金嘉鎭)·권재형(權在衡)·유길준(俞吉濬)·김학우(金鶴羽)·권형진(權瀅鎭)·조희연(趙羲淵)·김익승(金益昇)·이윤용(李允用) 같은 사람들은 모두 일본인과 결탁하여 조정을 무너뜨리고 정치를 개혁하고자 하였으며, 이를 비밀리에 모의하기 위해 매일 밤 상복(喪服)을 입고 일본 공관에 왕래하는 일이 끊이지 않았다.

29. 일본사신의 폐현(陛見)과 상주(上奏) 및 기타 상황

갑오년(1894) 5월 23일, 일본공사 오토리(大鳥圭介)가 고종을 알현하고 개혁사의(改革事宜) 5조를 진주(陳奏)하였다.

〈중략 : 상주한 내용을 서술. 일본과 조선 관계가 밀접하다는 점을 거론하고, 조선이 자주독립하지 않으면 열강이 노리고 있어 유지할 수 없으며, 이를 위해서는 조선이 개혁을 단행하여 부강해져야 한다는 점을 지적〉

우리 조정에서는 이 사실에 따라 청국 조정에 전보를 보내자 청국에서 "만약 오토리의 말대로 실시한다면 저들의 농간을 받을 것이며, 급히 화를 불러들이게 되어 베트남의 전철을 밟게 될 것이니, 굳게 고집하여 저절로 끊어지게 하면 오토리도 계책이 궁하여 스스로 철회할 것이다"라는 답전이 왔다.

오토리가 이미 5개조를 아뢴 뒤 계속 실행을 독촉하자, 우리 조정은 어쩔 수 없이 협판내무부사 김종한(金宗漢)·조인승(曺寅承)·신정희(申正熙) 등에게 명하여 위원을 선임하도록 하고, 날마다 일본 공사관에서 오토리와 경장사의(更張事宜)를 협상케 하였다. 오래도록 결정을 짓지 못하다가, 6월 13일 남산 노인정(老人亭)에서 개회하여 담판으로 개혁을 하기로 결정하고 밤이 되어 파하였다.

원세개는 이 사실을 베이징 조정에 급히 타전했는데, '일본이 자의로 개혁을 논의하여 중국과 조선 두 나라를 모멸(侮蔑)[154]하므로 황제가 몹시 노하여 삼군(三軍)에 일본을 물리치고 조선을 보호하라고 명하였다'는 회답 전보가 왔다.

그러나 우리 조정에서는 이미 결정한 까닭에, 마침내 대신(大臣) 심순택(沈舜澤)·김홍집(金弘集)·김병시(金炳始)·조병세(趙秉世)·정범조(鄭範朝)를 총재관(總裁官)에 임명하고, 김영수(金永壽)·박정양(朴定陽)·민영규(閔泳奎)·신정희·이유승(李裕承)·김만식(金晩植)·윤용구(尹容求)·조종필(趙鍾弼)·심상훈(沈相薰)·박용대(朴容大) 등을 위원으로 삼아 날마다 회의를 열었다.[155]

⟨후략 : 일본은 청군이 아산에서 포고한 내용 가운데 '조선 속국'이라는 말이 있다고 트집잡고 개전(開戰) 기회를 노림⟩

30. 원세개 귀국

⟨생략 : 원세개는 아직 일본과 전쟁을 할 때가 아니라고 판단하고, 전쟁을 준비하고자 하였으나 일본과의 전쟁 기운이 박두하자 본국으로 돌아감⟩

31. 일본군의 궁궐 침범

같은 해(갑오년, 1894) 6월 20일 밤, 오토리는 보병대장 2인에게 명하여 저마다 1대대를 인솔하고 경복궁으로 나아가도록 하였다. 오전 4시께 1대는 영추문(迎秋門)을 따라 북문에 이르고, 나머지 1대는 광화문을 따라 건춘문(建春門)에 이르러 문빗장을 자르고 바로 쳐들어갔다. 우리 호위대가 대항하여 싸움을 벌였는데, 그때 평양병이 경무대(景武臺)를 지키며 저마다 소나무 뒤에 숨어서 일본병에게 발사하여 50여 명을 살해하였다. 친일당들이 왕명이라 속여 싸움을 중지토록 명하자 평양병은 마침내 담을 뛰어넘어 도주했고, 다른 병사들 또한 해산되었다. 이에 일본병이 대궐문을 지키게 되었고, 궁궐 내외가 단절되었다.

일본인들은 궁내에 소장된 역대 고기(古器)·보물·서적 등을 모두 약탈해 갔으며, 후원(後苑)의 진귀한 새와 사슴 또한 모두 잡아갔다. 또한 한 부대는 민영준(閔泳駿)의 집을 포위하였다. 종로로부터 남산 및 북악산, 인왕산에 이르기까지 일본병들이 계속 이어지고, 칼과 총이 죽 늘어서니 백관(百官)과 군민(軍民)

---

154) 업신여기고 얕잡아 봄.
155) 이때 만들어진 기구가 교정청이었다.

들은 당황하여 어쩔 줄을 몰라 했다. 민영준은 대궐에서 몰래 도망쳐 나왔다. 이에 오토리와 우리 대신들이 대원군을 입궐시키는 일을 상의하였으며, 김병시·조병세·김홍집 등 여러 대신들이 왕명을 받들어 조정을 이루고 좌우를 받들어 위로하였다.

22일, 러시아 공사 베베르가 서기를 일본 공사관에 보내 일본병이 왕성을 지키는 것, 궐문에 포격한 것, 한국 조정 대신을 몰아낸 까닭 등을 힐책하였다. 오토리가 "조선이 내정 개혁을 하기 위해 우리에게 병력을 요구하여 우리 군사는 단지 만일 사태에 대비한 것으로 우연히 수비병을 만나 어쩔 수 없이 응사한 것"이라 대답하였다.

대원군이 대궐에 들어와 새로운 당의 여러 사람들과 함께 개혁을 논의하였다. 이런 가운데 민영준은 임자도(荏子島)에, 민형식(閔炯植)은 녹도(鹿島)에, 민응식(閔應植)은 고금도(古今島)에 유배되었고, 이도재(李道宰)·신기선(申箕善)·윤웅렬(尹雄烈)·경광국(慶光國) 등은 모두 사면되어 각기 다시 임용되었다.

24일 왕명으로 신정(新政)을 열어 사색(四色) 당파를 없애고, 문벌(門閥)을 가리지 않고 오직 재주에 따라 천거하게 하였다. 군국기무처(軍國機務處)를 설치하고, 영의정 김홍집을 회의 총재로 삼고, 박정양(朴定陽)을 내무독판에, 민영달(閔泳達)을 호조판서에, 어윤중(魚允中)을 선혜청 당상에, 김학진(金鶴鎭)을 병조판서에, 조희연을 장위사(壯衛使)에, 이봉의(李鳳儀)를 총위사에, 이원회(李元會)를 좌포장에, 안경수(安駉壽)를 우포장에, 신정희(申正熙)를 통제사에, 김가진(金嘉鎭)을 외무협판에, 정경원(鄭敬源)·박준양(朴準陽)·이원긍(李源兢)·김학우(金鶴羽)·권형진·유길준·김하영(金夏英)·이응익(李應翼)·서상집(徐相集) 등을 회의원(會議員)에 각각 임명하였으며, 오토리는 스스로 고문이 되었다.

25일에 조청(朝淸)조약을 파기하고, 다음 날 군국기무소장정(軍國機務所章程)을 만들었으며, 28일에 관제 및 직장(職掌)을 편제하였다. 이것이 (갑오개혁을 추진한) 갑오 신정부였다.

32. 청일 교섭

〈생략 : 동학란을 계기로 전개된 청국과 일본의 교섭 과정을 기술함. 특히 청국이 조선 요청에 따라 군대를 파견하면서 이를 '속방 보호'라고 표현하였는데,

일본은 이 문제를 물고 늘어졌다. 일본 외무대신 무쓰무네미쓰는 싸우는 것 외에는 방법이 없다고 결정하였지만, 먼저 조선에 공동으로 동학란을 진압하고 내정을 조사·개혁하자고 제의하였다. 그러나 청국에서는 조선 변란이 진정되고 있으므로 양국의 공동 진압은 불필요하고, 조선 내정에 간여할 수 없다는 태도를 보였다. 이에 일본은 일본의 자위를 위해 조선 안녕이 필요하다는 명분 하에 재차 청국과의 공동 협조를 촉구하였으며, 만약 무슨 일이 일어나게 되면 이것은 중국 책임이라고 주장하였다.〉

33. 청일 개전(開戰)

청국 조정은 이 문제에 대해 대책을 마련하였다. 조정 신하들은 전쟁을 주장했고, 이홍장은 화의(和議)를 주장하였으나, 일본이 싸우고자 압박하니 말로는 결정지을 수 없었다. 이에 청국은 영국 윤선(輪船) 3척을 빌려서 병사를 운송하여 아산(牙山)에 주둔하고 있던 부대와 연락하고자 하면서 제원(濟遠)호와 광을(廣乙)호 등 군함 2척으로 호송케 하였다.

6월 22일, 풍도(風島) 앞바다에 이르러 일본 함정 요시노(吉野)·나나이(浪速)·아키츠시마(秋津州)를 만나 서로 포격을 가하니 청국함 광을호가 가라앉고 제원호는 달아났다.

〈후략 : 이리하여 청일전쟁이 시작되고, 6월 27일 아산과 성환역(成歡驛)에 주둔하고 있던 청국병 2천여 명도 일본군 습격으로 섭지초·섭사성 등은 패군을 이끌고 평양까지 패주〉

34. 우리나라 개혁의 신정치

우리 조정은 군국기무처를 설치하고 일체 개혁의안을 의원회에 회부하고 취할 것을 상의하여 결정지었으니 무릇 23개조였다.

    1. 국내 공사(公私) 문서는 개국(開國) 기원(紀元)을 사용할 것.
    2. 청국과 조약을 개정하고, 각국에 전권공사(全權公使)를 파견할 것.
    3. 문벌(門閥)과 반상(班常) 등급을 벽파(劈破)하고, 문벌에 구애되지 않고 인재를 뽑아 쓸 것.

4. 문존무비(文尊武卑) 제도를 폐지하고, 다만 품계(品階)에 따른 상견(相見)의 의절(儀節)을 규정할 것.

5. 죄인은 자기 외에는 연좌율(緣坐律)을 실시하지 말 것.

6. 본부인과 첩 소생 자녀가 모두 없을 때에만 양자를 허락할 것.

7. 남자는 20세, 여자는 16세가 된 뒤에 결혼할 것.

8. 부녀(婦女) 재가(再嫁)는 귀천에 관계없으며 그들의 자유의사에 맡길 것.

9. 공사(公私) 노비법전을 혁파하고 사람 매매하는 것을 금할 것.

10. 평민 가운데 진실로 나라에 이득이 되고 국민을 편하게 할 수 있는 의견이 있으면 기무처(機務處)에 글을 올려 의론(議論)에 부칠 수 있도록 허락할 것.

11. 조관(朝官) 의제(衣制)는 폐현(陛見)할 때 공복(公服)으로 사모(紗帽)[156]·장복(章服)·반령(盤領)[157]·착수(窄袖)[158]로 하고, 평상복은 칠립(漆笠)·답호(褡護)[159]·사대(紗帶)로 하며, 사서인(士庶人) 복장은 칠립·주의(周衣)·사대로 하고, 병변(兵弁) 의제(衣制)는 근례(近例)대로 준행하되, 장수와 병졸을 명백히 구별할 것.

12. 각 아문(衙門) 관제(官制)와 직장(職掌)은 7월 20일을 기한으로 정한다.

13. 경무관제(警務官制) 직장(職掌)은 내무아문에 부친다.

14. 대소 관원이 공사간에 다닐 때에는 타고 다니든지 걸어서 가든지 편한 대로 구애됨이 없고, 평교자(平轎子)와 초헌(軺軒)[160]은 영구히 폐지한다. 재관(宰官)을 부액(扶腋)[161]하는 예도 영구히 폐지하며, 오직 총리대신과 전직 의정대신이 궁궐 내에서 산람여(山藍輿) 타는 것은 허락한다.

15. 대소관(大小官)과 사서인(士庶人) 등의 등마(等馬)의 예절은 모두 없앤다(고등관을 만났을 때는 단지 길을 비키기만 하면 된다).

16. 각 부아관원(府衙官員)을 따라다니는 수행원 인원을 정한다(총리대신 4인, 찬성(贊成) 및 각 아문대신 3인, 협판(協辦) 2인, 사헌(司憲) 및 참의(參議) 1인 등으로 함).

17. 내관(內官)으로 재능이 있는 자를 외조(外朝)에 두루 등용하는 데에 일절 구

---

156) 평상시 관모.
157) 둥근 깃.
158) 좁은 소매.
159) 戰服.
160) 높직한 외바퀴 수레.
161) 부축.

애됨이 없도록 한다.

18. 무릇 벼슬자리에 있으면서 상피하는 법규는 오직 아들, 사위, 형제, 삼촌, 조카 외에는 구애되지 말며 사의(私義)로 강혐(講嫌)[162]하는 규칙의 습관을 일절 영구히 폐지한다.

19. 장리(贓吏)[163]의 형률은 구전(舊典)을 다시 살펴 엄히 벌을 주되 원장(原贓)[164]은 관에 들여놓는다.

20. 조관(朝官) 품급은 1품부터 2품에 이르기까지는 정(正)·종(從)을 두나, 3품 이하 9품에 이르기까지 정·종 구별을 두지 않는다.

21. 역인(驛人), 창우(倡優), 피공(皮工)도 모두 면천(免賤)을 허용한다.

22. 모든 관인은 비록 고등관을 지낸 자라 하더라도 벼슬을 그만두면 편의에 따라 상업을 경영할 수 있다.

23. 과령취사(科令取士)[165]는 조가정제(朝家定制)[166]와 관계되는 것으로 실력을 따져서 참다운 인재를 쓰기란 어려운 일이다. 그러므로 과거제도는 왕께 상주하여 변통을 얻은 뒤에 겸하여 선거조례(選擧條例)를 정한다.

관제도 개정하여, 궁내부·의정부·내무아문·외무아문·군무아문·탁지아문·농상아문·법무아문·학무아문·공무아문 등의 이름으로 하였다. 각 아문에 소속된 부서와 크고 작은 직제의 속행 여부도 의논하여 정하고 왕에게 품의하여 실시하였다. 이때 김홍집을 총리대신, 이재면을 궁내부대신, 민영달을 내무대신, 김윤식을 외무대신, 어윤중을 탁지대신, 윤용구를 법무대신, 서정순(徐正淳)을 공무대신, 엄세영(嚴世永)을 농상대신으로 하였다. 얼마 지나지 않아서 민영상(閔泳商)을 내무대신, 한기동(韓耆東)을 법무대신, 이봉의를 경무사에 다시 임명하였다. 박영효가 환국한 뒤에 내무대신이 되고, 조희연을 군무대신, 서광범(徐光範)을 법무대신, 신기선(申箕善)을 공무대신, 윤웅렬을 경무사에 임명하였으

---

162) 혐의가 있다고 취임을 기피하는 것.
163) 부정 축재한 관리.
164) 횡령한 공금.
165) 과거를 통해 인재를 뽑아 쓰는 것.
166) 문벌에 따라 정한 제도.

니, 갑신정변 때 죄를 지었던 자들이 모두 죄를 씻고 작위가 회복되었다.[167]
군국기무처 제2의안은 모두 12개조였다.

　1. 갑오 10월부터 각 도에서 각종 부세(賦稅)와 군보(軍保) 등 일체 상납하는 대소미(大小米)·콩·목포(木布) 등은 모두 돈으로 대신하여 마련하되, 은행을 설립하여 공전(公錢)을 계획하여 공급하고, 미곡을 교역할 수 있도록 하여 근본이 되는 토지를 넉넉히 하고 원전(原錢)은 탁지아문에 상납케 한다.
　2. 도량형(度量衡)을 개정하되, 내무아문은 신식을 널리 보급하여, 척(尺)·두곡(斗斛)·칭형(秤衡 : 저울) 등을 동일하게 하여 문란한 폐단을 막도록 한다.
　3. 신식화폐와 구화폐를 바꾸는 방법은 별도로 조리(條理)를 정한다.
　4. 총리대신 이하 사서인(士庶人)에 이르기까지 목패(木牌)를 균등하게 사용하되, 살고 있는 동네 이름과 집주인의 직업, 성명을 써서 대문 위에 건다.
　5. 각 도 상납에서 관포(官逋)[168]와 이포(吏逋)[169]는 당장 명확히 조사하며, 책자를 만들어 정부에 보고하고 조치를 기다린다.
　6. 각 도 관찰사는 지방관에게 칙령을 내려 향회(鄕會)를 설치하고, 각 면의 인민은 종명노련(綜明老鍊)[170]한 사람을 1명씩 뽑아 향회원으로 하며, 본 읍 공당(公堂)에 모이게 하여 무릇 발령(發令)이나 의막(醫瘼)[171] 등 일에 대한 가부를 상의하여 공동 시행케 한다.
　7. 의금부는 의금사(義禁司)라 개칭하고 법무아문에 소속시키되, 대소 관원으로 공죄(公罪)를 범한 자를 다스리는 일을 관장하며, 임금의 뜻을 받들어 다스린다(무릇 대소관원이라도 개인적인 죄를 범한 자는 모두 법무아문에서 법률이 정한 바에 따라 처리하여 일반 인민들과 다름이 없다).
　8. 나이 어린 자로 총명하고 준걸한 자제들을 선발하여 각국 학교에 파송하여 재능에 따라 학업에 임하도록 하여 앞으로의 쓰임에 대비한다.

---

167) 갑오개혁을 이끌어 가던 가장 중심인물은 김홍집·유길준·김윤식 등이었다. 박영효가 귀국한 것은 1894년 12월 말이었다.
168) 지방관이 포탈한 것.
169) 서리가 포탈한 것.
170) 모든 것을 잘 알고 노련.
171) 잘못된 폐막을 고치는 것.

9. 각 아문 칙임관(勅任官)은 도찰원(都察院)에 회동하여 각 사(司) 이서(吏胥)들을 시험하여, 문장이나 계산에 재주와 지혜가 있는 자는 실시일을 기다려 재주에 따라 관직을 수여한다.

10. 죄인 민영준(閔泳駿)은 권력을 도둑질하고 농간을 부려 임금을 깔보고 백성을 학대하였으며, 요녀(妖女) 김창렬(金昌烈)은 신령을 가탁하여 위복(威福)을 마음대로 하였으나 아직 주륙(誅戮)이 가해지지 않아 여론이 물 끓듯 하며, 민형식(閔炯植)은 탐욕함이 습성이 되어 윤리도 없이 미친 행패를 저질러 그 독이 관할하는 3개 도 백성에게 흘렀다. 속히 마땅한 형률을 시행하여 귀신이나 사람들의 분통함을 씻도록 한다.

11. 10년 이내 전지(田地)·산림·가옥 등 재산이 번곤(藩閫)[172]·수재(守宰: 수령) 및 향호(鄕豪: 지방 토호)에게 강제로 빼앗겼거나 싼 값에 억지로 팔린 것은 원주인이 군국기무처에 사실에 의거하여 문서를 제출하되 증거가 명확하면 사실을 조사해서 원주인에게 찾아준다.

12. 각 부 아문은 다른 나라 고원(雇員) 1인을 고문으로 대비한다.

특별히 교지를 내려 전 지평(持平) 김흥락(金興洛)과 유만주(兪萬柱)를 승지로, 전 집의(執義) 박문일(朴文一)을 태천현감으로, 전 도사(都事) 김병창(金炳昌)을 집의로, 직강(直講) 정윤영(鄭胤永)을 사간(司諫)으로, 전 도사 전우(田愚)를 장령(掌令)으로 하였다. 모두 유일(遺逸)[173]로 천거된 것이었으나, 모두 벼슬에 나아가지 않았다.

〈안〉 본조(本朝)는 도학(道學)을 숭상하고 장려하여 산림(山林) 깊이 은거하고 있는 선비를 예우하고, 시행함에도 격외(格外)의 영전을 베풀었으며, 순서에 따르지 않고 발탁해 등용하는 것이 법으로 되어 있었다. 그런 까닭에 나라가 시끄럽고 정체(政體)가 변경된 때를 당해서도 오히려 이런 허례허식적인 관례를 준수하였으니, 어찌 인심을 수습하는 것이 여기(이것을 고치는 것)에 있다고 하지 않으리오. 구문허

---

172) 감사·병사·수사를 일컫는 말.
173) 은거하고있는 선비.

례(具文虛禮)¹⁷⁴⁾가 우리나라 고질이 된 지 오래되었는데, 이것을 계승하여 시행하는 것이 무슨 이득이 있으리오. 대저 산림지사(山林之士)는 국가가 편안하여 옛 법대로 수행할 때도 오히려 교만하거나 자중하여 왕의 부름에 응하지 않았는데, 하물며 오늘날 개혁이 외국 제도의 면모와 의식을 채용하여 나라 사람들이 그 갑작스러움에 크게 놀라지 않는 이가 없고, 또 그들이 깊은 곳 바위굴에서 고서적이나 암송하며 언제나 외국인을 보고 이적(夷狄 : 오랑캐) 금수(禽獸)라 욕하고, 오직 산림에 더 깊이 못 들어갈까 두려워하는데, 마음을 바꾸어 관직에 나아가겠는가.¹⁷⁵⁾ 조정 신하들 또한 그 사실을 알지 못한 것도 아니면서 다만 이것을 빙자해서 인심을 위로한다고 하였으나 그것은 거짓된 것이었다.

내가 생각건대 본조(本朝)에서 도학(道學)을 숭상하고 장려한 것은 아름다운 일이었지만, 너무 편중(偏重)하였던 폐해가 있었다는 것을 또한 알아야 할 것이다. 대개 옛적에는 도학이 바야흐로 융성함에 풍행(風行)이 초언(草偃)¹⁷⁶⁾하여, 산이 울고 계곡이 호응하듯이 전국의 많은 선비들은 산림의 큰 뜻 문하(門下)에 종아리채를 쥐고 다투어 찾았다. 행실을 닦고 학업에 열중하여 위의(威儀)에 익숙하였고, 읍양(揖讓) 풍습이 나무꾼이나 목동들에게까지 미쳤으며, 거문고를 켜고 글 읽는 소리가 베 짜는 데까지 가득하였다. 예교(禮教)가 널리 퍼지고 윤리가 번창하고 밝아 경계하여 살피지 않아도 도적은 일어나지 아니하였으며, 법률을 닦지 않아도 질서가 스스로 정연하였으니, 참으로 예로써 다스려진 나라였다.

그러나 그 편중했던 폐해로 실로 우둔하고 나약함이 더욱 심하게 되었으니, 그 까닭은 무엇이었는가. 우리나라 사회에서 도학(道學) 일파가 높은 벼슬을 독점하여 남다른 영화를 누리므로 명적(名適)¹⁷⁷⁾을 거짓으로 빌리고 문호를 표방하여, 진실한 덕성은 병들게 되고 헛된 명성만을 도둑질한 자가 있게 되었다. 또한 성설(性說)과 예론(禮論)의 이동(異同)으로 서로 간에 쟁단(爭端)을 야기하여 저마다 주장을 내세웠다. 조정 붕당(朋黨)은 실로 그 문하에서 나오게 되었으니, 그것이 첫 번

---

174) 문장 형식만 갖춘 허례허식.
175) 보수적인 유생들은 철저한 화이관(華夷觀)에 입각하여 서양을 인식하였는데, 그 근거는 유교적 강상(綱常)의 유무였다. 서양 사람은 유교윤리가 없다는 점에서 오랑캐며, 사람도 아닌 금수라는 인식이다.
176) 바람에 풀이 쓰러지듯 백성들이 복종함.
177) 이름, 평판.

째 폐해였다.

또한 학문을 하면서 헛된 것을 숭상하고 실제적인 것을 버렸다. 무릇 정치·법률·군사·농업·공업·재정 등 각 학문 분야에 실용이 되는 것은, 공리(功利)라 배척하여 내버려두고 연구하지도 않았다. 이순신(李舜臣)의 철갑 거북선이 모래밭에서 썩어도 지나가며 묻는 사람도 없고, 유형원(柳馨遠)·정약용(丁若鏞)·박지원(朴趾源)의 큰 정치론이 도학파로부터 축출되어 세상에 중요한 것으로 보지 않았으니, 선비들은 실용적인 재주가 결핍되고, 백성들은 실제적인 산업에 태만하여 결국 나라는 실력이 없어지게 되었다. 드디어 세상에서 가장 빈약한 나라가 되어 이를 떨쳐 구할 수 없게 되니, 그것이 두 번째 폐해였다.

《주역(周易)》에 '남는 것은 덜고 부족한 것은 보태며 물건을 헤아려 고르게 베풀라'고 이르니,[178] 이것은 나라를 다스리는 데 중요한 요결(要訣)이다. 사람 몸에 비유한다면, 만약 한쪽 팔다리만을 편중하여 성장시키고 다른 부문을 두루 보살피지 않는다면 몸이 병들게 된다. 국가에서도 학문을 장려하되, 한 학문에만 편중하여 다른 학문은 모두 폐하게 되면 나라가 병들지 않겠는가. 이런 까닭에 위정자는 마땅히 각종 학문을 고르게 진보시켜 발달을 일치시켜야 한다. 이에 시무(時務)를 논한다면, 차라리 물질을 다루는 학문에 중점을 기울여야 한다. 이때를 당하여 부강(富强)한 실력이 없으면 생존할 수 없고, 부강은 물질학의 발달이 아니고서는 이룰 수 없다. 완급(緩急)의 마땅함이 자명하지 않은가.

35. 잠정합동 및 공수동맹

1894년 7월 20일, 우리나라와 일본은 '잠정합동조관(暫定合同條款)'을 작성하였다.

대조선국과 대일본국 정부는 조선력으로 개국 503년 6월 21일, 일본력으로 명치 27년 7월23일 두 나라 군사들이 한성에서 우연히 충돌한 사건을 타당하게 조정하고 또 조선국의 독립, 자주의 큰 터전을 더욱 공고히 할 것을 꾀하고 아울러 통상 무역의 길을 극력 장려하고 발전시켜 두 나라 사이의 우의를 더욱 두터이 하

---

178) 《주역》 겸괘 상사.

기 위하여 잠정한 합동 조관은 다음과 같다.

1. 이번에 일본국 정부는 조선국 정부에서 내정을 바로잡을 것을 절실히 바랐고 조선국 정부에서도 그것이 바로 급하고 중요한 일이라는 것을 인식하고서 권고에 따라 힘써 시행하게 되었다. 각 조항을 분명히 믿고 착실하게 시행한다.

1. 내정을 바로잡을 조목 가운데서 경성과 부산 사이, 경성과 인천 사이에 철도를 건설하는 문제는 조선 정부 재정이 넉넉하지 못함을 그려하여 본래 일본 정부 또는 일본국 공사와 합동할 것을 약속하고 제때에 공사를 시작하려고 하였으나 조선 정부의 현재 복잡한 사정으로 처리하기 어렵다. 다단 좋은 방법을 계획하여 될수록 기약한 바를 빨리 성취시켜야 한다.

1. 경성과 부산 사이, 경성과 인천 사이에 일본 정부에서 이미 설치한 군용 전화선은 지금의 형편을 참작하여 조항을 협의하여 정하고 그대로 둘 수 있다.

1. 앞으로 두 나라 사이의 관계를 될수록 화목하게 하고 통상 업무를 장려할 것을 고려하여 조선국 정부는 전라도 연해 지방에 한 개의 무역항을 열도록 승인한다.

1. 금년 7월 23일 대궐 가까운 곳에서 두 나라 군사가 우연히 충돌한 일을 양측이 각각 추후 따질 필요가 없다는 것을 언명한다.

1. 일본 정부는 평소 조선국을 도와서 독립과 자주의 대업을 성취하게 할 것을 희망하므로 앞으로 조선국의 독립과 자주를 공고히 하는 문제는 일의 적의성에 상관되므로, 따로 두 나라 정부에서 파견하는 관리들이 모여서 협의하여 대안을 결정한다.

1. 이상에 열거한 잠정 조항을 수결하고 도장을 찍어 정한 후에 적당한 시기를 참작하여 대궐을 호위하는 일본 군사를 일체 철수시킨다.

이상의 잠정 합동 조관 안에서 영원히 준수할 것은 뒷날 다시 조약을 맺고 준수한다. 이를 위하여 두 나라 대신(大臣)들은 이름을 쓰고 도장을 찍어서 증빙 문건으로 삼는다.

7월 26일(음), 일본공사 오토리가 임금을 알현하고 "금일 두 나라가 몸은 다르나 마음이 같으니 극동의 평화와 독립을 위한 계책으로 공수동맹(攻守同盟) 조약의 체결을 청한다"고 하여, 마침내 다음과 같이 '공수동맹이 결정'되었

다.[179]

　대조선, 대일본 양국 정부는 일본력 명치(明治) 27년 7월 25일, 조선력 개국 503년 6월 23일에, 청국병의 철퇴(撤退) 일체를 조선에 주차(駐箚 : 주재)한 일본특명전권공사에게 위탁하고, 대신하여 처리하도록 한다. 지금으로부터 양국 정부는 이미 공수(攻守) 상조(相助)할 협약을 맺었으니, 청국의 지위에 대해서는 그 사실이 이제 뚜렷하게 되었다. 아울러 양국이 같은 일의 목적을 달성하기 위해서 양국 대신은 같은 권한의 위명(委命)을 받들어 조약을 정립(訂立)하여 다음에 열거한다.
　제1조　이 맹약의 목적은 청국병을 조선 국경 밖으로 철수케 하여 조선국의 자주와 독립을 공고히 하고, 조·일 양국의 이익을 더욱 증진시키기 위한 것이다.
　제2조　일본은 청국에 대하여 공수의 전쟁을 담당하며, 조선은 일본병 진퇴와 군량 준비에 대하여 마땅히 계획을 세워 편익을 줄 수 있도록 반드시 힘써야 한다.
　제3조　이 맹약은 청국과 더불어 우호 관계를 회복하면 (청국과 평화조약이 맺어지면) 파기한다.

　이때 일본 외무대신 무쓰무네미쓰(陸奧宗光)는 이미 이노우에(井上馨)를 공사로 파견하여 우리나라 개혁에 대하여 다시 책려(策勵)[180]했고, 또한 대한(對韓) 정책이 예정대로 되지 않게 되면 장래 차질을 면치 못할 것을 두려워하여, 드디어 7월 17일 각의를 열어 '네 가지 방책'을 제출했다.

　제1책　청일전쟁 결과 만약 승리가 우리에게 돌아온다면 조선 운명은 또한 오로지 우리의 자력(自力)이 되는 것.
　제2책　조선을 명의상 독립국으로 하고 우리 나라가 마땅히 직·간접으로 시기를 제한하는 것, 또는 영원히 그 독립을 부식(扶植)하는 것.
　제3책　조선은 도저히 자력으로 독립하기가 어려우니 마땅히 영국이 권고하는 것을 좇아 청국과 일본이 그 경토(境土)를 보담(保擔)할 책임을 지는 것.

---

179) 오토리와 외무대신 김윤식이 맺은 조약으로, 청일전쟁을 조선 정부로부터 의뢰받은 것으로 합리화하고, 조선 정부에 인력과 물자의 공급을 강요하는 것.
180) 채찍질하듯 격려함.

제4책　장래 조선은 열국이 보증하여 유럽의 스위스와 벨기에와 같이 중립국으로 하는 것.

논의 결과 제2책을 채택했다. 또한 조선 내지 전선과 철도 부설권을 먼저 점령하는 것이 옳으니 오토리에게 우리 조정에 요구케 하였다.

36. 청국과 일본 평양대전(大戰)
〈생략 : 평양 전투에서 청군 패배를 기술. 박은식은 청군 패배는 군대 기강이 해이하고, 계책을 세우는 데도 지리를 잘 아는 현지인 건의를 무시한 오만함에서 비롯된 것이라 지적함.〉

37. 청국과 일본 황해격전(激戰)
〈생략 : 대동강 어구와 압록강 어구 해전 상황〉

38. 일본군 청국 내지(內地) 침입 전황
〈생략 : 다롄(大連),[181] 뤼순(旅順)[182] 등지에서 청일 양군 교전과 일본 승리〉

39. 청·일 시모노세키조약(下關條約)
〈생략 : 일본은 청국의 할지(割地)[183] 배상, 청국의 조선독립 인정, 청국과 일본의 새로운 조약체결과 문호개방 등을 요구하기로 결정하고, 이토(伊藤博文)와 무쓰무네미쓰를 강화사로 하여 전권대신 이홍장과 히로시마에서 협의하여 조약을 맺었는데, 그 조약에서는 청국의 조선 완전 무결한 독립자주국 확인(1조), 요동지역, 대만 등지 할양(2조), 배상금 지불(4조), 최혜국 대우에 따른 새로운 조약체결(6조) 등을 명시하였다.〉

---

181) 요동반도 남단부 도시.
182) 요동반도 끝에 있는 항구도시.
183) 땅을 떼어 줌.

40. 삼국 간섭과 요동 반환

〈생략 : 러시아·프랑스·독일 삼국은 '일본이 청국에 대한 강화조약에 요구한 것을 검열한 결과, 요동반도를 일본에 할양한다는 1관은 특히 청국에 위험성이 있음은 물론 조선 독립 또한 유명무실하게 되고 동양의 영구평화에 장애가 되니, 이런 것을 볼 때 러시아 정부는 우의를 다하기 위해서 일본이 요동을 취하지 말 것을 권한다'고 하면서 일본을 압박하였다. 이에 일본은 대만에 대한 권한을 확실히 하고, 배상금을 받고는 군대를 철수하였다.〉

41. 열강의 청국 군항 분할

〈생략 : 청일전쟁 패배로 청국의 허약함이 드러나자, 러시아가 뤼순과 다롄을 25년 동안, 독일은 자오저우만[184]을 99년 동안, 프랑스는 광저우만[185]을 99년 동안, 영국은 웨이하이를 25년 동안, 지우룽만[186]을 99년 동안 조차하였다.〉

42. 오토리 이임과 이노우에 공사 부임

같은 해(갑오년, 1894) 9월, 일본 정부는 오토리가 한국에서 실시한 것이 많은 사람의 공격을 받자 마침내 내무대신 이노우에를 특명전권대사로 삼아 오토리 대신 파견하였다. 그는 대원군을 청국과 관련이 있다 하여 강제 퇴임시키고 이에 '혁신안 20개조'를 제의하였다.[187]

    1. 정권은 모두 한 계통에서 나오게 할 것.
    2. 대군주는 정무(政務)를 친히 재가할 권한을 가지며, 또한 법령을 제정할 의무를 질 것.
    3. 왕실과 국정은 분리할 것.
    4. 왕실 조직을 정할 것.

---

184) 교주만.
185) 광주만.
186) 구룡만.
187) 일본의 대한정책의 기본 방향에서, 조선을 '보호국화' 하기 위한 수순으로, 조선 내정을 일본식으로 개혁하기 위한 방안이었다.

5. 의정부와 각 아문의 직무와 권한을 확정할 것.

6. 조세는 탁지아문으로 통일하고 또 인민이 낼 과세율을 일정하게 할 것.

7. 왕실 및 각 아문 경비의 예산을 정할 것.

8. 군제를 정할 것.

9. 모든 일에 허척(虛飭)과 과대(誇大)의 폐단을 제거할 것.

10. 형률(刑律)을 제정할 것.

11. 경찰관을 한 기관에서 나오게 할 것.

12. 관리 복무 규율을 정할 것.

13. 지방관 권한을 제한하여 중앙정부에서 수람(收攬)할 것.

14. 관리 등용 및 면출(免黜) 규칙을 정하여 개인적인 뜻에 의해 진퇴하는 것이 없게 할 것.

15. 권세 쟁탈과 시기하고 이간하는 악폐를 끊어 제거하여 정치상의 일로 복수하는 생각을 갖지 않게 할 것.

16. 공무아문은 아직 필요하지 않음.

17. 군국기무처 조직과 권한을 고칠 것.

18. 각 아문에 고문관을 고빙(雇聘)할 것.

19. 일본 유학생을 파견할 것.

20. 국시(國是)를 일정하게 할 필요가 있음.

이에 (이노우에는) 김홍집·김윤식·어윤중 등 세 대신을 향하여 중립적인 태도를 취한다고 통렬히 배격하였다. 다시 이노우에가 폐현(陛見)하고 위협적인 말로 궁내 세력의 권력 남용을 고발하였으며, 이에 내각이 경질되어 박영효가 내무대신, 서광범이 법무대신이 되었고, 일본인 사이토(齋藤修一郎), 호시(星亨), 오카모토(岡本柳之助) 등을 고문으로 고빙하였으며, 이노우에가 그 중심 역할을 장악하였다. 이에 조정에서 '서언(誓言) 6조'를 발표하였다.[188]

---

188) 이노우에는 20개항 개혁안을 요구하고, 동학란 진압을 위해 출병한 일본군 철수 또는 군사력을 이용한 문책, 조선 망국 등을 들어 강경하게 대처하였다. 결국 11월 10일 5대신이 서명한 6개조 '서언'을 이노우에 공사에게 전달하여 사태를 완화시켰다.

오직 우리 조선인은 숙연하게 다음과 같이 함께 서약한다.

1. 청국의 가어(駕馭)[189]에서 벗어나 독립의 기초를 세우고, 중흥의 대업을 익찬(翊贊)[190]하며, 왕실을 받들어 보호하는 것을 국시로 삼아, 흔들림 없고 굴복하지 않는 마음을 굳게 견지하고, 백난(百難)을 배격하고 힘써 나아가는 것을 쉬지 말 것.

2. 국가 기초가 확고하지 않으면 왕실 안전도 족하게 할 수 없으니, 상하가 모두 이 뜻을 견지하여 일념으로 태만함이 없게 할 것.

3. 왕실과 척신들이 감히 대정(大政)에 간섭하니 정부 각 대신은 공동으로 배척하고 단절하여 정치가 많은 가문으로부터 나온 오랜 폐단을 교정할 것.

4. 정부 각 대신은 대군주폐하(大君主陛下)에 대하여 국무에 책임을 지고 이루도록 할 것.

5. 깨끗하고 바르고 어질고 능력 있는 사람을 추천하되, 그 진퇴와 출척(黜陟)에 감히 사사롭게 하는 것을 용납하지 말 것.

6. 사민(四民)이 동등한 법을 세울 것.

같은 해(갑오년 1894) 12월 왕이 친히 태묘(太廟)에 나아가 서고(誓告)하였다.[191]

유(維) 개국 503년 12월에 황조(皇祖) 열성(列聖)의 영령에 고하노니, 짐(朕) 소자(小子)가 어린 나이로 우리 조종(祖宗)의 비기(丕基)를 이어 지킨 지 서른한 해에, 오직 하늘을 공경하고 두려워하며, 또한 오직 우리 조종을 본받으며, 의지하여 자주 큰 어려움을 당하였으나, 그 기업(基業)은 거칠게 버리지 않았으니, 짐 소자가 감히 가로되 능히 천심(天心)을 누렸다고 할 것입니다. 진실로 우리 조종이 돌보아 주시고 도와주심으로 말미암은 것이니, 오직 크오신 우리 태조께서 우리 왕가를 지으시어 우리 후인을 도우사 503년을 지냈더니, 짐의 때에 이르러 시운(時運)이 크게

---

189) 마음대로 부림.
190) 도와서 올바른 길로 이끎.
191) 처음에 동짓날(1894년 11월 26일, 음력)로 잡았다가 고종의 병으로 12월 2일에 종묘에 가서 서고문과 홍범 14조를 봉고하였다. 이것은 순한문체·순국문체·국한문혼용체의 세 가지로 작성되었다.

변하고 인문(人文)이 더욱 통창(通暢)한지라, 이웃 나라가 충성된 것을 피하고, 조정 의론이 서로 도와 같게 되었으니, 오직 자주하고 독립함이 이에 나라를 굳건하게 하려 합니다. 짐 소자가 어찌 감히 천시(天時)를 받들어 우리 조종 유업을 보존치 아니하며, 어찌 감히 분발하고 가다듬어 우리 선조 공렬에 빛을 더하지 아니하리오. 이를 이어 이제부터 다른 나라를 믿지 말고 나라를 융창(隆昌)으로 나아가게 회복하고, 생민(生民)의 복을 만들어 자주 독립하는 기업을 굳게 할지라. 그 도리를 생각건대 혹 옛것에 빠지지 말고 게으름에 익숙해지지 말고, 우리 조종의 넓은 지모를 좇아 천하 형세를 보고 살피어 내정을 고치어 쌓이고 쌓인 폐단을 바로 잡을지니, 짐 소자는 이에 열네 가지 조항의 큰 법(洪範)을 하늘에 계신 우리 조종 영전에 맹서하고 고하여, 위로는 조종의 끼친 공렬에 의지하여 능히 공을 이루게 하고 혹 감히 어긋남이 없고자 하오니 밝으신 신령은 내려보옵소서.

1. 청국에 의부(依附)하는 생각을 끊어버리고 자유 독립의 기초를 확실히 세울 것.
2. 왕실 전범(典範)을 제정하여 대위(大位) 계승과 종실, 척신의 분의(分義)를 명백히 할 것.
3. 대군주가 정전(正殿)에 거하며 사무를 보되, 정무(政務)는 친히 각 대신들에게 물어 재결(裁決)하고, 왕후·비빈(妃嬪)·종실(宗室)·척신(戚臣) 등이 간여함을 용납하지 말 것.
4. 왕실 사무는 국정 사무와 분리하여 서로 혼합되는 것이 없게 할 것.
5. 의정부 및 각 아문의 직무와 권한은 명백하게 제정하여 행할 것.
6. 인민이 세금을 내는 것은 모두 법령에 따라 비율을 정하며, 함부로 명목을 붙여 징수를 남용하지 말 것.
7. 조세 과징(課徵) 및 경비 지출은 모두 탁지아문에서 관할할 것.
8. 왕실 비용을 솔선 절감하여 각 아문 및 지방관의 모범이 되게 할 것.
9. 왕실 비용은 일년 예산을 세워 재정 기초를 확립할 것.
10. 지방관제를 속히 개정하여 지방관 직권을 제한할 것.
11. 나라 안에 총명하고 뛰어난 자제들을 널리 파견하여 외국의 학술과 기예(技藝)를 전습하게 할 것.

12. 장관(將官)을 교육하고 징병법을 실시하여 군사제도 기초를 확립할 것.

13. 민법과 형법을 엄명하게 제정하여 감금과 징벌을 남용하지 말아 인민의 생명 및 재산을 보호할 것.

14. 사람을 쓰는 데는 문벌(門閥)과 지벌(地閥)에 구애되지 말고 선비를 구함에 널리 조야(朝野)를 두루 살펴 인재 등용을 확대할 것.

43. 박영효의 재차 망명

박영효는 일본인이 친일당(親日黨) 영수(領袖)로 인정하고 있었던 까닭에 (갑신정변 뒤) 10년 동안이나 도망하여 종적을 감추었다가 하루아침에 귀국하여 정권을 장악하고 혁신에 노력하였다. 그러나 천성이 옹졸하여 다른 사람을 포용하지 못하고, 김홍집·어윤중·유길준 등과 사귀지를 못하였으며, 대원군과도 틈이 벌어지게 되었다. 급기야 법부협판 김학우(金鶴羽)가 피살되는 사건이 발생하였다. 김국선(金國善)·한기석(韓祈錫) 등이 체포되어 예심 재판을 받았고, 대원군의 손자 이준용(李埈鎔)은 수모자(首謀者)로 고등법원에 구속되어 죄인이 되었다. 대원군과 부대부인(府大夫人)[192]이 법원 문 밖에서 통곡하자 특별히 교동도(喬桐島)로 유배되는 은전을 얻었다. 김국선·한기석·박준양(朴準陽)·이태용(李泰容) 등은 모두 교수형으로 처형되었다. 이 옥사는 일본인 고문의 손에서 이루어졌는데, 이노우에 공사 또한 대원군을 배척하기 위해 도왔다. 그러나 사건 자체가 모호해서 사람들은 다분히 박영효에게 혐의가 있다고 의심하여 여론이 좋지 않았다.

당초 왕후는 박영효를 우대하고 그를 이용하여 대원군 세력과 김홍집·유길준 등을 제거하려 하였다. 급기야 삼국간섭으로 일본이 요동반도를 다시 청국에게 돌려주었는데, 그 영향이 한국에까지 미치게 되었다. 러시아 공사 베베르가 세력을 잠식하며 궁정과 결탁하게 되었다. 이에 이윤용·이완용 등이 박영효를 배반하고 비밀리에 친러파가 되어 왕후를 위해 활동하다가 드디어 박영효를 배척할 기회를 맞게 되었다. 이로 말미암아 박영효는 고립무원(孤立無援)이 되어 안팎으로 협공을 당하는 처지가 되었는데, 훈련대 장교와 그 무리들을 이용

---

192) 대원군의 부인.

하여 왕궁 수비를 맡게 하여 세력을 만회하려 하였다.

하루는 신응희(申應熙)·이규완(李圭完)·우범선(禹範善) 등이 한강에 배를 띄우고 나랏일을 밀담하여 서로 눈물을 흘렸는데, 일본인 사사키(佐佐木出雄)란 자가 조선인 한재익(韓在益)과 말하는 가운데 '박영효가 비밀리에 모반을 꾸민다'는 이야기를 하였다. 한재익은 그 필담(筆談)한 것을 특진관(特進官) 심상훈(沈相薰)에게 보였고, 심상훈은 입궐하여 그 사실을 임금에게 아뢰었다. 임금이 크게 놀라 밤에 전 총리대신 김홍집을 불러 그 일을 의논하고, 곧 명을 내려 "짐은 박영효의 갑신정변 사건을 용서하여 그 죄를 기억하지도 않고 특별히 임용하여 충성을 다하고 스스로 죄를 뉘우치도록 하였는데 도리어 비밀리에 모반을 꾀하였다. 일이 다 드러났으니 법부에 명하여 엄히 조사하여 죄를 결정하여 원악(元惡)을 가려내되 나머지 사람들은 모두 불문에 붙이라"고 하였다. 박영효가 그 기밀을 알고 바로 양복으로 갈아입고 일본 군인의 호위를 받으며 용산으로 가서 일본 선박을 타고 도주하였으며, 신응희·이규완 등도 그를 따라갔다.

〈안〉 박영효의 실패는 스스로 만든 것이었다. 그는 외국인이 자신을 이용하는 것을 기회로 정권을 획득하고자 하였고, 독자적이고 굳센 세력은 하나도 없었다. 비록 서둘러 넓고 유익한 생각들을 포용하고 모아서, 조정에 있는 사람들과 함께 화목하고 협력하는 한길로 나아가려고 힘쓰더라도 국시(國是)가 변하고 인심이 미혹(迷惑)한 상황에 처하여 파란곡절(波瀾曲折)을 만나 (실패를) 면할 수 없음은 당연할 것이다. 이런 시국에서 그 행한 바가 특별히 사람의 이목을 끄는 것도 없었고, 오직 자기와 다른 자를 배제하는 것을 능사로 삼아 스스로 자기 세력을 고립시켜 실패의 길로 이끈 것이니 무엇이라 족히 논할 것이 있겠는가.

다만 내가 통곡하며 눈물을 흘리는 것은, 우리나라 당쟁의 역사이다. 우리나라는 이른바 동인, 서인, 남인, 북인이라는 사색당파가 있어 정권을 쟁탈하는 것이 '유일한 목적'이었고, 이를 불세(不世)의 공으로 생각하였다. 폭탄이 터지듯이 뜨겁고 맹렬한 불꽃같이 치열하여 진신(搢紳)[193]이 어육(魚肉)이 되고 국가의 기틀이 흔들린 지 지금까지 3백 년에 이르렀으나 그칠 줄을 몰랐다. 이런 까닭으로 사대부

---

193) 벼슬아치.

가 능히 나라를 위해 죽음으로 피를 흘린다든지, 세상에 빛을 발휘한다든지, 혹은 생민에게 복리를 주려는 것은 거의 없고, 한갓 당을 위해 피를 흘리고, 집안 가보(家譜)에나 이름을 올리며, 자손들에게 보복이나 끼치는 것이 매우 많았다. 당을 위해 죽는 혈성(血誠)을 나라를 위해 죽는 것으로 옮긴다면, 우리나라도 천하에 웅비할 수 있으련만 어찌해서 헤아리기조차 어려운 많은 피를 사사로운 권력이나 사사로운 이익의 싸움에 던지고 국가와 민족에게 큰 관계가 되는 대사업에는 던지지 않았던가.

당쟁의 역사가 시작된 이래 갑(甲)이 제안한 것은 을(乙)이 저지하고, 병(丙)이 심어놓은 것은 정(丁)이 뽑아버리니, 한 가지 계책도 실행되지 못하고, 하나의 일도 세워지지 않으니 정강(政綱)은 퇴락하고 말았다. 동인이 끌면 서인이 막고, 남인이 칭찬하면 북인이 헐뜯어서, 입으로 말하는 데에 좋은 사람도 없고, 몸에도 완전한 모습이 없었다. 인재가 고갈되고, 옳고 그른 것이 전도되었으며, 충성과 역적이 변환하여 아침에 악수하고는 저녁에 창을 잡고 싸우니, 변괴가 망측하였다. 형제 사이도 천륜이 없어지고, 사제(師弟) 사이에도 의리가 끊어지고, 친척 사이에도 문호가 나뉘어져 집안이 부서지고, 친족이 멸하는 것도 드물지 않았다. 심지어 조정에 화가 미치고 왕실에도 해가 이르게 되었다. 인현(仁顯)왕후가 왕비 자리를 잃고 궁궐에서 쫓겨난 것이나, 사도세자(思悼世子)가 불행하게 세상을 떠난 것도 모두 당쟁으로 말미암아 일어난 일들이었다.

또한 임진왜란이 일어나던 날 구묘(九廟)가 지켜지지 못하고 삼경(三京)[194]이 모두 함락되어 임금의 가마가 창황(蒼黃)히 용만(龍灣)[195]의 한 귀퉁이에 파천하였다. 이에 수행했던 신하들은 수족이 피곤하고 천식(喘息)이 진정되지도 않았는데, 오히려 당쟁을 잊어버리지도 않고 마사영(馬士英)과 황득공(黃得功)의 무리가 어깨를 견주며 다투며 갔다. 이순신(李舜臣)은 무인이라 정당에 가담할 자격도 없었고 초연했던 당외자(黨外者)였는데, 그를 추천한 사람이 류성룡(柳成龍)이었던 이유로 조정 신하 가운데 류성룡을 싫어하는 사람은 이순신까지 죽이려 하였다. 그 무렵 이순신을 징계하면 나라가 망한다는 것은 자명한 일인데, 삼천리 강토와 이천만 백성이 그 한 몸에 달려 있다는 것을 알면서도 그를 모함하는 자들은 단지 당쟁과

---

194) 서울, 평양, 개성.
195) 용천 바다, 의주 부근.

간접적으로 관련된다고 스스로 가슴 속에 만리장성을 쌓으려 하는 짓도 할 수 있는데 무엇을 차마 못하겠는가. 이런 것으로 본다면, 사색(四色)이라는 것은 실로 만악의 근원이라 할 것이다.

또한 정조 초기부터 이른바 세도(世道)라는 것이 있었는데, 곧 세도(勢道)를 말하며, 정권을 장악한 자를 칭하는 것이다. 지위는 비록 낮지만 그 권한은 임금 다음가는 것으로, 수상 이하 모든 사람이 그 명령을 들었으며, 생살여탈(生殺與奪)을 자기 마음대로 하였고, 한 쪽의 편지에도 전국이 진동하였다. 전국의 금은(金銀) 옥백(玉帛)이 수레에 실려와 전원과 저택에 가득하고, 호려하게 꾸며진 높은 집에는 날씬한 미희와 교태 부리는 첩들이 널려 있어 놀이를 즐겼다. 행차하면 추종자가 수백 명이나 되어 거리를 꽉 메워 소리를 지르면 바람을 일으킬 정도였다. 빈객(賓客)이 집에 가득하고, 금옥이 번쩍번쩍 빛을 발하며, 아첨하는 말이 넘쳐흐르고 굽실대니, 진정 대장부의 쾌사요 인간의 극락이었다. 그러므로 세도의 다툼은 더욱 치열하여 진실로 그 자리를 얻기 위해서는 비록 천하 대악을 범하는 일이라 할지라도 가리지 않았다. 세도정치는 홍씨, 박씨, 김씨, 조씨, 민씨 등 네댓 집안이 폐부(肺腑)[196]를 빙자하여 차례로 이 자리를 차지하여 망국으로 이르게 하였다.

우리나라 사람들은 당쟁의 인습과 권력 쟁탈의 열기가 유행병이 되어, 결국 굳어져 뿌리를 뽑을 수 없게 되었다. 비록 어지럽고, 곤란하고, 뒤집어진 낭패(狼狽)한 때를 만나더라도 싸움을 그치지 아니할 것이다. 당국자는 그 자리를 차지하였지만 따뜻하게 할 여가도 없었으며 (곧 한 자리에 오래 있지 못함), 그 자리를 노려보고 있던 자가 갑자기 그 뒤를 이으니 비록 관중(管仲)이나 제갈량(諸葛亮)과 같이 뛰어난 재능이 있다 한들 어찌 구제할 수 있겠는가.

무릇 갑오, 을미 두 해의 정계는 전고에 없었던 변국(變局)으로, 난영(欒盈)과 범선자(范宣子)[197]가 화해하고, 진평(陳平)과 주발(周勃)처럼 사이가 좋아서,[198] 마음으로 같이 수레를 밀고, 자리에 있으면서 방해하지 않더라도 서로 맞지 않아서 역류(逆流)를 여울로 끌어올리는 것 같은 어려움이 있었고, 그 번복됨이 바둑판같이 변화무쌍하였다.

---

196) 자신과 가까운 사람. 대체로 왕비를 지칭.
197) 난영과 범선자는 서로 깊은 원수 사이.
198) 진평과 주발은 한나라 건국에 이바지하였으며, 여후가 죽자 이들은 함께 여씨들을 죽였다.

김홍집·어윤중 등이 집정한 지 얼마 안 되어 박영효가 그들을 패배시키고, 박영효가 정권을 잡은 지 수개월에 유길준 등이 박영효를 패배시켰으며, 또한 김홍집과 유길준 등의 내각은 이완용과 이범진이 밀어 쓰러뜨렸다. 아! 권력과 이익을 위한 사사로운 싸움으로 나라끼리 다투는 성패를 돌보지 않는 것이 우리나라 사람들의 특성이요 습관이다. 박영효가 일찍이 "김홍집의 재간은 제일로 손꼽을 수 있지만 정권을 좋아하는 것이 흠"이라 말하였다. 그런데 박영효 또한 이 병을 면치 못한 것이 두렵다.

그런즉 우리나라 사대부는 사사로운 당쟁과 사권(私權)의 악폐를 부식하였으니 실로 망국의 원인이 되었으며, 평민사회도 이런 습성에 물이 들어 나뉘어지면서, 다른 사람의 마음을 막아버리는 일이 있어 또한 멸종(滅種)의 원인이 되었다.

〈중략 : 양반들 사이에 관직을 다투는 열기로 온갖 수단을 다하여 관직을 차지하려 하였다. 특히 빈궁한 양반들이 사회가 뒤집어지기를 바라는 것도 당쟁, 관쟁의 습성에서 나온 것이다.〉

선철(先哲)께서 "이런 것이 병이 되는 줄 알았으며 이렇게 하지 않는 것이 약이 된다"고 이르셨다. 아! 우리 민족은 아직도 약이 되는 것을 멸종의 화로 생각하고 있으니 더욱 두렵지 아니한가.

44. 을미년의 차관조약

〈중략 : 탁지대신 어윤중이 조세 수입을 담보로 일본으로부터 200만 원 차관을 들여옴〉

45. 일본인의 국모 시해

을미년(1895) 8월 20일, 일본인들이 우리 명성왕후(민비)를 시해하였으니 무슨 연고인가. 대개 저들의 마음에는 한 생각만 쌓여 있었다. 조선을 경영하기 수십 년에 청국과 가까이 하면서 일진일퇴를 몇 차례 거듭하더니 갑오년(1894) 청일전쟁으로 청국을 물리치고 패연(沛然)히 행세하려 하였다. 그러나 러시아가 등장하여 큰 목소리로 통박하니 일본은 요동반도를 청국에 다시 돌려주게 되었다. 러시아는 뤼순·다롄을 조차(租借)하게 되어 총 한 발 쏘지 않고, 군인 한 명 다치지 않고 싸움에 이긴 일본의 지위를 얻게 되니 일본인들은 뼈에 사무치도록 한스럽게 여겼다. 이것을 계기로 러시아 세력이 갑자기 조선에 미쳐 와서 친러당이 생겨나고, 궁중 세력과 연결되면서 친일당을 배척하고 정권을 점거하려고 도모하였다. 일본인은 장차 세력을 잃을 처지에 놓이게 된즉, 그 독기를 풀려고 마음먹지 않았겠는가. 일본의 대외정책에는 세 개의 칼(三刀)이 있었으니, 하나는 러시아 황태자를 찔러 죽이는 것이요, 다른 하나는 청국 전권대신을 찔러 죽이는 것이요, 또 다른 하나는 조선 국모(國母)를 찔러 죽이는 것이었다.

박영효가 일본으로 망명한 뒤에도 친일당들이 비록 그전처럼 같이 내각을 점거하고 있었으나, 친러당과 친미당(親美黨)들은 겉으로는 그 불꽃을 감추고 정동구락부(貞洞俱樂部) 조직을 갖고 있었고, 또 일찍이 쫓겨났던 민씨 일파도 모두 죄가 용서되고, 민영준이 다시 정권을 잡는다는 말이 또한 파다하게 퍼져 있었다.

이에 일본공사 이노우에는 갑자기 종전 태도를 바꾸고 온순한 말과 화친의 분위기로 조선 사람을 대우하였고, 궁궐에 들어가 고종을 알현하고 돈 6천 원을 헌납하였다. 이노우에의 부인이 헌납한 돈 또한 3천 원으로, 임금에게 정권 수람(收攬),[199] 왕실 안전 확보, 권력 통일 등을 권유하였는데, 담화가 6시간에 이르렀고 언사들도 진지했다. 이에 왕실에서는 그들 충후(忠厚)한 인물이라 믿게 되고 그의 간휼한 계책을 살피지 아니하였으며, 또 '일본이 성심으로 (조선을) 보호하려는 것이지 다른 우려는 없다'고 믿었다. 예방할 것을 생각하지 않았으니, 결국 화란(禍亂)이 미치게 된 것이다.

전날 조선 정부는 일본 장교를 고빙하여 병사 2개 대대를 교련하면서 이를 훈련대(訓練隊)라 불렀다. 모두 8백 명으로 궁성을 수호하였는데, 경찰관들과 때때로 충돌하여 불평이 쌓여 있었다. 이때 친러당이 "러시아 세력은 일본보다 열 배나 크고, 민씨와 친일파 세력은 양립할 수 없다"고 떠들어 대면서, 러시아에 의탁하여 왕실을 보호하고 정권을 수람해야 한다는 뜻을 궁정에 종용하였으며, 훈련대를 꺼려하여 이를 해산하고 무기를 환수하려고 비밀리에 꾀하였다. 이에 훈련대 대대장 우범선(禹範善)·이두황(李斗璜)·이주회(李周會) 등은 모두 분함을 참지 못하여 완력으로 일대 결투를 벌여 그것을 제거하려 하였다.

---

199) 거두어 한곳으로 모음. 곧 왕권을 강화함.

또한 하나의 불만을 품은 무리들이 '김홍집 총리 이하 친일당 여러 사람들을 죽이고 민씨 정권을 회복하려는 음모를 꾸미고 있고, 궁중 일파들이 함경도의 한 항구를 러시아에게 차여해 주고 대신 (러시아의) 보호를 구하여 (이를) 약속하였다'는 뜬소문을 만들어 냈다. 의문의 구름이 비밀리에 유포되어 어지러운 기운으로 앞일을 예측할 수 없었다. 이런 변고는 각 당들이 세력 쟁탈로 인하여 만들어 낸 것이었다.

공사 이노우에가 바뀌어 귀국하고 대신 미우라(三浦梧樓)가 그 직을 이어 내한하였다. (그는) 스기무라(杉村濬), 오카모도(岡本柳之助) 등과 더불어 왕후 민비를 제거하고 대원군을 끌어들여 꼭두각시로 앉히려는 음모를 비밀리에 진행하였다. 오카모도를 보내어 대원군을 설득케 하였는데, 그 무렵 대원군은 그의 손자 준용(埈鎔)이 교동도로 귀양간 뒤 용산의 공덕리 별장에 깊숙이 파묻혀 울적한 나날을 보내고 있었다. 대문에 작라(雀羅)가 쳐져 있었으며, 들어가는 길에는 잡초들이 가득하고, 들에는 낙엽이 가득히 쌓여 있었다. 그러나 시류배들의 질투는 그치지 않고, '대원군이 총리 김홍집과 기맥이 밀통하였다'거나 '철원의 도적 무리들과 몰래 통모(通謀)하였다', '자객을 파견하여 정당(의 우두머리)을 모살하려 한다'는 따위의 유언(流言)이 사방에 전파되고 있었다. 그런 까닭에 많은 사람이 공덕리를 위험한 지역이라고 보았으며, 경계가 자못 엄하였다.

일본인들은 기회를 엿보고 있다가 그 무렵의 어려움을 구제하고 종사(宗社)를 부호(扶護)하겠다고 말하였으나 대원군은 재삼 듣지 않았다. 그러나 마침내 (대원군은) 의리를 들어 통박하여 물리치지 못하고 저들의 꼭두각시가 되니, '조돈(趙盾)이 임금을 죽였다'는 것 같은 잘못을 벗어나지 못했다.[200] 슬프다! 감정이 사람의 양심을 가린다고 하더니 이 지경에까지 이르렀단 말인가.

을미년(1895) 8월 19일 아침, 스기무라는 총리 김홍집과 외무대신 김윤식을 몰래 방문하고 그들의 의향을 탐문하였으나, 두 사람은 이미 사직을 결심하고 있었다. 마침 군부대신 안경수가 일본 공관에 와서 "훈련대와 경찰이 여러 차례 다투므로 오늘 저녁 해산하려 한다"고 말하였다. 말이 채 끝나기도 전에 우

---

200) 조돈은 진(晉)의 어진 재상으로 임금의 실정을 지적하자, 이를 싫어한 그를 죽이고자 하므로, 이를 피하고자 국경을 넘으려다가, 임금이 피살되었다는 소식을 듣고 되돌아왔으나, 태사는 '조돈이 임금을 죽였다'고 기록하였다.

범선이 또한 와서 그 급박함을 호소하고 즉시 거사할 것을 청하였다. 미우라 공사는 일이 급박하게 되었음을 살피고, 즉시 오카모도를 전화로 불러 일본인 60여 명을 이끌고 밤에 공덕리에 나아가 대원군을 에워싸고 입궐을 청하도록 하였다. 대원군이 "오늘 일은 단지 호위일 뿐이며 궁중에서 포악한 행동은 저지르지 말라"하니, 모두 수락하였다. (대원군은) 새벽녘에 서문에 당도하였는데, 훈련대와 일본병이 앞뒤에서 옹호하였다. 날이 밝아 광화문에 도착하여 바로 근정전(勤政殿)에 들어가고자 하였으나, 우리 수위병이 못 들어가게 하여 살상이 있었다. 연대장 홍계훈은 변이 일어났다는 소식을 듣고 바로 대궐 안으로 달려들어갔으며, 훈련대원들이 난입하여 일으킨 어지러운 경경을 보고 성난 목소리로 꾸짖다가 일본병에게 피살되었다. 궁내부 대신 이경직(李耕稙) 또한 일본병에게 칼을 맞고 죽었다.

드디어 일본인은 왕후 민비를 칼질하여 죽였다. 이때에 일본인들은 평복 차림으로 환도를 소지하였으며, 호신용 총을 휴대하고 입궐한 자, 자객(낭인), 고문관, 순사 등 약 60여 명이었다고 한다. 오전 8시가 되어 대원군은 건천궁(乾清宮)에 들어가 왕을 만났고, 또한 미우라 공사도 왕을 알현하였다. 미국과 러시아 두 나라 공사들도 변이 있다는 소식을 듣고 달려왔다. 김홍집·조희연·권형진·안경수·김가진 등도 들어와 알현하였다.

이 날 이재면을 궁내부대신, 조희연을 군부대신, 권형진을 경무사, 유길준은 서리내무대신으로 각각 임명하였으며, 탁지부대신 심상훈을 교체하여 어윤중을 임명하였다. 그리고 장박(張博)을 법무대신, 서광범을 학부대신, 권재형을 내각 총서(總書), 정병하를 농상공부대신으로 삼았다. 작변(作變)이 일어나 정국 또한 변했기 때문이었다.

이때에 각국 사람들은 일본인의 흉포한 악행에 매우 놀랐으며, 꾸짖는 말이 분분하고 비등하였다. 일본 정부에서는 이에 미우라 공사 이하 30여 명을 구속하고, 히로시마로 데려가 재판에 부쳤다. 이에 대한 우리나라 법무고문 미국인 그레이트하우스(Greathouse)의 보고서가 있으니, 그 개요는 다음과 같다.

 일본 명치 29년(1896) 1월 20일, 히로시마 재판소 예심판사 요시오카(吉岡美秀)가 조선 사건을 예심 종결한 결정서를 요약하면 다음과 같다.

'피고 미우라는 조선주차 특명전권공사가 되어 명치 28년 9월 경성에 취임해 갔다. 그 무렵 조선 형세는 점차 비운에 기울어져 궁중(민비)의 전권(全權)이 날로 심해져 국정에 함부로 간섭하여, 결국 우리(일본) 정부가 권유하여 개량했던 정치와 법을 문란하게 만들었다. 이에 우리나라 육군사관이 힘을 기울여 편성했던 훈련대를 해산하고자 하였고, 자못 우리나라 형적(形迹)도 소외되려 하였다. 아울러 내각원 등을 면직·축출하여 궁중에서 그 정권을 거두어들이려 하였다. 이런 소식을 듣고 분통함을 견딜 수 없어 바야흐로 그 폐해를 속히 제거하려 하였다. 마침 대원군도 시폐(時弊)에 분개하고 궁중을 혁신하여 스스로 보익(輔翼)[201]을 맡으려고 암암리에 (우리에게) 도와 달라는 뜻을 전해왔다.

〈중략 : 명성왕후 살해 경과를 설명〉

그러나 피고인 가운데 범죄를 저질렀다는 확실한 근거는 달리 없다. 또한 히라야마(平山岩彦)가 궁내부대신 이경직을 살해했다는 것 또한 명확한 증거가 없다. 이상 이유로 형사소송법 제165조에 따라 각 피고인은 모두 면소(免訴)한다. 또한 미우라, 쓰기무라, 오카야마, 아다치(安達謙藏), 구니토모(國友重章), 데라사키(寺崎泰吉), 히라야마(平山岩彦), 나카무라(中村楯雄), 후지(藤勝顯), 이에야(家八嘉吉), 기마타(木脇祐則), 사카이마쓰(境益太郎)도 각각 방면(放免)한다.'

조선 건양 원년(1896) 4월, 법무협판 권재형 보고서를 요약하면 다음과 같다.

'을미년(1895) 8월 20일, 날이 밝기 전에 일본병은 큰 소리로 외치고 총을 쏘면서 광화문을 따라 궁궐로 들어갔다. 궁 안을 지키던 조선 병정을 보고 살상하였으나 조선병은 능히 가로막지 못했다. 일본병은 계속 들어와서 임금과 왕후가 거처하는 전각까지 쳐들어갔다. 일본사관은 군인들에게 명령하여 줄을 지어 포위하고 합문(閤門)[202]을 파수하도록 하였으며, 일본 자객들이 왕후를 수색하여 시해할 수 있도록 도왔다. 이에 자객 이삼십 명이 두목 한 사람의 지휘에 따라 칼을 빼어들고 전당(殿堂)에 돌입하여 밀실을 뒤집고, 나인의 머리채를 끌고 왕후 소재를 심문하였다. 이때 외국인 사바틴(Sabatin, 러시아인 기사)은 임금 호위 때문에 마침 전정(殿庭)

---

201) 도와서 잘 인도함.
202) 편전 앞문.

에 있다가 또 다른 행패부리는 모습을 목격했다. 또한 여러 차례 힐문을 받았으나 사바틴은 끝까지 가리켜 주지 아니하여 그의 목숨이 거의 위험하게 되었다. 자객은 각 방을 뒤져서 조금 더 깊숙한 방 속에서 왕후를 찾아내어 칼로 내리치어 현장에서 시해하였다. 비단이불에 둘둘 말아 송판 위에 봉안하고는 궁전 뜰로 옮겼다. 그리고 자객의 지휘하에 다시 녹원(鹿園) 숲 속으로 옮겨 석유를 뿌리고 그 위에 장작을 쌓고 불을 질러 태워 버렸다. 그래도 몇 조각 뼈가 다 타지 않고 남아 있었다.

자객들은 자기들이 맡은 일을 완수하기 위해 궁녀를 끌어내어 왕후 시체의 진부를 물었다. 그 무렵 왕궁 시위병은 도망하여 흩어지고, 일본병이 갑자기 밀어 닥쳐 당(堂)에 올라오니 임금께서는 저들의 주의를 다른 곳으로 돌리게 하여 그 사이 왕후가 숨거나 밖으로 나가 피신하기를 바랐다. 드디어 깊고 은밀한 방에서 창문을 열어 놓고 일본인에게 쳐다보기 쉽게 하고 전면에 나가 서 있으려니 자객 등이 칼날을 번뜩이며 꺼리는 것이 없었다. 심지어 일본인 한 명은 임금의 어깨와 팔을 잡아끌고 몇 걸음 나아가게 했다. 또한 한 일본인은 방 안에서 임금 신변을 향하여 육혈포를 발사하고, 어전에서 궁녀를 구타하면서 왼쪽으로 잡아끌고 오른쪽으로 끌어당기기도 하였다.

이때 궁내부대신 이경직이 그 방 안에 있다가 크게 부상을 입고 간신히 기어나와 난간 끝으로 갔으나, 일본인들은 쫓아가 임금 앞에서 찔러 죽였다. 왕태자 또한 다른 곳에서 잡혀 머리채를 잡혀 끌려 갔으며, 관과 신발이 벗겨져 망가졌다. 칼을 들이대고 왕후 처소를 물었으나 다행히 상처를 입지는 않고 급히 임금 어소로 달려가 몸을 피했다.

〈중략 : 일본인의 만행을 나열하여 설명. 일본이 외부와의 문서 거래에서 일본인 소행이 아니라고 주장하고 있음〉

이런 사변에 일본인이 간섭하지 않았다고 극구 변명하니 또한 그들의 모역(謀逆) 사실을 알 수 있으며, 그들의 죄과가 이에 더욱 두드러지게 나타났다.'

〈안〉 그레이트하우스 보고서 가운데 있는 것을 보면 '왕과 왕후 양 폐하께서는 1개월 전에 이노우에가 상주하는 말을 듣고 깊이 믿고 의지하였다. 이노우에는 일본 정부가 신임하는 자로 명성과 인망이 특별히 알려진 사람이며, 조선 왕실에 대하여 평안을 확실히 보증한다고 한즉, 그것을 확고히 믿었다. 양 폐하께서 이 말을 깊이 믿지 않았다면 뜻밖에 일어난 사변을 예방할 수 있었을 것이다. 오직 깊이 믿고 있었던 까닭에 이를 예방할 수 없었다'고 하였다. 이런 점에서 볼 때 저놈들은 우리 왕후를 적으로 생각하고 제거하려 하였으니, 어찌 오직 미우라 한 사람만의 뜻이라고 하겠는가. 미우라라는 놈은 무관으로 퇴직자이지 외교관은 아니었다. 이제 이노우에를 바꾸어 이런 놈으로 그 자리를 대신케 하였으니 어찌 그 까닭이 없었겠는가. 미우라라는 놈은 그 나라 사람을 대표하여 자신 이름을 희생한 것에 지나지 않는다.

46. 왕후 폐위 및 복위

〈생략 : 명성왕후 시해 뒤 고종은 전해 12월 종묘 서고에서 천명한 '후빈종척(后嬪宗戚)의 국정간여 불허'를 거론하면서 왕후의 국정 간여와 죄악을 이유로 서인(庶人)으로 폐하였으며, 왕후 시해에 가담한 훈련대를 해산하고 주모자를 체포하려 하자 우범선과 이두황 등은 일본으로 도망쳤다. 그리고 그 뒤 10월 15일 왕후를 복위하고 국상령(國喪令)을 내렸다.〉

그 무렵 내각을 적대시하고 복수의 거사를 외치는 사람들이 있었다. 곧 이범진(李範晉)·이재순(李載純)·안경수(安駉壽)·이윤용(李允用)·이완용(李完用)·윤웅렬(尹雄烈)·이하영(李夏榮)·윤치호(尹致昊)·이학균(李學均)·현흥택(玄興澤)·민상호(閔商鎬)·이도철(李道澈)·임최수(林最洙)·이민굉(李敏宏)·김홍륙(金鴻陸)·이채연(李采淵)·남만리(南萬里)·이용한(李龍漢)·이완응(李完膺)·최영하(崔榮夏) 및 서양인 5명 등 모두 30여 명이었다.

을미년(1895) 10월 9일, 이들은 훈련원에 모여 국모의 복수를 맹세하고 부서(部署)를 협의하여 정하였다. 이도철은 일찍이 평양진위대 대대장을 지냈으므로 지휘관으로 삼고, 이민굉·남만리는 그 무렵 친위대 관리였으므로 부관(副官)으로 삼아 군병과 장사 수십 명을 모집하였다.

12일 새벽에, 북장문(北墻門)과 춘생문(春生門)의 두 길을 따라 진입하여 내각을 습격하려 하였으나, 내각에서 미리 그 음모를 알고 엄히 방어하였다. 중대장 신우균(申羽均)이 병졸을 지휘하여 맞서 싸워 많은 사람들을 체포하였으나 살상(殺傷)은 없었다. 이도철·임최수 등은 괴수(魁首)로 지목되어 처형되었으며, 그 나머지 유배 혹은 징역에 처해진 사람이 8명이었다.[203] 그러나 이 8월의 변고로 인한 말들이 그치지 않았다. 내각에서는 미봉책으로 이주회(李周會), 박선(朴銑), 윤석우(尹錫禹) 등 세 사람을 체포하여 이들을 역괴(逆魁)로 규정하여 사형에 처하고, 역적은 주살(誅殺)한다고 포고하였지만 많은 사람들은 이를 비난하였다.

〈안〉 8월 민비 살해사건에 당국의 여러 사람이 간여하여 내용을 알고 있었다는 혐의가 없지 않으니, (이범진, 이완용 등이) 이들을 토벌하는 것이 물론 말이 될 수도 있다. 그러나 수모자(首謀者)와 하수인(일본인들과 우범선 등)이 어디에 있었는가. 만약 이들을 토벌할 수 없다면 어찌 복수 운운할 수 있는가. 이제 그들에게서 원수를 찾지 않고, 다만 구구하게 간여한 무리들만 지목하여 찬역자라고 꾸짖으며, 복수를 소리 높여 외치면서 그 일을 논하고 있기 때문에 (이것은) 아주 일부분만 본 것에 불과하다. 그 실정을 따져보면 또한 복수하려는 진의(眞意)에서 나온 것이 아니었다. 그들은 본래 궁중 심복으로, 러시아 세력을 빌려서 친일당을 배척하고 정권을 쟁취하려 한 것이었다. 이제 복수를 명분으로 하는 것 또한 오랜 계획을 드러낸 것이었을 뿐이다. 또한 이 변고는 실로 이 무리들(친러당)의 정권 쟁탈 때문에 더 빨리 앞당겨진 것이니 이들 또한 죄가 없다고도 말할 수 없다. 하물며 이완용 같은 무리들은 낭심효성(狼心梟性)[204]이어서 본래 임금도 업신여기는데 어찌 국모(國母)가 있겠는가. 만약 자기에게 필요한 권리가 없다면 '복수' 두 글자를 꿈에서라도 생각하였겠는가.

47. 지방 의병

슬프다! 국모(國母)가 시해되었어도 적(賊)은 아직 토벌하지 못했구나. 비록 우리 백성들이 무장하지는 않았지만 격분하고 노해서 주먹을 불끈 쥐고 이를 갈았으니, 진실로 떳떳한 성품에서 나온 것이었다. 또한 어찌 충분(忠憤) 강개

---

203) 이른바 춘생문 사건. 이들은 이른바 정동파 인사들로서, 언더우드, 헐버트 등 미국인 선교사와 알렌 미국 대리공사, 베베르 러시아 공사 등이 이들을 지원했다. 이 사건은 이진호의 배신, 어윤중의 선무공작으로 실패하였다.
204) 이리와 같은 간악한 마음과 올빼미 같은 불효의 성질.

(慷慨)한 무리들이 성패(成敗)와 사생(死生)을 불문하고 천하에 복수의 의리를 외치고자 한 것이 없겠는가. 이것은 그 위기가 강물을 막은 것과 같았으니, 반드시 터질 것은 의심할 여지가 없다. 또한 이때를 당하여 정부가 개혁한다 하고 혹은 개화한다고 한 것은, 국민들이 처음 보고 듣는 것이기 때문에 많은 사람들이 따르려는 생각도 하지 않았다.

정령이 발포되는 것을 보고는 "왜놈의 행정이다", 지방관리를 보면 "왜관찰사(倭觀察使), 왜군수(倭郡守)"라 말하며 내각의 여러 신하들을 지적하여 또한 그렇게 불렀다. 일본을 원수로 보는 사람은 누구든 조정을 원수로 보았다. 온건한 방법으로 해도 진정시켜 난이 발생하지 않게 할 수 있다고 보장할 수 없었는데, 하물며 급진 정책을 행사하여 독촉함에 있어서랴.

을미년(1895) 11월 정삭(正朔)을 고쳐 양력을 사용하였으며, 연호도 세워 건양(建陽)이라 하였다.[205] 내부대신 유길준은 근본 문제들을 개혁하는 것에 열심이었는데, 단발령(斷髮令)을 내리고 순검을 시켜 농촌이나 도회지로 두루 돌아다니며 강제로 삭발하니, 백성들의 울부짖는 소리가 끊이지 않았다. 지방의 각 관원들도 내각의 뜻을 받들어 또한 강제로 삭발하는 것을 일삼았다. 상투 트는 것은 사람 몸에 가장 관계있는 일이며, 사회의 가장 오래된 습관인데, 하루아침에 머리를 깎게 하고 형체를 바꾸어 새롭게 한 것은 또한 사람들 마음을 놀라게 하고 대중의 노여움을 일으키는 심한 일이었다.

또한 우리나라 유림들은 옛것을 지키는 데 돈독하여, '목은 베일 수 있어도 머리털은 자를 수 없다'는 가르침이 있었다. 유학자들은 백성들이 존경하고 바라는 바였다. 이에 충청도 제천군에 사는 유학자 유인석(柳麟錫)은 그의 문도와 함께 의병을 일으켜 사방에 격문을 보냈다. 김을 매듯이 악인을 제거하여 백성들을 지키려고 일본인과 격렬한 싸움을 벌였는데, 쌍방 간에 살상이 많았다. 충주관찰사 김규식(金圭軾), 단양군수 권숙(權㴐), 청풍군수 서상기(徐相耆) 등은 모두 삭발하고, 또한 의병의 군수(軍需) 요청에 응하지 않다가 모두 피살되었다. 맹영재(孟英在)·김백선(金伯善)은 지평에서, 허위(許蔿)는 문경에서, 이설(李偰)·김복한(金福漢)은 홍주에서, 기우만(奇宇萬)은 장성에서 모두 의병을 일

---

205) 조선왕조는 처음부터 독자 연호를 사용하지 않다가 청일전쟁에서 청이 패하자, 1895년 11월 17일을 양력으로 고쳐 개국 505년 1월 1일로 쓰면서, 건양 연호를 사용하였다.

으켰다. 이런 소식이 전파되자 국내가 소란하였다. 이때 러시아 사람들은 우리나라에 내란이 일어났다고 말하면서 공관을 보호한다는 명목을 붙여 갑자기 해군 수백 명을 입성시켜 일본인의 거동에 맞서게 되었다.

48. 러시아 공사관으로의 이필과 김홍집 살해

이미 전에 이범진·이윤용·이완용 등은 러시아와 미국공사관에 잠복(潛伏)해 있으면서, 러시아 공사관 통역으로 있는 김홍륙(金鴻陸)의 소개로 러시아 공사와 결탁하여 임금을 러시아 공사관으로 이필(移蹕)[206]케 하고[207] 정국을 뒤집을 계책을 추진하였다. 환관 강석호(姜錫鎬)가 임금 곁에 있으면서 그 음모에 밀통하여, 내외가 서로 얽혀 운동이 무르익어 갔다. 드디어 건양 원년(1986) 2월 11일 새벽, 러시아 공사 베베르가 병사 150명을 밀파하니, (병사들은) 북장동(北壯洞)을 따라 신무문(神武門)에 이르렀다. 왕의 행렬이 나오는데, 왕은 비밀리에 궁녀 가마를 타고 문을 나왔으며, 근시(近侍) 수십 명이 에워싸 따랐다. (왕은) 정동 러시아 공사관에 이르렀다. 즉시 경무관 안환(安桓)에게 명하여 총리대신 김홍집을 경무청 문 앞에서 살해하였으며, 농상대신 정병하도 살해하였다. 내무대신 유길준은 광화문 앞에서 거의 체포될 뻔하였으나 일본병 가운데로 뛰어들어 결국 일본으로 탈주하였다. 탁지부대신 어윤중은 변란 소식을 듣고 탁지부로 달려가 장부를 정리하여 그곳 관리에게 넘겨준 다음 보은 시골집으로 내려가다가 용인 땅에 이르러 난민에게 피살되었다. 어윤중은 평소 마음이 강직하고 맡겨진 일은 어렵고 겁나는 것이라도 피하지 않는 신하였는데, 이에 이르러 살해되니 많은 사람들이 슬퍼했다.

이에 윤용선(尹容善)이 총리대신이 되고, 박정양이 내부대신, 이윤용이 군부대신, 이완용이 외부대신, 안경수는 탁지부대신, 민종묵이 학부대신, 이범진이 법부대신, 조병직이 농상대신이 각각 되었다. 그런데 이범진은 이윤용 형제와 사이가 좋지 않아서 러시아 주재 한국공사로 나갔다. 김홍륙은 호가호위(狐假虎威)하여 러시아 세력을 빌려 위세를 부리며, 공경(公卿)들을 퇴진시키고, 마

---

206) 임금의 거둥을 옮김.
207) 이 사건을 아관파천(俄館播遷)이라 한다. '파천'은 임금이 난을 피해 도성을 떠나는 것인데, 그 무렵 기록이나 박은식은 단순히 임금이 궁 밖으로 행차하는 '이필'로 표현하였다.

음대로 위복(威福)²⁰⁸⁾을 행사했다. 강석호는 왕의 총애를 도적질하여 권력을 휘둘렀으며, 널리 뇌물을 받아들여 정계를 흐리게 하고 문란시켰다. 이때 일들에 대해 묻는다면 대답할 수도 없다. 원로 김병시가 왕명을 받들고 입알(入謁)하여 '어진 사람을 가까이하고 사악한 사람을 멀리하라'고 힘써 아뢰었으나, 난으로 인한 정치의 급무에는 조금도 보탬이 되지 못했다.

〈안〉 이번 러시아 공사관에 이필한 것이 국가를 위해 복수를 하려는 거사인가, 아니면 친러당이 권력을 쟁탈하려는 계책인가. 이것은 바로 복수의 명분을 빌려 권력을 쟁탈하려는 사심을 보인 것일 따름이었다. 대개 8월 변고에 의거하여 논한다면, 김홍집은 수상으로서 특별히 참여하여 내용도 알고 있어서 적을 토벌할 수 없었으므로 이것에 연루시킨다면 물론 변명할 말이 없을 것이다. 그러나 만약 그에게 주모의 범죄자라고 한다면 그가 불복할 뿐 아니라 또한 세상 사람들도 모두 그것이 잘못된 것이라고 알 것이다. 그런데 이 사람을 죽이고서 복수한 것이라고 말한다면 옳겠는가. 설사 그가 죽을 죄를 저질렀다고 하더라도 나라의 대신이니 마땅히 법에 따라 법원에 잡아다가 그 경중을 심리하여 처벌하는 것이 옳은 일이었다. 그런데 일개 경관을 시켜서 척령을 입으로 전하고 도로상에서 짐승을 잡아 죽이듯이 무참히 죽이니 형률을 심하게 그르쳤다고 할 수 있다.

어윤중은 8월 변란에 먼저 벼슬자리를 내놓고 시골에 가 있었으므로 처음에는 조금도 간여한 혐의가 없고, 그가 다시 벼슬자리에 임명되어 조정에 돌아와서는 왕후 복위를 주장하고 이 일에 힘썼다. 이제 어찌 이 사람을 미워하여 대신을 죽인 난민에게 상명(償命)의 형률²⁰⁹⁾을 두지 아니하는가. 그렇다면 그날 거사는 참으로 사사로움을 위해 폭행을 저지른 것이고, 법에 크게 어그러진 것이며, 법을 업신여기는 것이니, 나라가 보존되고 있다고 할 수 있겠는가.

슬프다! 이완용 무리가 왕후 시해의 복수에 의탁해서 임금을 꾀어 외국 공사관에 이르게 하고, 한 사람의 우공(寓公)²¹⁰⁾으로 만들어 스스로 국체(國體)를 손상시

---

208) 위세와 은전, 곧 권위.
209) 사람을 죽인 대가로 자신도 죽음을 당하는 법률.
210) 나라를 잃고 다른 나라에 몸을 의탁해 사는 군주.

키고 국권을 팔아먹어 국가가 위망의 길에 빠지게 하였는데, 일찍이 조금도 돌아보지 않았으니, 각사(権汜)[211]의 행위와 어찌 다르리오. 그러하기 때문에 이완용 무리의 매국 수완은 경술(1910) 망국의 날을 기다리지 않더라도 이미 러시아 공사관으로 이필하던 날 보여진 바 그대로였다.

49. 러시아 세력 확장과 열강 이권 침탈

새로운 내각은 이미 러시아 세력을 빌려 친일당을 제거하니, 이에 일본인으로 각 부 고문이 되었던 자와 우리 병사를 훈련시키던 일본 무관들은 모두 해임되어 돌아갔다. 그 대신 러시아 사관 20명을 고빙하여 군사 훈련직을 맡기고, 러시아 무기를 구입하여 블라디보스토크로부터 수입하였으며, 노어학교를 설립하여 학생들을 가르쳤고, 또한 서울과 원산 사이의 전선을 시베리아 전선에 접속시켜 교통을 편리하게 하였다. 정권을 잡고 행정을 맡아 하는 사람들도 모두 친러당이었으므로, 이에 러시아가 한국에서 차지하는 세력은 실로 비교할 수 없을 정도로 막대하였다.

당초 이완용은 미국과 가까워서 배일(排日) 운동을 하였는데, 친러당과 더불어 모의하여 단번에 정권 장악에 성공하자, 먼저 미국인에게 평안도 운산금광 채굴권과 경인철도 부설권을 허락했으며, 러시아인에게 함경도 무산 지방과 강원도 울릉도 목재 벌채권을 허락하였다. 그러자 동시에 다른 각국들 또한 이익을 균점해야 된다고 떠들면서,[212] 영국인은 평안도 은산금광을, 독일인은 강원도 금성금광을, 프랑스인은 경의선 철도부설권을 차지했다. 그런데 경인선 철도 부설권과 울릉도의 각종 이익은 일본인이 선점한 관계로 일본공사가 항의를 제출하여 그 권리를 회복하였다.

〈안〉 희생(犧牲)과 옥백(玉帛)을 가지고 경계 위에서 기다리면서 강자를 섬기는 것은 예로부터 약소한 자가 스스로를 지키는 책략이었다.[213] 그러나 이런 교제술은

---

211) 동탁의 부장인 이각과 곽사.
212) 각 나라의 조약 속에 명시되어 있는 최혜국대우 조항에 의거.
213) 희생은 제사 등에 쓰는 가축이고, 옥백은 옥과 비단이다.《좌전》〈양공〉편에 약소국인 정나라가 국경에 나아가 강국인 초나라군에게 재물을 바쳐 백성을 지키고자 했다는 고사가 나옴.

이웃 열강의 세력이 균형을 이룰 때는 조석간에 무사함을 얻을 수는 있는 것이다. 세상에 변하지 않는 세력은 없다. 세력 균형도 깨어지는 날이면 적들이 욕심을 내는 것은 토지이니, 옥백을 희생한다고 면할 수가 있겠는가. 우리나라는 열강이 서로 만나는 요충으로, 중국·일본·러시아 3국이 모두 세력을 소장(消長)할 수 있는 땅으로 보았다. 그리하여 수십 년 동안 충돌이 계속되었으니, 이 삼국이 영구히 세력 균형을 유지하여 서로 신축할 수 없게 되면 우리나라는 스위스나 벨기에와 같이 독립국이 될 수 있을 것이다. 그런데 일본이 한 번 싸워 중국을 물리치고, 두 번 싸워 러시아를 물리쳐서 마침내 혼자 병탄(倂呑)[214]하니 저지할 수 없게 되었다. 동시에 유럽과 미국 등 열강 또한 이익 균점 관계가 있다고 하면서 우리 조정이 금광이나 삼림, 철도 등 부원(富源)을 아까워하지 않고 고루 나누어 주었으니, 이것은 저들이 세력균형을 빙자하여 우리의 자위를 누리고자 한 것이 아니었겠는가. 궁중에서는 더욱 황실의 안고(安固)를 꾀하는 외교정책을 실시하여 내탕금을 털어 각 국 정객에게 뿌린 지 수십 년이 되었는데, 결국에는 저들은 모두 바라보기만 하면서 가버리고, 안됐다는 위로도 한 마디 없었으며, 도리어 강권자에 대하여 같은 뜻을 표시하였다. 또한 일본인이 합병을 단행하면서 열강에게 한국에서 이미 획득한 이익을 허락하니 그들은 새로이 받은 것처럼 모두 기뻐 만족하다보니 우리가 주었던 것이 바뀌어 저들 일본인이 준 것으로 되었다. 이른바 세력균형 관계란 것은 물거품으로 돌아가 없어져 버렸으니, 세상의 나라를 가지고 있는 자는 그 또한 이것을 보고 두려워할지로다.

50. 러시아와 일본의 협약

〈생략 : 1896년 4월 러시아와 일본은 한국의 평화와 독립 보존을 위한다는 명목으로 각자의 권리를 확보하는 선에서 조약을 체결함.〉

51. 외국인의 철도부설권 침탈

갑오년(1894) 7월 외부대신 김윤식과 일본공사 오토리가 잠정협동조관(暫定協同條款)을 작성하였다.[215] 그 조관 속에 경부 및 경인철도를 부설하는 것이 있

---

214) 다른 나라 영토를 한데 어울러서 제 것으로 만듦.
215) 35장 참조.

었고, 조선 정부가 재정부족을 염려하므로 일본 정부나 회사와 조약을 의논하여 맺은 뒤 시기를 봐서 기공한다고 하였다. 이는 즉 뒷날 준비하겠다는 말이었다.

그 무렵 일본 외무대신 무쓰무네미쓰는 대한정책(對韓政策) 4조를 제출하여 일본 각의에서 결정한 뒤, 오토리에게 비밀훈령을 보내고 조선 내지의 전선, 철도 부설권을 요구케 하면서 미리 정부 승인을 얻어 잠정조약을 준비하였다. 건양 원년(1896) 3월에 이르러, 외부대신 이완용은 장차 경인철도 부설권을 미국인 상회에 계약했으나, 뒤에 미국인은 또한 일본인 아다치(足立太郎)에게 양도하였다.

경부철도조약은 광무 2년(1897) 성립되었다. 일본공사 가토(加藤增雄)는 자국 상민 오에(大江卓)의 경영을 인준하고 여러 차례 조선 외부에 요구하였는데, 9월 8일에 이르러 외부대신 박제순이 그것을 인가하였다. 그 회사의 모집자금은 2,500만 원이며, 선로 길이는 1,087리(한국 이수), 터널이 29개소로 길이가 2만 4,241척(영국 척 : 야드), 다리가 87개로 길이가 1만 4,015척(영국 척)이었다.

그 철로는 충청, 전라, 경상 3도를 꿰뚫었는데, 인구가 많은 곳으로 전국 인구의 10분의 6, 7을 점하였다. 물산이 풍족하여 상인들이 폭주하게 되었으며, 전 철도가 지나는 곳에 큰 시장이 16곳이나 되었으니, 동양 철도 가운데 가장 우량한 노선의 하나였다.

경의선은 광무 2년(1897) 프랑스인에게 차여하였으나, 기한이 지나도 기공하지 않아 드디어 그 계약을 파기하고 한국 조정에서 자금을 조달하여 경영 부설할 즈음, 러일전쟁이 일어나 일본공사 하야시(林權助)가 군용철도라 칭하고 탈취하였다.

한국인 노동자를 고용하였으며, 한성에서 의주에 이르는 1천여 리 넓은 토지를 점유하고, 급히 부설을 감행하였다. 전쟁이 끝난 뒤에 마땅히 한국 정부에 돌려주어야 했으나, 통상철도입약을 체결하여 점령하고 있다. 경원선 또한 군용지점(軍用地點)이라 칭하고 탈취했으며, 광무 10년(1906)에 비로소 측량하고 공사를 시작하였다.

제3편

1. 대한제국(大韓帝國) 성립

고종은 러시아 공사관에 1년 동안 머물다가 정유년(1897) 1월 정동(貞洞) 경운궁(慶運宮)[1]으로 돌아와 황제(皇帝) 지위에 올랐다. 국호를 '대한'이라 고치고 연호(年號)를 '광무(光武)'라 하여 마침내 독립제국(獨立帝國)이 되었으며, 각국이 이를 인정하였다. 원구단(圜丘壇)[2]을 만들어 하늘에 제사를 올렸고, (황제의 예에 따라) 곤룡포(袞龍袍) 색깔을 황색으로 하고, 명나라 제도를 답습하였다. 윤용선(尹容善), 남정철(南廷哲) 등을 등용하여 군권(君權)을 회복하고 궁내부(宮內府) 관제를 다시 설치하였으며, 지방은 13도로 나누었다.[3] 이 해에 황자 영친왕(英親王)이 출생했으니 궁인 엄(嚴)씨 소생이었다. 엄씨가 왕의 총애를 받자 다수 친족들이 높은 벼슬에 임용되어 정사에 참여하였으며, 음사(淫祀) 또한 성행하였다.

이때 서재필이 독립문과 독립관 건립 논의에 앞장섰다. 국문(國文)으로 큰 글자를 써서 (독립문과 독립관) 편액을 걸었으며, 또한 국문으로 〈독립신문〉을 발행하고, 뜻 있는 사람들을 모집하여 독립협회를 창설했다. 서재필은 갑신개혁당으로, 미국에 망명하여 10년 동안이나 머물러 있으면서 미국 풍속에 물들어 있었다. 갑오년(1894) 환국하여 평등주의로써 계급을 타파코자 하여 본국 구습과 다분히 어긋나 불편한 관계가 되었다. 또한 신문에 글을 써서 정치 집권세력을 공격하니, 집권세력은 그를 질시하고 외국인으로 지목하여 본국을 떠나

---

1) 지금 덕수궁.
2) 천단으로 황제가 동짓날 하늘에 제사 지내던 곳.
3) 이른바 광무개혁으로, 갑오개혁에서 추진하였던 개혁사업을 대부분 계승하면서, 정치적 측면에서는 군주권을 강화하고, 의정부 관제를 복원하여 갑오개혁 이전으로 되돌아갔으며, 23부로 나누었던 지방제도를 13도로 나누었다.

미국에 돌아가도록 압박하였다.[4] 그러나 사회의 평등사상은 그 씨가 뿌려졌다.

이때 미국선교사 아펜젤러(Appenzeller)가 한성에 있으면서 배재학당을 창설하여 청년들을 교육시켜 큰 성과를 거두었다. 윤치호(尹致昊)·이승만(李承晩)·안창호(安晶浩) 등이 모두 그 가운데서 나왔으며, 애국사상이 풍부했다. 서재필이 미국에 돌아간 뒤에는 윤치호 등이 뒤를 이어 동지를 모아 죽음으로 맹세하고 독립을 부지하려 하였다. 많은 지사들이 한꺼번에 독립협회에 응하여 떠들썩하였으나 그 나아감이 너무 조급하였다. 정국을 번복하고 정치를 혁신하여 성공을 너무 서둘렀던 까닭으로 마침내 정부와 큰 알력이 생기게 되었다. 군부대신 민영기(閔泳綺)가 더욱 심히 꺼려하여 (독립협회를) 없애 버리려고 하였다. 길영수(吉永洙)와 홍종우(洪鍾宇) 무리가 보부상 같은 천한 부류들을 모집하여 황극협회(皇極協會 : 황국협회)라 이름하고, 몽둥이를 들고 (독립협회 회원들을) 후려 팼다. 피가 대궐 문 밖에서 흘렀으며, 그 해괴한 모습은 형용할 수 없었다. 오직 내부대신 민영환(閔泳煥)은 민권(民權)이 중요하다는 생각을 갖고 있었기 때문에 어느 정도 독립당을 비호했으나, 민영기의 공격을 받고 관직에서 물러났.

정부의 각 대신 또한 여러 방면으로 이를 파괴하였는데, 군대 힘으로 일을 처리하기에 이르렀다. 결국 이승만 등이 투옥되고 딘단(民團)은 파괴되었으며 여론은 식어갔다. 무릇 조정 신하들이 독립당을 공격한 것은 모두 임금의 총애를 받아 세력의 불꽃을 펴보기 위해 애쓴 것이었다. 나머지 관리들 또한 모두 백성에 대해서 꺼리는 것이 없고, 오직 아랫사람을 괴롭혀서 윗사람에게 아첨하려 하였으며, 공공의 일은 파괴하고 사리(私利)를 도모하였다. 갑오 이전 구제도를 복구함에 혹 지나친 것이 있었으며, 우리 백성의 힘을 두터이하여 자강지도(自强之道)를 꾀하려 하지 않았다. 각국 공사관 곁에 있는 경운궁에서 외국에 기대어 태평스러운 기틀로 삼고, 나라 재정을 고갈시켰다. 외국인에게 아첨하면서 이를 섬기며, 아침에는 진나라에 붙고 저녁에는 초나라에 붙듯이 강한 나라만 택하여 사귀면서 독립국이라고 칭하였지만, 실로 (외국에) 의뢰하여 잠시 동안 편안을 구하니 이것이 오래 계속될 수 있었겠는가.

---

[4] 서재필은 갑신정변이 민중의 지지를 얻지 못해 실패했음을 알고, 민중계몽이 급선무라 생각했다. 그는 신문과 학교 교육을 강조하고, 배재학당 학생들을 중심으로 조직을 만들어 독립협회 창설을 주도하였다.

이때 독립당에 처음에는 동정을 표하다가 곧 파괴하려는 음모로 바꾼 자가 일본인이었다. 그것은 무슨 까닭이었는가. 이때 러시아인은 절영도(絶影島 : 부산 영도)를 조차하여 석탄저장소를 두고 태평양함대 연료를 공급하려 하였다. 외부대신 민종묵(閔種默)은 러시아와 친한 사람으로, 독단적으로 이 이권을 주려 하였고, 독립당은 극력 반대하였다. 일본인은 (이를) 기뻐하고 독립당에 동정을 표시하였다. 그러나 러시아인이 절영도에서 물러나자 일본인은 '저 당(독립당)은 우리를 위하여 일시 이용하는 데 족할 뿐이다. 만약 독립당이 점차 발전하여 그 기초가 확고해지면 또한 장차 일본이 (이권을) 요구하기에 불리하게 된다'라 하고, 우리 정부와 뜻을 같이 하여 법을 정하고 방해하였다. 슬프다! 저들이 한국 독립에 앞장선 것은 과연 한국 독립을 희망한 것이었는가.

〈안〉 우리나라의 민당(民黨) 가운데 유력한 것으로 거론할 수 있는 것은 셋이 있으니, 즉 갑오년(1894) 동학당과 정유년(1897) 독립당, 그리고 갑진년(1904) 일진당(一進黨)이 그것이다. 동학의 횡포함과 일진회의 매국 행위는 너무나 세상에 뚜렷이 알려져서 말할 필요조차 없지만, 오직 독립당은 신사(紳士) 조직으로 이루어져 가장 정신적으로 흡족함이 있었다. 이런 까닭에 그 당이 해산된 것은 우리 백성들에게 깊은 슬픔이 되었다. 그러나 독립당은 지식의 근기(根基) 또한 유치하고 조천(粗賤)함을 면치 못했으며, 허영에 조급하여 미쳐 날뛰었으니, 능히 엎어짐이 없었겠는가. 내가 《열자(列子)》를 읽다가 〈우공이산(愚公移山)〉과 〈과보축일(夸父逐日)〉 양편에 이르러 깊이 느끼는 바가 있었다.[5] '우공'은 몸이 늙어 힘이 쇠약하였으나, 자손에게 끝없이 전하여 시한을 정하지 않고 계속 산을 파서 옮기게 함으로써 마침내 성공을 거둘 수 있었다. '과보'는 몸이 강하고 힘이 센 것을 믿고 단시간(새벽에서 아침까지)에 효과를 내고자 하여 해를 쫓다가 목이 말라 죽었다.

대개 사람의 작업도 항상지심(恒常之心)으로 오랫동안 게으름 없이 면밀히 힘을 기울이면, 비록 약하다 해도 반드시 성공을 거둘 수 있으며, 조급한 마음으로 속히 성사시키겠다고 광분질주하는 자는 비록 강하더라도 반드시 패한다. 하물며 독립당은 본래 강력한 힘도 없는데 빨리 이루려 하는 것에서랴.

---

5) 《열자》〈탕문편〉.

생각건대, 우리 민족의 성질은 두 가지 종류의 병폐가 있다. 한 가지는 게으르고 느려 용진(勇進) 분투하는 기백이 없고, 일체 사업에 대하여 성사하기 어려울 것을 겁내어 머뭇거리면서 감히 산을 옮길 계책을 행하지 않는 것이요, 다른 하나는 방정맞고 조급하며, 들뜨고 경솔하여 침착하고 온화한 굳센 힘이 없어, 망령되이 허영만을 사모하고 (과보처럼) 해만 쫓아가는 것이다. 이 두 가지 병폐를 물리치지 아니하면 앞길의 사업은 실로 희망이 없다. 내가 이런 연고로 논하는 것이니, 우리 동포는 반성하여 힘써야 할 바를 알기 바란다.

2. 재정 고문의 문제

〈생략 : 재정고문 영국인 브라운(Brown)을 러시아인 알렉세예프(Alexeiev)로 교체하였는데, 영국의 항의로 브라운을 해관 총세무사로 임명하였다. 영국인 고문은 법을 준수하고 직분을 다했던 사람으로 재정을 튼튼하게 하였으나, 러시아인이 재정고문이 된 뒤에는 궁정과 각 부에서 요구하는 것을 모두 들어주어 탁지부의 돈이 수개월이 못 가 모두 바닥이 났다.〉

3. 일본과 러시아의 3차 협약

〈생략 : 러시아는 만주 경영에 주력하면서 일본의 방해를 두려워하여 일본과 협약을 맺고 일본의 한국에 대한 영향력을 인정하여 주었다. 일본은 그 전에 잃었던 권리들을 되찾고, 마산·성진·평양 등 개항으로 일본 경제권이 날로 확산되었다.〉

4. 일본인의 광산 찬탈

일본의 이권탈취는 강제로 조약을 맺고 얻어 가는 경우가 많았다. 그런데 광산채굴권 같은 것은 반드시 늑약(勒約)[6]을 맺지 않고도 차지하였다. 광무 3년(1899) 8월에, 일본인 후쿠치(福地辰藏)는 궁내부가 묵인하였다고 칭하고 몰래 충청도 직산 보덕리 금광을 캐었으나 지방관이 이를 금지시켰다. 광무 4년(1900) 3월, 일본공사 하야시(林權助)가 황해도 은율과 재령 두 곳의 철광과 장연·직

---

6) 강제조약.

산·안산 등 다섯 곳의 금광채굴을 요청하는 문서를 보냈다. 직산 광산은 사방이 40리였는데, 한국 조정은 이것이 궁내부 소관이라고 하면서 불허했다. 하야시가 누차 요청하였으나 얻지 못했다. 이에 일본인 등은 일꾼 7,750여 명과 순사 2명, 일본인 30여 명을 모집하여 멋대로 채광하고 가옥 수백 칸을 축조하였다. 군수 유병응(劉秉應)은 이치에 따라 힘써 금지시켰으나, 일본인은 공사의 명령이 있었다고 떠들면서 일꾼들을 시켜 관리들을 구타하며 쫓아 버렸다. 광산은 바로 백제 고도 예성(禮城 : 위례성) 부근 산기슭에 있으며, 밑은 평야에 임해 있었다. 산에는 석광이 있고, 들에는 토광이 있었다. 같은 해 12월 하야시가 또 수원금광을 요청하였으나 우리 조정은 허가하지 않았다. 대개 수원금광은 저들이 욕심내는 바가 아니었으나 직산광산을 넓히기 위해 그러하였다.

황해도 수안금광은 궁내부 소관으로, 영국공사 조단(Jordan)이 누차 청해왔으나 얻지 못했다. 일본인들이 또한 몰래 잠채하여 우리 조정에서 금지시켰는데, 광무 9년(1905)에 이르러 영국과 일본 양공사가 합동으로 인가해 줄 것을 청하여 채굴을 허락받았다.

5. 일본인의 어업 및 포경권 침탈

〈생략 : 일본인이 어업권을 침탈하여 어민들이 몰락·이산하였는데, 1904년 3월에 이르러서는 전국의 어채권과 포경권까지 빼앗아 갔다.〉

6. 일본인의 개성인삼 약탈

인삼은 우리나라 특산품으로 송도(개성)에서 생산되는 것이 가장 좋다. 해마다 홍삼을 제조하여 중국에 수출한 것이 3백만 원이 넘었으니, 그 재원은 매우 큰 것이었다. 광무 3년(1899) 9월 거류(居留) 일본인 사오십 명이 배를 타고 신당 강녕포 등지에 들어와 인삼밭(蔘圃)에 잠입하여 몰래 뽑아가려 하였으나, 이를 경리(警吏)가 발견하고 쫓아냈다. 한성판윤 김영준(金永準)이 일본공사에게 '이는 일본인 도둑이다. 청컨대, 속히 물리쳐서 근심과 피해를 없애 달라'고 조회하였으나 듣지 않았다. 이미 일본 도둑떼들이 한국 옷을 입고 삼포에 들어가 수백 근을 캐다가 경리에게 체포되어 일본순사에게 넘겨졌으나, 저들은 죄를 묻지 않았다. 도둑떼 또한 수백 명으로 증가하여 삼포에 마구 들어와 4천여 칸을 약탈하여 캐어 가려다가 경리가 막자 도둑은 도리어 칼을 휘두르고 총을 쏘며 겁을 주었다. 우리 정부가 이 사건을 일본공사관에 교섭하였으나 (일본은) 이를 질질 끌고 미루어 처리하지 않았다.

이때 개성 사람들은 날마다 외부에 '광무 원년(1897)에 일본인이 약탈해간 인삼이 1만 7,944칸이며, 광무 2년에는 5만 8,721칸에 디르렀고, 올해에도 9,842칸에 달한다. 그들이 병기를 휘두르고 표독한 겁탈을 자행하고 있으나 펴서 다스리지 못한다'고 호소하였다.

영국신문에서는 '일본인들이 한국의 값비싼 인삼을 도둑질하고, 또한 내지(內地)에 행상하는 (일본) 상인들도 대다수가 불법행동을 하니 한국민이 억울함을 호소함이 그치지 않으나, 일본인들은 못들은 척하고 도리어 한국인에게 죄를 주었다. 일본의 이런 정책은 그들이 일찍이 외치던 한국 독립을 파기한 것을 뚜렷이 보여주는 것이다'라고 하였다.

7. 울릉도·장고도·월미도·고하도·온양 온천 등의 각 사건

울릉도는 강원도 삼척에서 수백 리 떨어진 바다 가운데 있다. 그 섬 가운데에 큰 산이 있어 삼림(森林), 규목(槻木), 장죽(長竹)이 많고, 복숭아는 크기가 배(梨)만 하였다. 영조 때부터 일본과 교섭하여 그 섬에 들어가 벌목하는 것을 금지하였다. 이때 일본 홋카이도 사람이 배를 타고 몰래 들어와 섬사람들의 목재를 절취해 갔다. 광무 2년(1898) 도감(島監) 배계주(裵季周)가 일본인을 추격하여 일본 마쓰에현(松江縣)까지 가서 재판하여 3백 원(元)을 징수하여 돌아왔다. 그러나 건너온 일본인들은 마을 수백여 구를 이루고 삼림을 벌채하여 계속하여 육지로 실어 갔다. 또 곡물 무역을 하면서 이따금 불법을 저질러 섬사람들이 항의하였으나 그들은 칼을 휘두르고 총질을 하였다.

광무 3년(1899) 5월, 우리 정부는 부산항 총세무사에게 배계주와 함께 그곳 상황을 조사케 하였으며, 법에 따라 일본공사관에 기간을 정하여 모두 돌려줄 것을 조회하였다. 하야시 공사는 겉으로는 허락하면서도 따르지 않았다. 일본인은 더욱 횡포하여 오히려 마쓰에현 재판에서 낸 돈 수만 원을 배계주에게서 받아내려 하였다. 배계주가 그 재산을 모두 가져갔으나 부족하여 섬사람들이 의연금을 내어 도와주어 겨우 면하였다. 우리 외부에서도 그 불법 행위를 통박하여 일본공사관에 힐책하고, 그 돈을 돌려줄 것을 재촉하였으나, 못 들은 척하였다.

〈중략 : 1900년 홍주 장고도(長古島)에서의 일본 어선 파선 배상 문제, 염상(鹽商) 김두원(金斗源)의 배상 요구 사건, 월미도(月尾島) 개척 사기 사건, 지도군 고하도(孤下島) 조차 계약 문제, 온양 온천 침탈 등 사건이 계속 일어남.〉

〈안〉 이상과 같은 각종 강탈 사건으로 볼 때, 저들은 욕심나는 바를 모두 자행하고 꺼리는 바가 없었으니, 저들이 만약 우리나라가 있는 것으로 보고 대하였다면 어찌 이럴 수가 있었겠는가. 이때의 우리나라는 독립제국의 이름과 지위도 있고 각국과 대등하였으며, 삼천리 강토에 빠진 것이 없고, 또 이천만 민중이 그 전과 같은데 저들은 어찌하여 나라가 없는 것같이 대하였던가. 나라가 나라다우려면 오히려 사람이 그러해야 한다. 사람이 정신이 충족하고 체력이 건강하면 자위(自衛)·자립(自立)할 수 있으나, 그렇지 않으면 그 겉모양이 있다고 하더라도 죽은 사람이다. 나라는 정교(政敎)와 법제(法制)로써 정신을 삼고, 재용(財用)과 군비(軍備)로 체력을 삼는다. 만약 이것들이 불완전하면 비록 강토(疆土)와 인민이 있다고 하더라도 그 자주 능력을 상실한 것이니 나라라고 말할 수 없게 된다. 이제 우리나라 현상은 정신이 족하여 자강함도 없고, 체력이 족하여 자고(自固)[7]함도 없으니, 허명(虛名) 허식(虛式)의 독립제국이었다. 어찌 두려워하는 사람이 있다고 하겠는가. 슬프다! 금은·옥백은 창고에 가득 차 넘치는데 주인은 술에 취해 깨어나지 못하니 도둑이 주인이 있다고 빼앗을 생각을 하지 않으리오.

8. 제일은행권 강제 발행

〈생략 : 1902년 일본은 경부선을 건설하면서 자본이 없자 한국에서만 사용할 제일은행권을 발행하였다. 외부대신 조병식이 이 화폐 통용을 불허하자 일본은 정부를 압박하여 외부대신을 사임시켰다. 〈황성신문〉에서도 반대하였으나 결국 전국으로 통용되게 되었다.〉

---

7) 스스로 견고함.

9. 제2차 영·일동맹 및 러시아와 프랑스의 협약

1902년 1월 30일, 영국과 일본 양국이 런던에서 동맹을 맺었다. 그 목적은 러시아(의 남하정책)를 방어·제압하고, 중국과 한국에서의 이익을 서로 누리며, 또한 일본인의 한국에서의 정치상, 실업상 특권을 인정하였던 것이니, 한국인은 이미 영·일 양국의 정치교섭상에서 희생된 것이다. 그 조약문은 6개조로 되어 있으며 주요 내용은 다음과 같다.

일본 정부와 대영제국 정부는 극동 지역의 현상태 유지와 극동 지역의 보편적 평화를 희망하며, 또한 중국과 한국의 독립 및 영토 보전을 유지하고, 아울러 각국이 이 두 나라에서의 상공업에 대한 균등한 이익 관계를 유지하기 위하여 아래와 같은 조항을 약정한다.

제1조 영·일 양국은 청국과 한국 양국의 독립을 승인하고, 침략하지 아니할 것을 성명(聲明)한다. 그러나 양국의 특별한 이익에 비추어, 영국은 청국에서, 일본은 청국에 있는 이익 외에 다시 한국에서 정치상 또는 상업상, 공업상 각별한 이익이 있으므로, 만약 다른 나라의 침략 행동이 청국이나 한국에서 일어나 소요가 발생하게 되거나, 침입을 받아 급박하게 될 때에는 영·일 양국은 그 이익과 그 신민의 생명과 재산을 보호하기 위하여 필요한 조치를 취할 수 있다.

제2조 일본 혹은 대영제국이 저마다의 이익을 보호하기 위하여 다른 나라와 전쟁을 벌이면 동맹국은 마땅히 중립을 엄수해야 하며 또한 동맹국에 대하여 타국인의 전쟁 가담을 막는 데 노력하여야 한다.

제3조 전조에서 설명한 바, 제3국 혹은 수개국이 동맹국에 대하여 교전할 때는 동맹국은 마땅히 원조하고 협동하여 전투를 수행하며, 강화할 때는 의당 동맹국과 함께 상호 협의하여 실행해야 한다.

제4조 두 계약국 가운데 혹 한 나라가 타국과 협의하여 상기 이익을 방해하는 어떤 조약도 체결할 수 없다.

제5조 일본국 혹은 대영제국은 위에 적은 이익에 대하여 위태로운 지경에 이르렀을 때 양국 정부는 마땅히 상호 통고하여야 한다.

제6조 〈중략 : 조약 유효 기간〉

영·일동맹은 러시아 남하를 막기 위하여 성립되었던 것이었다. 러시아 또한 그들의 의도를 알아차리고 프랑스와 협약을 맺어 이에 대처할 것을 꾀하였다. 그 협약문 내용은 다음과 같다.

러시아와 프랑스 양국 정부는 1902년 1월 30일에 영·일 양국 정부가 동맹을 맺었다는 통첩을 받았는데, 극동의 현상과 전국(全局)의 평화를 유지하고, 아울러 청국과 한국 영토를 보전하며, 또 상공업상 문호를 개방하는 것 등의 모든 원칙은 러시아와 프랑스 양국 정부가 평소 발표하기를 바라고 있던 것으로, 그 소식을 듣고 보니 매우 기쁘다. 그러나 러시아와 프랑스 양국은 이상 여러 원칙을 존중하며, 또한 극동 각지에서 양국의 특별한 이익을 보호하기 위하여, 제3국의 침략 행동(곧 영국과 일본)이 있거나, 혹 청국에 내란이 발생하여 그 나라의 보전 및 자유가 위험하게 되고, 또한 양국의 특별한 이익에 방해되고 침해당하는 일이 있다고 생각되면, 이에 양국 정부는 어쩔 수 없이 보호할 수 있는 방법을 보유할 것이니, 이에 증명함.

10. 한국과 만주 문제에 대한 일본과 러시아 교섭

〈생략 : 1904년 1월 23일, 대한제국은 양국의 전쟁 소용돌이에 말려들지 않기 위해 중립을 선언함. 일본과 러시아는 한국에서의 일본 권리, 만주에서의 러시아 권리를 상호 인정하면서 서로 배타적으로 확보하고, 또한 상호 넘보기 위해 조약안들을 제시하였으나, 결국 협상이 결렬되고 국교가 단절됨(1904년 2월).〉

11. 일본의 러시아 함대 습격

〈생략 : 1904년 2월 8일 일본이 선전포고 없이 여순(뤼순)과 인천의 러시아 함대 습격〉

12. 일본과 러시아의 선전포고

뤼순과 인천에서 싸움이 개시되니 일본 왕이 선전조칙을 내렸다.

짐은 지금 러시아에 대하여 선전(宣戰)하노라.

〈중략 : 육해군에 대한 명령〉

짐은 문명 제국으로 평화적인 진보를 꾀하며, 각국과의 우의를 공고히 할 것을 원하며, 아울러 원동(遠東)의 영구한 평화가 유지되기를 바란다. 타국의 권리와 정책을 방해하지 않고 우리 나라 판도의 장래를 확보함이 국제관계상 가장 긴요한 일이며 또한 짐의 언제나 변함없는 목적이다. 우리 신민도 함께 짐의 뜻을 우러러 체득하여 저마다 의무를 다하며, 열국과 친후(親厚)를 더하려고 하였더니 이제 불행하게도 결국 러시아와 공연한 전쟁이 일어나고 말았다. 이것은 짐이 당초 바라던 마음이 아니었다. 한국 독립은 우리 제국이 초조히 염려하던 바로서, 양국의 역사적인 균등한 관계뿐 아니라 또한 우리나라의 완전 독립을 위해서도 빠뜨릴 수 없는 중대한 문제이다.

〈중략 : 러시아가 만주를 침략하고 군비를 증강하는 것 등으로 볼 때 평화를 희망하는 것이 없음.〉

이에 어쩔 수 없이 한 걸음 나아가 러시아와 전쟁을 하게 되었다. 우리 관민이 충의와 용무(勇武)로 영구한 평화를 회복한다면, 제국의 명예를 온전하게 잘 지켜 지탱해 나갈 날이 머지않아 닥쳐오게 될 것을 바라노라

러시아 황제도 선전조칙을 내렸다.

짐은 짐이 뜻한 바 평화를 유지할 목적에서 일찍부터 힘을 다하여 동양의 평안을 꾀하였다. 짐은 이런 평화의 목적으로, 한국에 관히 맺었던 일본과 러시아 사이의 협약을 개정(改訂)하고자 하는 일본 정부 제의에 동의하였다. 그러나 일본 정부는 이 문제에 대한 상의가 끝나지도 않았는데, 우리 정부의 최근 회신도 기다리지 않고 상의(商議) 및 외교 관계 문서를 단절하였다. 일본 정부는 외교 관계를 단절하고 군사행동을 벌이겠다는 예고도 없이 그들 수뢰정(水雷艇)을 보내 돌연히 짐의 뤼순 항구 포루와 외면에 있는 함대를 습격하였다. 짐은 태수(太守)의 보고를 받고 군사행동으로 일본의 도전에 대응할 것을 결심하였나니, 짐의 이런 결의로 하느님의 깊은 가호가 있기를 기도한다. 짐의 신민은 모두 조국의 변고를 수호하기 위해 나아가고, 짐의 명을 좇아 의심함 없도록 하라. 짐의 명예로운 육해군에게 신의 가호가 있기를 바란다.

13. 일본군 한성 입성과 의정6조(한일의정서) 체결

일본 육군 2개 사단이 상륙하여 깃발을 휘날리며 한성에 들어왔다. 관청 건물과 민간 가옥이나 학교를 빌려 머물렀는데, 그 위세가 대단했다. 러시아 공사 파블로프(Pavloff)는 깃발을 거두어 귀국했고, 일본공사 하야시는 즉시 군대 지원을 받으면서 우리 외부대신서리 이지용(李址鎔)과 통역 구완희(具完喜)를 위협하여 동맹전약(同盟專約)을 맺었다. 의정대신 이근명(李根命) 이하 각 관리들이 일치 반대하여 1주일까지 끌었으나 하야시가 위협과 공갈로 독촉하여 1904년(광무 8) 2월 23일 드디어 아래의 '의정6조'(한일의정서)를 맺었다.

대한제국 황제 폐하의 외부대신 임시서리 육군참장(外部大臣臨時署理陸軍參將) 이지용과 대일본제국 황제 폐하의 특명전권공사(特命全權公使) 하야시 곤노스케는 각각 상당한 위임을 받고 다음 조목을 협정한다.

제1조 한일 양국 사이의 항구적이고 변함없는 친교를 유지하고 동양(東洋)의 평화를 확고히 이룩하기 위하여 대한제국 정부는 대일본제국 정부를 확고히 믿고 시정(施政) 개선에 관한 충고를 받아들인다.

제2조 대일본제국 정부는 대한제국 황실을 확실한 친선과 우의로 안전하고 편하게 한다.

제3조 대일본제국 정부는 대한제국의 독립과 영토 보전을 확실히 보증한다.

제4조 제3국의 침해나 혹은 내란으로 인하여 대한제국 황실의 안녕과 영토의 보전에 위험이 있을 경우에는 대일본제국 정부는 속히 정황에 따라 필요한 조치를 취할 수 있다. 그러나 대한제국 정부는 위 대일본제국의 행동을 용이하게 하기 위하여 충분한 편의를 제공한다. 대일본제국 정부는 전항의 목적을 성취하기 위하여 군략상 필요한 지점을 정황에 따라 차지하여 이용할 수 있다.

제5조 대한제국 정부와 대일본제국 정부는 상호 간에 승인을 거치지 않고 뒷날 본 협정 취지에 어긋나는 협약을 제3국과 맺을 수 없다.

제6조 본 협약에 관련되는 미비한 세부 조항은 대일본제국 대표자와 대한제국 외부 대신 간에 정황에 따라 협정한다.

이 조문의 성립으로 우리 주권은 모두 상실되었다. 일본은 대한제국의 안전을 지킨다는 대전제를 세우고, 이로써 한국 영토를 자유롭게 사용할 수 있게 하며 러일전쟁에 대비하였다. 러일전쟁 때 한국이 중립이 아닌 자신들의 우군임을 내세움과 동시에, 한국을 침탈할 발판을 마련한 것이다. 영국 〈더타임스 *The Times*〉 논설에서는 '한국은 이 조약을 맺음으로써 영구히 일본의 부용국(附庸國)[8]이 되었으며, 이후로는 한국은 일본 속에 있다. 이것은 마치 이집트가 영국에 속한 것과 같고, 베트남이 프랑스에 속한 것과 같다. 그 권능도 같고 효력도 같고 성질 또한 같으니, 질적으로 말하자면 한국 독립은 형식상 독립이지 실제 독립은 아니다. 일본의 이른바 충고 권리라는 것은 바로 한 장의 얄팍한 종이로 가려진 명령권이다'라고 하였다.

이때 우리나라에서는 반대 여론이 크게 일어났다. 이유인(李裕寅)·권종석(權鍾奭) 등은 중추원의 여러 신사와 함께 글을 올려 이지용, 구완희의 매국행위를 탄핵하고 이 조약을 취소해야 한다고 청하였다. 혹은 연설을 행하여 민심을 격발시키는 사람도 있었고, 이 두 사람을 저격할 지사를 모집하여 분한 마음을 씻어 보려는 사람도 있었다. 어느 사람이 이 모의를 일본공사에게 누설하였는데, 일본공사는 이에 많은 순사를 파견하여 이지용과 구완희의 사저를 경호케 하여 뜻하지 않는 변란을 방지하고자 하였다. 이때 5~6명의 사람이 구완희를 세 차례나 만나보기를 청했으나 순사에게 매번 저지당하자, 밤에 이지용 집에 총을 쏘고, 구완희 집에 폭탄을 던졌다. 모두 손상은 입히지 못하고 그 가운데 몇 명은 순사에게 체포되었다.

14. 이토의 대사 부임

이토가 갑진년(1904) 3월 7일에 대사 임무를 띠고 국서를 가지고 와서 황제, 황태자, 영친왕, 엄귀비 등을 배알하고 일본 왕의 선물을 바쳤다.

〈중략 : 한국에서도 이재완(李載完)을 보내어 이토에게 감사를 표하고, 외부대신 이지용을 일본에 파견하여 선물을 전함〉

〈안〉 이토가 무슨 일로 한국에 왔던가. 그것은 우리를 꼬이려 온 것이었다. 대

---
8) 식민지.

개 일본이 러시아와 교섭하면서 '한국 독립을 보전한다'고 하였고, 선전포고에서도 '한국 독립을 유지한다'고 하였다. 진실이었는가. 러시아를 거부하기 위한 구실로 삼기 위해 특별히 이런 것을 거짓으로 내세웠던 것이다. 그날 하야시가 위협하여 '의정6조'를 체결하고는 또 '한국 독립과 영토를 확실히 보장한다'고 하였으나, 이때 한국 주권은 이미 폐지되어 버렸다. 사마(司馬) 씨 마음을 길 가는 사람도 이미 알았으니,[9] 이로 말미암아 한인(韓人)은 많은 불평을 품게 되었다. 러일전쟁이 일어나서 승부가 불분명하고, 또 한인에게서 얻어내지 못한다면 어떤 방해가 있을지 또한 알 수 없었으니, 임시로 위안하여 장애를 면하는 것이 더 나았다.

또한 한국에는 군권(君權 : 군주권력.)만 있고 이른바 민권(民權 : 국민권리)은 없다. 따라서 한국에 대한 요구는 다만 임금 한 사람만 위협하면 스스로 용이하게 얻을 수 있다. 전에 가토라는 자가 독립협회를 파괴할 때 이 방법을 사용했다. 러일전쟁이 일어난 이때에 이르러 상식이 있는 사람은 모두 "이 전쟁은 결국 우리나라 존망에 관계가 있을 것"이라고 말하였다. 재야 신사(紳士)들이 분주하게 외치면서 망양보뢰(亡羊補牢)[10]의 계책이나마 강구하였으며, 민의(民意)를 결합하고 여론 기관을 동원하여 만에 하나라도 망국을 구하기 위해 헌의(獻議)[11]하는 사람이 많았다. 정부 대관 또한 의원(議院) 설립을 청하는 의견을 제출하였다. 만약 이것이 이루어져 많은 힘이 합쳐지면 그 세력은, 임금 한 사람이 고립된 것과 사뭇 다를 것이다. 일본 정책이 혹 어긋나게 될지도 알 수 없는 일이었으니, 빨리 도모해야 하였다.

이때 이토가 특사로 한국에 와서 일본 왕의 공경하는 문안 인사를 전하고, 양 왕실의 친교와 우의를 도모하였으며, 또 일본의 거사(러일전쟁)는 한국 독립 보장과 만주를 청에 되돌려 주기 위한 것이라고 큰소리쳤다. 좋은 말과 간사한 얼굴색을 띠어 우리 군신과 상하 모든 사람들에게 의구심을 풀고 경계심을 해이하게 하였다. 또 "지금처럼 어려운 시국에는 마땅히 군권(君權)을 유지해야 합니다. 군권을 잃을 위기가 반드시 올 것이니, 원컨대 폐하께서는 이 말을 가벼이 듣지 마소서"라고 상주하였다.

---

9) 사마소(司馬昭)가 조조의 위(魏)를 찬탈하여 진(晉)을 세우고 싶어한 마음을 모든 사람이 알고 있었음.
10) 소 잃고 외양간 고치기.
11) 윗사람에게 의견을 아룀.

군권을 잃을까봐 고종은 평소 권력을 탐하였고, '민권' 두 글자를 오랫동안 매우 꺼려 왔다. 이토의 이 말은 실로 고종의 마음에 적중한 것으로, 임금은 이에 "이토는 일본 원훈(元勳)이자 권력이 있는 자로 나에게 '군권'을 잃지 말기를 권하였다. 우리 신민은 의원 설치를 청하여 군권을 약화시키려고 하니 어찌 된 일인가"라고 하였다.

이로써 마침내 의논은 깨어지고, 이어 뒤에 늑약(勒約)을 순조로이 맺게 되었다. 일본 군신들이 전후로 선포한 것은 '한국 독립을 보전하자'는 것인데, 이를 실행한 것이 합병(合倂)이었고, 또 만주 개방을 제창하였는데, 이를 실행한 것이 잠식(蠶食)이었다. 황실 안녕을 유지하겠다고 큰소리치고, 군권을 잃지 말 것을 권고하고는 이를 실행한 것이 임금 폐위였다. 이것은 이른바 '말이 너무 달콤하면 그 속은 반드시 쓰다'는 것이 아닌가.

또 이른바 민권은 이 세상에서 유일무이(唯一無二)[12]한 주의이다. 진실로 여러 사람 의견을 모으고 힘을 합쳐, 나라 기틀을 공고히 하고, 나라의 걸음을 나아가게 하는 것이므로, 부인이나 어린아이 또한 능히 민권을 이야기한다. 천지 기운도 민권시대로 접어들었다. 그러나 그것이 성립되는 데는 실로 헤아릴 수 없는 어려움이 있으니, 절대로 쉽게 말할 수 있는 것은 아니다.

우리나라 민당(民黨)으로 말하자면, 동학당이나 일진회 모두 그 세력을 얻었다고 하는 것이 다수 불량한 무리들의 집합체였을 따름이었다. 그러므로 그 결과가 반대로 나라에 화가 되고 나라를 팔아먹는 것이 되었을 뿐이다. 그 가운데 순수한 애국의 성질이 족히 국민 표준이 되던 것도 있었으나, 또한 임금이 꺼리고 정부가 탄압하였으며, 속이 검은 이웃 나라[13]가 옆에서 파괴하였다. 민권! 민권! 이것은 신성하며 위대하다. 그러나 양성할 수 없었으니 어찌하랴.

15. 일본의 한국 통신기관 강점

〈생략 : 일본은 청일전쟁 이후 무단으로 전선이나 전신을 점유하여 사용하다가 1905년 통신권을 완전히 장악하였다. 한국은 외교서신이나 전보의 비밀이 단절되어 마치 감옥에 갇힌 꼴이 되었다.〉

---

12) 오직 하나뿐 둘도 없는.
13) 곧 일본.

16. 일본 선박의 자유 항행

〈생략 : 1905년 8월 일본인이 국내의 해안, 하천 항행권을 약탈〉

17. 일본인의 황무지 개간 요구

광무 8년(1904) 6월, 일본공사대리 아키바라(秋原守一)가 일본인 나가모리(長森藤吉郎)의 소청에 따라 우리 조정에 황무지개척권을 요구하였다. 그 합동(合同 : 계약)의 대략적인 조항은 아래와 같다.

 1. 한국 궁내부는 전국 13도 관유(官有), 민유지 이외의 산림·천택(川澤)·진황지 등 개척을 일본인 나가모리에게 특허할 것.
 2. 나가모리는 그 특허에 따라 자기 계산(경영)으로 앞의 황무지를 개척하되, 만 5년 뒤 궁내부에 세금을 납부하기 시작할 것.
 3. 합동 기한은 50년으로 정하되, 만기 뒤 다시 약조를 계속하게 할 것.
 4. 궁내부는 계약자 이외에 다른 제3자에게 본 조약에 저촉되는 특허를 하지 말 것.

한국에는 본래 황무지가 많아서 거의 국토의 4분의 1을 점하였으니, 이에 일본인이 개척을 요구하기에 이르렀다. 나가모리가 궁내부 관원과 개인적으로 협상하여 공식 조인은 되지 않았는데, 이 사실이 〈한성신보(漢城新報)〉(일본인 발행)에 실렸다. 우리 외부(外部)가 궁내부에 인가 여부를 질문하였으며, 〈황성신문〉에서 또한 그 사실을 통박하였다. 이에 국민들이 비로소 깨닫고 울분을 참지 못하며, "조종(祖宗) 강토를 어찌 이와 같이 매각해야 하느냐?"라고 하였다. 정기조(鄭耆朝)·최동식(崔東植) 등이 일제히 외치며 통문(通文)을 발하여 각지에 포고하고 인심을 불러일으켰으며, 종2품 이상설(李相卨)이 항의 상소를 올려 논박했고, 계속해서 여러 신사들이 서로 글을 지어 논하였다. 이에 궁내부에서는 다시 외부에 '산림 원야(原野)에서 관유지와 민유지를 제외한다면 어찌 외국인에게 양여할 공한지(空閑地)가 있겠는가'라고 답신하였다. 외부에서는 이에 따라 일본공사에게 공문을 보내어 '이 계약이 근거가 없다'고 밝혔으며, 이를 거절하는 의사를 표시하였다. 이에 일본공사가 외부에 '상소를 올린 신사(紳士)는 모두 난민이니, 이를 즉각 탄압하기를 청한다'는 공문을 보냈다. 우리 조정에서는 이를 거절하고 요구했던 계약서도 돌려보냈는데, 아키바라 공사가 이를 다시 돌려보내면서 또한 '황무지 개간안 변명서'라고 칭하는 12개조를 나열하여 외부에 보내고, 또한 많은 일본 순사를 파견하여 여영조(呂永祚)·김두성(金斗星)·오주혁(吳周爀)·이순범(李舜範) 등을 잡아갔다. 위협과 공갈이 이같이 극심하였으나 모두 항변하며 굴복치 않으므로, (다시) 경무청에 이송하여 엄징할 것을 청했다.

이때 윤시영(尹始永)·홍종영(洪鍾榮)·윤병(尹秉)·홍필주(洪弼周)·이범창(李範昌)·이기(李沂) 등 수백 인이 연명(聯名) 상소를 올려 매국 간흉들을 주살하라고 요구했다. 또한 송수만(宋秀萬)·송인섭(宋寅燮) 등은 보안회(保安會)라는 단체를 조직하고, 종로 거리에 모여 연설하거나 격문을 발하여 포고하다가 일본 순사에게 잡혀갔다. 회장 이유인(李裕寅) 등은 외부에 질문하여 그 계약서를 되돌려 줄 것을 청하는 한편, 각국 공사에 호소하여 공론으로 결정하기를 청했다. 임금이 여러 차례 사람을 보내 해산할 것을 선유했으나, 모인 사람들은 모두 울부짖으며 흩어지지 않았다. 이에 일본공사는 누차 우리 조정을 협박하여 그 회원들을 엄히 징계할 것을 요청하였으나 뜻을 이루지 못하자, 다시 일본병 수백 명을 파견하여 모인 군중 속에 파고들어 칼을 휘두르고 총을 쏘며 원세성(元世性) 등을 체포해 갔다.

저물녘에 군중들이 다시 종로에 모여 연설회를 열자, 일본병이 또 달려와서 이범석(李範錫)·신영식(申永植) 등 및 사람을 체포하였다. 남은 군중들도 모두 쫓겨서 흩어졌다. 원세성·이범석·신영식 3인은 마침내 안주에 있는 일본군 병참사령부로 압송되었다가 감금된 지 수개월 만에 석방되었다.

일본공사 하야시가 공사관에 돌아오면서 민중의 노여움이 불덩이 같음을 보고 즉시 자국 정부에 보고하자, 일본 정부로부터 '중지하고 기다렸다가 방략을 생각하라'는 지령을 받았다. 하야시는 이에 외부에 '황무지 안건은 화충(和衷)[14]을 기다려 처리하자'는 제안을 담은 공문을 보내왔다. 외부대신 이하영(李夏榮)이 장문의 회답을 보냈다.

---

14) 충심으로 화목함.

〈중략 : 황무지개척 요구에 대한 그동안 두 나라 사이에 오간 공문서 내용을 검토하고, 보안회를 해산시키면서 일본 순사가 동원되었던 것을 항의하였으며, 조선 독립 보장, 동양 평화 등을 위해서는 개척권 요구가 철회되어야 한다는 내용의 편지였다.〉

다음날 일본인 통역관 시오가와(鹽川)가 일본공사의 명을 받고 외부에 회답 문서와 되돌려 보낸 계약문을 돌려주면서 "이 안건은 나중에 귀 대신과 본 공사가 만나 화충하여 처리하자"고 하였다.

1904년 7월 30일, 참정대신 심상훈(沈相薰), 외부대신 이하영이 일본공사와 담판하여 결국 이 안건을 철회시켰다.

18. 삼림벌채 및 포대건축, 휼금(恤金), 포사(庖肆)사건

〈생략 : 일본인은 압록강·두만강 연안 산림채벌권을 약탈하고, 러일전쟁을 계기로 전국 요지에 포대를 설치하였으며, 황주에서는 흥업(興業)회사를 만들어 농민 토지를 약탈하였다. 또 동학군이나 의병에게 피해를 받은 일본인의 보상금(휼금)을 받아갔고, 도살장(포사)을 만들어 이 영업권도 독점하였다.〉

19. 일본군·관리의 북한 지역에서의 횡포

광무 9년(1905) 1월, 일본공사 하야시가 내부(內部)에 '함경남북도 각 군에 공석인 관리가 많아 일본인이 이미 그 일들을 대리하고 있으니 그 월급을 속히 지급하여 달라'는 편지를 보냈다. 이때 함경남북도에서는 일본과 러시아 군대가 서로 싸워 충돌 사태가 일어나 군수물자와 군량미를 빼앗기는 일이 많았으며, 관리 또한 쫓겨나는 자가 많았다. 도로가 막혀 조정 명령이 전달되지 않았던 관계로 군(郡)에 관직이 비어 있는 곳이 많았다. 일본인은 그들 통역관이나 병참에 거주하는 자들로 집무를 대행시키고 월급을 거듭 요구하였으나 우리 조정에서는 이를 허락하지 않았다. 또 일본 병참에서 토지세를 징수하겠다는 문서를 보내온 경우도 있었다. 이에 외부에서 일본공사에게 공문을 보내었다.

'귀국 군정관에게서 온 공문에 〈세금을 징수하는 일로, 각 군수에게 지휘 요청을 보고토록 하고, 만약 늑장을 부리면 마땅히 처분하겠다〉고 하고, 또한 훈시로

써 거듭 지시했다고도 한다. 그 연대장이 이미 군략상 필요로 귀국 정부 명령을 받고 북관(北關)에서 군정(軍政)을 시행한다면 군사 범위 내에서 시행하는 것이 옳을 것이다. 그 외 권한 밖에서 월권 간섭함은 부당하다. 하물며 세정(稅政)은 국가 정공(正供)이므로, 각 군수가 정부 명령을 받는 관리로 스스로 징수하는 것은 바로 직권 안에 관계되는 것이며, 군정과는 무관한 일이기에 실로 보고할 이유도 없고, 군정관이 지휘 처분할 수도 없다. 반드시 보고해야 할 필요가 없으므로 보고에 늑장 부린다고 처분하겠다는 것은 더욱 부당하다.

이른바 훈시(訓示)란 것 가운데 첫 번째 것을 요약하면, '지방관이 일본군에게 불리하면 퇴진을 명령하여 처벌하고, 적임자를 선거하여 지방행정을 맡긴다'는 것인데, 귀 군정관이 어떤 특권을 가졌는지 알지는 못하나 우방의 명리(命吏)[15]에 대하여 자의로 퇴임을 명하고 마음대로 처벌하며 또한 다시 멋대로 선임해서 군정(郡政)을 맡길 수 있단 말인가. 본 대신은 해괴망측함을 참을 수 없는 바이다. 또한 명령이네, 훈시네 하며 보고토록 하고, 스스로 지휘하겠다는 등의 문자는 평등한 교섭의 도리가 아니다. 이에 그 군정관이 보낸 공문을 별지로 붙여 보내니 귀 공사는 귀국 정부에 알려서 세정에 간섭하지 못하게 함은 물론, 권한을 남용하지 말도록 하여야 할 것이다.'

또한 1905년 1월 27일, 정부에서 삼화(三和 : 진남포) 감리 보고에 따라 일본공사에게 공문을 보냈다.

'귀국 영사가 보낸 공문 가운데 〈2월 29일 공진회(共進會) 회원의 비상 소요 사건이 있었으나 서울에 있는 일본공사가 곧바로 헌병을 보내 질서를 회복시켜 다행히 평온을 되찾았으며, 또 중앙정부 및 지방관으로 학정(虐政)을 하는 자는 일본영사관에 신고하라〉는 것이 있다. 작년 말에 회원 등의 분요(紛擾)가 있었을 때 헌병 운운한 일은 본시 없었던 것으로, 어디에 근거를 두고 한 말인지 도무지 알 수 없다.

〈개선〉이라는 말을 보더라도, 한일의정서를 조사하니 〈시정 개선에 관한 충고를 받아들인다〉는 말은 분명하게 있지만 〈대일본제국 정부가 실행한다〉는 자구

---

15) 나라 명령을 받은 관리.

(字句)는 없는데, 〈실행 착수〉 운운하니 실로 이해할 수 없다. 본국 신민으로 원통하고 억울한 일이 있으면 스스로 본국 사법부가 수리해서 공소할 일이지 어찌 귀국 영사가 월권하여 처리할 수 있단 말인가. 송안(訟案)을 다룰 때 저마다 자국 사법부에 돌려서 심리·처리한다 함은 이미 한일수호조규(韓日修好條規) 제10관 명문에 있다. 이번 귀 영사가 공문에서 말한 것들은 이치에 맞지 않는 것이니 그 영사에게 알려서 이런 행동을 속히 철회하도록 해달라.'

2월 26일, 하야시가 '함경남도 관찰사 이헌경(李軒卿)이 군사상 방해되는 일이 있었으니 속히 파면시키라'는 공문을 보내 왔다. 이헌경이 내부에 '일본군사령부에 인장을 빼앗겼으며 (사직하고) 속히 돌아가라고 압박을 받았다'는 전보를 보내왔다. 같은 날 덕원군수가 '원산항에 있는 일본군정관이 〈군사상 필요한 토지에는 지세 징수를 하지 말고, 또한 일본 주둔 부대에서 원산항 경무관 박기호(朴淇昊)를 고원군수서리로 임명하고 인장을 보내 속히 시무에 종사토록 하라〉는 공문을 보내왔다고 보고하였다. 또 3월 2일, 일본공사가 '제주목사 홍종우가 우리 일본인에 대하여 심히 못마땅함이 있으니 속히 해직시키라'는 공문을 보내왔다.

4월 5일, 원산항 주둔 병참사령관이 또 성진감리 조종환(趙鍾垣)과 함남관찰사 이헌경을 쫓아냈다. 외부에서 일본공사에게 '그 관원 등이 만약 일본군에 방해가 된다면 의당 우리 중앙 정부의 협의를 거쳐서 임면하는 것이 옳을 것이다. 국교를 생각지 않고 마음대로 여탈(與奪)을 일삼으니 매우 놀랍고 한탄할 노릇이다. 청컨대 군사령부에 통지하여 화충(和衷)으로 처리하도록 하는 것이 옳다'는 공문을 보내왔다.

10월에, 또 경성군수 심헌택(沈憲澤)이 군정을 방해했다고 하면서 면직시킬 것을 청했다. 또 덕원군수는 '해항[16] (일본)병참부에서 온 조회에 〈지방관리를 파견할 때는 반드시 우리 일본군사령부 허가를 얻어 부임할 것〉이라고 하였다'고 보고하였다.

5월 24일, 하야시가 '군사령부에서 기왕 군령을 반포한 각 지역은 아래와 같

---

16) 덕원항.

은 3개 조문을 첨입한다'는 공문을 보내왔다.

 1. 한국 정부가 각 지방관을 임면할 때는 반드시 먼저 일본군사령부에 통지할 것.
 2. 각 군수가 부임할 때 사령부 문빙(文憑)이 없으면 부임할 수 없음.
 3. 각 지방 광산·삼림은 사령부 인준이 없으면 벌채할 수 없음.

광무 8년(1904) 1월, 하야시가 각 항구에 주재하는 자국 영사에게 '한국 지방 관리로 법을 함부로 농락하거나 백성을 학대하는 행위를 하는 자에 대해서는 그 지방 인민이 사실을 적어서 본 공사에게 고소케 하라'는 훈령을 내려보냈다. 2월에 하야시는 다시 의정서리 조병식(趙秉式)에게 '속히 학부와 농부를 폐지하여 내부에 부속토록 하라'는 서신을 보냈다.

20. 일본 헌병의 경찰업무 대리

광무 9년(1905) 1월 5일, 서울 주재 일본군사령관 하세가와(長谷川好道)가 전국 골골샅샅에 '지금부터 한성 시내와 부근 지역 치안과 경찰에 관계되는 것은 일본 헌병대가 한국 경찰을 대리하여 담당한다'고 게시하였다.

같은 달 10일, 일본 헌병사령관이 고시문 1통을 게시하였으며, 같은 날 또 사령부에서 골골샅샅에 '우리 군사행동의 이익을 보호하고, 작전군 배후의 치안 질서를 유지하기 위하여 그 필요한 소관 구역 내에 일반 군령을 반포하여 이미 시행하고 있으니, 이제 한성 시내와 기타 부근 치안 경찰에 관한 것도 우리 일본군이 한국 경찰을 대신하여 담당하며 한층 더 질서를 엄숙히 하고자 다음 군령을 포고하니 일반 인민들은 착오가 없도록 할 것'이라고 고시하였다.

 아래 열거한 각 호에서 열거한 범죄자, 교사자(教唆者), 범죄미수자, 예비음모자 등은 그 정황과 시태(時態)의 필요에 따라 사형, 감금, 추방, 과료 또는 태형(笞刑)에 처함. 대개 범죄에 사용하는 물건을 공급한 자는 그 물품 및 금지품의 정상(情狀)에 의해 몰수함.
 1. 적을 위해 간첩 행위를 한 자 및 이를 유도하거나 조성한 자.
 2. 적군의 행동을 방조(幇助)하고, 그 편리를 꾀한 자.

3. 아군(일본군) 포로가 된 자를 도망치게 하거나 강탈한 자.
4. 당을 만들어 반항을 꾀하며 기타 아군에 적대행위를 한 자.
5. 아군 행동을 방해하는 자.
6. 군용 전신·전화기관과 철도·차량·선박 등을 파괴, 도취(盜取)하거나 그 운용을 방해하는 자.
7. 군용 영조물(營造物), 도로, 교량 등을 파괴한 자.
8. 병기·탄약·양말·피복 기타 군수품 및 군용우편물을 파괴, 도취한 자.
9. 앞 6호 경우 외에 군사상 통신이나 수송 등을 방해한 자.
10. 아군에게 불리한 허위나 과장된 통신, 또는 이런 종류 유언을 퍼뜨리는 자.
11. 아군에게 불이익한 게시를 감행하는 자.
12. 아군 징발, 숙박 및 인부 고용 따위 일을 방해하거나 저지하고 희롱하는 자.
13. 아군 및 군속의 직무 집행을 방해하는 자.
14. 집회·결사, 신문·잡지·광고 기타 수단으로 공안 질서를 문란시키는 자.
15. 일정한 지역 내 출입과 체재 금지를 어기는 자.
16. 군사령관 명령을 위반하는 자.
17. 범죄를 은닉·겁탈, 도망시키는 자.
18. 범죄자를 위해 그 증거를 인멸한 자.

21. 일본 헌병의 한인 집회 금지

일본인이 이미 재정·군정·법정·학정·경정·우정등을 장악하였고, 마침내 인민의 생명과 재산까지 침탈하여, 형세가 열화(烈火)를 막을 수 없을 정도에 이르게 되었다. 한국인으로 조금이라도 혈성(血性)을 가진 사람은 속수무책으로 죽음을 기다리지 않았다. 이때 허위(許蔿) 등 수십 인이 죽음으로 항의하여 국민의 공분을 크게 불러일으키고, 마침내 전국에 격문을 발표하였다.

'지금 한일 교섭은 동방 안위(安危)의 분기점이다. 마땅히 호의(好誼)를 돈독히 하고 진심으로 상부하여 보거상의(輔車相依)[17]하고 노위상친(魯衛相親)[18]한 연후에

---
17) 서로 도와 의지함.
18) 형제처럼 친함.

동방 세력이 더욱 확장되고, 러시아인의 병탄(倂吞)을 면할 수 있을 것이다. 이것은 일본 사람만 구하고자 하는 것도 아니고, 우리 한국만이 원하는 바 또한 아니다. 다행히 일본 왕은 큰 생각과 깊은 지혜로 만 리같이 먼 길에 출병하여 수고를 아끼지 않았으며, 곧바로 만주 뤼순 지역을 공략하여 먼저 탐악한 러시아를 꺾고 우리 한국과 수호하여 우리 강토를 보전하고 우리의 독립권을 확고하게 하고자 하였다. 우리 한인들은 정말로 이것을 가장 감사하게 생각한다. 그런데 동아시아 안전이 실로 이 전쟁에서 오랫동안 힘입을 것이라 말하였는데, 어째서 파견된 신하들은 자질도 없는 사람이며, 조약이 겨우 이루어지자 그 마음을 이랬다 저랬다 바꾸려고 꾀하는가. 탐악한 매국 간당과 서로 결합하여 우리 황제를 위협하여 우리 국권과 전국의 이익을 약탈하였으니, 손안에 넣지 않은 것이 없다. 정부 대신들을 쫓아내는 권한에도 간여하지 않은 것이 없고, 관정(官廷)에서는 뇌물이 공공연히 행해져 저자처럼 되었다.

좋아하는 사람은 비록 사악하고 간사한 도배라도 높은 벼슬에 오르게 하고, 미워하는 사람은 비록 공정하고 선량한 사람이라도 고발하여 갈아치워, 우리 황제의 유신(維新) 정치를 방해하였다. 우리나라에 들어온 그들 군인과 인민들이 자행한 폭행은 러시아 사람의 탐학과 잔인함에 비해 오히려 지나치지만, 이를 막는다는 것은 생각지도 않았다. 이른바 독립과 영토를 확고하게 보전하겠다는 약속은 과연 믿을 수 있는가. 이를 그치지 않는다면 장차 우리 삼천리 강토는 그들 주머니에 들어갈 것이고, 우리 2천만 생령은 어육이 될 것이다. 비록 러시아인이 그들의 뜻을 동양에 폈다고 하더라도 그 화가 오히려 이러지 않을 것이다. 도둑이 이웃집에 들어가는 것을 막아 대신 쫓아 버리고는 그 공을 빙자하여 가산을 모두 빼앗는 것이기에 집주인은 도리어 도둑에게 도적맞는 것보다 못하게 되었으니, 지금 정세와 무엇이 다르리오.

비록 한국이 피폐하였으나 2천만이 한마음으로 일제히 의기를 떨친다면 죽음의 지경에서 구하여 살릴 수 있고, 망하려는 것에서 보존할 수 있을 것이다. 무엇 때문에 우리가 약하다고 근심만 할 것이며, 저들이 강하다고 두려워만 할 것인가. 비록 기운이 다하여 힘이 부족하여 강한 것을 대적하지 못한다 하더라도 팔짱만 끼고 죽거나 머리를 움츠리고 망하는 것보다는 오히려 낫지 않은가. 저 일본놈의 탐혹한 행위를 어쨌든 한두 개를 들어 이제 그 대상을 아래에 열거하여 13도 동포에게 통고하오니, 원하건대 모든 군자들은 눈앞의 하루의 안전을 구하지 말고, 협력하고 발분하여 우리 종사를 공고히 하고, 우리 생령을 안전하게 보호케 하여, 천하 만국에 주장한다면 천만다행이겠다.

1. 철도 작폐

〈중략 : 철도부설 용지 약탈이 전국에서 자행되고 있고, 철도 일꾼 모집 및 그들의 행패 등을 열거함.〉

2. 우리 국권을 침탈하고 이익을 빼앗아 가니 한반도는 새로운 일본이라는 말들이 거리낌없이 나돌고 있다. 우리나라 재상을 교사(教唆)하여 저들 은행권을 쓰게 하였고, 내지에 통상이 인가되지 않는 곳에도 임의로 거주하면서 장차 우리 토지에 식민(殖民)하기 위해 우리 토지를 불법적으로 사들이고 있다. 울릉도 삼림도 임의로 채벌하고, 불법적으로 들어와 살면서 오히려 한인의 벌채를 금지하고 있다. 또 한국인들에게 마음대로 세금을 매겨 거두고 있다. 제주도 목장과 어장도 강제적으로 점탈하고, 3면 바다에 있는 어업권도 모두 그들 손에 들어가 우리 백성은 실업자가 되었다. 직산 금광과 창원 금광도 강제로 빼앗아 갔다.

3. 북진군(北進軍) 작폐 : 서북 각 지방에 일본인이 들어온 곳에서는 군량과 마초(馬草)를 제멋대로 교궁(校宮 : 향교)이나 관사에 쌓아 놓아 위폐와 궐패(闕牌)가 불안하게 되었다. 정당(政堂)[19]에 임의로 거주하면서 닭·돼지·소·말·벼·곡식·돈 등을 난폭하게 빼앗아 가니 인민들이 도망가 흩어져서 동네가 텅 비게 되었다.'

일본공사가 이것을 보고 크게 화를 내고, 곧 외부에 조회하여 엄히 징계할 것을 압박하였다. 또한 군인과 순사를 파견하여 여러 사람을 포박하여 감옥에 가두었으며, 격문을 압수하였다. 광무 9년(1905) 1월 7일, 서울주재 일본 헌병사령관이 거리에 한국인의 자유집회를 엄금한다는 고시문을 게시하였다. 내용은 아래와 같다.

제1조 정치에 관한 결사를 하려면 그 주간자는 조직하기 사흘 전 조직의 이름, 규칙, 사무소 및 임원 명부, 주소, 등급, 직업, 연령 등을 제출해서 인가를 받을 것.

---

19) 정사를 행하는 집.

제2조 정치에 관한 공중 집회를 열 때는 회장이나 발기인은 개회 하루 전 집회 장소와 연월일시 및 집회 목적을 보고하여 인가를 받을 것.

제3조 공무에 관한 결사와 집회 가운데 정치에 관계되는 것이 아니라 하더라도 제1조와 제2조에 따를 것.

제4조 옥외에서 공중이 회동하거나 다수 인원이 운동하는 것을 금지함. 단 관혼상제 기타 관례에 관한 것은 단속하지 않음.

제5조 집회시에는 헌병이 감독차 현장에 나가도록 하며 헌병 명령에 복종할 것.

제6조 결사 및 집회 취지서, 격문 또는 기타 명의의 문자를 반포 또는 발송할 때는 미리 검열받을 것.

제7조 본령을 위배하는 자는 군율(軍律)로 처분함.

또한 일본공사는 외부에 '인민의 안녕질서를 위하여 헌병사령부가 이런 것을 제시하였으니, 귀 정부에서 칙령을 내려 인민들이 모두 알 수 있도록 하라'고 조회하였다.

22. 일본인의 찬정(贊政) 최익현 구속

〈생략 : 최익현(崔益鉉)이 고종을 알현하고 일본의 침략과 실정을 지적하자, 일본 군인들이 최익현을 정산의 집으로 강제로 돌려보내고, 또 김학진(金鶴鎭)을 옥에 가두었다. 이남규(李南珪)도 의병과의 관련 때문에 투옥되었다가 살해되었다.〉

23. 각 부 일본인 고문

〈생략 : 재정고문 메가타(目賀田種太郎)가 재정권을 장악하고 화폐정리사업을 실시하여 상인들을 몰락시켰으며, 외부고문 스티븐스(Stevens), 경무고문 마루야마(丸山重俊) 등이 해악을 행하였다. 그 외 해관 총세무사, 내부, 법부, 학부 등에도 외국인 고문이나 참여관(參與官)이 있었다.〉

24. 일본인의 우리 군대 감축

〈생략 : 우리나라 군대는 강하지도 않았고 또 숫자도 많지 않았으나, 1905년

일본이 간섭하면서 군대를 감축하여 1만 명도 채 되지 않았다. 지방에서도 일본군이 주둔하게 되었다.〉

25. 군용지 강점, 군수물자 강요, 군용 일꾼 강제 모집

광무 9년(1905) 1월, 경상도 웅천(熊川 : 진해)군에서 '웅천군 와신(臥薪)·가덕(加德) 두 섬에서 일본군용지로 점탈된 것이 밭 417.8두락[20]과 논 68.7두락, 일반인 묘소 12곳, 민가 30호나 되었다'고 보고하였다.

〈중략 : 평안도 평양·정주, 황해도 금천·평산·봉산, 함경도 문천, 그리고 서울 등지에서 철도건설부지, 군용지 등 명목으로 토지가 점탈됨.〉

8월, 일본인이 한강 연안에서 용산 일대에 이르는 땅을 군용이라 칭하고 모두 점령하였다. 가옥을 철거하고 전답을 파헤치고 개인 무덤까지 파헤치는 등 일을 유성같이 빨리 행하였다. 그 곳에 사는 수만 명이 보금자리를 잃고 방황하다가 날마다 한성부(漢城府)에 호소하였다. 이에 한성판윤이 일본영사와 교섭을 벌였으나 일본영사가 "이곳은 군용지이므로 돌려줄 수 없다"고 대답하였다. 중민(衆民)은 이에 내부에 호소하였으나 또한 망설이고 결판내지 못하였으므로, 많은 사람들이 매우 분노하여 선처해 주기를 더욱 호소하였다.

이때 일본 헌병이 칼을 뽑아 들고 물러나라고 공갈하니 군중의 분노는 크게 폭발하여 기왓장과 돌을 마구 집어 던졌다. 관방의 창과 벽이 부서지고 대신 및 모든 관리들이 모두 도피하였다. 일본 헌병 한 부대가 즉시 도착하여 진압하고 주모자 2명을 잡아다가 칼로 베어 죽이니 유혈이 낭자했다. 군중들이 모두 남대문 밖으로 쫓겨 나와 다시 모여서 통곡하니 일본 헌병이 19명을 잡아갔다.

정부에서는 이에 판윤 박의병(朴義秉)에게 토지 문제를 조사하게 하였는데, 서·남 양서(署) 7개 동(洞) 인민사유 전토 3,118일경(日耕)[21]으로 값이 합 15만 5,900원, 5개 동 가옥 1,176호 가격 18만 2,980원, 분묘 111만 7,308기, 이장비 매 분묘당 50전(錢) 합 55만 8,654원, 총합 89만 7,534원이나 되었다. 탁지부에서 지급할 것을 조회하였으나, 고문 메가타가 거절하였다.

〈중략 : 김해·인천·평양 등지의 피해 상황, 평양 군민의 정부 호소 내용 등.〉

---

20) 마지기.
21) 하루갈이.

(평양 군민이) 〈대한매일신보〉에 편지를 보냈다.

일본 관리들이 교활한 속임수로 우리나라 관리들을 농락하는데, 처음에는 감언교설(甘言巧說)로 속여서 낚아 먹고, 마지막에는 위협과 압박으로 취한다. 우리 고혈(膏血)을 빨아먹고 우리의 생명에 독을 주는 것이 천 가지 방법과 백 가지 계략이 층생첩출(層生疊出)[22]하니, 그 대강의 예를 들어보겠다.

이른바 군용지라 하고는 상업상 요지를 점했다가 오랫동안 돌려주지 않고는 나중에 일본 상인에게 빌려주는 것이 첫 번째 수법이요,

철도부지와 선로부지를 임시군용지라 일컫고 각 정거장마다 점령한 것이 매우 넓은데, 다시 우리나라 사람의 기름진 논밭이나 무덤지역으로 나아가 많은 표목(標木)을 세워도 우리나라 논밭 주인이나 무덤 주인들은 감히 대항할 수 없어 어쩔 수 없이 뇌물을 주고 면제를 구걸하면 표목을 뽑아 주는 것이 두 번째 수법이다.

그들은 군수(軍需)라 일컫고 목재, 마초, 각종 물건을 모두 강제로 취하면서도 값을 하나도 치르지 않는 것이 세 번째 수법이요,

그들 재무관이 창고회사 건축을 빙자하여 민가를 헐어내고 가격은 1/10도 지급하지 않아 우리 정부가 비록 시가 기준에 준해서 지급하라고 해도 거절하는 것이 네 번째 수법이다.

대동강에 다리를 놓는다고 하면서 넓은 구역을 점령하고는 이익을 빨아 취하면서 오고가는 행인들도 자유롭게 다니지 못하게 한 것이 다섯 번째 수법이요,

일본 상민들이 우리 공유지에 멋대로 집을 짓고는 가게를 여는 것이 여섯 번째 수법이다.

군대가 가는 곳마다 민가를 강제로 점유하고는 잠시 빌린다고 말하고 끝내 나오지 않고 주인을 쫓아내는 것이 일곱 번째 수법이요,

우리 성벽을 허물고 그 석재를 취하여 일본인 건축용으로 공급하면서도 우리나라 사람에게는 하나도 취하지 못하게 하는 것이 여덟 번째 수법이다.

이른바 목축장이라 일컫고 점유한 것이 넓고, 모두 우리 국민의 사유지인데 한

---

22) 거듭해서 자꾸 생겨남.

푼도 지불하지 않는 것이 아홉 번째 수법이요,

또 대한황실 목축장이라 일컫고 실제로는 자신들 영업지로 하는 것이 열 번째 수법이다.

또한 저들은 시정개선(施政改善)에 관해 충고한다고 공언하고는 우리 정계에 간섭하면서 더욱 그들의 시커먼 속내를 드러내니, 오늘 당국자는 옛날 말로 한다면 모두 백성을 학대하는 도적이요, 요사이 말로 한다면 모두 나라를 팔아먹는 도적이다. 저들 일본인을 끌어다가 조아(爪牙 : 심복)로 삼아 이용하고자 하였는데, (그들은) 취하고 구함에 획득하지 않음이 없으니, 이른바 충고라는 말은 약을 준다면서 독을 주고, 불을 향해 섶을 던지는 것이 아닌가.

일본군이 북진하면서 평안남북도, 함경도, 황해도, 경기도는 모두 군수물자 운반, 철도공사, 군수품 조달 및 징수로 피곤하였으며, 잠시도 쉴 날이 없었다. 군마먹이, 콩과 풀, 계란, 소 등을 수탈해 가는 것이 하루에도 만 가지 방법으로 이루어졌다.

광무 9년(1905) 7월, 일본군이 (만주) 안동현에 주둔하자 평안남북도 관찰사에게 공문을 보내 군용 일꾼 4천 명을 모집할 것을 요구하였고, 또 경기, 충청, 전라, 경상도에서도 일꾼 4,000명을 모집하여 속히 구련성(九連城)으로 보내 군역에 종사하도록 하였다. 일본공사는 또 '내부에서 각 도에 훈령을 내려 장정을 모집하여 부역(赴役)시키기를 청한다'는 조회를 보냈는데, 때가 마침 농사철이라 백성들이 대부분 부역 모집을 피하였다. 일본은 이에 각 도를 순회하면서 해당 지방민의 우두머리들을 거느리고 각 동네를 돌아다니면서 매호마다 가려 모집하니, 남녀 모두 도망하여 촌락의 소란이 끊이지 않고 일어났다. 또 민간에 '부역하여 전쟁터에 나아가면 앞줄에 세워 러시아병의 총알받이로 한다'는 소문이 돌아, 모두 사지(死地)로 생각하고 뇌물을 바쳐 면하고자 하였고, 혹시 붙잡히는 남녀는 모두 울부짖었다.

경의선 철로공사를 할 때도 일본인들은 군용을 빙자하여 각 부군(府郡)에 독촉하여 일꾼을 뽑았다. 군마다 1천 명을 배정하고, 간혹 패를 맞춰 가지 못하면 일본인이 관청에 돌입해서 우리 관리들을 치고 때리며 갖은 욕설을 퍼붓고 겁박하는 일이 극에 달하였다. 또한 순교(巡校)를 사방 동네에 파견하여 일꾼을 뽑아 가는 것을 유성같이 급하게 하였으며, 그 고용 임금은 하루에 군용표 20~30선(仙)[23]에 불과하였다. 또한 다만 종잇조각을 준 것이었을 뿐인데, "나중에 와서 찾아가라" 말하였으나 결국 찾을 곳이 없게 되는 일도 허다했다.

〈생략 : 이런 문제에 대한 외국 신문 보도 내용 소개〉

26. 한국 땅에서의 일본과 러시아의 전투

〈생략 : 평양·정주·의주 등지에서의 싸움에서 일본군이 승리하고, 러시아군은 요동반도로 후퇴함.〉

27. 일본과 러시아의 뤼순전투

〈생략 : 뤼순싸움에서 일본이 승리함.〉

28. 일본과 러시아의 요동 각지에서의 전투

〈생략 : 요동 각지에서 러시아군이 패배하여 하얼빈으로 퇴각함.〉

29. 일본과 러시아의 해전(海戰)

〈생략 : 러시아 발틱함대가 발진하였으나, 그 사이 뤼순함대는 함락됨. 대한해협에서 러시아 함대 패전.〉

30. 제2차 영·일동맹의 개정

미국 대통령 루스벨트(T. Roosevelt)가 동양의 전화(戰禍)를 종식시키기 위해 일본과 러시아 정부에 화의 의사를 전달하자, 두 나라 정부가 모두 받아들였다.

이보다 먼저 1902년 1월 30일에 맺은 영·일동맹 조항들 가운데 6조가 실상 한일 두 나라에 관한 것이고 러시아를 견제하려던 것이었다. 이제 러시아의 전국(戰局)이 끝을 맺고 화의가 장차 성립되려 하자, 이에 영·일동맹을 계속 유지하기 위해 1905년 8월 12일 영국주재 일본공사 하야시 다다스(林董)와 영국외무부 장관 랜스다운이 제2차 영·일동맹 8개조를 개정하였다.

---

[23] 얇은 종이.

제1관 일본국 혹은 대영제국은 본 조약 전문(前文)에 기재한 권리와 이익이 위험에 빠진 것을 알면 두 나라 정부는 즉시 상호간 통보하여, 그 사이에 막히는 일이 없도록 할 것이며, 또 권리와 이익이 침해되면 마땅히 서로 의논하고 법을 만들어 보호할 것.

제2관 〈중략 : 어느 한 나라라도 전쟁을 하게 되면 서로 돕는다는 내용〉

제3관 일본은 한국에서 정치 군사 및 경제에서 우월한 이익을 누리며, 따라서 일본은 그 이익을 유지 보호하고 확장하기 위하여 한국에 대해 정당하고 필요하다고 인정하는 지도·감리·보호 등의 조치를 시행할 수 있는 권리를 가지며, 영국은 이를 승인함. 단 이 조치들은 마땅히 각국 상공업 사업의 기회균등주의를 위배할 수 없음.

제4관 〈중략 : 영국의 인도에서의 권리를 일본이 인정한다는 내용〉

제5관 〈중략 : 다른 나라와 맺은 조약이 이 조약의 목적을 해칠 수 없다는 내용〉

제6관 현재 러일전쟁에서 영국은 엄격하게 대외 중립을 지키며, 만약 다른 나라 혹은 여러 나라들이 다시 일본과 교전하게 되면 영국은 마땅히 즉시 원조해야 하고, 강화 또한 반드시 두 나라가 상의하고 타협하여 임하도록 할 것.

제7관 〈중략 : 출병, 원조시에는 두 나라 육해군 당사자가 협의한다는 내용〉

제8관 〈중략 : 조약의 효력 기간 명시〉

위 조약 제3관 가운데 이른바 '한국에 대해 정당하고 필요하다고 인정하는 지도·감리·보호 등의 조치를 시행할 수 있는 권리를 가지며, 영국은 이를 승인함'이라는 것은 장차 한국을 일본 보호하에 두겠다는 것을 명백히 선포한 것이었다. 이에 주한 일본공사 하야시(林權助)가 본 조약 1통을 우리 정부에 보내고는 '일본 정부는 동아시아의 대세를 유지하기 위하여 올해 8월 대영제국과 더불어 새로이 정한 조약을 조인함으로써, 귀국과 우리 두 나라가 긴요하고 중한 조건을 가장 잘 갖추고 있으니, 동양 평화의 영원한 의지(依支)이며, 실로 양 제국의 행복이다'라고 하였다.

이에 한국 외부대신 박제순은 10월 17일 영국공사에게 힐책하는 조회를 보냈다.

'한·영조약[24]'을 살펴보면, 협약체결국의 일방과 제3국간에 분쟁이 야기되는 경우에는 만약 청원할 경우 협약체결국의 타방은 타협을 초래하기 위하여 조정에 노력한다고 하였고, 또 최혜국 대우의 예로 서로 관대하게 대한다고 하였다. 조약을 맺은 뒤로 서로 사절이 오고가고 날로 친목이 더해지고 맹약을 준수하는 것이 서로 어긋남이 없었거늘, 이제 귀국이 일본과 협약을 고쳐 맺으니 그 가운데 한·영조약 취지에 어긋나는 점이 많은 것은 폐방(敝邦)[25]의 생각이 미치지도 못한 점이다. 이제 지구상 여러 나라들이 모두 세력균형을 주장하지 않음이 없으니, 비록 땅덩어리가 조그마한 나라라도 모든 큰 나라들 사이에 끼어서도 모두 자주로써 똑같은 권리를 누리고 있는데, 어찌 폐방만이 그렇지 아니한가. 폐방은 일찍이 귀국에 죄를 지은 바도 없고, 또한 귀국은 신의가 있다고 천하에 알려져 있는데, 어찌하여 이렇게 맹약을 중시하지 않는가. 가령 다른 나라가 귀국에 간섭하는 일을 제3국이 공인하였다면 귀국이 용인할 수 있을 것인가. 이것은 폐방이 귀국에 바라는 바가 아니다. 감히 귀 공사에게 한 가지를 묻나니, 귀국 정부에 대신 알려서 그 조약을 회수하고 (한·영조약을) 유지하는 것은 홀로 폐방만의 다행이 아니라 실로 대국(大局) 차원에서도 다행이겠다. 귀 공사는 이를 도모할지어다.'

미국인이 발행하는 상해 〈대륙보 *China Press*〉[26]에 영·일연맹(동맹)조약의 진상을 논한 것이 있다. 1차 조약문에서 '한국 독립을 유지한다'고 해 놓고 한국 합병을 실행하니, 사람들을 속이는 말들이 수시로 바뀌었다. 이 신문에서 논하는 것을 일부 인용하여 참고하기 위해 아래에 적어둔다.

국제조약의 진상은 종종 발표한 원문 해석을 잘하지 못하는 것이 있는데, 영·일동맹이 그 한 단면이다.
〈중략 : 1차 및 2차 영·일동맹 소개. 특히 2차 조약에서 1차 맹약 내용 가운데 러시아를 견제하기 위해 넣은 '조선 독립 담보'라는 것이 없어짐.〉

---

24) 1883년 11월 26일 조인된 조·영수호통상조약.
25) 자기 나라를 낮추어 말한 것.
26) 1911년 창간. 1923년 〈*The China Weekly Review*〉로 이름이 바뀜. 박은식이 인용한 기사는 영·일동맹 당시가 아닌 《통사》 집필 즈음의 기사임.

조약을 개정한 뒤 원동(遠東)의 사정을 우려하는 사람들은 모두 일본이 조선을 병탄(倂吞)할 것이라 함을 알고 있다. 그러나 어떤 사람은 조약문 가운데 〈존중한다〉는 조항이 계속 효력이 있다고 한다. 그러나 이런 사상은 나타난 시사(時事)를 살펴보면 오류라는 것을 알 수 있다.

〈중략 : 최근 여러 사건, 가령 조선 겸병, 중국 만주와 산동성 등에서의 일본 활동 등을 통해 보면, 영·일동맹은 언제나 시세에 따라 비밀리에 바뀌었다. 미국은 처음 영·일동맹에 별로 주의하지 않았으나, 그 동맹이 장차 미국에도 적용된다고 하여 점차 이 조약에 대해 의구심을 가지고 있다는 것.〉

31. 일본과 러시아 강화조약

〈생략 : 1905년 9월 5일, 포츠머스조약 맺음. 러시아는 일본이 한국에서 정치·군사·경제에서 특별한 권리가 있음을 승인하고, 뤼순·다롄 등지의 러시아 이권을 일본에게 양여하고, 전비(戰費) 배상을 포기하는 대신 사할린도 양여함.〉

32. 주영 서리공사 이한응 자결

광무 9년(1905) 5월 12일, 주영 서리공사 이한응(李漢膺)이 런던에서 독약을 먹고 자결하였다. 그는 '슬프다. 나라는 주권이 없어지고, 사람은 평등을 잃었다. 교섭과 관련하여 치욕이 극에 달하였으니, 진실로 혈성(血性)을 가진 사람이라면 어찌 참고 견딜 수 있단 말인가. 슬프다. 종사(宗社)가 장차 없어지려 하고, 민족이 장차 노예가 되려는구나. 구차히 살려고 한다면, 그 욕은 더욱 심해질 것이니 어찌 갑자기 나아지리오. 이렇게 죽기로 하였으니 다시 무슨 할 말이 있겠는가?'라는 내용의 유서를 부인 앞으로 남겼다.

이한응은 곤양군수 이경호(李璟鎬)의 아들이다. 이경호는 갑오동학란 때 친군무남영(親軍武南營) 우영관(右領官)으로 동학당을 토벌하다 이기지 못해 죽었는데, 조정에서는 병조판서를 추증하고 장충단에 제사지냈다. 이한응은 열여덟 살에 영어공부를 마치고, 스물여섯 살 때 영어학교 교관이 되었으며, 스물아홉 살 때 주영공사 참서관으로 런던에 부임하여, 서른한 살 때 서리공사 일을 보았다. 대개 영국과 일본이 처음 조약을 맺을 때 비록 한국독립을 보전한다는 말을 하였으나, 한국에서의 우월권을 허용하여 (일본이) 마음대로 행동하게 하였다. 급기야 러일전쟁이 끝나고 영국과 일본이 개정조약을 체결하여, 일본이 한국을 보호국으로 삼을 것을 선포한다는 것이 명백하게 되었으니, 곧 오랫동안 그들이 한국을 없앨 것을 목표로 한 것이었다. 영국인은 본디 교만하여 비록 부강하고 동등한 나라를 대할 때에도 가벼이 보고 업신여기는 태도를 보였으니, 한국인을 망국노(亡國奴)로 대우한 것은 당연할 것이다. 이에 이한응은 국치를 당해 순절한 것이다. 부자가 모두 열사이니, 나라 사람이 이를 영예로운 일로 보았다.

〈안〉 이한응의 죽음은 최근 우리 민족의 혈기를 보인 최고의 광채였다. 우리 민족은 조상의 신성(神聖)한 교화로 윤리와 종교를 돈독히 지키고 예의를 숭상하였으며, 충렬의 혈기가 역사에 끊어지지 않았다. 진실로 이것이 없었다면 4천 년 나라의 명맥(命脈)이 유지되었으랴. 근자에 거듭 국난을 당해도 순절(殉節)한 의인이 적었으니, 세상이 쇠퇴하고 도덕이 희미해지고 풍속과 교화가 바뀌었단 말인가. 미친 물이 빗겨 흘러 오염이 날로 심하고, 염치가 다 없어져 명분과 절의가 크게 무너졌으나, 우리 조상이 물려준 본래 면목이 장차 다시는 구현되지 않을 것인가. 놀랍고도 이상한 일이다. 광무 9년(1905) 5월 이한응의 상여가 바다를 건너 돌아왔다. 국치로 순국한 것으로, 존경하고 고귀한 일이었다. 뿐만 아니라 우담화(優曇華)[27] 꽃이 다시 피듯이 그 그림자가 계속 나타나, 민영환과 조병세 양공이 순절하였으니, 그 충의의 기운은 매우 격렬하였다. 포서의 통곡(包胥之哭)[28]과 자방의 철퇴(子房之椎)[29]와 예양의 비수(豫讓之刃)[30] 등이 계속되었으니, 세계를 깜짝 놀라게 한 것이었다. 이것이 우리 민족 정신이다. 이런 사람들이 드물다면 우리는 금수(禽獸)일 뿐이다. 대개 사람 육체는 금수와 다를 바 없으니, 음식이나 암수의 정욕은 비슷하지 않음이 없다. 그러나 특별히 사람이 귀하다는 것은 사람은 하늘로부터 타고난 영혼(靈魂)이 있음이다. 인의예지(仁義禮智) 도덕과 효제충신(孝悌忠信) 행실이 그것이다.

---

27) 불교에서 3천 년에 한번 핀다는 상상의 꽃.
28) 초나라 포서가 진나라에 구원을 청하러 가서 7일 밤낮을 통곡해 구원병 파견을 상사시킴.
29) 장량이 진시황을 죽이려고 들였던 철추.
30) 예양은 지백의 원수를 갚으려 비수를 품고 다녔으나 실패함.

천지 중심에 서서 만물을 능히 부리나 만물에 지배당하지는 않고, 따라서 사람이 도를 위해서 오직 영혼을 중하게 여기고 배양할 뿐이다. 공자는 살신성인(殺身成仁)이라 하였고, 맹자는 사생취의(捨生取義)라 하였다. 어찌하여 인이 몸보다 중하며, 의가 생명보다 중한 것일까. 혼(魂)은 백(魄)보다 중하다. 혼이란 하늘의 지기(知氣)와 신명(神明)이 인간의 마음과 몸에 주어진 것이기 때문에 육체의 죽고 사는 것과는 관계가 없다. 육체는 영혼이 깃드는 여관 같은 것이다. 그 존재가 파괴된 때에도 진실한 자아의 초연함을 어찌 막을 수 있겠는가. 이로써 군자는 경중을 살피되 생사로 하지 않고 인의(仁義)로 한다. 세상에 살 때는 명성을 구하지 않는 것이 영예를 무궁하게 하는 것이며, 세상을 떠난즉 호연히 승화(乘化)하는 것이니, 쾌락이 스스로 여기에 있다. 눈앞의 부귀를 탐하여 나라를 팔아먹고 종족에게 화를 끼치는 아주 악한 사람이라 하더라도 또한 하늘에서 받은 양심이 하나도 없는 것은 아니나, 다만 그 육체의 즐거움을 좇는 욕심을 이기지 못하여 영혼의 존귀함을 버리고 이에 빠져 버린 것이다. 살아서 고약하고 불쾌한 냄새를 천하에 퍼뜨리면 죽어서 영겁의 침륜(沈淪)[31]이라는 보복을 받을 것이니, 어찌 큰 어리석음이 아니랴.

33. 한국 선비들이 일본 왕에게 소(疏)을 올림

이기(李沂)·나인영(羅寅永)·오기호(吳基鎬)·김인식(金寅植) 등은 지사(志士)로, 러일전쟁 뒤로 일본인이 한국을 대하는 행동이 온갖 거짓말과 속임수를 다하여 위험을 헤아릴 수 없다고 판단하고, 이에 일본 동경으로 건너가 정계와 여론을 살폈다. 급기야 러일 강화조약이 맺어지면 장차 한국은 보호국이 된다는 풍설이 날로 급박해지고 근심과 두려움도 더욱 심해졌다. 어찌할 계책이 없게 되자 일본 왕에게 소를 올렸다.

〈중략 : 한일 두 나라는 같은 동양에 있으면서 이웃과 같다는 내용〉
비록 우리 한국이 약소하지만 믿는 바가 있어 두려워하지 않으니, 오직 귀국이 있기 때문이다. 갑오년(1894) 우리의 독립을 외친 것도 귀국이며, 갑진년(1904) 우리의 독립을 보증한 것 또한 귀국이었다. 만주에서 전쟁을 벌일 때, 천하 사람들이

---
31) 깊이 가라앉음.

의로운 전쟁이라 일컫고, 〈중략 : 러일 강화조약 내용 가운데 조선 독립과 어긋나는 점이 있다고 지적하고, 이것을 러시아를 방어한다는 점에서 이해할 수는 있지만〉 근일 보호국이라는 말이 신문에 비등하게 되어, 우리 한국인들을 우울하고 분하게 한다. 은덕이 바뀌어 원망이 되고, 은혜가 바뀌어 원수가 되니, 외국 신하인 우리들은 이것이 일왕의 뜻이 아니라고 생각한다. 〈중략 : 이렇게 한다면 동양 평화도 바랄 수 없다는 것을 강조하고〉

엎드려 바라건대 일왕께서는 반드시 싸움에서 이기고 공을 무성하게 하는 것을 계율로 삼고, 동아시아가 황인종이라는 것을 유념하여 우리 한국의 독립이 정족(鼎足)[32]같이 서게 하라. 이것은 우리 한국의 행복일 뿐 아니라 귀국의 행복이자 천하의 행복이다. 신(臣)들은 주저함이 없이 아주 간곡한 마음으로 삼가 죽음을 무릅쓰고 올린다.

34. 특파대사 이토 내한

광무 9년(1905) 11월 2일, 일본 후작 이토가 특파대사로 한국에 건너왔다. 이에 이기·나인영·오기호 등이 다시 편지 한 통을 보냈다.

〈중략 : 한일 두 나라는 아주 가깝고 서로 관련된 것이 많아 형세가 반드시 서로 의지해야 하니, 한국이 망하면 다음 차례는 일본이라는 점과 이토가 동양 형세를 위해 처신하라고 통보〉

이토가 한국에 온다는 전보가 도착하자 나라 사람들은 의심하면서 "그는 필시 중대한 문제를 가지고 올 것이다"라 서로 말하였는데, 과연 전하는 바대로 보호조약(保護條約) 이야기를 꺼냈다. 우리나라는 곧 망하게 되었으니 정부가 장차 어떻게 대응해야 할 것인지 참정대신 한규설(韓圭卨)이 각 대신의 의견을 돌아가며 물어보았다. 모두 "우리 신민이 만약 굴종한다면 매국의 역적이며 만대 죄인이니, 우리들은 비록 죽더라도 결코 할 수 없다"고 하였고, 참정은 "여러 공들의 결심이 여기에 이르렀으니 국가의 다행이다"라 하였다.

---

32) 솥의 세 다리처럼 안전함을 의미.

같은 해 11월 5일, 이른바 일진회(一進會)가 발표한 선언서 내용은 다음과 같다.

'요사이 한·일 두 나라 관계가 다만 옛 체제로 돌아가고자 하는 것이라면 이는 거의 죽은 자를 불러서 다시 살아나라고 꾸짖는 것이니, 이것이 가능한가. 만약 그러하지 못한다면 우방(友邦)의 지도에 의거해서 문명으로 나아가고 또 독립을 유지하는 것이 옳다. 이런 문제를 논하는 사람들이 "독립의 대권이 피해를 받았고, 국가 체면이 손상되었다"고 말하며, 혹은 허둥대며 바쁘게 뛰어다니면서 망국을 한탄하는 사람들이 있으니, 이것은 하나만 알고 둘은 모르는 것이다. 전번에 맺은 한일의정서 가운데 이미 외교상 일을 명기하여, 크고 작은 일을 막론하고 모두 마땅히 일본 정부가 추천한 고문관에게 자문을 얻은 뒤에 결정한다고 하였다. 앞으로 외교 사무를 일본 정부에게 위임한다는 것과 그 차이가 얼마나 있는가. 그 실체를 말한다면 서로 똑같은 것이고, 형식적인 변화에 불과할 따름이다. 하물며 외국에 공사를 파견하여 국가 대표로 삼는 것은 국가 체면을 손상시키지 않으려는 것인데, 그 이름과 지위가 허식에 지나지 않는 것이 무릇 얼마인가. 차라리 우방 정부에 위임하여 그 힘에 의거하여 국권을 보존하고 유지하는 것 또한 폐하의 대권(大權)이 발전하는 것과 다름이 없다.

국내 정치로 말하더라도, 불필요한 사람들을 쓰는 것보다 차라리 선진국 고문을 택해서 폐정(弊政)을 제거하고, 민복(民福)을 증진시키는 것 또한 폐하의 대권을 발진(發進)하는 것이 아닌가. 전일 러일전쟁 때, 우리 일진회원만이 홀로 힘을 내어 혹은 일꾼이 되어 경의선 철도 공사에 종사했고, 혹은 일본군 북진에 따른 군량미 운반에 힘써 일했으며, 수만 명 회원이 대오를 조직해서 한마음으로 힘써 일하여 쓰고 힘든 것을 마다하지 않았다. 수백 명 사상자를 내면서도 기필코 적은 공이나마 세워 동맹국에게 신의를 표하려 했던 계책이었다. 또한 우리 회원들은 언제나 호의로 일본 관민을 대하였으니, (일본을) 선진으로 삼고, 또 우리 동맹의 우의를 좋아했던 것이지 별다른 뜻이 있었던 것은 아니었다. 세간에서 편견되게 보는 무리들은 (일본을) 외국인의 창귀(倀鬼)[33]로 취급하며, 심지어는 우리 일진회를 망국적

---

33) 앞잡이 노릇하는 귀신.

(亡國賊)이라 부르고, 우리 일진회를 매국노(賣國奴)라고 이름 붙이니, 비록 책망이 심하지 않더라도 그 거꾸로 됨이 이렇게 심할 수 있단 말인가. 우리 당은 한마음 한 기운으로, 신의로써 우방을 사귀며, 성의로써 동맹국을 대하여, 그 지도와 보호에 따라 국가 독립과 안녕을 유지하고 영원히 무궁한 복을 누리고자 한다.'

일진회는 동학 일부가 변한 것으로 일본인 도움으로 성립된 것이었다. 갑오 동학이 패하여 흩어지면서 그 일부는 도망하여 일본에 망명하고, 은밀히 그 무리를 내지로 파견하여 어리석은 백성들을 유혹하고 설득하여 비밀리에 단체를 만들었다. 1904년 러일전쟁이 일어나자, 그들은 일본인 뜻대로 될 수 있었다. 괴수 송병준(宋秉峻)·이용구(李容九) 등은 일본인 힘에 의거하여 정권을 장악하고 일본인을 본받고 충성하는 계책으로 당을 조직하고 이름을 일진회라 하였다.

일본인들은 이를 이용하기 위해 비밀리에 5만 원을 도왔으며, 일본인 우치다(內田良平)가 고문이 되었다. 또한 일본군사령부가 이를 보호하고 그 세력을 키웠다. 이에 그 괴수는 무식하고 무뢰한 무리를 널리 모으면서, "우리 모임에 들어오는 자는 안으로는 대신·협판, 밖으로는 관찰사·군수 등을 모두 할 수 있으며, 부자들이 가진 토지와 재산은 우리 당 소유가 될 것이니, 모처럼 한번 맞은 이 기회를 놓치지 말라"고 하였다. 무지한 백성들은 그렇게 될 것이라고 믿고 논밭을 팔아 바쳤다. 또 일본인을 위하여 철도·도로를 수축하고 군수품을 운반하였으며, 비록 죽고 다치더라도 피하지 않았으며, 오직 부귀하고 출세하기만 바랐다.

이때 이토가 한국으로 건너와 보호조약을 맺는다는 설이 있자, 송병준은 즉시 이를 기회라고 판단하고 "이를 찬성하여 이 일을 하면 이토가 크게 기뻐하고 나에게 정권을 줄 것이다"라 하고, 이 선언서를 내게 되었다. 이에 전국 인사들이 이를 갈며 분통하여 욕하지 않는 사람이 없었고, 그 살점을 씹지 못하고, 그 가죽을 덮고 자지 못하는 것을 한스럽게 생각하였다. 국민교육회, 대한구락부, 황성기독청년회 및 각 단체들이 모두 한 마디로 통박하였다.

〈중략 : 참정대신 한규설이 일진회 행위를 비판하는 방문(榜文) 게시, 일본공사의 철회 요구도 거절〉

〈안〉일본이 한국에 (병탄을) 꾀하려고 뜻을 품은 지 오래되었다. 한국인이 이용 당한 것은 전후로 세 종류가 있었다. 첫째 의친왕(義親王) 이강(李堈), 영선군(永宣君) 이준용(李埈鎔) 등 왕족으로 일본에 있었던 자, 둘째 갑신정변 주도자 박영효 등 및 갑오개혁에 참여했다가 국사범으로 일본에 있던 자, 셋째 이른바 일진회 두령 송병준, 이용구 등이었다.

〈중략 : 일본은 왕족과 정치망명객을 이용하여 한국 왕실이나 정부를 위협〉

일진회는 하류 한국민, 즉 송병준과 이용구의 속임수를 헛되이 믿고 분에 넘치는 부귀를 몽상하여 많은 무식한 사람들이 합쳐서 하나의 단체를 이룬 것이었다. 일본인은 이미 갑오년(1894) 한국독립을 외쳤고, 갑진년(1904) 다시 한국독립을 보증한다고 하면서 천하 사람들을 속였다.

중국과 러시아가 물러나 막을 자가 없게 되니 드디어 한국을 병합할 계획을 결정하고 식언(食言)하면서 맹세를 어겼는데, 세상 사람들의 비평을 받고, 또한 한국민 전체가 복종하지 않고 저항할 것을 두려워하였다. 그리하여 이름을 민당(民黨)이라고 하는 일진회를 이용하여 그 찬성을 얻어 한국민의 동의라고 빙자하여 천하 사람 입을 막고 한국민의 저항력을 줄일 수 있었다. 이에 금전으로 도와주고 세력으로 비호하였으며, 부귀로 유혹하여 끌어들여 손안에 두었다. 러일전쟁 때에는 군수품 운반, 철도 건설에 한 푼도 주지 않고 일꾼 수만 명을 얻을 수 있었다. 한국에 대한 경영에서 보호조약을 체결하고, 황제를 폐위하고, 마지막에는 합병이라는 큰일을 이루었던 것은, 모두 이른바 민당의 영합과 찬성을 얻은 것이었으니, 그 이익은 매우 컸다. 이 세 종류 친일파를 서로 번갈아 가며 이용하여 한국을 합병하였다.

16일, 정3품 이석종(李奭鍾), 이건석(李建奭) 및 각 도 유생 300여 명이 일본이 맹약을 부수어 버리고 공법을 유린한 것을 통렬히 논박하였다. 일진회 무리의 괴수를 목 벨 것을 청하면서 궁전 앞에 엎드려 상소하니, 일본 헌병이 대한문(大漢門) 앞에 달려와 사람들을 모두 잡아가고 협박과 공갈이 매우 심하였지만, 항의하고 굽히지 않아 모두 감금되었다.

35. 이토의 보호조약 강제 체결

1905년(을사년) 11월 10일, 일본 특파대사 이토가 경부철도를 타고 한성에 왔다. 정동에 있는 손택(孫擇 혹은 손탁, Sontag, 독일 여인) 집에 묵고, 다음 날 임금을 알현하고 일본 왕의 친서를 바쳤다. 그 내용에 '짐(일본 왕)은 동양 평화를 유지하기 위하여 대사를 특파하니 모두 대사의 지휘에 좇아서 국방을 조처하기 바라며, 짐은 황제의 안녕을 공고히 하며, 짐은 또 이를 보증한다'고 하였다.

14일, 이토는 경인선 열차를 타고 인천에 갔다가 하룻밤을 자고 돌아왔다. 15일, 서기관 구니와케(國分象太郞)를 거느리고 제실(帝室) 심사국장 박용화(朴鏞和)의 안내로 수옥헌(漱玉軒)에 들어간 황제를 배알하고 "일전 외신(外臣)이 올린 친서는 잘 읽었으리라 생각하며, 대동(大東) 평화 유지와 한일 두 나라 보존은 이 4항목의 조약이 아니면 안 된다"고 하고, 그 조약문을 바쳤다.

〈중략 : 내용은 한국 외교 사무를 일본 외무부가 관장한다는 것, 통감을 둔다는 것이었다. 고종이 조약 맺기를 거부하자, 이토는 군대를 동원하여 한국 대신들을 억압하여 조약 맺기를 강요하였다. 처음에는 한규설(참정대신) 이하 모든 대신들이 반대하였고, 오직 이완용만 어쩔 수 없이 인준해야 한다면 어구를 개정하자고 제안하면서 '황실존엄' 한 구절 첨가를 제안하였다. 그러자 이근택·이지용·권중현 등이 이완용의 의견을 받아들이면서 가결 쪽으로 돌아섰다.〉

(이토는) 즉시 우리 정부의 주사 2명을 불러 고친 초안 한 통을 베끼게 하고, 일본공사관 통역 마에마(前間恭作)와 외부 보좌관 누마노(沼野) 등이 일본병 수십 명을 대동하고 외부로 달려가서 인장을 탈취하였다. 11월 17일, 이제 이 조약에 날인하면서 "참정이 날인하지 않았으나 상관없다"고 하였다. 이에 '을사5조약'이 성립되었다.

일본국 정부(日本國政府)와 한국 정부(韓國政府)는 두 제국(帝國)을 결합하는 이해공통주의(利害共通主義)를 공고히 하기 위하여 한국이 실지로 부강해졌다고 인정할 때까지 이 목적으로 아래에 열거한 조관(條款)을 약정한다.

제1조 일본국 정부는 동경(東京)에 있는 외무성(外務省)을 통하여 금후 한국의 외국과의 관계 및 사무를 감리·지휘(監理指揮)할 수 있고 일본국의 외교대표자와 영사(領事)는 외국에 있는 한국의 신민 및 이익을 토호할 수 있다.

제2조　일본국 정부는 한국과 타국 사이에 현존하는 조약의 실행을 완전히 하는 책임을 지며 한국 정부는 이후부터 일본국 정부의 중개를 거치지 않고 국제적 성질을 가진 어떠한 조약이나 약속을 하지 않을 것을 기약한다.

제3조　일본국 정부는 그 대표자로서 한국 황제 폐하의 궐하(闕下)에 1명의 통감(統監)을 두되 통감은 오로지 외교에 관한 사항을 관리하기 위하여 경성(京城)에 주재하면서 직접 한국 황제 폐하를 궁중에 알현하는 권리를 가진다. 일본국 정부는 또 한국의 각 개항장과 기타 일본국 정부가 필요하다고 인정하는 곳에 이사관(理事官)을 두는 권리를 가지되 이사관은 통감 지휘 밑에 종래 재한국일본영사(在韓國日本領事)에게 속하던 일체 직권(職權)을 집행하고 아울러 본 협약 조관을 완전히 실행하기 위하여 필요한 일체 사무를 장리(掌理)할 수 있다.

제4조　일본국과 한국 사이에 현존하는 조약 및 약속은 본 협약 조관에 저촉하는 것을 제외하고는 다 그 효력이 계속되는 것으로 한다.

제5조　일본 정부는 한국 황실의 안녕과 존엄을 유지함을 보증한다.

조인을 마친 뒤 이토, 하세가와, 하야시 등은 군인을 철수시키고 물러났다. 다음날 서상(西廂)[34]을 지키던 대장과 사관들도 물러났다. 참정대신(한규설)은 비로소 출입을 할 수 있었고, 내정부에 이르러 참찬대신 이상설(李相卨)과 더불어 손을 붙잡고 통곡하였다. 다른 대신들이 또한 도착하자, 참정대신은 큰 소리로 "비록 하류사회라 하더라도 오늘 공들이 일을 처리하는 것처럼 뒤집고 나라를 망하게 하지 않을 것이다. 나라가 망하면 공들은 편안할 것 같은가"라고 외치며 말하였고, 다시 박제순을 책망하여 "어찌 전후에 반대로 뒤집는 것이 그렇게 되었는가"라고 하였다. 모두 머리를 숙이고 묵연히 있다가 다만 "오늘 일에 믿을 수 있는 사람은 참정 한 사람뿐이었다"고 말하였다. 이에 참정대신은 대신들을 조사하여 임금에게 상주하였다.

오늘 조약을 맺은 일을 신과 여러 대신들이 여러 날 계속해서 모여 의논하였는데, 모두 옳지 않다고 하였습니다. 또 대사(이토)와 공사(하야시)와의 회견 때에도

---

34) 집의 서쪽에 있는 곁채.

다른 의견이 없었습니다. 그런데 그 자리에서 의결하던 때에는 탁지부대신 민영기, 법부대신 이하영은 '부(否)'라 했고, 다른 대신들은 본문을 고치면 좇아 의논할 수 있다고 하여, 드디어 고쳐서 가결되었습니다. 외부대신 박제순은 주무대신으로 전후에 '부(否)'라 하였으나, 의논하는 자리에서는 마침내 갈을 잘못하여 조인하기에 이르렀고, 나랏일을 그르치게 하였습니다. 모든 대신들이 이른바 고치자고 한 것은 신이 그때 잡혀서 다른 곳에 있었기 때문에 보지는 못했으나, 나라 체면에 크게 놀라운 것이었습니다. 먼저 외부대신 박제순을 관리 직책에서 물러나게 하고, 법부에 명하여 법률에 따라 징벌 판결을 해야 합니다. 그 외 의논을 발의한 대신들도 더불어 심문하지 않을 수 없으니 또한 관리 직책에서 물러나게 해야 합니다. 신 또한 수반직에 있으면서 이를 누르지 못해 전에 없던 일을 저질렀으니 죄인이 처벌을 기다리는 마음으로 감히 상주하오며, 이에 더 할 말은 없습니다.

조칙에서 참정대신 한규설은 궁궐과 아주 가까운 거리에 있으면서 일처리를 잘못하였으니, 먼저 관리 직책에서 물러나게 하고 3년 유배한다고 하였다. 그러나 조금 있다가 조칙으로, 유배내린 것을 시행하지 말라고 하여 단지 관리 직책에서만 물러났다.

이 조약을 맺은 뒤로 외부대신 박제순, 학부대신 이완용, 내부대신 이지용, 군부대신 이근택, 농상공부대신 권중현 등은 을사오적(乙巳五賊)이 되었다. 많은 사람들이 분하여 욕지거리를 하고 모두 마음속에 간직하니, 이에 이토는 군대를 파견하여 그들 집을 지키게 하고 출입을 보호하였다.

36. 〈황성신문〉 봉쇄와 사장 구속

우리나라 신문은 서재필 〈독립신문〉에서부터 비롯되는데, 순전히 한글을 사용하였다. 서재필이 미국으로 돌아가자 그 신문도 폐간되었다. 정유년(1897)에 이르러 뜻있는 사람들이 자금을 갹출하여 두 개의 신문, 곧 〈황성신문(皇城新聞)〉과 〈제국신문(帝國新聞)〉[35]을 발행하였다. 〈제국신문〉은 순전히 한글을 사용하였으며, 〈황성신문〉은 한글과 한문을 혼용하였다. (황성신문은) 민의(民意)

---

35) 이종일이 창간.

를 대표하고 중지(衆智)를 이끌며, 정부에 의뢰하지 않고 또한 어느 당파나 기관지도 아니었다. 그러므로 그 하는 말이 독립성을 띠었으며, 세상으로부터 공정하다는 평가를 받았다. 일본인의 대한(對韓) 정책에 대해서도 종종 비판적으로 논하기 때문에 그들은 이 신문을 자못 질시(疾視)하였다.

갑진년(1904)에 러일전쟁이 일어나자, 일본군 사령부에서 군사 관계라 칭하면서 검열을 실시했다. 이미 마루야마(丸山重俊)가 경무 고문이 되었는데, 일본 경관 한 사람이 신문을 검열하여 혹 일본인 행동에 저촉되는 것이 있으면 문득 검은 먹으로 지워버렸으니, 한 글자 반 구절도 느슨하게 지나치지 않았다. 이때에 이르러 보호조약이 하룻밤 사이에 이루어졌으나, 그 상세한 사정은 밝힐 수 없었으니 여러 사람들이 의심하였다.

〈황성신문〉 사장 장지연(張志淵)은 여러 사우(社友)들과 모의하여 "신문은 글을 바로 쓰는 것을 직분으로 삼고 있으므로, 비록 조그마한 일이라도 사실에 의거하여 있는 그대로 써야 한다. 하물며 오늘 보호조약은 우리나라 존망에 관계되는 큰 문제인데 그 실상을 실어서 폭로하지 아니하면, 일본인들은 교활한 꾀로 반드시 우리 군신 상하가 일치하여 협정했다고 빙자하며 세상 사람들을 속이려 할 것이다. 그 조약이 협박과 강제로 맺어졌다는 실상을 우리들이 비록 죽을지언정 참고 묵과할 수 있겠는가"라고 말하였다. 이에 그 조약을 맺기까지 전말을 대서특필하여 상세히 기술하였으며, 또한 논박하는 글을 한 편 지어 제목을 '시일야방성대곡(是日也放聲大哭)[36]'이라 하였다. 피눈물이 종이에 가득하였으며, 수천 개 말이 거침이 없었다.

그러나 만약 일본 경찰 손에 검열을 받게 되면 한 장도 발행하지 못하고 그들의 성내는 꼴만 건드리게 될 뿐이었다. 이에 그날 저녁에 더욱 많은 신문을 인쇄하여 검열을 받지 않고 바로 전파하여, 다른 사람들이 서울 내외를 두루 돌아다니며 집집마다 집어 던지고 각 여관이나 정거장에 이르기까지 그렇게 했다. 장지연은 애통하여 술을 마시며 경관이 체포해 가기만을 기다리며 밤을 새웠다. 다음 날 아침 일본 경관이 신문사에 달려들어와 신문을 압수, 신문기계를 봉쇄하고 장지연을 체포하여 경청(警廳)으로 데려갔다. 경관이 "당신이 검

---

36) 이 날에 목놓아 통곡한다.

열을 위반한 죄를 알고 있는가" 물으니, 장지연은 "안다"고 대답하였다. 경찰관이 다시 "왜 알고서 고의로 범했느냐"고 물으니, 장지연은 "이것이 나의 직분이다. 내가 나의 직분을 행사하는 것이니 죽는다 해도 또한 피하지 않을 뿐이다"라고 대답하였다. 결국 경찰은 다시 심문하지 못하고 가두어 두었다가 70여 일이 지난 다음에야 석방했다.

황성신문이 늑약(勒約)의 실상을 폭로하자 '시일야방성대곡' 편은 거의 집집마다 전해지고 암송되었다. 그러나 (황성신문을) 폐쇄한 지 5개월이나 지나고 보니, 날마다 일어나는 여러 일들에 암흑같이 어두웠으나, 다행히 〈대한매일신보(大韓每日申報)〉가 있었다. 이 신문은 영국인 베델(Bethell)이 주관하던 것으로, 한글·한문·영문의 세 종류로 발행되었고, 일본인 검열이 미치지 못한 까닭으로 강압의 실정을 직접 쓰고, 준엄한 말로 가차(假借) 없이 공박하였다. 우리나라 사람들은 이를 환영하여 하루에 1만여 부나 나갔다. 이로 말미암아 뜨거운 피가 더욱 격동되어 모두 이대로 살 수 없다고 하였으며, 학생들은 학교를 폐쇄하고 통곡했고, 교인들은 하늘을 쳐다보고 슬피 울었다. 상인들은 철시(撤市)하고 미친 사람같이 외쳤으며, 유생들은 먼 길을 걸어서 서울에 올라와 상소문을 올리고 울부짖는 자가 셀 수 없었다.

37. 매국을 성토한 상소들

〈생략 : 을사늑약에 대한 의정부 참찬 이상설의 반대 상소, 한규설을 파면하고 박제순을 의정대신 서리로 임명하자 이에 분격한 종1품 이유승(李裕承)의 상소, 법부주사 안병찬(安秉瓚)이 도끼를 메고 한 상소, 원임 의정대신 조병세(趙秉世)의 석고대죄(席藁待罪) 상소와 조병세의 구금 뒤 시종무관장 민영환(閔泳煥)을 소수(疏首)[37]로 한 상소, 그리고 조병세가 각국 공사관에 보낸 공함 등에서 황제의 조약비준 거부 요청과 을사오적 처단 요구 등을 서술〉

---

37) 연명상소의 우두머리.

38. 시종무관장 민영환, 원임 의정대신 조병세, 참판 홍만식, 경영관 송병선, 학부주사 이상철, 평양징상병 김봉학 등의 자결 순국

민영환의 자는 문약(文若)이요, 호는 계정(桂庭)이었다. 여양부원군(驪陽府院君) 민유중(閔維重) 7세손이며, 보국(輔國) 민겸호(閔謙鎬) 아들로, 명성왕후 종질이었다. 왕실의 가까운 친척으로, 일찍이 높고 중요한 벼슬을 거쳤으며, 을미년(1895)에 전권공사로 러시아 수도에 파견되었으며, 정유년(1897)에 다시 영국·독일·러시아·프랑스·이탈리아·오스트리아 등 6개국 공사가 되어, 유럽·정치제도와 부강한 모습을 시찰하였다. 이때 그는 "이것은 실제 일에 힘쓴 효과"라고 탄식하였다. 무술년(1898)에 귀국하여 서양 제도를 모방하여 민권(民權)을 세우고, 국기(國基)를 공고히 하고자 누차 간곡히 주청하였으나 시행되지 못했다. 다만 새로이 육군을 두었는데, 이것은 그의 지모에서 나온 것이었다. 을사년(1905)에 참정이 되어 일본인 요구에 반대하였다가 시종무관장으로 자리를 옮겼다. 10월 용인에 가서 전부인 김 씨의 면례(緬禮)[38]를 치르고 한성으로 돌아오니, 일본인들이 강제하여 보호조약을 맺은 뒤였다. 통곡하며 피를 토하다가 조병세 등 여러 신하와 함께 대궐에 엎드려 연명 상소하여 간쟁하였고, 여러 번 엄한 교지를 받고도 물러나지 않았다.

11월 1일 아침, 잠시 집으로 돌아와 모든 아들을 불러놓고, 맏이 범식(範植)의 등을 어루만지면서 "어느 시절에 네가 성장하는 것을 보겠는가"라고 하고, 이내 교동의 모(母)부인 서씨를 뵙고는 다시 궁궐로 나아갔다. 그날 저녁 조병세가 일본 군인에게 잡혀가니, 민영환이 대신 연명 상소의 우두머리가 되었다. 부르짖음이 그치지 않자 임금이 구속하여 징벌을 내리라는 명령을 내렸다. 죄 받기를 기다리다가 다시 풀려나서 소청(疏廳)을 옮겨 개설하고 판서 민영규(閔泳奎)·김종한(金宗漢)·남정철(南廷哲) 등과 다음 날 만날 것을 약속하고 헤어졌다.

민영환은 이웃집으로 거처를 옮긴 뒤 주위 사람들에게 "내가 잠깐 잠을 자야 하겠으니 물러가라" 하고, 단지 하인 한 사람만 옆에 있게 하였다. 동틀 무렵 하인에게 나가 세숫물을 가져오라 하고, 하인이 나가자 바로 문을 잠그고

---

38) 산소를 옮겨 다시 장사지내는 일.

칼을 뽑아 자기 몸을 찔렀다. 칼이 짧아 깊이 들어가지 않자 더욱 힘껏 칼을 잡고 목에서 복부에 이르기까지 난자(亂刺)하는 것을 그치지 않았다. 피가 방바닥에 가득히 흘렀으며, 이윽고 민영환은 죽고 말았다. 하인이 고통의 신음소리를 듣고 방문을 부수고 들어가자 칼을 아직도 손에 잡은 채 성한 모습을 하여 살아 있는 사람 같았다. 이때가 11월 4일 오전 6시였다. 옷깃 속에서 유서 두 통이 나왔는데, 하나는 국민에게 결별을 고하는 것이요, 다른 하나는 각국 공사에게 알리는 편지였다. 국민에게 결별을 고하는 글에서

'오호라! 나라의 부끄러움과 국민의 욕됨이 여기에까지 이르렀구나. 우리 인민은 장차 생존경쟁 가운데 마침내 멸망하게 되었다. 무릇 살고자 하는 자는 반드시 죽고, 죽고자 하는 자는 반드시 삶을 얻으니, 제공들은 어찌 이것을 모르는가. 영환은 다만 한 번 죽기를 결행하여 위로 황은(皇恩)에 보답하고 우리 2천만 동포에게 사죄하노라. 영환은 죽되 죽지 아니하고 구천지하에서 제군을 도울 것을 기약할 것이다. 다행히 우리 동포 형제가 천만 배 더 분발하고 힘써서 뜻과 기운을 굳건히 하여 학문에 힘쓰고, 마음을 다지고 힘을 다하여 우리의 자유 독립을 회복한다면 죽은 이 몸도 마땅히 저승에서나마 기뻐 웃으리로다. 오호라! 조금도 실망하지 말라. 우리 대한제국 2천만 동포에게 이별을 고하노라.'

라고 하였다.

〈후략 : 민영환은 각국 공사에게 알리는 편지에서 우리 국민의 자유 독립을 도와달라고 부탁하였다. 고종은 민영환에게 충정(忠正)이라는 시호를 내렸다. 조병세의 유서와 유소(遺疏), 공사관에 보내는 편지 등 소개. 조병세에게도 충정이라는 시호가 내려졌다. 그 외 참판 홍만식(洪萬植), 경연관 송병선(宋秉璿), 학부주사 이상철(李相哲), 평양징상병 김봉학(金奉學) 등의 자결과 관련 자료 소개〉

39. 중국지사 반종례의 도해 자결

〈생략 : 일본에서 공부하던 중국인 반종례(潘宗禮)가 귀국길에 인천에 들렀다가 일본에 의한 조약 강제 체결, 민영환 자결 등을 보고 시무 14개조를 건의

하고 도해(蹈海)³⁹⁾ 자결하였다. 박은식은 이 소식을 듣고 "한 몸을 중국, 한국의 두 나라에 바쳐 그 찬란한 빛이 천추에 영원히 있을 것"이라고 조위하였다.〉

40. 반대 세력 투옥

〈생략 : 일본은 을사조약 체결을 반대하는 사람들을 옥에 가두었다. 민영환 자결 다음날 심상훈·민병석 등 수천 명이 상소를 위한 소청을 만들자 치안 방해를 이유로 해산시켰고, 반대연설회가 개최되자 일본 헌병이 모인 사람들을 구타하고 해산시켰다. 그 외 반대 상소하였다가 구속된 사람은 윤병(尹秉), 윤두병(尹斗柄), 정명섭(丁明燮), 이설(李偰), 김복한(金福漢), 이승희(李承熙), 장석영(張錫英), 이두훈(李斗勳), 곽종석(郭鍾錫) 등 지방의 저명한 유생들이었다.〉

41. 찬정 최익현의 전국 사민에 고하는 격문 발표

찬정(贊政) 최익현(崔益鉉)은 이미 전에 고종의 부름을 받고 등연(登筵)⁴⁰⁾하여 시사를 거침없이 논의하다가 일본인들에게 잡혀 군인들에 의해 강제적으로 정산(定山) 시골집으로 축출되었다. 이때에 이르러 보호조약이 맺어졌다는 소식을 듣고, 이에 성패(成敗)를 헤아리지 않고 의병을 일으켜 순국(殉國)하기로 결심하였다. 먼저 전국 사민(士民)⁴¹⁾에게 격문(檄文)을 발표하였다.

〈중략 : 일본의 철도·광산 등 이권침탈, 조세수탈, 통신기관, 철도부지, 토지 등 침탈, 화폐 사용 등 침략상을 거론하고, 또한 일본의 한국 자주독립 약속 파기도 지적하였으며, 일본의 노예, 속민에서 벗어나기 위해서는 민영환이나 조병세의 정신을 이어받자고 하였다.〉

이미 그 문도(門徒)와 더불어 의논하여 "우리들의 오늘의 의(義)는 오직 죽음으로 나라에 보답하는 것이 있을 뿐이니 다만 스스로 곤경에 빠지는 것〔溝瀆〕 또한 홀로 그 몸을 깨끗이 하는 것에 가깝다. 이제 우리들 힘으로 저 강한 원

---

39) 바다를 건넘.
40) 대신이 나아가 임금을 뵙는 일.
41) 양반과 평민. 백성.

수들에게 대항하여, 비록 만에 하나 다행스럽게도 일차로 깃발을 들고 '의(義)' 한 글자를 밝히고 죽는다면 이 또한 옳지 않은가"라고 하니, 모든 사람이 분개하고 뒤따랐다. 드디어 의병을 모집하고 무기를 사들여 싸울 준비를 하면서, 원근에 격문을 고하였다. 일본인들이 이를 정탐하고 재빨리 군대를 보내어 포위하고 공격하였다. 탄환이 비 쏟아지듯 하였으나, 최익현은 안색이 태연하였으며, 스스로 몸을 날려 나와서 "너희들이 잡으려는 것은 나일 것이다. 난사하여 다른 사람을 다치게 할 필요가 없다"고 말하였다. 마침내 그 문도 수십 명과 함께 잡혀 대마도(對馬島)로 갔다. 일본인들이 음식을 주자 이를 거부하고 "내가 어찌 너희들 음식을 먹고 살겠는가"라고 하면서 결국 굶어 죽었다. 그날 무지개가 하늘에 뻗치니 일본인들 또한 의롭다고 하였고, 시문(詩文)을 지어 조의를 표하는 사람도 있었다. 상여가 돌아오자 우리 남녀 백성들이 이를 맞아 통곡하는 것이 길에서 끊이지 않았다. 일본인들은 서로 "최익현이 죽었으니 한국 유림은 이제 우리들이 꺼릴 것이 없다"고 하였다.

〈생략 : 나인영·이기·오기호·윤주찬(尹柱瓚)·김인식 등을 비롯한 많은 사람들이 '을사오적'을 죽이기 위해 활약하였지만 실패함〉

42. 일본인의 한국 황제 감제(監制)

일본인은 갑진년(1904) 뒤로 우리 내정을 간섭하고 주권을 침탈함이 날로 맹렬해져서, 안으로는 각 부 고문이 정무를 주관하며 대소사를 관장하고, 밖으로는 헌병·순사가 각지에 포열하여 짜임에 빈틈이 없었다. 마침내 우리나라 전체를 책상 위에 올려놓은 듯이 장악하고, 살리고 죽이는 일을 마음대로 처리하게 되었다. 특히 황실에 대하여 더욱 엄밀한 감시와 억제를 가하였다. 고미야(小宮松一)가 궁내부 차관이 되어 서무(庶務)를 관장·관리하였고, 헌병과 순사가 궐문을 지키면서 모든 대소 관료 및 환관·궁인도 출입증을 소지하지 않으면 출입할 수 없도록 하였으며, 궁인들이 의복이나 음식을 가지고 왕래하는 것조차 검색을 받았다.

이토는 또한 송병준에게 비밀리에 비빈(妃嬪)들과 결탁하도록 교사(教唆)하여, 황제의 일언일동(一言一動)을 정탐하지 않는 것이 없었다. 이로 말미암아 40여 년 동안 유지된 임금의 지존이 죄인과 다를 바가 없게 되었다. 저들은 또한 황제가 배일의 우두머리라 생각하고, 한국 신민 가운데 혹 불평한 행동을 하는 일이 있으면 궁중에서 주도적으로 일을 꾸민 것이라 위협 공갈하게 되니, 하루 저녁에도 임금을 수차례나 놀라게 하였다. 저들이 이른바 황실의 존엄과 안녕을 유지한다는 것이 결국 이와 같았다.

저들은 또한 황실 재산을 조사하여 차례로 탈취하였다. 각 궁이 관리했던 논밭이 수십만 두락이었으며, 땅값이 3~4천만 원이나 되었다. 경복궁·창덕궁·경운궁·수옥헌·경리원에 금화·은화 및 지폐를 모아둔 것이 수십만 원에 달했으며, 황제가 각 개인 명의로 내외 여러 은행에 저금한 것 또한 수천만 원이었으나, 모두 일본인 수중에 들어갔다. 또 인민이 황무지를 개간하고는 타인 침탈을 막기 위해서, 명의를 각 궁이나 각 영에 소속시키고 조세를 조금 바치던 것이 수십만 석지기나 되었는데, 명의는 국유였지만 실은 민유지(民有地)였다. 일본인이 국유를 조사한다 일컫고 이것도 모두 탈취하였다.

임금이 경운궁에 있은 지가 수년이 되었으니, 경복궁과 창덕궁은 오래도록 비어 있었고, 다만 궁인과 순관(巡官) 등이 지키고 있었다. 성(城)안 사녀(士女)[42]들은 자유로이 구경할 수 있었는데, 날로 구경꾼들이 모여들었다. 이에 일본인들은 대궐을 비우게 하고 대신 지키면서, 예배일(일요일)마다 사람들의 구경을 허가하여 입장료를 받고 영업 행위를 하였다.

〈안〉 관자(管子)가 연안(宴安)[43]은 짐독(鴆毒)[44]과 같다고 말하였으니, 그러면서 마음에 담고 있어서는 안 된다. 고금을 통틀어 연안의 독에 중독되고 패망의 길을 걷지 않은 자가 없었다. 우리나라 또한 이 독에 중독되어 있다. 대개 연안의 해독(害毒)은 사람의 지기(志氣)를 무너뜨리고 사람의 근골(筋骨)도 녹여 버려 사람들이 잘 잊어버리게 하고 경계심도 없애버린다. 비록 망극한 치욕을 받고도 기간이 지나면 문득 망각하여 분개하지도 않고, 움직이고 변하지도 않으니, 결국에는 패망의 길을 걷지 않고는 멈추지도 않는다. 우리 광무제(고종)는 재위에 있은 지 40년 동안 변고가 여러 번 있었다. 임오군란·갑신정변·갑오개혁·을미사변 같은 것은 옛

---

42) 남자와 여자.
43) 일은 하지 않고 놀고 즐기는 편안함.
44) 짐새의 털을 술에 담가 만든 독.

날에는 없었던 것들로, 우리 군신의 마음을 놀라게 하고 넋을 빠지게 하였다. 피눈물을 흘려 자나깨나 잊을 수 없고, 오랜 시간이 지나도 잊을 수 없는 것이었다.

〈중략 : 춘추시대 오자서(伍子胥)[45]의 예를 들며, 남자가 잊지 않는 태도를 가져야 큰일을 할 수 있다고 함〉

가령 우리 군신이 임오군란과 같은 환난을 잊지 않고 삼가 정성을 다해 다스리고, 위(衛)나라 문공이 인재를 키우고, 농사를 가르치고, 상업을 발달시키고, 공업을 일으키고, 가르침을 공경스럽게 하고, 배우기를 힘썼던 것과 같이 하였다면 갑오년 난이 따라서 일어나지도 않았을 것이다. 자강(自强)의 실력으로 중흥의 큰 터전을 세우고 문명을 진화시켜 열강과 더불어 나란히 달려나가는 것이 옳았다. 갑오년과 을미년 변란을 거치면서 그 치욕을 잊지 않고, 거적자리에서 창을 베고 와신상담(臥薪嘗膽)[46]하고, 또 월왕 구천(句踐)과 같이 가난한 사람을 도와주고, 죽은 사람을 불쌍히 여기며, 생취(生聚)[47]와 교훈(敎訓)[48]을 행하였다면, 십 년 사이에 가히 우리나라도 진보하여 독립을 유지하였을 것이며, 교활하게 무엇을 꾀하고자 생각했던 자들에게 그 틈을 타서 나쁜 마음을 가지지 않게 하였을 것이다.

〈중략 : 하늘이 우리나라를 버리지 않고 이런 변고를 주었는데 우리는 이런 기회를 음사(淫祀)와 황연(荒宴)에 빠져 놓쳐 버렸다. 러일전쟁이 일어나도 이런 점은 마찬가지였다〉

아! 40년 동안 임금의 존엄이 오늘에 이르러 갇힌 꼴이 되었으니, 연안(宴安)의 독 때문이었다. 연안은 실로 우리의 가장 깊은 원수이다. 또 우리나라가 3백 년 오랜 기간 동안 평안하게 내려오면서 연안에 익숙해져 잘 잊어버리는 것이 성질이 되었는데, 이것은 위로 임금 한 분뿐 아니라 모든 공경 대부도 모두 교만하고 놀기를 즐기고, 게을러서 일에 힘쓰지 않았다. 전 민족 또한 모두 편안함만 생각하는 것이 고쳐지지 않고, 따라서 게으르고, 부지런함과 인내, 모험과 분투의 성질이 적었다. 이렇게 한다면 이 세상에서 능히 생존할 수 있겠는가.

---

45) 그의 아버지와 형이 초나라 평왕에게 죽자, 오나라에 망명하여 초를 치고, 평왕 무덤을 파내어 시체를 삼백 대를 때렸다 함.
46) 섶에 누워 쓸개를 맛본다는 뜻. 마음먹은 일을이루려고 괴롭고 어려운 일을 참고 견딤.
47) 백성을 기르고 재물을 모음.
48) 백성을 가르치고 훈련시켜 군대를 강화하는 것.

하와이 원주민이 다른 죄악이 없는데 오직 일하는 데 게으른 까닭으로 멸망에 이르게 되었으며, 남양(南洋) 화교(華僑)는 별다른 재주는 없지만 오직 부지런히 일하고 인내하여 부력(富力)이 유럽인을 압도하였다. 사람이 부지런한가 게으른가 하는 구별이 존망을 결정한다.

이에 우리 동포를 위해 "너희들은 연안으로 임금도 잊어버리고 나라도 망하였으며, 몸도 같히게 되었다"라고 큰소리로 말한다.

43. 일본의 진해·영흥만 점령 및 북간도 문제와 일본 차관 등

진해만은 동양 제1의 군항이며, 영흥만(원산만) 또한 동해안에 있는 좋은 항구여서 일본인이 이것에 눈독 들인 지는 오래되었다. 이때에 이르러 이토가 한국 통감이 되자마자 먼저 손을 댄 것이 두 항구 점령이었다. 처음에는 이 두 항구를 '대한 군항'이라고 이름하여 각국에 공포하였다가, 연이어 "이제는 잠시 일본에게 차여하였다가 한국의 군사적 확장을 기다려 다시 돌려주겠다"고 말하고는 조약을 맺었다. 포대와 병영을 쌓아서 만들고 해군 방어부대를 두더니 드디어 일본 군항이 되어 버렸다. 이때 일본인 민단(民團) 또한 모두 갈채를 보내고 만세를 외치면서 "일본의 한국 경영에 이것보다 더 중요한 일은 없다. (1904년에 맺었던) 한일의정서 또한 여기에 비길 바가 못 되며, 보호조약 또한 여기에 비길 바 아니다. 통감부 설치 또한 이것만 못하고, 철도점유 또한 이것에 비견할 수 없다. 오직 이 두 군항이 우리 손안에 들어온 것을 크게 환영한다"고 하였다.

북간도는 한국과 중국 국경 지역으로 두만강과 송화강 사이에 있다. 예전 청나라 강희제(康熙帝) 때에 오나총관(烏喇總官) 목극등(穆克登)을 파견, 조선 관리와 국경을 결정하고 분수령[49] 위에 비석을 세웠으니 비문에 '동은 토문(土們)이요, 서는 압록(鴨綠)이라'고 하였다. 분수령 북쪽에 큰 물줄기가 있어 이름을 '토문'이라 하는데, 한국인은 이것을 정계비에 명시된 토문강이라 인정했으나, 중국인은 두만강을 토문강이라 하였다. 나중에 경계를 정하는 문제가 일어나게 되었다. 또한 (북간도는) 러시아령 연해주와 이어져 있어 방어 요지였으며, 토

---

49) 하천의 유역을 나누는 경계.

양이 기름져서 농사짓기에 적당하였다. 50년 동안 한국인 이주가 날로 증가하고, 개간한 땅이 날로 늘어나 수십만 호에 이르렀다. 또한 한국인 지사들이 이곳을 오가면서 교육을 권유하고 학교를 세우도록 하여, 풍속과 기운이 날로 열리고, 노래 부르며 글 읽는 소리가 여기저기서 들렸다. 그리하여 나라 밖으로 떠난 우리 동포들은 이곳이 가장 좋다고 하였다.

이때에 와서 일본과 중국이 남만주 철도와 간도 경계라는 두 가지 큰 문제에 대한 교섭을 벌였는데, 일본은 남만주에서 강한 힘을 배경으로 자유롭게 처리하고자 하였지만, 중국 정부가 항의를 하여 뜻을 이루지 못하고 결국 조약을 맺게 되었다. 간도에 대해서는 일본이 중국 영토권을 인정하고, 한국인 보호를 위해 임시로 영사관을 두고 군대와 순사를 배치하도록 하였다.[50] 또한 일진회 무리들이 일본 주구[51]가 되어 한국인 동향과 중국인 동정을 정찰하고, 종종 교섭하면서 강권을 행사하니 이 지역 실권(實權) 또한 일본인에게 돌아갔다.

이토는 한국의 농상업을 발전시킨다고 일컬으면서 우리 정부에 권유하여 관세(關稅)를 저당잡히고 일본흥업회사로부터 1천만 원 차관을 들여오게 하면서, 게다가 이자를 1백 원에 6전 5리로 계산하여 1백만 원을 깎아 버렸다. 이른바 한국 농상업을 발달시키겠다고 한 말도 헛된 말이었다. 그 돈으로 각 관청을 개축하고 수도를 부설하고 도로를 측량하였으며, 일본 관원의 신봉(薪俸)을 올려주고 고문관·보좌관·순사 등 수천 명을 증원하였다. 건축·부설·측량 따위 공사에는 모두 일본 기술자를 고용했고, 일본산 재료를 구입하였으니, 빚을 짊어진 것은 한국인이며, 먹어치운 것은 일본인이었다.

44. 일본공사의 옥탑 도취(盜取)와 일본군의 석비 절취(竊取)

〈생략 : 유적과 유물은 나라의 정수(精髓)이며, 조상들이 창조한 뇌력(腦力)이고 문명의 잣대라고 하면서 마니산 제천단, 첨성대, 황룡사탑, 광개토대왕비 등을 소개하면서, 이런 유물을 일본인이 도적질하고, 좋은 경치도 부수어 버렸다고 통탄하였다.〉

---

50) 1909년 9월 4일 맺은 '간도협약'. 이 조약으로 한국의 간도지역에 관한 연고권이 일본에 의해 없어짐.
51) 사냥개. 앞잡이.

45. 동양척식회사

　동양척식회사(東洋拓殖會社)는 한국 토지를 개척하여 일본 농민을 이주시키기 위해 만들어진 것이었다. 일본 농민이 한국에 이민하는 일에 편리를 주자는 것이었으나 실은 군인을 농촌에 숨겨 놓으려는 의도였다. 일본의 대한정책은 속박을 더욱 가속화하고 채찍과 매질로 억압하며, 우리 생명을 억제하고 우리의 살아갈 수 있는 기틀을 끊으려던 것으로, (일본은) 주도면밀하게 더욱 모멸을 가하였다. 그러나 뒷날 환난을 염려해서 척식회사라는 명칭을 붙여 '황무지를 개척하여 농업을 증식한다'고 떠들어 댔으나 실상은 퇴역 병사를 한국에 이식(移殖)하여 속으로는 둔전제(屯田制)를 실시하여 장래 뜻하지 않은 일에 대비하려 하였던 것이다.

　내각총리대신 가쓰라(桂太郎)가 비밀 회의에서 결정한 뒤 법령을 반포하고, 자본금을 모집하였는데, 정부가 해마다 3백만 원을 지출하여 보조하였다. 우사가와(宇佐川)·요시하라(吉原) 등이 정·부총재가 되어 한국에 와서 일들을 돌아보고 전국을 (사업의) 범위에 포함시켰다. 또한 우리나라 지방 인민들의 반대가 있을 것을 우려하여 우리 정부에 13도에서 저마다 신사 1명씩을 뽑도록 권고하고, 이들을 '척식위원(拓殖委員)'으로 삼았다. 그리고 관광단을 조직하여 동경에 초청하여 총리 이하 각 대신들이 우대하고 그들의 환심을 사려 하였으며, 또한 각 병영과 공창(工廠)[52]의 성황(盛況)을 보여 주어 두려워 복종하는 생각이 들도록 하였다. 그리고는 척식회사 장정을 보이고 협정해 줄 것을 요구하자, 위원 가운데 여러 사람은 불평을 품고 음식도 먹지 않았다. 저들 고관들이 여러 방법으로 권유하면서 별도로 국민 토지는 강제로 사들이지 않는다는 한 조항을 첨가하여 드디어 승낙을 얻었다. 우리나라에서는 역토(驛土)·둔토(屯土)·궁토(宮土)로 출자에 대신하도록 하였으며, 또한 각 위원들의 날장(捺章)을 받았다. 역토는 각 역에서 말을 기르는 비용을 마련하기 위한 것이며, 궁토는 각 궁방에 소속되어 그 내수(內需)를 충당하기 위한 것이며, 둔토라 함은 역대로 군사를 기르기 위한 둔전을 말하는 것으로, 이런 땅은 모두가 토질이 상등으로 기름졌다. 우리 백성이 (이 땅에서) 전작(佃作 : 소작) 경영으로 생을 꾸려 나가던 사람

---

52) 철공물을 만드는 공장.

이 천만 명이나 되었는데, 이제 그 토지가 그 회사어 들어가 버렸다. 우리 농민들의 경작권을 빼앗아 일본인에게 주었으니, 그들은 돈 한 푼 들이지 않고 그렇게 넓고 기름진 땅을 빼앗았다.

또한 일본인이 재정권을 장악한 뒤로 전황(錢荒)[53]이 날로 심하여지고, 우리들은 더욱 생계의 유지가 곤란해져 어쩔 수 없이 척식회사에 토지문서를 저당잡히고 빚을 얻게 만들었다. (이때는) 반드시 조사하고 측량하여 그 땅의 가격을 요구한 부채 금액의 10배로 심사하고, 돈을 빌려주고는 기한이 지나도 갚지 아니하면 드디어 그 회사 소유로 하였다. 또 농민 토지를 구입할 때도 원 가격대로 지급하지 아니하고 가로채어 갔다. 또한 일본인 농민들이 한국에 건너와 경작지를 요구하였는데 기름진 토지가 아니면 받지도 아니하였으므로, 그들의 요구에 따라서 비록 우리 농민이 이미 씨앗을 뿌려 보리싹이 튼 땅이라 하더라도 모두 빼앗아 그들에게 주었다. 무엇이 척식인가. 척식이란 황무지를 개척해서 농업생산을 증가하는 것이 목적이 아닌가.

46. 헤이그 만국평화회의에 밀사 파견

오호라! 우세한 자가 이기고 열세(劣勢)한 자가 패배함은 하늘이 정한 것이요, 약육강식은 공례(公例)이다. 평화의 속 얼굴은 경쟁이며, 보호의 실상은 병탄(倂吞)이다. 만약 종이 위의 글들이나 구두선(口頭禪)을 진실이라고 믿는다면 그 오류는 크고 그 실패는 더욱 심할 것이다. 헤이그(海牙)에서 열린 만국평화회의가 만일 그 명칭과 같다면 무기가 소멸되어 온백(玉帛)이 될 것이며, 쟁투가 종식되어 읍양(揖讓)으로 변화될 것이며, 또한 강권의 횡포를 견제하여 약자의 억울한 일을 풀어줄 수 있고, 지구에 화기(和氣)의 조치가 있고 중생은 복락세계로 건너갈 수 있었을 것이다. 어찌 인도(人道)의 기치와 공리의 표준이 아니었겠는가.

그러나 이 회의를 제창하고 주도권을 잡는 사람은 누구이며, 이 회의에 참석해서 재서(載書)[54]를 낭독하던 자는 누구였는가. 모두가 매·호랑이·원숭이·이리들과 같이 순식간에 노리고 속이고 탐을 내어 날로 약소국을 침탄(侵呑)하고

---

53) 돈의 융통이 안 됨.
54) 열국이 맹약한 문서.

잔약한 종족을 박멸하는 것을 마땅히 행해야 할 의무로 버려둘 수 없는 것이라 여기는 자들이었다. 어찌 평화주의로 약소국을 도와주고 횡포한 자를 억제할 것이며, 멸망하는 것을 일어나게 하고 끊어지는 것을 이어줄 것이며, 또 공법(公法)을 밝히고 정도(正道)를 유지시켜 줄 수 있으리오. 특히 강대한 자는 거짓으로 이것을 소리 높여 천하를 호령하고 더욱 그들의 권력을 확장하려 할 뿐이었다.

오호라! 병이 심하여 거의 죽게 된 상태에 이른 사람이 하늘을 향해 살려달라고 외치는 것은 아픔이 심하여 어쩔 수 없이 내뱉는 소리인데, 어찌 그 정황을 보고 소용없다고 나무랄 수 있겠는가. 그러나 한국은 평화회의 밀사 문제로 일본인에게 구실을 주게 되어 오히려 화를 촉진하게 되었으니, 저들이 내세운 이른바 평화란 명칭이 우리나라를 심하게 그릇되게 하였다.

1907년 6월 5일, 네덜란드 헤이그에서 만국평화회의를 여니 각국 위원으로 참석한 사람이 47명이었다. 네덜란드 외상(外相)이 정성을 다해 축하를 하고, 미국 대통령 루스벨트가 세계평화주의에 관해 축하연설을 하였으며, 각국 위원들이 골고루 의안을 제출하여 공의에 붙였다. 이때 한국 밀사가 돌연히 나타났으니, 전 의정부참찬 이상설(李相卨), 전 평리원검사 이준(李儁), 러시아주재 공사관 서기관 이위종(李瑋鍾) 등 3인이었다.

이상설은 유학계 준걸로 한학에 박식하고, 아울러 서양글도 통했으며, 재주와 덕망이 그 시대에 뛰어났던 사람이었다. 의정부참찬으로 을사보호조약에 극력 반대하다가 그 자리에서 물러났다. 이준은 사람됨이 강경하고 모험성이 풍부했으며, 백절불요(百折不撓 : 百折不屈)의 기개가 뛰어나 사회로부터 높이 받들어지고 귀중하게 여겨졌으며, 일찍이 평리원검사로 있을 때 법을 다루다가 상관과 충돌하여 파직되기도 하였다. 이위종은 주러시아공사 이범진(李範晉)의 아들로서 유럽 각국어에 정통하였다.

먼저 이상설과 이준이 (황제) 밀칙을 받고 4월 20일 한성을 출발하여 함경도를 거쳐 블라디보스토크에 가서 시베리아 열차를 타고 6월 4일 러시아 수도 상트페테르부르크에 도착하였으며, 그곳에서 이위종을 만나 함께 가서 6월 25일 헤이그에 도착하였다. 그때 러시아 위원 넬리도프(Nelidov) 백작이 평화회의 의장이었는데, 세 사람이 방문하자 (이미) 러시아 정부로부터 한국 밀사에 관한 훈령 전보를 방금 받아 보았던 관계로 만나 주었다(7월 9일). 그러나 회의 참가 여부는 의장 권한이 아니라고 하자, 이상설 등은 드디어 영국·미국·프랑스 등 각국 위원을 두루 방문하여 회의에 참석할 수 있도록 해주기를 요청하였다. 또한 네덜란드 정부에 대해서도 을사조약은 한국 황제의 비준 윤허가 없었으니, 일본이 우리 외교권을 탈취할 이유가 없는 것이며, 이런 까닭으로 한국 황제가 사절을 특파하여 참석하게 된 것이라고 설명하였다.

이상설 등은 또 영국의 저명한 언론인 스테드(William T. Stead)를 방문하고 동정을 얻었다. 각국 신문단이 연합해서 국제협회를 열자 이위종이 등단하여 연설하였으니, 일본인의 강압과 박해 상황을 들어 수시간 동안 통렬히 논박하였으며, 피눈물이 종횡으로 흘러 듣는 사람들이 비통히 여기지 않음이 없었다. 7월 9일, 이상설 등이 국제협회 모임에 나아가 공사(控詞)[55]를 전한 내용은 다음과 같다.

'우리들은 삼가 우리 황제 명을 받고 귀 총통과 대표께 눈물로 고한다. 전에 우리 한국이 1848년 자주 독립한 것은 각국이 공인하여 수호(修好)를 계속해 왔다.[56] 그런데 1905년 11월 17일 뒤로 일본인이 무력으로 우리 한국을 핍박하여 각국과의 국제 교섭 권리를 강탈하였다. 이제 일본인이 한국에 대하여 파괴한 일체의 법률 정권 등의 사항을 특별히 세 조목을 열거하여 삼가 바치나니, ①일체 정사를 한국 황제 승낙을 기다리지 아니하고 마음대로 시행했으며, ②일본인이 육·해군 세력을 믿고 한국을 압박하였으며, ③일본인이 한국의 일체 법률과 풍속을 파괴한 것 등이다. 귀 총통은 공리(公理)에 의거하여 처단하여, 일본인이 공법을 위배하였음을 보여 달라. 한국은 이미 자주적 위치에 있는데 어찌해서 일본인이 우리의 국제 교섭에 간섭하고, 폐국 황제 명을 받고 온 전권사절을 회의에 참석치 못하게 하는가. 바라건대 귀 총통은 특별히 약소국을 지탱하고 위급함을 구제하는 데 도와주어 우리 사절이 만국평화회의에 참석케 하여 일체 신소(申訴)를 받아들여 주면 매우 다행이겠다.'

---

55) 고하는 말.
56) 1897년 대한제국 성립과 황제즉위 때 행한 '독립제국 선포'를 가리키는 것 같다.

각국 위원들이 이처럼 고하는 말을 듣고 그 고충은 알았으나, 본회의에서는 처리할 방도가 없어서 서로 바라보고 말이 없다가 마침내 각하(却下)시켰다. 본회의 참석이 좌절되자, 이준은 북받치는 울분으로 갑자기 죽었고, 이상설과 이위종은 미국으로 건너갔다.

47. 이토의 고종 양위 협박

우리 황제는 을미사변(乙未事變)[57]이 있은 뒤로 일본인의 흉교(兇狡)[58]를 헤아릴 길이 없어 매우 경계하였다. 비록 힘의 압박을 받아 그들 요구를 들어주었으나 억눌려서 어쩔 수 없는 것이었다. 또한 겉으로 일본과 친함을 나타내기 위하여 자주 사절을 보내기도 하고, 일본군에게 음식을 보내 먹이기도 했으며 (군인들의) 개선을 축하해 주기도 하였다. 이토를 정중히 대하였으나 속으로는 여전히 원수의 원한을 품어 왔다. 그런 까닭에 이토는 황제를 일본 배척의 두목으로 판단하고 폐위하려고 오래 전부터 벼르고 있었으나, 일이 중대한 것이어서 갑자기 모두 행하지 못하고 호시탐탐(虎視耽耽) 날마다 그 틈만 엿보고 있었다. 7월 3일, 헤이그 밀사 파견 사실을 안 이토는 펄쩍 뛰면서 "되었다"고 하였다.

〈중략 : 헤이그 밀사 문제로 7월에 들어 몇 번 내각회의를 하였는데, 특히 송병준과 이완용은 "우리 황제가 일본에 건너가 일본 왕에게 사죄하고 황태자 교육을 부탁하라"고 요구하다가, 마침내 이완용은 이토의 명을 받들어 양위(讓位)안을 냈다. 그러자 황제는 황태자에게 국정을 대리케 하였다.〉

비록 그러하였으나 대리와 양위는 모습은 비슷하지만 실상은 다른 것이다. 대개 본조의 대리 전례(典例)에서는 새 임금을 소조(小朝)라 하고, 전 임금을 대조(大朝)라 하여, 소조는 대조 명령을 받들어 행하며, 국가 대권은 대조가 조종하는 것인데, 이토가 어찌 이것에 만족하였겠는가. 이에 이완용 등의 무리들에게 양위를 결정하고 실행하라고 하였다. 오호라, 그때 양위가 어찌 태자에게 자리를 물려준 것에 그쳤겠는가. 이것이 뒷날 나라를 일본에게 넘겨주는 단계가 되었던 것이다. 이때 애국당의 반대가 일어나고, 유혈 참극이 빚어지게 되

---

57) 1895년 일본공사 미우라 주동 명성황후 시해사건.
58) 흉악하고 교활함.

었다.

　7월 18일 밤에 내각대신들이 황제 양위를 주청하였고, 또 통감부에서는 본국 외무대신 하야시(林董)를 맞이하여 요구할 여러 사안을 비밀리에 의논하였다. 이때 한국인 애국당이 이 위급한 사실을 알고 동지를 연합하여 팔을 걷어붙이고 "이제 내각 도둑들이 황제를 폐하고 나라를 팔아먹으려 하니, 우리들이 어찌 죽음으로 싸우지 않으리오"라고 분연히 외쳤다. 이에 호응하였던 자는 자강회(自强會), 동우회(同友會), 기독청년회(基督靑年會) 등 회원 약 2천여 명으로, 흰 옷을 입고 검은 갓을 쓰고 거리를 가득 메웠다. 두 무리로 나누어, 한 무리는 친일당 일진회 기관지 신문사(국민신보사)로 뛰어가 건물과 인쇄기를 부수고 사원들을 구타하여 내쫓았다.

　또 한 무리는 대한문(大漢門) 앞에 모여 모두 땅에 앉아 울부짖으니 경찰이 쫓아버리려 해도 물러서지 않았다. 여러 변사(辯士)가 강개(慷慨)한 연설을 하면서 통곡과 눈물을 모두 쏟았으며, 큰 소리로 "황제 폐하께서는 적신(賊臣)의 말을 듣고 양위하지 마시라. 내각의 모든 적신은 호랑이 앞잡이가 되어 우리나라를 팔아먹었으니, 우리들은 이 적을 죽일 뿐이라고 맹세한다"고 외쳤다. 포효하는 소리가 우레와 같았으며, 군중도 모두 박수 갈채를 보냈으니, 화난 머리카락이 관을 떠받치는 것처럼 분노하였다.

　〈중략 : 이런 반대에도 19일 새벽에 양위 조칙이 내려지자 인심은 더욱 사나워지게 되었다. 수천 명 인민들이 종로에 모여 집회를 열고, 일본 순경의 교번소(交番所)를 습격하여 일본 경찰 3명을 사살하고 6명을 부상시켰다. 한국 군인들이 군중과 결합하여 친일파와 대신을 죽인다는 소문에 일본군이 대포를 배치하여 궁중을 방비하였다. 동우회 회원들도 결사대를 조직하였으며, 군중들은 이완용 집을 불태우고 곳곳에서 일본군과 싸웠다. 이런 가운데 19일에 초라하게 양위식을 거행하였다. 그러나 '대리' 문제가 풀리지 않았으므로, 20일 송병준·이병무·고영희·임선준 등은 고종에게 퇴위를 강요하여 달성하였다. 22일에는 양위에 반대하던 궁내부대신 박영효를 비롯하여 이도재·남정철 등을 체포하고, 박영효를 유배시켰으며, 궁내부 소속 군인 참령 이갑(李甲), 부령 어담(魚潭), 참령 임재덕(林在德) 등을 체포하였다.〉

　새 황제(순종)가 즉위하자 융희(隆熙)라 개원(改元)하고, 셋째 동생 영친왕을 황태자로 삼으니 그는 엄비(嚴妃) 소생이었다. 황제도 (영친왕을) 사랑했고 엄비 또한 오로지 귀여워하였으니, 이토는 엄비가 그 아들을 태자로 삼고자 하는 눈치를 알아차리고, 비밀리에 송병준을 시켜 엄비 친족들을 꾀어 황제의 양위를 얻어낸 뒤 영친왕을 새 황제(皇弟)로 하자고 하였다. 엄비는 기뻐하고 비밀히 궁중일을 서로 모의했으니, 황제위를 폐지하는 데 엄비도 도왔다고 한다. 태자 책봉 뒤 이토는 태자 교육을 담당하겠다고 청하여 태자태사(太子太師)가 되었으며, 태자와 함께 일본에 건너가 사위 쓰에마쓰(末松)에게 맡겼다. 볼모로 잡혀 간 것이었겠는가, 아니면 교육을 받으러 간 것이었겠는가?

〈안〉 아버지가 자식에게 왕위를 전하는 것은 나라의 흔히 있는 일이고 성대한 의식인데, 이제 신민(臣民)들 반대가 격렬하고 유혈 참극까지 빚게 된 것은 어찌된 것인가. 아! 이번 양위는 고종 황제 의중에서 나온 것이 아니며, 외국인의 압박과 위협에서 비롯된 것이기에 진실로 기이한 변고이며 큰 부끄러움이었다. 항차 오늘 양위가 뒷날 양국(讓國)이 되었으니, 제왕이 없어지고 나라도 없어지고 백성 생명까지 또한 없어졌으니, 마땅한 것이었는가? 신민들은 광분(狂奔)하여 소리를 지르고 피 흘리는 것도 마다하지 않았으나, 유독 내각 제신들은 임금을 원수같이 보고, 잔혹한 마음으로 역적질을 저질렀으며, 오직 빨리 거행하지 못할 것을 두려워하여 꼬이고 압박하는 요구를 마지막 힘까지 써서 전력으로 행하였다. 어찌 일찍 이 황제께서 저런 무리들의 등에 기대어 있었던가?

송병준은 시정(市井)의 천한 백성이었는데, 갑자기 친일파가 되어 이익과 세력을 타고 평지에서 갑자기 뛰어 청운(靑雲)[59]의 위치까지 갑작스레 올라갔다. 이토에게 충성하고 자기 군부(君父)를 배반하고도 아무런 가책을 받지 않았다. 이재곤(李載崑)은 황족이며, 이완용·임선준·조중응 등은 대대로 벼슬하던 이름 있는 집안이었는데, 그 선대부터 임금 은총을 받고 요직에 앉아서 잘 먹고 지내며 그 혈육들을 길러온 자들이었다. 5백여 년 동안 이런 무리들이 또한 모두 일찍이 과거에 급제하여 벼슬을 살면서 중요한 요직을 거쳤으니, 부귀 영화가 평생 동안 떠나지 않았다. 머리에서 발끝까지 터럭 끝 하나도 임금이 베푸신 것이 아님이 없으니, 만

---

59) 높은 벼슬.

약 은혜에 보답하고자 한다면 몸을 죽이는 것도 오히려 가볍게 여겨야 한다. 그런데 어째서 하루아침에 배반하여 칼을 품는 일[倒戈懷刀]⁶⁰⁾이 반드시 극도로 압박을 받은 것 때문이었는가. 너희들이 자문해 보더라도 또한 불안해하면서 차마 이런 짓을 한 것은 이익을 생각했기 때문일 것이다. 맹자는 윗사람과 아랫사람이 이익을 취하려 하면 나라가 위태로워질 것이라고 하였다.⁵¹⁾ 우리나라 군신이 이익을 취하려 함이 오래되었으니, 어찌 이런 일이 없겠느냐? 아! 이익을 일념으로 품게 되면 모든 악이 하늘에 이르게 된다. 요원의 불길이 별 한 개에서 일어나고, 강물의 흐름도 처음 시작할 때는 잔에 차는 물이듯이, 그 근원은 미약하나 그 결과는 심대하다. 고금의 도도했던 자취를 살펴본다면, 저 이완용·이재곤·임선준·조중응·송병준·이병무 등의 부류도 사람이니, 어찌 군신과 부자의 의(義)와 국가 민족의 관계를 듣지 못했겠느냐. 다만 의리가 이익[利]을 이기지 못하여 여기까지 이른 것이었다.

이런 무리는 물론이려니와 이용원(李容元)·김윤식(金允植)·김학진(金鶴鎭)·이용직(李容稙) 등도 모두 귀족 자손이고, 덕이 높은 원로이며, 또 배운 사람들이었다. 어려서부터 배울 때 충효를 떠나지 않았고, 평일에도 의와 이(利)를 판단하는 것을 깨우쳤을 텐데, 합방당하는 날에 오직 죽음으로써 나라에 보답하지 아니하고 금전과 작위(爵位)를 받았다. 일본이 합병하면서 내린 은사금과 서훈을 달게 받았으니, 태연히 세간의 염치라는 것을 깨닫지 못하고, 호화로이 잘살고 잘 입는 것만을 일삼으니, 어느 시대에 현인(賢人)이 없다고 여기까지 이르기야 하였겠는가. 배운 것을 어디에 쓸 것인가. 아! 처사(處士)라는 것은 헛된 명성이었다. 종남산에서 지름길을 빌려⁶²⁾ 가식적인 행동을 하고 명예만 취하고는 만년에는 절개를 바꾸고 권세의 길로 나섰으니, 어제 순(舜)임금이 오늘 도척(盜跖 : 도적)이 되어 버렸다. 변환(變幻)이 무상한 것이 더욱 한탄스러울 뿐이다.

---

60) 배반하여 무기를 거꾸로 하여 자기 쪽을 공격함.
61) 《맹자》〈양혜왕장구〉 상.
62) 《대당신어》〈은일〉에 나오는 것으로, 당나라 노장용은 과거에 낙방하고 장안에 가까운 종남산에서 은거하였는데, 소문이 임금의 귀에 들어가 등용되었다는 고사.

48. 정미7조약 성립

고종이 양위함으로써 헤이그 밀사 사안은 완결되었던가. 이토는 양위 건에 대해서 "한국 조정 대신들의 의사에서 비롯된 것이며, 일본을 나무랄 일이 아니다"라고 하였다. 7월 18일에 (이토는) 하야시와 더불어 7조약을 요구하기로 의결하고, 23일 밤에 이완용·송병준 등을 불러들여 이것을 보여 주었다. 다음 날 이완용·송병준·이병무 등이 중명전(重明殿)에 들어가 신황제(순종, 융희제)를 배알하고 이를 아뢴 뒤 즉시 어가를 창덕궁으로 옮기게 하였다. 태황제(고종, 광무제)는 경운궁에 거처하도록 하였는데, 이렇게 격리시킨 것은 태황제가 신황제에게 지교(指敎)하여 저들 행동을 방해할까 두려워하였기 때문이다. 이날 두 나라 전권위원(全權委員)은 통감부에서 그 협약을 조인하였다(韓日新協約). 그 내용은 다음과 같았다.

일본국 정부와 한국 정부는 속히 한국의 부강(富强)을 도모하고 한국 국민의 행복을 증진시키려는 목적으로 이하 조관을 약정한다.
제1조 한국 정부는 시정(施政) 개선에 관하여 통감의 지도를 받을 것이다.
제2조 한국 정부의 법령 제정 및 중요한 행정상 처분은 미리 통감 승인을 거칠 것이다.
제3조 한국의 사법사무는 일반 행정사무를 구별할 것이다.
제4조 한국 고등관리를 임명하고 해임시키는 것은 통감의 동의에 의하여 집행할 것이다.
제5조 한국 정부는 통감이 추천한 일본 사람을 한국 관리로 임명할 것이다.
제6조 한국 정부는 통감의 동의가 없이 외국인을 초빙하여 고용하지 말 것이다.
제7조 명치 37년(1904) 8월 22일에 조인한 한일협약 제1항을 폐지할 것이다(탁지부의 재정고문 폐지).

49. 군대 해산과 참령 박승환(朴勝煥) 순국

이미 일본인은 벌써 경비를 절약하고 병제를 쇄신한다고 하면서 군액(軍額)을 축소하였는데, 이때에 와서 황위 폐립 등으로 한국 군인의 형세가 자못 불

온해지자 이토는 환난이 될까 염려하여 이에 군대를 모두 해산할 것을 꾀하였다. 그때 한성에 주둔하고 있는 군인 수는 참장(參將) 이하 장교 336명, 사졸이 9,640여 명이었고, 지방 진위대 장교, 병졸 합하여 4,270여 명이었다. 이토는 이완용을 불러 비밀리에 의논하여 이를 결정하였으며, 7월 30일 하세가와(長谷川)[63]와 군부대신 이병무 등이 창덕궁에 들어가 황제를 협박하여 군대해산조칙을 내리게 하였다.

> 짐은 국사 다난한 때를 당하여 필요 없는 경비를 졸약하여, 이용후생(利用厚生) 산업에 응용하려 하노라. 현재 우리 군대는 용병으로 조직된 것이니, 이제부터 군제를 쇄신하여 사관을 양성한 뒤에 징발령을 내릴 것이다. 짐은 황실 시위에 필요한 자만을 골라 두고, 나머지 병력은 해산하노라. 짐은 그대 장졸(將卒)들의 노고를 생각하여 은사금을 내리노니, 그대들은 생업으로 돌아가라.

그러나 이 조칙은 극비에 붙이고 선포되지 않았다. 이병무는 사변이 발생할 것이 두려워 이완용 명의로 이토에게 조회를 보내 진압할 계책을 마련해 주도록 하였다.

〈중략 : 먼저 각 군의 탄환을 거두어들였으며, 서울에서 시위보병 5개 대대와 기병·포병을 먼저 해산하고, 다음으로 지방 진위 8개 대대, 3차로 헌병대·여단사령부·연성학교를 해산하기로 결정하였다. 8월 1일 지휘관을 일본군사령부에 모이게 하여 이병무가 해산조칙을 낭독하였고, 상오 11시에 훈련원에서 해산식을 거행하였다. 일본군의 대포를 배치한 가운데 한국군이 차고 있던 칼을 거두고 견장을 떼어냈다. 하사관에게 80원, 1년 이상 근무한 병사에게 50원, 1년 미만 근무한 자에 25원을 주며 자유해산을 명하였다.〉

한국군은 피 끓는 분노로 스스로 격렬해져서 눈물을 뿌리며 방성대곡하였으며, 은사금 명목으로 받은 종이돈을 찢어 땅에 던졌다. 돌아가는 길가에 서 있던 사람들도 분하여 꾸짖되 "너희들은 군인의 몸으로 국록으로 배만 채우고

---

63) 일본군 사령관.

한 푼도 보답하지 않았으며, 몇 조각 종이돈에 팔려 왜놈 노예가 되려느냐"고 하였다. 병졸들은 더욱 분통해하였으며, 다수가 지방에 달려가 의병에 가담하게 되었다.

〈중략 : 시위 제1연대 제1대대장 박승환(朴勝煥)은 분을 이기지 못하여 자결하였다. 울분에 찬 해산군인들이 일본과 서울 곳곳에서 교전하였는데, 결국 탄환이 부족하여 패주하였다. 한국군 사망자 100여 명, 부상자 10여 명, 체포된 자 516명이었다.〉

서울에 있던 각 부대가 해산되자 계속해서 지방에 있는 8개 진위대의 해산을 단행하였다. 전화로 한국인 대장과 일본군 교관 등을 서울에 모이라고 명령을 내린 뒤 일본병 8개 대대를 파견하여 각 (진위대를) 대리토록 하였는데, 이 때문에 원주와 강화에서 소란이 일어났다. 원주진위대는 황제 폐립사건과 군대해산에 대해 크게 분통해하다가 8월 6일 아침에 많은 사람이 모여 일제히 거의(擧義)하였다. 그곳에 거류하던 일본인은 황급히 도망하였다. 한국군은 우편국을 습격하여 일본인 1명을 살해하고, 일본인의 가옥을 파괴하는 한편, 일본군 경찰대로 쳐들어가 두 시간 접전을 벌였다. 쌍방에 사상자를 내었으며 일본군은 충주로 달아났다. 이때 일본 교관 후루쇼(古莊)가 대장의 훈시를 가지고 서울에서 내려오다 변이 일어났다는 소식을 듣고 즉시 혼성 1개 부대를 이끌고 원주에 이르렀다. 한국군은 이에 춘천과 횡성으로 퇴각하였으며, 일본병이 마침내 병영을 점령하였다.

강화진위대병으로 자강회원이 된 자로 진위대장 이동휘(李東輝)가 있었는데, 국변을 듣고 인민 5백여 명을 연합하여 일본 순사 주재소를 습격하였다. 일본 순사를 살해하고 군수 정경수(鄭景洙)를 살해하였는데, 그는 친일당 일진회 회원이었다. 이때 일본군 대위 오쿠라(小倉)가 보병 2대를 인솔하여 월곶 부근에 이르러 상륙하자, 한국병이 해안에 웅거하며 사격전을 전개하여 일본군 5명을 죽이고 5명을 부상시켰으나 결국 중과부적이라 퇴각하였다. 다음 날 또한 미국 교회당 앞에서 전투를 전개하였으나 일본군이 1개 부대를 증원하여 한국군을 공격하니 마침내 패하여 흩어졌다.

50. 원주진위대 정교 민긍호의 거의(擧義)

갑진년(1904), 을사년(1905) 뒤로 국민 혈기는 아직도 다하여 없어지지 않았다. 비록 전투 기술이나 무기 사용이 부족하였으나, 성패와 이둔(利鈍)을 헤아리지 않고, 나라를 위해 죽겠다는 의지 하나로 의병 깃발을 높이 들어 동지를 모으고, 맨손으로 날카로운 무기를 무릅쓰고, 정예의 무적이라는 일본군을 상대로 항전하였다. 해골이 온 들에 드러나고, 뇌와 기름덩이가 칼날과 화살을 맞더라도, 항배상망(項背相望)[64]하여 앞에서 쓰러지면 뒤에서 다시 일어나기를 10년이 되었지만 그치지를 않았다. 이 의혈(義血)이 비록 성공하지는 못했지만 결코 가벼이 여겨서는 안 될 것이다.

〈중략 : '우리 민족은 을지문덕·양만춘·연개소문·최영·남이·이순신 등 경우처럼 무력이 강하였으나, 우리 사회가 고식(姑息)[65]에 사로잡혀 허문(虛文)을 숭상하고 무비(武備)를 폐하여 이런 일을 당하게 되었다. 의병은 의를 앞세워 국민 직분을 다하였으므로 우리 조상의 영혼을 볼 때 부끄러움이 없을 것이다.〉

이때 전 의정부참찬 허위(許蔿)가 경기 지방에서 의병을 일으켰고, 유생 이강년(李康年)과 역사(力士) 신돌석(申乭錫)이 영남에서, 유생 이은찬(李殷瓚)이 양근에서, 김준(金準)과 전해산(全海山)이 호남에서, 군인 한치만(韓致晩)이 호서에서, 유생 이진룡(李鎭龍),[66] 군인 한정란(韓廷蘭)이 해서에서, 군인 연기우(延基羽)[67]와 김운선(金雲仙)이 관동에서, 동학 농민 김수민(金秀民)이 장단에서 의병을 일으켰다. 모두 비분강개하여 의(義)에 죽었으며, 일본인 또한 그러하다고 말하였다. 이 사람들의 평생과 인(仁)을 이루기 위해 의병을 일으킨 사실들은 간략하게 전해들은 이야기만 있어서 그 상세한 것은 얻을 수 없다. 어쩔 수 없이 나중에 다시 수집하거나 다른 사람의 기술이 있어야 하겠다. 민긍호(閔肯鎬) 또한 간략하지만, 다행히 몇 줄 글이 있어 이에 따라 기록한다.

민긍호는 원주진위대 정교(正校)로, 기질이 강직하고 올발랐다. 이토가 마음

---

64) 서로 목덜미와 등을 본다, 곧 의병이 계속 뒤이어 따른다는 뜻.
65) 우선 당장에 탈이 없이 편안함.
66) 李振龍으로 되어 있음.
67) 羽는 祐로 되어 있음.

대로 황제를 폐위한 것을 듣고 통곡하며 의병을 일으켜 원주·제천·충주 지역을 돌아다니면서 일본군을 많이 죽였다. 군대를 움직임에 기강이 있어 민심을 얻었으며, 일본인 또한 그 사람됨을 존경할 정도였다.

강원도 관찰사 황철(黃鐵)은 친일파로, 화복(禍福)의 논리로 귀순(歸順)을 권고하였는데,[68] 민긍호는 "지금 황제가 제위를 전한 것이 폐하 본의인가. 군부(君父)가 위협받아 선양하였고, 동포가 욕을 당하여 어육(魚肉)이 되었으며, 강토가 다른 사람 손에 들어갔는데도 신민(臣民)이 감히 죽음을 애석하게 여기겠는가. 이것이 우리들이 의병을 일으킨 이유이니, 어찌 군대를 일으킨 명분이 없다고 하는가. 지금 마을이 불타 없어지고 인민이 흩어진 것 등 허물이 의병에게 돌아오니, 이것 또한 크게 맞지 않는 말이다. 이것이 무도(無道)한 일본 군인 소행인가, 의병이 한 것인가. 의병이 해산하면 즉시 나라가 멸망할 것이다. 우리 백성이 일본놈으로부터 곤란을 받는 것이 가히 태평을 누리는 것인가. 그대가 선유(宣諭)[69] 직을 맡았으면 단기(單騎)로 칙령을 효유함이 옳거늘, 이렇게 하지 않고 일본군을 따라서 온 것은 우리들을 꾀어서 죽이려는 것이 아니냐"고 답하였다. 마침내 충주에 이르렀을 때 일본군이 야음을 틈타 기습하였는데, 그때 총을 맞고 죽었다. 일본인도 애석하게 여겨 그 묘에 '조선 의사(義士) 민공 긍호의 묘'라고 이름을 붙였다.

51. 일본인의 학대 개황(槪況)

처음에는 일본인이 우리 한인을 대하면서, "일한(日韓)은 순치(脣齒)[70] 관계로 같은 종족, 같은 문화의 형제 나라(同種同文 兄弟之國)이며, 또한 한인은 우리 선생의 후손"이라고 말하였다. 또한 일본 왕은 "한국 독립을 옹호한다"고 하였고, 정부에서도 "한인을 지도하고, 강토를 보전한다"고 명백하게 선언하고, 거듭 반복하여 말하였다. 한국인은 이것을 진의(眞意)로 인정하고 많은 동정을 표하였다. 갑진년(1904) 러일전쟁 때에도 철도 건설과 군수품 운반 등 일을 맡아 하였으며, 또 일본군이 승리하여 동양 안전을 유지하였다는 것을 축하하였다. 그러

---

68) 귀순하면 복이 있으나 귀순하지 않으면 화를 입게 될 것이라는 논리.
69) 선전하고 효유함.
70) 脣亡齒寒, 입술이 없으면 이가 시리다. 즉 한쪽이 망하면 다른 한쪽도 온전하기 어려움.

나 일본은 승리하자 마음의 기운이 교만해지고, 사치스러운 야망이 다시 커져, 중국합병론자도 생기고, 세계통일론자도 있었다. 그렇기에 한국인을 도마 위 고깃덩어리 같이 보았으리라.

〈중략 : 일본인은 한국인을 여러 모양으로 이용하고, 또한 학대하였다. 먼저, 정탐꾼을 조직하여 한국인의 모든 언동을 감시하고 고발하였다.〉

지방 참화로는 다음과 같은 일들이 있었다.

강원도 고성군에서 일본 군인이 마을에 돌입하여 의병 종적을 탐색하니, 동리 사람들이 겁에 질려 알지 못한다고 대답하자 즉시 바로 일곱 명을 참수하여 머리를 저잣거리에 돌려가며 보였다. 또 한 마을에 들어가 의병을 색출하다가 찾아내지 못하자, 바로 촌민 두 명을 사살하고 그 시체를 끌고 시장거리 가 마솥에 넣어 삶아서 익은 뼈와 살을 여러 사람에게 보였다. 원주군에서는 의병 혐의가 있는 몇 명을 체포하여 나뭇가지에 결박하고, 그 배를 가르고 가죽을 벗기며 통쾌하다고 박수를 쳤다. 어느 지방에서는 양민 한 명을 잡아 땅에 쓰러뜨리고 냉수관을 입에 넣고 물을 퍼 넣어 배가 북 같이 팽창하자 나무판자로 그 배를 치고, 또 일본군 여러 명이 그 위에 뛰어올라 물이 입에서 쏟아져 나오는 것을 보고 깔깔대며 크게 웃었다. 또 어느 지방에서는 의병을 추격하다 잡지 못하자, 주민 수백 명을 포박하여 한적한 곳으로 끌고 가서 큰 구덩이를 수삼 척(尺) 파고 주민을 그 속에 처넣고 반을 묻은 다음, 저마다 예리한 칼을 잡고 풀을 베듯 목을 베고는 서로 쳐다보며 크게 웃어댔다. 충주군에서는 달걀을 빼앗고 값을 치르지 않아 주민들이 인근 부대 대장에게 호소하자 일본군이 정탐하고는 남녀 10여 명을 총으로 죽였다. 제천군에서는 의병을 수색하다가 찾아내지 못하자, 마을 사람에게 화풀이하여 전곡(錢穀)을 토색하고 부녀자를 겁탈하였으며, 집을 불태웠다.

〈후략 : 그 외 문의에서는 의병에게 음식을 제공했다는 이유로 마을을 불태우고 양민을 학살하였고, 평산에서는 겨울에 얼음 위에 옷을 벗기고 세워 놓아 얼어 죽게 하였다. 기타 일본인이 한국인을 학대한 사실들을 열거하였다.〉

52. 한국인 교육 말살

국가가 약한 것을 강하게 만들고, 인민의 몽매함을 깨우쳐 밝은 데로 가게 하는 것은 교육이 아니면 (다른 것은) 없다. 그러므로 한국 애국지사는 이것을 급한 일이라 하고 분주히 외쳤다. 교육에 앞장서고, 신문에 글을 써서 경종을 울렸으며, 연설을 행하여 이를 격려했다. 이에 학회로는 서북학회(西北學會), 기호흥학회(畿湖興學會), 교남학회(嶠南學會), 호남학회(湖南學會), 관동학회(關東學會), 흥사단(興士團) 등이 있었고, 잡지로는 《서북학회월보(西北學會月報)》, 《보성교우보(普成校友報)》, 《대한흥학보(大韓興學報)》, 《교육월보(敎育月報)》, 《소년잡지(少年雜誌)》, 《공업계(工業界)》 등이 있었다. 교육사업으로는 민영휘(閔泳徽), 유길준(兪吉濬), 이종호(李鍾浩), 안창호(安昌浩), 이승훈(李承薰), 이동휘(李東暉), 유일선(柳一宣) 등이 종사하였다.

학식이 있는 자는 그 두뇌를 다하였고, 재산을 가진 자는 그 재산을 기울였다. 일시에 분위기가 고동되고 인심이 격렬하게 권고되어, 국내의 소학교·중학교·전문학교의 설립이 3천여 곳에 이르렀다. 모두 민간 유지들이 일으켜 마련한 것으로, 학생이 구름처럼 모였으며, 생각들이 활발해졌다. 곳곳에서 학교종이 울려 퍼져 그 위세가 하루에 천리를 가는 것같이 일어났다. 서울에 보성학교(普成學校)·휘문의숙(徽文義塾)·협성학교(協成學校) 등이, 평양에 대성학교(大成學校), 정주에 오산학교(五山學校), 안주에 안흥학교(安興學校) 등이 가장 볼 만한 것이었다.

만약 이런 기세로 수십 년만 발전하였다면 문화 발달과 민지(民志) 통일이 확실해짐을 기약할 수 있었다. 그러나 뇌정벽력(雷霆霹靂)이 학계에 떨어져서 싹이 움트는 것을 잘라 버리고, 그 발원을 막아 버렸으니, 대성학교·오산학교·안흥학교 등이 강제적으로 폐교되고, 나머지 학교들 또한 엄한 감시와 통제를 받았다. 각종 교과서도 국성(國性)이나 이상(理想)에 관계되는 것은 일절 금지되었으며, 교사의 언론이나 학생의 행동에 대해서도 정찰하고 감시하지 않는 날이 없었다. 이 때문에 사기가 꺾이고 학풍이 쓰러지고 무너지게 되어, 교육기관이 깨끗이 없어져 버렸다.

신문 14종과 서적 30여 종이 모두 봉쇄·압수되어 불태워졌으며, 외국에서 들어온 것도 그러하였다. 또한 출판조례를 정하여 비록 정치와 무관한 것이라 할

지라도 자유로운 출판을 불허했다. 한국인은 마침내 암흑의 지옥 속에 갇혀 있게 되었다.

철폐된 신문, 잡지 : 〈황성신문〉, 〈제국신문〉, 〈대한민보(大韓民報)〉, 〈대한매일신보〉(매수), 〈공립신보(共立新報)〉, 〈경향신문(京鄕新聞)〉, 〈합성신보(合成新報)〉, 〈소년잡지〉, 〈서북학회월보〉, 〈대한흥학회보〉, 〈공업계(工業界)〉, 〈적삼보(赤杉報)〉, 〈보성교우잡지〉(금지)

압수되고 금지된 서적 : 《초등본국역사지지(初等本國歷史地誌)》, 《중등본국역사지지(中等本國歷史地誌)》, 《유년필독(幼年必讀)》, 《동국사략(東國史略)》, 《여자국문독본(女子國文讀本)》, 《을지문덕전(乙支文德傳)》, 《이순신전(李舜臣傳)》, 《국민수지(國民須知)》, 《대한지지(大韓地誌)》, 《대한역사(大韓歷史)》, 《최면암집(崔勉庵集)》, 《소의신편(昭義新編)》, 《양명선생실기(陽明先生實記)》, 《음빙실문집(飮氷室文集)》, 《중국혼자유서(中國魂自由書)》, 《월남망국사(越南亡國史)》, 《신주광복지(神州光復誌)》, 《미국독립사(美國獨立史)》, 《서사건국지(瑞士建國誌)》, 《의태리독립사(意太利獨立史)》, 《법국혁명사(法國革命史)》, 《파란망국사(波蘭亡國史)》, 《애급근세사(埃及近世史)》, 《화성돈전(華盛頓傳)》, 《의태리삼걸전(意太利三傑傳)》, 《갈소사전(噶蘇士傳)》, 《대피득전(大彼得傳)》, 《몽배금태조(夢拜金太祖)》, 《몽견제갈량(夢見諸葛亮)》, 《금수회의록(禽獸會議錄)》, 《연설방법(演說方法)》, 《소담(笑談)》, 《조선론(朝鮮論)》, 《자유종(自由鐘)》, 《만세력(萬歲曆)》, 《정신교육(精神敎育)》, 《영웅루국사비(英雄淚國事悲)》, 《혈루(血淚)》, 《청년입지(靑年立志)》(30여 종 수십만 권 모두 불구덩이에 들어감).

이때 공업전습소 학생이 가장 애국열이 풍부하여 일본인에게 수업은 받았지만, 일본인의 행동에는 반대하여 여러 번 형세가 격앙되었는데, 저들은 합방을 강행하고는 조병학(趙炳學)이라는 학생 등을 구속하여 몇 달 동안 감옥에 가두었다가 석방했다.

일본인은 한국인의 정도가 고등교육에는 합당치 않다고 내세우며, 각지 중학교를 철폐하라고 강압적으로 명령하였다. 또한 부자들이 의연금으로 학교를 도와주면, 일본인은 그 사람을 몹시 미워하고 배척하여 배일파(排日派)로 지목하고 죄를 뒤집어씌우기도 하였다. 재산도 없애고 또 화를 재촉하는 것을 어떤 사람이 즐거이 하겠는가. 이에 부자들이 두려워 감히 돈을 내지 못하게 되자, 자연히 문 닫는 학교가 많아졌다. 전국 아동들을 일본인들이 만든 보통학교로 몰아넣었고, 비록 대수롭지 않은 노래라도 조국(祖國)을 의미하는 내용이 있으면 조사해서 금지시켰으며, 한문 교과 또한 폐지하였다. 오직 일본말, 일본글로 수업하였고, 일본 왕의 위덕(威德)을 찬송하는 노래만 부르게 하였다. 일본인 풍속을 습득케 하여 자기들처럼 하라고 하여 제2의 일본 종자를 양성하는 데만 힘을 기울였다. 또한 한국인은 본래 예교(禮敎)를 숭상하여 왔는데, 일본인의 풍속에서는 옷으로 몸도 가리지 않고, 여름철에는 남녀가 알몸으로 지내며, 목욕을 할 때 남녀가 같은 탕에서 하였다. 한국인과 일본이 섞여서 잡거(雜居)함이 오래되자 자연히 어린이와 무지한 사람들에게 이것이 전염되어 아무렇지도 않게 일본옷과 신발을 편하다고 착용하는 자가 많아졌다. 슬프다! 나라가 망하니 예속(禮俗) 또한 망하는구나!

일본인 문학박사 요시다(吉田東伍)는 "조선 역사가 존재하면 일본이 조선 문화를 받아들였다는 것이 없어지지 않고 남아 있게 되므로 조선 역사를 없애 그 흔적을 깡그리 쓸어버려야 한다"면서 조선 역사를 없애자고 부르짖었다. 옛날 진시황이 여섯 나라를 멸망시키고 역사와 전적을 없애버린 것은 자기를 비방하려 한 것을 싫어하였던 것이었고, 지금 일본인이 조선 역사를 없애려 하는 것은 자신들을 가르쳤다는 것을 싫어하기 때문이다. (일본인) 조상이 (조선으로부터 입은 것은) 은혜뿐인데, 이를 원수로 갚고자 하는가. 조선은 고대문화에서 일본에게 혜택을 주었고, 일본은 오늘 문화로 조선을 학대하니, 그 성질이 어찌 이렇게 상반된단 말인가.

53. 한국인 산업의 억압

수십 년 동안 일본인이 한국 산업을 수탈한 것 가운데 큰 것만 하더라도 삼정(蔘政), 어채(魚採), 광산, 철로, 삼림, 척식(拓殖) 등이 있다. 기타 힘을 빙자하여 공공연히 빼앗아 가고, 속임수를 써서 편취(騙取)하여 우리 모피(毛皮)를 벗기고 우리 고혈을 빨아먹어, 크고 작은 것을 모두 빼앗아 가니 주머니가 말라 버렸다. 어찌 한국인이 살아갈 수 있을 것인가. 일본인이 전후 우리 정부에 "한국의 부강을 꾀하겠다"고 하였고, 우리 인민에게는 "한국인의 복리를 꾀하겠다"

고 하더니, 마지막에 병합을 하고 나서는 "일·한 두 나라는 한집안으로 함께 행복을 꾀하며, 서양 세력을 방어하고 대국(大局)을 유지하자는 것인데, 어찌 한국인은 우리의 진의(眞意)를 모른단 말인가"라고 말하였다. 저들이 우리 국권을 탈취하면서 부강을 꾀한다고 하고, 우리 산업을 강탈하면서 행복을 꾀한다고 하였으니, 국권도 없고 산업도 남겨 놓지 아니하고 이른바 부강과 행복을 이룰 수 있다고 하겠는가. 이런 짓을 하여 한국인을 속였다고 해서 천하를 속일 수 있으리오.

〈중략 : 한국인이 개발한 광산을 신고하게 하여, 일본은 힘들이지 않고 전국 광산을 파악하고 좋은 광산은 모두 빼앗아 갔으며, 같은 방법으로 황무지도 수탈해 갔다. 또 일본인 은행이 들어와 예금을 빙자하여 재산을 탈취해 갔다.〉

일본인 관리는 매번 한국인에게 "지금 한국인에게 급한 것은 정치·법률·군사 등에 있지 않고 산업에 있다. 너희들이 실업에 종사하겠다면 마땅히 장려하고 도와주겠다"고 말하였다. 한국인 또한 이것이 급하다고 하여, 분원(分院)자기회사, 제혁소(製革所), 유직(紐織)회사, 조지(造紙)회사, 시탄(柴炭)회사 등이 차츰 일어나게 되었는데, 저들은 마침내 방해하여 망하게 하였으니, 저들의 심보는 어디에 있었겠는가. 실업을 일으키라고 권유한 본의는 한국인의 정치사상을 없애려고 한 것이었고, 실업을 경영하는 것 또한 자기들에 불리하다는 것을 알고 이것도 해쳤던 것이다.

〈중략 : 일본제 공산품이 많이 수입되어 서울과 각 지방 관청이나 민간 일상용품이 모두 일본 제품이었다. 일본인은 토지를 살 때 요지만을 점령하여 다른 한국인이 어쩔 수 없이 토지를 팔게 만들었다. 풍속도 달라 일본인은 알몸으로 많이 지내, 이를 피해 다른 곳으로 이사하기도 하였다. 한국 농민이 전조(田租)를 내지 못하는 것을 기화(奇貨)로 토지를 헐값으로 사들이고, 일본인이 우마(牛馬)를 풀어놓아 곡식을 뜯어먹어 땅주인이 항의하면 주인을 구타하였다. 그 외 가옥 탈취, 도로 건설에서의 노동력 탈취, 비료로 쓸 서울의 분뇨 수거 독점, 일본인 도적이나 유랑인 행패, 총포화약법 시행과 무기 색출 수거로 포수 생계 탈취, 각종 사기와 도박, 한국 고관에 대한 일본인의 아첨과 뇌물 등 많은 폐단이 일어났다.〉

한국은 가난한 나라이다. 실업도 흥하지 않았고 백성 살림살이도 빈약하여 오직 요역(徭役)을 가볍게 하여 거두는 것을 절감해 주고 평소에 쓰는 비용을 절약해야만 간신히 재정 수입과 지출을 맞출 수 있었다. 그러므로 국세(國稅) 연간 액수는 1천만 원에 불과하였다. 일본인이 행정을 하면서 각종 이름의 세목(稅目)이 날로 증가하여 가옥세, 지단세(地段稅), 영업세, 인지세, 우세(牛稅), 마세(馬稅), 돈세(豚稅), 소송지세(訴訟紙稅), 혼인세, 화세(火稅), 정세(井稅), 묘지세 등이 생겼다. 그리고 담배는 경작할 때도 세금이 있고, 판매할 때도 세금이 있었으며, 술도 양조세, 판매세, 누룩 제조세가 모두 있었다.

영업세의 경우, 많은 자본으로 영업을 하는 사람이 1년에 세금으로 내는 돈이 수천 원에 이르렀고, 지단세는 평당 수십 원이 넘었다. 그리하여 국세 수입액이 이미 2억 원이 넘었으며, 계속해서 3억 원의 예산을 한다고 하였으니, 한국인 생산력이 이를 지탱할 수 있었겠는가. 병합 뒤에 도로정책을 더욱 확장하여, 국도·군도·면도 등 3등급으로 나누어 직선으로 길을 뚫었는데, 노면이 광활해서 인민 전답을 점유하고서도 보상하지 않았다. 그러므로 길가에 땅을 가졌던 사람들은 입추(立錐)[71]의 땅도 없어지게 되었고, 떠돌아다니며 빌어먹는 사람이 많아졌다. 도로를 공사하는 데 부역을 나간 사람들은 임금은 고사하고 날마다 채찍질만 받았다.

54. 장인환, 전명운의 미국인 스티븐스 살해

미국인 스티븐스(Stevens)란 자는 광무 9년(1905) 6월 일본 정부 추천으로 한국 외교 고문직을 맡게 되었는데, 각 부 일본인 고문과 같은 것이었다. (그는) 이토가 보호조약 체결을 (늑행)할 때, 외부(外部)에 있으면서 적극적으로 알선하여 일본에 충성하였다. 한국 국록을 먹으면서 한국을 망하게 하는 기틀을 만들었으니, 그가 마음먹은 것과 한 짓들을 보면 (그는) 사람이라면 함께할 수 없는 한국인의 원수였다. 이토가 한국을 통치하면서 겉으로는 비록 회유하는 듯하였지만, 실제로는 강탈을 일삼았으니, 이것은 길 가는 사람 누구나 알고 있는 것이었다. 한국인이 원한을 품은 진상은 이미 여러 사실에서 드러났는데, 외국

---

71) 송곳을 세움.

인 또한 자못 비난하였다. 영국인 맥켄지(McKenzie)[72]가 책을 지어 한국의 처참한 모습을 각국에 전파하였고, 미국인 헐버트(Hulbert)[73]는 미국에 있는 월간 잡지에 한국인의 원한과 이토의 야심을 논박하였으며, 영국인 베델의 〈대한매일신보〉 또한 이토를 공격(攻擊)하기에 거의 거리낌이 없었으므로 한국인에게 크게 환영받았다.

이런 몇몇 언론활동이 비록 (일본에 의한 병합) 진행을 막아내기에는 역부족이었지만, (일본은 외국인이) 옆에서 하는 말조차 싫어하였다. 이에 일본은 스티븐스를 미국에 보내 일본의 대한정책을 미국 언론에서 찬양하고 선전할 필요가 생겼다. 스티븐스는 서류를 지니고 샌프란시스코에 도착하여 여러 신문에 '한국 국내의 실덕(失德)이 매우 심하여 완고당이 인민 재산을 약탈하였으며, 인민이 어리석어 독립할 자격이 없다. 만약 일본에 속하지 않는다면 러시아에 빼앗기게 될 것'이라는 내용을 실었다. 또한 '이토가 한국을 다스리면서 한국이 더욱 좋아졌으므로 한국인은 반대의 악감정을 가지고 있지 않다'고 하였다.

이보다 먼저 한국 빈민들은 미국 땅이 매우 풍부한 극락땅이라고 듣고, 노동으로 돈을 버는 것이 다른 것에 비교하면 용이하다고 생각하여 미국으로 건너갔다. 그래서 샌프란시스코, 뉴욕, 로스앤젤레스와 캘리포니아주 및 하와이 각지에 8천여 명이나 되었다. 대개는 노동자였고, 그 속에 사회 지사, 교회 신도, 학생, 청년 등도 끼여 있어서 문명 사조를 받아들여 날로 새로워지고 있었는데, 불행하게 조국이 망하게 되어 감개(感慨)가 격앙되고 뜨거운 피가 끓어올랐다. 이에 단체를 조직하고 땀 흘려 번 돈을 거두어 신문사를 만들고, 학교를 세워 새로운 백성(新民)을 양성하여 조국 경영에 공헌하려던 것이 오래되었다. 이때 (그들은) 스티븐스가 조국을 모욕하고 원수놈을 찬양한다는 것을 듣고 참을 수 없었다. 하물며 그의 평소 행동이 우리에게는 깊은 원수였음에랴. 이에 장인환(張仁煥), 전명운(田明雲)의 총성이 있게 되어 북미대륙을 뒤흔들었다.

한국인 정재관(鄭在寬) 등이 여관으로 스티븐스를 방문하고, 한국을 헐뜯은

---

72) 영국 〈데일리메일〉지 기자로 《한국의 비극 *The Tragedy of Korea*》, 《한국의 독립운동 *Korea's Fight of Freedom*》을 저술.
73) 〈한국평론 *Korea Review*〉 편집인으로, 교육과 선교활동을 하면서 《한국사 *The History of Korea*》, 《대한제국 멸망사 *The Passing of Korea*》 등을 저술.

신문기사를 힐책하자, 스티븐스는 이토의 정책이 한국에 유익한 것이라 떠들어 댔다. 한국인들은 크게 화를 내며 곧바로 의자를 부수어 버리고 자리를 박차고 나왔다.

다음 날 스티븐스는 워싱턴으로 가려고 오클랜드 정거장으로 나왔는데, 그 때 한국인 전명운이 갑작스럽게 권총을 뽑아 발사했으나 탄환이 나가지 않았다. 스티븐스는 깜짝 놀라서 화를 내며 전명운과 서로 육박전이 벌여졌는데 갑자기 총탄이 뒤에서 날아와 한 발은 전명운이 맞고, 두 발은 스티븐스가 맞았다. 곧 한국 평양 사람 장인환이었다. 두 사람은 저마다 스티븐스를 죽이려 하면서도 서로 모의한 것은 아니었는데, 여기에서 우연히 만났기 때문에 전명운이 잘못 맞은 것이었다. 전명운은 서울 사람이었다.

그곳 경찰서에서 스티븐스와 전명운은 병원으로 보내고, 그 이유를 신문하였다. 전명운은 "일본이 러시아에 선전포고하면서 한국 독립을 부식(扶植)한다고 하였다가 지금에 와서는 우리 국권을 빼앗고, 우리 재정을 빨아먹고, 우리 관직을 점탈하였으며, 헌병과 순사가 전국에 가득 차 있다. 따라서 내가 미국에 온 것은 공부하여 국가에 헌신하고자 한 것이었다. 그런데 스티븐스가 각처에서 '한국인이 일본인을 환영하고 일본인에게 감복하고 있다'고 소식을 전한다고 하는데, 이것은 사실을 날조하여 명예를 떨어뜨리는 것이 극한에 이른 것이다. 이런 까닭에 나는 이 도적놈을 죽이고자 하였다"고 진술하였다. 또 장인환은 "스티븐스는 한국의 보호조약을 찬성하여 우리 2천만 동포를 독살하려 하였으니, 이 도적놈을 죽이지 아니하면 우리 동포가 반드시 멸망할 것이다. 그러므로 나는 살신성인(殺身成仁)하기 위해 거사를 하게 된 것이다"라고 하였다.

이때 미국 각 신문에서는 한국 사람의 애국열에 감탄하고, 이 거사에 대해 '용을 타고 하늘에 오르는 영광스러운 일이라'고 하였다. 한 미국인 부인은 장인환을 어루만지며, "이렇게 어린 사람의 애국심이 이와 같으니 참 장한 일이다. 미국인 또한 이 소년같이 나라를 사랑해야 한다"고 하였다.

전명운은 입원 뒤 완치되어 퇴원하였으나 스티븐스는 상처가 심하여 사망했다. 미국 법정에서 공판이 열려 신문하였는데, '공적인 일에 분발하여 사람을 죽인 자는 특별히 감형한다'는 법률에 따라 장인환이 스티븐스를 살해한 것은 애국 행위였으므로 특별히 사형을 감해서 15년 징역에 처했고, 전명운은 바로 석방했다.

55. 소네의 통감 취임과 이토의 육군, 사법 양부 폐지

〈생략 : 소네가 새 통감이 되었으며, 각 부 협판을 차관으로 고치면서 모두 일본인으로 임명하고, 그들이 실권을 장악하게 하는 이른바 차관정치(次官政治)를 시행하였다. 또한 육군과 사법부를 폐지하고 사법권을 빼앗아 갔다.〉

56. 안중근 의사의 이토 저격

기유년(1909) 겨울에 이토가 만주를 시찰하기 위해 여행하였다. 가면서 '놀기 위해 가는 것이지 정치적인 성격은 없다'고 하였으나, 일본 신문에서는 '만주 경영이 공(公)의 이번 시찰 실행하는 여행의 단서이다'라고 하였다. 또 일본인의 이른바 비밀사(秘密史)에서 '일러협약에 기초하여 한국을 병합하는 결과를 이루어야 한다'라고 하였고, 또한 중국인 신문에서도 세간에서 시끄럽게 전하는 바에 따라 '이토의 이번 여행은 만주의 일들을 마무리하고, 중국 내정감독을 바라고, 중국 재정을 통감(統監)할 것을 주장하려는 것'이라 하였다. 이런 증거들로 본다면, 이번 여행 목적은 러시아 대신과 만주 문제를 타협한 뒤 각국 비밀 사절과 더불어 세계적으로 담판을 벌이고, 다시 중국 재정감독의 일을 진행하여 스스로 통감이 되겠다는 것이었다. 크도다, 그 야심이여! 결국 하얼빈에 이르러 한국인 의사 안중근(安重根)의 저격을 받고 사망하고 말았다.

안중근은 황해도 해주 사람이었다. 아버지 안태훈(安泰勳)은 진사로 기개와 절의가 있는 사람이었다. 갑오 동학란이 일어나자 향병(鄕兵)을 모집하여 토벌하였는데, 이때 안중근은 열다섯 나이로 홍의(紅衣)를 입고 종군하였다.[74] 돌격하며 총을 쏘아도 헛맞추는 것이 없었으니, 적(賊)들은 궤멸되어 흩어졌다. 난이 평정되자 부대를 해산하고 농사짓는 일로 돌아왔다. 대개 우리나라는 문(文)을 숭상하고 무(武)를 배척하여 결국 점점 약하게 되었으니, 동학군은 오합지중(烏合之衆)인데도 난이 일어난 지 수년이 되도록 관군은 그것을 속히 평정하지 못하여 화가 전국에 미쳤을 뿐만 아니라 동아(東亞)의 큰 국면에서 전화

---

74) 1894년 농민전쟁이 일어났을 때 향병 등의 이름으로 군사를 모아 농민군과 대항하였다. 안태훈은 그곳 동학세력이었던 백범 김구 등과 싸워 공을 세웠다.

(戰禍)를 불러일으켰다. 안중근은 이것을 경계하여 상무(尙武) 교육을 제창하고, 가재(家財)를 털어 무기를 구입하여 마을 사람들의 훈련에 이용하였다.

갑진년(1904) 러일전쟁이 일어나자, 안중근은 탄식하며 "이 전쟁은 실로 우리나라 존망과 관계될 것이다"라고 말하였으며, 또 러일 강화조약이 성립되었다는 소식을 듣고 그 아버지께 "형세가 급하게 되었으니 며칠 안 되어 우리나라 사람이 손 쓸 수 있는 여지는 없어질 것이므로 우리나라 밖에서 구한다면 오직 중국밖에는 없다"고 고하였다. 을사년(1905) 10월 집을 떠나 배를 타고 옌타이(煙臺), 자오저우(膠洲), 웨이하이(威海), 상하이 등지를 두루 돌아다니면서 함께 일할 수 있는 인재를 구하였으나 만나지 못하였다. 얼마 지나지 않아서 아버지가 별세했다는 소식을 듣고 환국하였다. 다음 해 봄 평안도 삼화진 남포로 이사하여 삼흥학교(三興學校)를 세우고 청년들을 교육시켰으며, 두 동생에게 서울에 가서 공부하도록 하였다. 뜻있는 동지들을 불러모아 결합하고, 매번 대중을 모아 놓고 연설하면서 시사(時事)를 통렬히 논박하고 인심을 고무시켜 비분(悲憤)한 마음을 격앙시켰으니, 듣는 사람은 모두 울었다.

정미년(1907) 7월 이토가 고종 양위를 핍박하고, 군대를 해산시켜 서울 장안이 크게 동요하였다가 수일이 지나서 안정되었다. 안중근은 의병을 일으켜 죽기로 결심하고 전국을 망라하여 수완을 발휘코자 하였으나, 민간이 소지한 무기를 모두 압수당하여 쇳조각 하나 남은 것이 없었다. 맨주먹으로 호랑이를 잡는다고 하더라도 성사시킬 수 없는 지경이므로, 마침내 러시아령인 블라디보스토크로 건너가서 활동할 방면을 찾으려 하였다. 그곳은 한국인 이주가 가장 번창한 곳이었고, 일본인 세력범위 밖에 있었다. 처음 이곳에 도착하여 동지 12명을 만나 손가락을 끊어 맹세하고, '大韓獨立' 네 글자를 혈서로 써서 하늘에 서고(誓告)하였다. 이에 각지로 바쁘게 돌아다니며 교육을 역설하고 또한 의용병을 모집하여 군대를 편성하니 3백여 명이나 되었다.

기유년(1909) 6월, 마침내 의기를 들고 러시아령을 떠나 두만강을 건너 경흥군에 들어와서 일본인을 습격하여 3차례 교전에서 적 50여 명을 사살하였으며, 이어서 회령군 일본병영을 습격하였다. 이에 일본인은 각지에 급전을 보냈는데, 각지에 주둔하던 병력 5천 명이 당도하여 맹렬한 포격을 가해 왔다. 안중근은 직접 충돌하여 한나절 동안 격전을 벌였으나, 구원군이 끊어지고 탄환이 떨어지자 마침내 패하여 흩어졌다. 안중근을 따르는 사람은 두 명뿐이었는데, 길이 몹시 험하고 구름과 안개까지 낀 어두운 상황에 일본병이 추격하여 상황이 매우 급박하였다. 이에 낮에는 숲속에 엎드렸다가 밤을 이용하여 산길을 걸었다. 닷새 동안이나 굶어 따르는 사람들도 몹시 피로해서 사색이 되었으나 안중근은 의기가 태연자약했다. 마침내 살아서 러시아령에 들어가 다시 동지를 규합하여 다음 일을 꾀하자, 사람들은 이것을 보고 그의 용기에 더욱 감복하였다.

이때에 이토가 만주를 시찰한다는 소식을 듣고 뛸 듯이 좋아 "이는 천재일우(千載一遇)의 좋은 기회다"라 말하고, 마침내 동지 우덕순(禹德淳)·유동하(劉東夏)·조도선(曹道先) 3인과 함께 관성자(寬城子)에 도착해서 이토가 언제 올 것인지를 탐문하고 요격(邀擊)하고자 하였다. 그러나 어느 곳에서 이토를 만나 거사를 실행해야 할지를 알지 못해 우덕순과 조도선 2인은 그대로 관성자에 남아서 대기하고 안중근은 하얼빈으로 갔다.

이토는 10월 25일 관성자에서 묵고, 다음날 이른 아침 러시아 철도국에서 보낸 특별 열차편으로 상오 9시에 하얼빈역에 도착하였다. 러시아 군인 수천 명이 경위(警衛)하고, 각국 영사단 및 관광객들이 수풀처럼 줄을 섰고, 군악이 울려 퍼지고 화포(花砲)가 연속으로 발사되었다.

이토가 하차하여 러시아 대신과 악수하고, 군대 경례를 받은 뒤 서서히 걸어서 각국 영사들이 있는 곳으로 나아갔다. 안중근은 양복 속에 감추어 둔 권총을 꺼내 러시아군 뒤에 서서 엿보다가 거리가 10보쯤 되었을 때 갑자기 뛰어들며 제1탄을 발사하여 이토의 가슴 부분을 명중했다. 화포 소리가 요란하여 군인들은 깨닫지 못했다. 제2탄을 발사하여 옆구리를 명중하자 군인·경찰과 환영단이 그제야 깨닫고 겁을 집어먹고 도망쳤다. 제3탄이 배를 명중하여 이토가 땅에 거꾸러지자, 다시 일본 총영사 가와카미(川上)와 비서관 모리(森), 철도총재 다나카(田中) 세 사람을 향하여 발사하여 모두 쓰러뜨렸다. 권총 탄환 여섯 발이 연거푸 명중하는 예는 일찍이 없었던 일로 이는 안중근의 담력과 용기, 또 사격술이 세상에서 뛰어났기 때문이었다.

수천 명 군대가 모두 흩어져 도망치며 감히 다가서지 못하다가 탄환이 떨어져서 총성이 멈추자, 그제야 각 군인들이 모여들어 안중근의 총을 빼앗고 헌병대에 넘겼다. 안중근은 즉시 라틴어로 "대한독립만세"를 세 번 크게 외쳤다. 안중근은 결박을 당하면서도 손뼉을 치고 크게 웃으면서 "내가 어찌 도망가리오. 내가 도망치겠다고 마음먹었다면 사지(死地)에 들어오지도 않았을 것이다"라고 말하였다. 이토는 10분을 넘기지 못하고 바로 죽었다. 이 일이 전해지자 얼굴색이 변하지 않는 사람이 없었고, 혀를 내두르며 "한국에도 인물이 있구나"라고 말하였다. 러시아인 사진사는 안중근이 이토를 저격·살해하는 장면을 찍어 세계의 기이한 볼거리로 공급하니 일본인이 6천금을 내고 사가 버렸다.

안중근은 붙잡혀서 뤼순 감옥에 갇혔는데, 철사줄로 결박하고 학대가 극심하였다. 안중근은 "나는 대한국 의병장이니 너희 나라 대관과 같이 대접해야 하거늘 어찌 이같이 야만스럽고 난폭하단 말인가"라고 이를 질책하였다. 일본인 검사가 날마다 감옥에 들어가 위세로 굴복시키려고 화를 내며 엄중하게 신문(訊問)하면서 마치 죽일 것같이 하였으나, 안중근은 조금도 동요되는 기색이 없었고 엄하게 항변하였다. 검사는 그를 강제로 굴복시키기는 어렵다는 것을 깨닫고 마침내 결박을 풀어 주었으며, 한국말 하는 사람을 시켜서 날마다 감언이설(甘言利說)로 유혹하고 좋은 음식과 지필(紙筆), 서적 등을 보내주어 안중근의 비위를 맞추었다.

일본인 사카이(境喜明), 소노키(園木次郎) 두 사람이 와서 "만약 잘못 이해했다고 자복(自服)한다면 반드시 특사(特赦)가 있을 것"이라고 달래어 말하였으나, 안중근은 "내가 구차한 생을 누리고자 했다면 어찌 이런 거사를 할 수 있었겠는가. 내가 이미 이토를 저격할 때에 죽기를 결심하였는데 오늘까지 연명한 것이 뜻밖이다. 나는 살기를 바라지 않나니 그대들은 나를 꼬이지 말라"고 하였다. 또한 일본 정부와 법원에서 시간을 들여 의논하여 (안중근의) 자복을 얻고자 하려던 것을 비웃었다. 2백여 일 동안 위협과 회유 등 온갖 방법을 모두 동원하였지만 더욱 준엄하게 거절하였다.

안중근은 옥중에서 생각이 한가하여 혹은 시를 읊으면서 스스로를 굳세게 하였으며, '인심유위 도심유미(人心惟危 道心惟微)'[75]라는 글을 써서 스스로 반성하기도 하였다. 또 〈동양평화론〉이라는 긴 글을 써서 자기 주장을 발표하였다. 일본인 또한 그의 의(義)를 흠모하여 그의 필적을 구하는 자가 많았는데 모두

---

75) 인심(人心)은 위태롭기만 하고 도심(道心)은 은미하기만 하다.

응해 주고 글씨 쓰는 것을 게을리하지 않아서 2백여 폭이나 되었다. 아! 안중근의 여유 있음이여.

공판이 열리고서 법관이 "어찌해서 이토를 살해하게 되었는가"라고 캐어물으니, 안중근은 "당신네 나라와 러시아가 전쟁을 벌일 때 당신네 왕이 천하에 우리나라 독립을 부식하겠다고 선포하였기에 우리나라 사람들은 감사하고 굳게 믿고 일본군이 승리하기를 축수하였다. 그런데 일본이 승리한 뒤에 이토는 무력으로 우리 군신을 협박하고, 우리 독립을 박탈하였으니, 이것은 당신네 왕의 뜻이 아님이 분명하고 이토가 공을 탐하여 한 것이다. 이것은 세계 인도(人道)의 적이며 우리 대한제국 만대의 원수라, 어찌 살해하지 않겠는가. 나는 대한 의병 참모장으로 의병을 규합하고 또한 군함을 구입하여 이토를 격살하고 우리 독립을 회복하려 하였다. 마침 이토가 하얼빈에 온다는 소식을 듣고 내가 홀로 먼저 와서 죽였다. 나는 적국에서 본다면 한 사람 포로일 뿐이니 나를 형사 피고로 대하는 것은 당치도 않다"고 대답하였다.

그리고 이어 이토가 저지른 큰 죄 13가지를 들어 수시간 통박하니 웅변이 거침이 없고 눈빛이 빛나서 놀라지 않은 방청자가 없었다. 또한 "비단 우리나라에 대하여 폐위, 시역(弑逆)[76]의 큰 죄를 저질렀을 뿐 아니라 당신네 나라에 대해서도 또한 죄가 있다"고 이토를 규탄하였다. 법관이 "그것이 무슨 뜻인가" 하고 묻자 안중근은 "당신네 나라 선왕 고메이(孝明)의 일이다"라고 하였다.[77] 법관 등은 갑자기 얼굴색이 흙빛깔이 되었으며, 급히 손을 휘둘러 방청을 중지토록 하였다.

마지막 공판이 끝난 뒤 두 아우 정근(定根)과 공근(恭根)에게 "내가 죽은 뒤에 나의 유골을 하얼빈 공원 곁에 묻어 주고 우리나라 국권을 회복하는 날을 기다렸다가 고향 땅에 이장해 달라. 내가 천국어 가서 또한 우리 국가 회복을 위해 진력할 터이니, 너희들은 나를 위해 우리 동포에게 고하여 저마다 국가의 책임을 부담하여 국민의 의무를 다하고, 동심일력(同心一力)으로 공업(功業)을 세우도록 하여라. 대한독립 소리가 천국에 들리면 내 마땅히 기뻐 춤추며 만세

---

76) 부모나 임금을 죽임.
77) 고메이는 메이지의 아버지로 독살되었다는 설이 있다. 안중근은 재판과정에서 이토를 살해한 이유 가운데 1866년 이토가 그 독살에 관련 있다고 지적하였다.

를 외치겠노라"고 말하였다.

경술년(1910) 양력 3월 26일 상오 10시에 형장에 서서 "나는 대한독립을 위해 죽고, 동양평화를 위해 죽는다. 죽는다고 어찌 유감스럽겠는가"라고 흔연히 말하고, 마침내 한복으로 갈아입고 조용히 형을 받으니, 그때 나이 서른두 살이었다.

57. 이재명의 이완용 살해 미수

〈생략 : 평양 사람 이재명(李在明)은 동지 김정익(金貞益)과 더불어 이완용(李完用)과 이용구(李容九)를 살해하기로 하였으나 실패하였다. 이재명은 교수형을 받았고, 김정익은 살인음모죄가 적용되어 종신징역을 받았다.〉

58. 일본의 한국 병합

오래 전에 일본인은 하나의 모임을 조직하고 한국 문제를 토론하였다. 하세가와(長谷川芳之助)가 의장이 되고 아울러 다수 의원을 두었는데, 한일병합에 관해 논의하였다. 이보다 수십 년 앞서 있었던 이런 종류 논의로는 일본인 모리모토(森本藤吉)의 '대동합방론(大東合邦論)'[78]이 있는데, 이때에 이르러 이를 다시 간행하여 퍼뜨렸다. 한국 일진회가 그 이야기를 듣고 화응(和應)할 뜻을 표시하고 문자로 공포하였으니, 곧 일진회 고문인 일본인 우치다(內田良平)의 소행이었다. 이때 한국 조정은 자못 이 일을 반대하였다. 또 대한협회(大韓協會)와 국민대회(國民大會)는 격문을 공포하고 일진회를 공격하고 인심을 환기시켜 병합 반대를 결의하였다. 통감부는 우리 정부에 책임을 묻고 또 경관을 파견하여 국민회장을 구속하고 해산시켰다. 대한협회도 아무 소리 못했다.

이때 일본 내각총리 가쓰라(桂太郎), 육군대신 데라우치(寺內正毅)는 무단파(武斷派)로 한국 병합을 결의하고, 데라우치를 통감으로, 야마카타(山縣伊三郎)를 부통감으로 하였다. 그들은 1910년 7월 15일 동경을 출발하여 한국에 건너왔다. 먼저 한국 경찰권 위임 문제를 총리대신서리 박제순과 협의하여 조인하고 같은 달 25일 발표하였다.

---

78) 처음 주장한 이는 다루이였다.

일본 정부와 한국 정부는 한국 경찰제도 개선과 재정 기초를 공고히 할 목적으로 아래와 같은 조약을 체결한다.

제1조　한국 경찰제도가 완비되기 전 경찰 사무는 일본 정부에 위임한다.

제2조　한국 황궁 경찰사무에 관한 필요한 것은 궁내부 대신이 사무관과 함께 임시 협의하여 처리한다.

이에 통감부 일부 관제를 고쳐 바꾸고, 전국 경찰권을 경무총감에게 통일시켰으며, 7월 1일 헌병경찰제도를 공포하고 일본 헌병 2천여 명을 증파하여 조선 13도 요처에 배치했다. 또 다수 밀정을 보조기관으로 삼았고, 또 군함 수십 척을 인천과 부산 사이를 오가게 하면서 경비를 엄밀히 하였다.

이때 이완용은 치료(앞서 지적한 이재명으로부터 칼을 맞은 것)를 마치고 온양온천에서 집으로 돌아왔는데, 그 집안사람 가운데 벼슬을 그만두라고 권유한 사람이 있었다. 그러자 이완용은 "내가 국민의 원수가 된 것은 오래되었는데, 퇴관하면 화가 있을 것이다. 차라리 끝까지 일본에 의지하여 스스로를 보존하겠다"고 답하였다. 7월 31일 이완용·박제순·조중응 세 사람이 한성구락부에 모여 시국 문제를 논의하면서 행동 일치를 결의하였다. 일본헌병사령관 겸 한국경찰총감 아카이시(明石元二郞)가 데라우치의 뜻을 받들어 납량회(納凉會)와 관월회(觀月會) 등을 수차례 개최하고 한국 원로대신과 기타 유력자를 청하여 담소하면서 시국 문제를 암시하였다.

그때 동경에 큰 홍수가 났는데, 이완용은 8월 16일 오전 통감 관저에 들어가 위문하였다. 데라우치가 병합안을 제안 설명하자 이완용은 수긍하고 물러났는데, 곧 이날 밤에 정부 참여관 구니다(國分象次郞)를 방문하여 비밀회의를 가졌다. 다음 17일 아침에 내부대신 박제순, 탁지부대신 고영희, 농상대신 조중응 등을 불러들여 의논하였으며, 18일 각의를 열었다. 경무총감 아카이시는 한국의 각 신문을 금지하고 또한 일본 신문도 거두어들였으며, 각 단체를 해산하고 서울 및 지방 신사로 조금이라도 이름이 있는 사람은 모두 잡아들여, 수천 명을 경찰서에 가두었다. 또 헌병·순사에게 모두 총과 실탄을 주어 길거리에 도열시켜 밤낮으로 엄중 경계하였다.

처음 이토는 이완용과 송병준을 앞잡이로 삼았는데, 두 사람은 서로 권력다툼을 하면서 이토에게 잘 보이려고 국권을 파는 등 각기 기량(伎倆)을 다한 까닭에 이토가 이들을 사로잡기는 더욱 쉬웠다. 이미 또 이완용은 조중응과 합세하여 송병준을 실직시키자, (송병준은) 동경에 있으면서 언제나 불만에 차서 이완용을 원망하는 말을 하였다. 이때 이르러 데라우치는 속으로 병합의 계책을 결정하고는 이완용을 독촉하기 위해, 여러 번 동경으로부터의 전보를 이용하여 "송병준이 온다, 송병준이 온다"고 떠들었다. 이완용이 이것을 듣고 자기 자리를 대신 맡을 것을 두려워하여 드디어 급히 스스로 조약을 맺었다. 일본인들이 한국인을 이용하는 것이 또한 교묘하다 하겠다.

아, 슬프다! 동아시아 한반도의 4,300년 역사를 가진 한국이 경술년(1910) 8월 20일 마지막을 고하였다. 하늘이여! 사람들이여! 이날 이완용 등은 나라를 일본에게 양여한다는 조칙을 사사로이 만들어 황후 숙부인 시종원경(侍從院卿) 윤덕영(尹德榮)에게 주어 옥새를 찍게 하였으니, 황제는 흐느끼면서 승낙하지 않았으며, 황후 또한 통곡을 그치지 않았다. 윤덕영은 본디 교활하고 욕심이 많아, 이완용 등과 안팎으로 화응하고 있던 사람으로, 황후에게 통곡을 그치라고 하면서, "이러면 일족이 모두 살해되는 화가 있을 것이다"라고 하였다.

가련하도다, 제실(帝室)이여. 밖으로 강국의 통제를 받고, 안으로는 적신(賊臣)의 핍박을 받았으며, 또 골육의 압박까지 받았으니, 운명의 쇠약함이여, 어찌 이 지경에 이르렀단 말인가, 윤덕영은 순종이 취침에 들어간 틈을 타서 몰래 옥새를 찍어 가지고 이완용에게 주었으며, 이완용은 그것을 데라우치에게 주었다. 그런 까닭으로 일본 정부는 윤덕영을 자작(子爵)에 봉하고 특별 은사금 40만 원을 주었다.

합병늑약(合倂勒約)

한국 황제 폐하(皇帝陛下) 및 일본국 황제 폐하(皇帝陛下)는 양국간의 특별히 친밀한 관계를 고려하여 상호 행복을 증진하며 동양의 평화를 영구히 확보하기 위하여, 이 목적을 달성하려고 하면 한국을 일본국에 병합하는 것만 한 것이 없음을 확신하여 이에 양국 간에 병합 조약을 체결하기로 결정한다. 이를 위하여 한국 황제 폐하는 내각 총리대신(內閣總理大臣) 이완용(李完用)을, 일본 황제 폐하는 통감(統監) 자작(子爵) 데라우치 마사타케(寺內正毅)를 각각 그 전권위원(全權委員)에 임명한다. 위의 전권위원은 회동하여 협의하여 다음의 여러 조항을 협정한다.

제1조 한국 황제 폐하는 한국 전부(全部)에 관한 일체 통치권을 완전히 또 영구히 일본 황제 폐하에게 양여한다.

제2조 일본국 황제 폐하는 전조에 게재한 양여를 수락하고 또 완전히 한국을 일본 제국에 병합하는 것을 승낙한다.

제3조 일본국 황제 폐하는 한국 황제 폐하, 태황제 폐하, 황태자 전하와 그 후비 및 후예로 하여금 각각 그 지위에 따라 상당한 존칭, 위엄 및 명예를 향유케 하고 또 이를 보지(保持)하는 데 충분한 세비(歲費)를 공급할 것을 약속한다.

제4조 일본국 황제 폐하는 전조 이외에 한국의 황족(皇族) 및 후예에 대하여 각각 상당한 명예 및 대우를 향유케 하고 또 이를 우지하는 데 필요한 자금을 공여할 것을 약속한다.

제5조 일본국 황제 폐하는 훈공이 있는 한인(韓人)으로서 특히 표창하는 것이 적당하다고 인정되는 자에 대하여 영예 작위를 주고 또 은금(恩金)을 준다.

제6조 일본국 정부는 전기(前記) 병합의 결과로 한국의 시정(施政)을 전적으로 담임하여 해지(該地)에 시행할 법규를 준수하는 한인의 신체 및 재산에 대하여 충분히 보호하고 또 그 복리의 증진을 도모한다.

제7조 일본국 정부는 성의 있고 충실히 새 제도를 존중하는 한국인으로서 상당한 자격이 있는 자를 사정이 허락하는 범위에서 한국에 있는 제국(帝國)의 관리에 등용한다.

제8조 본 조약은 한국 황제 폐하 및 일본국 황제 폐하의 재가를 경유한 것이니 반포일로부터 이를 시행한다.

통감부를 조선총독부로 고치고 각 도에 고시했다.

병합 선포 뒤 일본 경찰관은 한국 인민에게 감상이 어떠냐고 물어 즉시 대답하지 아니하면 문득 구타하였다. 또 합병찬하문(合倂讚賀文) 1통을 각 백성에게 돌려 보이며 서명 날인토록 하였고, 이를 거절하면 벌을 주었다. 그런 까닭에 도피자가 많았으며, 향촌 인민들은 사실 인장이 없었으므로 일본 경찰이 대신 만들어 날인했다.

이때 한국 인사로 순절한 사람이 많았으나 각 신문이 이미 폐간되어 천지가 캄캄하였으니 그 일도 발표될 곳이 없었다. 또 일본 경관 등은 순절한 사람이 있다는 소식을 들으면 그 집 사람들을 위협하여 그 사건을 누설하지 못하도록 하였다. 이때 전문(傳聞)으로 얻은 것은 대략 다음 29명이었다.

금산군수 홍범식(洪範植), 주러시아 공사 이범진(李範晉), 승지 이만도(李晩燾), 진사 황현(黃玹), 환관 반학영(潘學榮), 승지 이재윤(李載允), 승지 송종규(宋鍾奎), 참판 송도순(宋道淳), 판서 김석진(金奭鎭), 참판 정 모(某, 금구 사람), 의관 백 모(흥덕 사람), 의관 송익면(宋益勉), 정언 정재건(鄭在楗), 감역 김지수(金智洙), 감찰 이 모(보은 사람), 영양 유생 김도현(金道鉉), 동복 송완명(宋完明), 태인 김천술(金天述), 김영세(金永世), 익산 정동식(鄭東植), 선산 허 모, 문의 이 모, 충주 박 모, 공주 조장하(趙章夏), 연산 이학순(李學純), 전의 오강표(吳剛約), 김영상(金永相), 홍주 이근주(李根周) 등이다. 그외 죽은 사람들도 전하는 이야기는 있으나 그 이름은 알 수 없다.

(순절자는) 대개 명문 집안 출신이었고, 학문이 깊은 원로들이었으며, 유림으로 인망이 두터운 사람들이었다. 목매어 죽은 사람도 있고, 할복한 사람, 물에 빠져 죽은 사람, 약을 먹고 죽은 사람도 있었다. 절명사(絕命詞) 및 유서를 남긴 사람도 있었다. 진실로 모든 역사가들이 대서특필(大書特筆)하여 전해야 할 것이다.

슬프다. 죽은 사람 또한 저들 일본놈의 위협을 받아 그 절개를 드러내지 못했으니 산 사람의 고초가 어찌 죽은 사람보다 심하지 않았으랴. 내가 이제 그 사정을 대강 얻을 수 있는 사람은 홍범식·김도현·황현 세 사람으로, 나머지는 뒷날을 기다려야겠다.

홍범식은 판서 고 홍우길(洪祐吉)의 손자이며, 참판 홍승목(洪承穆)의 아들로, 효제(孝悌)를 돈독히 하고 뜻과 절개를 공경하고 면려(勉勵)하였다. 을사년(1905) 뒤로 언제나 강개(慷慨)하여 눈물을 흘리면서 "민 충정공은 참 잘했다"고 하였다. 이해 금산군수가 되었다가, 8월에 병합 변고를 당하여 비밀리에 부인에게 편지를 써서 맡기고 아버지와 결별하였으니, 주위 사람들은 알지 못했다. 몰래 관사에 들어가 목매어 자결하였다. 그 유서가 벽에 붙어 있었는데, '나라가 망하고 임금도 없어졌는데 죽지 아니하면 어찌할꼬〔國破君亡 不死何爲〕'의 여덟 글자였다. 그의 아들로 홍명희(洪命憙)와 홍성희(洪性憙)가 있는데, 명희는 재주 있는 선비로 나(박은식)와 잘 아는 사이다.

　김도현의 자(字)는 명옥(明玉)으로 경상도 영양군 사람이다. 강개하고 기백이 있어 이만도(李晩燾)와 더불어 도의(道義)로 교제하였다. 일찍 나라를 위해 의병을 일으키려 하였으나 어머니가 계셔서 감히 죽지 못하였다. 경술년에 나라가 망하자 이만도와 함께 죽으려 하였으나 어머니 "내가 살아서는 차마 볼 수 있으랴"고 하여 어쩔 수 없이 숨어서 참고 있었다. 드디어 갑인년(1914) 11월 어머니가 죽자, 이내 영해 관어대(觀於臺)로 달려가 바다에 빠져 죽었다. 그달 7일 동짓날이었으며, 나이가 예순여섯이었다. 그는 죽기 전에 "내 시체를 건져 거두는 것은 나의 뜻에 어긋난다"며, 장례를 치르지 말라는 부탁을 아들에게 남겼다. 원근의 많은 인사들이 조문하였으며, 충효를 겸비한 사람이라고 칭찬하였다. 그 뒤로 집안 식구들은 물고기를 먹지 않았다. 죽음이란 짧은 순간에 결행하는 것이지만 이제 5년이라는 오랜 세월이 지나 마음먹은 바(자결)를 이루었으니, 더욱 어려운 것이 아니었던가. (김도현이) 목숨을 끊으면서 지은 글은 다음과 같다.[79]

　'조선왕조 오백 년 마지막에 태어나 붉은 피 온 몸속에 가득하다. 중간 열아홉 해에 수염과 머리털이 가을 서리를 맞은 것같이 되었다. 나라가 망하여 눈물이 그치지 않았는데 어버이 여의니 마음도 아프구나. 만 리 멀리 넓은 바다 바라보니, 이 날이 7일(동지)이라 양의 기운 회복될 때라. 홀로 외롭게 서니 옛 산만 푸르고 온갖 계책 헤아려도 하나의 방법도 없네. 희고 흰 저 천 길 물 속이 내 한 몸 넉넉히 감출 만하여라.'

　황현의 자는 운경(雲卿)이니 전라도 구례군 사람이다. 문장이나 기개와 절의가 사림 가운데에서도 뛰어났다. 《매천집(梅泉集)》이 있어 세상에 읽혀지니, 매천은 그의 호이며, 그의 친우 김택영(金澤榮)이 발행하여 전한다. 절명사(絶命詞) 네 수를 남겨 그 문인에게 주고 독약을 마시고 죽었다. 중략 : 절명사〉

---

[79] 김도현은 1896년 영양 청량산에서 의병을 일으켜 안동 등지 의병과 연합하여 일본군과 싸웠다. 1908년 유생들과 함께 영흥학교를 세웠다.

총독부 관제

총독 : 데라우치, 정무총감 : 야마카타
〈중략 : 총독부 국장 이상 일본인 관원〉
중추원 의관 : 김윤식(金允植), 이완용(李完用), 박제순(朴齊純), 고영희(高永喜), 조중응(趙重應), 이용직(李容稙), 이지용(李址鎔), 권중현(權重顯), 이하영(李夏榮), 이근택(李根澤), 송병준(宋秉峻), 임선준(任善準), 이재곤(李載崑), 조희연(趙羲淵), 이근상(李根湘)[80]

작위 및 은사금을 받은 자[81]

공작 : 이강(李堈), 이희(李憙), 이준용(李埈鎔)
후작 : 이재완(李載完), 이재각(李載覺), 이해창(李海昌), 이해승(李海昇), 윤택영(尹澤榮), 박영효(朴泳孝)
백작 : 이지용, 민영린(閔泳璘), 이완용
자작 : 이완용(李完鎔), 이기용(李埼鎔), 박제순, 고영희, 조중응, 민병석(閔丙奭), 이용직, 김윤식(金允植), 권중현, 이하영, 이근택, 송병준, 임선준, 이재곤, 윤덕영(尹德榮), 조민희(趙民熙), 이병무(李秉武), 이근명(李根命), 민영규(閔泳奎), 민영소(閔泳韶), 민영휘(閔泳徽), 김성근(金聲根)
남작 : 〈윤용구(尹用求)〉, 홍순형(洪淳馨), 〈김석진(金奭鎭)〉, 한창수(韓昌洙), 이근상, 조희연, 박제빈(朴齊斌), 성기운(成岐運), 김춘희(金春熙), 조동희(趙同熙), 박기양(朴箕陽), 김사준(金思濬), 장석주(張錫周), 민상호(閔商鎬), 조동윤(趙東潤), 최석민(崔錫敏), 〈한규설(韓圭卨)〉, 〈유길준(兪吉濬)〉, 남정철(南廷哲), 이건하(李乾夏), 이용원(李容元), 이용태(李容泰), 민영달(閔泳達), 민영기(閔泳綺), 이종건(李鍾健), 이봉의(李鳳儀), 윤웅렬(尹雄烈), 이근호(李根澔), 김가진(金嘉鎭), 정낙용(鄭洛鎔), 민종묵(閔種

---

80) 중추원은 총독 자문기관으로 병합조약에 따라 대신들을 우대하는 차원에서 이들을 임용하고 이용하였다.
81) 황족 후예는 공작·후작, 합방에 공이 있는 자는 백작·자작, 합방 전 대신을 지낸 자는 남작으로 임명하였다.

默), 이재극(李載克), 이윤용(李允用), 이정로(李正魯), 김종한(金宗漢), 〈조정구(趙鼎九)〉, 김학진(金鶴鎭), 박용대(朴容大), 조경호(趙慶鎬), 김사철(金思轍), 김병익(金炳翊), 이주영(李胄榮), 정한조(鄭漢朝), 민형식(閔炯植). (김석진은 자살했고, 조정구도 자살을 기도하였으나 죽지 않았다. 윤용구, 한규설, 유길준 등은 작위를 받지 않았다.)

〈안〉 일본이 한국을 취한 것은 물론 그들 힘으로 한 것이지만 실제로는 구제를 사칭(詐稱)한 것이 많다.

대개 저들이 한국을 침략하겠다는 생각은 멀리로는 도요토미(豊臣秀吉)로부터 비롯되어 가까이는 사이고오(西鄕隆盛)에서 시작되었으니, 오키나와 병합이 곧 한국 병합의 효시(嚆矢)가 되었다. 1876년 통상 이후 교류가 빈번해지면서 간단히 한국을 획득하려고 엿보면서 가만히 나아가서 취하려 하였다. 그러나 중국이 배후에서 감시하고 있으니 그때 세력으로는 일본이 당할 바도 아니었고, 또 역사·지리·종족·인민의 감정 등에서 모두 풀 수 없는 근거가 있었기 때문에 비록 일본이 백배 힘을 내더라도 그 사이를 갈라 놓을 수 없었다. 그러나 일본은 이 때문에 실망하지 않고 오로지 나아가 백 가지 계책을 만들어 한-중 관계를 단절시키고 그 목적하는 바를 관철시키려 하였다. 이때 한국은 각국과 수교(修交)하여 자주권을 얻었으며, 외교문서도 오고 가면서 독립국 모습을 갖추고 있었다. 그런데 일본인은 '독립' 두 글자를 이용하여 한국인이 중국을 배척하는 기회로 이용하였다.[82]

우리나라 명가 재사(才士)로 나이 어리면서 기예(氣銳) 있는 무리들(곧 개화파)이 외국에 유람하고, 세계를 보는 안목을 새롭게 열어 국체(國體)를 스스로 높여야 한다는 사상이 싹트게 되었다. 또 일본에 머물면서 (일본인과) 교류가 많아지게 되자, 일본은 교활한 수단으로 이런 사람을 낚아 유치하여 독립의 영광이라는 미끼로 그들을 꾀어 원조하여 결국 갑신정변을 배양하였다. 대대적으로 친청파를 살육하고 친일파를 조성하여 그 세력을 늘려나갔다. 청나라 군사가 반격하여, 다케조에(竹添) 공사 등은 일본으로 돌아갔으니, 표면으로 본다면 그들이 비록 패하였지만 더 많은 실익을 거두었고, 해를 입은 것은 한국뿐이었다.

왜 그런가. 한국 국사범(國事犯)[83]이 (그들에게) 이용되어 나머지 친일파와 음으로

---

82) 이 점은 박은식이 《통사》에서 계속 지적하던 것이다.
83) 갑신정변 주모자.

관련되어 통한 것이 자유로웠다. 이때 이 무리들은 친일 외에는 살아갈 길이 없었으니, 뒷날 이용 가치가 있었던 것은 의심할 여지가 없었다. 게다가 텐진조약에서 중국이 다소 양보하여 동등한 권리를 점하게 되면서 장래 결전을 준비하였으니, 이것이 그들이 사기(詐欺) 쳐서 이익을 획득한 첫 번째이다.

갑오년(1894) 동학란을 빌미로 온갖 간섭을 자행하여 마침내 청일전쟁을 일으키게 되었는데, 일본인들은 "우리는 한국 독립 완성을 위해 이렇게 군대를 출동시켰다"라고 선언하였다. 국외(局外) 사람들은 일본인의 이번 거사는 의협(義俠)에서 나온 것이라 말하였지만, 한국 친일당(갑오개혁을 추진한 개화파 세력)은 모두 구사여생(九死餘生)에서 뛰쳐나와 정권을 독점하였으니, 그들의 대일 감정이 얼마나 친밀하였겠는가. 그래서 (일본) 요구를 들어주고 편리를 제공하는 것이 오직 미치지 못할까 두려워할 따름이었다. 이때 대원군이 약간 다른 견해를 가지고 비밀리에 청국과 내통하였는데, 이것이 친일당에 적발되어 정계에서 축출되었다. 나머지 재야(在野) 수구파 인사도 친일당에 동의하지 않았지만, 벼슬도 없고 권세도 부릴 수 없었으니 어찌 일할 수 있었겠는가. 이것이 일본인이 바다나 육지 싸움에서 편리함을 크게 얻고 진행하는 데도 장애가 없게 된 바였다. 만약 한국 사람 전체가 같은 마음으로 일본을 원수로 여기고 방해하였다면 (일본이) 전쟁에서 이기더라도 그들이 한 것처럼 그렇게 쉽게 하지는 못했을 것이다. 이것이 그들이 사기 쳐서 이익을 획득한 두 번째이다.

을미년(1895)에 명성황후가 러시아와 관련을 맺고 일본을 배척했다고 하여 그들은 즉시 시해(弑害)하여 해독을 제거하려고 계획을 실행하였다. 그리고 궁중의 감시와 시찰을 염려하여 이것을 미연에 예방하기 위해, 이노우에가 한국으로 돌아오던 날 바로 궁궐에 들어가 "일본사람이 궁중 대권을 유지하고 안녕을 확보하면 결코 다른 걱정이 없을 것이다"라고 상주(上奏)하였고, 또한 민씨 척족들을 불러 정계에 참여할 것을 청하였다. 이에 궁중은 일본을 믿고 염려하지 않음으로써 방비가 해이해졌으니, 마침내 미우라(三浦梧樓)의 무리들이 시해하는 흉악한 의도를 드러내어 배일(排日) 중심 인물을 제거하였다. 이것이 그들이 사기 쳐서 이익을 획득한 세 번째이다.

갑진년(1904)에 러시아와 전쟁을 하면서 '한국 독립을 보존한다'고 선언하였으며, 한국인의 환심을 사기 위해 '만주를 개방하여 각국 동정을 얻으려고 일본군이 북진한다'고 하였다. 한국인들은 군수품 운반과 철도 부설 공사에 참여하여 막대한 편리를 제공하였고, 일본 승리를 축원하였다. 다른 나라 사람들 또한 일본 편을 들어 드디어 일본이 이길 수 있었다. 그런데 화의를 맺을 때는 한국을 병탄하겠다는 야심을 드러내고 만주에서 얻을 수 있는 이익을 독점하였다. 이것이 그들이 사기 쳐서 이익을 획득한 네 번째이다.

일본군이 우리나라에 들어오면서 하야시는 한국 조정을 위협하여 의정6조를 맺고 막대한 권리들을 점탈하였으며, 기타 각종 행동도 침략을 행하지 않음이 없었다. 이때 한국 신민은 모두 위구심(危懼心)을 품어 의원(議院) 설립을 건의하였다. 민의를 조직하는 기관인 서양 입헌제도를 모방하여, 아래위가 한마음으로 망하는 것을 구하려던 의도였다. 그러나 이토가 대사로 한극에 와서 황제를 뵙고 "일본의 이번 거사는 한국 독립을 부식하고 만주를 중국 영토로 확보하려는 것이오니, 바라건대 폐하께서는 여러 신하들 말은 가볍게 듣고 김금 권한을 잃지 마소서"라고 하였다. 한국 황제가 평소 이토를 존중하였고, 또 이토가 이미 군권(君權)을 확보하겠다고 하였으니, 조정 신하들이 의원 설립을 청원하는 것을 군권을 약화시키려는 불충(不忠)이라고 하였다. 논의는 결국 실행되지 못했고, 민의기관(民意機關)은 설립할 길이 없었다. 뒷날 늑약(勒約)[84]을 맺을 때에 정부의 몇 사람만 위협하고 중의(衆議)의 저항을 받는 것을 면할 수 있었다. 이것이 그들이 사기 쳐서 이익을 획득한 다섯 번째이다.

갑오년(1894) 동학당이 패산(敗散)한 뒤 그 우두머리 이용구, 송병준 등은 망명하여 동경에 있었고, 그 나머지 세력은 국내 각지에 흩어져 있었다. 일본인들이 이것을 기화(奇貨)[85]로 그 괴수에게 "우리 일본인이 한국에서 뜻을 얻어가고 있으니, 너희들은 정부를 조직하고 정치를 개혁할 것이다"라고 하였다. 그 괴수들은 매우 기뻐하여 그 무리들에게 큰 단체를 만들게 하였으니, 이것이 일진회였다.[86] 널리 어리석은 백성들을 유혹하여 입당시키면서, "우리들은 정치를 개혁하여, 안으로는

---

84) 보호조약.
85) 뜻밖에 얻을 수 있는 기회.
86) 동학란이 끝나고 3대 교주 손병희 등이 일본에 망명해 있으면서 국내에 있는 이용구와 '진보회'를 만들었다. 이때 일본 군부의 도움으로 송병준이 '일진회'를 만들어 두 단체가 합쳐져 '일진회'가 되었다. 손병희는 귀국하여 동학을 천도교로 개편하고 교인의 정치활동을 금하였다. 이에 송병준·이용구가 거부하자 그들을 축출하였다.

대신과 협판, 밖으로는 관찰사와 군수까지 우리 당이 아니면 얻을 수 없을 것이다. 또한 부자들 논밭도 모두 우리 당 공동 재산이 될 것이니, 그대들이 집과 논밭을 팔아서 회금(會金)으로 내면 크고 작은 관직도 바라는 대로 할 수 있고, 부자들 논밭도 너희들에게 돌아갈 것이다"라고 하였다. 못난 하류층들이 이를 듣고 기뻐서 날뛰며 다투어 당원이 되고 재산을 바쳤다. 일본인들이 또한 금전으로 도와주고 힘으로 비호하여, 그들의 좇아 따르는 의지를 더욱 견고하게 하여, 많은 앞잡이들을 얻게 되었다. 보호조약이나 고종 폐위, 병합 등 큰일은 모두 이들을 이용하여 할 수 있었으며, (이를) 공포하는 날 세계 여러 나라에는 '이 일들은 모두 한국 인민이 찬성한 것'이라는 식으로 핑계를 대었다. 마침내 병합 뒤에는 각 단체와 마찬가지로 해산시켜 버렸다. 집과 논밭을 바친 어리석은 백성들이 얻은 것은 '매국적(賣國賊)'이라는 악명뿐이었고, 떠돌아다니면서 구걸이나 하게 되었을 뿐이다. 이것이 그들이 사기 치고 이익을 획득한 여섯 번째이다.

 (일본은) 황실 존엄을 유지한다고 말하고는 졸지에 폐위하고, 잘못된 정치를 고친다고 하면서 먼저 재산 권리를 빼앗아 갔으며, 병제를 쇄신한다고 하면서 군대를 해산하였고, 교육을 지도한다고 하면서 학교를 폐철(廢撤)하고 서적을 불태웠다. 또 한국의 부강을 기도(企圖)한다고 하고는 부원(富源)을 모두 약탈하여 한 조각도 남기지 않았고, 인민의 행복을 증진한다고 하고는 산업을 유린하고 혈육을 썩어 문드러지게 하였다. 이것들이 모두 속이고 이익을 획득한 큰 것들 몇 가지이고, 그 외 천 가지 조약이나 만 가지 일들이 모두 사기(詐欺)에서 나온 것이 아님이 없다. 한국은 이렇게 망하였다.

 슬프다! 세상에 있는 나라들은 외인(外人)의 속임에 빠져 뒤집어진 한국의 전철을 밟지 말아야 할 것이다. 또한 우리나라를 누가 망하게 했는가를 스스로 반성해야 한다. 정부를 탓하는 자들은 정치 부패 때문이라고 하고, 인민을 탓하는 자들은 인민의 지혜가 미숙했기 때문이라고 한다. 이 두 말은 모두 근거가 있고 탓하는 것이 당연하다. 그러나 나는 홀로 "우리 선조의 교화가 바뀌어 이 지경에 이르렀다"고 말할 것이다. 왜 이렇게 말하는가. 지구상 여러 나라를 둘러보니, 어떤 나라는 패자(覇者)가 되고, 어떤 나라는 노예가 되며, 어떤 나라는 흥하고 어떤 나라는 망하지 않았는가. 그 백성의 무력이 강하고 용감하여 사는 것을 가벼이 여기게 되면 패자(覇者)가 되고 흥하게 되며, 그 백성이 문약(文弱)하고 겁을 먹고 죽음을 두려워하면 노예가 되고 망하게 된다. 우리나라 역사와 고대 문화는 일본보다 선진이었고, 유교·불교·도덕의 교화나 백공(百工)·기예(技藝) 기술이나 시서예악(詩書禮樂) 교화는 모두 저들이 흠모하고 배웠던 것이다.

 옛날 임진왜란 때 일본 장수 사야가(沙也可)가 군대를 이끌고 우리나라에 들어왔는데, 우리 문물을 흠모하여 마침내 부하 3천 명을 이끌고 귀화하여 본받는 데 힘을 쓰고 널리 펴는 것에 힘을 기울이면서 우리나라의 중흥(中興)을 찬탄하였다. 어찌 전쟁 가운데 한 번 보고 이런 결단을 내릴 수 있었을까. 그것은 우리를 흠모하였던 것이 오래되었기 때문이다.[87] 이때에 이르러 일본이 우리나라를 없애고 우리 민족을 노예로 하여 지옥 아래 두려는 것은 무슨 이유인가? 서양 신문화를 수입하여 우리보다 정치 학술이 조숙하고, 또한 조금 앞섰다고 승패의 수가 오롯이 여기에 있었던 것은 아니었다. 다만 저들의 무력이 강함으로 우리의 문약함을 이용했을 뿐이다. 또한 우리나라는 수십 년 이래로 충의지사(忠義之士)가 나라를 위해 순국하겠다는 뜻으로 맨주먹을 휘두르며 칼날에 맞서 싸우고, 시사여귀(視死如歸)[88]하여 그 의로운 피를 뿌린 사람이 이미 많지 않았던가. 자방의 철퇴(子房之椎)와 포서의 통곡(包胥之哭), 예양의 비수(豫讓之刃) 등과 같은 의거로 요란하고 열렬하게 세계를 진동시킨 것 또한 잇달아서 일어나지 않았던가. 그러나 모두 나라가 망하는 것을 구하지 못한 것은, 우리 민족 전체가 문약하여 그들의 무력에 대적하지 못했기 때문이다.

 그러면 우리나라 무력이 언제부터 땅에 떨어지게 되었는가. 본조 오백 년은 문치를 숭상하고 무력을 배척한다고 외친 것이 매우 심하여 오래된 나약함으로 빠지게 되었다는 것은 사람들이 모두 알고 있고, 또한 그렇게 말한다. 그러나 나는 홀로 "우리 선조의 교화가 바뀌어 무력이 떨어지게 되었다"고 말할 것이다. 대개 총·포·칼·창 등은 기계 무력이며, 충신(忠信)과 용감은 정신 무력이니, 기계 사용은 반드시 정신의 힘에 의지해야 할 것이다. 우리 조상의 상무정신(尙武精神)은 교화 가운데 깃들어 있었는데, 사군이충(事君以忠), 사친이효(事親以孝), 교우이신(交

---

87) 사야가는 성명을 하사받아 김충선이라 하였다. 이괄의 난, 병자호란 때 훈공을 세워 후인들이 사당을 지어 제사 지냈다. 김충선을 배향한 서원이 대구 달성군 녹동서원이다.
88) 죽는 것을 집으로 돌아가듯 여기다. 정의를 위해 죽음을 두려워하지 않는다는 뜻. 《관자》〈소광〉에 나온다.

友以信), 임전무퇴(臨戰無退), 살생유택(殺生有擇)의 삼국시대 세속오계(世俗五戒)가 바로 그것이다. 이 세속오계가 백성들에게 보급되어 그 신경에 관철되었기 때문에 그때 우리 민족은 나라를 위해 목숨을 바쳤으며 싸워서 물러나지 않았다. 수나라 백만 대군을 살수에 수장하고, 당나라 군사 십만 명을 안시성에서 곤궁에 빠뜨렸으니, 어찌 우리의 무력으로 한 것이 아니었던가. 슬프다! 우리 조상의 교화가 바뀌어 상무정신이 보존되지 않았기 때문에 이 지경에 이르렀으니, 이것이 과연 누구 잘못이겠는가. 원통하고 원통하도다!

59. 안명근의 데라우치 살해 미수

〈생략 : 안명근(安明根)은 안중근의 사촌 아우로 데라우치를 살해하려고 추진하다가 체포되어, 살인미수죄가 적용되어 종신형에 처해졌다. 일본은 안중근 의거 뒤 황해도 지역 애국당을 없애기 위해 여러 사건을 일으켜, 김홍량(金鴻亮), 김도희(金道熙) 등을 체포하였다.〉

60. 일본인의 교회 속박

〈생략 : 우리나라 종교의 역사는 오래되고 신앙심도 깊어서 우리나라 혼(魂)이 의탁해 있는 것이었다. 단군 신교(神敎 : 대종교), 기자 예교(禮敎), 소연(少連)·대연(大連) 윤교(倫敎), 삼국 시대 통속오계(通俗五戒 : 世俗五戒), 삼국 시대에서 조선에 이르는 시기의 유교와 불교, 세종대왕 국문(國文)의 교, 서양 신구교 발전, 천도교 등을 통하여 우리나라 종교와 신앙을 정리하였다. 그리고 일본이 침략을 자행하면서 저지른, 경학원(經學院)을 통한 유교의 친일화, 불교 교권 장악, 대종교 탄압, 기독교도 배척 등을 지적하였다.〉

61. 120명 무더기 투옥

〈생략 : 1911년 10월 데라우치 암살 음모를 조작하여 서북 지방 민족 세력, 기독교 세력을 탄압한 것이 '105인 사건'이다. 윤치호(尹致昊), 유동열(柳東說), 양기탁(梁起鐸), 안태국(安泰國), 이승훈(李昇薰), 임치정(林蚩正), 옥관빈(玉觀彬), 길진형(吉鎭亨), 양전백(梁甸伯), 이용혁(李龍爀) 등 120인이 모두 체포 투옥되었던 사건이다. 이 사건에 대한 세계 언론의 반응을 소개하고 일본의 잔악함을 지적하였다.〉

결론

옛날 발해(渤海) 대(大)씨는 5천 리 땅을 가지고 3백 년 동안 나라를 누렸으며, 무공(武功)이 혁혁(赫赫)하고, 아울러 문물도 창성하여 천하가 '해동성국(海東盛國)'이라 일컬었다. 그런데 급기야 나라가 멸망함에, 이른바 발해사(渤海史)라는 것이 후세에 보이지 않는 것은 무슨 까닭인가. 내가 일찍이 동쪽으로 용천(龍泉)에 이르러 고적을 찾아보려 하였으나 단지 누런 풀이 소슬하고 강물이 오열하는 것만을 보았을 뿐, 고왕(高王)·무왕(武王)·문왕(文王)·선왕(宣王)의 큰 훈공과 위업은 모두 이미 회오리바람에 사라지고 아무것도 없는 곳이 되어 버렸다. 무릇 문왕과 선왕 때 발해 문인과 학사들이 당나라에 들어가 과거에 급제한 자가 끊이지 않았는데 어찌해서 그 문헌이 조금도 남아 있지 않단 말인가. 또한 왕자와 왕족 및 유민들이 요나라 종이 되는 것을 부끄럽게 생각하고, 쓰던 그릇들을 가슴에 안고 고려에 들어온 자가 1만여 명이나 된다고 하는데, 어찌 그 계차지전(雞次之典)[1]을 짊어지고 온 자가 없단 말인가. 또한 그 민족은 마한(馬韓)과 동족이었고, 그 땅은 고구려 옛 강토이며, 고려 인사들이 당연히 한집안으로 보았는데 어찌하여 물어 조사해서 저술하지 않았는가. 그러므로 후대 사람들이 발해사가 쓰여지지 않았음을 보고 고려가 부진하였음을 알 수 있다고 하였으니, 이를 어찌 믿지 않을 수 있겠는가.

대개 인류가 이 지구상에 살면서 야만(野蠻)과 생번(生蕃)의 고루(固陋)를 벗어나서 국가 제도를 만들고 도덕·윤리·정교(政敎)·법제의 격식들을 갖출 수 있는 것은 역사가 없으면 불가능하다. 역사가 보존된다는 것은 곧 나라의 혼(魂)이 보존된다는 것이다. 아시아의 최대 최고(最高) 나라들을 들어본다면, 중국의 혼은 문학에 의탁한 것이었고, 돌궐(突厥)의 혼은 종교에 의탁한 것이었다. 중

---

[1] 계차는 전국시대 초나라 법전. 오·초 싸움 때 초나라 몽곡이 이 법전을 짊어지고 피난하였다가, 뒤에 이 법전을 바쳐 정치를 바로잡았다 함. 《전국책》〈초책〉.

국은 간간이 흉노·선비(鮮卑)·저(氐)·강(羌)·금원(金源)·몽고의 겁탈을 받았으나, 5천 년 문학의 연원이 끊어지지 않은 까닭으로 다른 나라에 동화(同化)되지 않았고, 마침내는 다른 민족을 동화하여 하나로 할 수 있었다.

돌궐은 국세가 점차 약화되고 토지는 날로 줄어들어 열강의 제압을 받은 지 오래되었지만, 일억만 교도의 힘은 오히려 강해져 다시 떨칠 수 있을 만했다. 이것들은 모두 혼이 강한 나라들이다.

선비·거란·몽고와 같은 나라는 바야흐로 번성할 때는 큰 땅을 정복하여 위엄을 천하에 떨칠 수 있었지만, 무력이 한번 쇠약해지자 국명도 다하게 되었는데, 이는 백(魄)이 강한 나라들이다. 대개 국교(國敎)·국학(國學)·국어(國語)·국문(國文)·국사(國史) 등은 '혼'에 속하고, 전곡(錢穀)·졸승(卒乘 : 군대)·성지(城池)·선함(船艦)·기계(器械) 등은 '백'에 속한다. 혼의 됨됨은 백에 따라서 죽고 사는 것이 아니다. 그러므로 국교와 국사가 망하지 않으면 그 나라도 망하지 않는다. 오호라! 한국의 백은 이미 죽었으나, 이른바 혼은 남아 있는 것인가 없어진 것인가.[2] 나는 단군 개국기원 4190년(1857) 황해도 바닷가에서 태어났다. 고고(呱呱)[3]의 소리를 지르며 땅에 떨어지던 날에 이미 국민의 책임을 짊어지게 되었는데, 늙어서 백발이 성성한 지금에 이르기까지 그 직분을 폐하여, 우리 조상들로 하여금 제사를 받지 못하게 하였다. 이런 큰 죄를 짊어지고 어느 곳으로 돌아갈 수 있으리오. 하루는 애양(靉陽)에 우리 동포를 방문하고 머물게 되었는데, 다음 날 아침 주인이 나에게 일러 "꿈에 한 사람이 나타나 '그대가 여기에 있는가'라고 물으면서 '그 사람이 저술한 것이 있는가. 그는 동방 문헌을 책임지고 있는 사람이다'라고 말하더라"고 말하였다. 나는 그 말을 듣고 눈물을 흘리면서 "우리 조상이 소자에게 묵묵히 명하는 것이 있구나"라고 말하였다.

그러나 본조(本朝)는 문(文)을 숭상하여 오백 년 동안 다스렸으므로 사림(士林)을 배양하여 은덕이 돈독할 것이니, 문헌 저술은 마땅히 할 만한 사람이 있을 것이다. 나는 그런 재목이 못 되니 어찌 감히 대신할 수 있겠는가. 이에 머뭇거리며 주저하다가 여러 해를 넘겼다. 그런데도 저술하는 자가 있다는 소식을

---

[2] 정신을 주관하는 것을 혼(魂), 육체를 주관하는 것을 백(魄)이라 하며, 오관의 기능은 백의 작용이라 한다.

[3] 어린애 울음소리.

듣지 못했다. 세월은 흐르는 물과 같아서 나로 하여금 조금 더 미룰 수 없게 하였고, 또 내가 이 직무를 집어치운다면 4천 년 문명을 가진 오랜 나라가 또한 장차 '발해국이 망하자 역사도 망하는 것'과 같아지지 않겠는가. 비록 세상 사람들이 만용으로 썼다고 나를 꾸짖는다 하더라도 어찌 내가 사양하여 그만두겠는가.

그러나 4천 년 전체 역사는 (나처럼) 고루하고 쇠둔(衰鈍)한 사람이 맡아 할 수 있는 것이 아니고, 또한 짧은 시일에 완성할 수 있는 것도 아니므로, 이 일은 할 수 있는 사람을 기다려야 할 것이다. 내가 세상에 태어난 뒤로 목격한 최근 역사는 대체로 노력해 볼 만한 것이리라. 이에 갑자년(1864)부터 신해년(1911)에 이르기까지의 기간을 3편 114장으로 지어 《통사(痛史)》라 이름하니, 감히 정사(正史)를 자처하려는 것은 아니다. 우리 동포들이 국혼이 담겨 있는 것임을 인정하여 버리거나 내던지지 않기를 바랄 뿐이다.

한국통사 후서(後序)

나라가 망하자 선생은 스스로 '태백광노(太白狂奴)'라 호를 쓰고 중국으로 도망쳐 나와 근세 사실들을 편찬하여 《통사(痛史)》라 이름을 붙였다. 《통사》가 완성되자 선생은 슬퍼하며 "군(君) 또한 광노(狂奴)라. 현미(玄米)를 찾아 껍질을 벗기니, 진실로 역사가 없는 것을 심히 아파하였다. 이제 역사가 있게 되었으니 그 끝에 한마디 말이 없을 수 있겠는가"라고 나에게 말하였다. 그 말을 듣고 눈물을 흘리며 감히 글재주 없는 핑계로 거절할 수 없었다. 생각건대 글을 쓰는 것은 본래 나의 일은 아니지만 정이 지극하므로 어찌 능히 그만둘 수 있으랴. 나는 본래 한(恨)이 있는 사람이라. 옛 도읍은 가시밭이 되어 구리로 만든 낙타가 그 속에 묻히니 눈물이 쏟아져 흐른다(銅駝荊棘).[1] 풍경은 변하지 않았으나 눈을 들어 바라보니 산하 모습이 달라져 족히 마음을 상하지 않음이 없었는데, 이 《통사》를 보니 더욱 마음이 아프다.

아! 선생은 늙으셨는데, 어찌 '독립사(獨立史)'를 편찬하여 우리나라 사람에게 주지 않으시려는가. 아! 나라 사람들이 차마 유로(遺老)께 겨우 《통사》나 쓰게 하여, 장차 아픔을 참으며 그것과 함께 영원히 하려 하겠는가. 진실로 선생은 늙을 수 없다. 원컨대 늙을수록 더욱 건강하여 찬란한 먹을 갈고, 장엄한 붓을 휘둘러 뜻을 같이 하는 사람을 대신하여 광복사(光復史)를 지어주신다면 천백 세 뒤에 나라 사람들이 모두 그 주신 바를 받아 《통사》를 또한 불살라 버릴 수 있을 것이니, (이때) 《통사》 또한 그 빛을 발할 것이리라. 나는 선생께서 역사를 지으시는 괴로운 뜻을 안다. 마치 대동강이 흘러가는 것 같으니, 또는 첩첩이 쌓인 산과 절벽을 휘감아 돌며, 또는 층층이 쌓인 모래와 돌 밑으로 달리어 수많은 굴곡을 거쳐 내려가 뾰족한 산과 옛 계곡 사이로 합류하였으나 아직

---

[1] 진(晉)의 색정은 선견지명이 있어, 나라가 망하고 궁중이 파괴되어 구리로 만든 낙타가 가시덤불 속에 나뒹굴게 될 것을 예견하고 탄식하였다는 고사. 《진서》〈색정전〉.

만경대(萬鏡臺)나 진남포(鎭南浦)에는 이르지도 않은이었다. 그러나 백절불굴(百折不屈)하여 반드시 황해에 이를 것이다. 내가 다시 백두산 꼭대기에 올라가 큰 소리로 외친다. 우리 삼신(三神)의 후예들이 이 한 편을 가지고 장차 무엇을 하려는가. 우리나라 사람들에게 근근이 이 《통사》만을 가슴에 품고 마치게 한다면 《통사》 또한 지을 필요가 없다. 그러나 오늘은 겨우 이 《통사》 한 권만 있어도 천하에 가득한 인인(仁人)과 지사(志士)들이 차마 끝까지 읽지도 못하고 한 줌 동정의 눈물을 뿌릴 것이다.

 이날은 어느 날인지 모르겠고, 나는 누구인가? 아픔을 참으면서 아목루실(兒目淚室)에서 쓴다.

―신규식(申圭植)―

한국통사 발(跋)

　글이라는 것은 정(情)을 펴는 것이다. 그런 까닭으로 지극한 정이 있은 뒤에 지극한 글이 나오게 된다. 공자(孔子)는 천하에 왕다운 왕이 없어지고 사람들이 금수(禽獸)의 지경에 빠지게 된 것을 아파하고 《춘추(春秋)》를 편찬하여 어지러운 세상을 바로잡는 법을 후세에 전하게 되었다. 지극하도다, 어지심(仁)이여! 성인의 정이 여기에 나타나 있다. 이런 까닭으로 《춘추》 대의(大義)에 통달하지 못한 자는 역사를 서술할 수 없다. 선생은 평소 《춘추》를 좋아하시어 전패(顚沛)하고 유리(流離)할 때에도 일찍이 놓은 적이 없었다. 하루는 슬퍼하며 "춘추는 세상에서 전해들은 것, 직접 들은 것, 본 것 등으로 쓴 것인데, 세상에서 본 것에 가장 마음을 더욱 쓴 것은 가까이하여 믿을 만한 것이 많았기 때문이다. 《춘추》가 전해지면서 선왕의 도가 이에 힘입어 없어지지 않았으니, 이처럼 역사는 세상에 공(功)이 있다. 이제 우리 사직이 멸망하였고, 우리 민족이 노예가 되어 버렸으니, 4천여 년 우리 조상의 역사 또한 장차 없어지려는구나. 천하의 아픔 가운데 어느 것이 이보다 심하랴. 내가 이역 땅에 도망하여 숨이 끊어지지 않고 간신히 목숨을 부지하는데, 우리나라는 이미 망했지만 또 차마 우리 역사마저 없앨 수 있을까? 그러나 부조(父祖) 이상의 것은 세상에서 전문(傳聞)하고 들은 것이니 수습하기가 매우 어렵지만, 세상에서 직접 본 것은 그 실상을 얻도록 힘쓸 수 있을 것이다"라고 탄식하셨다. 이에 갑자년(1864)에서 신해년(1911)에 이르는 기간을 서술하여 《통사》라 하였으니, 이것은 바로 그 정(情)이다.
　아! 공자의 《춘추》는 천하의 왕이 없음을 통탄하여 지은 것으로 요순(堯舜)을 조술(祖述)하고, 문왕과 무왕을 본받은 것은 남아 있다. 지금 선생은 조국이 침몰하는 것을 애통하게 여겨 이 책을 편찬하여 4천여 년 국혼(國魂)이 깃들어 있으니 《춘추》를 잘 배운 것이 아니겠는가. 동포가 이것을 읽으면서 마땅히 그 지극한 정(情)을 헤아리고, 흐르는 피를 닦아야 할 것이다.

을묘년(1915) 여름 한진(韓震)[1]이 손을 씻고 삼가 쓴다.

---

1) 한진교(韓鎭敎).

《조선상고사》와 《한국통사》에 대하여

신채호와 《조선상고사》

애국계몽운동

　단재(丹齋) 신채호(申采浩)는 제국주의의 거센 물결이 반도를 휩쓸려 하는 1880년(고종 17) 12월 8일 충청남도 대덕군 산내면 어남리 도림마을(지금의 대전광역시 중구 어남동)에서 유생(儒生)이던 아버지 신광식(申光植)과 어머니 밀양 박씨 사이에서 둘째 아들로 태어났으며, 1887년 아버지를 여의고 나서 할아버지 신성우(申星雨)가 사는 충청북도 청원군 낭성면 귀래리로 이사하여 그곳에서 수학하고 성장하였다. 아홉 살에 《자치통감(資治通鑑)》을, 열네 살에는 사서삼경(四書三經)을 마쳤다. 1896년에는 진사(進士)를 지낸 신승구(申昇求)에게, 1897년에는 할아버지의 동무이자 전 학부대신 신기선(申箕善)의 집을 드나들면서 한학을 익혔으며, 신기선의 추천으로 1898년 가을 성균관에 입교하였다.

　그러나 얼마 지나지 않아 성균관을 나온 단재는 독립협회에 가입하여 활동하다가 독립협회에 대한 정부의 탄압이 심해지면서 다른 사람들과 함께 검거되어 투옥되었다. 신기선의 도움으로 풀려난 단재는 1901년 청원군 가덕면 인차리에 문동학교(文童學校)를 세워서 애국계몽운동을 펼쳤으며, 1902년 조소앙(趙素昻) 등과 함께 항일성토문(抗日聲討文)을 지어서 역신 이하영(李夏榮) 패거리의 매국 흉계를 규탄하였다. 1905년 성균관 박사가 되었으며, 위암 장지연(張志淵)을 알게 되어 〈황성신문(皇城新聞)〉 논설위원으로 활동하였다. 1906년 〈황성신문〉이 폐간되면서 양기탁(梁起鐸)의 천거로 〈대한매일신보(大韓每日申報)〉 논설위원으로 활동하면서 자신의 포부를 붓끝으로 나타냈으니, 나랏일의 잘잘못을 통렬히 논란하고 시류(時流) 소인배들의 망령된 행동을 공박하였다.

　그 무렵 사상의 혼탁과 도의의 부패에 분개하던 단재는 나라 역사가 똑바로 서지 못하고, 따라서 민족 정기가 제대로 떨쳐지지 못한 데 근본 원인이 있음을 알고는 사대주의에 매몰된 예전 역사가들이 기록의 잘못과 가치의 전도, 잘

잘못의 착오를 수없이 저질렀음을 파헤쳐서 국민사상 개혁과 민족의식 앙양의 선봉이 되었다.

1907년 4월 안창호(安昌浩) 발기로 김구(金九)·노백린(盧伯麟)·박은식(朴殷植)·안태국(安泰國)·양기탁·유동열(柳東說)·이갑(李甲)·이강(李剛)·이동녕(李東寧)·이동휘(李東輝)·전덕기(全德基)·주진수(朱鎭洙)·조성환(曺成煥)·최광옥(崔光玉) 등과 함께 신민회(新民會)를 결성하여 항일운동을 조직화하고, 정치·경제·교육·산업·문화 등의 진흥운동을 일으켰다. 1908년 순한글잡지인 〈가정잡지(家庭雜誌)〉를 편집, 발간하였으며, 4월부터 〈대한협회월보(大韓協會月報)〉에 〈대한의 희망〉〈역사와 애국심의 관계〉〈성력(誠力)과 공업(功業)〉〈대아(大我)와 소아(小我)〉 등을 발표하였다.

망명과 독립운동

한편 앞서 1905년 을사늑약 뒤로 조선이 사실상 일본 식민지가 되면서 학자들은 국민계몽을 통해 독립 정신을 일깨우고 새로운 지식을 전하고자 노력하게 된다. 단재는 박은식, 최남선 등이 창설한 조선광문회(朝鮮光文會)의 신문화 운동과 신문학 운동에 참여하여 최남선의 〈불함문화론(不咸文化論)〉에 영향을 미치게 된다. 조선광문회는 국사연구와 출판을 통한 민족의 기개와 자존심 앙양, 민족문화의 전통을 이어나가기 위해 한국 고전을 발굴하고 출판하는 기관

단재 신채호 선생 생가 대전광역시 중구 어남동 233. 대전광역시 시도기념물 제26호.

으로,《동국통감》《삼국사기》《삼국유사》《열하일기》외에도 많은 고전을 출판하였다.

을사늑약으로 외교권을 빼앗기고 일본 식민지로 편입되어 가고 있던 현실 속에서 신민회는 나날이 힘들어지는 나라 안에서의 활동을 접고 나라 밖으로 나가서 독립운동 기지를 세우기로 결정하였다. 이에 따라 단재는 안창호·이갑·이동녕 등과 함께 앞으로의 독립운동의 방향을 결정하는 칭다오회의가 열리는 중국 칭다오(靑島)에서 만나기로 했다.

신채호(1880~1936)
1920년대 베이징 망명 시절의 사진.

1910년 4월 신채호는 중국으로 가기 위해 압록강을 건너면서 망명객의 심정을 다음의 시로 읊고 있다.

한(韓)나라 생각
나는 네 사랑 너는 내 사랑
두 사람 사이 칼로 썩 베면
고우나 고운 핏덩이가
줄줄줄 흘러 내려오리니
한 주먹 덥석 그 피를 쥐어
한(韓)나라 땅에 골고루 뿌리리
떨어지는 곳마다 꽃이 피어서 봄맞이 하리

이때 신채호는 안정복의《동사강목(東史綱目)》을 가지고 김지간(金志侃) 등과 함께 칭다오로 건너갔다. 독립운동의 방향을 결정하는 중요한 회의였기에 점진론과 급진론을 중심으로 여러 대안을 검토하여 일주일 동안 이어진 회의에서 '출자금과 성금 모금을 통한 토지개간사업 실시, 무관학교 설립과 교관양성 및 전문기술자 확보' 등을 결의하였으나 출자금을 내기로 했던 이종호(李鍾浩)의 중도포기로 흐지부지되면서 참여했던 사람들은 모두 흩어졌다. 이때 단재는 러시아 블라디보스토크로 건너가 〈해조신문(海潮新聞)〉〈권업신문(勸業新聞)〉 등 발행에 참여하여 국권회복사상을 고취하고, 산업 발달을 촉구하였다. 1913년 신규식(申圭植)의 주선으로 상하이로 가서 동제사(同濟社)에 참여하고 박은식(朴殷植), 문일평(文一平), 정인보(鄭寅普), 조소앙 등과 함께 박달학원(博達學院)을 세워 중국에 있는 한국청년들의 민족교육에 심혈을 기울이기도 하였다.

1914년 윤세용(尹世茸)·윤세복(尹世復) 형제의 초청으로 만주 펑톈성(奉天省) 화이런현(懷仁縣)으로 가서 윤세복이 경영하는 동창학교(東昌學校)에서 한국사를 가르치면서 《조선사(朝鮮史)》를 쓰기 시작하였다. 그는 일찍이 우리 역사에 오류가 많음을 통탄하여, 독립운동 기초를 역사를 바로잡아서 민족 정기를 드높이는 데 두어야 한다고 생각하고는 만주에 널려 있는 부여와 고구려 유적답사에 나섰다.

만주 일대를 돌아다니던 단재는 1915년 베이징(北京)으로 갔다. 베이징에 머무르면서 저술과 동지 규합에 몰두하였다. 그 뒤 박은식·성낙형(成樂馨)·신규

신채호 선생 좌상(충북 청원군 단재기념관)**과 동상**(대전 생가)

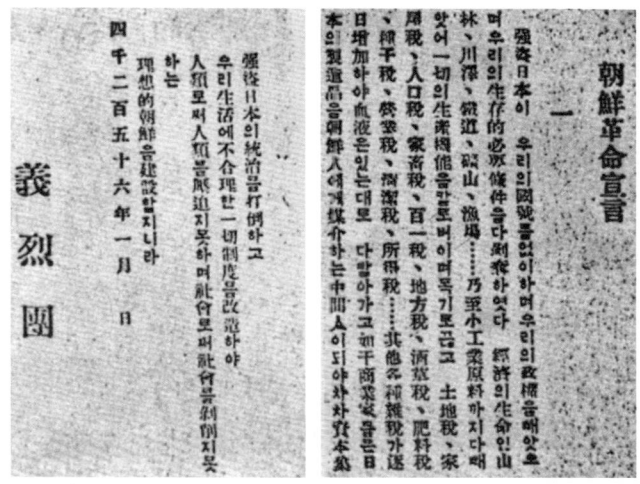

신채호가 집필한 의열단의 〈조선혁명선언〉 초판 원문 일부(1923년 11월)

식·유동열·이상설(李相卨)·이춘일(李春日)·조성환 등과 함께 신한혁명단(新韓革命團)을 조직하고 활동을 전개하였으나 이 조직의 활동이 실효성이 없음을 알고 역사연구와 문학창작에 몰두하여 1916년 3월 자전적 중편소설 《꿈하늘》을 집필하였으며, 대종교(大倧敎)운동에도 적극 가담하였다.

1917년 조카 향란(香蘭)의 혼사문제와 아끼던 제자 김기수(金箕壽) 사망 소식을 듣고서 겸사겸사로 몰래 국내로 들어와 볼일을 보고 다시 중국으로 돌아갔다.

1918년 베이징대학 리스쩡(李石曾) 교수 주선으로 푸퉈옌(普陀庵)에서 《조선사》를 계속 집필하면서 이 대학 도서관에 소장돼 있는 《사고전서(四庫全書)》를 연구하였으며, 〈베이징르바오(北京日報)〉 등에 논설을 쓰기도 하였다. 12월 중광단(重光團)이 중심이 되어 나라 밖 독립운동 지도자 39명 명의로 발표된 '대한독립선언서'에도 주요 인물로 참여하였다. 이는 흔히 무오독립선언으로 불리며, 무력투쟁이 유일한 독립운동임을 선언한 것이다.

상하이 임시정부 활동

1919년 4월 상하이에서 대한민국임시정부(大韓民國臨時政府)가 세워지고, 단재는 평정관(評定官)이 되고 이어서 의정원의원으로 선출되었으며, 7월 의정원회의에서 전원위원회 위원장으로 선임되었다. 3·1운동 얼마 뒤에 결성된 대동청년단(大東靑年團) 단장으로 추대되었다. 또한 신문 〈신대한(新大韓)〉 주필이 되어 철저하고 준열한 독립운동론을 주장, 임시정부기관지인 〈독립신문〉과는 맞서는 듯한 태도를 보였으며, 마침내는 임시정부를 부인하는 태도를 보이면서 이른바 '신대한사건'을 불러 일으켰다. 거기에다 '이완용은 있는 나라를 팔아먹었지만 이승만은 아직 나라를 찾기도 전에 팔아먹으려 하기에 이완용보다 더 나쁜 사람'이라면서 완강하게 반대하던 이승만이 임시정부 초대 수반(대통령)으로 추대되면서 단재는 의정원 전원위원회 위원장을 그만두고는 임시정부와 결별하고서 다시 베이징으로 돌아갔다.

1921년 1월 김정묵(金正默)과 김창숙(金昌淑), 박순병(朴純秉) 등과 함께 잡지 〈천고(天鼓)〉를 발간하였으며, 4월 김창숙·이극로(李克魯) 등과 함께 이승만의 위임통치 청원을 규탄하는 〈이승만 성토문〉을 발표하였다.

1922년 1년 동안 《조선사》 저술에 몰두하여 마무리지었다. 《조선사》는 1권 〈조선사통론(朝鮮史通論)〉 2권 〈문화편(文化編)〉 3권 〈사상변천편(思想變遷編)〉 4권 〈강역고(疆域考)〉 5권 〈인물고(人物考)〉, 그리고 기타 부록으로 이루어진 것으로 짐작되나 현재 전해지지는 않는다.

1923년 1월 의열단 행동강령인 〈조선혁명선언(朝鮮革命宣言)〉을, 1924년 무장독립운동단체 다물단(多勿團)의 〈선언문〉을 기초하는 등으로 바쁘게 활동하면서도 우리 역사 연구에 매진하였다.

무정부주의운동

신채호는 1925년을 즈음하여 민족항쟁을 적극 추진하기 위해서 무정부주의운동에 관심을 가지기 시작하였다. 그는 권력투쟁이라는 것도 따지고 보면 정부(政府)라는 조직의 주도권을 잡기 위한 싸움에 지나지 않으며, 권력없는 사회만이 파벌싸움을 없애는 길이라 생각하여 순수한 무정부(無政府) 상태에서만 참된 단일 투쟁전선을 이룰 수 있고, 모든 역량을 독립운동에 집중할 수 있다고 생각했기 때문이었다. 1927년 2월 민족통일전선으로 조직된 신간회(新幹會) 발기인으로 참여하였으며, 9월 국권회복을 위한 보다 적극항쟁을 하기 위해서 동방무정부주의자연맹(東方無政府主義者聯盟)에 가입하였다. 1928년 4월 조선인 무정부주의자들의 베이징 회의 동방연맹대회에 참가하여 〈선언문〉을 짓는 등 주도적으로 활동하였으나 5월 동방무정부주의자연맹 위폐사건(僞幣事件)에 연루되어 타이완에서 일본경찰에 체포되어 다롄(大連)으로 이송되었다.

1930년 5월 다롄 지방법원에서 징역 10년형을 선고받고 뤼순(旅順) 감옥에 수감되었다. 6월 조선 고대사 관련 논문이 조선도서주식회사에서 《조선사연구초(朝鮮史研究草)》라는 이름으로 출간되었다. 1931년 안재홍(安在鴻)의 추천으로 〈조선일보〉에 6월 10일부터 10월 14일까지 〈조선사〉(1948년 종로서원에서 이 연재 내용을 단행본으로 간행하면서 《조선상고사》로 제목을 바꿈), 10월 15일부터 12월 3일, 다음 해 5월 27일부터 그달 말까지 〈조선상고문화사(朝鮮上古文化史)〉를 연재하였다.

1936년 2월 18일 풍찬노숙(風餐露宿)의 힘든 생활 속에서 건강을 제대로 돌보지 못한 데다 체포된

〈조선사〉 1931년 6월 10일부터 〈조선일보〉에 연재되었고, 뒤이 《조선상고사》라는 단행본으로 나왔다.

뒤 이어진 모진 고문 후유증으로 뇌일혈이 발병하여 의식불명 상태가 되었다. 급보를 접한 아내와 아들, 절친 서세충(徐世忠)이 뤼순으로 달려갔으나 유언한 마디 남기지 못하고 2월 21일 쉰일곱 나이에 뤼순감옥에서 영원히 눈을 감았다.

신채호의 올곧은 성품

신채호는 일생 동안 오로지 나라와 민족을 구하는 일에 목숨을 바쳐 바쁘게 활동했지만 감시와 탄압을 피해서 해오던 독립운동처럼 가정생활은 평탄하지는 않았다. 1895년 집안의 주선으로 16살에 풍양 조씨와 결혼했으나 1909년 어린 아들이 병으로 숨을 거두자 이혼했다. 1920년 24세에 박자혜와 결혼하여 신수범(申秀凡 : 1921~1991)과 신두범(申斗凡 : 1929~1942) 두 아들을 두었다. 그러나 그가 하는 일은 언제나 일제의 감시와 탄압이 따르는 독립운동과 관련된 일이었으며, 얼마 안 되는 원고료와 후원 덕분으로 겨우 입에 풀칠은 하고 있었으나 동가식서가숙(東家食西家宿)하는 떠돌이 생활에서 벗어나지 못하였다.

그의 궁핍한 생활과 관련된 한 지인(知人)의 이야기를 소개한다. 돈이 있으면 쓰고, 없으면 몇 날 며칠이고 굶은 채로 지내는 그의 성격을 잘 아는 제자 한 사람이 어느 날 단재 몰래 단재가 앉는 방석 아래에 조금씩이나마 돈을 넣어 두었는데, 그 사실을 몰랐던 단재는 몇 날 며칠을 굶고 있었다. 그런 그의 성격을 잘 아는 한 지인이 그를 만나러 왔다가 평소 집 안 청소를 하지 않는 그의 방 안 광경을 보고서 "방 안 꼴이 이게 뭔가, 돼지우리도 아니고……"라고 호통을 치자 그제서야 자리에서 일어나 방청소를 시작하였는데, 마침 자리 아래에 돈이 있는 것을 발견하고는 "돈이 다 떨어진 줄 알았더니 아직 남아 있었구나!" 하면서 호주머니에 그 돈을 챙겨 넣었다고 한다.

이런 궁핍한 생활을 더 이상 감당할 수 없게 되면서 1923년 부인과 아들을 국내로 돌려보냈으며, 국내로 돌아온 부인은 '박자혜 산파소'를 열어 조산사로 일하며 가정 살림을 도맡아 꾸려나가면서 남편의 독립운동을 여러 방면으로 지원하였다.

어릴 적부터 성격이 꼿꼿하였던 단재는 거리낌없는 성품에 의리가 있고 활달하였다. 자신과 뜻이 맞는 사람과는 며칠이든 먹고 자는 것도 잊어버리고서 밤을 새워 이야기를 하였으나, 그렇지 않는 사람과는 아예 상종도 하지 않았을 정도로 고집이 있었다. 또한 반드시 해내겠다고 마음먹은 바는 끝까지 밀고 나갔으며, 남에게 지는 것을 싫어하였으니 그의 궁핍했던 가정생활도 이런 성격의 영향을 받았다고 할 수 있다.

신민회(新民會)의 평북지역 담당이었던 이승훈(李昇薰)이 세운 정주 오산학교

(五山學校)에 들른 신채호의 모습을 그때 교사로 있던 춘원 이광수는 1936년 4월 〈조광(朝光)〉에 이렇게 적고 있다.

《조선상고사》(1948) 표지와 첫 쪽   종로서원 발간.

"……〈대한매일신보〉 주필이나 되는 단재는 풍채가 초라한 샌님이나 이상한 눈빛을 갖고 있었다. 세수할 때 고개를 빳빳이 든 채로 물을 찍어다 바르는 버릇 때문에 마룻바닥, 저고리 소매와 바짓가랑이가 온통 물투성이가 됐다. 누가 핀잔을 주려 하면 '그러면 어때요'라고 하였다. 남의 말을 듣고 소신을 고치는 인물은 아니었다. 그러면서도 웃고 얘기할 땐 다정스러웠다."

또한 조카 향란과의 절연(絶緣) 이야기도 있다. 중국 망명을 앞두고 임치정에 맡기고 떠난 조카 향란의 혼인문제에다 평소 아끼던 제자 김기수가 갑자기 세상을 떠났다는 소식을 듣고서 겸사겸사 위험을 무릅쓰고 국내로 들어왔다. 그는 향란과 수구파 후손 홍어길의 혼인을 반대하였지만 향란은 그의 말을 듣지 않았으며, 이에 크게 화가 나서는 향란과 혈육의 정을 끊는다며 손가락 하나를 잘라 버리고는 김기수 집을 들러 하염없이 슬퍼하고 다시 중국으로 돌아갔다.

신채호의 역사관과 《조선상고사》

신채호가 언제나 마음 깊이 생각하고 있는 것은, 한국인의 정신 독립이었다. 그는 이 정신 기틀을 한국사의 새로운 인식에서 찾으려고 했다. 그의 《조선상고사》가 바로 그런 의도 아래 씌어진 저술의 하나였다. 그는 사대주의 노예 근성에서, 우리 역사 사실은 완전히 무시하고, 중국인이 자기네에게 유리하도록만 꾸민 거짓 기록인 중국 역사의 우리나라에 관한 부문을 그대로 옮겨다가 쓴 《삼국사기(三國史記)》 지은이 김부식의 태도를 여지없이 통박하고, 선유(先儒)들이 유교주의의 부용적(附庸的) 역사관에서 명분을 앞세워, 자랑할 만한 우

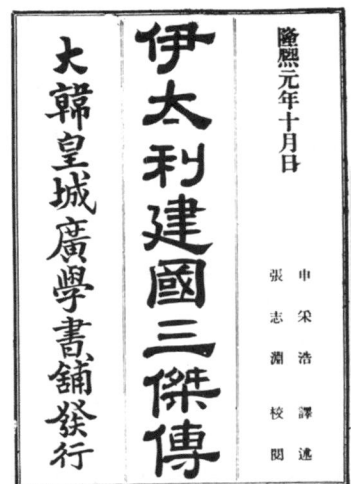

《이태리건국 삼걸전》(1908) 표지
신채호 저, 광학서포 발간.

리 역사 사실을 말살한 잘못을 신랄하게 비판했으며, 각 왕조가 전조(前朝) 사실을 없애 버리고, 왜곡하거나 날조하여 전조를 비난하고 자기 왕조를 변명하여 사실을 사실대로 알지 못하게 만들어 놓았음을 통탄하였다. 이런 점에서 신채호의 역사관은 성패와 흥망으로 낫고 못함을 가리고 유교적 윤리관에 근거하여 남의 잘잘못을 평가하는 과거 관점에서 벗어나서 독자 관점을 가지고 있음을 알 수 있다.

예를 들어 신채호는 이 책의 연개소문에 대한 평가에서, 연개소문이 이른바 "혁명(단재는 이를 '역사상 진화의 의의를 가진 변화'로 보고 있으며, 여기서는 당나라 정벌에 반대하는 영류왕 이하 수많은 조정 대신들을 주살한 피의 살육을 말한다)을 통해 봉건세습 호족공치제(豪族共治制)를 타파하여 정권을 한 곳으로 집중시켰으니, 이는 갈라져서 따로따로인 대국(大局)을 통일로 돌리는 동시에, 그 반대자는 군주나 호족을 묻지 않고 한꺼번에 소탕하여, 영류왕 이하 수백 명 대관을 죽이고, 침노해온 당 태종을 격파했을 뿐 아니라, 도리어 당으로 진격하여 중국 전국을 놀라 떨게 하였으니, 그는 다만 혁명가의 기백을 가졌을 뿐 아니라, 또한 혁명가의 재능과 지략을 갖추었다고 하는 것이 옳겠다"고 평가하면서도 바로 다음 구절에서 "다만 그가 죽을 때에 어진 이를 골라 자기 뒤를 이어 조선인 만대 행복을 꾀하지 못하고 어리석은 자식 형제에게 대권을 맡겨 결국 이미 이룬 공업을 뒤엎어 버렸으니, 대개 야심은 많고 덕은 적은 인물이었던가 싶다"라고 덧붙이고 있다.

그러나 그가 하고자 하는 말의 본질은 바로 다음 구절이다.

"그러나 그 역사가 아주 없어져서 오직 적국 사람들 붓으로 전한 기록을 가지고 그를 논술하게 되어, 사실 전말을 환히 알아볼 수 없으니, 경솔하게 그 일부를 들어 그 전체 내용을 논하는 것은 옳지 못할뿐더러, 수백 년 사대(事大)의 용렬한 종이 된 역사가들이 그 좁쌀만 한 주관적 눈에 보인 대로 연개소문을

소설 《을지문덕》
(1908) **표지와 서문 첫 쪽**
신채호 저, 광학서포 발간.

가혹하게 평하여, '신하는 충성으로 임금을 섬긴다(臣事君以忠)' 하는 갖추지 못한 도덕률로 그의 행위를 규탄하며, '작은 자가 큰 자를 섬기는 것은 하늘을 두려워하는 것이다(以小事大者畏天)'하는 노예근성 심리로 그 업적을 부인하여, 시대적 대표 인물의 유체(遺體)를 거의 한 점도 남지 않도록 씹어 대는 것은, 내가 크게 원통하여 여기는 바이다."

그는 이 저서에서 한사군(漢四郡)이 평양을 중심해서 설치된 것이 아니요, 요동·요서에 가상적(假想的)으로 설치한 것이라고 하였고, 환도성(丸都城)은 셋인데 처음 것은 태조왕이 쌓은 안시성(安市城)이고, 두 번째 것은 산상왕(山上王)이 환인현(桓仁縣)에 쌓은 것이고, 세 번째 것은 동천왕이 집안현(輯安縣)으로 옮겨서 쌓은 것이라고 했다.

그의 저서에서 또 하나 주목할 부분은 신라가 외세(外勢)인 당나라 군대를 끌어들여 동족인 고구려와 백제를 멸망시켰다는 관점이다. 백제 의자왕 때 대야성(大耶城) 싸움에서 대야성 성주이자 김춘추의 사위인 김품석(金品釋)과 그의 아내 고타소랑 부부의 전사(戰死) 소식을 들은 김춘추는 신라 혼자 힘만으로는 복수를 하기 어렵기에 외세를 끌어들이기로 하고는 먼저 고구려 연개소문을 찾아갔으나 진흥왕 때 신라가 빼앗아간 땅(郁里河 일대)을 돌려주면 긍정

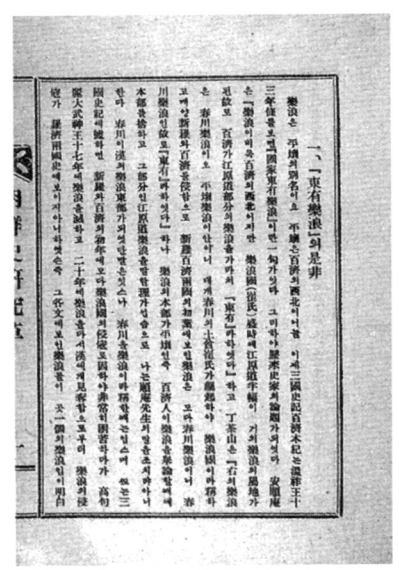

《조선사연구초》(1946. 8)
신채호 저, 연학사 발간.

적으로 생각해보겠다는 연개소문의 말에 절망한 그는 선도해라는, 고구려왕이 총애하는 신하가 알려준 구토설화(龜兔說話)를 이용해 고구려를 탈출해 신라로 돌아온다. 땅을 돌려주고 말고 할 수 있는 권한이 없었는 데다 힘들게 차지한 땅을 돌려줄 이유도 없었기에 고구려와의 동맹은 포기하고 당나라로 건너가 지원군을 요청, 나당동맹(羅唐同盟)을 이끌어낸 김춘추에 대한 혹평, 그리고 《삼국사기》〈열전(列傳)〉에서 다른 인물들에 비해 분량이 지나치게 많은 김유신에 대한 혹평 등에서 그런 면을 읽을 수 있다.

그러나 이때 고구려·백제·신라 삼국 관계는 어디까지나 엄연한 국제관계로서 서로를 견제하고 거꾸러뜨려야 할 대상(중간중간 동맹관계가 성립되지만 그것은 어디까지나 두 나라의 이해관계가 맞아떨어져서 이루어진 정치적 동맹일 뿐이며 사단이 나면 동맹관계가 무너진 것에서도 알 수 있다)으로 보았는데 세 나라가 서로를 같은 민족으로 생각했을까? 비록 영토 면에서는 신라가 백제 땅은 온전하게 차지했을지는 몰라도 고구려 땅은 대동강 이남 일부만 차지했을 뿐 대부분은 당나라 땅이 되었다는 점에서는 불완전한 통일이었을지라도 비로소 이를 통해서 서로 다른 언어와 문화가 하나로 통합될 수 있는 계기를 마련했고, 단일 민족문화를 이루어 낼 수 있었기에 동족 개념은 후대에 생겨난 개념일 수밖에 없다는 점에서 논란의 여지가 있다.

오늘날 일부에서 그의 견해를 비과학적이라고 하지만, 실제로 아직까지 신채호 사학을 한국사학사 또는 근대 역사학의 방법론에서, 우리 근대사상사와 민족운동의 정신사면에서 다시 한 번 따져보려고 한 사람이 누구인가? 또 일부에서는 그를 고루하다고 하지만, 오히려 그는 남보다 앞서 비교사학을 정립하였고, 시대 조류에서 보아야 할 것은 모두 보았다. 또한 유교적 상고주의(尙古主

義)와 중국에 대한 사대주의(事大主義), 또는 용렬한 노예근성에 젖어 있는 기존 역사관으로는 우리 역사를 제대로 이해할 수 없다는 생각을 앞장서서 펼쳤던 대표 인물로서, 여러 역사시대 가운데 특히 논란과 왜곡의 여지가 있는 고대사 연구에 천착함으로써 민족 중심 사관을, 주체적 사관을 개척하여 제시하고자 하였다.

이 책의 총론(제2장 역사의 3대 원소와 옛 조선사의 결점 첫머리)에서 신채호는 말하고 있다.

《조선상고사》(1977) 표지
신채호 저, 동서문화사 발간.

"역사는 역사를 위하여 역사를 만드는 것이지, 역사 이외에 무슨 다른 목적을 위하여 만드는 것이 아니다. 다시 말해서 역사는 사회의 유동상태와, 거기에서 발생한 사실을 객관적으로 있는 그대로 적은 것이지, 지은이의 목적에 따라 그 사실을 좌우하거나 덧붙이거나 달리 고칠 수 있는 것이 아니다. 화가가 사람 모습을 그릴 때, 연개소문을 그리자면 재주와 슬기, 풍채가 빼어난 연개소문을 그려야 하고, 강감찬을 그리자면 몸집이 작고 초라한 강감찬을 그려야 한다. 만약 이것을 생략하고 저것을 드높일 마음으로 털끝만큼이라도 서로 바꾸어 그리면, 화가의 본분에 어긋날 뿐 아니라 본인 면목도 서지 않을 것이다. 이처럼 사실 그대로 영국 역사를 쓰면 영국사가 되고, 러시아 역사를 쓰면 러시아사가 되며, 조선 역사를 쓰면 조선사가 된다. 그럼에도 지금까지 조선에 조선사라 부를 수 있는 조선사가 있었는가 묻는다면, 그렇다고 대답하기 어렵다."

신채호는 강철 같은 굳건한 자아의식을 지녔다. 그의 사학은 인식의 출발점을 '아(我―나)'에 두었고, 그 귀결점도 '아'에 두었다. 그는 이 아의 역사적인 포착을 위해 '시간'과 '공간' 두 속성으로 역사적 사실을 인식하고 설명하려 하였으며, 국사의 단층적이고 고립된 측면을 세계사와의 비교를 통해 재치있게 논하였다.

곧 그 시절 세계의 대세와 식민지 한국의 실정에서, 한민족의 역사상 추이·변천, 곧 그 발전상을 밝혀 침략적 지배자에 대항할 역사상 기반을 마련하고, 그네들과 겨루어 나갈 강인한 정신을 어떻게 잡을 것인가에 초점을 두고 썼던 것이다.

이런 민족 중심의 역사인식을 엿볼 수 있는 신채호의 글을 살펴본다. 1925년 1월 25일자 〈동아일보〉에 기고한 〈낭객(浪客)의 신년만필(新年漫筆)〉 내용 가운데에 무분별한 외래문화 수입을 경고하는 내용이다.

"우리 조선은……석가가 들어오면 조선의 석가가 되지 않고 석가의 조선이 되며, 공자가 들어오면 조선의 공자가 되지 않고 공자의 조선이 되며, 주의가 들어와도 조선의 주의가 되지 않고 주의의 조선이 되려 한다. 그리하여 도덕과 주의를 위하는 조선은 있고 조선을 위하는 도덕과 주의는 없다. 아! 이것이 조선의 특색이냐? 특색이라면 노예의 특색이다. 나는 조선의 도덕과 조선의 주의를 위해 통곡하려 한다."

신채호의 저술로는 《조선상고사》 말고도 《독사신론(讀史新論)》《조선상고문화사(朝鮮上古文化史)》《육가라고(六加羅考)》《조선사연구초(朝鮮史研究草)》《을지문덕》《동국거걸최도통전(東國巨傑崔都統傳)》《이순신전(李舜臣傳)》《정인홍공약전(鄭仁弘公略傳)》《이태리건국삼걸전(伊太利建國三傑傳)》 등이 있으며, 유고(遺稿)로는 〈조선혁명선언(朝鮮革命宣言)〉〈대한의 희망〉〈조선역사상 일천년래 제일대사건〉〈낭객의 신년만필〉 등이 있다.

박은식과 《한국통사》

외세 강점 소용돌이 속에서

대한민국임시정부 제2대 대통령을 지낸 박은식(朴殷植, 1859~1925). 그는 주자학자로서 출발해 개화자강론자·애국계몽사상가·학자·언론인·독립투사로, 민족이 처한 조건 변동에 따라 자신의 사상과 행등을 발전시키면서 전생애를 민족 해방과 독립에 바쳤던 인물이다. 호는 백암(白巖)·겸곡(謙谷)이라 하였으며, 《한국통사(韓國痛史)》에서는 태백광노(太白狂奴)라 하였다.

백암 박은식은 1859년(철종 10) 9월 30일 황해도(지금 황해북도) 황주군 남면에서 농촌 선비이자 서당훈장이던 박용호(朴用浩)와 노씨(盧氏) 사이에서 태어났다.

봉건사회가 기울어져가면서 각종 타락현상과 무질서가 나타났으며, 이에 개항(開港)이 갖는 외세 압력이 가중됨으로써 개인의 고민이 국가의 고민과 상통하는 상황에서 소년기를 보냈다.

10세부터 17세까지 아버지의 서당에서 사서삼경(四書三經) 등 성리학 경전과 제자백가(諸子百家) 등을 섭렵하여 유가(儒家)로서의 기본교양을 쌓으며 과거시험 공부를 하다가, 과거공부에 회의를 느껴 집을 떠나 이곳저곳을 돌아다니며 또래 청년들과 사귀었다. 당시 황해도 일대에서 이름이 높았던 안태훈(안중근의 아버지)과 사귀며 문장을 겨루어 황해도의 두 신동이라는 이름을 듣기도 하였다.

아버지 상을 당한 뒤 1879년(고종 16) 연안이씨(延安李氏)와 혼인하고 평안남도 삼등현으로 옮겨가 살았다. 그 뒤 전국을 답사하던 중 1880년 경기도 광주 두릉에 살던, 정약용의 문인인 신기영과 정관섭에게서 학문을 배우고, 정약용의 정치·경제 등 여러 분야 학문과 개혁론을 섭렵하고, 지행합일(知行合一) 양명학 연구의 바탕을 마련하였다.

1882년(고종 19) 한성에 올라와 머물고 있는 동안 그해 7월 임오군란을 지켜보고 시무책을 지어 국왕에게 올렸으나 받아들여지지 않자 실망하여 고향으로 내려갔다. 평안북도 태천(泰川)에 사는 박문일과 박문오 문하에 들어가 성리학 연구에 몰두하였다. 1885년 어머니의 간절한 요구에 따라 향시에 응시해서 특선으로 뽑혔다. 그 뒤 1888년(고종 25)부터 1894년까지 6년 동안 능참봉을 지낸 것이 관직생활의 전부였다. 1897년까지는 격변하는 시대 상황 속에서 자신의 진로를 탐색하였다.

그의 《한국통사》에는 동학농민운동 뒤로 격동하는 시대상이 실려 있다.

동학농민운동 발발, 청나라에 군대파견 요청, 일본군 출병, 주한일본공사 오토리 게이스케(大鳥圭介) 개입, 위안스카이(袁世凱) 귀국, 일본군 횡포, 청국군과 일본군 철수, 청일전쟁 발발, 갑오개혁, 청일전쟁에서 비롯된 조선과 일본 공수동맹 체결, 청국군과 일본군 평양 전투, 청국군과 일본군 황해 해전, 중국 내부에서의 청일 양국군 전투, 시모노세키조약 체결, 삼국간섭과 일본의 요동반도 반환, 열강의 중국분할, 신임 주한일본공사 이노우에(井上馨)의 개혁안 20조 발표, 박영효의 2차 망명 등.

박은식은 급변하는 시대상황 속에서도 사태를 정확하게 파악하여 동학농민운동에 대하여 언급하면서 그 원인이 바로 정부의 가혹한 정치에 있음을 지적하고 있다.

무릇 갑오동학란은 그 허물이 정부에 있고 백성들에게 없다는 것은 천하가 모두 아는 바이고 숨길 수도 없다. 그런데 정부가 중국에 원병을 요청하면서 자국 백성을 '백성들의 습성이 흉한(凶悍)하고 성질이 휼간(譎奸)하다' 한 것이 도대체 할 수 있는 말인가. 무릇 우리 백성은 윤상(倫常)을 돈독히 지키며, 질서에 순응하여 아랫사람이 윗사람에 복종하고 천한 사람이 귀한 사람에 굴복하는 것을 하늘의 도리로 알고 있었다.

동학농민운동에 대한 그의 관점이 이처럼 앞섰던 것은 가령 유길준 같은 개화파 인사나 최익현 같은 이름난 유학자조차 동학농민운동을 한갓 난적으로 이해한 것에 비하면 더욱 자명한 일이다.

개화자강파 사상가로의 전환

1896년 2월 아관파천으로 갑오개혁 친일내각이 무너진 뒤 한성으로 올라온 박은식은 독립협회의 사상과 운동에 충격을 받고 동서 각국의 신서적을 읽어본 다음 세계 정세와 시국 흐름을 볼 수 있게 되었다. 변통경신(變通更新)해야 나라와 백성을 보전할 수 있다고 깨달아 위정척사파 유학자로부터 개화자강파 사상가로 전환하기

박은식(1859~1925)

시작했다. 이무렵 그는 노자·장자 등 동양사상과 불교·기독교 교리를 섭렵하게 된다. 1898년 독립협회 회원이 되었으며, 11월 17일 진신(晉紳)들이 참가하는 만민공동회에서 문교 분야 일을 하는 한편 민족역사 연구와 민중계몽에 앞장선다.

근대사의 표면에 부각되어 본격 공적 활동을 하게 된 것은 40대 초반부터다. 1898년 9월 장지연·남궁억·유근 등이 〈대한황성신문〉을 인수하여 〈황성신문〉으로 이름을 바꾸어 간행하자, 박은식은 장지연과 함께하면서 주필로 활동하며 교육문화 개혁운동을 펼쳐 나갔다.

박은식은 언론계 생활을 시작으로 역량을 과시하였음에도 표면에 드러나지는 않았다. 1900년 성균관 후신인 경학원(經學院)에서 경학을 강의하고 관립한성사범학교 교수가 되었다. 그가 교육에 뜻을 둔 이유는 당시 무지한 민중들을 깨우치는 일이 무엇보다 급한 구국운동의 길임을 절감했기 때문으로 보인다. 이무렵 개화자강사상으로 돌아서던 시기의 글을 모은 《겸곡문고(謙谷文稿)》와 교육·종교문제를 논한 《학규신론(學規新論)》 등을 써서 간행했다. 그때 그의 사상은 동도서기론(東道西器論)의 영향을 받아 '신학문 중에서 시대 요청에 부응하는 것은 배워야 하지만 공자·맹자의 서(書)는 버릴 수 없는 것'이라고 하면서

유교교육을 전국으로 보급할 것을 주장했다.

1904년 7월 양기탁과 베델 등이 〈대한매일신보〉를 창간하자, 박은식은 양기탁의 추천으로 이 신문의 주필이 되어 교육문화 개혁운동을 펼쳐나갔다. 일제가 1905년 11월 을사늑약으로 국권을 빼앗아가고, 이를 비판한 장지연의 〈시일야방성대곡(是日也放聲大哭)〉의 논설을 이유로 일제가 〈황성신문〉을 정간시켰다. 1906년 2월 복간되었으나 장지연이 물러나자 박은식은 〈황성신문〉 주필로 자리를 옮겨 1910년 8월 폐간될 때까지 주필로서 활동했다. 〈대한매일신보〉에는 주로 객원 논설위원으로만 활동했다.

을사늑약 이후 박은식은 급속히 동도서기론의 영향에서 벗어나 변법적 개화자강사상가로 전환했다. 이제부터라도 온 민족이 분발해서 빠르게 근대적 실력을 배양해 국권회복의 장기전에서 궁극적으로 승리를 쟁취해야 한다고 보고 국권회복 역량을 기르기 위한 각 부분의 대대적 개혁을 부르짖었다.

1906년부터는 자기 학문의 뿌리였던 구학문을 공공연히 비판하기 시작했으며, 위정척사사상과 유림을 공격하고 신학문만이 나라를 구할 수 있다고 역설했다. 서양의 사회진화론·계몽사상·과학사상을 적극 받아들이고, 정약용과 박지원을 비롯한 실학자들을 높이 평가했다. 유교에 대해서도 제왕(帝王)의 편에만 서고 백성들을 등한시한 주자학이 아니라 간이직절(簡易直截)한 양명학으로

서울 동작국립묘지 박은식의 묘　제2대 임시정부 대통령을 역임한 애국지사.

개혁해 새시대 신학문에 적용시켜야 한다고 주장했다.

애국계몽운동

그는 이런 사상 전환을 겪으면서 1906년부터 광범위한 부문에서 애국계몽운동을 전개했다. 1906년 4월 장지연·윤효정·윤치호 등이 결성한 대한자강회에 가입해 적극 활동하면서 〈대한자강회월보〉에 애국계몽 논설들을 발표하여 교육과 실업을 장려하고 민중의 정치의식을 깨우치는 데 매진하였다. 10월에는 신석하·김달하 등과 함께 서우학회(西友學會)를 조직해 평의원으로 활동하면서 그 기관지인 〈서우(西友)〉

〈대한매일신보〉 영국인 베셀이 발행하여 치외법권의 보호를 받았다. 박은식은 신채호, 양기탁 등과 함께 논설위원으로 활동하였다.

의 주필을 맡아 국민을 계몽하는 데 힘썼다. 그 무렵 계몽사상의 교육을 위해 학교설립과 함께 교사양성이 긴급함을 절감하고 1907년 1월 서우학회 산하에 사범속성과 야학교를 설립해 25~40세 청년들을 모집, 애국적 교사들을 길러냈다.

1907년 2월 지석영 등이 국문연구회를 조직하자 박은식은 주시경·양기탁 등과 함께 연구원으로 참가해, 전국민교육·의무교육 실시와 이를 위한 한글전용 교육을 주장했다.

1907년 4월 양기탁·안창호·이동휘 등이 국권회복을 위한 비밀결사로서 신민회(新民會)를 창립하자 박은식은 여기에 가입해 주로 교육과 언론 출판 부문에서 활동하면서 〈대한매일신보〉를 통하여 독립사상을 고취하는 등으로 항일국권회복 운동을 펼쳤다. 신민회의 방침에 따라 서우학회가 이준·이동휘 등이 조직한 한북흥학회(漢北興學會)와 통합되어 1908년 1월 서북학회(西北學會)로 창립되자, 박은식은 학회 회장이 되었으며, 아울러 기관지인《서북학회월보》주필로 직접 잡지를 편집하고 많은 애국계몽 논설을 실었다. 또한 그는 서북협성학교(西北協成學校)를 설립해 교장을 맡아서 본격적인 민족교육을 실시하였다.

서북학회는 한일병합을 가장 격렬한 표현으로 반대한 단체의 하나로서, 주로 평안도·황해도·함경도의 기독교도를 발판으로 하여 중앙정계에까지 정치적인 발언권을 행사하였다. 서북학회를 움직이는 인사들은 〈대한매일신보〉에 관여한 언론계 출신들이었다. 1904년 창간된 이 신문은 격렬한 항일언론을 펴왔다. 이 무렵 박은식은 안창호, 양기탁 등 서북학회 인사들과 함께 〈대한매일신보〉 필진으로 활약하였다. 이 신문은 1910년 한일병합 때까지 민족진영의 가장 영향력 있는 항일언론으로 활동하였다. 박은식의 논설과 필봉이 날카롭게 일제를 규탄하자, 일본경찰이 한때 박은식을 가두어 놓기도 하였지만 발행인 베델이 모든 책임은 사장인 자신에게 있다고 항변하여 석방되었다. 이렇듯 파란 많은 난세를 헤쳐나가면서도 박은식은 수많은 동지와 애국지사들을 얻을 수 있었다.

1909년 3월 제왕 중심 지배자 철학인 유교를 공자의 대동주의와 맹자의 민본주의로 환원시켜 민중 중심 유교로 개신해야 하며, 유교도 불교·기독교처럼 전도 특히 민중 교화에 힘을 써, 주자학이 아니라 양명학으로 후진을 가르쳐야 한다는 〈유교구신론(儒敎求新論)〉을 지었으며, 일제가 친일유교단체인 대동학회(大東學會)를 내세워 유림계 전체를 친일화하려 하자 1909년 9월 이범규·장지연·조완구 등과 함께 대동사상과 양명학에 입각해 유교를 개혁함으로써 유림계와 유교문화를 국권회복운동에 동원할 것을 목적으로 하는 대동교(大同敎)를 창립했다. 1910년에는 양명학으로 유교를 개혁하고 보급하기 위해《왕양명실기》를 펴냈으며, 한문교과서《고등한문독본》을 지었다.

이 1905~1910년 사이에 〈대한매일신보〉와 〈황성신문〉을 비롯하여 다수의 신문과 잡지들에 실로 많은 논설을 써서 국권회복의 실력배양을 위한 신교육구국사상·실업구국사상·사회관습개혁사상·애국사상·대동사상 등 애국계몽사상과 애국계몽운동을 적극 주창하였다.

한편 그는 애국계몽운동을 하면서도 의병전쟁을 비판하지 않고 애국계몽운동과 의병운동을 연계해 나란히 전진시킬 것을 주장했다. 의병운동을 최고의 애국운동으로 높이 평가하고 임진왜란과 병자호란 때 의병장과 백성들을 한국의 인물로 소개해 간접적으로 의병운동을 지지하고 고취했다.

망명과 독립운동

1910년 한일병합과 함께 박은식은 모든 표면 활동에서 물러나고 조선광문회(朝鮮光文會)에 들어가 우리 민족 고전을 발굴·편찬하면서 난세에 처하여 민족사학을 일으켜야 함을 통절히 느꼈다. 조선광문회는 최남선·현채·박은식 등이 서울에 창립한 한국고전간행단체이다. 이들은 1910년 8월 한일병합과 함께 일제가 한국사교육 금지와 고전문화재 반출을 자행하자, 배우기만 하면 된다는 구국계몽운동의

〈대한자강회월보〉 애국계몽 학회지. 박은식은 애국계몽 논설을 발표하여 교육과 실업을 장려하고 민중의 정치의식을 고취하였다.

낙관적 문명개화의식이 한계에 부딪혔다. 따라서 이들은 우리 고전·귀중문서의 수집·편찬·간행과 보급운동의 필요성에 주목하고, 그해 12월 신문관건물 2층에 조선광문회 간판을 내걸었다. 간행사업으로 《동국통감》《삼국사기》《삼국유사》《지봉유설》《열하일기》《율곡전서》《이충무공전서》《택리지》 등의 역사·고전·어학·지리서 등을 펴냈다. 또한 유근·이인승 편집으로 옥편 《신자전(新字典)》을 간행했고, 주시경·권덕규 등이 최초 국어사전 〈말모이〉의 편찬을 준비했다. 이처럼 조선광문회는 일제의 문화말살정책에 대해 조선정신의 발견과 전통문화의 보존으로 저항했던 것이다.

1911년 3월 부인 연안 이씨가 병으로 죽은 뒤, 그해 5월 독립운동을 펼치고 역사서를 집필하여 민족혼을 떨쳐 일으키고자 만주로 망명하였으며, 서간도 환인현(桓仁縣) 흥도천(興道川)에 있는 윤세복(尹世復)의 집에 머물렀다. 곳곳을 돌아다니며 고구려·발해 유적을 살펴보고 연구생활에 몰두하여 《동명성왕실

기(東明聖王實記)》《발해태조건국지(渤海太祖建國誌)》《명림답부전(明臨答夫傳)》《천개소문전(泉蓋蘇文傳)》《대동고대사론(大同古代史論)》《몽견금태조전(夢見金太祖傳)》등을 지었다. 대종교(大倧敎) 신자이자 집주인인 윤세복의 영향을 받아 대종교에 입교하였다.

1912년 3월부터 중국 곳곳을 돌아다니며 독립운동가들과 중국인 지사를 만나 독립운동 방법을 협의했다. 그해 7월 신규식·신채호·조소앙 등과 함께 상하이에서 중국 최초 한국 독립운동 단체인 동제사(同濟社)를 결성하였다. 총재가 되어 중국 국민혁명 세력과 연대를 모색하면서 박달학원(博達學院)을 세워 민족교육을 실시하는 등 독립운동 기반 조성에 주력하였다.

1914년 5월 중국인 동지들의 요청으로 홍콩으로 가서 중국어 잡지 〈향강(香江)〉 주간을 맡았으나, 4호에서 위안스카이(袁世凱) 독재를 비판하다가 폐간되었다. 다시 상하이로 가서 캉유웨이(康有爲)의 부탁으로 〈국시일보(國是日報)〉 주간이 되었으나, 이 신문도 곧 폐간되고 말았다.

이때 대원군 집정에서부터 1911년까지 한국근대사를 근대 역사학의 방법론을 도입해 저술한 《한국통사(韓國痛史)》를 완성했다. 《한국통사》는 해외 한국인들 사이에서 널리 읽혀 독립운동을 북돋웠으며 국내에도 비밀리에 보급되었다.

1915년 3월 베이징에서 신규식·유동열·이상설 등과 함께 독립전쟁을 효과적으로 추진하기 위한 단체로 신한혁명당(新韓革命黨)을 결성하고, 취지서와 규칙을 만들었으며 감독으로 선임되었다. 그 뒤 상하이에서 대동보국단(大同輔國團)을 조직해 단장으로 있으면서 중국 국내 및 해외 독립운동 세력과의 연대를 모색하였다.

1917년 7월 신규식·조소앙(趙素昂) 등과 함께 〈대동단결선언(大同團結宣言)〉을 발표하여 국내외 독립운동 세력 통합과 단결을 통한 임시정부 수립을 제의하였다.

1918년에는 러시아 교민들의 요청으로 송왕령(宋王嶺)으로 가서 쌍성자(雙城子)에 머물며 〈한족공보(韓族公報)〉 주간이 되었으나, 곧 폐간되자 러시아에 머물면서 《발해사》와 《금사(金史)》를 한글로 옮겨 짓고, 《이준전(李儁傳)》을 썼다.

한국교포들이 많이 모여 독립운동을 모색하고 있는 러시아 연해주 블라디

《한국통사》(1915) 필사본
중국에서 발간된 《한국통사》는 비밀리에 국내로 반입되어 일제의 무단통치에 신음하던 한민족에게 큰 희망을 주었다. 1975년 단국대학교에서 영인본으로 간행되었다.

보스토크로 가 있던 중 3·1운동을 맞게 된다. 이곳에서 유지급 인사로서 교포들의 독립열기를 불러일으켰으며, 그해 3월 대한국민노인동맹단을 조직하여 취지서를 쓰고 지도자로 활동하였다.

상하이 임시정부 활동

1919년 국내에서 3·1운동이 일어나고, 이를 계기로 상하이에서 대한민국임시정부가 설립되었다. 1919년 8월 상하이로 돌아온 박은식은 상하이 대한민국임시정부와 러시아령 대한국민의회, 한성 임시정부 통합을 추진하여 9월 통합 임시정부 발족에 이바지하였다. 임시정부를 적극 후원하면서, 전면에는 나서지 않고 뒤에서 신한청년단 기관지인 〈신한청년보〉 주간과 〈사민보(四民報)〉〈구국일보(救國日報)〉 주필로 활동하는 한편 상하이 거류민단 활동을 지도했다.

독립운동에 깊숙이 간여하면서도 저술활동을 계속하여 이때 《안중근 의사전》《한국독립운동지혈사(韓國獨立運動之血史)》 등을 집필하였다. 1920년 12월 상하이에서 간행된 《한국독립운동지혈사》는 1884년 갑신정변부터 1920년 독립군 전투까지의 한민족 독립투쟁사를 3·1운동을 중심으로 해서 쓴 저술이다. 《한국통사》가 한국인들에게 지통심(知痛心)을 깨우쳐 구국정신을 이끌어냄으로써 독립운동의 정신적 원동력을 공급하기 위한 것이었다면, 《한국독립운동지혈사》는 지통심을 혈투로 전환시켜 실전(實戰)과 행동을 직접적으로 고취하기 위한 것이었다. 이 저서들은 모두 민족주의 사관이 깊이 반영된 역사책이라는 점에서 높이 평가되고 있다.

  망명정부나 유일한 정부로서 독립운동의 구심점 역할을 할 것으로 기대했던 임시정부는 기계적인 통합은 이루었으나 화학적인(본질적인) 융합까지는 이루지 못한 탓에 독립운동 노선 차이와 이념 대립, 주요 구성원 사이의 갈등으로 분란이 일어나자 그는 이를 수습하기 위해 심혈을 쏟았다. 특히 1923년 국민 대표회의가 파탄난 뒤로 임시정부가 이름뿐인 존재가 되면서 정상화를 위해 갖은 애를 다 썼다. 먼저 1924년 임시정부 기관지인 〈독립신문(獨立新聞)〉 사장으로 취임하여 독립신문을 정상적으로 발행하였다. 임시의정원에서도 분란을 수습하지 않고 정무를 소홀하게 생각한 이승만 임시대통령에 대하여 그해 6월 〈이승만대통령 유고안〉을 결의한 뒤, 12월 임시정부의 혼란을 수습해 줄 원로로서 박은식을 국무총리 겸 임시대통령 대리로 추대하였으며, 그는 이를 받아들여 임시의정원과 협조하여 정상화를 위한 수습 방안, 임시대통령으로서 정무를 등한시했던 이승만에 대한 '탄핵'과 각종 폐단을 가져온 대통령 중심제 정부 대신에 국무령(國務領)을 중심으로 한 '내각 책임제 정부로의 개편' 등 수습 방안을 밀고 나갔다.

  1925년 3월 〈임시대통령 이승만 면직안〉이 임시의정원에서 통과된 뒤, 그달 24일 대한민국임시정부 제2대 임시대통령으로 선출되었으며, 그달 30일 임시대통령으로서 곧바로 국무령제 헌법개정안을 의정원에 제출하여 통과되자 새 헌법에 따라 그해 8월 만주 독립군 단체인 정의부(正義府) 지도자 이상룡(李相龍)을 국무령(國務領)으로 추천하고 스스로 대통령직에서 물러났다.

  대통령직에서 물러나 은퇴했을 때에는 인후염과 기관지염으로 병색이 뚜렷이 나타나기 시작한 때였다. 그리고 그해 11월 1일 67세를 일기로 중국 상하이에서 신병으로 세상을 떠났다. 임종이 가까워지자 박은식은 병석을 지키고 있던 안공근(安恭根)에게 동포에게 드리는 유언을 남겼다.

    나의 병세가 금일에 이르러서는 심상치 않게 감각되오. 만일 내가 살아난다면 다행이어니와 그렇지 못하면 우리 동포에게 나의 몇 마디 말을 전하여 주오.

첫째 독립운동을 하려면 전족적(全族的)으로 통일이 되어야 하고, 둘째 독립운동을 최고운동으로 하여 독립운동을 위하여는 어떤 수단 방략이라도 쓸 수 있는 것이고, 셋째 독립운동은 우리 민족 전체에 관한 공공사업이니 운동 동지간에는 애증친소(愛憎親疏)의 구별이 없어야 되오.

이는 다른 말 아니라 우리가 금일까지 무엇이 아니되니, 무엇이 어찌하여 아니되니 함은 모두 우리가 일을 할 때 성의를 다하지 못한 까닭이오, 아니될 수야 어찌 있소.

그의 죽음이 알려지자 국내에는 물론 중국 난징(南京), 일본 도쿄에 이르기까지 추도식이 거행되었으며, 임시정부에서는 그달 4일 그의 공적을 기리는 뜻에서 첫 국장(國葬)으로 애도하였으며, 유해는 상하이 정안사로(靜安寺路)에 있는 만국공묘(萬國公墓)에 묻혀 있다가 서거 68년 만인 1993년 8월 5일 고국으로 봉환되어 국립묘지에 안장되었다.

난세를《한국통사》으로 기록하고

파란과 역경으로 얼룩진 지통(知痛)의 삶을 살았으나 자기가 몸담았던 시대를 그만큼 정교하게 묘사하고 기록하여 남긴 이가 없다는 점에서, 난세를 거쳐 간 역사학자로서 난세의 지성인 박은식의 업적은 비할 바 없이 크다고 하겠다. 《한국통사》에 나오는 아래 기록은 그의 세계관을 잘 보여 준다.

〈안〉 우리나라는 동방 해륙(海陸)의 요충에 처하여 열강이 서로 만나는 지점으로, 유럽의 발칸 반도와 같아서, 중국·일본·러시아 3국과의 관계가 더욱 컸다. 중국이 여기에서 세력을 상실하면 등삼성(東三省)의 울타리가 무너져서 장성(長城) 이내가 하루도 편안하게 쉴 수 없게 될 것이고, 일본도 이곳에서 물러서게 되면 세 개 섬 속에 틀어박혀 대륙으로 발을 뻗을 수 없게 될 것이다. 러시아 또한 이곳에 진출하지 못하면 동방 해로(海路)로 빠져 나와 태평양에서의 권리를 취할 수 없게 될 것이다. 이것은 지리상 자연스러운 관계였다. 그러므로 이 세 나라가 세력균형을 이루어 서로 견제하면 우리나라도 유럽의 여러 약소국들처럼 독립할 수 있을 것이요, 어느 한 나라가 독점하고 우월하여 잠식하게 되면 위험하게 될 것이다.

이처럼 그는 철두철미하게 정세를 판단하여 조국이 처한 상황을 간파하고 있었으며, 지금부터 1세기 이전을 살았던 한 사학자가 오늘 우리 현실을 예감한 것 같기도 하다.

《한국통사》는 모두 3편 114장으로 구성되어 있고, 1864년부터 1911년 '105인 사건'이 일어난 때까지 47년 동안 일어났던 일들이 기록되어 있다. 그러나 《한국통사》는 근세사의 짧은 단면을 파헤치고 있으면서도 뚜렷한 민족의식에 따라 서술된 역사서라는 점에서, 그가 직접 몸담았던 시대 변천상을 독립운동에 참여한 지은이가 저술하였다는 점에서 의의가 크다. 또한 《한국통사》라는 책 이름에서 볼 수 있듯이 '통사(痛史)'라는 국권상실에 대한 깊은 성찰과 반성으로 일관하고 있다.

백암 박은식은 개화기 조선에서 태어나 상하이 대한민국임시정부 대통령을 지내며 일생 동안 온갖 수난과 역경을 이겨냈던 한국적 지성인의 본보기라 할 것이다.

신채호 연보

1880년 12월 8일 충청남도 대덕군 산내면 어남리 도림마을(지금의 대전광역시 중구 어남동)에서 유생이던 아버지 신광식(申光植)과 어머니 밀양 박씨 사이에서 둘째 아들로 태어나다.

1887년(8세) 이즈음 아버지를 여의었으며, 할아버지 신성우(申星雨)가 사는 충청북도 청원군 낭성면 귀래리로 이사하여 그곳에서 공부를 시작하다. 9세에《자치통감》, 14세에 사서삼경(四書三經)을 마치다.

1897년(18세) 할아버지의 동무이자 전 학부대신 신기선(申箕善)의 집을 드나들며 한학을 익히다.

1898년(19세) 신기선의 추천으로 성균관에 입교하다. 그러나 얼마 뒤 성균관을 나와 독립협회에 가입하여 활동하다가 독립협회에 대한 정부의 탄압이 심해지면서 다른 사람들과 함께 검거되어 감옥에 갇히다.

1901년(22세) 충청북도 청원군 가덕면 인차리에 문동학교를 세워 애국계몽운동을 펼치다.

1902년(23세) 조소앙 등과 함께 항일성토문(抗日聲討文)을 지어 역신 이하영 패거리의 매국흉계를 규탄하다.

1905년(26세) 성균관 박사가 되다. 위암 장지연과 알게 되어 〈황성신문〉 논설위원이 되다.

1906년(27세) 〈황성신문〉이 폐간되면서 양기탁의 천거로 〈대한매일신보〉 논설위원이 되어 나랏일의 잘잘못을 통렬히 논란하고 시류 소인배들의 망녕된 행동을 공박하는 등으로 국민사상 개혁과 민족의식 앙양의 선봉이 되다.

1907년(28세)	4월 김구·노백린·박은식·안태국·양기탁·유동열·이갑·이강·이동녕·이동휘·전덕기·주진수·조성환·최광옥 등과 함께 비밀결사 조직인 신민회(新民會)를 조직하여, 정치·경제·교육·산업·문화 등 진흥운동을 일으키다.
1908년(29세)	순한글잡지 〈가정잡지〉를 편집, 발간하다. 4월부터 〈대한협회월보〉에 〈대한의 희망〉 〈역사와 애국심의 관계〉 〈성력(誠力)과 공업(功業)〉 〈대아(大我)와 소아(小我)〉 등을 발표하다.
1910년(31세)	4월 나날이 힘들어지는 나라 안에서의 활동을 접고 나라 밖으로 나가서 독립운동 기지를 세우고, 또한 앞으로의 독립운동의 방향을 결정할 칭다오회의(靑島會議)에 참가하고자 중국 칭다오로 망명하다. 그러나 칭다오회의가 성과없이 흐지부지되면서 이에 단재는 러시아 블라디보스토크로 건너가 〈해조신문〉 〈권업신문〉 등 발행에 참여하여 국권회복사상을 고취하고 산업 발달을 촉구하다.
1914년(35세)	윤세복 등의 초청으로 만주 펑톈성 화이런현으로 가서 동창학교 교사로 있으면서 《조선사(朝鮮史)》를 쓰기 시작하다. 만주 일대 옛 부여와 고구려 땅을 돌아다니면서 유적을 답사하다.
1915년(36세)	베이징에 머무르며 저술과 동지 규합에 몰두하다.
1916년(37세)	3월 자전적 중편소설 《꿈하늘》을 쓰다. 대종교 운동에도 적극 가담하다.
1917년(38세)	조카의 혼사문제와 아끼던 제자 김기수의 사망 소식을 접하고서 겸사겸사로 몰래 국내로 들어와 볼일을 보고는 다시 중국으로 돌아가다.
1918년(39세)	베이징 푸퉈옌에서 《조선사》를 계속 집필하면서 베이징대학 도서관에 소장돼 있는 《사고전서(四庫全書)》를 연구하였으며 〈베이징르바오〉 〈중화바오〉 등에 논설을 쓰다. 12월 중광단이 중심이 되어 나라 밖 독립운동 지도자 39명 명의로 발표된 〈대한독립선언서〉에 주요 인물로 참여하다.
1919년(40세)	4월 상하이에서 대한민국임시정부 평정관(評定官)이 되고 이어

	서 의정원 의원으로 선출되다. 7월 의정원회의에서 전원위원회 위원장으로 선임되다.
1921년(42세)	1월 김정묵·김창숙·박순병 등과 함께 잡지 〈천고(天鼓)〉를 펴내다. 4월 김창숙·이극로 등과 함께 이승만의 위임통치 청원을 규탄하는 〈이승만 성토문〉을 발표하다.
1922년(43세)	1년 동안 《조선사》 저술에 몰두하여 마무리 짓다.
1923년(44세)	1월 의열단 행동강령인 〈조선혁명선언〉을 기초하다. 상하이에서 열린 국민대표자대회에 참가하다.
1924년(45세)	베이징의 무장독립운동단체 다물단의 〈선언문〉을 기초하다.
1925년(46세)	이즈음 민족항쟁을 적극 추진하기 위해서 무정부주의운동에 관심을 가지기 시작하다.
1927년(48세)	2월 신간회 발기인으로 참여하다. 9월 국권회복을 위한 보다 적극항쟁을 하기 위해서 동방무정부주의자연맹에 가입하다.
1928년(49세)	4월 조선인 무정부주의자들의 베이징회의 동방연맹대회에 참가하여 〈선언문〉을 짓는 등 주도적으로 활동하다. 5월 동방무정부주의자연맹 위폐사건에 연루되어 타이완에서 일본경찰에 체포, 다롄으로 이송되다.
1930년(51세)	5월 다롄법정에서 징역 10년 형을 선고받고 뤼순감옥에 수감되다. 6월 조선 고대사 관련 논문이 조선도서주식회사에서 《조선사연구초》라는 이름으로 출간되다.
1931년(52세)	안재홍의 추천으로 〈조선일보〉에 6월 10일부터 10월 14일까지 《조선사》(1948년 종로서원에서 이 연재 내용을 단행본으로 낼 때 《조선상고사》로 제목이 바뀜), 10월 15일부터 12월 3일, 다음 해 5월 27일부터 그달 말까지 〈조선상고문화사〉를 연재하다.
1936년(57세)	2월 18일 모진 고문 후유증으로 뇌일혈이 발병, 의식불명 상태에 빠졌다가, 2월 21일 뤼순감옥에서 세상을 떠나다.

박은식 연보

1859년　　9월 30일 황해도(지금 황해북도) 황주군 남면에서 농촌 선비이자 서당 훈장이던 아버지 박용호와 어머니 노씨 사이에서 태어나다. 10세부터 17세까지는 아버지 서당에서 사서삼경 등 성리학 경전과 제자백가 등을 섭렵하여 유가로서의 기본교양을 쌓다.

1879년(21세)　연안 이씨와 혼인하고, 평안남도 삼등현으로 옮겨가 살다.

1880년(22세)　경기도 광주 두릉에 살던, 다산 정약용의 문인인 신기영(申耆永)과 정관섭(丁觀燮) 등에게서 학문을 배우다. 이들을 통해 다산의 개혁론을 섭렵하고, 지행합일 양명학(陽明學) 연구의 바탕을 마련하다.

1882년(24세)　한성에 머무는 동안 7월에 임오군란(壬午軍亂)을 목격하여 이에 시무책(時務策)을 지어 국왕에서 올렸으나 받아들여지지 않자 실망하여 고향으로 내려가다. 평안북도 태천(泰川)에서 후학들을 가르치던 운암 박문일(朴文一)·성암 박문오(朴文五) 형제 문하에 들어가 성리학 연구에 몰두하다.

1885년(27세)　향시(鄕試)에 응시하여 특선(特選)으로 뽑혔으며, 그 뒤 1888년~1894년 6년 동안 관직생활로는 처음이자 마지막으로 능참봉(陵參奉)을 지내다. 1897년(39세)까지 격변하는 시대 상황 속에서 자신의 진로를 탐색하다.

1898년(40세)　3월 독립협회(獨立協會)에 가입하여 만민공동회에서 문교 분야 간부급 지도자로 활동하다. 9월 〈황성신문(皇城新聞)〉 주필이 되어 교육문화 개혁운동을 펼쳐나가다.

1900년(42세)　경학원 강사와 관립 한성사범학교 교수를 지내면서 개화자강사상으로 돌아서던 시기의 글을 모은 《겸곡문고(謙谷文稿)》와 교

	육·종교문제를 논한《학규신론(學規新論)》등을 짓다.
1904년(46세)	7월 창간된 〈대한매일신보(大韓每日申報)〉 주필이 되어 교육문화 개혁운동을 펼쳐나가다.
1906년(48세)	1905년 11월 체결된 을사늑약을 비판한 장지연의 논설인 〈시일야방성대곡〉을 이유로 일제에 의해 정간된 〈황성신문〉이 2월 복간되고 장지연이 물러나자 다시 〈황성신문〉 주필로 활동하면서 〈대한매일신보〉에는 주로 객원 논설위원으로 활동하다. 4월 결성된 대한자강회(大韓自强會)에 참여하여 기관지 〈대한자강회월보〉 발행에 관여하면서 애국계몽 논설을 발표하여 교육과 실업을 장려하고 민중의 정치의식을 깨우치는 데 매진하다. 10월 교육 계몽단체인 서우학회(西友學會)를 조직·지도하면서 기관지 〈서우〉 발행을 맡다.
1907년(49세)	1월 서우학회 산하에 사범속성과 야학교를 세워 25~40세 청년들을 모아서 애국적 교사를 길러내다. 2월 지석영 등이 조직한 국문연구회에 연구원으로 참가해 전국민 교육과 의무교육 실시, 이를 위한 한글전용교육을 주장하다. 4월 신민회에 참여하여 교육과 언론·출판 부문에서 활동하면서 〈대한매일신보〉를 통하여 독립사상을 고취하는 등 항일국권회복운동을 펼치다.
1908년(50세)	서우학회와 한북흥학회(漢北興學會)가 통합되어 설립된 서북학회(西北學會) 회장이 되다. 서북학회 주도 아래 한성에 서북협성학교(1910년 10월 오성학교(五星學校)로 이름을 바꿈)가 세워지면서 두 학교 교장을 맡아 본격적인 민족교육을 실시하다.
1909년(51세)	3월 〈유교구신론〉을 발표하여 유교 개혁을 촉구하였으며, 9월 원영의(元泳儀)·이범규(李範圭)·장지연(張志淵)·조완구(趙琬九) 등과 함께 유교를 민중적이고 실천적으로 개혁한 대동교를 창립함으로써 유림을 친일세력으로 만들고자 하는 일제에 저항하다.
1910년(52세)	한일병합과 함께 일제가 한국사교육 금지와 고전문화재 반출을 자행하자 우리 고전과 귀중한 문서의 수집과 편찬, 간행과 보급 운동을 펼치기 위하여 최남선·현채 등과 함께 조선광문회를 창

설하다. 양명학 보급을 위해 《왕양명실기(王陽明實記)》를 펴내고, 한문교과서 《고등한문독본(高等漢文讀本)》을 짓다.

1911년(53세) 5월 독립운동을 펼치고 역사서를 집필하여 민족혼을 진작할 목적으로 중국 만주(滿洲)로 망명하다.

1912년(54세) 7월 신규식(申圭植)·신채호(申采浩)·조소앙(趙素昂) 등과 함께 상하이에서 중국 최초 한국 독립운동단체인 동제사를 결성하다. 총재가 되어 중국 국민혁명 세력과 연대를 모색하면서 상하이에 박달학원을 세워 민족교육을 실시하는 등 독립운동 기반 조성에 주력하다.

1914년(56세) 중국인 동지들의 요청으로 홍콩에서 중국어 잡지 〈향강〉 주간이 되다. 이때 중국 혁명동지회 계열 인사들과 친교를 맺었으며, 위안스카이의 전제정치를 비판하는 글을 자주 실어 잡지가 폐간되자 상하이로 가서 캉유웨이의 부탁으로 〈국시일보〉 주간이 되다. 이 무렵 중국 망명 뒤로 꾸준하게 써오던 《한국통사(韓國痛史)》를 완성하다.

1915년(57세) 《한국통사》를 상하이에서 펴내다. 3월 베이징에서 조직된 독립운동 단체인 신한혁명당 결성에 참여하였으며, 상하이에서 대동보국단(大同輔國團)을 결성하여 단장으로 있으면서 중국 국내 및 해외 독립운동 세력과의 연대를 모색하다.

1917년(59세) 7월 신규식·조소앙 등과 함께 〈대동단결선언(大同團結宣言)〉을 발표하여 국내외 독립운동 세력 통합과 단결을 통한 임시정부 수립을 제의하다.

1918년(60세) 러시아 교민들의 요청으로 송왕령으로 가서 쌍성자에 머물며 〈한족공보〉 주간이 되었으나 곧 폐간되자 러시아에 머물면서 《발해사》《금사》를 한글로 옮겨 짓고, 《이준전》을 쓰다.

1919년(61세) 국내 3·1운동 소식을 듣고서 한민족 독립투쟁에 관한 자료를 모아 《한국독립운동지혈사(韓國獨立運動之血史)》를 쓰기 시작하다 (1920년 12월 중국 상하이에서 펴내다). 블라디보스토크에서 대한국민노인동맹단(大韓國民老人同盟團)을 조직하여 3·1운동에 호

	응하다.
1924년(66세)	임시정부 기관지인 〈독립신문〉 사장으로 취임하다. 12월 국무총리 겸 대통령 대리로 추대되다.
1925년(67세)	3월 임시의정원 결의에 따라 대한민국 임시정부 제2대 임시대통령으로 선출되다. 국무령제 헌법개정안을 의정원에 제출하였으며, 이 안이 통과되면서 마련된 새 헌법에 따라 8월 만주 독립군 단체인 정의부 지도자 이상룡을 국무령으로 추천하고 대통령직에서 물러나다. 11월 1일 67세를 일기로 중국 상하이에서 순국(殉國)하였으며, 같은 달 4일 대한민국임시정부 국장으로 거행되어 상하이 만국공묘(萬國公墓)에 묻혔다가 서거 68년 만인 1993년 8월 5일 고국으로 봉환되어 국립묘지에 안장되다(1962년 건국훈장 대통령장 추서).

역해자 윤재영

한학자로서 정음사 편집인을 지내고 1953년 정양사(正陽社) 창업 발행인. 월간문예지 〈신문예〉 창간. 《김동인전집》《표준국어대사전》《세계시인전집》 발행. 동인문학상운영위원 역임. 고려대학교 아세아문제연구소 고문. 《육당 최남선전집》 편찬주간. 지은책 《한국고지명대사전》 옮긴책 《십팔사략》 《순자·한비자》 《명심보감》 《격몽요결》 김육 《해동명신전》 이이 《율곡전서》 나만갑 《병자록》 박지원 《열하일기》 황사영 《황사영백서 외》 등이 있다.

申采浩/朴殷植
朝鮮上古史/韓國痛史

조선상고사/한국통사

신채호/박은식/윤재영 역해

1판 1쇄 발행/1987. 7. 1
2판 1쇄 발행/2012. 5. 1
2판 9쇄 발행/2024. 11. 20

발행인 고윤주
발행처 동서문화사
창업 1956. 12. 12. 등록 16-3799
서울 중구 마른내로 144(쌍림동)
☎ 546-0331~2 Fax. 545-0331
www.dongsuhbook.com

잘못된 책은 구입하신 곳에서 바꾸어 드립니다.

＊

이 책의 출판권은 동서문화사가 소유합니다.
의장권 제호권 편집권은 저작권법에 의해 보호를 받는 출판물이므로
무단전재와 무단복제를 금합니다.
사업자등록번호 211-87-75330
ISBN 978-89-497-0774-7 04080
ISBN 978-89-497-0382-4 (세트)